财务会计
企业运营视角

FINANCIAL ACCOUNTING
A BUSINESS PROCESS APPROACH 3E

会计学精选教材译丛

〔美〕简·L. 赖默斯（Jane L. Reimers） 编著　毛新述 等译

第3版

北京大学出版社
PEKING UNIVERSITY PRESS

著作权合同登记号　图字：01-2012-3933

图书在版编目（CIP）数据

财务会计：企业运营视角：第3版/（美）赖默斯（Reimers, J. L.）编著；毛新述等译. —北京：北京大学出版社, 2015.1

（会计学精选教材译丛）

ISBN 978-7-301-25288-8

Ⅰ. ①财⋯　Ⅱ. ①赖⋯ ②毛⋯　Ⅲ. ①财务会计　Ⅳ. ①F234.4

中国版本图书馆CIP数据核字（2015）第001167号

Authorized translation from the English language edition, entitled FINANCIAL ACCOUNTING: A BUSINESS PROCESS APPROACH, 3E, 9780136115274 by JANE L. REIMERS, published by Pearson Education Limited. Copyright © 2011 by Pearson Education Limited. All rights reserved. No part of this book may be reproduced or transmitted in any form or by any means, electronic or mechanical, including photocopying, recording or by any information storage retrieval system, without permission from Pearson Education, Inc.

本书原版书名为《财务会计：企业运营视角》（第3版），作者简·L.赖默斯，书号9780136115274，由培生教育出版集团2011年出版。

版权所有，盗印必究。未经培生教育出版集团授权，不得以任何形式、任何途径，生产、传播和复制本书的任何部分。

CHINESE SIMPLIFIED language edition published by PEARSON EDUCATION ASIA LTD., and PEKING UNIVERSITY PRESS Copyright © 2015.

本书简体中文版由北京大学出版社和培生教育亚洲有限公司2015年出版发行。

书　　　名	财务会计：企业运营视角（第3版）
著作责任者	〔美〕简·L.赖默斯　编著　毛新述　等译
责 任 编 辑	李　娟
标 准 书 号	ISBN 978-7-301-25288-8
出 版 发 行	北京大学出版社
地　　　址	北京市海淀区成府路205号　100871
网　　　址	http://www.pup.cn
电 子 信 箱	em@pup.cn　　QQ:552063295
新 浪 微 博	@北京大学出版社　@北京大学出版社经管图书
电　　　话	邮购部 62752015　发行部 62750672　编辑部 62752926
印 刷 者	北京宏伟双华印刷有限公司
经 销 者	新华书店
	787毫米×1092毫米　16开本　33.25印张　961千字
	2015年1月第1版　2015年1月第1次印刷
印　　　数	0001—4000册
定　　　价	76.00元

未经许可，不得以任何方式复制或抄袭本书之部分或全部内容。

版权所有，侵权必究

举报电话：010-62752024　电子信箱：fd@pup.pku.edu.cn

图书如有印装质量问题，请与出版部联系，电话：010-62756370

出版者序

作为一家致力于出版和传承经典、与国际接轨的大学出版社,北京大学出版社历来重视国际经典教材,尤其是经管类经典教材的引进和出版。自2003年起,我们与圣智、培生、麦格劳-希尔、约翰-威利等国际著名教育出版机构合作,精选并引进了一大批经济管理类的国际优秀教材。其中,很多图书已经改版多次,得到了广大读者的认可和好评,成为国内市面上的经典。例如,我们引进的世界上最流行的经济学教科书——曼昆的《经济学原理》,已经成为国内最受欢迎、使用面最广的经济学经典教材。

呈现在您面前的这套"引进版精选教材",是主要面向国内经济管理类各专业本科生、研究生的教材系列。经过多年的沉淀和累积、吐故和纳新,本丛书在各方面正逐步趋于完善:在学科范围上,扩展为"经济学精选教材""金融学精选教材""国际商务精选教材""管理学精选教材""会计学精选教材""营销学精选教材""人力资源管理精选教材"七个子系列;在课程类型上,基本涵盖了经管类各专业的主修课程,并延伸到不少国内缺乏教材的前沿和分支领域;即便针对同一门课程,也有多本教材入选,或难易程度不同,或理论和实践各有侧重,从而为师生提供了更多的选择。同时,我们在出版形式上也进行了一些探索和创新。例如,为了满足国内双语教学的需要,我们改变了影印版图书之前的单纯影印形式,而是在此基础上,由资深授课教师根据该课程的重点,添加重要术语和重要结论的中文注释,使之成为双语注释版。此次,我们更新了丛书的封面和开本,将其以全新的面貌呈现给广大读者。希望这些内容和形式上的改进,能够为教师授课和学生学习提供便利。

在本丛书的出版过程中,我们得到了国际教育出版机构同行们在版权方面的协助和教辅材料方面的支持。国内诸多著名高校的专家学者、一线教师,更是在繁重的教学和科研任务之余,为我们承担了图书的推荐和评审工作;正是每一位评审者的国际化视野、专业眼光和奉献精神,才使得本丛书聚木成林,积沙成滩,汇流成海。此外,来自广大读者的反馈既是对我们莫大的肯定和鼓舞,也总能让我们找到提升的空间。本丛书凝聚了上述各方的心血和智慧,在此,谨对他们的热忱帮助和卓越贡献深表谢意!

"千淘万漉虽辛苦,吹尽狂沙始到金。"在图书市场竞争日趋激烈的今天,北京大学出版社始终秉承"教材优先,学术为本"的宗旨,把精品教材的建设作为一项长期的事业。尽管其中会有探索,有坚持,有舍弃,但我们深信,经典必将长远传承,并历久弥新。我们的事业也需要您的热情参与!在此,诚邀各位专家学者和一线教师为我们推荐优秀的经济管理图书(em@pup.cn),并期待来自广大读者的批评和建议。您的需要始终是我们为之努力的目标方向,您的支持是激励我们不断前行的动力源泉!让我们共同引进经典,传播智慧,为提升中国经济管理教育的国际化水平做出贡献!

北京大学出版社

经济与管理图书事业部

译者序

讲授过"会计学"或类似入门课程的教师都清楚,在这类课程教学中,让学生理解并掌握借贷记账规则往往是课程讲授成功的关键。不过,这种关注借贷记账规则的授课方式却一直饱受批评,因为这种授课方式容易让学生过于"沉迷于"记账规则这一狭小领域的学习,而忽视了学生对整个财务报告和企业运营全貌的理解。目前,出版的《会计学》和《财务会计》教材都试图改善简单介绍记账规则的做法。例如,通过以"财务报表—经济业务和记账规则—财务报表"的写作方式来培养学生的大局观,通过增加案例等来增强教材的可读性,但是完全摈弃借贷记账规则介绍的此类教材却十分罕见。简·L. 赖默斯的《财务会计:企业运营视角》(第3版)通过对企业如何运营进行介绍,阐述相应的会计概念如何发挥作用。这种完全放弃以介绍借贷记账规则为主的写作方式,实现了对《会计学》教材写作的重大变革,从而使企业运营和财务报告更好地融合。本书的主要特色之处包括:

(1)关注企业运营以及如何在财务报表中反映。财务报表如何反映经济业务是企业运营观的核心。本书更多地关注企业做什么,然后在财务报表中如何反映,而较少关注记账,以帮助所有人理解财务报表。考虑到教师的不同需求,本书附录还为有需要的教师准备了借贷记账规则的介绍。

(2)重视学生学习的需求导向。本书的写作处处体现了以学生学习为中心的需求导向。例如,用不同图示标示经济业务对财务报表的影响,以帮助他们更加明确如何汇总经济业务并将其反映在四张基本财务报表中;按企业的运营过程来组织全书的撰写等。

(3)国际视野。本书主要基于美国公认会计原则(GAAP)编写,考虑到国际财务报告准则(IFRS)在全球范围内的应用越来越广泛,本书专门在第1章对IFRS进行了介绍和解释。然后,贯穿全书,针对各章节的主题,对其中所涉及的GAAP和IFRS的差异都进行了注解。

我们相信,本书中文版的出版对改变我国"会计学"或类似入门课程的授课方式和教材编写模式,将起到极大的推动作用。本书适合所有学生(包括会计专业和非会计专业的学生),尤其适合非会计专业经管类本科生和研究生、MBA 学生,以帮助他们理解企业运营与财务报表的关系,对有志于了解会计在企业运营中的作用的广大经营管理者而言,本书亦是一本不可多得的必备参考书。

本书的翻译由毛新述负责组织,各个章节的翻译及审校工作具体分工如下:毛新述、黄洁,目录和术语表;何敏,第 1、2 章,附录 A、B;申悦,第 3、4 章;黄洁,第 5、6 章;于琪,第 7、8 章;刘凯璇,第 9、10、11 章。全书初稿在交叉校对的基础上,最后由毛新述对全书进行审校、定稿。黄洁、刘凯璇协助做了大量的组织工作。

感谢北京大学出版社李娟编辑在本书翻译过程中给予的支持和帮助。

毛新述

2015 年 1 月

前 言

企业运营视角

《财务会计：企业运营视角》（第3版）通过对企业如何运营的资料进行整理，以一种各专业都能理解的方式解释了会计概念。本书中的企业运营视角体现在，我们会先提出一个企业主题，然后对这个主题背后的会计概念进行说明，而不是按照资产负债表的顺序直接解释会计概念，这对于还没学习资产负债表的学生来说太难。总之，本书强化了企业如何运营的蓝图，同时告诉学生在此背景下相应的会计概念如何发挥作用。

会计对企业而言比以往任何时候都显得重要

过去，激发学生学习会计的积极性是我们会计教授所面临的最大挑战之一。但是，过去十年中出现的企业经营失败案例，尤其是涉及会计违规和欺诈的案例，已经为学生学习会计提供了足够的动力。而且，2008—2009年的经济衰退使得会计一直出现在公众视野中。今天，我们的大多数学生毫不怀疑会计对企业的重要性。会计入门课程该如何开始，我的方法是强调企业和会计之间的这种关系。

让财务报表与各专业相关

企业运营视角更多关注企业做什么，而较少关注记账，以帮助所有人理解财务报表。虽然本书附录为有需要的教授介绍了借贷记账机制，但是基本的会计等式和财务报表如何反映经济业务才是企业运营视角的核心。

提供自己动手编制报表的实践机会：用不同方框标示的会计等式

要想有效使用财务报表，学生必须理解如何编制报表，而最好的方式莫过于让他们自己动手编制报表。用不同方框标示的会计等式在学生中反响极好，因为这能帮助他们更加明确如何汇总经济业务并将其反映在四张基本财务报表中。

用不同方框标示的会计等式是一种学生在财务会计课程中要一直使用的工具。我们在第1章给出了详细的解释。鉴于此工具的重要性，我们选取了一个例子放在这里。做作业时你会发现它的用处。每张财务报表都用不同的方框标示。每一章中在我们列示财务报表时你都会看到这些不同的方框标示。

业务	资产				=	负债		+	所有者权益	
	现金	所有其他资产		（账户）		所有负债	（账户）		实收资本 普通股	留存收益 （账户）
1	250						其他应付款		250	
2	850					850	应付票据			
3	(650)	650		不动产及设备						
4	(25)									(25) 营业费用
5	(300)	300		不动产及设备						
6	800									800 服务收入
7	(480)									(480) 工资薪金
8		20		备用品		20	应付账款			
9	(5)									(5) 股利
	440	+	**970**		=	**870**		+	**250** +	**290**

──── 利润表　　══ 所有者权益变动表　　──── 资产负债表　　---- 现金流量表

☐ 代表利润表。与利润表相关的经济业务金额会列示在会计等式工作底稿的曲线方框内。

☐ 代表所有者权益变动表。影响所有者权益的经济业务金额会列示在会计等式工作底稿的双线方框内。

☐ 代表资产负债表。只有业务的合计金额——每个账户的期末余额——才列示在资产负债表上。

☐ 代表现金流量表。可以在会计等式工作底稿的现金这一列中找到现金流入和流出。现金流量表对这些现金流入和流出做出解释。

我们所有的学生(包括会计专业和非会计专业的学生)都需要理解经济业务和财务报表之间的基本关系。总之,本书的企业运营视角为会计专业学生奠定了牢固基础,同时保证其内容与各专业相关。我希望本书会为学生提供所有能帮助他们真正了解会计的工具。

第3版的新颖之处

理解报告准则的最新进展:国际财务报告准则(IFRS)

了解国际财务报告准则(IFRS)——包括它是什么,意味着什么,什么时候出现——在全球化经济中日趋重要。在第3版中,我们在第1章对IFRS进行了介绍和解释。然后,贯穿全书,针对各章节的主题,我们对其中所涉及的美国公认会计原则(GAAP)和国际财务报告准则(IFRS)的差异进行了注解。第11章新增IFRS模块,同时给出很多根据IFRS编制的财务报表的例子。

按正确的顺序学习:重新调整经营活动和投资活动的安排顺序

先提及经营活动(例如销售和存货),再涉及长期资产的获得和使用,这与美国财务会计准则委员会(FASB)再次强调经营、投资和筹资活动的理念是一致的。这种顺序安排对学生有利,因为这与现金流量表和企业的运营过程一致。同时,由于这种调整反映出 IFRS 报表的构成方式,因此有助于学生为向 IFRS 靠拢做好准备。

让实践更容易:修订用方框标示的会计等式工作底稿

我们对用方框标示的会计等式工作底稿进行修改,从而使其更易于使用。资产仅按两列进行列示,一列是现金,另一列是其他资产;负债仅按一列列示,而不是像书中"难题"部分那样对每个资产和负债账户各设一列。这种新格式有利于我们在资产和负债列中找到空间将账户名称添加到每笔分录旁,从而让工作底稿更详细且更易懂。

强调伦理的重要性

随着当前经济中丑闻的出现,伦理作为会计的一个方面显得至关重要。为了避免学生牵扯进复杂的伦理陷阱中,第 3 版在每章开篇都引用了一个相关的近期案例,以强调伦理在会计和企业中的重要性。

包括你想学到的内容:修订货币时间价值内容

基于审稿人反馈的意见,我们将货币时间价值及债券发行收益的计算移至章节附录。现在就算你不了解现值概念,也能学习第 7 章长期负债。但是,如果有些教授想在课程中涉及这部分知识,也可以把附录合并到正文内容中一起讲解。

连接会计和企业:继续案例研究

通过案例看整个企业的运营过程能很好地帮助学生连接会计和整个企业蓝图。之前版本中的案例 Tom's Wear 现已更新为 Team Shirts,从而更易于计算折旧费用、预付费用以及商品销售成本。案例中的业务逐步增加,且每一章给出相应的计算,这更有助于学生循序渐进地学习。

紧随时代:案例更新

第 3 版提供了很多讨论企业当前所面临的经济问题的机会。例如,在第 3 章的商业视角部分,讨论了"绿色行动"的成本节约问题。纵观全书,像这样的例子能帮助学生了解企业的财务报表如何反映宏观经济的变化。

免费教辅资源*

- 参考答案
- 试卷生成器
- 教师手册

---

* 原版书各章课后"简易练习""练习""难题"三类习题均分为 A、B 两组,因 B 组习题与 A 组习题类似,为节省篇幅,本书只保留了 A 组习题。任课教师如需要 B 组习题,可向出版社免费申请。

致谢

  感谢学院和学校老师对修订《财务会计：企业运营视角》所提供的帮助。他们提出了宝贵的意见和建议。感谢所有培生的工作人员对本书修订所付出的辛勤汗水，其中首先要感谢本书的开发编辑 Karen Misler，她的能力、远见和耐心令人敬佩。我要由衷地感谢 Christopher Evans——我的朋友同时也是我的毕业生——对修订所提供的宝贵帮助。同时，对第3版的审稿人和校对人所提供的帮助表示衷心的感谢。

  致本教材的忠实读者：感谢你们的支持，第3版才得以出版。是你们激励我不断探寻教授财务会计基础课程的最好方法。特此感谢这二十年来一直鼓舞我的学生们，是你们让我有动力努力成为一名更出色的老师并成为一个更优秀的人。同时，也衷心感谢你们对本书提出的具体建议。

  感谢我的家人、朋友，包括我在罗林斯大学的同事们给予我的机会和支持。感谢我的挚友，年复一年你们总是高于我的期望，你们知道我指的是你们，再次表示感谢。

  最后，感谢我的儿子，谢谢你自始至终对我的支持和鼓励。我也一直从你和你的生活方式中受益匪浅。这本书就是献给你的！

简·L. 赖默斯
罗林斯大学克鲁莫尔商学院教授

目 录

第1章 企业是什么 ………………… 1
1.1 企业的组织形式和目的 ………… 2
1.1.1 什么是企业 ………………… 2
1.1.2 企业经营的本质 …………… 3
1.1.3 企业所有制形式 …………… 4
1.2 企业活动及商品与服务的流通 … 8
1.3 企业决策的信息需求 …………… 9
1.3.1 谁需要企业经济业务的信息 … 10
1.3.2 会计信息：企业信息系统的一部分 ………………… 12
1.4 财务报告概览 …………………… 12
1.4.1 资产负债表 ………………… 13
1.4.2 利润表 ……………………… 17
1.4.3 资产负债表和利润表的差异 … 17
1.4.4 股东权益变动表 …………… 18
1.4.5 现金流量表 ………………… 19
1.4.6 信息流动和财务报表 ……… 22
1.5 真实公司的财务报表 …………… 22
1.6 经营风险、控制和伦理 ………… 25

第2章 会计信息质量 ……………… 41
2.1 决策信息 ………………………… 41
2.2 会计信息的特征 ………………… 43
2.2.1 什么使信息有用 …………… 43
2.2.2 财务报告假设 ……………… 44
2.2.3 财务报告原则 ……………… 45
2.3 财务报表的要素 ………………… 46
2.3.1 企业第二个月的经济业务 … 46
2.3.2 资产 ………………………… 52
2.3.3 负债 ………………………… 53
2.3.4 所有者权益 ………………… 54
2.3.5 财务报表项目的计量和确认 … 54
2.4 应计项目及递延项目 …………… 56
2.4.1 权责发生制会计 …………… 56
2.4.2 收付实现制会计与权责发生制会计的对比 ………………… 56
2.4.3 会计期间和截止问题 ……… 56
2.4.4 投资者——所有者和债权人——如何使用权责发生制会计信息 … 57
2.4.5 说明财务报表提供的信息的例子 ……………………… 58
2.5 汇总——财务报表的目标 ……… 62
2.6 应用你的知识：比率分析 ……… 65
2.7 经营风险、控制和伦理 ………… 65
2.7.1 内部控制——定义和目标 … 66
2.7.2 有关财务报表的特殊内部控制问题 ………………………… 66

第3章 应计项目和递延项目：会计中时间决定一切 …………………… 83
3.1 计量收益 ………………………… 84
3.2 应计项目 ………………………… 85
3.2.1 应计收入 …………………… 85
3.2.2 应计费用 …………………… 87
3.3 递延项目 ………………………… 90
3.3.1 递延收入 …………………… 90
3.3.2 递延费用 …………………… 92
3.4 应计项目和递延项目对财务报表的影响 …………………………… 98
3.4.1 Team Shirts 3月份的经济业务 … 98
3.4.2 调整会计记录 ……………… 101
3.4.3 编制财务报表 ……………… 102
3.4.4 真实企业财务报表中的应计项目和递延项目 ……………… 105
3.5 应用你的知识：比率分析 ……… 107
3.6 经营风险、控制和伦理 ………… 109
3.6.1 记录和更新会计记录中的错误 …………………………… 109

3.6.2　会计信息的未授权使用 …………… 109
　　3.6.3　会计数据的缺失 ………………… 109

第4章　商品和服务的结算:现金与应收款项
………………………………………… 129
4.1　对现金的控制 …………………………… 129
　　4.1.1　保管现金 …………………………… 130
　　4.1.2　现金的职责分离 …………………… 130
　　4.1.3　银行存款余额调节表 ……………… 130
4.2　现金的列报 ……………………………… 135
　　4.2.1　现金等价物 ………………………… 135
　　4.2.2　现金流量表 ………………………… 136
4.3　应收账款和坏账费用 …………………… 136
　　4.3.1　提供信用 …………………………… 136
　　4.3.2　记录坏账 …………………………… 137
　　4.3.3　估计坏账费用的方法 ……………… 138
　　4.3.4　冲销一笔特定的账款 ……………… 140
　　4.3.5　直接冲销法 ………………………… 143
4.4　信用卡销售 ……………………………… 144
4.5　应收票据 ………………………………… 144
4.6　Team Shirts 4月份的经济业务 ………… 145
4.7　应用你的知识:比率分析 ……………… 149
4.8　经营风险、控制和伦理 ………………… 150
　　4.8.1　明确的责任分工 …………………… 150
　　4.8.2　文档管理的特定程序 ……………… 151
　　4.8.3　数据的独立内部核查 ……………… 151

第5章　存货的采购和销售 ……………… 168
5.1　采购和销售商品 ………………………… 169
　　5.1.1　营业周期 …………………………… 169
　　5.1.2　采购库存商品 ……………………… 169
　　5.1.3　存货采购程序 ……………………… 170
　　5.1.4　销售商品 …………………………… 174
5.2　记录存货:永续盘存制与定期盘存制
　　　………………………………………… 177
5.3　存货成本流转假设 ……………………… 178
　　5.3.1　个别计价法 ………………………… 179
　　5.3.2　加权平均成本法 …………………… 179
　　5.3.3　先进先出法(FIFO) ……………… 181
　　5.3.4　后进先出法(LIFO) ……………… 181
　　5.3.5　存货成本流转假设如何影响财务
　　　　　报表 ………………………………… 183

5.4　Team Shirts存货假设的应用 …… 192
5.5　评估存货价值的复杂之处:成本与
　　　市价孰低法 ………………………… 198
5.6　财务报表分析 …………………………… 198
　　5.6.1　毛利率 ……………………………… 198
　　5.6.2　存货周转率 ………………………… 199
5.7　经营风险、控制和伦理 ………………… 200
　　5.7.1　报废 ………………………………… 201
　　5.7.2　存货丢失的伦理 …………………… 201

第6章　长期资产的购置与使用 ………… 225
6.1　购置长期资产 …………………………… 225
　　6.1.1　长期资产的种类:有形资产和无形
　　　　　资产 ………………………………… 226
　　6.1.2　采购成本 …………………………… 227
　　6.1.3　一揽子购买的分配 ………………… 228
6.2　使用长期有形资产:折旧和折耗
　　　………………………………………… 228
　　6.2.1　直线折旧法 ………………………… 229
　　6.2.2　工作量(生产量)法 ……………… 232
　　6.2.3　余额递减折旧法 …………………… 233
　　6.2.4　折耗 ………………………………… 235
6.3　使用无形资产:摊销 …………………… 236
　　6.3.1　版权 ………………………………… 236
　　6.3.2　专利 ………………………………… 236
　　6.3.3　商标 ………………………………… 236
　　6.3.4　特许权 ……………………………… 237
　　6.3.5　商誉 ………………………………… 237
　　6.3.6　研究与开发成本 …………………… 237
6.4　资产购置后的变化 ……………………… 238
　　6.4.1　资产减值 …………………………… 238
　　6.4.2　改善资产或延长其使用寿命的支出
　　　　　………………………………………… 238
　　6.4.3　调整使用寿命和残值的估计 …… 239
6.5　销售长期资产 …………………………… 239
6.6　财务报表中长期资产的列报 …… 241
　　6.6.1　报告长期资产 ……………………… 241
　　6.6.2　编制Team Shirts报表 …………… 243
6.7　应用你的知识:比率分析 ……………… 247
　　6.7.1　资产收益率 ………………………… 247
　　6.7.2　资产周转率 ………………………… 247

6.8	经营风险、控制和伦理 …… 248	
第7章	**负债的会计处理** …… 265	
7.1	债券的种类 …… 266	
	7.1.1 确定负债 …… 267	
	7.1.2 职工薪酬 …… 268	
	7.1.3 其他短期负债:使用信用额度 … 269	
7.2	预计负债 …… 269	
7.3	长期应付票据和抵押贷款 …… 271	
7.4	长期负债:发行债券筹资 …… 273	
7.5	什么是债券 …… 273	
	7.5.1 发行债券:获得资金 …… 273	
	7.5.2 记录债券发行 …… 275	
	7.5.3 向债券持有者支付价款 …… 277	
7.6	Team Shirts 7月份的经济业务 …… 281	
7.7	应用你的知识:财务报表分析 …… 286	
7.8	经营风险、控制和伦理 …… 287	
第8章	**所有者权益的会计处理** …… 311	
8.1	公司所有者权益的组成部分——实收资本 …… 311	
	8.1.1 股票——法定、已发行和发行在外 …… 312	
	8.1.2 普通股 …… 313	
	8.1.3 优先股 …… 315	
8.2	现金股利 …… 315	
	8.2.1 有关股利的重要日期 …… 316	
	8.2.2 普通股股东和优先股股东之间的股利分配 …… 317	
	8.2.3 股利支付案例 …… 317	
8.3	库存股 …… 318	
	8.3.1 为什么企业购买自己的股票 …… 318	
	8.3.2 购买库存股的会计处理 …… 319	
	8.3.3 出售库存股 …… 319	
	8.3.4 列报库存股 …… 320	
8.4	股票股利和股票拆分 …… 321	
	8.4.1 股票股利 …… 321	
	8.4.2 股票拆分 …… 322	
8.5	留存收益 …… 322	
8.6	Team Shirt 发行新股 …… 323	
8.7	应用你的知识:比率分析 …… 329	

	8.7.1 净资产收益率 …… 329	
	8.7.2 每股收益 …… 329	
8.8	经营风险、控制和伦理 …… 331	
第9章	**现金流量表的编制和分析** …… 347	
9.1	现金流量表的重要性 …… 348	
9.2	编制现金流量表的两种方法 …… 349	
9.3	权责发生制 vs. 收付实现制 …… 350	
	9.3.1 销售收入 vs.从客户处收到的现金 …… 350	
	9.3.2 工资费用 vs.支付给职工的现金 …… 351	
9.4	编制现金流量表:直接法 …… 352	
	9.4.1 收入→从客户处收到的现金 …… 352	
	9.4.2 商品销售成本→向供应商支付的现金 …… 353	
	9.4.3 其他费用→为其他费用支付的现金 …… 354	
	9.4.4 直接法总结 …… 354	
9.5	编制现金流量表:间接法 …… 355	
	9.5.1 以净收益为起点 …… 355	
	9.5.2 检查流动资产和流动负债账户 … 356	
	9.5.3 比较直接法和间接法 …… 357	
9.6	投资和筹资活动产生的现金 …… 357	
	9.6.1 投资活动 …… 358	
	9.6.2 筹资活动 …… 358	
9.7	汇总 …… 358	
9.8	应用你的知识:财务报表分析 …… 360	
	9.8.1 经营活动产生的现金——AutoZone …… 361	
	9.8.2 投资活动产生的现金——AutoZone …… 361	
	9.8.3 筹资活动产生的现金——AutoZone …… 362	
	9.8.4 现金流量表的其他特征 …… 362	
	9.8.5 自由现金流量 …… 362	
9.9	经营风险、控制和伦理 …… 363	
第10章	**运用财务报表分析评估企业业绩** …… 386	
10.1	进一步探究利润表 …… 386	
	10.1.1 终止经营 …… 387	

10.1.2 非常项目 ………………… 388
10.2 财务信息的横向分析和纵向分析
　　　　　……………………………… 388
　　10.2.1 横向分析 ………………… 388
　　10.2.2 纵向分析 ………………… 389
10.3 比率分析 ……………………… 391
　　10.3.1 回想所有比率 …………… 391
　　10.3.2 包含现金流量的流动性比率 … 392
　　10.3.3 市场指标 ………………… 393
　　10.3.4 理解比率 ………………… 393
10.4 运用比率分析 ………………… 394
　　10.4.1 流动性比率 ……………… 398
　　10.4.2 盈利能力比率 …………… 399
10.5 财务报表分析——不仅仅是数字
　　　　　……………………………… 399
10.6 经营风险、控制和伦理 ………… 400

第11章 盈余质量、公司治理和国际财务报告准则 ……………………… 424
11.1 盈余为什么重要 ……………… 424
11.2 盈余质量 ……………………… 425
11.3 操纵盈余的惯用方式 ………… 426
　　11.3.1 巨额冲销 ………………… 426
　　11.3.2 甜饼罐准备 ……………… 427
　　11.3.3 收入确认 ………………… 427
11.4 从21世纪初的企业丑闻中学到了什么 …………………………… 428
11.5 2002年《萨班斯-奥克斯利法案》
　　　　　……………………………… 429
　　11.5.1 公司治理的关键参与者 … 430
　　11.5.2 未来前景 ………………… 431
11.6 评估公司治理 ………………… 431
　　11.6.1 定义并衡量好的公司治理 … 432
　　11.6.2 如何评估企业的公司治理 … 432
11.7 国际财务报告准则（IFRS）……… 432

附录A 百万书店2009年年报摘选 … 441
附录B 会计系统机制 …………… 474
　　会计信息系统 …………………… 474
　　总分类账会计系统 ……………… 474
　　借方和贷方 ……………………… 476
　　会计循环回顾与总结 …………… 491
　　Team Shirts 2010年3月总分类账系统中的经济业务 ……………… 492

术语表 ………………………………… 512

第 1 章　企业是什么

学习目标

当你学完本章,你应该能够:
1. 描述什么是企业以及企业的组织形式。
2. 将经济业务划分为经营活动、投资活动和筹资活动。
3. 描述会计信息的使用者,理解对他们而言会计信息的重要性。
4. 理解四大财务报表——利润表、所有者权益变动表、资产负债表和现金流量表——的基本要素;理解每张报表的作用,并能够用基本方法分析报表。
5. 认识真实公司的财务报表项目。
6. 描述企业经营中存在的风险以及伦理道德所扮演的角色。

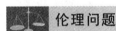 伦理问题

如同 123 一样简单

当你被要求做一些你认为可能不道德的事情时,请先思考以下问题:(1)这是合法的吗?(2)这会伤害到别人吗?(3)你会介意在晨报上看到自己的决策吗? 这些问题既不含糊其辞,也不拘泥于理论,这是每个人在决策时必须要思考的问题。下面的例子证明了忽视这些问题将导致的严重后果。

2009 年,伯纳德·麦道夫承认了 11 项长达数十年、涉案金额高达 500 亿美元的所谓庞氏骗局的重罪指控。用麦道夫自己的话讲,他完美地诠释了庞氏骗局的本质。

"我代表那些向我寻求投资建议并委托进行个人账户交易的客户和潜在客户,投资大型知名公司的股票、期权及其他证券产品,作为条件,我将回报他们利润和本金。但这一切都是虚假的。直到 2008 年 12 月 11 日我被逮捕之前,我从未像所保证的那样将这些资金投入证券市场。相反,这些资金被存到了大通曼哈顿银行的账户上。当那些客户想要得到期望的利润或收回本金时,我便把原本属于他们或者其他投资者银行账户上的钱支付给他们。"

(资料来源:Document#09-Cr-213(DC) filed with the United States District Court Southern District of New York on March 12, 2009.)

因未能出具有意义的独立审计报告,麦道夫的审计公司——Friehling & Horowitz 的注册会计师们也将面临法庭指控。在本章后面部分你会了解到,投资者的投资决策往往依赖于审计师对公司财务状况和业绩出具的公正的审计结论。2000 年年初发生的安然事件和世界通信公司丑闻,让人们开始质疑审计师为什么没有发现这些公司存在的问题。

由于没能解决我们最初提出的三个问题,麦道夫和缺乏胜任能力的审计师们让千千万万的人倾

家荡产。麦道夫面临的150年监禁也将他的余生困在监狱里。但对审计师们的控诉至今仍未解决，你可以自行查阅后面到底发生了什么。

你认为会计重要吗？事实上，经常看电视或者阅读报纸的人都能意识到会计在日常生活中的重要性。对于从事企业经营的人来说，能看懂基本的会计信息显得日益重要。在本章的学习中，你将通过一个简单的公司案例了解到企业运作的基本理念，以及为什么财务报告对一个公司的成功如此重要。当你学习会计知识时，你也能更多地认识到我们的经济在发生什么，以及这些现实事件是如何与会计信息相关的。首先，你必须知道什么是企业。

1.1 企业的组织形式和目的

Sara Gonzales喜欢打篮球，她也想开办一家属于自己的企业。在这几年参与当地娱乐部门举办的社团活动中，Sara意识到这些社团没有属于自己的标志性队服——没有匹配的装备和T恤。最初，她成立了一家以定制印有社团标志的T恤为业务的企业。随着规模的扩展，越来越多地区的社团也想有与社团文化相匹配的T恤。现如今，她的公司Team Shirts已经发展成为一家大规模的基于网络的专门为各种类型的组织生产T恤的企业，其营业收入和利润逐年递增。

如何创办一家企业？一旦创立，如何才能让这家企业走向成功？通常来说，企业通过向社会提供商品和服务为股东创造利润。它的设立以融资为起点。Team Shirts的首笔资金来源于Sara自己的5 000美元以及向她妹妹借的500美元。成立企业的资金被称为**资本（capital）**，主要来自投资者——股东（比如Sara），或者债权人，也就是贷款人（比如Sara的妹妹）。

为什么这些社团宁愿选择Team Shirts而不去购买其他公司的T恤呢？这关系到价值。我们之所以选择从J.Crew购买衣服，是因为这家公司为我们提供了附加值。比起去商场买衣服，我们似乎更愿意享受邮件预定再配送带来的便利性。J.Crew的顾客们在这种服务体验中意识到了它的附加值。一家企业可能在一无所有的基础上白手起家而后创造价值，也可能仅仅是在现有的商品和服务上增加价值。对于一些顾客来说，J.Crew方便快捷的预定和配送方式是其为消费者提供的附加值。而对另外一些消费者来说，这仅是一种可利用的特定形式。企业通过创造价值或者附加值为股东谋取利润。

Enterprise——一种企业组织形式的别称，根据其经营目的又被称为**营利性企业（for-profit firm）**。而那些以为公众服务为宗旨、不以营利为目的、向社会大众提供商品和服务的企业被称为**非营利性企业（not-for-profit firm）**。

非营利性企业的性质更接近于组织或机构，而非企业。虽然它的名称中带有"非营利"字眼，但它往往不会拒绝赚取利润。不同的是，非营利性组织不向股东分配利润，而是将这部分利润用于向社会提供更多的商品和服务。营利性组织和非营利性组织均创造价值。在本书中，我们主要探讨营利性组织——企业。

为了生存，Team Shirts公司必须为消费者带来价值。Sara从供应商处购买定制的T恤后再出售给她的客户。

1.1.1 什么是企业

图表1.1展示了一个企业简单的模型。

图表 1.1　企业

企业将投入增加价值后向顾客提供产出。

```
┌─────────────────────────┐                    ┌─────────────────┐
│         投入            │                    │     产出        │
│ 货币资金,融资资产,厂房,设备│  ── 增值转化 ──>   │                 │
│        原材料           │                    │  产品或服务     │
│        劳动力           │                    │                 │
│         存货            │                    │                 │
│       商品和服务        │                    │                 │
└─────────────────────────┘                    └─────────────────┘
```

企业投入包括资本、设备、存货、备用品和劳动力。企业通过投入所购买的商品和服务后以增加价值的方式将其转换为产出——商品或服务。企业在经营过程中,将有关活动的信息记录在公司信息系统。公司内部人员(股东和员工)和外部人员(债权人、政府机构和潜在投资者)均会使用这些信息。

企业必须有效地计划、控制和评估其经济活动,当各项活动良好运行对企业才可持续经营,当各项活动出色运行时才会为企业带来利润。利润是企业销售产品或提供服务的收入所得与为实现收入而产生的成本的差额。企业所有收入扣除为实现收入发生的全部费用后的余额是**净收益**(net income)。我们应该重视这个概念,因为对于企业和投资者而言它非常重要。企业计划、控制及评估的复杂性与公司类型、规模、结构相关。你将从企业经营的本质及所有者两个方面认识到这点。

1.1.2　企业经营的本质

企业的经营模式主要由企业的经营活动决定。由此,企业分为四种类型:服务公司、商业公司、制造公司及金融服务公司。虽然大多数企业可归为这四类中的某一类,但是一些大企业则是其中两类甚至更多类的组合体。

服务公司(service company)旨在提供服务,而非销售商品。服务涵盖范围很广,从不可见的行为活动,如律师及税务咨询师提供的意见,到可见的行为活动,如家居清理或者洗车服务。在过去的 20 年里,我们的经济创造的服务多于商品。谷歌是服务公司的典型代表。

商业公司(merchandising company)购买商品,在其基础上增添附加值再进行出售。它们不生产产品,也不消费产品,相反它们仅仅是通过购买商品再为其增加特定价值,最后将其销售给其他公司或者个人。

商业公司分为两类:
- 批发公司,其购买商品,增值后出售给其他企业(企业对企业)。
- 零售公司,其购买商品,增值后出售给最终消费者(企业对消费者)。图片中所示的 Target 公司就是零售公司的一个例子。

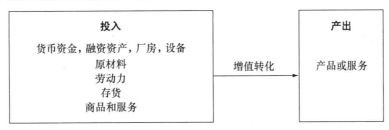

Target 是一家通过将购买的商品销售给最终消费者的零售企业。

批发公司和零售公司均是购买商品后增值销售。批发公司通常不为我们所知,因为我们并不直接从这些公司购买商品。特别地,批发公司的销售对象往往是另外一些企业,比如销售计算机芯片给戴尔或苹果公司。与批发公司不同,零售公司的销售对象一般是最终消费者。然而随着公司业务在互联网上的拓展,零售公司和批发公司的界限也日渐模糊。10年前,你会在学校的书店(零售企业)购买这本书,而书店则从培生教育公司(以批发公司的角色运营)购买此书。现如今你可以直接通过培生教育公司的官方网站来购买这本书。

制造公司(manufacturing company)销售其所制造的产品。制造公司规模大小不一,复杂性各异。生产陶瓷和花瓶的制造企业所占用的空间抑或还不及车库般大小。然而,像制造业巨头波音和洛克希德·马丁这种规模的公司,其成千上万的雇员分布在全球各个巨型工厂。

金融服务公司(financial service company)既不生产有形产品,也不销售其他公司所生产的商品。它们提供与货币相关的服务。银行是此类公司的代表之一,它们为购买汽车、房屋和家具的借款人提供贷款服务。保险公司也属于此类公司,它们为生命或财产的潜在损失提供经济保障。金融服务公司,如美林和Countrywide Mortgage在2008年的金融危机中成为众矢之的。

思考题1-1
1. 企业的主要目标是什么?
2. 描述企业的四种类型及其特征。

1.1.3 企业所有制形式

无论生产何种产品,提供何种服务,企业必定存在所有者。虽然政府也控制部分企业,但在美国,大多数企业属于个人或者群体所有。根据所有权形式不同,企业通常分为三类:个人独资企业、合伙企业和公司。

1. 个人独资企业

由个人创立的企业被称为**个人独资企业(sole proprietorship)**,比如在自家车库制作陶瓷罐的工人。一个新企业的建立往往是从个人独资企业开始的。就个人独资企业而言,在其从事生产经营过程中,原材料成本、设备、租金和收入等经济信息会被记录但不受法律限制,因此无须向社会公众披露。也就是说,一般人无法获取这些信息。实际上,企业所在州的税收部门会通过其所缴纳的税款间接计算出该企业大体收支。

个人独资企业所承担的责任与所有者存在连带关系,即所有者必须为生产经营过程中的决策负责。例如,个人独资企业收入被视为所有者收入,从而作为个人所得税的纳税基础。个人独资企业不缴纳企业所得税。

此外,个人独资企业所有者对企业债务直接负责。企业账单即所有者个人账单;所有者承担企业债务的责任范围不限于出资,其责任财产包括个人独资企业中的全部财产和投资人的其他个人财产。另外,个人独资企业所有者对企业资产享有所有权,个人资产亦是企业资产——即使个人资产是支付独资企业账单的唯一方式。

商业视角

创办新企业:企业计划包括财务报表

你曾经考虑过创办一家自己的企业吗?据小企业管理局(Small Business Administration,SBA)官方公布称,小企业——雇员人数小于100的企业:
- 代表了大于99.7%的雇主企业;
- 雇用了一半私人部门的工人和41%的高新技术人员;

- 在过去十年中,年均提供60%—80%的新增净就业机会。

为了支持小企业发展,美国国会于1953年设立小企业管理局。小企业管理局为现存企业做出了诸多贡献,并致力于为创办新企业提供信息服务与指引。例如,Sara开办Team shirts公司之前,她在小企业管理局官网发现了一些有用的信息,比如她需要制定一份企业计划书。小企业管理局明确指出企业计划书主体应包含四个方面内容:企业描述、市场状况、资金状况和企业管理。

企业描述是企业计划书的基础。它应当指出企业设立的形式——个人独资企业、合伙企业或公司,还应当明确企业的性质——制造企业、商业企业或服务企业。除此之外,还应对企业战略及目标、经营模式、经营地点、人员规模、市场状况、营业执照、保险以及融资计划等更为具体的信息进行详细描述。在该官网上,Sara了解到企业成立前需要着手解决的很多问题,包括政府对企业经营许可的限制条件。

资金状况包括初始投资预算和详细的经营预算。预算是编制财务报表的基础,而财务报表是企业计划书的重中之重。幸运的是,Sara不仅在大学会计课中学习过财务报表的相关内容,而且有相关书籍可供查阅。

一份好的企业计划书是创办一家成功企业的基本要求。若想了解更多有关小企业管理局或企业计划书的信息,请登录小企业管理局官方网站 www.sba.gov。

资料来源:U.S. Bureau of the Census; Advocacy-funded research. Data provided by the SBA.

虽然企业财务必须和投资者个人财务分离,但实质上在缴纳所得税时二者并无差别。例如,投资者个人支票账户应当与企业账户分开设立,但投资者来源于企业的收入和通过其他途径获取的收入应当一并作为个人所得税的纳税基础。

正如图表1.2所示,在美国,个人独资企业是企业组织形式中数量最多的一种。然而需要注意的是,个人独资企业所创造的利润价值远不及公司。

图表1.2　企业组织形式及其利润

尽管在美国2/3的企业是个人独资企业,但公司却创造了2/3以上的利润。

公司 567万家
合伙企业 276万家
个人独资企业 2 147万家

个人独资企业 2 700亿美元
合伙企业 5 460亿美元
公司 19 490亿美元

资料来源:美国国税局官方网站(www.irs.gov)。

2. 合伙企业

合伙企业(partnership) 由两个或两个以上投资者出资成立。与个人独资企业相同的是,合伙企业不缴纳企业所得税,合伙人从企业中获得的收入作为个人所得税的纳税基础。当两个或两个以上合伙人成立合伙企业后,他们通常会雇用律师确立合伙关系的详细条款,即合伙协议。合伙协议应当明确规定合伙人的权利、义务以及利润分配等细节。与个人独资企业类似,合伙人对合伙企业直接负责。例如,若企业因侵犯员工民事权利被控诉,合伙人就应当承担法律责任。企业资产是合伙人资产,企业债务亦是合伙人债务。同样,合伙企业的财务记录应与合伙人个人的财务记录分开。

3. 公司

公司(corporation)在法律和财产上均独立于公司所有者。各州政府在自己的界限范围内制定公司成立的规章制度。公司必须有其公司章程,包括企业描述、企业计划的融资方案和股东人数限制。公司所有权被等额划分为**普通股股份**(shares of common stock),每股股份代表一小部分公司所有权。股份所有者被称为**股东**(stockholder 或 shareholder)。绝大多数公司有众多股东,尽管公司在法律上并无最少股东人数限制。由少数股东持有股份的公司被称为封闭性公司。

正如自然人一样,作为法人,公司可以参与订立合同。公司对其收益缴纳公司所得税。股东从公司中获取的收益无须缴纳个人所得税——这与个人独资企业和合伙企业有所区别。除此之外,股东无须为公司行为活动承担法律责任。例如,股东不会因为公司的非法行为活动被控诉。管理者对公司的行为活动负责,并且仅仅是公司的资产存在风险。

戴尔公司是美国最为著名的公司之一,其在1984年由迈克尔·戴尔创立。截至目前,迈克尔是电脑行业历史上任期最久的首席执行官。凭借一个简单的理念:通过直接向客户销售电脑,戴尔公司清晰地捕捉到了客户的需求,并且迅速生产出能有效满足这些需求的产品。这家公司已向有能力且有意愿投资该公司股票的人增发了新股票,这些股票都可以在证券交易所进行交易。**证券交易所**(stock exchange)是对公开上市公司的股票进行买卖交易的场所。

当股票首次公开发行后,有意愿成为公司股东的投资人可以向那些期望出售该公司股票的人购买股份。买家和卖家通过股票经纪人在证券交易所进行交易。股票经纪人代表期望出售或购买股票的投资人进行交易。股票经纪人为诸如嘉信理财这类公司工作。在美国,证券交易所被统称为**股票市场**(stock market)。其中,纽约证券交易所是最大的交易所。如果你想成为戴尔公司的股东,你可以通过股票经纪人购买该公司股票。

购买或出售股票——也被称为股票交易——的另一种方式是网上交易。很多公司为投资者提供了无须通过股票经纪人即可买卖股票的方式。随着互联网普及率以一种难以置信的速度飞快增长,越来越多的人开始使用电子交易进行股票买卖。

监管

股东通常雇用非公司所有者来管理公司。公司所有权和经营权的分离会产生很多问题。例如,公司有很多所有者,他们当中某些人的住所或许与公司所在地距离较远。那么,股东如何确保管理者是按照股东所期望的方式经营公司?股东又如何确保管理者不利用职务之便滥用权力,比如购买豪华汽车和支付俱乐部会员费等昂贵开支?

为了保护公司所有者,避免上述现象发生,美国政府设立了**证券交易委员会**(Securities and Exchange Commission,SEC),旨在监督管理在交易所公开上市的公司及其所披露的财务报告。证券交易委员会制定一系列法规以行使对全国各州证券交易所和公开上市公司监督和管理的权力。公司受监管的程度取决于公司规模和公司性质。类似电力公司这种为社会提供基本产品或服务的企业会比类似玩具公司这种提供非必需品的企业受到更多的监管。规模大的企业比规模小的企业会受到更多监管,因为大公司为管理者提供了更多的利用职务之便牟取个人私利的机会。由于2008年始发的经济危机,银行和抵押贷款等金融机构未来将会面临更多监管。

公司的优点

作为企业组织形式之一,公司具有如下优点:

- 投资者可以分散财务风险。投资者可以通过购买各种公司的少数股票来平衡个人投资风险。例如,假设一个投资者既购买了饮料公司的股票也购买了咖啡公司的股票。当咖啡公司由于咖啡豆的短缺而年景不好时,人们就会买很多饮料作为其替代品。投资者可以通过持有这两种类型的股票进行风险规避。
- 股东承担有限责任。股东以其出资额,即以购买股份的金额承担有限责任。当公司需对员工或客户损失承担法律责任时,或当公司经营失败时,仅公司资产存在损失风险,而不是所有者的个人财产(相比之下,个人独资企业和合伙企业所有者需对公司承担无限责任,其企业和个人财产均面临损失风险)。

公司的缺点

作为企业组织形式之一,公司的缺点如下:

- 由于公司所有权和经营权的分离,公司股东和管理者对公司经营状况存在信息不对称问题。假设你拥有100股戴尔公司的股票。戴尔公司的管理层知道你不知道的公司详细信息。例如,管理者虽然清楚公司闲置现金的所有投资可能,但他们往往选择工作量最小的投资方案,即使公司股东更倾向于工作任务繁重却可以保证高收益的方案。

  实际上,公司很多信息并不为股东所知,甚至部分信息股东根本不愿意去了解。然而,股东希望确保管理者以股东利益最大化为目标行事。股东需要通过信息了解企业经营状况来评价管理者的行为决策是如何影响企业的;股东也希望确保管理者提供的信息是完整和准确的。州政府和证券交易委员会等联邦层面机构均为公司财务报告设立规章制度。公司类型和公司规模决定了报告披露的要求程度。我们将在后面的财务会计讨论中多次提到这个主题,尤其在现行的经济环境下和在未来几年中不断演化的报告制度下。

- 公司收益被双重征税。不像个人独资企业和合伙企业,公司应当对净收益缴纳企业所得税。而且,净收益(至少是净收益的一部分)或许会以**股利(dividends)**形式分配给公司股东。对于股东而言,这部分收益应当作为其缴纳个人所得税的纳税基础。这意味着对同一部分收益进行了双重征税。也就是说,隶属于股东的收益首先应作为公司收益缴纳企业所得税,而后以股息红利方式分配给股东的部分应当缴纳个人所得税(现行法律制度允许某些特殊情况下的股息红利无须再次缴纳个人所得税,也就是说,这项不利条件会因法律的变化而消失)。

4. 有限合伙企业和有限责任公司

在过去十年里,一些具有合伙企业和公司特征的企业变得司空见惯。有限合伙企业(limited liability partnerships, LLP)和有限责任公司(limited liability corporations, LLC)都具有合伙企业的纳税优势和公司责任有限优势。

有限合伙企业是一种受法律、医学及会计等专业技能强的合伙人感兴趣的企业形式。有限合伙企业的所有者——合伙人无须对其他合伙人的玩忽职守负责。他们仅对企业债权人和业主(landlord)负责。在美国,只有部分州存在有限合伙企业这种形式,且通常由律师和会计师构成。你会发现国际四大会计师事务所采用的就是这种企业形式。字母LLP会出现在该种类型企业的名称后面。

有限责任公司具有合伙企业的部分特征。它既具有常规公司有限责任的优势,又兼具合伙企业的纳税优势。比起常规的公司,有限责任公司无须提交繁杂的文件材料。

思考题1-2

1. 企业所有制的三种主要形式是什么?
2. 从所有者角度讲,三种不同所有制形式的企业的优缺点各是什么?

1.2 企业活动及商品与服务的流通

承担创办企业风险的人通常被称为企业家。企业家 Sara 建立了名为 Team Shirts 的企业。图表 1.3 反映了 Team Shirts 成立后随之而来的各项经济业务。事项识别和业务分析是理解企业如何运作的第一步。

图表 1.3　企业如何运作

该图列示了 Team Shirts 第一个月的经济业务。

我们可以根据交易——谁得到了什么及谁付出了什么——将企业经营过程中的每个步骤分类。为经济业务提供信息是会计的重要职能之一。在会计中，我们往往将经济业务划分为经营活动、投资活动和筹资活动。经营活动是指与企业日常经营相关的活动——企业经营的目标是什么。投资活动是指企业购置或处置一年期以上项目的活动。筹资活动是指与企业资金筹措有关的活动——企业如何获得所需资本从而为企业进行融资。

企业设立始于第一笔交易——Sara 向企业投资自有资金 5 000 美元。从企业角度讲，这被称为**资本**，又称作**实收资本**(contributed capital)。与其他所有业务一样，我们将从企业主体的角度进行分析。这笔业务是为获得企业所有权而进行的现金交易。因为该交易涉及 Team Shirts 的资金筹措，所以被划分为筹资活动。

通过思考可以得出此交易的支付部分——企业向 Sara 支付所有权。由于 Sara 选择以公司形式设立企业，因此企业所有权又被称为股权。对于个人独资企业和合伙企业而言，其所有权并无特殊名称。Sara 之所以选择以公司形式设立企业是因为公司所有者只承担有限责任。在该交易中公司得到的部分是 5 000 美元现金。由于 Sara 是该公司的唯一股东，因此她拥有 100% 的股权。

第二笔交易发生在 Team Shirts 和 Sara 的妹妹之间。企业向 Sara 的妹妹借款 500 美元，由此企业得到经济资源——现金。作为交换，Team Shirts 支付借据(IOU)。从 Team Shirts 的角度讲，这笔交易涉及现金流入。企业在该交易中通过借款获得资金。又因该交易的发生公司需对 Sara 的妹妹承担债务。严格意义上，在 Sara 尚未归还借款前这不能称为企业的支付部分。借据是用以反映企业在得到和支付上的时间差异。在企业事项的会计处理中，我们将会遇见许多类似的存在时间差异的相似问题。同样，这笔业务也属于筹资活动。

接下来的这笔业务是 Team Shirts 购买 100 件印有特别标志的 T 恤。在这笔交易中，公司得到 T 恤将其作为存货，并向 T 恤制造商支付现金。注意，我们讨论得失都是从 Team Shirts 的角度来讲的。如果我们从 T 恤制造商的角度看问题的话，这笔交易将截然不同。对于商业问题，我们一般选定一个角度来分析或解决问题。这笔业务属于经营活动。

下一个业务是购买服务。这笔业务中涉及的经济资源是广告和现金的交换。公司得到了广告宣传，支付了现金。同样，这笔业务也属于经营活动。

Team Shirts 销售 T 恤从而获得现金收入。同样，这笔业务也属于经营活动，更为准确地说，这恰恰是 Team Shirts 的经营目标——销售 T 恤。

最后，Team Shirts 偿还 Sara 的妹妹 500 美元贷款并支付相应利息。在这笔交易中，Team Shirts 向 Sara 的妹妹支付现金，数量等于贷款即**本金（principal）**加**利息（interest）**，后者是借款的成本。企业得到的部分发生在企业设立伊始，在第二笔交易中 Team Shirts 从 Sara 的妹妹处获得现金。IOU 相当于借据的一种，这意味着在这笔交易中，企业得到和支付部分存在时间差异。偿还贷款中的本金属于筹资活动，但利息的支付则被视为经营活动。

> **思考题 1-3**
> 1. Team Shirts 融资过程中使用了哪两种融资途径？
> 2. 你如何命名占用他人资金的成本？

1.3 企业决策的信息需求

在开办企业时，Sara 面临诸多决策问题。首先，如何融资？应设立哪种形式的企业？需要购买多少数量的 T 恤？从何处购买？广告成本是多少？如何对 T 恤定价？

在图表 1.4 中，企业获得现金融资，购买存货，销售存货后收回现金。在这之后，Sara 将面临更多的决策需求。她应该继续购买 T 恤然后重复上述内容吗？如果是，那她应该比第一次购入更多的 T 恤吗？她应该依旧从相同供货商处购买 T 恤吗？为解决这些问题，Sara 需要一些信息予以支持。通常会计人员会提供相关企业业绩的信息进而说明问题。

图表 1.4　营业周期

营业周期表明企业用现金购置商品或服务，然后出售给顾客获得更多现金的时期。

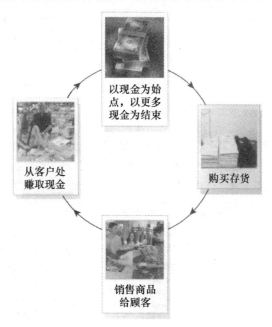

- 在会计期间企业来自销售的**收入（revenue）**如何？会计期间是企业评估经营状况所规定的任意时间长度的时期。它可以是一个月、一个季度或是一年。

- 因创造收入所产生的**费用**(expense)是多少?
- 净收益——收入与成本的差额是多少?
- 在会计期末,Team Shirts 剩余多少商品?
- Sara 应该提高还是降低 T 恤的销售价格?

除了上述财务信息外,还有其他信息可以帮助 Sara 进行决策。例如,Sara 可能需要确定不同供货商的可靠性及其商品质量的信息来决定下一阶段的供货商。在计算机技术进步使得我们可以搜集、整理和报告大量信息之前,企业仅能通过基本的财务信息进行决策。现在财务信息仅仅构成企业信息系统的一部分。

现代超市是企业处理大量信息的一个极好的例子。仅通过简单快速地对商品条形码进行扫描,超市信息存储系统即可搜集产品数据,记录并追踪供货商、产品寿命、消费者偏好和购买习惯等信息及特定财务信息,例如商品的价格和销售数量。我们已经了解了企业流程和经营所需的信息,之后我们将着重关注四大基本财务报表所反映的信息。四大财务报表是利润表、资产负债表、所有者权益变动表和现金流量表。不久你将学习更多有关它们的知识。

思考题1-4

1. 什么是收入和费用?
2. 四大基本财务报表分别指的是什么?

1.3.1 谁需要企业经济业务的信息

企业的持续经营离不开信息。公司的管理职能是计划、控制和评估企业的经营状况。为了有效执行管理职能,企业管理者必须拥有企业过去做了什么、现在在做什么和未来企业的发展方向或应当发展的方向的相关信息。传统上,会计信息系统仅能提供企业过去交易的基本数据。在过去,企业为了特定目的通常至少会有两套不同的会计记录:一套供外部财务报告使用,一套供内部决策使用。现如今,现代计算机和软件仅凭简单的命令,即可以不同的方式组织信息,从而建立起公司的所有数据信息系统。每个业务领域——通常是部门——的管理者可以获取和使用任何与其面临决策相关的信息。同样,会计人员也可获取任何与编制基本财务报表相关的信息。

1. 制定准则

会计报表根据**公认会计原则**(generally accepted accounting principles,GAAP)进行编制。GAAP 没有制定确切具体的编制原则。当你越来越了解会计时,你会发现会计报表的金额并不精准。为了使会计报表有用,我们应当理解这些准则及构建准则的不同选择。那么,谁来制定财务报告的准则呢?如图表 1.5 所示,SEC 是制定准则的最高权力机构。

20 世纪 30 年代,国会设立 SEC 以规范在证券交易所公开上市的公司。SEC 将制定财务准则的大部分权力下放给独立组织**财务会计准则委员会**(Financial Accounting Standards Board,FASB)。FASB 由专业商业人士、会计师以及专门负责制定现行会计准则的会计学者组成。会计准则是企业交易事项的报告规则和指引,因此企业应当密切关注 FASB 的动向。**上市公司会计监督委员会**(Public Company Accounting Oversight Board,PCAOB)是准则制定者中的新成员。2002 年"萨班斯-奥克斯利法案"授权该独立组织对审计行业及公开上市公司审计进行监督管理。

图表 1.5　谁制定企业财务报告准则?

1934 年,美国国会设立 SEC。上市公司会计监督委员会(PCAOB)制定审计准则,财务会计准则委员会(FASB)制定 GAAP。

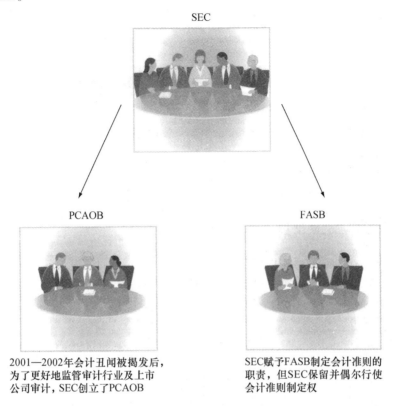

2. 国际财务报告准则

虽然 GAAP 为美国企业制定了一系列标准,但**国际财务报告准则**(International Financial Reporting Standards,IFRS)使用范围也较为广泛。IFRS 与 GAAP 在很多地方相似,且广泛适用于全球除美国以外的其他国家。IFRS 由**国际会计准则理事会**(International Accounting Standards Board,IASB)制定,IASB 是类似于 FASB 的一个组织机构,实际上 FASB 也是 IASB 的会员。2008 年,SEC 公布了"IFRS 趋同路线图",详尽阐述了 GAAP 何时以及如何实现与 IFRS 的趋同,从而使所有主要经济体使用一套全球统一的会计准则。SEC 计划要求美国在 2014 年实施 IFRS。目前存在一些抵制此项计划的情况,以及变更准则的诸多不确定性。在本书中,我们会探讨 GAAP 和 IFRS 的不同之处,以及这些不同之处如何影响企业财务报表。这一议题仍然持续,你可以通过流行商业报刊关注此事进展。

在很多行业中,监管机构要求企业,特别是公司提供特定信息。例如,SEC 规定在股票交易所上市的公司应当提供与公司交易相关的诸多不同类型的报告。在本章最后,当我们关注真实公司的财务报表时,我们会重新回到这个话题。

所有企业必须向政府税收机构申报和缴纳工资税和销售税。**美国国税局**(Internal Revenue Service,IRS)规定企业应当提供收入和费用相关信息,即使是个人独资企业和合伙企业中流向企业所有者的收入也应当提供。

当公司借款时,债权人——贷款机构或个人,有权在贷款前要求企业提供相关信息。银行需要确定贷款在未来可以收回。企业应当提供详细且明确的信用信息。信用是指借款人如期履行还款承诺的行为。

3. 会计信息的其他使用者

谁还需要企业的信息呢？企业的潜在投资者。假设 Sara 想要寻求一位 Team Shirts 的合伙人。也就是说，Sara 想要找到一个期望在 Team Shirts 投资资金从而获得股权的人。在决定是否要进行投资前，潜在投资者往往需要一些关于该企业的可靠信息。对于在股票交易所公开交易的公司，有意愿和有财力的投资者只需购买其股份便可成为该公司的股东。购买公司的股票就相当于投资该公司。在购买公司股票之前，投资者需要了解公司的信息。SEC 规定股票在公开市场交易的公司必须提供可靠和精准的信息。这意味着上市公司财务报表披露的信息必须经过审计。审计信息是经过专业会计人士——**注册会计师（certified public accountant，CPA）**审计的信息。我们会在真实公司的财务报表中探讨更多的相关内容。

最后，现有或潜在供货商、消费者和公司雇员也同样关心公司信息。他们需要通过评估公司财务状况来决策是否继续在公司工作或继续与该公司合作。

1.3.2 会计信息：企业信息系统的一部分

你曾经变更过在某公司留存的地址信息却发现该公司一个部门使用的是你的新地址，而另一个部门使用的仍旧是你的旧地址吗？即使像消费者姓名和地址这样普通的数据，企业不同部门之间搜集和存储的地方都不尽相同。随着计算机和数据库的普及，中央数据信息系统日渐替代了部门信息系统，进而消除了部门之间信息不一致的差异。

传统上，会计是企业财务信息的记录者和存储者。而现在，除财务信息之外，会计还承担了企业信息系统的管理职能。在过去几年中，企业信息搜集和储存的成本迅速下降。目前，公司报告的财务信息仅仅是企业信息的一部分。例如，企业纳税申报信息与股东所需信息全然不同。对会计了解甚少的人认为会计就是税务。这是不正确的。税务会计和财务会计大相径庭。税务会计的目标是在法律允许的范畴内，尽可能使向美国国税局申报的纳税额度最小化。而财务会计的目标是向股东和外部使用者（不包括美国国税局）提供有利于其进行投资决策和信贷决策的有用信息。财务会计信息通常在四大基本财务报表及其附注中体现。

通常，会计分为两个主要领域：财务会计和管理会计。财务会计主要是为企业外部信息使用者，如股东和债权人提供财务报告。相反，管理会计主要是为企业内部管理人员提供相关信息。本书中，我们将重点学习财务会计。

1.4 财务报告概览

在公司报告中，以下四大财务报表用以反映特定时点的财务状况和特定时期的经营成果：
（1）资产负债表；
（2）利润表；
（3）所有者权益变动表（股东权益变动表）；
（4）现金流量表。

公司财务报表包括上述四大基本财务报表和**财务报表附注（notes to the financial statements）**。财务报表附注，通常指公司的补充说明，是财务报表的一部分。附注用于披露企业遵循的会计政策以及其他信息，以帮助外部使用者更好地理解财务报表的内容。当你在学习四大财务报表时，你可以在附注中找到这些报表的附加解释说明。

在本章中，我们将简单浏览每张财务报表。在后面的章节中，我们会详细地学习它们。

1.4.1 资产负债表

资产负债表(balance sheet)描述企业特定时点的财务状况。资产负债表相当于在特定时点捕捉了企业财产价值的快照,还可说明企业对这些项目是如何进行融资的。资产负债表分为三个部分:

- 资产
- 负债
- 所有者权益

资产(assets)是企业拥有或控制的能在未来为企业带来经济利益的经济资源。例如,现金和设备都是资产。企业的每项资产都对应一份要求权。两类人对企业资产拥有要求权,分别为债权人和所有者。

债权人对资产的要求权被称为**负债**(liabilities)。负债是企业外部人员向企业提供的贷款中尚未清偿的部分。例如,你的汽车贷款对你来说就是负债。

所有者对资产的要求权被称为**所有者权益或股东权益**(shareholder's equity)。所有者权益或股东权益都是所有者要求权的别称。所有者权益也称为净资产,因为它等于企业资产扣除负债后的余额,换句话说就是从资产中扣除负债后的净值部分。

企业所有者可以通过两种方式增加对企业资产的要求权。一是增加实收资本,二是赚取更多净收益。当企业盈利时,经营所得的收益会保留在企业中,这部分收益被称为**留存收益**(retained earnings)。在 Team Shirts 第一个月的经营中,我们会看到实收资本和留存收益的不同之处。

资产、负债和所有者权益共同构成了资产负债表。下面的第二个等式是会计等式。它是资产负债表的基础。

$$资产 = 要求权$$
$$资产 = 负债 + 所有者权益$$

企业发生的每笔经济业务都可以在会计等式中记录。换句话说,每一笔交易都会使资产负债表发生变化。资产负债表的左右两边必须相等。我们来看一下 Team Shirts 1 月份的经济业务,理解每笔业务如何改变会计等式。

日期	经济业务
1月1日	Sara 以自有资金 5 000 美元投资设立企业,Sara 获得普通股。
1月1日	Team Shirts 向 Sara 的妹妹借款 500 美元。
1月5日	Team Shirts 以 400 美元现金购买了 100 件 T 恤作为存货。
1月10日	Team Shirts 向一家公关公司支付 50 美元现金用以购买广告宣传册。
1月20日	Team Shirts 以每件 10 美元的价格销售了 90 件 T 恤。
1月30日	Team Shirts 偿还 Sara 的妹妹 500 美元本金和 5 美元利息。
1月31日	Team Shirts 宣告并发放 100 美元股利。

在第一笔经济业务开始之前,企业没有资产和负债,也没有所有者权益。因此,会计等式为:

$$资产 = 负债 + 所有者权益$$
$$0 \quad\quad\quad 0 \quad\quad\quad 0$$

Sara 以公司形式设立企业。在这里,所有者权益被称为股东权益。而其初始投资的实收资本会被划分为普通股。我们将在第 8 章中详细介绍股东权益。第一笔经济业务的会计等式为:

资产	=	负债	+	所有者权益
5 000 美元现金		0		5 000 美元普通股

在 1 月 1 日,Team Shirts 借款 500 美元。第二笔经济业务的会计等式为:

资产	=	负债	+	所有者权益
500 美元现金		500 美元应付票据		0

企业可以在任意时点编制资产负债表来反映资产、负债和所有者权益的财务状况。如果 Team Shirts 在 2010 年 1 月 2 日编制资产负债表,那将会有两笔经济业务反映在报表中。图表 1.6 是在该时点下的资产负债表。接下来的每笔经济业务都会影响到资产负债表的变化。

图表 1.6 Team Shirts 在 2010 年 1 月 2 日的资产负债表

这张资产负债表反映了 Team Shirts 创立两天后的财务状况。注意,会计恒等式:资产 = 负债 + 所有者权益。

Team Shirts
资产负债表
2010 年 1 月 2 日
(单位:美元)

资产		负债和所有者权益	
现金	5 500	应付票据	500
		普通股	5 000
资产合计	5 500	负债和所有者权益合计	5 500

图表 1.6 中,资产负债表的一些特征需要引起注意。首先,资产负债表的表头包括以下内容:
- 编制单位
- 报表名称
- 报表日期或涵盖期间

资产负债表上的日期是特定日期。假设 Team Shirts 营业年度也是其**会计年度(fiscal year)**,即从 1 月 1 日到 12 月 31 日。企业第一年年初资产负债表为空表。在第一笔经济业务发生之前,企业没有资产、负债和所有者权益。

图表 1.6 中资产负债表的编制日期是 2010 年 1 月 2 日。截至此日期,Team Shirts 已运营两天。虽然企业不大可能在创立两日之后就编制资产负债表,但为了举例说明,我们编制了 Team Shirts 在 2010 年 1 月 2 日的资产负债表。这张资产负债表反映了在 2010 年 1 月 2 日营业结束时,企业的资产、负债和所有者权益的财务状况。在此之前,Team Shirts 从所有者 Sara 处获得 5 000 美元现金投资,也向 Sara 的妹妹借款 500 美元现金。因此,资产表现为 5 500 美元现金,负债为 500 美元,所有者权益为 5 000 美元。负债和所有者权益反映了对企业资产的要求权。

资产负债表反映的是企业特定日期的财务状况,因此每笔经济业务的发生都会导致资产负债表发生变化。但实际上,企业并不需要那么多的信息。利润表反映了特定时期内企业收入和费用的关系。企业应当提供该时期期初和期末的资产负债表,这两张资产负债表构成**比较资产负债表(comparative balance sheets)**。对于 Team Shirts 来说,第一年年初资产负债表是空表。也就是说,在 2010 年 1 月 1 日期初,会计等式为 0 = 0 + 0。在我们编制 2010 年 1 月 31 日的资产负债表前,我们需要查看 1 月份的利润表。利润表可以告诉我们两张资产负债表间隔期间发生了什么。

思考题 1-5

1. 所有者权益分为哪两个部分？
2. 什么是会计年度？

在编制 Team Shirts 2010 年 1 月 31 日的资产负债表或利润表前,我们要查看 1 月份发生的经济业务以确定它们是如何影响会计等式的。有关分析如图表 1.7 所示。

图表 1.7 Team Shirts 1 月份会计等式工作表

企业所有经济业务均可在会计等式工作表中体现。利润表根据"曲线方框"中的经济业务编制而成,其中,除股利外其他均属于留存收益。利润表中的经济业务涉及收入和费用的金额将直接简化为净收益。净收益作为所有者权益变动表(用"双线方框"表示)的一部分。此外,所有者权益变动表的相关内容被概括为资产负债表(用"实线方框"表示)的一部分。所有经济业务都直接或间接影响着资产负债表,资产负债表报告了这些经济业务的浓缩或概括性信息,以最后一行数字(2010 年 1 月 31 日余额)表示。第四张报表,现金流量表(用"虚线方框"表示)表明公司在会计期间现金收入与现金支出情况。

单位:美元

日期	经济业务	资产		=	负债	+	所有者权益	
		现金	所有其他资产（账户）		所有负债（账户）		实收资本	留存收益（账户）
1/1/2010	Sara 以自有资金 5 000 美元投资设立企业,作为交换,Sara 获得普通股	5 000					5 000	
1/1/2010	公司向 Sara 的妹妹借款 500 美元	500			500 应付票据			
1/5/2010	公司以 400 美元现金购买了 100 件 T 恤作为存货	(400)	400 存货					
1/10/2010	公司向一家公关公司支付 50 美元现金用以购买广告宣传册	(50)						(50) 广告开支
1/20/2010	公司以每件 10 美元的价格销售了 90 件 T 恤	900	(360) 存货					900 销售收入 (360) 商品销售成本
1/30/2010	公司偿还 Sara 的妹妹 500 美元本金和 5 美元利息	(505)			(500) 应付票据			(5) 利息费用
1/31/2010	公司宣告并发放 100 美元股利	(100)						(100) 股利
期末余额	1/31/2010	5 345	+ 40	=	0	+	5 000	+ 385

企业成立伊始,资产负债表是空表。2010 年 1 月 1 日,Team Shirts 创立之初尚不存在资产,因此也不存在对资产的要求权。Sara 的 5 000 美元投资和 Sara 的妹妹的 500 美元贷款,这两笔经济业务象征着 Team Shirts 运营的开始。Sara 的投资增加 5 000 美元资产,并增加 5 000 美元所有者权益,因

此 Sara 享有对新增资产的要求权。Sara 的妹妹的贷款增加 500 美元负债并增加 500 美元资产,因此 Sara 的妹妹对这笔新增现金资产享有要求权。在这两笔经济业务之后,企业运营正式开始。1 月发生的每笔业务都会影响资产负债表。在学习图表 1.7 中的经济业务时,请阅读以下描述:

- 1 月 5 日,现金减少 400 美元,存货增加 400 美元。公司仅简单地以一种资产(现金)与另一种资产(存货)进行交换,因此这被称为资产交换。注意:这笔交易的发生只影响等式左边。这完全可以接受。资产项目的交换对所有者权益不存在影响。Sara 仍旧对相同数量的资产享有要求权。

- 1 月 10 日,Sara 支付广告宣传册费用 50 美元。此项支出是 Team Shirts 为创造收益产生的成本。这笔业务致使资产和所有者权益项下的留存收益均减少。为什么留存收益会减少呢?因为当资产减少 50 美元时,股东或债权人对资产的要求权相应减少。此例中,资产减少的结果是股东的要求权减少。留存收益是股东权益的一部分,反映了企业赚取权益的数额(通过这本书,你会发现在企业的所有交易中,收入增加留存收益,费用减少留存收益)。

- 1 月 20 日,Team Shirts 以每件 10 美元的价格销售了 90 件 T 恤。这笔销售收入增加现金 900 美元。谁对这项资产享有要求权呢?显然是股东。收入增加留存收益。销售发生时,企业另一项资产减少。原本 100 件的 T 恤存货现在减少了 90 件。每件 T 恤的原始成本是 4 美元,这意味着企业减少了 360 美元的存货。这项费用使得资产和股东要求权相应减少。

- 1 月 30 日,Team Shirts 偿还 500 美元贷款和 5 美元利息。偿还本金导致企业现金减少且使得负债得以清偿。在会计等式中,资产减少 500 美元的同时债权人的要求权也相应减少 500 美元,会计等式依然保持平衡。然而,利息是借款成本,对于企业来说,称之为利息费用。像所有费用一样,它通过减少留存收益从而减少股东要求权。

- 1 月 31 日,Team Shirts 发放 100 美元股利。股利是公司对股东的分配。企业现金的减少使得股东对企业资产的要求权减少,这反映为留存收益的降低。当这 100 美元股利发放后,它便成为 Sara 独立于公司的个人财产。

通过会计等式来记录经济业务可以有效地说明财务报表之间是如何相互关联的。图表 1.8 反映了财务报表和会计等式的关系。

图表 1.8　会计等式

这反映了会计等式如何构成财务报表的基础。

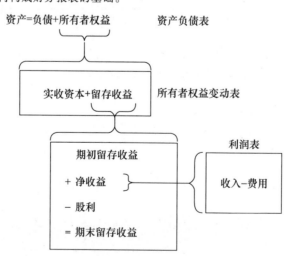

会计账簿(books) 是企业追踪并记录经济业务的重要工具,它形式多样,从简单的人工记录系统到复杂的计算机系统不尽相同。财务报表不会因为企业存储和记录方式不同而变化。会计等式是积累会计信息并向决策者传递信息的基础。企业在年初有一张资产负债表(只有在企业成立伊始该表才为空),经过一年的业务经营,在年末时会生成一张更新后的资产负债表。年末,企业第一个需要编制的报表是利润表。

1.4.2 利润表

在财务报表中,最为人所知的当属**利润表(income statement)**,它又被称为收益表、经营表或损益表。利润表是反映企业销售商品或提供服务的收入所得减去当期所有为创造收入发生的费用的汇总报表。它反映了企业会计年度的经营成果。很多时候,企业的会计年度与日常所说的日历年度并不一致。例如,企业的会计年度可能开始于7月1日,并于次年6月30日结束。某些情况下,公司的会计年度可能因年份不同而存在轻微差异。例如,戴尔公司规定其会计年度为52周或53周,且结束日是最接近1月31日的那个星期日。

资产负债表反映了在特定日期企业的资产、负债和所有者权益的财务状况。然而,在一个会计年度结束时,企业最先编制的报表是利润表。图表1.9是Team Shirts的利润表。它反映了该公司自2010年1月1日至2010年1月31日的收入和费用等情况。之前提到,收入和费用的差额即为净利润,也称净收益。

关于利润表需注意以下几点:

- 第一,已售T恤的成本记作费用,称为商品销售成本。未售T恤的成本在资产负债表中记作存货。
- 第二,偿还Sara妹妹的贷款金额不计入费用,只有贷款利息才确认为费用。也就是说,偿还的本金不计入费用。

注意,利润表不列示公司对股东的股利分配。作为经营报酬,Sara的工资薪金将计入费用。但她决定不那么做。她决定通过股利方式获得现金。股利不是收益的一部分,它们是收益的分配对象。

图表1.9 Team Shirts 1月份的利润表

1月份的利润表反映了在1月份发生的所有收入和所有费用。

Team Shirts
利润表
截至2010年1月31日
(单位:美元)

收入	
销售收入	900
费用	
商品销售成本	360
广告费用	50
利息费用	5
费用合计	415
净收益	485

1.4.3 资产负债表和利润表的差异

当你仔细思考个人理财后,你会更好地理解资产负债表和利润表的差异。当你要编制个人资产负债表时,首先你应列举你的资产,例如手中的现金(无论有多少)以及车、衣服、电脑和手机的成本。其次,你需要罗列出你所有的债主以及分别欠其的金额。这或许包括一些信用卡公司和汽车贷款银行。所有资产和负债均以美元作为计量单位。资产负债表报表日期必须准确列示。例如,若你编制资产负债表的时间是2010年的最后一天,那么资产负债表日即为2010年12月31日。记住以下会计等式:

$$资产 = 负债 + 所有者权益$$

个人资产扣除债权人贷款后的剩余部分即为个人权益。股东权益有时称为剩余权益,因为它反映了从公司资产中扣除债权人要求权后的剩余部分。

相反,利润表反映了一定时期的经营成果。例如,2010年全年你的净收益是多少?你应列举出这一年的所有收入和费用,它们的差额即为这一年你的净收益。在这里,不存在平衡等式。利润表反映了你的收入来源和与之相关的成本,它们的差额,希望是正的,称之为净收益。若收入扣除费用后的数值为负,则称其差额为净损失。

思考题1-6

1. 利润表包含哪些内容?资产负债表包含哪些内容?
2. 请描述资产负债表和利润表的时间差异。

1.4.4 股东权益变动表

正如名称所示,股东权益变动表反映了一定时期内股东权益的变动。对于公司来说,之所以称为**股东权益变动表(statement of changes in shareholders' equity)** 是因为公司所有者被称为股东。股东权益变动表以某个特定资产负债表日为起始日期,以实收资本为期初余额,反映了一定时期内(通常为一年)当期实收资本的增减变动。在本课程中,我们暂且不会看到实收资本的减少。实收资本减少只有在极特殊情况下才会发生,高级会计课程会涉及相关内容。报表第二部分反映了留存收益的期初余额及增减变动。通常留存收益的增加来自净收益,减少来自股利的分配。为了示范,本书以 Team Shirts 月度财务报表作为案例分析。

Team Shirts 第一个月的所有者权益变动表如图表 1.10 所示。

图表 1.10 Team Shirts 1 月份所有者权益变动表

该报表反映了1月份发生的所有者权益变动情况。

Team Shirts
所有者权益变动表
截至 2010 年 1 月 31 日
(单位:美元)

期初实收资本	0	
本月发行的普通股	5 000	
期末实收资本		5 000
期初留存收益	0	
净收益	485	
股利	(100)	
期末留存收益		385
所有者权益合计		5 385

月初,所有者权益变动表以实收资本作为期初金额。由于是初始设立,Team Shirts 本月第一天实收资本为 0。继而,Sara 将自有资金 5 000 美元作为实收资本投资于 Team Shirts,此项将在报表中列示。对于公司,实收资本的表现形式是股份。下一个报表项目是期初留存收益,所有者权益主要来源于企业的经营利润,而非实收资本。由于 Team Shirts 是初始设立,因此期初留存收益为 0。在此期间净收益为 485 美元,这使留存收益增加 485 美元。100 美元的股利分配减少相应数额的留存收益。期末,留存收益与实收资本共同构成了所有者权益。

完成当期利润表和所有者权益变动表后,接下来你需要编制月末资产负债表。如图表 1.7 所示,若你以会计等式方式来编制该报表,你会看到资产、负债和所有者权益期初到期末的增减变动,且每笔交易均遵循会计等式原则。图表 1.11 是 Team Shirts 2010 年 1 月 31 日的资产负债表。

图表 1.11　2010 年 1 月 31 日 Team Shirts 的资产负债表

这是 Team Shirts 经营一个月后的资产负债表。需要注意的是,如何通过利润表和所有者权益变动表计算得到资产负债表中的数字。

Team Shirts
资产负债表
2010 年 1 月 31 日
(单位:美元)

资产		负债和所有者权益	
现金	5 345	应付票据	0
存货	40	普通股	5 000
		留存收益	385
资产合计	5 385	负债和所有者权益合计	5 385

1.4.5　现金流量表

现金流量表(statement of cash flows)是完整反映公司财务状况健康与否的必要报表之一。它在理论上最简单,却被视为最重要的报表。它列示了特定时期内流入企业的现金(现金流入)和流出企业的现金(现金流出)。换而言之,它反映了特定会计期间所有的现金流入和流出。通常我们会将特定时期的现金流入与现金流出和相同时期利润表中的收入和费用作比较。会计人员将收入作为测量企业在特定时期经营成果的工具,尽管它和该时期流入的现金并不相等。会计人员将费用作为为创造收入而产生的成本,尽管它和该时期流出的现金并不相等。由于衡量企业经营成果的收入和费用与现金流入和支出并不存在确切对应关系,因此现金流量表是确保完整反映特定时期企业经济业务的必要保障。

现金流量表分为三部分:
- **经营活动产生的现金流量**(cash from operating activities)
- **投资活动产生的现金流量**(cash from investing activities)
- **筹资活动产生的现金流量**(cash from financing activities)

它们代表企业三种不同类型的日常活动。图表 1.12 展示了一些日常经济业务以及如何将它们分类。记住,唯有与现金相关的业务才会列示在现金流量表中。

图表 1.12　现金流量类型

一切经济业务均可划分为三种经济活动。当经济业务涉及现金时才会在现金流量表中列示。

	经营活动	投资活动	筹资活动
现金流入……	向顾客销售商品所得 银行存款利息所得	出售产权和设备所得	发行长债 发行股票
现金流出……	向供应商购买存货 向员工支付薪酬	购置工厂及设备 投资于其他企业	偿还长债本金 向股东支付股利

经营活动产生的现金流量附属于企业的一般经营活动。对于 Team Shirts 而言,购买 T 恤就是一种经营活动。看看图表 1.13 所示的现金流量表中的其他经营活动产生的现金流量。

图表 1.13　Team Shirts 1 月份现金流量表

现金流量表列示了当期所有的现金流入和现金流出。报表末端,现金期初余额加上当期现金变动等于现金期末余额。

```
                        Team Shirts
                        现金流量表
                    截至 2010 年 1 月 31 日
                        (单位:美元)
```

经营活动产生的现金		
从客户处收到的现金	900	
向供货商支付的现金	(400)	
支付广告费用的现金	(50)	
支付借款利息的现金	(5)	
经营活动产生的现金净额		445
投资活动产生的现金		0
筹资活动产生的现金		
实收资本	5 000	
借款	500	
偿还本金	(500)	
支付现金股利	(100)	4 900
现金净增加额		5 345
现金期初余额		0
现金期末余额		5 345

投资活动产生的现金流量是指与企业购置和处置一年期以上资产相关的现金流量。若 Sara 购置丝绢网印花设备,此业务应当归属于投资活动而非经营活动,因为购置及出售设备不属于 Team

Shirts 的日常经营活动。一年期以上资产（通常称为长期资产）的购置与处置归属于投资活动。

筹资活动是指与企业资金来源相关的活动。通常以现金形式进行融资的方式可分为两种：一是来自所有者的投资；二是来自债权人的贷款。任何与之相关的交易所带来的现金流入均归属于筹资活动。筹资活动产生的现金流出包括本金偿还和股利分配。Team Shirts 偿还 500 美元本金就是筹资活动现金流出的例子。

现在，你可以试着思考四大报表的勾稽关系。图表 1.14 是 Team Shirts 1 月份的四张报表，表中

图表 1.14　Team Shirts 财务报表总结及其关系

以下反映了四张财务报表是如何相关的。

Team Shirts 利润表　截至 2010 年 1 月 31 日（单位：美元）

收入	
销售收入	900
费用	
商品销售成本	(360)
广告费用	(50)
利息费用	(5)
净收益	485

Team Shirts 所有者权益变动表　截至 2010 年 1 月 31 日（单位：美元）

实收资本	
期初普通股	0
本月发行的普通股	5 000
期末普通股	5 000
留存收益	
期初留存收益	0
+ 净收益	485
− 股利	(100)
期末留存收益	385
所有者权益合计	5 385

Team Shirts 现金流量表　截至 2010 年 1 月 31 日（单位：美元）

经营活动产生的现金		
从客户处收到的现金	900	
向供货商支付的现金	(400)	
支付广告费用的现金	(50)	
支付借款利息的现金	(5)	445
投资活动产生的现金		0
筹资活动产生的现金		
实收资本	5 000	
借款	500	
偿还本金	(500)	
支付现金股利	(100)	4 900
现金净增加额		5 345
现金期初余额		0
现金期末余额		5 345

Team Shirts 资产负债表　2010 年 1 月 31 日（单位：美元）

资产	
现金	5 345
存货	40
资产合计	5 385
负债和所有者权益	
负债	
应付票据	0
所有者权益	
普通股	5 000
留存收益	385
负债和所有者权益合计	5 385

的箭头反映了它们之间的相关关系。下一章我们会详细地讨论四大财务报表。当你学完这些后,你将能够读懂财务报表,并能够分析经济业务以及理解它们如何影响企业的财务报表。

> **思考题1-7**
> 1. 图表1.14中,利润表与资产负债表是如何相关的?换句话说,净收益是如何影响资产负债表的?
> 2. 为什么既需要利润表也需要现金流量表?请以Team Shirts为例,解释二者的不同之处。

1.4.6 信息流动和财务报表

公司记录和使用大量有关经济业务的信息。大量数据及信息搜集和存储方式因公司不同而相异。在公司信息系统中,财务报表所包含的有效信息定义明确且具体。四大财务报表旨在为企业经济业务描述和评估提供财务信息。投资者、监管者、供货商、消费者和债权人均依赖于财务会计信息进行决策。

1.5 真实公司的财务报表

股票在例如纽约证券交易所(NYSE)等公开股票交易市场交易的公司每年都要编制四大财务报表。虽然它们的报表比Team Shirts复杂许多,但基本财务报表项目二者兼有。

美国证券交易委员会要求上市公司定期披露企业发生的事项。它的网址是www.sec.gov,你可以试着查看是否能找到近期的公司文件。公司披露中最重要的文件是10-K报告,它是公司必须向美国证券交易委员会提交的重要报告。这份报告披露了综合的企业信息。其中,上市公司年度审计报告是10-K报告中较为重要的部分,它剔除了公司推销辞令和故事演绎等可能存在粉饰性的因素。10-K报告中有很多你在其他众多年度报告中无法找寻的信息,如内部持有股票和管理团队简介等。这个报告必须在会计年度结束后60天或75天内披露。

从2009年6月开始,美国证券交易委员会要求上市公司在披露报告时必须使用指定计算机语言,又称为**可扩展商业报告语言(eXtensible Business Reporting Language,XBRL)**。这是一种使公司更标准化地披露信息的技术方法,便于更快捷、重复地使用信息。尝试探索一下:www.sec.gov/spotlight/xbrl/viewers.shtml;然后点击Interactive Financial Report(交互式财务报告)。据美国证券交易委员会,在XBRL编码下实现的交互数据将使财务信息分析更为有效。

> 交互式数据为投资者、分析师和其他信息使用者读取财务信息创造了新的方式。例如,使用者可以直接下载财务信息的电子数据表,通过集成通信技术软件分析数据并在其他软件格式下实现投资模型运行。通过交互数据,原本基于文本的静态数据可以实现动态搜索和分析的转化,且使得不同公司、报告期间和行业的财务信息和公司业绩易于比较。

(资料来源:SEC公开发布的Nos.33-9902、34-59324、39-2461号文件。)

图表1.15是戴尔公司的比较资产负债表。注意真实公司戴尔和我们的虚拟公司Team Shirts之间的相同之处——两者的资产负债表均达到平衡。两个公司在资产负债表中均先列示资产,其次列示负债和所有者权益。两个公司均以美元作为货币计量单位。我们会在接下来的章节中讨论真实公司与虚拟公司的资产负债表差异。

戴尔公司的利润表(合并利润表如图表1.16所示)看起来与Team Shirts的利润表差别很大(见图表1.9)。首先,戴尔公司披露了为期三年的比较利润表。戴尔公司和Team Shirts均产生收入和费

图表 1.15 戴尔公司比较资产负债表

这是戴尔公司的资产负债表,节选自公司年度报告。

戴尔公司
合并财务状况表
(单位:百万美元)

财务状况表即资产负债表

资产在报表中排在第一位

资产	2009年1月30日	2008年2月1日
流动资产:		
现金及现金等价物	8 352	7 764
短期投资	740	208
应收账款(净额)	4 731	5 961
应收融资款(净额)	1 712	1 732
存货(净额)	867	1 180
其他流动资产	3 749	3 035
流动资产合计	20 151	19 880
不动产及设备	2 277	2 668
投资	454	1 560
长期应收融资款(净额)	500	407
商誉	1 737	1 648
无形资产(净额)	724	780
其他非流动资产	657	618
资产合计	26 500	27 561

负债和所有者权益一同列示

负债和所有者权益		
流动负债:		
短期负债	113	225
应付账款	8 309	11 492
应计项目及其他	3 788	4 323
短期递延服务收入	2 649	2 486
流动负债合计	14 859	18 526
长期负债	1 898	362
长期递延服务收入	3 000	2 774
其他非流动负债	2 472	2 070
负债合计	22 229	23 732
资本承诺及或有负债(附注10)		
可赎回普通股,每股溢价 0.01 美元;发行和流通在外股票分别为 0 和 400 万股(附注 4)	—	94
所有者权益:		
优先股,每股溢价 0.01 美元;法定股:50 亿股;已发行和流通在外股:0 股	—	—
普通股,每股溢价 0.01 美元;法定股:70 亿股;已发行股分别为 33.38 亿股和 33.20 亿股;发行在外股分别为 19.44 亿股和 20.60 亿股	11 189	10 589
库存股,分别为 9.19 亿股和 7.85 亿股	(27 904)	(25 037)
留存收益	20 677	18 199
累计其他综合收益或损失	309	(16)
所有者权益合计	4 271	3 735
负债和所有者权益合计	26 500	27 561

资产负债表达到平衡

报表附注是合并财务报表的组成部分。

图表 1.16 戴尔公司利润表

这是戴尔公司连续三个会计年度的利润表。

戴尔公司
合并利润表
（单位：百万美元，每股数值除外，股数为百万股）

	会计年度期末		
	2009年 1月30日	2008年 2月1日	2007年 2月2日
销售收入净额	61 101	61 133	57 420
销售成本	50 144	49 462	47 904
毛利	10 957	11 671	9 516
营业费用：			
销售和管理费用	7 102	7 538	5 948
进行中的研发项目费用	2	83	—
研发和工程费用	663	610	498
营业费用合计	7 767	8 231	6 446
营业利润	3 190	3 440	3 070
投资及其他收入，净额	134	387	275
税前利润	3 324	3 827	3 345
备付所得税额	846	880	762
净收益	2 478	2 947	2 583
每股收益：			
基本每股收益	1.25	1.33	1.15
稀释每股收益	1.25	1.31	1.14
发行在外加权平均股数：			
基本加权平均股数	1 980	2 223	2 255
稀释加权平均股数	1 986	2 247	2 271

附注是合并财务报表的重要组成部分。

用，但这两家公司所列示的报表项目顺序不尽相同。Team Shirts 先列示了收入，然后将费用加计汇总。这被称为**单步式利润表(single-step income statement)**。而在戴尔公司利润表中，主营业务收入扣除当期与之配比的费用——主营业务成本(也称为商品销售成本)得到毛利。这被称为**多步式利润表(multistep income statement)**。如果要将 Team Shirts 的利润表更改为多步式利润表，我们可以从 900 美元的收入中减去 360 美元的商品销售成本得到 540 美元毛利。尽管戴尔公司和 Team Shirts 的利润表报表项目次序不同，但对于每个公司来讲，净收益仍是收入扣除费用所得。无论收入和费用以何种形式列示，净收益都将保持不变。

一套完整的年度财务报告包括四大基本财务报表(即资产负债表、利润表、所有者权益变动表、现金流量表)和财务报表附注。上市公司披露的 10-K 报告中，紧随年度财务报表之后的是审计师的审计意见。图表 1.17 是戴尔公司最近一期财务报告的审计意见。独立审计师在确保财务报表为投资者提供可靠信息的过程中扮演着至关重要的角色。

图表 1.17　独立审计报告

每家上市公司都被要求进行审计。以下是审计报告的节选部分：

注册会计师事务所审计报告

戴尔公司董事及股东们：

　　我们认为，戴尔公司上述合并财务报表已经按照美国会计准则的规定编制，在所有重大方面公允反映了戴尔公司及其子公司在 2009 年 1 月 30 日和 2008 年 2 月 1 日合并的财务状况以及截至 2009 年 1 月 30 日连续三年公司的经营成果和现金流量。除此之外，我们认为，财务报表附注在所有重大方面公允反映了与相关合并财务报表相连的信息。我们还认为，戴尔公司在重大方面针对 2009 年 1 月 30 日所披露的报告有效实施了 COSO 规定的内部控制原则。戴尔公司管理层对报告中财务报表、财务报表附注、财务报告中有效的内部控制和包括管理层在 9A 项下对财务报告内部控制报告的有效性评定负责。我们的责任是对这些财务报表、财务报表附注及基于我们独立审计的财务报告内部控制发表我们的意见。我们的审计遵循美国上市公司会计监管委员会的规定。这些规定要求我们必须计划并执行审计，以对上市公司财务报表是否存在重大错报和在所有重大方面上市公司内部控制是否有效实施提供合理保证。我们对财务报表的审计包括审查、抽查凭证以确保财务报表中披露的金额正确，评估所遵循的会计原则及管理层的重要估计并评价整个财务报表的披露情况。我们对财务报告的内部控制包括理解财务报告内部控制，评估企业实质性漏洞的风险，基于风险评估测试评价企业内部控制设计和运行的有效性。我们的审计还包括其他我们认为在特定情况下必要执行的程序。我们认为我们为出具的审计意见提供了合理依据。

普华永道
Austin, Texas
2009 年 3 月 26 日

合并是指戴尔公司控制的公司也包括在戴尔公司的报表中。

你如何看待"公允反映"？

审计意见的合理依据是什么？

1.6　经营风险、控制和伦理

　　创办一家企业不仅仅是为了了解它如何运作和获得运作资金。企业的良好运行首先需要制定一份合理的计划书，它能够说明企业获取商品和服务或销售产品和提供服务的相关问题。该计划书还应当包含风险识别。在学习下面章节中有关企业活动的详细内容之前，我们有必要思考企业经营中存在的风险以及如何将风险负面影响最小化。

　　风险（risk） 通常被认为是使我们暴露于潜在损害和损失的一种危险。在企业中，风险可造成巨大亏损，使其陷入丑闻甚至破产。企业面临着千千万万种风险。例如：

- 产品失败导致消费者流失；
- 企业资产惨遭盗窃；
- 企业购置或出售低质量存货。

　　那么这会导致什么损失呢？若是产品失败，例如 20 世纪初，Firestone 旗下 Ford Explorers 轮胎事故致使该公司在诉讼中损失了数百万美元。若是员工盗窃，潜在损失可能是重大经济损失，甚至是因公司泄密而最终破产。销售残次品会导致客户流失和公司名誉受损。

　　风险关乎企业运营中的方方面面，包括：

- 一般战略风险——例如，我们应当将青少年作为我们香烟销售的目标客户群吗？
- 经营风险——例如，我们在生产过程中没有备用电源可行吗？
- 财务风险——例如，我们是应向银行借款还是向股东融资？
- 信息风险——例如，我们要使用人工会计系统吗？

企业的风险暴露可能导致潜在信誉受损、客户流失、信息泄露和资产损失。一切损失归根结底是金钱的损失,它甚至会导致整个公司彻底破产。

我们很难在不考虑风险和道德关系的情况下去讨论企业风险。当企业风险导致企业面临损失或法律风险时,企业管理者应当使损失最小化。在这种情况下,企业道德标准与管理者的地位更显举足轻重。在企业面临危机时,管理者应当以身作则以树立良好的个人道德形象。若未能做到这一点,将会致使投资者和员工面临巨大损失。看看图表 1.18 中你认识多少人。

图表 1.18　会计欺诈

公司	事件	法律事实
安然,能源公司	2001 年 12 月该公司因美国证券交易委员会披露其存在重大欺诈申请破产保护	前 CFO Andrew Fastow 被判处 10 年狱中监禁,前 CEO Jeff Skilling 被判处 24 年狱中监禁
世界通信,电话公司	2002 年 7 月该公司因虚假披露利润 38 亿美元申请破产保护	前 CEO Bernie Ebbers 被判处 25 年狱中监禁
组合国际(CA),计算机公司	2004 年 4 月前 CEO Sanjay Kumar 面临 20 亿美元会计欺诈和妨碍司法公正罪指控	2006 年 5 月 Kumar 服罪,被判处 12 年狱中监禁
怪兽环球,线上人力资源公司	公司高管和员工等公司内部人员因股票期权生效日回溯而不当得利,且公司虚假披露 1997 年至 2005 年期间税前利润共计 3.395 亿美元	既不承认也不否认罪行的该公司同意缴纳罚金 250 万美元,面对美国证券交易委员会的控诉,该公司配合调查
(美国)国家金融,抵押贷款公司	为维持市场份额和股价,公司管理层隐瞒投资者信用风险信息,面临蓄意误导指控	2009 年 6 月 4 日,美国证券交易委员会将该公司前 CEO Angelo Mozilo、前 COO 兼主席 David Sambol 和前 CFO Eric Sieracki 告上法庭,该案件还在审理中

为什么人们愿意承担风险?因为风险可以带来潜在收益。而收益正是我们从事企业运营的原因。像 Sara 一样的企业家为开创企业将自己的资金和名誉暴露在风险下。为什么呢?因为这会带来企业的潜在成功。为了规避不良风险和增加企业获利的机会,企业必须在经营、资产和信息系统中建立和维持控制机制。控制是一项将风险最小化或消除的企业活动。当我们学习 Team Shirts 第

一年的企业运营时,我们会详细讨论该公司是如何在每个进程中实现企业控制的。

本章要点总结

- 愿意承担风险的投资人出资设立企业从而为消费者提供价值并从中获利。
- 企业财务信息的使用者包括投资人、供货商、消费者和政府机构。提供财务信息的四大基本财务报表为利润表、资产负债表、所有者权益变动表和现金流量表。
- 财务报表根据 GAAP 编制。美国证券交易委员会和美国财务会计准则委员会是规则的制定者。
- 会计等式:资产=负债+所有者权益,是资产负债表的基本理论依据。资产负债表反映特定日期企业的财务状况。
- 利润表反映特定时期收入、费用和净收益三个会计要素的相互关系。收入扣除费用的净额为净收益。
- 所有者权益变动表反映了特定时期所有者权益(包括实收资本和留存收益)的增减变动。
- 现金流量表反映了特定时期现金的流入和流出。它解释说明了资产负债表中两个连续会计年度期末现金的差异。
- 财务报表附注是财务报告体系的重要组成部分,它与四大基本财务报表一起披露。

本章问题总结

假设 Lexar 计算机公司第一个月发生如下经济业务:
a. 两个朋友共同出资 50 000 美元设立 Lexar 计算机公司,作为回报,每人获得 100 股公司股份。
b. 公司购置 20 000 美元电脑零件以备下月组装新电脑。
c. 公司以 350 美元租赁办公室。
d. 公司当月雇用员工的薪酬成本为 1 500 美元。
e. 公司销售计算机获得 40 000 美元(计算机组装来自 b 中的购置零件)。
f. 公司宣告并发放股利 400 美元。
g. 月末,公司以赊销方式购置 12 000 美元办公室家具(Lexar 签署 60 天的应付票据,这意味着向家具公司借款)。

➡ **要求**

1. 对于每笔经济业务,请阐述相关会计信息是否会列示在利润表和资产负债表中。若在利润表中列示,请思考它是会增加还是减少净收益。
2. 对于每笔经济业务,请将其划分为经营活动、投资活动或筹资活动。
3. 对于每笔经济业务,请将交易对象确认为资产项目或负债项目,并说明这项交易对资产或负债是增加还是减少。

➡ **答案**

经济业务	涉及的财务报表	活动类型	涉及的资产项目或负债项目
a. 两个朋友共同出资 50 000 美元设立 Lexar 计算机公司,作为回报,每人获得 100 股公司股份	资产负债表	筹资活动	资产:现金——增加

(续表)

经济业务	涉及的财务报表	活动类型	涉及的资产项目或负债项目
b. 公司购置20 000美元电脑零件以备下月组装新电脑	资产负债表	经营活动	资产:存货——增加;现金——减少
c. 公司以350美元租赁办公室	资产负债表和利润表(减少收益)	经营活动	资产:现金——减少
d. 公司当月雇用员工的薪酬成本为1 500美元	资产负债表和利润表(减少收益)	经营活动	资产:现金——减少
e. 公司销售计算机获得40 000美元(计算机组装来自b中的购置零件)	资产负债表和利润表(增加收益)	经营活动	资产:现金——增加;存货——减少
f. 公司宣告并发放股利400美元	资产负债表	筹资活动	资产:现金——减少
g. 月末,公司以赊销方式购置12 000美元办公室家具(Lexar签署60天的应付票据,这意味着向家具公司借款)	资产负债表	投资活动	资产:办公室家具——增加;负债:应付票据——增加

关键词

本金
比较资产负债表
财务报表附注
筹资活动有关的现金
单步式利润表
多步式利润表
非营利性企业
费用
风险
服务企业
负债
个人独资企业
公司
公司会计监管委员会(PCAOB)
股东
股东权益

股利
股票交易所
股票市场
国际财务报告准则(IFRS)
国际会计准则理事会(IASB)
合伙企业
会计年度
会计账簿
经营活动有关的现金
净收益
可扩展商业报告语言(XBRL)
利润表
利息
留存收益
美国国税局(IRS)
美国会计准则委员会(FASB)

美国证券交易委员会(SEC)
普通股
商业企业
实收资本
收入
所有者权益变动表
投资活动有关的现金
现金流量表
公认会计原则(GAAP)
营利性企业
制造企业
注册会计师(CPA)
资产
资产负债表
资金

思考题答案

思考题1-1

1. 企业的主要目标是盈利并为所有者增加企业价值。
2. 四种企业类型如下所示:

a. 服务企业:一种向消费者提供服务而非销售有形产品的企业形式。
b. 商业企业:一种将购置商品增添附加值后进行销售的企业形式。
c. 制造企业:一种生产产品并向其他公司或最终消费者销售的企业形式。
d. 金融企业:一种提供与货币相关(例如保险和银行)服务的企业形式。

思考题1-2

1. 根据所有者结构不同,企业分为以下三种形式:(1)个人独资企业(单个所有者);(2)合伙企业(多个所有者);(3)公司(存在潜在所有权分散以及所有权和经营权分离情况)。

2. 不同企业形式的优缺点如下所示:

	个人独资企业	合伙企业	公司
优点	所有者基于其个人收益纳税	所有者基于合伙人收益纳税	股东承担有限责任;融资较易;股东可以将小额资金分散投资于多样化公司。
缺点	所有者为企业决策负责;融资困难	合伙人为企业决策负责;融资困难	所有权和经营权分离导致管理者和股东存在利益冲突;公司纳税后股东所获股利仍需纳税(法律特殊规定的除外)。

思考题1-3

1. 企业融资的两个基本来源:一是所有者的投资(实收资本);二是向外部人借款(负债)。
2. 利息是占用他人资金的成本。

思考题1-4

1. 收入是指企业向顾客销售商品或提供服务所得。费用是指为实现上述收入而产生的成本。
2. 四大基本财务报表包括利润表、资产负债表、所有者权益变动表和现金流量表。

思考题1-5

1. 构成所有者权益的两个部分分别是实收资本和留存收益。
2. 会计年度是指企业存续期间为披露会计报告而设立的年度。它可以以一年中任何日期作为起始日,以一年之后的该日期作为结束日。

思考题1-6

1. 利润表的会计要素包括收入和费用。资产负债表的三大要素为资产、负债和所有者权益。
2. 利润表反映了企业一定会计期间的经营成果,通常是一个会计年度。而资产负债表反映了企业特定日期的财务状况,通常是一个特定的时点。

思考题1-7

1. 利润表列示了一定期间内企业的全部收入和费用。收入扣除费用得到的净收益最终将结转为留存收益。因此,利润表的金额将在年末资产负债表留存收益中列示。
2. 利润表反映了一定时期企业实现的全部收入和与之相配比的费用。现金流量表反映了当期现金的流入和流出。Team Shirts的利润表和现金流量表存在差异的原因在于:Team Shirts以现金支付的某些存货尚未实现销售,因此与此相配比的费用不能在当期列示。而且,与股东相关的交易(实收资本和股利分配)也不在利润表中列示。

问题

1. 企业的目的是什么？
2. 所有组织设立的目的都是为了盈利吗？
3. 指出经济业务的三种形式。
4. 企业所有制结构分为哪几种形式？
5. 公司的优点是什么？
6. 公司的缺点是什么？
7. 企业会计信息的使用者及其目的分别是什么？
8. 可利用的企业信息与财务报表信息之间的联系是什么？
9. 基本财务报表有哪些？分别描述它们所提供的信息。
10. 利润表和现金流量表的差异在哪里？
11. 什么是可扩展商业报告语言？为什么美国证券交易委员会要求使用可扩展商业报告语言？

单选题

1. 企业日常从事的活动属于以下哪一类？
   a. 投资活动　　b. 经营活动　　c. 筹资活动　　d. 保护活动
2. 以下哪类报表是根据会计等式编制而成？
   a. 利润表　　b. 资产负债表　　c. 所有者权益变动表　　d. 现金流量表
3. Pets Plus Superstore 公司从供货商处以 500 美元购买了 50 张狗狗床，在该交易中公司付出了什么？
   a. Pets Plus 公司向消费者出售狗狗床从而获得现金
   b. 供货商向 Pets Plus 公司销售狗狗床
   c. Pets Plus 公司向供货商支付 500 美元现金
   d. 供货商向 Pets Plus 支付 500 美元现金
4. 构成所有者权益的两部分是：
   a. 资产和负债　　　　　　　　b. 净收益和普通股
   c. 实收资本和留存收益　　　　d. 收入和费用
5. 以下哪张财务报表反映了企业特定日期的财务状况？
   a. 利润表　　　　　　　　b. 资产负债表
   c. 所有者权益变动表　　　d. 现金流量表
6. Online Pharmacy 公司向国民银行借款 5 000 美元，这笔交易导致：
   a. 资产减少 5 000 美元　　　　　b. 负债增加 5 000 美元
   c. 所有者权益增加 5 000 美元　　d. 收入增加 5 000 美元
7. 会计信息是：
   a. 仅仅对盈利企业有用
   b. 对于管理层来说是企业信息系统中最重要的部分
   c. 是企业的组成部分
   d. 只有 CPA 使用
8. West 公司在第一个会计年度收入为 2 000 美元，配比费用为 700 美元，那么在 West 的利润表

中,收入项目的金额是:
   a. 2 000 美元　　　　　　　　　　　b. 700 美元
   c. 1 300 美元　　　　　　　　　　　d. 无法根据提供的信息判断
9. 利息是以下哪项的成本?
   a. 购买存货　　b. 销售　　　c. 企业运营　　　d. 占用他人资金
10. 在 United Studios 12 月 31 日的资产负债表中,资产为 30 000 美元,所有者权益为 20 000 美元,那么 12 月 31 日的负债是:
    a. 30 000 美元　　b. 10 000 美元　　c. 20 000 美元　　d. 50 000 美元

简易练习*

A 组

简易练习 1-1A　经济业务分类。请将下述现金交易划分为经营活动、筹资活动或投资活动。
1. 企业家投资自有资金创办企业。
2. 企业购置机器设备。
3. 企业购买存货。
4. 企业向顾客销售存货。
5. 企业偿还贷款。

简易练习 1-2A　识别资产负债表报表项目。请将以下报表项目归类为三大会计要素:
A 代表资产,L 代表负债,SE 代表所有者权益。
1. ＿＿＿＿＿＿＿＿现金
2. ＿＿＿＿＿＿＿＿普通股
3. ＿＿＿＿＿＿＿＿机器设备
4. ＿＿＿＿＿＿＿＿应付票据
5. ＿＿＿＿＿＿＿＿留存收益
6. ＿＿＿＿＿＿＿＿应付账款

简易练习 1-3A　计算所有者权益。Doughnut 公司 2009 年 12 月 31 日的资产为 130 000 美元,若该公司总负债为 55 800 美元,那么公司所有者权益是多少?

简易练习 1-4A　计算负债。Tiffany Restoration 公司 2009 年 6 月 30 日资产负债表如下所示(单位:美元),计算该资产负债表日公司负债是多少?

现金	1 725	负债	?
存货	205		
机器设备	10 636	普通股	7 600
其他资产	8 135	留存收益	7 450
资产合计	20 701		

简易练习 1-5A　利润表分析。请计算下述缺失金额:
1. 收入 560 美元;费用 300 美元;净收益 = ＿＿＿＿＿＿＿＿＿

---

* 原版书简易练习分 A 组与 B 组,因 B 组题型与 A 组题型类似,为节省篇幅本书将 B 组删除。为便于任课教师使用教辅资源,习题序号未做调整。以下各章均做相同处理,特此说明。

2. 净收益 700 美元；费用 485 美元；收入 = _____
3. 费用 600 美元；收入 940 美元；净收益 = _____
4. 收入 1 240 美元；净收益 670 美元；费用 = _____
5. 净收益 6 450 美元；费用 3 500 美元；收入 = _____

简易练习 1-6A　计算所有者权益。Pasta 公司有 42 000 美元现金，20 000 美元存货，欠债权人 17 000 美元，顾客欠该公司 21 000 美元，请问公司所有者权益是多少？

简易练习 1-7A　计算留存收益。Super 商店 2010 年 12 月 31 日留存收益为 1 000 美元，2011 年，公司销售收入是 14 000 美元，费用为 7 500 美元。2011 年公司宣告并发放 1 000 美元现金股利。请问在 2011 年 12 月 31 日，公司留存收益是多少？

练习*

A 组

练习 1-15A　企业交易。请从下述文字中识别企业经济业务并将其划分为经营活动、投资活动或筹资活动。

Latasha Jones 决定设立一家企业。作为一个天赋异禀的网页设计者，她以自有资金 5 000 美元投资设立一家咨询公司，作为回报，她获得公司普通股。Latasha 向她的朋友借款 500 美元，因此她的朋友得到了借据 (IOU)。公司以 6 000 美元的价格购买了一台顶级配置的计算机，包括配件和软件。另外，公司以 450 美元的价格购买了独立电话线。公司以每月 45 美元的价格在当地一家报纸上投放周刊广告。一切支付均以现金形式进行交易。

练习 1-16A　用会计等式分析经济业务。John Weiss 近期设立了一家草坪维护服务公司，公司名称为"The Grass Is Always Greener"。公司第一个月发生了下述经济业务。请将下述经济业务用会计等式表示，并说明经济业务对资产、负债、所有者权益、收入和费用的影响是增加还是减少。

1. John 以 16 500 美元自有资金投资设立企业，作为回报，他获得公司普通股。
2. 公司从堪萨斯州的园艺批发商处以 7 500 美元的价格购买存货（植物和灌木）。
3. 公司以 5 000 美元的价格购买了割草机。
4. 公司支付第一个月的租金 500 美元。
5. 公司通过提供服务获得 9 000 美元收入，销售存货获得 13 250 美元的现金收入，存货成本为 7 500 美元。

一切经济业务均以现金形式进行交易。请以下述格式回答：

				所有者权益	
总资产	=	总负债	+	实收资本	+ 留存收益
经济业务 1：____		____		____	____

练习 1-17A　经济业务分类。请将练习 1-16A 中的经济业务划分为经营活动、投资活动或筹资活动。

练习 1-18A　分析资产负债表。根据 Leatherheads Football Gear 公司 2010 年 8 月 31 日的资产负债表回答以下问题：

---

* 原版书练习分 A 组与 B 组，因 B 组题型与 A 组题型类似，为节省篇幅本书将 B 组删除。为便于任课教师使用教辅资源，习题序号未做调整。以下各章均做相同处理，特此说明。

Leatherheads Football Gear 公司
资产负债表
2010 年 8 月 31 日
（单位：美元）

资产		负债和所有者权益	
现金	7 250	应付账款	4 575
短期投资	400	应付票据	11 570
应收账款	275		
存货	490	实收资本	4 450
预付保险费	345	留存收益	3 040
预付租金	875		
设备	14 000		
	23 635		23 635

1. 请列出公司 2010 年 8 月 31 日的资产项目。谁对这些项目拥有要求权？
2. 请列出公司 2010 年 8 月 31 日的负债项目。

练习 1-19A 用会计等式分析经济业务。请将下述经济业务用会计等式表示。另外，请计算：(1) 第一个月末，Tommy's Irish 酒吧拥有的资产金额。(2) 酒吧这一个月的净收益。所有的经济业务均在当月 30 日内发生。

1. Tommy 投资 17 000 美元设立酒吧，作为回报他获得普通股。酒吧向银行借款 12 750 美元。
2. 酒吧以 4 000 美元现金购买啤酒和其他存货。
3. 为正常运营，酒吧雇用一名调酒师来协助 Tommy。当月酒吧支付调酒师 30 天的工资，每天 100 美元。
4. 酒吧很受当地大学生的欢迎，因销售存货获得 8 500 美元现金收入。
5. 酒吧支付第一个月租金费用 725 美元。
6. 酒吧偿还 1 500 美元银行贷款和一个月利息 50 美元。

练习 1-20A 经济业务归类。请将练习 1-19A 中的经济业务划分为经营活动、投资活动和筹资活动。

练习 1-21A 经济业务对所有者权益的影响。指出下述经济业务对所有者权益有无影响，若有，是增加还是减少所有者权益。考虑所有者权益的构成——实收资本和留存收益。

1. 两个朋友共同投资 7 125 美元设立 Swing Right Golf Supplies 公司，作为回报，他们获得公司普通股。
2. 公司以 6 250 美元的价格购买设备。
3. 公司以 3 000 美元的价格购买存货。
4. 公司支付第一个月的电费及电话费共计 800 美元。
5. 当月公司向顾客销售商品获得 4 685 美元现金收入。
6. 当月公司支付雇员薪酬 2 000 美元。
7. 月末公司宣告并向每个所有者发放 500 美元股利。

练习 1-22A 现金流量分类。将以下经济业务划分为经营活动、投资活动或筹资活动。假设所有经济业务均以现金形式进行交易。

1. Jackie Benefield 以 95 000 美元自有资金投资设立 Horse Trails & Stables 公司，作为回报，他获得公司普通股。
2. 公司以 25 000 美元购买三匹马及相关设备。
3. 公司在当地新闻报纸投放价值 5 000 美元的广告。
4. 公司支付谷仓和牧场的租赁费和 50 英亩骑步道的使用费共计 15 000 美元。

5. 当月公司支付马厩清洁费 600 美元。

6. 第一位顾客向公司支付 4 225 美元作为 6 个月的马术课程费。

练习 1-23A 用会计等式分析经济业务。请将下述经济业务用会计等式表示,并说明经济业务对 Green Trees & Lawn 公司的资产、负债、所有者权益、收入和费用的影响是增加还是减少。

1. 公司实现 15 000 美元现金服务收入。
2. 公司向供货商支付 2 000 美元现金。
3. 公司偿还债权人 4 000 美元应付票据中的 1 500 美元。
4. 公司支付 1 100 美元的租金。
5. 企业所有者向企业增加投资 7 500 美元,作为回报,他获得相应股份。
6. 公司宣告并发放 2 100 美元股利。
7. 公司向另一家公司发放 2 225 美元现金贷款。

请用以下格式回答:

	总资产	=	总负债	+	所有者权益		
					实收资本	+	留存收益
经济业务 1:	_____		_____		_____		_____

练习 1-24A 净收益的变动。判断下述经济业务对 Fun Movie Productions 公司资产、负债、所有者权益、收入和费用是否存在影响,若存在,是增加还是减少。

1. 公司当月实现销售收入 10 000 美元。
2. 公司当月确认销售成本 6 000 美元。
3. 公司支付当月租金 1 500 美元。
4. 公司支付当月职工薪酬 2 500 美元。
5. 公司以 7 500 美元的价格购买土地。
6. 公司以 4 000 美元投资另一家公司的股票。
7. 公司宣告并发放 1 000 美元现金股利。

练习 1-25A 利润表和资产负债表的关系。请用数字将 X、Y 和 Z 补充完整。公司成立日是 2009 年 1 月 1 日。

单位:美元

	2009 年 12 月 31 日	2010 年 12 月 31 日
资产	4 550	5 225
负债	X	1 500
实收资本	1 300	1 300
留存收益	Y	Z
收入	1 250	2 575
费用	225	1 175

练习 1-26A 收入与现金流量表。3 月 1 日 Bob 成立了一家从事水池清洁的企业。他在 3 月份清洁了 15 个水池,每次清理费为 225 美元。基本所有客户在清洁完后都会支付他现金,但 Jeremy Thompson 除外。他要求 Bob 先电邮他一份账单,然后他会给 Bob 一张支票。Bob 寄给 Jeremy 一张发票,但截至 3 月底尚未收到付款。3 月 31 日,Bob 在编制 3 月份的利润表时他应该确认多少收入?在现金流量表中,当月从顾客处收到的现金是多少?

练习 1-27A 费用与现金流量表。Naida 决定开办一家蜡烛商店。在她第一个月的经营中,她从供货商处购买价值 500 美元的蜡烛并以现金支付。当月她销售了一半的蜡烛。在当月利润表中,商品销售成本是多少？在当月现金流量表中，她向供货商支付了多少现金？

练习 1-28A 留存收益与现金。Checkmate Games 公司 2011 年 4 月收到 7 500 美元现金投资，作为回报，公司所有者获得普通股。公司以现金 2 225 美元购买新店设备，以现金 2 750 美元购买游戏存货。当月，公司因销售全部存货实现 4 275 美元现金收入。2011 年 4 月 30 日，所有者以 3 000 美元现金购买游戏存货。请问截至 2011 年 4 月 30 日，公司留存收益是多少？公司有多少现金？

练习 1-29A 现金流量分类。练习 1-28A 中，截至 2011 年 4 月 30 日，当月 Checkmate Games 公司现金流量表报表项目及金额分别是什么？请将每个项目划分为经营活动产生的现金、投资活动产生的现金或筹资活动产生的现金。

难题*

A 组

难题 1-45A 分析利润表和资产负债表。Gator 公司的财务报表如下所示：

Gator 公司
利润表
截至 2012 年 12 月 31 日
（单位：美元）

销售收入	600 000
商品销售成本	?
销售毛利	375 000
管理费用	54 000
营业利润	?
利息费用	6 000
所得税费用	94 500
净收益	?

Gator 公司
资产负债表
2012 年 12 月 31 日
（单位：美元）

现金	?	应付账款	13 350
应收账款	13 024	应付票据	9 830
存货	43 271		
设备	972 684	实收资本	605 000
		留存收益	?
资产合计	1 129 780	负债和所有者权益合计	?

---

* 原版书难题分 A 组与 B 组，因 B 组题型与 A 组题型类似，为节省篇幅本书将 B 组删除。为便于任课教师使用教辅资源，习题序号未做调整。以下各章均做相同处理，特此说明。

要求

请将数字填入问号区域。

难题1-46A 用会计等式分析经济业务。Molly's Maid Service公司2012年4月经济业务如下所示:

a. 4月1日,Molly创立公司并向其支票账户中存入5 000美元。作为回报,Molly获得公司普通股。
b. 公司向客户提供服务并获得现金收入4 215美元。
c. 公司向银行借款1 200美元并签署借款协议。
d. 公司支付1 125美元营业费用。
e. 为记录并追踪客户信息,公司以3 000美元现金购买一台新计算机,下月投入使用。
f. 公司宣告并向所有者发放1 050美元股利。

要求

1. 将上述经济业务用会计等式表示。
2. 2012年4月30日,公司的总资产是多少?
3. 请编制公司截至2012年4月30日的现金流量表。
4. 截至2012年4月30日,公司当月的净收益是多少?

难题1-47A 分析经济业务以及它们对财务报表的影响。Buck's Hunting Gear公司第一个月发生如下经济业务:

a. Buck创立公司并向其支票账户中存入25 000美元。作为回报,他获得公司普通股。
b. 公司向客户提供服务并获得现金收入30 000美元。
c. 公司支付差旅费1 000美元现金。
d. 公司向银行借款5 000美元作为营运资本。
e. 公司从Office Market处以现金275美元购买备用品以供未来使用。
f. 公司以现金支付当月营业费用5 000美元。
g. 公司支付租金1 250美元。
h. 公司支付职工薪酬4 200美元。
i. 公司宣告并向股东John Buck发放1 000美元股利。
j. 月末,公司购买价值6 250美元的设备并与银行签署相应金额的应付票据。

要求

1. 请将上述经济业务划分为经营活动、投资活动或筹资活动。
2. 请说明上述业务对总资产是否存在影响。若存在,它会使资产增加还是减少?
3. 请说明上述业务对净收益是否存在影响。若存在,它会使净收益增加还是减少?
4. 请说明上述业务会影响以下哪些报表:利润表、资产负债表、所有者权益变动表和现金流量表(注意:有些业务可能不只影响一张报表)。

难题1-48A 分析经济业务及其对财务报表的影响。根据难题1-47A中a—j的经济业务,回答以下问题:

要求

1. Buck公司第一个月月末的现金余额是多少?
2. 公司第一个月月末有负债吗?如果有,是多少?
3. 公司第一个月月末的资产负债表中,资产项目都有哪些?
4. 公司第一个月的净收益是正还是负?具体金额是多少?

难题 1-49A 用会计等式分析经济业务的影响。以下事项分别对总资产、总负债和总所有者权益存在何种影响(增加、减少或没有影响)? 当所有者权益发生变化时,请说明是实收资本还是留存收益发生了变化。请将下述经济业务划分为经营活动、投资活动或筹资活动。

	总资产	=	总负债	+	所有者权益	
					实收资本	+	留存收益
1. 收到现金并发行普通股						
2. 以现金购买设备						
3. 提供服务并获得现金收入						
4. 向银行借款						
5. 用现金支付水电费账单						

难题 1-50A 分析经济业务并编制财务报表。Stay Bright Cleaning Supplies 公司 2010 年 7 月发生如下经济业务:

a. Bill 出资 7 500 美元设立 Stay Bright Cleaning Supplies 公司。作为回报,他获得公司普通股。
b. 公司实现现金收入 2 500 美元。
c. 公司用现金支付 1 250 美元费用。
d. 公司宣告并发放 500 美元股利。
e. 7 月 31 日,公司向当地银行借款 4 375 美元并签署三年期应付票据协议。

➡ 要求

1. 请说明每笔经济业务如何影响会计等式。
2. 请编制 2010 年 7 月 31 日的资产负债表,以及截至 2010 年 7 月 31 日当月公司利润表、所有者权益变动表和现金流量表。

难题 1-51A 所有者权益变动表中的留存收益项目。Rick's Bed and Breakfast 公司信息如下所示:

a. 2011 年 2 月 1 日,公司留存收益为 150 000 美元。
b. 2 月份,公司收入为 35 000 美元,费用为 65 000 美元。
c. 3 月份,公司收入为 89 000 美元,费用为 74 000 美元。
d. 4 月份,公司收入为 73 000 美元,费用为 62 000 美元。
e. 仅有 4 月份宣告并发放 5 000 美元股利。

➡ 要求

1. 请计算 2011 年 4 月 30 日 Rick's Bed and Breakfast 公司留存收益余额。
2. 请列出截至 2011 年 4 月 30 日所有者权益变动表中的留存收益部分。

财务报表分析

财务报表分析 1-1 识别资产负债表报表项目。根据苹果公司资产负债表回答下述问题。

苹果公司
合并资产负债表
（单位：百万美元）

	2008年9月27日	2007年9月29日
资产		
流动资产：		
现金及现金等价物	11 875	9 352
短期投资	12 615	6 034
应收账款（扣除每期47美元坏账准备后的净额）	2 422	1 637
存货	509	346
递延所得税资产	1 447	782
其他流动资产	5 822	3 805
流动资产合计	34 690	21 956
不动产及设备	2 455	1 832
商誉	207	38
无形资产	285	299
其他资产	1 935	1 222
资产合计	39 572	25 347
负债和所有者权益		
流动负债：		
应付账款	5 520	4 970
应计负债	8 572	4 310
流动负债合计	14 092	9 280
非流动负债：	4 450	1 535
负债合计	18 542	10 815
资本承诺及或有负债		
所有者权益：		
普通股，无票面价值；1 800 000 000股法定股；已发行和发行在外股份分别为888 325 973股和872 328 972股	7 177	5 368
留存收益	13 845	9 101
累计其他综合收益	8	63
所有者权益合计	21 030	14 532
负债和所有者权益合计	39 572	25 347

➡ **要求**

1. 苹果公司最近一个会计年度结束日期是哪一天？
2. 苹果公司在最近一个会计年度是净收益还是净损失？为什么？
3. 在最近一个会计年度内，苹果公司的实收资本是否增加（或者，苹果公司有新股东吗）？
4. 在最近一个会计年度内，苹果公司有无买卖房产、工厂或设备？为什么？

5. 在最近一个会计年度的最后一天,苹果公司有债务吗？如果有,总额是多少？

财务报表分析1-2 识别现金流量表报表项目。根据截至2008年9月27日苹果公司的现金流量表,回答下述问题。

苹果公司
现金流量表
截至2008年9月27日
(单位:百万美元)

现金及现金等价物期初余额	9 352
经营活动:	
净收益	4 834
经营活动产生的现金的净收益调整	4 672
经营活动产生的现金	9 596
投资活动:	
购买短期投资	(22 965)
短期投资到期收益	11 804
短期投资出售收益	4 439
购置房产、工厂和设备	(1 091)
其他	(376)
投资活动(适用于)产生的现金	(8 189)
筹资活动:	
普通股发行收益	483
其他筹资活动(净额)	633
筹资活动产生的现金	1 116
现金及现金等价物增加额	2 523
截至年底现金及现金等价物余额	11 875

➡ **要求**

1. 今年苹果公司购买房产、工厂或设备了吗？
2. 如果你在2008年9月27日查看苹果公司的资产负债表,其现金及现金等价物是多少？
3. 经营活动是产生了现金还是消耗了现金？具体金额是多少？
4. 今年股东对苹果公司新增加投资了吗？为什么？
5. 截至2008年9月27日,当年苹果公司现金的主要来源是什么？由此,你怎样评价苹果公司当年的经营状况？

财务报表分析1-3 检查财务报表。根据附录A中美国百万书店年度报告节选部分回答下述问题。

➡ **要求**

1. 百万书店是什么类型的企业？它是如何组成的？
2. 假如你从去世的伯父那里继承了10 000美元,你想把它投资于一个有前景的公司,你会投资百万书店吗？年度报告中的什么信息对你的决策有用？具体阐述一下。有没有在你做决策前需要但是年度报告中没有提供的信息?

3. 你怎样评价年度报告中的信息?例如,你认为它准确吗?有用吗?有趣吗?信息量大吗?为什么?

批判性思考题

风险与控制

企业运营充满风险。假设你要成立一家企业,你会选择什么样的组织形式?你在企业经营中面临的最大风险是什么?你会采取什么措施使风险最小化?

小组任务

请查看附录 A 中百万书店的四大基本财务报表。找到最近两年的总资产、负债和所有者权益。不看利润表,在小组内讨论公司财务状况的变化。简要记下你的观点。然后研究最近几年的利润表,它所提供的信息支持你关于资产负债表变化的观点吗?这些报表为你的分析提供了什么信息?还有哪些其他有用的信息?回答这些问题后,再看财务报表附注,附注帮你解决问题了吗?

列出关于财务报表的 10 个问题。尝试回答这些问题并讨论为什么要这样回答。保留这些问题,在课程结束后再检查你还能回答其中多少问题。

伦理

你所在的学校有行为准则吗?如果有,它非常可能会强调在作业和考试中作弊问题。你曾经在考试中作弊吗?你曾经借过朋友的作业,然后用它来帮助自己完成作业吗?你曾经目睹过同学违反行为规则吗?比较 Target 公司的道德准则(又称为企业行为指引,可在此找到 http://investors.target.com/phoenix.zhtml? c = 65828&p = irol-govConduct)和你学校的行为准则。它们在目标和范围上是如何相似的?

网络练习:迪士尼公司

迪士尼公司是一家集 ABC 电视、ESPN、电影制作、主题公园、出版和 NHL Mighty Ducks 等于一体的多元化的跨国娱乐公司。通过迪士尼公司的网站,你可以查询度假信息并能找到迪士尼最近的财务信息。

迪士尼的网站:http://corporate.disney.go.com/investor/

网络练习 迪士尼公司的主要目标是什么?找到财务信息并点击进入最近一期的年度报告。

1. 迪士尼公司主营业务有哪些?将这些业务划分为制造业、商业或服务业。

2. 利用网站导航找到 Financial Highlights。找出最近一年的总收入和营业利润。哪个财务报表有这些数据?迪士尼公司是个人独资企业、合伙企业还是公司?为什么?

3. 利用网站导航找到 Financial Review。对迪士尼公司营业收入及营业利润增长贡献最大的业务部门是哪个?这让你吃惊了吗?为什么?

注意:网站在不断更新。因此,如果在给出的网址没有找到相关信息,请继续查找年度报告以进一步寻找信息。

第 2 章 会计信息质量

学习目标

当你学完本章,你应该能够:
1. 定义 GAAP 并解释它存在的必要性。
2. 解释财务报告的目标及为实现此目标的财务信息质量要求。
3. 认识财务报表项目并描述它们的特征。
4. 解释权责发生制与收付实现制的区别,识别真实财务报表中权责发生制会计的事例。
5. 计算流动比率并理解其含义。
6. 识别财务会计记录中的风险及潜在欺诈并解释控制在保证会计信息真实中的必要性。

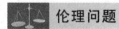 伦理问题

沉默的代价

在组合国际(CA)前 CEO Sanjay Kumar 被控诉的第二周,他承认了证券欺诈及妨碍司法公正等罪名。Kumar 不仅蓄意虚报公司 2000 年和 2001 年的销售收入,还以 370 万美元买通潜在证人致使他们对此事件保持沉默。2006 年 11 月,他被判处在狱中监禁 12 年并因 22 亿美元的欺诈金额而处罚金 800 万美元。

在本章的随后学习中,你会发现在会计中,利润表中收入的确认时间非常关键。组合国际在未实现真实收入的情况下在其利润表中确认了该项收入。这违背了 GAAP 与 IFRS 制定的会计准则中最为重要的原则——只有当期已实现的收入才可在利润表中列示。

为什么一个智慧与财富兼具的人敢于冒牢狱之灾的危险伪造虚假会计记录?某些时候权力在握的人们通常会自视甚高。因此,让每个人都拥有强烈的道德感并在每一项商业决策(无论它有多小)中以高道德标准要求自己便显得尤为重要。通常一系列看似很小的决策往往是导致重大犯罪的缘由。

2.1 决策信息

当 Sara 销售第一批 T 恤之后,她面临一系列决策。最大的问题是是否要继续经营企业。在做出决策前,她应当评估 1 月份公司是否盈利。**净利润(net profit)**,是指所有收入扣除所有费用后的金额。

对于 Team Shirts,它的会计期间是从 1 月 1 日至 1 月 31 日,即企业经营的第一个月。四大基本

财务报表之———利润表反映了当月企业的经营成果。当期企业实现销售收入 900 美元,这是企业销售 90 件 T 恤的所有收入。当期费用是完成销售的 T 恤成本、广告费用以及向 Sara 的妹妹支付借款利息费用的总和。90 件 T 恤的成本是 360 美元,广告费用为 50 美元,借款利息费用是 5 美元。900 美元销售收入扣除 415 美元总费用后的余额等于净利润,即 485 美元。Team Shirts 通过对订购的 T 恤加印特定标志并在合适的时间和地点送达顾客从而实现商品增值。并且,Team Shirts 实现了创造利润的目标。

如图表 2.1 所示,净收益为 485 美元,又称为净利润。术语"利润"适用于一定时期内个体销售、团体销售或企业经营活动的所有经济业务。而净收益是一个更为明确的术语,它是指企业特定时期内的所有利润。Team Shirts 从销售 90 件 T 恤中获得了 540 美元毛利(等于 900 美元销售收入扣除 360 美元商品销售成本),而公司第一个月经营活动产生的净收益是 485 美元。

图表 2.1　**Team Shirts 1 月份利润表**

这是一张简单的企业月度利润表。

Team Shirts
利润表
截至 2010 年 1 月 31 日
(单位:美元)

收入	
销售收入	900
费用	
商品销售成本	360
广告费用	50
利息费用	5
费用合计	415
净收益	485

财务报告为决策提供信息。利润表就是一种信息来源。当 Team Shirts 完成第二个月的经营后,Sara 会编制另外一张利润表,得以对两张报表进行比较。为确保两张报表的可比性,Sara 必须在相同原则下编制报表。但是,如果 Sara 希望与另外一家 T 恤公司比较业绩,她不能确定该公司在编制利润表时是否遵循相同的编制原则。因此,为确保同一公司不同时期的财务信息能够真实反映企业的经营成果或不同公司的财务信息具有可比性,会计主体必须遵循相同会计准则并保持其一致性。

在第 1 章中,我们知道公司必须根据 GAAP 编制报表,从而确保会计信息的一致性。这些会计原则是历史广泛使用的结果。通常来说,当一个准则被绝大多数会计人员使用和承认时它才算是被认可。现如今,美国证券交易委员会和美国财务会计准则委员会负责制定会计准则,由此 GAAP 的制定程序已经相当规范。

自 2008 年金融危机之后,有关会计准则的制定引发了广泛的讨论。正如第 1 章所讲,IASB 制定的国际会计准则被称为 IFRS。GAAP 与 IFRS 在你将要学习的会计信息的一般特征和质量特征方面差异不大,但它们在特定资产和负债的确认与某些经济业务分类上差异较大。总而言之,GAAP 详细而专业,有超过 160 项会计准则和甚为繁多的解释和相关指南,通常称其为规则导向;相反地,IFRS 缺乏详细的应用指南,通常称其为原则导向。选择 IFRS 需要对特定事项进行更多的判断和解释。当你在接下来的章节中学习的越多时,你会了解二者更为明确的差异。

很多编制或使用财务报表的人认为全世界使用一套统一的会计准则是一个不错的想法。随着过去几十年技术的进步,整个世界已经成为一个全球性市场。2009年意大利汽车制造商菲亚特收购了美国前三大汽车制造商之一的克莱斯勒,由于所在国家不同,它们使用的会计准则也不相同。作为欧盟的成员国之一,菲亚特所在国意大利遵循IFRS。而身在美国的克莱斯勒使用了数十年的GAAP。假如两个公司使用的会计准则相同,这会使得收购过程中的分析简单很多。由于美国企业与其他国家企业的交易日渐频繁,这使得企业对通用会计准则的需求越加迫切。美国证券交易委员会已经提出了一个IFRS与GAAP趋同的时间表,可能大约在2014年美国将会正式接受IFRS。因此,在未来几年,充分了解两套会计准则的差异,以及如何消除这些差异是一个不错的想法。

思考题 2-1
1. GAAP的全称是什么?IFRS的全称是什么?
2. 为什么对于财务报告而言准则是必要的?

2.2 会计信息的特征

2.2.1 什么使信息有用

财务报告最重要的目标是为企业决策提供有用信息。什么是有用信息?根据美国财务会计准则委员会,会计信息必须遵从相关性、可靠性、可比性和一致性。

1. 相关性

为使信息相关,会计信息必须足够重要从而能够影响企业决策。会计信息应当能够证实或更正使用者的预测。而且,无论该信息有多重要,相关的信息必须是及时的。例如,对于美国西南航空公司或捷蓝航空公司等航空公司而言,石油价格非常重要。管理者需要根据石油价格制定机票价格。如果公司仅按月报告石油价格,那么该信息便不满足及时相关性。相关会计信息应当能够帮助决策者预测未来。目前,美国证券交易委员会要求公司在会计年度结束60日内披露财务信息。

2. 可靠性

当信息可靠时,你才可以依赖它并能够验证它的真实性。可靠信息是不受报告人约束的客观信息。为使信息可靠,财务报表信息必须如实反映意在反映的信息。例如,Red Lobster和Olive Garden的母公司Darden Restaurants披露,截至2008年5月25日会计年度期间,该公司实现了66.3亿美元的销售收入。此信息必须真实且可验证,否则,就会误导投资者。在第1章我们曾经学过,确保Darden公司拥有凭证和资料能够验证与复查销售收入的真实性是审计师的职责。任何人根据其销售凭证和记录都能得出相同的结论。

3. 可比性

除了相关性与可靠性之外,可比性也是有用信息的重要特征之一。可比性是指一个企业的财务信息能够与相似企业的同类信息进行对比,例如对一个公司的净收益与另外一个公司的净收益进行比较。当很多财务报表放在一起时,对于审计师来说可比性尤为重要。在GAAP下,即使是相同经济业务也存在多种会计处理方法,因此公司必须披露它们所选择的会计方法。这样,受过专业教育的投资者可以据此调整报告金额从而达到两家公司可比的目的。当我们学习更多报表编制的会计处理方法后，你就会明白对于报表使用者来说可比性的重要性所在。

4. 一致性

有用的会计信息必须满足一致性。一致性是一种使公司不同时期的财务状况或经营成果连贯和可比的会计信息质量特征。只有当公司在不同时期均使用同一种会计处理方法时，比较才有意义。例如，Darden Restaurants 截至 2008 年 5 月 25 日当期会计年度收入为 66.3 亿美元，截至 2007 年 5 月 27 日当期会计年度收入为 55.7 亿美元。只有当这两个收入是基于相同会计方法确认时，投资者才能分析收入增加的原因。如果收入增加是完全或部分由于公司更改了收入确认的会计处理方法，那么投资者会因此错误判断公司的真实业绩。财务报表使用者的决策依赖于会计准则规定的一致性要求。图表 2.2 总结了 GAAP 所要求的会计信息质量特征。

图表 2.2　会计信息质量特征

相关性：	可靠性：	可比性：	一致性：
会计信息是CEO和CFO预测公司未来业绩的基础。公司下一步要做什么？	会计信息必须满足客观性和可验证性。会计信息会因报告人不同而结果不同吗？	不同企业遵循相同会计准则。不同公司的会计信息可比吗？	公司在不同时期使用相同的会计政策和会计处理方法。同一公司不同时期的公司业绩可比吗？

思考题 2-2

1. 财务报表的目标是什么？
2. GAAP 所指的有用信息的四大特征是什么？

2.2.2　财务报告假设

会计核算的范围和揭示的对象是企业，而非股东。企业财务信息与其他企业或个人财务信息的差异被称为**会计主体假设**（separate-entity assumption）。它是指企业财务报表所提供的信息不包含股东个人或其他企业的财务信息。假设 Sara 的夏威夷之旅花费成本是 3 000 美元。根据会计主体假设，这笔交易将不被反映在 Team Shirts 的财务报告中。请查阅图表 2.1 中 Team Shirts 的利润表，你会发现该财务报表中的所有项目都用货币计量。这被称为**货币计量假设**（monetary-unit assumption）。

公司至少每年编制一次财务报表。作为内部使用的财务报表，其编制次数会更加频繁。美国证券交易委员会要求上市公司每季度披露财务报告，这使得报表使用者可以比较公司季度业绩。会计人员以财务报告为目的而将企业经营期限划分为有意义的若干会计期间，这被称为**会计分期假设**（time-period assumption）。尽管大多数公司每季度披露财务报告，但只有年度财务报告经过审计。大多数公司以日历年度作为会计年度。

会计人员假设企业在可预见的未来会持续经营,除非有明显迹象表明不会如此。这被称为**持续经营假设**(going-concern assumption)。在该假设下,财务报表才有意义。假设一家公司在可预见的未来要停止经营,那么银行会贷款给它吗?如果一家公司即将面临清算,财务报表上的金额将失去意义。如果一家公司停止经营,财务报表中列报清算价值才是有用的。

2.2.3 财务报告原则

除了上述假设外,财务报告遵循四大基本原则。第一个是**历史成本原则**(historical-cost principle)。它是指资产按照购置时公司支付的初始成本予以记录。会计人员使用历史成本计价是因为它的公正性和可验证性使得会计信息更加可靠。然而,一些资产和负债却被重新估值作价并反映在财务报表中。你将会遇见资产最初以历史成本记录而后调整为市场价值的情况。市场价值是指在正常情况下,资产在市场中销售所得的金额。虽然历史成本原则是一项基本会计原则,但GAAP与IFRS日渐放宽了公允价值在企业财务报表中的使用范围。在这里,值得权衡的是,我们是需要可靠性强的信息(历史成本准确且有原始凭证作为依据),还是相关性高的信息(公允价值对投资者来说更加有用,但无支持凭证且不够精确)。

第二个原则是**收入确认原则**(revenue-recognition principle)。收入应当何时在利润表中确认呢?GAAP规定只有当收入实现时才能被**确认**(recognized)。收入确认意味着收入应当被记录并反映在利润表中。回顾一下,这就是组合国际公司错误的地方。当Team Shirts向顾客递送T恤后,公司实现了收入。若Sara的朋友仅仅口头承诺她下周会买一件T恤,在这种情况下,收入不能被确认。只有当交易真实发生或交易过程已经完成或实质上完成时才可确认收入。当Team Shirts与顾客相互交换现金与T恤后,毫无疑问该交易已经完成。若Team Shirts已将T恤交给顾客,而顾客承诺以后付款(赊销),则此交易在实质上仍被视为已经完成。因此,这笔收入应当在利润表中反映。销售中收到现金不是确认收入的必要条件。

那么,费用呢?费用的确认时间依据因其产生的收入的确认时间而定。只有当该费用所产生的收入被确认时,它才可被确认并反映在利润表中。这是第三个原则,被称为**配比原则**(matching principle)。配比原则是利润表编制的基础。费用与因其所产生的收入进行配比。商品销售成本就是配比原则的体现。仅是已售T恤的成本才被确认为费用并记录和反映在利润表中。这笔费用与已实现销售的收入配比。未售T恤的成本不是费用,直到它被销售后才能确认为费用。费用是产生销售收入发生的成本。若一项成本已经发生但并未被耗尽,那么直至使用前它将被视为一项资产。

第四个原则是**充分披露原则**(full-disclosure principle)。充分披露原则是指公司必须披露会对财务报表使用者产生影响的任何情形或事项。你不难猜到,公司在应用该原则时需要做出诸多判断。

当你阅读四大财务报表及其附注时,你已经学习了会计信息质量特征与财务报告编制的基本原则。公司管理层、投资者和分析师不能在没有这些假设和原则的基础上依靠会计信息做出决策。

为了更好地理解财务报表所涵盖的信息,你需要知道财务报表编制和应用仍遵循两个基本限制。这两个限制是GAAP规定的对财务会计进行约束或控制的财务报告的基本原则,它们分别是重要性原则与稳健性原则。

重要性是指与公司整个财务状况或经营成果相关的交易或事项的金额大小或重要性,即该事项足够重要到能够影响投资者决策。例如,对于捷蓝航空公司与西南航空公司来说,燃料费、职工薪酬和购置或租赁飞机的成本都是重要事项。相反地,如果事项不足以重要到影响投资者决策,它就会被视为不重要。GAAP对事项重要与否没有严格的规定。例如,假设2008年捷蓝航空公司没有确认你所购买的价值350美元的机票收入,但由于该公司当期所有收入总计为33.8亿美元,相比之下该错误与遗漏的金额显得微不足道,因此捷蓝航空公司无须更正会计错误。此项交易即被视为不重要。然而,如果存在诸多类似的错误,那么错误金额的总和可能就非常重要,捷蓝航空就应当深入调查并更正它们。

稳健性是对会计人员在编制报表时谨慎选择会计处理方法的一种要求。稳健性是指当会计人员在确认经济业务时存在不同的会计处理方法可供选择时，应当选择高估收入和资产可能性最小的会计处理方法。会计人员认为低估资产和收入要比高估它们好。当你了解更多 GAAP 的具体应用后，你会看到稳健性原则在其他会计原则中的体现。例如，在很多特定情况下，企业需要对资产重新估值来确定它们的价值是否被高估。例如，捷蓝航空公司 2008 年 12 月 31 日的资产负债表显示该公司不动产和设备价值 44.7 亿美元。GAAP 要求捷蓝航空公司应当根据资产未来预计产生的潜在收入对该项资产重新估值以确定是否被高估。

2.3 财务报表的要素

正如你在第 1 章中所学，财务报表包括：
（1）利润表（也称损益表）；
（2）资产负债表（也称财务状况表）；
（3）所有者权益变动表（某些情况下也称股东权益变动表）；
（4）现金流量表；
（5）财务报表附注。

GAAP 描述了财务报表包含的项目。我们会通过 Team Shirts 第二个月的经营来学习这些报表项目。我们会列出 Team Shirts 第二个月的经济业务，并说明它们是如何影响会计等式和财务报表的。此外，我们会看到 GAAP 规定的会计质量特征在这些报表中的应用。

Team Shirts 在 2010 年 2 月 1 日的资产负债表与 2010 年 1 月 31 日的资产负债表是同一张报表。当新的期间开始时，公司资产、负债及所有者权益项目金额应逐期结转。

2.3.1 企业第二个月的经济业务

Team Shirts 第二个月的经济业务如图表 2.3 所示。

图表 2.3 Team Shirts 第二个月发生的经济业务

时间	经济业务
2 月 1 日	1. Team Shirts 以 4 美元的价格购置 200 件 T 恤存货。
2 月 5 日	2. Team Shirts 2 月份广告费为 150 美元，其中 100 美元以现金支付，50 美元是赊账。广告宣传册在 2 月份已分发和使用。
2 月 14 日	3. Team Shirts 购置三个月保险共计 150 美元。保险有效日自购买日算起。
2 月 23 日	4. Team Shirts 以每件 10 美元的价格销售 185 件 T 恤。其中，1 700 美元收入以现金方式收回，其他是赊销。
2 月 28 日	5. Team Shirts 宣告并发放股利 100 美元。

第一笔经济业务是公司以每件 4 美元的价格购买了 200 件 T 恤。在上个月，Team Shirts 通过支付现金购买 T 恤。本月，Team Shirts 通过赊账（on account）方式获得 T 恤。这说明 Team Shirts 使用延期支付。这笔业务使公司资产增加 800 美元，供货商对公司资产的要求权也增加 800 美元。**应付账款（accounts payable）**是公司欠供货商的款项。图表 2.4 反映了以会计等式形式列示的经济业务，第一笔经济业务如图表所示。

图表 2.4　Team Shirts 2 月份会计等式工作表

企业的全部经济业务都可以在会计等式中列示。利润表由"曲线方框"中的业务编制而成,利润表项目是留存收益列中除期初余额与期末余额和股利项目之外的项目。所有者权益变动表由"双线方框"中的业务编制而成,其中曲线方框所列示的利润表中收入与费用简化为一个项目——净收益。资产负债表由"实线方框"中的业务编制而成,其中双线方框所代表的所有者权益简化为资产负债表的一部分。所有的经济业务直接或间接地影响资产负债表。资产负债表是所有经济业务信息的简化概括,所有项目 2010 年 2 月 28 日的期末余额在表格最后一行列示。现金流量表由"虚线方框"中的业务编制而成,反映了在该会计期间企业的现金流入和流出。别忘记了从 1 月末报表中得到的项目期初余额。

单位:美元

	资产			=	负债		+	所有者权益		
	现金	所有其他资产	(账户)		所有负债	(账户)		实收资本 普通股	留存收益	(账户)
期初余额	5 345	40	存货					5 000	385	
经济业务										
1		800	存货		800	应付账款				
2	(100)				50	其他应付款			(150)	广告费
3	(150)	150	预付保险费							
4	1 700	150	应收账款						1 850	销售收入
		(740)	存货						(740)	商品销售成本
调整		(25)	预付保险费						(25)	保险费用
5	(100)								(100)	股利
2010 年 2 月 28 日期末余额	6 695	+ 375		=	850		+	5 000	+ 1 220	

期末余额明细:

单位:美元

非现金资产		负债	
预付保险费	125	应付账款	800
应收账款	150	其他应付款	50
存货	100	合计	850
合计	375		

接下来 Sara 以 150 美元的价格雇用了一家公司为企业做广告。她支付现金 100 美元,仍欠广告商 50 美元。就像第一笔业务,这也是延期支付。不同的是,这笔业务产生了费用。在第一笔业务中,Team Shirts 购买存货从而获得了一项资产。只有当该批存货被销售时才能确认费用。相反地,当广告相关的工作完成时,与此相关的费用立即予以确认(费用的确认时间非常复杂,下一章我们会详细讨论)。150 美元的费用减少了所有者对资产的要求权。资产将减少 100 美元(向广告商支付的现金),由于在未来需要偿还剩余的 50 美元,所以债权人的要求权增加了 50 美元(负债)。这项负债记作其他应付款,因为应付账款通常是指企业欠供货商的款项。第二笔经济业务如图表 2.4 所示。注意尽管尚未全额现金支付,但所有广告费用全部得到确认。

随着企业不断发展,Sara 决定为企业购置保险。Team Shirts 支付自 2 月 14 日起连续三个月的保险金共计 150 美元。当企业预付款项时,所购置的项目是一项未来价值。由于该项目提供未来价值,因此被归类为资产。这类资产通常被视为异类资产,且在其名称前通常带有"预付"二字以反映其资产属性。通常预付项目包括保险、租赁和备用品等。在此例中,Team Shirts 购置的资产是**预付保险费(prepaid insurance)**。由此,现金减少 150 美元,一项新资产——预付保险费增加 150 美元。注意保险费此时并未确认为费用。只有从某一个特定时间点到随后的另一个时间点,在该期间保险被使用后才可确认为费用。有时公司称这些预付项目为预付费用。虽然预付费用中包含费用二字,但实际上这并不是一项费用。在会计中,费用是利润表的一个项目,而预付费用却是资产负债表中的资产项目。而且,预付费用是利润表中费用与现金流量表中现金支出不一致的一种情况。下一章我们会对此进行更为详尽的讨论,你从中可以学习到利润表中费用的确认和企业现金支出的差异。

第四笔经济业务是公司以每件 10 美元的价格销售 185 件 T 恤。注意这不是一笔单独的经济业务,它是 2 月份所有销售收入的合计。我们以此来简化表述。在 185 件 T 恤的销售收入中,1 700 美元(以每件 10 美元价格销售 170 件所得收入)以现金形式实现,150 美元(以每件 10 美元价格销售 15 件所得收入)以赊销形式实现。企业通过赊销方式获得的收入记作**应收账款(accounts receivable)**,它是指顾客欠企业的款项。第四笔经济业务如图表 2.4 所示。注意在该销售收入实现时,企业存货减少 740 美元(以每件 4 美元价格购置 185 件 T 恤的成本),相应地,费用增加 740 美元(商品销售成本为 740 美元),它使留存收益减少 740 美元。

2 月末,Team Shirts 向唯一股东 Sara 支付 100 美元股利。这项交易使资产——现金减少 100 美元,也使留存收益减少 100 美元。图表 2.4 中列示了这笔业务。由于股利不是净收益的一部分,因此我们将股利列示在利润表之外。

2 月份的财务报表由上述经济业务编制而成。但注意在编制报表前我们还差一步——**账簿调整(adjusting the books)**。企业必须检查每项资产和负债的记录金额以确保数据真实反映了企业在特定资产负债表日——会计期末(月末、季末或年末)的财务状况。当你浏览完 Team Shirts 当月发生的所有经济业务后,你察觉出什么错误了吗?请看图表 2.4 会计等式工作表中所列示的每一个项目。资产项目包括:现金 6 695 美元;应收账款 150 美元;存货 100 美元;预付保险费 150 美元。截至 2010 年 2 月 28 日,这些金额都准确吗?有没有资产项目可能存在错误?

是的,公司记录中所列示的预付保险费并不正确。因为 Team Shirts 2 月份的资产负债表日是 2010 年 2 月 28 日,它希望当日预付保险费金额准确无误。那么,在该资产负债表日尚未使用的预付保险费是多少呢?预付保险费有效日期是自 2 月 14 日起连续三个月内。截至 2 月 28 日,半个月过去了。因此 1/6 预付保险费应当予以确认费用。企业必须做出调整以确保资产负债表所有金额准确。就像日常经济业务的处理方法一样,调整必须保持会计等式平衡。为了使等式平衡,我们应当从预付保险费中扣除 25 美元(1/6 × 150),并且减少留存收益 25 美元。保险费,作为一笔费用支出使所有者权益减少,因此应当被列示在会计等式工作表中的曲线方框内。图表 2.4 中反映了这项调整。在 2010 年 2 月 28 日的资产负债表中,预付保险费(尚未使用的部分)的金额应当是 125 美元。

在该资产负债表日,其他报表项目目前来看尚无调整的必要。在下一章中,你会遇到编制报表过程中需要做出调整的其他情况。就 2 月份而言,调整预付保险费使财务报表满足了报告要求。

利润表,作为第一个编制的报表,列示了当期的收入和费用;你可以在图表 2.4 中的曲线方框中找到它们。一切收入增加留存收益,而费用减少留存收益。留存收益项下仅有向股东分配的股利不在利润表中列示。GAAP 规定股利不属于费用,因此我们从不将其反映在利润表("曲线方框")中。

利润表中列示的所有项目均在会计等式工作表中的曲线方框中得以体现。因此,我们可以仅根据留存收益列下曲线方框中的项目编制一张利润表。这些账户被认为是利润表账户而非资产负债表账户,即使最终该账户金额会结转到留存收益余额。它们是利润表账户,因为我们将会看到这些单个账户会出现在利润表中。利润表中第一个报表项目是收入。对于 Team Shirts 来说,销售收入为 1 850 美元。

报表中列示了三个费用项目。一个是商品销售成本,它是已实现销售收入的存货成本。Team Shirts 的商品销售成本是 740 美元。其他两项费用分别是广告费用 150 美元和保险费用 25 美元。此项保险费用并不是 Team Shirts 向保险公司实际支付的金额,相反地,它是当期已使用的保险成本。预付保险费中尚未使用的剩余部分将在资产负债表中作为资产列示。

收入 1 850 美元扣除费用 915 美元等于当期净收益,即 935 美元。图表 2.5 是 Team Shirts 2 月份的利润表。

图表 2.5 Team Shirts 2 月份利润表

这是 Team Shirts 2 月份的利润表。

Team Shirts
利润表
截至 2010 年 2 月 28 日
(单位:美元)

收入		
销售收入		1 850
费用		
商品销售成本	740	
广告费用	150	
保险费用	25	
费用合计		915
净收益		935

接下来需要编制的是所有者权益变动表,如图表 2.6 所示。

图表 2.6 Team Shirts 2 月份所有者权益变动表

所有者权益变动表反映了 2 月份权益账户的变化。

Team Shirts
所有者权益变动表
截至 2010 年 2 月 28 日
(单位:美元)

期初普通股	5 000	
本月发行的普通股	0	
期末普通股		5 000
期初留存收益	385	
当月净收益	935	
股利	(100)	
期末留存收益		1 220
所有者权益合计		6 220

这张报表反映了当期所有者权益的增减变动。它根据图表 2.4 中所有者权益列中双线方框所提供的信息编制而成。Team Shirts 实收资本月初余额为 5 000 美元,当月未发行新股份。留存收益月初余额为 385 美元。净收益 935 美元使留存收益增加,而股利分配使留存收益减少。因为我们在编制利润表时,已经包含了留存收益列中曲线方框的项目,因此单个项目无须再列示在所有者权益变动表中。我们仅需要列示净收益这一单独金额。期末,留存收益的金额是 1 220 美元(= 385 + 935 - 100)。

接下来要编制的是资产负债表。当会计等式工作表列示所有经济业务后,实际上资产负债表已经编制完成,但这种方式不能有效地传递信息。经济业务需要一种能够清晰且有效地概括、组织并传达信息的载体。会计等式工作表中最后一栏的合计金额是资产负债表的编制基础。2 月 28 日,所有资产与对应资产要求权都将列示在报表中。注意图表 2.4 会计等式工作表中所列示的交易事项与图表 2.7 资产负债表的相似之处。

图表 2.7 Team Shirts 2010 年 2 月 28 日资产负债表

2 月 28 日的资产负债表列示了新的留存收益余额。

Team Shirts
资产负债表
2010 年 2 月 28 日
(单位:美元)

资产		负债和所有者权益	
现金	6 695	应付账款	800
应收账款	150	其他应付款	50
存货	100		
预付保险费	125	普通股	5 000
		留存收益	1 220
资产合计	7 070	负债和所有者权益合计	7 070

2010 年 2 月 28 日,资产项目与相应金额一起列示。现金为 6 695 美元(有关该数字的计算过程请参考现金流量表)。应收账款为 150 美元,它是顾客欠 Team Shirts 的款项。除此之外,Team Shirts 还有 25 件存货,每件成本为 4 美元,因此存货总计为 100 美元。

最后一项资产是预付保险费。在 2 月 28 日尚未使用的保险资产为 125 美元。会计调整减少了预付保险费 25 美元,这是 2 月份已消耗的资产。

在 2010 年 2 月 28 日,公司有两项负债——应付账款 800 美元和其他应付款 50 美元。它们是 Team Shirts 欠债权人的款项。

最后一个报表项目是所有者权益。在我们编制的所有者权益变动表中,我们知道以股份形式存在的实收资本为 5 000 美元,留存收益为 1 220 美元。负债加上所有者权益的总金额为 7 070 美元,即总资产金额。

如图表 2.8 所示,现金流量表反映了当期现金的流入和支出。某些时候,一些现金收支金额是诸多经济业务的合计,而非单个业务的交易金额。每个经济业务被划分为经营活动、投资活动或筹资活动。

图表 2.8　Team Shirts 2 月份的现金流量表

现金流量表提供了当期现金变动的详细信息。

Team Shirts
现金流量表
截至 2010 年 2 月 28 日
（单位：美元）

经营活动产生的现金		
从客户处收到的现金	1 700	
支付广告费用的现金	(100)	
支付借款利息的现金	(150)	
经营活动产生的现金净额		1 450
投资活动产生的现金		0
筹资活动产生的现金		
支付现金股利	(100)	
筹资活动产生的现金净额		(100)
现金净增加额		1 350
现金期初余额		5 345
现金期末余额		6 695

你可以根据图表 2.4 中虚线方框的经济业务来编制现金流量表。对于每项现金金额，你应该先思考下，它是归属于经营活动、投资活动还是筹资活动。

图表 2.4 中，第一个现金支出是广告费 100 美元，这是第二笔经济业务。由于广告与企业日常经营活动相关，因此这 100 美元属于与经营活动相关的现金流量。

第二个现金支出是向保险公司支付 150 美元。它属于与经营活动相关的现金流量。注意现金流量表只反映现金支出，而不考虑该保险是否被使用。

第四笔经济业务涉及 1 700 美元的现金流量。这是一笔销售收入，应当归属于与经营活动相关的现金流量。注意此笔业务的交易金额是 1 700 美元，它代表了 170 件 T 恤的销售。尽管企业实际上一共销售了 185 件 T 恤，但其中 15 件并没有收回现金。在现金流量表中，所有业务必须用现金交易。

最后一个现金交易是向股东支付 100 美元的股利。由于它与企业融资有关，因此被划分为与筹资活动相关的现金流量。

务必确保现金流量表应当包括会计等式工作表中所有现金的流入和支出，并且非现金项目不得列示在该报表中。现金净增加额是企业当期现金的增减变化。现金期初余额加上现金净增加额等于现金期末余额，即 6 695 美元。这将被列示在 2010 年 2 月 28 日的资产负债表中。

虽然在这里 Team Shirts 没有包含财务报表附注，但是它是财务报告中非常重要的一部分。请看附录 A 中百万书店的财务报表附注。附注远比财务报表要长！当你了解会计人员在编制报表时面临诸多不同会计处理方法的选择时，你就会知道附注可以满足报表使用者对这些会计方法选择的信息需求。记住：充分披露是 GAAP 要求的四大基本原则之一。

思考题 2-3

预付保险费是资产还是费用？为什么？

2.3.2 资产

Team Shirts 公司 2010 年 2 月 28 日资产负债表如图表 2.7 所示。你可以看到,公司的资产,也是企业的经济资源,在报表左边列示。根据 GAAP 规定,资产是指企业拥有或控制的有价值的资源。它们是指由企业过去的交易或事项形成的,预期会给企业带来经济利益的有价资源。

Team Shirts 资产负债表中第一个项目是现金。现金由过去的交易或事项形成,且存在价值,因为它在未来具备购买力。其他企业资产包括应收账款(顾客欠企业的款项)和存货(企业购置并旨在销售的项目)。最后一项资产是预付保险费,这是尚未使用的部分,在 2 月 28 日它们仍有价值。

资产负债表中资产项目按照**流动性(liquidity)** 排列。流动性是指资产变现的难易程度。企业计划在一个会计年度内使用的资产被称为**流动资产(current assets)**。企业在超过一个年度内使用的资产被称为**非流动资产(noncurrent assets)**,也称为长期资产。截至目前,Team Shirts 仅有流动资产。家得宝(Home Depot)公司的资产负债表如图表 2.9 所示。资产部分列示了流动资产和长期资产。

图表 2.9 家得宝比较资产负债表

这是从家得宝最近年度报告中摘录的比较资产负债表。

家得宝及其子公司 合并资产负债表 (单位:百万美元)		
	2009 年 2 月 1 日	2008 年 2 月 3 日
资产		
流动资产:		
现金及现金等价物	519	445
短期投资	6	12
应收账款,净额	972	1 259
库存商品	10 673	11 731
其他流动资产	1 192	1 227
流动资产合计	13 362	14 674
不动产及设备:		
土地	8 301	8 398
建筑物	16 961	16 642
家具及设备	8 741	8 050
租赁资产改良	1 359	1 390
在建工程	625	1 435
融资租赁	490	497
	36 477	36 412
减:累计折旧和摊销	10 243	8 936
不动产及设备净额	26 234	27 476
应收票据	36	342
商誉	1 134	1 209
其他资产	398	623
资产合计	41 164	44 324

（续表）

	2009年 2月1日	2008年 2月3日
负债和所有者权益		
流动负债：		
短期负债	—	1 747
应付账款	4 882	5 732
应付职工薪酬及相关费用	1 129	1 094
应付销售税	337	445
递延收入	1 165	1 474
应付所得税	289	60
一年内到期的长期负债	1 767	300
其他应计费用	1 644	1 854
流动负债合计	11 153	12 706
非一年内到期的长期负债	9 667	11 383
其他长期负债	2 198	1 833
递延所得税	369	688
负债合计	23 387	26 610
所有者权益		
普通股，每股面值0.05美元；法定100亿股。在2009年2月1日，已发行17.07亿股；在2008年2月3日已发行16.98亿股；2009年2月1日流通在外16.96亿股；2008年2月3日流通在外16.90亿股	85	85
实收资本	6 048	5 800
留存收益	12 093	11 388
累计其他综合收益（损失）	(77)	755
库存股：以成本计价，2009年2月1日1 100万股；2008年2月3日800万股	(372)	(314)
所有者权益合计	17 777	17 714
负债和所有者权益合计	41 164	44 324

参见合并财务报表附注。

资产是资产负债表中的三大要素之一。其他两个分别反映了——债权人和股东对资产享有的要求权。资产负债表的基础是会计等式：

$$资产 = 负债 + 所有者权益$$

2.3.3 负债

Team Shirts公司2010年1月2日资产负债表如图表1.6所示，该报表表明Team Shirts欠Sara的妹妹500美元。2010年2月28日，情况不再如此，这笔债务在1月份已经偿还。在2010年2月28日，Team Shirts仅有应付账款和其他应付款两笔债务。负债是指企业欠他人的款项。术语"应付"预示隐含债务之意。负债是债权人的要求权。通常负债会以现金形式归还债权人。像资产一样，负债也是由企业过去的交易或事项形成的。例如，因赊购存货而产生的负债被称为应付账款。2010年2月28日，企业赊购存货但并未偿还债务，因此这部分存货成本在资产负债表中以应付账款列示。一旦企业偿还这笔债务，应付账款便不再在资产负债表中列示。通常负债包括利息——延期支付的附加成本。Team Shirts在1月份偿还Sara的妹妹本金时，同时支付她5美元利息作为占用其资金的报酬。

负债也有流动与非流动之分。与偿还流动资产相关的负债被称为**流动负债**(current liabilities)。在实际中,企业将在下一个会计年度内偿还的债务被称为流动负债。偿还期限超过一年的债务被称为**非流动负债**(noncurrent liabilities)。大多数资产负债表列示了流动资产合计与流动负债合计。这样的资产负债表被称为**分类资产负债表**(classified balance sheet)。家得宝的资产负债表如图表2.9所示。试着看你能否找到流动资产合计和流动负债合计。它之所以被称为分类资产负债表是因为它将资产和负债以期限——长期和短期划分。

> **思考题2-4**
> 1. 流动资产和长期资产的区别是什么?
> 2. 什么是分类资产负债表?

2.3.4 所有者权益

所有者权益,有时被称为净资产,是股东对公司资产的要求权。增加权益的方式有两种。一种是增加实收资本。通常实收资本是现金,但也可以是设备或其他有价值的项目。在Sara成立Team Shirts时,她以自有资金5 000美元作为投资。这被称为股东对公司的投资。这个"投资"经常与公司利用闲置资金进行的"投资"混淆。例如,苹果公司也许将部分闲置资金购买谷歌公司的股票,对于苹果公司而言这是一项投资。为了避免此类混淆,我们将接受所有者的投资称为实收资本。

另一种是创造利润(这是最佳方式)。Team Shirts通过销售T恤创造利润,这会增加所有者权益。通常收入使所有者权益增加,而费用使所有者权益减少。

在资产负债表中,权益被分为两个项目:一是**实收资本**(paid-in capital),二是留存收益。对于个人独资企业和合伙企业来说,两种类型的权益均被称为资本。通过划分,潜在投资者可以了解到所有者对公司的实际投资额。

2.3.5 财务报表项目的计量和确认

我们将对资产负债表和利润表进行深入研究。我们知道,资产负债表是根据会计等式(资产 = 负债 + 所有者权益)对企业经济业务进行的简单概述。这三个报表项目是主要的会计要素,它们又会被划分为子报表项目。

1. 计量资产

我们从资产开始。资产中最著名的当属现金,它是资产负债表列示的第一个项目。在家得宝公司的资产负债表中,你会发现所有其他资产均以流动性强弱——它们变现的难易程度——排列。每项资产的价值都以货币计量。例如,现金是企业支票账户和储蓄账户的总金额。第二个项目是短期投资,无论何时它都非常容易变现。下一个项目通常是应收账款——因赊销顾客欠公司的款项。存货是以成本计量的另外一项资产。我们可以看到,在资产负债表日,Team Shirts的资产负债表中列示了T恤的存货成本。GAAP要求财务报表以现金为起始项目,其他资产项目均以流动性强弱排列,流动性较强的资产在前,其后依次递减。然而在IFRS指导下的财务报表通常以流动资产结束。GAAP和IFRS对格式要求存在差异的情况非常普遍。

你之前已经学习过财务报表项目计量的两个特征。一是采用货币作为计量单位。对于美国来说,即是美元。例如,资产负债表并不列示存货T恤的数量,而是列示它的成本。二是财务报表项目是以历史成本——购置成本——计价,而不是以公司期望出售的价格进行披露。在资产负债表中,一些资产以购置成本列示,其他资产经过重新估价后以更新金额列示。你将在下一章中学习相关内容的详细信息。

2. 确认收入和费用

你已经知道,只有当收入实现时才能被确认。那么,若在销售尚未完成时顾客提前支付现金,企业可以确认收入吗?答案是否定的。注意我们之前所学的,尽管 15 件 T 恤尚未得到偿付,我们却确认了所有的销售收入。当顾客赊购产品时,该交易被视为已完成,尽管尚未收到现金。相似地,为创造收入而产生的费用的确认与企业现金是否支付没有关系。会计人员在计算利润表的收入和费用时,不会考虑现金的收支。相反地,当交易在经济实质上完成时即可确认收入。

会计人员用短语"实质完成和经济实质"来描述上述情况——当交易在严格意义上没有完成的情况下也可以确认收入。也就是说,只要交易在实质上完成,即可确认收入。这就是我们之前讨论的收入确认原则。当 Team Shirts 向顾客发送 T 恤并且得到了顾客的支付承诺,这就被视为交易在经济实质上完成。而现金收回则可能在交易完成之前或交易完成之后。这种根据交易的经济实质而非现金的收支来确认收入和费用的制度称为**权责发生制会计(accrual basis accounting)**。图表 2.10 概述了财务报告假设、原则和限制。

图表 2.10　财务报告假设、原则及限制

假设	会计分期假设	以财务报告为目的而将企业经营期限划分为有意义的若干会计期间
	会计主体假设	企业财务报告主体是企业本身
	货币计量假设	财务报表中所有项目均采用货币作为计量单位
	持续经营假设	企业在可预见的未来持续经营
原则	历史成本原则	资产以历史成本记录
	收入确认原则	当收入已实现,并且款项合理地被确认为可收回时才能确认收入
	配比原则	利润表中确认的费用要与当期创造的收入相配比
	充分披露原则	公司应当披露会对财务报表使用者产生重大影响的任何情形或事项
限制	重要性原则	与公司财务报表相关的交易或事项较为重要或所涉金额较大
	稳健性原则	当会计人员在某些经济业务或会计事项存在不同的会计处理方法可供选择时,应当选择高估收入和资产可能性最小的会计处理方法

对于不同企业来说,收入的确认时间有难易之分。在收入确认时间上会计人员存在很大分歧和争议。所有人都同意会计准则的规定:当收入实现时即可得到确认,并且假设顾客在未来会偿还账款是合理的。也就是说,交易在实质上已经完成。但人们往往不能在交易何时实质性完成的问题上达成一致意见。这是在会计界经常争论的一个重要话题。不幸的是,很多公司不正当确认收入从而引发了重大事故。过去十年中诸多会计丑闻均与收入确认有关。

思考题 2-5

举例说明配比原则在 Team Shirts 公司 2 月份利润表中的体现。

2.4 应计项目及递延项目

2.4.1 权责发生制会计

权责发生制会计涉及现金收付与经济交易实质不同步的两种交易。收入和费用不以现金支付或收到的时间进行确认。

一种交易是**应计项目**（accrual），另一种交易是**递延项目**（deferral）。图表 2.11 展示了权责发生制下两种交易的含义。

图表 2.11 权责发生制会计

权责发生制会计涉及应计项目和递延项目。

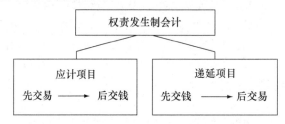

在现金收付前进行的交易被称为应计项目。Team Shirts 的赊销行为就是一个应计项目。应计意味着应当计入或累计。在会计中，即使现金尚未收付我们也确认费用或收入。先是销售完成——公司向顾客发送商品，现金以后才能收到。公司将这项资产记作**应收账款**——购买者欠公司的现金，而非从购买者处收到现金资产。应收账款是顾客欠公司的款项。GAAP 规定公司确认收入的必要条件是实现商品销售或服务提供，旨在强调"交易行为"而非现金收入。

在现金收付后进行的交易被称为递延项目。当 Team Shirts 支付保险费时，这就是一项预付购置——我们是预先支付保险费用，而非在其保险有效期结束时付款。但是，只有随着时间的推移得以使用的保险才能确认为费用。递延，顾名思义是推迟延期之意。在会计上，递延意味着公司应当延迟对费用的确认直到保险被使用。当 Team Shirts 预付未来期间的保险费时，公司将其记作现金支出。换句话说，Team Shirts 记录现金减少。然而，当现金支付时并不确认费用。只有当保险费被使用时它才能确认为费用，这意味着这笔费用将在利润表中列示。在该交易中，"使用"就是费用确认的标志。

2.4.2 收付实现制会计与权责发生制会计的对比

另外一种会计制度是**收付实现制会计**（cash basis accounting）。在收到现金时确认收入，支出现金时确认费用。国际会计准则理事会与美国证券交易委员会并不认可这种会计处理方法。将现金收支作为确认收入和费用的标志不能准确地反映出企业在当期的经营成果。虽然现金流量非常重要，但它们不足以为决策者提供有用信息。记住，有些企业不被要求必须遵循 GAAP。例如，个人独资企业的医生们就可以根据自己的需求按照收付实现制处理会计业务。这意味着当他们收到现金时就可以确认收入。如果他们向客户提供服务后并未收到现金，则当日编制利润表时这笔收入将不会在表中列示。这是不符合 GAAP 的规定的。如果这些医生遵循 GAAP，他们应将这项收入记作应收账款。

2.4.3 会计期间和截止问题

在会计上，为什么销售商品和提供服务的交易完成（符合经济实质）时间与现金收付时间的差异如此重要呢？假设公司赊销商品,现金以后才能收回,为什么销售收入在利润表中的确认时间如此重要呢？通过学习 Team Shirts 公司的案例你将能够找到上述问题的答案。

2010 年当 Sara 设立企业时,她决定以日历年度作为企业的会计年度。因此,公司的所有年度报表的会计期间都是从 1 月 1 日起至 12 月 31 日结束。在具体年份,只有这 12 个月发生的收入及为实现这些收入而发生的费用才会被列示在当年的利润表中。那么,在会计期间收入的核算范围是什么？会计人员决定以商品或服务的交易时间,而非现金收付时间,来定义收入发生时间。费用遵循配比原则,亦不考虑其现金支付时间。这样使所有公司的财务报表都遵循了 GAAP 规定的一致性与可比性原则。

资产负债表反映了特定日期企业的资产、负债和所有者权益的状况。对于会计年度在 12 月 31 日结束的公司来说,这一天就是资产负债表日。记住,上一个会计年度的资产负债表结束日期就是下一个年度的资产负债表开始日期。当你出去庆祝跨年夜时,资产负债表没有任何变化。2010 年 12 月 31 日夜晚当 Sara 沉入梦乡时,Team Shirts 公司 2011 年 1 月 1 日资产负债表上的现金相比 2010 年 12 月 31 日资产负债表上的现金没有任何不同。因此,资产负债表的现金余额逐期递延。

然后,交易开始进行。当期所有的收入和费用都将列示在利润表中。利润表反映了企业一定时期的经营成果。企业的报表时期可能是一个星期、一个月、一个季度或一个会计年度。很多公司编制月度报表和季度报表,所有公司都编制年度报表。一个会计年度的利润表反映了在该年度内发生的所有收入和费用。它解释了资产负债表从年初到年末的变化原因。收入使所有者权益增加,而费用使所有者权益减少。若收入减去费用所得金额为正,说明企业在该期间为净亏损;若收入减去费用所得金额为负,说明企业在该期间为净亏损。净收益或净亏损有时被称为底线项目(bottom line)。

> **思考题 2-6**
> 收付实现制会计和权责发生制会计的区别是什么？

2.4.4 投资者——所有者和债权人——如何使用权责发生制会计信息

所有者和债权人在企业中均被视为投资者。因为他们都向企业投资了资金并期望获得回报,且都承担了企业经营的风险。由此而论,你可以认为风险是未来获得回报的金额和时间的不确定性。一些投资是高风险的。例如,当银行向企业贷款时会评估企业偿还本金和利息的能力。如果银行贷款给一家没有偿债能力的企业,那么该企业就不得不通过变卖非现金资产来筹措资金以偿还本金和利息。银行在贷款时必须比较风险与预期回报。

通常风险和回报正相关。这意味着高风险高回报,低风险低回报。对于高风险的项目,必须以高回报来吸引投资者。

在企业中,所有者的风险高于债权人的风险。这是因为债权人对资产的要求权优先于所有者(债权人对资产拥有第一求偿权)。如果公司有足够的资金偿还债务和向股东发放股利,那么债权人必定会得到偿还款项。并且,债权人通常一定优先于所有者得到支付,假如还有剩余,剩余部分将分配于所有者。这意味着债权人的风险较低。所有者的风险是企业破产倒闭。

然而,承担较高风险的所有者拥有利润分配的权利。因此,所有者的高风险伴随着潜在的高回报,而债权人最高只能获得本金及协议规定的利息。

财务信息可以为人们是否向公司投资提供有效的决策方向。假设 Team Shirts 期望通过借钱扩大规模,那么银行就会审查该公司的利润表、资产负债表、现金流量表来评估其潜在风险——公司偿还本金和利息的能力。

资产负债表列示了公司的资产及其归属对象。银行信贷人员会根据资产负债表的信息来评估企业的偿贷能力。他/她希望以此确定公司没有背负太多的债务。企业负债越多,越要赚取更多的现金来偿还债务。

Team Shirts 的资产负债表提供的信息足以向银行信贷人员说明它的偿贷能力。由于企业是在未来几个月甚至几年内才会偿还债务,因此企业的未来收益能力非常重要。研究一个企业过去的表现有助于预测其未来的状况。因此,公司过去赚取的利润对于银行信贷人员是有用信息。收入与其配比费用的详细信息能够帮助银行评估公司未来获得现金用以偿还债务的能力。

然而,对于银行来说,仅仅使用资产负债表和利润表来对公司进行评估是远远不够的。公司管理现金的方式仍旧是个谜。一家公司也许负债较少、收益能力较高。但如果这家公司没有充足的现金,依旧不能清偿债务。由于现金是银行最为重视的项目,因此现金流量表提供了银行需要的额外信息。

2.4.5 说明财务报表提供的信息的例子

我们将对比两家期初拥有相同资产负债表的公司。并且,在第一个月它们拥有相同的经济业务。我们仅列举少许交易,可以看到这两家公司第一个月的利润表是一样的。当你在学习时,试着弄明白为什么它们的利润表是一样的。为什么它们的期末资产负债表和现金流量表有所差别?它们的财务报表的差异在哪里?

这两家公司分别是 Clean Sweep 和 Maids-R-Us。两家都是个人独资企业,都从事清洗服务业务。Judy Jones 是 Clean Sweep 的所有者,Betty Brown 是 Maids-R-Us 的所有者。两家公司在 2011 年 1 月 1 日的资产负债表相同。请看图表 2.12 资产负债表的列示项目,确信你知道它们的含义。

图表 2.12 Clean Sweep 与 Maids-R-Us 的期初资产负债表

月初,两家公司的资产负债表相同。

Clean Sweep 或 Maids-R-Us
资产负债表
2011 年 1 月 1 日
(单位:美元)

资产	
现金	900
备用品	200
资产合计	1 100
负债	
应付票据	400
所有者权益	
业主资本	700
负债和所有者权益合计	1 100

如图表 2.13 和图表 2.14 所示,观察每个经济业务并思考它们对会计等式的影响。

图表 2.13　Clean Sweep 与 Maids-R-Us 公司 2011 年 1 月份的经济业务

研究两家公司经济业务的差别。

Clean Sweep 与 Maids-R-Us	Clean Sweep	Maids-R-Us
1. 清扫 10 间房屋,每间清理费为 75 美元	提供服务时收到现金	向顾客提供信贷,现金将于 30 日后收回
2. 偿还贷款和利息	偿还所有贷款并支付利息费用 40 美元	偿还 100 美元贷款并支付利息费用 40 美元
3. 1 月 31 日盘存备用品,仍有价值 25 美元的备用品尚未使用	都将备用品消耗金额调整为 175 美元	

图表 2.14　Clean Sweep 和 Maids-R-Us 的会计等式工作表

会计等式工作表反映了两家公司的经济业务差异。

表 A:Clean Sweep　　　　　　　　　　　　　　　　　　　　　　　　　　　　　　　　单位:美元

	资产			=	负债		+	所有者权益	
	现金	所有其他资产	(账户)		所有负债	(账户)		实收资本	留存收益 (账户)
期初余额	900	200	备用品		400	应付票据		700	
经济业务									
1. 实现收入并收回现金	750								750 收入
2. 偿还贷款	(440)				(400)	应付票据			(40) 利息费用
3. 备用品调整		(175)	备用品						(175) 备用品费用
期末余额	1 210	+ 25		=	0		+	700	+ 535

表 B:Maids-R-Us 公司　　　　　　　　　　　　　　　　　　　　　　　　　　　　　　单位:美元

	资产			=	负债		+	所有者权益	
	现金	所有其他资产	(账户)		所有负债	(账户)		实收资本	留存收益 (账户)
期初余额	900	200	备用品		400	应付票据		700	
经济业务									
1. 实现收入并提供信贷		750	应收账款						750 收入
2. 偿还贷款	(140)				(100)	应付票据			(40) 利息费用
3. 备用品调整		(175)	备用品						(175) 备用品费用
期末余额	760	+ 775		=	300		+	700	+ 535

经济业务 1:两家公司都实现了 750 美元的收入。Clean Sweep 收到现金,但 Maid-R-Us 向顾客提供信贷。Clean Sweep 将这项资产记作现金,而 Maid-R-Us 记作应收账款。两家公司都获得了相同金额的收入,所以它们当期利润表的收入都是 750 美元。

经济业务 2:两家公司都偿还了贷款。Clean Sweep 清偿了所有的应付票据共计 400 美元,并支付利息费用 40 美元。Maid-R-Us 仅偿还应付票据 100 美元,并支付利息费用 40 美元。这笔业务中唯一的费用是利息费用 40 美元。两家公司都发生了这笔费用，因此它们的利润表均列示这 40 美元的费用。本金的偿还不影响利润表。

调整：期末，两家公司都确认了备用品费用 175 美元，1 月 31 日资产负债表中剩余备用品均为 25 美元。它们的利润表均列示这 175 美元的费用。

两家公司的利润表可以根据图表 2.14 中曲线方框中的项目编制而成。1 月份收入为 750 美元，费用为 215 美元，因此净收益为 535 美元。两家公司都是如此。如图表 2.15 所示，尽管一家公司向顾客提供信贷，另一家公司收回现金，但它们的利润表不受此影响。利润表仅与收入的实现和费用的发生有关，与现金流量无关。

1 月 31 日资产负债表可以根据图表 2.14 会计等式工作表中最后一栏的金额编制而成。对于个人独资企业来说，所有者权益——实收资本和留存收益——被统称为业主资本。实收资本和留存收益均在会计等式工作表中列示，资产负债表只显示二者期末余额的汇总金额。两张资产负债表如图表 2.16 所示。两个公司的资产和负债有所差异，但所有者权益相同。

为什么两家公司拥有相同的所有者权益？理解这个问题非常重要。因为它们期初权益都是 700 美元，净收益都是 535 美元，两者相加等于 1 235 美元。这就是你在 1 月 31 日资产负债表中看到的所有者权益项目金额。现金的支付时间不影响所有者权益。

最后，我们来看下现金流量表。你可以看到，两个公司现金的收付有所差别。它们的差异明确地列示在现金流量表中。每个公司的现金流量表都反映了这个月所有的现金流入和流出。现金流量表如图表 2.17 所示。

> **思考题 2-7**
> 1. 请说明利润表中收入确认与现金流量表中从顾客处收到的现金的差异。
> 2. 假设一个公司销售收入为 50 000 美元，其中 20% 是赊销。当期利润表中列示的收入是多少？当期现金流量表中列示的现金是多少？期末资产负债表中的留存收益来自收入的贡献是多少？

图表 2.15　Clean Sweep 和 Maids-R-Us 1 月份的利润表

回顾图表 2.14 中的会计等式工作表，你会发现两家公司曲线方框中的经济业务是相同的，这意味着两家公司的利润表是相同的。

Clean Sweep 或 Maids-R-Us
利润表
截至 2011 年 1 月 31 日
（单位：美元）

收入		
清洗收费		750
费用		
备用品费用	175	
利息费用	40	
费用合计		215
净收益		535

图表 2.16　Clean Sweep 与 Maids-R-Us 在 2011 年 1 月 31 日的资产负债表

两家公司的资产负债表存在差异。由于 Clean Sweep 比 Maids-R-Us 多偿还 300 美元债务,所以它们的总资产不一样。另外,它们的资产项目也不一样。Maids-R-Us 有 750 美元的应收账款,这是它在 1 月份实现但尚未收到现金的收入。

Clean Sweep 资产负债表 2011 年 1 月 31 日 （单位:美元）			
资产		负债和所有者权益	
现金	1 210		
备用品	25	资本,Jones	1 235
资产合计	1 235	负债和所有者权益合计	1 235

Maids-R-Us 资产负债表 2011 年 1 月 31 日 （单位:美元）			
资产		负债和所有者权益	
现金	760	应付票据	300
应收账款	750		
备用品	25	资本,Brown	1 235
资产合计	1 535	负债和所有者权益合计	1 535

图表 2.17　Clean Sweep 与 Maids-R-Us 的现金流量表

两家公司在现金交易上的差别导致它们的现金流量表存在差异。

Clean Sweep 现金流量表 截至 2011 年 1 月 31 日 （单位:美元）	
经营活动产生的现金	
从客户处收到的现金	750
支付借款利息的现金	(40)
经营活动产生的现金净额	710
投资活动产生的现金	0
筹资活动产生的现金	
偿还本金	(400)
筹资活动产生的现金净额	(400)
现金净增加额	310

Maids-R-Us 现金流量表 截至 2011 年 1 月 31 日 （单位:美元）	
经营活动产生的现金	
支付借款利息的现金	(40)
经营活动产生的现金净额	(40)
投资活动产生的现金	0
筹资活动产生的现金	
偿还本金	(100)
筹资活动产生的现金净额	(100)
现金净增加(减少)额	(140)

2.5 汇总——财务报表的目标

财务信息应当有用。经济业务能够有效传达信息的方式是将它们编制成财务报表：
1. 利润表
2. 所有者权益变动表
3. 资产负债表
4. 现金流量表

为了评估企业特定时期的经营成果，企业在存续过程中被划分为若干个独立的会计期间。在上面两家清洁企业的例子中，会计期间是一个月。

收入是在收入实现和费用发生符合经济交易实质时进行确认，而非建立在现金收付的基础上。注意，Maids-R-Us 和 Clean Sweep 公司 1 月份的净收益一样，尽管它们现金收付时间存在差异。这些差异在资产负债表中表现为现金项目以及应收和应付项目不同。并且，这些差异也在现金流量表中有所体现——现金流量表详细记录了企业的现金收付情况。四大财务报表的编制必须遵循相关性、可靠性、一致性和可比性。

除了这些特征，会计信息建立在基本假设和原则的基础之上。我们之前在图表 2.10 中有所讨论。我们可以看一下这些原则和假设在 Maids-R-Us 公司财务报表中的体现。

- 会计主体假设：财务报表所揭示的对象和报告的主体是 Maids-R-Us 公司，报表中并没有包含所有者个人的交易信息。
- 持续经营假设：我们假设 Maids-R-Us 公司是持续经营的公司。根据 GAAP，如果一家公司非持续经营，那么资产应被重新估值且应以其清算价格列示在报表中。
- 货币计量假设：财务报表中所有项目应当采用货币作为计量单位。在此我们采用美元作为该公司报表项目的计量单位。
- 历史成本原则：所有财务报表项目应当以购置成本记录。例如，资产负债表中备用品的重置成本或公允价值也许高于 Maids-R-Us 公司的购置价格，但它们在报表中仍旧以购置成本列示。
- 收入确认原则：只有当收入实现时才能被确认。即使相关现金没有收到，但交易已经在实质上完成，并且款项的可收回性能够合理保证。
- 配比原则：利润表中确认的费用要与当期创造的收入相配比。备用品只有当期已消耗才能确认为费用。未消耗的备用品在资产负债表中以资产列示，直到它们被消耗为止。

商业视角

权责发生制会计下现金同样重要！

在本章中，你已经了解财务报表的编制基础是权责发生制，但这并不意味着现金不重要。实际上，在当前经济环境中，现金为王。企业所有者编制和使用现金流量表来获悉现金的来源和去向。小企业主通过制订一年甚至多年的现金流量计划以满足企业的经营需求。现金预算的目标是保障企业顺利运作。如果预算结果是持有现金大于现金需求，那么你就要考虑如何处理这部分闲置资金——如何投资。这正是你想要的结果！

即使在经济萧条时，一些企业也拥有很多现金。根据 2009 年《华尔街日报》的一篇文章：

传统上，由于发展新技术存在风险，高科技公司持有很多现金。但现在，对于每个人来说维持一个健康的现金余额才是明智的。

但高科技行业的公司已发展成熟并且创造了很多现金。这些科技公司巨头应当思考如何处置这么多现金了。

拥有适当的现金对维持企业经营是至关重要的，但持有太多现金就是一种对经济资源的浪费。那么到底持有多少现金才是适当的呢？

资料来源："Tech Companies Need a Cash Plan", by Martin Peers. *Wall Street Journal*, Heard on the Street, March 20, 2009.

权责发生制会计是一种收入确认不以现金收付为基础的会计系统。当收入实现时即可确认，费用根据配比原则进行确认。交易在经济实质与现金收付上的时间差异不影响利润表。这是两个公司现金流量存在差异而净收益却相同的原因所在。

尽管 Team Shirts 是一个刚建立的微型公司，但它与大型成熟公司拥有相同的财务报表项目。当 Team Shirts 公司向顾客赊销 T 恤时，资产负债表会列示应收账款。图表 2.18 是 FOSSIL 公司的资产负债表。在资产部分，根据 FOSSIL 公司 2009 年 1 月 3 日（会计期间是 2008 年）的资产负债表显示，应收账款为 205 973 000 美元。这是 FOSSIL 公司向客户销售商品或提供服务的赊销金额。

你能在资产负债表中找出体现权责发生制而非现金收付制的另一项资产吗？在流动资产部分，资产负债表列示了预付费用（和其他流动资产）为 60 084 000 美元。尽管 FOSSIL 公司未列示预付费用的明细项目，但可以推断出这些项目应当与我们之前接触的预付保险费和预付租金（已购置但未被消耗的项目）相似。在资产负债表的另一边，应付账款是 91 027 000 美元，这是该公司从供货商处购置存货却未付现的款项。

检查一下你在本章和上一章所学有关资产负债表的其他内容。第一，报表达到平衡：资产 = 负债 + 所有者权益。FOSSIL 公司的资产负债表是分类资产负债表。首先列示的是流动资产及其合计数、流动负债及其合计数。在所有者权益部分，普通股和资本公积共同构成投入资本金额。继之，资产负债表列示了留存收益（会因股利分配而减少），这是 FOSSIL 公司的经营成果对所有者权益的贡献。并且，该资产负债表列示了两个年份的报表，回想一下，我们把它称作比较资产负债表。注意报表中的资产负债表日。这个财务报表反映了一个特定时间点企业的财务状况。对于 FOSSIL 公司来说，最近一个会计年度的结束日是 2009 年 1 月 3 日，也就是说会计期间是 2008 会计年度。公司通常为方便与同行业其他公司比较经营成果来选择其会计年度。

图表 2.18 FOSSIL 公司资产负债表

比较 FOSSIL 公司和 Team Shirts 公司资产负债表的相似之处。

FOSSIL 公司
合并资产负债表
（单位：千美元）

会计年度	2008	2007
资产		
流动资产：		
现金及现金等价物	172 012	255 244
可供出售金融资产	6 436	12 626
应收账款，净额	205 973	227 481
存货，净额	291 955	248 448
递延所得税资产，净额	27 006	24 221
预付费用及其他流动资产	60 084	56 797
流动资产合计	763 466	824 817
长期投资	13 011	13 902
不动产及设备，净额	207 328	186 042
商誉	43 217	45 485
无形及其他资产，净额	60 274	52 382
资产合计	1 087 296	1 122 628
负债和股东权益		
流动负债：		
短期负债	5 271	9 993
应付账款	91 027	111 015
应计费用：		
应付职工薪酬	34 091	44 224
应付特许权使用费	17 078	22 524
应付合作广告费用	21 869	17 769
其他	30 306	32 833
应交所得税	7 327	40 049
流动负债合计	206 969	278 407
长期应交所得税	38 784	38 455
递延所得税负债	22 880	16 168
长期负债	4 733	3 452
其他长期负债	8 567	8 357
长期负债合计	74 964	66 432
少数股东权益	3 219	6 127
股东权益：		
普通股，2008 年和 2007 年分别发行 66 502 股和 69 713 股	665	697
资本公积	81 905	88 000
留存收益	695 427	646 492
累计其他综合收益（损失）	24 147	36 473
股东权益合计	802 144	771 662
负债和股东权益合计	1 087 296	1 122 628

2.6 应用你的知识：比率分析

所有的企业都要偿还贷款。供货商尤其关心公司履行现时义务的能力，但仅知道企业有多少现金还不足以判断企业的偿债能力。比率为我们提供了更为深入的信息。财务比率是将财务报表上两个不同的数据进行比较。一些比率衡量了企业的短期偿债能力，最为常见的是**流动比率**（current ratio）。流动比率是流动资产与流动负债之比。流动比率反映了企业为现时经营进行短期融资的能力。

$$流动比率 = \frac{流动资产}{流动负债}$$

对于规模大小不一、类型各异的企业，投资者可以用流动比率来比较它们的流动性。回忆一下，流动性是企业将流动资产变现用以偿还到期债务难易程度的衡量标准。这对在考虑是否向企业提供信贷展期的供货商来说是非常重要的。流动比率提供了有关企业流动性的信息。

家得宝公司的资产负债表如图表 2.9 所示。2009 年 2 月 1 日它的流动比率为：

$$13\,362 \div 11\,153 = 1.2$$

2008 年 2 月 3 日流动资产为 14 674 百万美元，流动负债为 12 706 百万美元。因此，2008 年 2 月 3 日的流动比率为：

$$14\,674 \div 12\,706 = 1.15$$

流动比率的另一种解读是，家得宝公司 2008 年 2 月 3 日每 1 美元的流动负债都有 1.15 美元流动资产作为偿还保证。你知道为什么公司致力于有一个等于或者大于 1 的流动比率吗？因为这可以保障公司有足够的流动资产来偿还流动负债。流动比率通常用来比较同一行业竞争公司的偿债能力。例如，劳氏公司 2009 年 1 月 30 日的流动比率为 1.15，2008 年 2 月 1 日的流动比率为 1.12。对于两家公司来说，与上一年度相比流动比率均增加了，并且两年的流动比率均大于 1，就该指标而言说明两家公司暂且没有什么隐患。

家得宝和劳氏公司连续两年的流动比率为我们提供了一定信息，但我们不能仅据此就下结论。在你学习财务报表的过程中，你会了解到分析财务报表的其他比率和方法。

实际上，一些公司正致力于使它们的流动比率小于 1，你也许会对此感到惊讶。如果一家公司能从经营活动中获得大量现金，它会认为当流动负债到期时它能产生足够的现金进行偿付。Olive Garden、Red Lobster 和 LongHorn Steakhouse 公司的母公司 Darden Restaurants，其 2008 年 5 月 25 日的流动比率是 0.41，对此 Darden 公司的年度报告如是披露：

> 经营活动产生的现金流量为我们提供了充足的流动性保障。我们用这些现金来购置土地、建筑物和设备以及回购公司股票。由于我们的销售是现金交易，且现金等价物和应收账款在 5—30 日即能变现或收回现金，因此我们的流动负债可以超过流动资产。

2.7 经营风险、控制和伦理

我们已经学习了会计信息质量特征和四大报表所披露的信息。现在，我们来看下公司如何保证它所披露的信息是可靠的。

2.7.1 内部控制——定义和目标

内部控制(internal controls)是管理者用来保护企业资产安全完整,确保会计记录真实可靠的所有政策和程序。内部控制是企业制定的用以保障资产安全和财务记录准确的规则。企业通过遵守规则来最小化经营过程中的风险。这些规则之所以被称为内部控制,是因为它发生和实施的对象是公司内部。公司外部——例如法律和规章制度——的强制规定不是内部控制,因为它们不是由公司内部制定的。

2.7.2 有关财务报表的特殊内部控制问题

会计人员最为关心的还是企业的财务报表。当你编制或使用财务报表时,你应当确信它们所反映的信息是准确且可靠的。当你看到资产负债表的现金项目时,你应当确信这就是在该资产负债表日公司持有的所有现金。当你看到利润表中列示的销售收入时,你应当确信这就是已实现的销售金额——商品已经发送给客户。

错误信息会酿成大祸。例如,美国证券交易委员会曾经控诉 Computron 公司在向其披露的财务报告中不当记录超过 900 万美元收入。不当记录收入也是美国证券交易委员会近期对 Xerox 墨西哥公司调查的重点。Xerox 墨西哥公司未能正确建立坏账准备,且违背 GAAP 对销售收入、租赁和租借错误分类。发生上述事项的原因在于:(1) 墨西哥方面的管理层未能遵守 Xerox 公司的政策和程序;(2) 不恰当的内部控制。

图表 2.19 总结了会计系统中公司为风险最小化实施的三种类型的内部控制。

图表 2.19　内部控制的类型

公司会计信息系统包括三种主要类型的控制:预防性控制、检查性控制和纠正性控制。

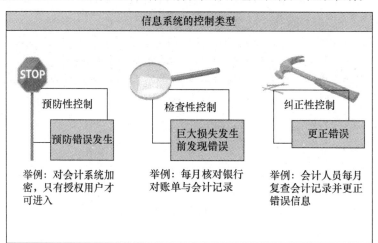

1. 预防性控制

预防性控制是预防会计信息系统发生错误的一种控制类型。例如,当你从亚马逊订购商品时,该公司会给你不止一次检查和确认订单的机会,并且公司计算机程序会自动生成你所购买商品的价格。这些都是亚马逊公司为防止系统失误采取的控制措施。

2. 检查性控制

检查性控制是企业检查错误的一种控制类型。例如,每日结束时,Target 公司的出纳都会盘点并审查现金、ATM 回执单、信用卡回执单和会计销售记录的差异。此类控制可以帮助 Target 公司发现收款和销售收入的问题。一旦问题被发现,必须更正。

3. 纠正性控制

纠正性控制是一种企业更正错误的政策和程序。Target 公司规定出纳应当弥补现金短缺的损失。

在你学习会计的过程中,你会遇到预防性控制、检查性控制和纠正性控制的案例。切记,有效控制系统的实现必须依赖负责、可靠的人员。内部控制系统的实施与执行它的人息息相关。人为误差、串通舞弊(两个或两个以上的人串谋一个政策或程序)以及瞬息万变的外界环境都会削弱内部控制系统的实施效果。

本章要点总结

- 为了使财务报表有用,我们必须理解编制报表的规则和选择,这些规则被称为公认会计原则(GAAP)。将来,全世界可能会统一使用国际财务报告准则(IFRS)。
- 根据 GAAP,会计遵循权责发生制。这说明不依据现金收付来确认收入,而是当企业收入实现(商品已实现销售或服务已提供)时才确认收入。成本要与收入配比,因此利润表中费用的确认要与当期创造的收入相配比。
- 权责发生制会计由两种类型构成——应计项目和递延项目,现金交易与商品和服务交易发生的时间不同。
- 对于应计项目,经济业务发生在现金交易之前。赊销就是一个例子。收入已经确认,但现金后期才会收到。切记,应计意味着"应当计入或累计"。当 Team Shirts 公司发生了赊销时,公司就应计入或累计确认销售收入,尽管现金还没有收到。
- 对于递延项目,现金交易在经济业务发生之前。预付就是一个例子。Team Shirts 公司预付保险费就是一个递延项目。切记,递延意味着"延期"。当 Team Shirts 公司预先购置保险,预付保险费时,公司就会延期确认这笔费用。在这个案例中,交易随着时间的推移保险得以使用。
- 财务报表在编制之前需要做出调整。全年记录金额可能需要调整以确保它们准确地列示了报表日的资产、负债、所有者权益、收入和费用金额。我们如何调整这些项目以准确反映公司的财务状况取决于我们如何记录经济交易。

本章问题总结

以下交易发生在 SW2 公司第一个经营年度。该公司的会计年度结束日期是 6 月 30 日(使用以下数字作为项目金额,但是在你的报表上需列示:以百万美元为单位)。

a. SW2 公司发行普通股(收到所有者投资)250 美元。
b. 向当地银行签发 6 年期应付票据,票面金额是 850 美元(利息忽略不计)。
c. 以 650 美元现金购买土地。

d. 支付营业费用 25 美元。

　　e. 支付现金 300 美元用以购买新设备。

　　f. 从顾客处收到 800 美元之前提供服务的款项。

　　g. 支付职工薪酬 480 美元。

　　h. 购买来年使用的备用品 20 美元。

　　i. 宣告并发放新股东股利 5 美元。

➡ **要求**

　　1. 编制一张如图表 2.4 所示的会计等式工作表并且在表中记录每项交易（将购置的设备确认为一项资产，并忽略设备很可能年度内使用的事实。我们也将在下章里讨论这一问题。银行利息费用忽略不计）。

　　2. 根据会计等式工作表编制四张基本的财务报表。

➡ **答案**

单位：百万美元

	资产			=	负债		+	所有者权益	
	现金	所有其他资产	（账户）		所有负债	（账户）		实收资本 普通股	留存收益 （账户）
a	250							250	
b	850				850	应付票据			
c	(650)	650	不动产及设备						
d	(25)								(25) 营业费用
e	(300)	300	不动产及设备						
f	800								800 服务收入
g	(480)								(480) 工资薪金
h		20	备用品		20	应付账款			
i	(5)								(5) 股利
	440	+ 970		=	870		+	250	+ 290

　　根据上述会计等式工作表，你可以编制财务报表。先编制利润表。曲线方框列示了收入和费用。在这个案例中，利润表非常简明扼要。也就是说，这个公司的内部记录中也许会有多种收入账户和费用账户。

```
                        SW2 公司
                         利润表
                      截至 6 月 30 日
                      (单位:百万美元)
```

服务收入	850
费用	505
净收益	295

接下来需要编制的报表是所有者权益变动表,注意净收益是如何在这张报表中列示的:

```
                        SW2 公司
                    所有者权益变动表
                      截至 6 月 30 日
                      (单位:百万美元)
```

实收资本:	
期初普通股	0
本月发行的普通股	250
期末普通股	250
留存收益:	
期初留存收益	0
＋净收益	295
－股利分配	(5)
期末留存收益	290
所有者权益合计	540

这些将在资产负债表的权益部分列示

下一张你要编制的是资产负债表。注意收入、费用和股利不在资产负债表中列示。这些项目已经包含在留存收益余额中。

```
          SW2 公司
          资产负债表
          6 月 30 日
         （单位：百万美元）
```

资产	
现金	**440**
备用品	20
不动产及设备	950
资产合计	1 410
负债和所有者权益	
负债	
应付账款	20
应付票据	850
所有者权益	
普通股	250
留存收益	290
负债和所有者权益合计	1 410

（现金从年初（这个例子中是0）到年末资产负债表数额（440百万美元）的增减变动将通过现金流量表进行解释）

（这些数字来自所有者权益变动表）

最后，你应该编制现金流量表。为了编制这张表，查阅表中的经济业务并将其划分为经营活动、投资活动和筹资活动。

```
          SW2 公司
          现金流量表
         截至 6 月 30 日
         （单位：百万美元）
```

经营活动产生的现金：		
从客户处收到的现金	800	
支付营业费用的现金	（25）	
支付工资薪酬的现金	(480)	
经营活动产生的现金净额		295
投资活动产生的现金：		
支付购买土地的现金	(650)	
支付购买设备的现金	(300)	
投资活动产生的现金流量净额		(950)
筹资活动产生的现金：		
发行普通股收到的现金	250	
从银行贷款取得的现金	850	
发放股利支付的现金	(5)	
筹资活动产生的现金流量净额		1 095
现金净增加额		440
现金期初余额		0
现金期末余额		**440**

（这个数字是资产负债表上的现金余额）

• 所有公司从顾客处收到的现金和所有为维持日常经营支付的现金是经营活动有关的现金流量。对于 SW2 公司,(d.)是支付营业费用的现金,(f.)是收到客户的现金,(g.)是支付工资薪酬的现金。

• 所有购置土地和设备(使用期限大于一年的资产)支付的现金是投资活动有关的现金流量。对于 SW2 公司,这些是(c.)购买土地和(e.)购买设备。

• 所有来自股东和长期信贷者的现金是筹资活动有关的现金流量。对于 SW2 公司,这些是(a.)股票发行、(b.)贷款收入和(i.)分发给股东的股利。

注意第八笔(h.)经济业务赊购备用品,并不影响现金流量表。为什么?因为业务中不涉及现金。当现金在来年支付时,它将会归属于经营活动有关的现金流量。

关键词

长期负债	净利润	赊账
长期资产	历史成本原则	实收资本
持续经营假设	流动比率	收付实现制会计
充分披露原则	流动负债	收入确认原则
递延项目非流动负债	流动性	应付账款
非流动资产	流动资产	应计项目
分类资产负债表	内部控制	应收账款
会计分期假设	配比原则	预付保险费
会计主体假设	权责发生制会计	账簿调整
货币计量假设	确认收入	

思考题答案

思考题 2-1

1. GAAP 是公认会计原则。IFRS 是国际财务报告准则。
2. 准则用来确保信息的有用性,因此公司的经营成果可以在不同期间进行比较,也可以用来和其他公司比较。

思考题 2-2

1. 财务报表的目标是为决策提供有用信息。
2. 有用信息应满足相关性、可靠性、可比性和一致性的要求。

思考题 2-3

预付保险费是一种直到政策有效期终止才记作费用的资产。

思考题 2-4

1. 流动资产是一项企业计划在下一个会计年度内变现或使用的资产。长期资产是一项使用期限超过一年的资产。

2. 分类资产负债表是一种分别列示流动资产合计和流动负债合计的报表。

思考题 2-5

配比原则的一个例子是销售商品的成本与相应收入配比。已售 T 恤成本与相关收入列示在同一张利润表中。

思考题 2-6

收付实现制和权责发生制的区别在于确认收入和费用的时间。在收付实现制会计下，收到现金时确认收入，支出现金时确认费用。在权责发生制会计下，当收入实现（工作完成）时确认收入，并且费用和当期创造的收入配比确认。

思考题 2-7

1. 利润表列示了已实现的收入（也称为确认收入）。现金流量表仅仅列示了从客户处收到的现金。

2. 如果一家公司获得 50 000 美元的收入，所有的收入都将被列示在利润表中。收到 80% 的现金，也就是 40 000 美元将会在现金流量表下作为从客户处收到的现金予以列示。所有 50 000 美元将会结转到留存收益余额中，因为留存收益的增加额来自利润表。

问题

1. GAAP 是什么？IFRS 是什么？
2. 指出使会计信息有用的四大特征。
3. 会计主体假设是什么？
4. 为什么持续经营假设对于银行贷款业务很重要？
5. 解释重要性并举例说明重要性和非重要性。
6. 四大基本财务报表分别是什么？
7. 哪张财务报表反映某一时点的财务状况？
8. 什么是流动资产？什么是流动负债？
9. 所有者权益产生的两种方式是什么？
10. 利润表披露了公司的什么信息？列出在利润表中出现的账户类型。
11. 现金流量表的用途是什么？现金流量是如何分类的？这样分类的意义是什么？
12. 充分披露原则指什么？
13. 会计中确认收入指什么？
14. 什么是配比原则？
15. 什么是应计项目？什么是递延项目？
16. 在收入确认之前公司必须收到现金吗？
17. 什么是商品的销售成本？
18. 说明收付实现制和权责发生制的区别。
19. 流动比率是如何计算的？它反映了公司的什么状况？
20. 定义内部控制并解释它的重要性。
21. 对于给出的每一项控制，区分它是预防性控制、检查性控制还是纠正性控制。

a. Retro Clothing 公司有一个可以自动计算客户所订购商品总价的在线系统。

b. 在申请支付之前出纳人员需要复查贷款支付金额。
c. 雇用外部审计人员审计年度财务报表。

单选题

1. 在一定时期内收入超过费用，那么：
   a. 此期间的总资产会减少   b. 此期间的现金会增加
   c. 利润表列示的是净收益   d. 此期间的负债会减少
2. 对配比原则的最佳叙述是：
   a. 把资产和负债及所有者权益相匹配
   b. 把一定期间确认为费用的成本与其所产生的收入相匹配
   c. 把现金收入和收入相匹配
   d. 把收入和所有者权益相匹配
3. 下面哪项不会在公司的利润表中出现？
   a. 预付保险费   b. 商品的销售成本
   c. 利息支出   d. 销售收入
4. 下面哪一项遵循了权责发生制原则？
   a. 收到现金时记录收入   b. 支付现金时记录支出
   c. 当期收入产生的费用计入别的期间   d. 收入实现时计入收入并且费用与之匹配
5. 在以下情况中，哪一项应当确认销售收入？
   a. 顾客同意购买货物   b. 卖方同意以一个确定的价格卖给顾客货物
   c. 卖方从顾客处收到现金   d. 卖方将商品发送给顾客
6. 下面哪个是筹资活动现金流出的一个例子？
   a. 通过签一个长期应付支票从银行借钱   b. 通过发行新股融资购买新的工厂
   c. 给股东支付现金股利   d. 购买一个新的运货卡车
7. 资产在资产负债表上怎么列示？
   a. 按年代顺序   b. 按字母顺序
   c. 按它们的流动性   d. 按它们的相对价值的顺序
8. 下面哪项财务报表项目能在资产负债表上找到？
   a. 保险费用   b. 留存收益
   c. 销售收入   d. 以上所有
9. 一个公司的流动比率是1.85。你能得出：
   a. 这个公司值得投资   b. 这个公司偿付现在的债务毫无问题
   c. 这个公司有偿付短期债务的问题   d. 这个公司有偿付长期债务的问题
10. 下面哪项不属于内部控制的类型？
    a. 预防性控制   b. 纠正性控制
    c. 合谋控制   d. 检查性控制

简易练习

A组

简易练习 2-1A 财务报表项目。判断以下项目是资产、负债还是所有者权益。

1. 汽车
2. 预付保险费
3. 普通股
4. 预收收入
5. 应付账款
6. 留存收益
7. 应收账款
8. 存货
9. 现金

简易练习 2-2A 财务报表项目。指出以下所列项目应该在哪个财务报表中列示。

营业费用	应付账款
销售收入	应收账款
销售成本	经营活动产生的现金净额
设备	预付租金
长期负债	广告费用

简易练习 2-3A 收入确认。Public Relations 公司在 2009 年 4 月 15 日为一家新开的餐馆举办了一个盛大派对，向餐馆收费 2 100 美元。2009 年 4 月 20 日，餐馆支付 Public Relations 公司 1 800 美元，剩余部分在 2009 年 5 月 5 日付清。这项交易会对 Public Relations 公司 4 月份的利润表和 2009 年 4 月 30 日的资产负债表产生什么影响？

简易练习 2-4A 权责发生制会计和收付实现制会计。Missy & Adele 冰激凌公司在 2009 年 8 月以现金 55 000 美元为其冰激凌商店购入了一批存货，并打算于 8 月份和 9 月份将其卖出。公司在 8 月份出售了成本为 35 000 美元的商品，并在 9 月份将剩余部分售出。如果 Missy & Adele 公司遵循 GAAP，2009 年 8 月和 9 月份的销售成本分别是多少？如果 Missy & Adele 公司使用收付实现制会计，每月销售成本又分别是多少？

简易练习 2-5A 赊销确认。Wasil 公司向一个顾客赊销了价值 1 000 美元的服务。这个交易怎么在会计等式中体现？

简易练习 2-6A 应付账款和应收账款。Bolo 公司赊购了 500 美元的存货，然后将这批存货以 1 000 美元信用展期方式销售给了一个客户。换句话说，这是赊销。对于上面两笔交易，Bolo 公司应该确认多少应付账款？确认多少应收账款？

简易练习 2-7A 现金和赊销。A 公司今年有 1 500 美元的销售收入并全部以现金收回。B 公司今年也有 1 500 美元的销售收入，但只有 1 000 美元以现金收回，剩下的 500 美元仍未收回现金。两个公司都有 700 美元的费用并都以现金支付。那么 A 公司今年的净收益是多少？B 公司今年的净收益是多少？A 公司今年经营活动产生的现金净额是多少？B 公司今年经营活动产生的现金净额是多少？

简易练习 2-8A 成本和费用。Decker 公司今年购买了成本为 5 000 美元的备用品。今年使用了价值 4 000 美元的备用品，年终还剩价值 1 000 美元的备用品。Decker 公司今年备用品的费用应当确认多少?

简易练习 2-9A 利息支付和现金流量。假设 Miller Hardware 公司从当地银行借入了 10 000 美元,每月偿付本金和利息。4月份,Miller Hardware 公司偿还银行 1 000 美元本金和 50 美元利息。在现金流量表中,这些金额应当归属于哪类现金流量?

简易练习 2-10A 计算并解释流动比率。根据以下信息,计算两年的流动比率。解释两年流动比率的趋势及其含义。

单位:美元

摘自资产负债表	2010年6月30日	2011年6月30日
流动资产	300 000	360 000
流动负债	200 000	300 000

练 习

A组

练习 2-21A 财务报表项目。下面的账户和余额是从 Electronic Super Deals 公司的财务报表中摘录的。对于每个项目,指出它们应该在哪个财务报表中列示。然后判断资产负债表中各项目是资产、负债还是所有者权益。

单位:美元

设备	120 000
应收账款	105 000
存货	225 000
长期应付票据	315 025
经营活动产生的现金净额	28 000
普通股	35 150
土地	575 000
留存收益	100 000
现金	340 000
应付利息	650
长期应付抵押贷款	85 000
应付职工薪酬	21 525
筹资活动产生的现金净额	18 000

练习 2-22A 净收益和留存收益。Jule's Dairy Farm 公司 2010 年披露了如下信息(不完整):

单位:美元

净收益	25 000
销售收入	115 000
留存收益期初余额	20 000
销售成本	45 000
股利分配	2 250

1. 如果列示的销售收入是今年的所有收入,那么除了商品销售成本外的其他费用是多少?
2. 2010年结束时,留存收益余额是多少?

练习 2-23A 财务报表项目。下面所列是这一章讨论过的财务报表项目,将它们与1—11项描述进行匹配(可用多次)。

a. 资产
b. 负债
c. 所有者权益
d. 收入
e. 费用

1. _____ 公司债务
2. _____ 能产生未来利益的经济资源
3. _____ 配送或生产货物或提供服务而带来的资产流入
4. _____ 公司拥有的有价物品
5. _____ 公司资产减去负债后的剩余金额
6. _____ 公司所有和公司欠债之间的差额
7. _____ 所有者在公司的权益
8. _____ 由于配送或生产货物或提供服务导致的资产的消耗或者流出
9. _____ 没有未来价值的成本
10. _____ 公司所欠债务
11. _____ 销售收入

练习 2-24A 资产负债表和利润表业务。Unisource公司投资2 000美元现金并发行普通股以此开始第一年的经营。2010年,Unisource公司赊销收入4 600美元,公司的应收账款中收回现金4 200美元,营业费用支出2 850美元现金。将上述交易反映在会计等式中。

1. 总资产如何变化(增加还是减少,金额是多少)?
2. 2010年12月31日的现金余额是多少?
3. 2010年12月31日所有者权益合计是多少?
4. 今年净收益是多少?

练习 2-25A 编制利润表。根据以下数据为Excel Technology公司2011年6月30日编制一张利润表。

单位:美元

服务收入	62 675
租金费用	12 000
保险费用	6 550
工资费用	18 625
管理费用	5 720

练习 2-26A 编制分类资产负债表。以下项目是从Whitehouse公司2012年12月31日的财务报表摘录的。请编制该公司2012年12月31日的分类资产负债表。

单位：百万美元

不动产及设备	15 225	应付职工薪酬	11 250
普通股	15 895	其他非流动负债	1 445
土地投资	13 215	留存收益	8 835
短期投资	1 900	预付保险费	675
现金	1 850	其他非流动资产	6 795
应收账款	185	应付利息	845
备用品	110	应付抵押贷款	1 685

练习 2-27A 流动比率。根据你在练习 2-26A 中编制的资产负债表计算 2012 年 12 月 31 日的流动比率。

练习 2-28A 流动比率。以下数据是从 Tasty Sweets 公司 2008 年和 2009 年的财务报表中摘录的。计算每年的流动比率。从 2008 年到 2009 年公司的流动性发生了什么变化？

单位：美元

	2009	2008
流动资产	384 728	385 642
资产合计	649 803	590 112
流动负债	151 084	157 990
负债合计	261 676	282 244
所有者权益合计	388 127	307 868

难题

A 组

难题 2-37A 财务报表项目之间的关系。根据 Shane and Lane 公司截至 2011 年 12 月 31 日的信息回答下列问题。假定股东今年向公司新投资 25 美元。

a. 截至 12 月 31 日当年费用 = 625 美元

b. 截至 12 月 31 日当年净收益 = 415 美元

c. 留存收益期初余额（2010 年 12 月 31 日）= 215 美元

d. 留存收益期末余额（2011 年 12 月 31 日）= 500 美元

e. 2011 年 12 月 31 日，负债和所有者权益合计 = 875 美元

f. 负债合计期初余额（2010 年 12 月 31 日）= 260 美元

g. 负债合计期末余额（2011 年 12 月 31 日）= 275 美元

➡ 要求

1. 截至 2011 年 12 月 31 日，公司总收入是多少？
2. 截至 2011 年 12 月 31 日，公司宣告的股利是多少？
3. 截至 2011 年 12 月 31 日，所有者对该公司的总投资额是多少？
4. 2011 年 12 月 31 日，资产负债表中该公司的总资产是多少？

难题 2-38A 分析交易。会计服务公司在 2010 年进行下列交易：

a. 所有者投资 14 700 美元现金，作为回报，获得相应普通股。

b. 提供赊销服务共计 8 250 美元。

c. 从应收账款中收回现金 6 875 美元。

d. 赊购备用品 125 美元,全部投入使用。

e. 2010 年 12 月 15 日,公司提前支付办公室租赁费共计 6 000 美元,到 2011 年办公室才开始使用。

➡ **要求**

根据上述经济业务编制会计等式工作表。然后,回答下列问题:

1. 2010 年经营活动产生的现金是多少?
2. 2010 年 12 月 31 日的资产负债表上负债总额是多少?
3. 2010 年 12 月 31 日的实收资本是多少?
4. 截至 2010 年 12 月 31 日,利润表中净收益是多少?

难题 2-39A 交易分析和编制财务报表。MP 公关公司第一个月发生如下经济业务:

a. 2009 年 7 月 1 日,Marlene 和 Pamela 投资 22 750 美元设立 MP 公关公司。作为回报,他们获得相应普通股。

b. 7 月 1 日,公司向银行借款 15 000 美元并签发一年期应付票据,利率为 10%,2010 年 6 月 30 日需还本付息。

c. 2009 年 8 月 1 日,公司预付一年租金 1 200 美元。

d. 公司以现金支付第一个月营业费用 1 050 美元。

e. 公司第一个月收入为 10 500 美元,其中 7 500 美元是现金收入。

f. 公司雇用了一个行政助理,第一个月支付其工资 525 美元。

g. 公司宣告并发放第一个月的股利 2 250 美元。

h. 月末,项目(b)所产生的利息费用到期但并没有支付。

➡ **要求**

1. 说明每个经济业务如何影响会计等式。
2. 编制 7 月份的利润表、所有者权益变动表和现金流量表,编制 7 月 31 日的资产负债表。

难题 2-40A 根据会计等式分析交易并编制四张财务报表。下列会计等式工作表反映了 Data Services 公司 2010 年 5 月(第一个月)的经济业务:

单位:美元

业务	资产			=	负债		+	所有者权益			
	现金	所有其他资产	(账户)		所有负债	(账户)		实收资本 普通股		留存收益	(账户)
a.	5 000							5 000			
b.	15 000				15 000	应付票据(5 年期)					
c.	(10 000)	10 000	土地								
d.		6 500	应收账款							6 500	收入
e.	12 000									12 000	收入
f.	(8 000)	8 000	土地								
g.	3 500	(3 500)	应收账款								
h.	(2 100)									(2 100)	费用
i.	(750)									(750)	股利

要求

1. 分析会计等式工作表中的每笔业务,并描述所发生的每项交易。
2. 公司本月盈利了吗?请解释。
3. 编制截至 2010 年 5 月 31 日当月的利润表。
4. 编制截至 2010 年 5 月 31 日当月的所有者权益变动表。
5. 编制截至 2010 年 5 月 31 日当月的现金流量表。
6. 编制 2010 年 5 月 31 日的资产负债表。

难题 2-41A 分析交易和编制财务报表。Nate、Maggie、Nicol 和 Lindsay 在医科大学毕业后决定开设一家医疗实践公司。他们在 2011 年 1 月 1 日成立了 New Beginings 公司,每位出资 65 000 美元,作为回报每人获得 2 500 股普通股股份。公司与 Noble 银行签署 120 000 美元应付票据协议,以可用资金 216 000 美元购买办公场所(建筑物),以 139 000 美元赊购医学设备,并且需要在下一年年初偿还这笔赊购款项。

- 在第一年经营中,公司获取服务收入 280 000 美元,但是仅收回 215 000 美元,其余 65 000 美元作为应收账款明年年初可收回。
- 本年度员工工资薪酬为 115 000 美元,其中 95 000 美元以现金发放,其余 20 000 美元于第二年的第一天向员工发放。
- 公司购置 40 000 美元保险,以现金支付,其中 5 000 美元保险当年使用,剩余金额在未来年度使用。
- 公司本年度以现金支付营业费用 39 000 美元。
- 公司在本年度末向 Noble 银行寄出一张 8 100 美元的支票以偿还利息费用。
- 公司在本年度末支出 22 000 美元现金进行短期投资。
- 公司本年度宣告发放 10 500 美元现金股利。

要求

1. 说明每笔交易如何影响会计等式。
2. 编制截至 2011 年 12 月 31 日的利润表、所有者权益变动表和现金流量表。编制公司 2011 年 12 月 31 日的资产负债表,建筑物和设备的折旧忽略不计。
3. 计算公司 2011 年 12 月 31 日的流动比率。

财务报表分析

财务报表分析 2-1 认识资产负债表项目。Tootsie Roll Industries 公司的资产负债表如下所示:

Tootsie Roll Industries 公司
资产负债表(已改编)
(单位:千美元)

	2008 年 12 月 31 日	2007 年 12 月 31 日
资产		
现金	68 908	57 606
投资	17 963	41 307
应收账款	34 196	35 284

（续表）

	2008年12月31日	2007年12月31日
存货	55 584	57 402
其他流动资产	11 328	8 172
不动产及设备,净额	217 628	201 401
其他非流动资产	406 485	411 598
资产合计	812 092	812 725
负债和所有者权益		
应付账款	13 885	11 572
应付股利	4 401	4 344
应计负债	40 335	42 056
递延所得税	631	0
流动负债合计	59 252	57 972
非流动负债	118 070	116 523
负债合计	177 322	174 495
实收资本	509 131	495 197
留存收益	142 872	156 752
其他所有者权益账户,净额*	(17 233)	(13 719)
所有者权益合计	634 770	638 230
负债和所有者权益合计	812 092	812 725

*这个报表项目你将在后面的章节中学到。

➡ **要求**

1. 公司2007年12月31日和2008年12月31日的流动资产合计分别是多少?
2. 资产在资产负债表中如何排列?
3. 公司2007年12月31日和2008年12月31日的流动负债合计分别是多少?
4. 计算公司在2007年12月31日和2008年12月31日的流动比率,这些数字提供了什么信息?

财务报表分析2-2 根据资产负债表评估流动性。Sears控股公司比较资产负债表节选如下所示。虽然一些项目没有显示,但是所有的流动资产和流动负债都已经给出。

<table>
<tr><td colspan="3" align="center">Sears控股公司
合并资产负债表
(单位:百万美元)</td></tr>
<tr><td></td><td>2009年1月31日</td><td>2008年2月2日</td></tr>
<tr><td>现金</td><td>1 297</td><td>1 622</td></tr>
<tr><td>应收账款</td><td>839</td><td>744</td></tr>
<tr><td>存货</td><td>8 795</td><td>9 963</td></tr>
<tr><td>其他流动资产</td><td>485</td><td>473</td></tr>
</table>

(续表)

	2009 年 1 月 31 日	2008 年 2 月 2 日
不动产及设备	8 091	8 863
应付账款	3 006	3 487
其他流动负债	5 506	6 075
长期负债	7 450	7 168
所有者权益合计	9 380	10 667

➡ **要求**

1. 计算下列项目每个会计年度结束日的值：
   a. 流动资产；
   b. 流动负债；
   c. 流动比率。
2. 根据第一问的答案，讨论两年间流动性的变化。

财务报表分析 2-3 认识现金流量表项目。以下是苹果公司截至 2008 年 9 月 27 日的现金流量表。根据此表来回答下述问题。

苹果公司
现金流量表(已改编)
截至 2008 年 9 月 27 日
(单位：百万美元)

期初现金及现金等价物	9 352
经营活动产生的现金	9 596
投资活动产生的现金：	
短期投资购置	(22 965)
短期投资到期收益	11 804
短期投资出售收益	4 439
购置不动产及设备	(1 091)
其他	(376)
投资活动产生的现金	(8 189)
筹资活动有关的现金：	
普通股发行收到的现金	483
其他(净额)	633
筹资活动产生的现金	1 116
现金及现金等价物的净增加额	2 523
现金及现金等价物，期末余额	11 875

➡ **要求**

1. 苹果公司这一年经营活动产生的现金净额是多少？
2. 苹果公司这一年投资活动产生的现金净额是多少？
3. 苹果公司这一年筹资活动产生的现金净额是多少？

4. 假设你看了苹果公司近两年的资产负债表,那么每个报表中现金及现金等价物分别是多少?

批判性思考题

风险与控制

请查阅附录 A 中百万书店年报,注意其财务报表附注。这个公司面临什么风险?根据年报信息和你自己的经验来回答这个问题。

伦理

Ken Jones 想成立一家小企业,于是他向他的叔叔借款 10 000 美元。他已经制订好了企业计划,并且编制的财务报表说明该企业有利可图。Ken 惶恐他的叔叔会因其投资金额想获得企业的一些股份。Ken 不想分享这个他认为将会获得巨大成功的公司。当 Ken 向他的叔叔展示商业计划书时,他将面临什么样的伦理问题?你认为他应该以所有权风险大为由使其叔叔确信做债权人更好吗?为什么?

小组任务

图表 2.5、图表 2.6、图表 2.7 及图表 2.8 列示了 Team Shirts 公司的四大基本财务报表。请以小组为单位,找出四个财务报表中项目金额的联系,然后简单阐述一下报表之间的关系。

网络练习:MSN Money and Merck

MSN Money 公司提供关于公司、行业、人及相关新闻的信息。下述链接是一个不错的查询公司基本信息的网址。

请点击 http://moneycentral.msn.com

网络练习 2-1 在 Symbol box 中,输入 MRK(Merck and Co.,Inc. 代码)。
1. Merck 是什么类型的公司?
2. 列出 Merck 公司生产的三种产品。

网络练习 2-2 点击 Financial Results,然后点击 Statement。
1. 列出最近一年披露的销售收入、商品销售成本和净收益。报告中披露的销售收入是公司从顾客处收到的现金吗?如果不是,那它代表什么?报告中披露的商品销售成本又代表什么?Merck 公司是一个盈利企业吗?你是怎么知道的?
2. 列出最近一年披露的资产合计、负债合计和所有者权益合计。会计等式是平衡的吗?资产的主要来源是负债还是所有者权益?
3. Merck 公司遵循权责发生制会计还是收付实现制会计?你是怎么知道的?

请注意:网页在不断更新。因此,如果在以上给出的网址没有找到相应的信息,请在互联网进一步寻找所需信息。

第3章 应计项目和递延项目：会计中时间决定一切

学习目标

当你学完本章,你应该能够:

1. 定义权责发生制会计,并解释收益是如何被计量的。
2. 解释什么是应计项目及其是如何影响财务报表的,描述并编制相关调整分录。
3. 解释什么是递延项目及其是如何影响财务报表的,描述并编制相关调整分录。
4. 根据一系列包含应计项目和递延项目的业务活动编制基本财务报表,并分析这些业务活动对实际财务报表产生的影响。
5. 计算并解释边际销售利润率。
6. 解释企业在财务记录和会计信息方面存在哪些经营风险。

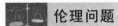 伦理问题

曲奇销售并非想象中那么"甜"

也许你想知道过去常常出现在你的杂货店货架上的 Archway cookies 究竟发生了什么事情。2008 年,Archway 的每日销售报告看起来都相当惨淡。然而有一天晚上,2007 年加入 Archway & Mother's Cookies 公司担任财务总监的 Keith Roberts 却惊奇地发现每日销售报告中出现了相当优秀的销售数据。经过仔细地盘查公司的库存、运输和销售记录,Roberts 得出结论——Archway 一直在记录虚构的销售收入。

你应该已经知道组合国际公司在实际获得销售收入之前就记录销售的行为了。而 Archway 在进行一项更大胆的欺诈行为,直接编造根本不存在的销售。据 Archway cookies 的一位长期分销商说,该公司在仅仅寄给他价值 4 000 美元的曲奇饼干时就向他开具了 14 000 美元的账单。他把这叫作"变戏法"。在这一章节中你将会看到 Archway 是如何记录账目的——通过确认虚假收入。

在这个丑闻导致 Archway 破产前,它的所有者是一家私募股权集团 Catterton Partners。它并没有在任何证券交易所进行股票交易,所以也没有必要通过确认虚假销售来维持它的股票价格。那么,公司为什么要伪造销售呢？Roberts 断定 Archway 这么做是为了能够从 Wachovia 银行持续获取所需的资金。在 Roberts 揭露了事情真相后,Wachovia 银行取消了对 Archway 的资金支持,并迫使其破产。Catterton Partners 的数名成员和 Archway 的前任高管也被其雇员和独立经销商们告上了法庭。

资料来源:"Oh, No! What Happened to Archway?" by Julie Creswell. *New York Times*, May 31, 2009.

3.1 计量收益

在第一个月结束后，Team Shirts 编制了一套财务报表来计量和报告这一个月企业的业绩以及其在当月底的财务状况。第二个月结束后，Team Shirts 又做了同样的事。

在公司存续期的不同时点上，所有者、投资者、债权人及其他利益相关者都希望了解公司的财务状况和业绩来进行各种各样的评估和决策，包括公司是否达到了设定的目标。通常最主要的目标是获取利润；所以对特定期间公司利润的计量，在评估一家公司经营的成功程度上显得至关重要。

利润表。正如在第 2 章中学到的，利润表汇总了企业一定期间内的收入与费用信息。净收益计量的会计期间通常为一年，也可以是一周、一个月或者一个季度。例如，很多公司都会给他们的股东提供季度财务信息，其中便会包含季度净收益。

会计师将企业持续的生产经营活动看作由一个个连续不断的会计期间——月份、季度或者年度——构成。我们在这些会计期间中划分收入和费用的方式是会计中至关重要的部分。这就是为什么说"在会计中时间决定了一切"的原因。如果在某个会计期间收入已经被赚取（不一定实际收到款项），那么它一定要被计入当期——不能是前一个会计期间，也不能是后一个会计期间——的利润表。如果在某个会计期间使用了备用品，那么这些备用品的成本也应该作为费用的一部分计入当期的利润表。

有时利润表也被称为经营情况表或者收益表、损益表。但是通常情况下它会作为第一张财务报表出现在企业的年度报告中。Gap 公司的利润表如图表 3.1 所示。

图表 3.1 Gap 公司的利润表

Gap 公司在截至 2009 年 1 月 31 日的会计年度中总销售额为 145 亿美元。投资者依赖于这些会计信息，所以 Gap 努力保证它的正确性。

Gap 公司

合并利润表

（单位：百万美元）

	会计年度		
	2008	2007	2006
销售收入净额	14 526	15 763	15 923
商品销售成本和使用费用	9 079	10 071	10 266
毛利	5 447	5 692	5 657
营业费用	3 899	4 377	4 432
营业利润	1 548	1 315	1 225
利息费用	1	26	41
利息收入	(37)	(117)	(131)
税前持续经营收益	1 584	1 406	1 315
所得税	617	539	506
税后持续经营收益	967	867	809
税后非常项目净损失	—	(34)	(31)
净收益	967	833	778

截至 2009 年 1 月 31 日的年度总销售额为 145.26 亿美元,其中包括了这个会计年度中所有已经实现的收入,即使有部分收入到 1 月 31 日还没有从客户那里收到现金。同样地,所列示的费用是指在会计年度中已经发生的费用,不管到 1 月 31 日企业是否已经支付。Gap 必须保证这些金额是正确的。

在会计中,**时间性差异(timing differences)** 表现为以下两种类型:
- 企业通过向客户提供产品或者服务赚取收入的时间和从客户处收到现金的时间之间的差异。
- 企业发生费用的时间和企业为这些费用支付现金的时间之间的差异。

在本章你将会看到如何识别时间性差异及其在财务报表上的体现。

正如前面章节讨论过的,会计中的时间问题可以分为以下两类:
- 行为先于现金
- 现金先于行为

行为指的是这些经济业务的实质——实际赚取了收入或者使用了费用项目。赊销就是"行为先于现金"的一个事例:客户赊账购买并承诺延期付款。从交易的经济实质上看,销售本身这个行为发生在现金交易付款之前。这种类型的经济业务——先行为,再现金——叫作**应计项目(accrual)**。

相反地,企业购买保险则是"现金先于行为"的一个事例。由于保险本身的特点,购买保险一定是发生在保险的受益期之前的,即付款(现金交易)在前,保险的使用(提供保险保障的行为)在后。先现金,后行为——这种类型的经济业务叫作**递延项目(deferral)**。

3.2 应计项目

当一项经济业务的实质发生于现金交易之前时,会计师会把它计入收益计量中。也就是说,如果一个企业已经赚取了收入,这项收入一定要包含在利润表里。如果企业为了获取这项收入而发生了费用,那这项费用也一定要计入利润表。应计项目既适用于收入,也适用于费用。

有些应计项目是随着公司日常经济业务产生的,例如买卖商品等。其他时候收入的实现或者费用的发生并没有记录在日常的会计系统中,这就需要在期末编制财务报表前进行账项调整。首先我们先探讨一下应计收入,随后再把我们的注意力转向应计费用。

3.2.1 应计收入

最常见的应计经济业务就是赊销产品或者服务。你将会回忆起来应计经济业务会使得企业同时记录收入和应收账款。现金将会延期支付,但是收入会在提供商品或者服务时就进行确认。记录收入并增加应收账款的行为被称为应计收入确认。在本章开篇,你知道了 Archway 记录虚假收入。这就是 Archway 记录虚假销售的方法——同时增加收入和应收账款(不幸的是,Archway 公司没有正当有效的销售可以证实记录的收入)。记录赊销收入是一项日常经济业务,而不是会计系统中的调整分录。

然而,还有其他类型的收入,已经实现却没有作为日常项目计入会计系统。例如,通常在会计期末有些收入在实际收到现金之前就必须被确认、记录,以保证其能够计入当期利润表,利息收入就是其中的一种。发放贷款是银行和其他金融机构的常规业务活动之一,其他企业也可能会把钱借给另外的公司或者职员。在贷款未偿还期间,出借资金的公司会获得利息收入。如果公司已经实现了利息收入但在财务报表日还没有收到现金,公司将希望记录这项收入。利息的计算公式如下:

$$\text{利息(I)} = \text{本金(P)} \times \text{利率(R)} \times \text{时间(T)}$$

利息收入的金额会增加资产——应收利息,而且通过利息收入会增加留存收益。注意,计提应计利息和确认赊销会有同样的结果:同时记录了收入和一项应收款项。

假设一家公司在 10 月 1 日以 10% 的年利率借给一名职工 200 美元,并要求他在来年的 1 月 1 日还款。10 月 1 日的这项经济业务使一项资产(现金)减少,同时使另一项资产(其他应收款)增加。因为企业通常用应收账款来计量客户的欠款,所以我们将其他人——任何不属于客户的人——的欠款称为其他应收款。

资产	=	负债	+	所有者权益		
				实收资本	+	留存收益
(200)现金						
+200 其他应收款						

在 12 月 31 日,公司会计提利息收入。为什么呢?因为一段时间过去了,这期间的利息收入已经实现。对于利息而言,经济业务行为发生的标志是时间的流逝,所以行为已经发生了,但是直到来年的 1 月 1 日公司才会收到现金。你将会记录 5 美元($200 \times 0.10 \times 3/12$)的利息收入,同时记录 5 美元的应收利息。通过这些会计记录,12 月 31 日的财务报表将会准确地反映出以下财务状况:

- 截至 12 月 31 日公司已经赚取了 5 美元的利息收入。
- 在 12 月 31 日公司还没有收到利息收入。

因为所有的收入都会增加留存收益,所以利息收入将会被记录在会计等式的留存收益中。

资产	=	负债	+	所有者权益		
				实收资本	+	留存收益
+5 应收利息						+5 利息收入

在 1 月 1 日,随着 200 美元本金的偿还,公司将实际收到现金利息,此时它将不会被计为利息收入。相反,现金账户的金额会增加 205 美元,相应地,资产中的其他应收款账户金额减少 200 美元,应收利息账户金额减少 5 美元。时间性差异导致了在一个会计期间内确认收入而在另一个会计期间收取现金的现象。

还有其他类型的收入必须在会计期末确认从而保证财务报表能够准确地反映这一期间的经济业务。例如,假设你在 2009 年为客户提供了服务但是没有进行记录(可能是因为你还没有向客户开具发票),你希望确保 2009 年的利润表上能包含这项收入。为什么要在 2009 年的利润表上列示这项收入呢?因为赚取收入的行为在这一年已经完成了。因此,即使直到 2010 年的某一天你还没有收到现金,这项收入也将会被计入 2009 年的利润表中。

简而言之,应计收入和应收账款在应计项目中经常是成对出现的。资产(应收账款)账户金额增加的同时,留存收益(收入)账户也增加同等的金额,保证了会计等式的平衡。然后,在实际收到现金时——有时也被称为**已实现(realized)**——它不会再次被确认为收入,因为在前一个会计期间已经确认过了。

图表 3.2 是 Talbots 公司资产负债表中的流动资产部分。2009 年 1 月 31 日,Talbot 有 169 406 000 美元的应收账款。这是数量惊人的一笔钱!当你看到一家公司的资产负债表上列示着应收款项时,它表明尽管现金还未收到,但是相关的收入已经被确认,并计入了当期的利润表。

图表 3.2　Talbots 公司资产负债表的流动资产部分

这是 Talbots 公司资产负债表中的流动资产部分。

Talbots 公司及其子公司
合并资产负债表
（单位：百万美元）

资产	2009年1月31日	2008年2月2日
流动资产：		
现金和现金等价物	16 718	25 476
应收账款——净额	169 406	210 853
库存商品	206 593	262 603
递延目录成本	4 795	6 249
应收关联方款项	376	3 040
递延所得税	—	25 084
应收所得税返还款	26 646	—
预付账款和其他流动资产	35 277	34 524
持有待售资产——流动资产	109 966	84 018
流动资产合计	569 777	651 847

思考题 3-1

假设 7 月 1 日你的企业以 7% 的利率（利率总是指年利率）贷款给职工 1 000 美元。12 月 31 日，企业编制年度财务报表。为了恰当地核算年底前已实现的利息收入，企业需要做出哪些调整？

3.2.2　应计费用

如果一家企业从其他地方购买了商品或者服务（与销售相反），并且企业使用了那些资源，即使企业还未付款也必须确认费用。记录费用的同时增加一项应付项目，例如应付职工薪酬，这样的行为被称为应计费用确认。

利息费用经常发生于企业实际支付之前。我们以借钱为例，假设 2010 年 1 月 1 日你向银行借了 500 美元，并同意以 8% 的利率于 2011 年 1 月 1 日偿还这笔借款。在 2010 年 1 月 1 日，当你借钱时，你得到了 500 美元的现金（一项资产），同时增加了你的负债。会计等式两边同时增加 500 美元。

资产	=	负债	+	所有者权益	
				实收资本	+ 留存收益
+500 现金		+500 应付票据			

当你准备编制2010年度的财务报表时,你会看到这项负债——应付票据——仍然在账,并且将列示在资产负债表上。这是因为在2010年12月31日这个时点,你仍然欠银行全额贷款。至于你收到的500美元现金呢?你可能还拥有它,但更可能的是你在这一年中花掉了它以保证你的企业持续运行。这就是你借钱的原因。

那借钱的成本——利息费用呢?在2010年12月31日,自从你借钱起已经过了一整年。时间的流逝导致了利息费用的发生。然而,直到1月偿还本金之前你并没有支付利息。

- 利息费用是使用别人的钱的成本。
- 时间流逝是与利息费用相关的行为。

尽管在这一年中使用别人钱的行为已经发生,但是现金交易——使用借款的利息支付还没有进行。为了保证2010年12月31日的财务报表准确,你必须在利润表中列示40美元(500×8%×12/12,即500×0.08×1)的利息费用。同时,你必须在资产负债表中列示这项被称为**应付利息(interest payable)** 的债务。应付利息是一项负债,意味着在2012年12月31日银行对这40美元的要求权。

资产	=	负债	+	所有者权益		
				实收资本	+	留存收益
		+40 应付利息				(40) 利息费用

这项调整被称为应计费用确认,这项费用本身被称为应计项目。有时一家公司将应计利息费用的金额称作应计负债或者应计费用。每一种表达都有着同样的含义——一项将在未来进行支付的费用。注意,即使还未支付现金,利息费用仍然会包含在当期的利润表中。

1. 报告利息费用

假设你在2010年7月1日(而不是1月1日)借入500美元。在这个案例中,这笔钱你仅仅使用了半年,因而在12月31日只需要确认半年的利息费用。记住利率总是指年利率,如同这个例子中的利率8%。截至2010年12月31日,账上的应付利息将是20美元(500×0.08×6/12)。公式的最后一部分是使用这笔钱的时间占整个年度的百分比,或者使用这笔钱的月份数除以12。确认利息时一定注意计算适用的月份数,这会有助于确保你在利润表中正确列示借款使用期间的利息费用金额。

如果你在2010年1月1日借入500美元,借了一整年,当你在2011年1月1日向银行进行支付时将会发生什么呢?在会计等式的一端,你将会减少540美元的现金。同时,另一端减少500美元的应付票据和40美元的应付利息,会计等式将保持平衡。实际支付现金时将不再会记录利息费用。记住,(使用借款的)行为已经发生,并且这种行为导致了2010年利息费用的产生。2011年没有利息费用是因为你在2011年1月1日已经还清了借款。

这就是时间性差异的作用原理:在一个会计期间内记录费用而在另一个会计期间内支付现金。

资产	=	负债	+	所有者权益		
				实收资本	+	留存收益
		(40) 应付利息				
(540) 现金		(500) 应付票据				

2. 其他应计费用

除了利息,还有其他应计费用。会计期末——当你编制财务报表时——你要检查你的记录和经济业务以发现任何可能已经发生但还未记录的费用。这些就是你还未支付的费用(如果你已经支付,你会在进行现金支付时就已经记录过这些费用了)。当你收到某些费用的账单时,例如基础设施费用,你可能会记录这项费用和相关的应付其他费用或者其他应付款。如果你在收到账单时已经确认了费用,你将不需要在期末再次确认。

然而,有一些典型的费用直到期末公司才会进行记录。这些费用将会被确认、记录,所以其结果是利润表上将增加一项费用,资产负债表上的负债部分将增加某种应付款项。这些费用已经被确认——列示在利润表上——但是现金还未被支付。

最常见的应计项目之一是工资费用。通常,企业会在向员工支付工资时记录工资费用(在会计等式中,这项经济业务会减少资产——现金,同时通过工资费用减少留存收益)。如果会计期末和付款时间不一致,你要如何做呢?你需要记录自从上一次发薪后你的员工已经完成的工作的工资费用。你希望确保在利润表中列示出当期正确的工资费用金额。这个应计项目会增加负债——应付职工薪酬,同时通过工资费用减少留存收益。这项行为——员工进行工作——已经发生;然而,直到下一个发薪日才会支付现金,而下一个发薪日将会在下一个会计期间。

假设你在编制2012年度的财务报表。2012年12月31日是个周一。如果你在每个周五给你的员工发工资,上一个发薪日是2012年12月28日。截至2012年12月31日,你将欠他们周一(2012年12月31日)那天的工资。你将需要记录那一天的工资费用,即使你直至周五(2013年1月4日)之前都不会支付。记录工资费用以使它在利润表上正确地得到确认,这样的行为被称为应计工资费用确认。这项调整会增加负债——应付职工薪酬,同时通过增加工资费用减少留存收益。

在2013年1月4日你实际支付工资时会发生什么呢?你将会向员工支付从2012年12月31日到2013年1月4日整周的工资(这些员工非常幸运能得到元旦的工资)。其中一天的工资——12月31日——在2012年12月31日已经被记录过了,所以它会列示在2012会计年度的利润表上。其他四天的费用——从2013年1月1日到2013年1月4日——还没有被记录,这四天的费用将归属于2013会计年度的利润表。当你在2013年1月4日向员工支付工资时,你将减少一项负债——你在2012年12月31日记录的应付职工薪酬的金额将会从这个项目中扣除,同时通过记录2013年那四天的工资费用减少留存收益。

在例子中加入数据有助于表达得更明确。假设你欠员工五天工资的总金额为3 500美元。看图表3.3中的日历,我们对从12月31日开始的那周感兴趣。

图表3.3 应计工资的日历

如果企业的会计年度以12月31日为截止日,发薪日是每周五,那么12月31日的工资费用必须被确认,即使1月4日之前它都不会被支付给员工。

周一	周二	周三	周四	周五
12月24日	12月25日	12月26日	12月27日	12月28日
12月31日	1月1日	1月2日	1月3日	1月4日

在12月31日,你需要确认这一天的工资费用。3 500美元是五天的总额,所以一天是700美元。为了确认一天的工资费用,你要增加负债——应付职工薪酬700美元,并且通过工资费用减少留存收益700美元。为什么尽管1月4日之前你不支付工资但是还要记录工资费用和应付职工薪酬呢?因为你要将12月31日的费用包含在2012年度的利润表中。这项调整会如何影响会计等式呢?利润表和资产负债表都会被这个应计项目所影响。

资产	=	负债	+	所有者权益		
				实收资本	+	留存收益
		+700 应付职工薪酬				（700）工资费用

在 1 月 4 日你向员工实际支付整周的工资时，你会给他们 3 500 美元的现金。其中多少是 2012 年的工资费用而多少是 2013 年的工资费用呢？我们已经知道其中 700 美元是 2012 年的费用，其余四天工作赚取的工资——2 800 美元——是归属于 2013 年的费用。这里列示了 1 月 4 日的经济业务——向员工支付整周的工资——对会计等式的影响：

现金减少，应付职工薪酬减少，以及通过工资费用留存收益减少。

资产	=	负债	+	所有者权益		
				实收资本	+	留存收益
（3 500）现金		（700）应付职工薪酬				（2 800）工资费用

回顾这个事例并确保你了解为什么有必要在 12 月 31 日进行调整以及如何计算金额。当员工在 1 月 4 日收到现金时，注意记录的工资费用仅仅是 1 月份的工资金额。

> **思考题 3-2**
>
> 　　假设 ABC 公司在每月的 15 日向它的员工支付上个月的工资总计 56 000 美元，ABC 通常在支付时记录工资费用。如果 ABC 的会计年度截止日为 2010 年 6 月 30 日，有没有需要在年末进行确认的应计工资费用？如果有，金额是多少？

3.3　递延项目

"递延"这个词的意思是"推迟或者延期"。在会计中，递延项目指在交易的经济实质——行为——发生之前已经完成现金收支的经济业务。正如应计项目，递延项目既可以适用于收入也可以适用于费用。在你阅读和学习下面的案例时，记得站在企业的角度。

3.3.1　递延收入

最常见的递延项目之一是预收收入。那是企业在赚取收入之前收到现金时产生的。假设一家公司向客户出售月刊杂志订购服务，客户需要提前付款。再假设一位客户订购了 12 个月的杂志并支付了 60 美元。这里列示了公司将会如何记录这 60 美元的收款：

资产	=	负债	+	所有者权益		
				实收资本	+	留存收益
+60 现金		+60 预收收入				

预收收入（unearned revenue）是资产负债表上的项目——一项负债。它代表了公司欠别人（客户）的金额。它被称为递延项目的原因是，公司推迟了对收入的确认，即直到真正赚取了收入之前不会将它列示在利润表上。请注意这项负债的名字有一点不同寻常。它包含了收入这个词在里面，但是它并不是利润表上的项目。

当卖出的商品都实际送达时,公司将通过减少预收收入和增加留存收益来确认这项收入。在这个例子中,60 美元购买了 12 本杂志,所以一本杂志是 5 美元。这里列示了第一个月的杂志被送达给客户后对会计等式的影响:

资产	=	负债	+	所有者权益		
				实收资本	+	留存收益
		(5)预收收入				5 销售收入

既然已经赚取了预收收入中 1 个月的金额,公司就可以确认价值 5 美元的收入。剩余 11 个月的预收收入 55 美元,仍然作为负债列示在资产负债表上。

1. 订购

订购收入是一项非常常见的递延收入。例如,如图表 3.4 所示,时代华纳公司 2008 年和 2007 年年末资产负债表中的流动负债部分分别列示了 2008 年年底 11.69 亿美元和 2007 年年底 11.78 亿美元的预收收入。时代华纳公司将它称为递延收入。它代表了时代华纳已经从客户处收取但是还没有通过提供相关服务赚取的金额。当公司赚取了那些收入时,赚取的金额会从负债中扣除并被确认为收入。

图表 3.4　时代华纳公司的递延收入

时代华纳公司在过去的两年里每年年末都有超过 10 亿美元的递延收入,在资产负债表中阴影部分显示了这项递延收入。

时代华纳公司 来自合并资产负债表 (单位:百万美元)		
	2008 年 12 月 31 日	2007 年 12 月 31 日
负债		
流动负债		
应付账款	1 341	1 470
应付利润	2 522	2 547
应付版税和设计成本	1 265	1 253
递延收入	1 169	1 178
一年内到期的负债	2 067	126
其他流动负债	5 610	5 611
终止经营的流动负债	2	8
流动负债合计	13 976	12 193

思考题 3-3

《生活时代》杂志在 2010 年 6 月发行它的第一本刊物之前已经收取了 12 个月的订购金额 30 万美元。该公司应该在截止日为 2010 年 12 月 31 日的会计年度确认多少收入?解释在这种情形下确认收入的含义。

2. 礼品卡

另一项常见的递延收入和礼品卡有关。几乎所有的零售企业都乐于销售礼品卡。假设你决定在百思买给你的表弟或者表妹购买 50 美元的礼品卡作为生日礼物。你想要买方便邮寄的东西,而且你不确定他或者她喜欢什么类型的礼物。当你为了这张礼品卡向百思买支付 50 美元时,百思买会记录一项资产(现金)和一项负债(预收收入)。一些企业会在资产负债表上将他们的礼品卡负债和其他负债合并。其他企业礼品卡负债金额比较重大,因此会将它作为单独的项目列示在资产负债表上。看图表 3.5 中百思买的资产负债表。你会看到 2009 年 2 月 28 日有 4.79 亿美元的未兑换的礼品卡负债。当礼品卡被兑换或者逾期时,百思买将确认相关收入。

图表 3.5 百思买公司资产负债表的负债部分

阴影部分显示出百思买公司在列示的每个会计年度都有大额的未清偿礼品卡金额。

百思买公司
来自合并资产负债表
(单位:百万美元)

负债和所有者权益	2009 年 2 月 28 日	2008 年 3 月 1 日
流动负债		
应付账款	4 997	4 297
未兑换的礼品卡负债	479	531
应计赔偿金和相关费用	459	373
应计负债	1 382	975
应交所得税	281	404
短期借款	783	156
一年内到期的长期借款	54	33
流动负债合计	8 435	6 769
长期负债	1 109	838
长期借款	1 126	627
少数股东权益	513	40
所有者权益		
优先股,票面价值 1.00 美元;核定股数为 40 万股;发行和在外流通股数均无		
普通股,票面价值 0.10 美元;核定股数为 10 亿股;发行和在外流通股数分别为 413 684 000 股和 410 578 000 股	41	41
资本公积	205	8
留存收益	4 714	3 933
累计其他综合收益(损失)	(317)	502
所有者权益合计	4 643	4 484
负债和所有者权益合计	15 826	12 758

3.3.2 递延费用

有四种费用经常预先支付。我们将首先讨论保险、租赁和备用品的费用,另外一种是公司使用的超过一个会计期间以上的设备的预付款项。这四项费用的共同点是现金支出的时点在实际使用购买的商品或者服务之前。

1. 保险

像我们中的任何人购买保险时一样,公司要在享受保险公司提供的服务之前支付保险费。在会计中,预先支付在未来收到的服务或者商品的行为被视为购买一项资产。回忆第 2 章中所说的会计师将预先支付的保险费称为预付保险费。记住,资产是被公司耗用以创造收入的有价值资源。直到它被实际使用之前,预付保险费都会在资产负债表的流动资产部分进行列示。假设一家企业于 2010 年 10 月 1 日向保险公司支付了从当日开始的一年期保险费用 2 400 美元。这里列示了支付行为对会计等式产生的影响:

资产	=	负债	+	所有者权益		
				实收资本	+	留存收益
(2 400)现金 +2 400 预付保险费						

购买保险的行为是一项资产的交换:现金被交换为预付保险费。支付现金时不记录费用是因为这项支出创造的利益还没有被使用,当公司实际使用保险时费用将会被确认。保险被使用的信号是时间的流逝。随着时间的流逝,保险保障到期,所支付的此期间的保险金变成一项费用。企业将在编制财务报表时做出调整。

假设企业想要在 2010 年 12 月 31 日编制财务报表。多少保险还没有被使用?那是企业必须作为资产列示在资产负债表上的金额。多少保险已经被用完?那是企业必须作为费用列示在利润表上的金额。

这里是企业在编制 2010 年 12 月 31 日的财务报表之前做出的调整:

资产	=	负债	+	所有者权益		
				实收资本	+	留存收益
(600)预付保险费						(600)保险费用

企业已经使用了已购买 1 年期保险单中的 3 个月保险。企业为 12 个月的保险支付了 2 400 美元,因此每月的保险成本是 200 美元。这说明总共 3 个月的保险费用是 600 美元,而剩余的预付保险费——还没有被使用的保险——将以 1 800 美元的金额出现在 2012 年 12 月 31 日的资产负债表上。图表 3.6 显示了它的作用原理。

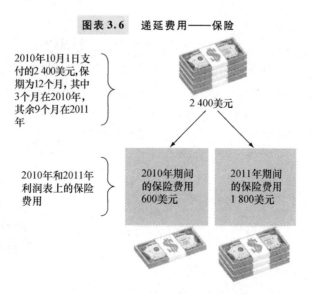

图表 3.6　递延费用——保险

2. 租赁

租赁费通常也需要预先支付。在会计记录中,预付租金的处理方法与预付保险费完全相同。企业预先支付租金时,会记录一项被称为**预付租金(prepaid rent)** 的资产。预付租金的现金支出是一种资产交换。假设一家公司于 11 月 1 日支付 9 000 美元租借了一个仓库,租期从当日开始为期三个月。它对会计等式的影响如下:

资产	=	负债	+	所有者权益		
				实收资本	+	留存收益
(9 000)现金						
+9 000 预付租金						

资产中预付租金增加,现金减少。注意,当公司支付租金时不会确认费用。直到公司实际使用之前,预付租金都是一项资产。何时确认租赁费用呢?也就是说,何时它将被放入利润表中呢?当公司编制财务报表时,需要确保租赁费用正确地列示在利润表中。支付的三个月的租金为 9 000 美元,即每个月 3 000 美元。当在 12 月 31 日编制财务报表时,两个月的租金已经被用完——6 000 美元。为了保证利润表反映出截至 12 月 31 日的会计期间的费用,公司做出了以下的调整:

资产	=	负债	+	所有者权益		
				实收资本	+	留存收益
(6 000)预付租金						(6 000)租赁费用

注意到如同所有的费用一样,租赁费用使留存收益减少。剩余一个月的租金 3 000 美元,作为预付租金列示在资产负债表上。11 月和 12 月的租赁费用——6 000 美元——将列示在截至 12 月 31 日的会计年度的利润表上。

> **思考题 3-4**
>
> Advantage 公司于 3 月 1 日为其新办公地点支付了年度租金。一年的租金总计 3 600 美元。多少租赁费用会列示在其 12 月 31 日的利润表中呢?

3. 备用品

备用品(supplies) 通常是提前购买的。公司购买备用品的行为是一种资产交换。直到备用品被实际使用之前,备用品的成本都不会被确认为费用。假设一家公司在 3 月初库存没有备用品并且在当月购买了价值 500 美元的备用品。这里显示了该购买行为对会计等式产生的影响:

资产	=	负债	+	所有者权益		
				实收资本	+	留存收益
(500)现金						
+500 备用品						

如果编制月度财务报表,公司将要在 3 月 31 日计算未使用的备用品量以便得到作为资产列示在 3 月 31 日资产负债表上的金额。只有未使用的备用品金额在那天会列示为资产。3 月份可用的备用品和 3 月底备用品余量之间的差额是已经使用了的备用品量。代表着已经使用的备用品的这个金额将作为费用列示在利润表中。

假设公司计算了3月31日的备用品,发现库存还剩余价值150美元的备用品。价值多少金额的备用品已经被使用了呢？500美元的备用品库存减去150美元的备用品余量,即已使用的备用品为350美元。将备用品计数之后,公司必须做出调整以保证财务报表列示正确的数额。这个必要的调整如下所示：

资产	=	负债	+	所有者权益		
				实收资本	+	留存收益
(350)备用品						(350)备用品费用

这会使得150美元的备用品列示在3月31日的资产负债表上,350美元的备用品费用将列示在3月份的利润表上。

假设4月份公司又购买了价值500美元的备用品。那么,在4月30日公司编制4月份的财务报表时,需要再次计算剩余的备用品。如果4月30日库存有200美元的备用品,需要做出怎样的调整呢？回忆之前3月底的库存量是150美元,这说明4月份是以这些库存量为起始的。在购买了500美元的备用品后4月份可用的备用品有650美元。那么实际使用了多少金额的备用品呢？因为剩余了价值200美元的备用品,所以公司在4月份肯定使用了价值450美元的备用品。4月底的调整会减少资产备用品450美元,同时通过备用品费用减少留存收益450美元。

另一个递延备用品费用的事例如图表3.7所示。

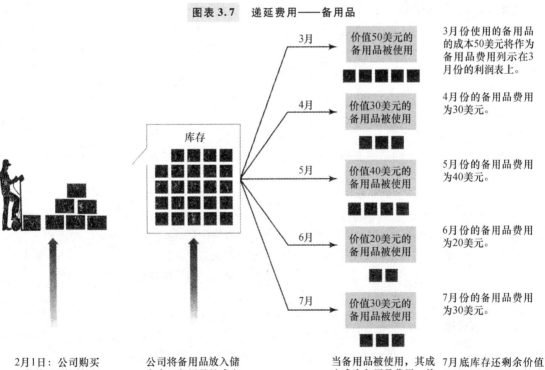

图表3.7　递延费用——备用品

2月1日：公司购买了价值240美元的备用品并支付现金。这将列示在**现金流量表**上。

公司将备用品放入储存室。备用品的成本作为一项资产记录在**资产负债表**上。公司拥有了有价值的资源。在使用备用品的行为发生之前已经进行了现金交易。这是一个递延项目：先现金,后行为。

当备用品被使用,其成本成为备用品费用,并作为费用列示在当期的**利润表**上。

7月底库存还剩余价值70美元的备用品。这个金额将作为资产留在资产负债表上,直到备用品被使用为止。

3月份使用的备用品的成本50美元将作为备用品费用列示在3月份的利润表上。

4月份的备用品费用为30美元。

5月份的备用品费用为40美元。

6月份的备用品费用为20美元。

7月份的备用品费用为30美元。

> **思考题 3-5**
>
> Konny 公司 4 月初有价值 500 美元的备用品。当月 Konny 又购买了 650 美元的备用品。4 月底,通过盘点库存发现有价值 250 美元的备用品余量。
> 1. 在 4 月 30 日的资产负债表上应该列示多少金额的备用品?
> 2. 在 4 月份的利润表上应该列示多少金额的备用品费用?

4. 设备

当公司购买使用期超过一个会计期间以上的资产时,购买时资产的成本不会被确认为费用,而是在使用资产给公司产生收入的期间将其确认为费用。当企业购买资产时——例如一台电脑或者办公家具——将把这项采购记录为资产。这是一项资产的交换,因为企业用一种资产——现金——交换得到了另一种资产——设备。随后,公司在使用设备以期产生收入的每个会计期间确认部分设备成本。

配比原则是设备的成本被分摊在多个会计期间的原因。费用和用其创造的收入需要列入同一个利润表中——这就是配比原则的核心。当很难将特定的收入进行精确的配比时(例如销售收入和商品销售成本),次优的方法是在相关资产被使用的当期将费用列入利润表中。这就是你对设备的处理方法——将设备的成本分摊在使用设备的多个会计期间。

假设一家公司用 5 000 美元现金购置了一台电脑。采购之后,公司会记录新资产的取得和现金的支付。

资产	=	负债	+	所有者权益		
				实收资本	+	留存收益
(5 000) 现金 +5 000 电脑						

如果企业这时将电脑购买成本确认为费用,那么从收入费用配比来看,这将是非常糟糕的。企业应该在使用电脑的期间确认电脑的费用。

会计师使用的关于设备的术语不同于其他递延项目的术语。不是将与使用电脑相关的费用称为像"电脑费用"之类的符合逻辑的名称,而是称为**折旧费用(depreciation expense)**。不要将这个会计环境中的折旧(depreciation)与经常用于表示公允价值减值中的减值(depreciation)相混淆。

随着资产被使用,企业要减少会计记录中的资产金额,会计师不会直接从资产的购置价格中扣减费用的金额。相反,根据 GAAP 原则,企业将在资产负债表中单独列示出扣减额。图表 3.8 显示了百思买是如何列示这项信息的。

使用真实的财务信息来初次学习一个会计概念是有难度的。一个虚拟的公司案例将会有助于理解随着时间的推移对设备的成本和折旧费用的会计处理。样本公司在 2011 年 1 月 1 日用 5 000 美元购置了一台电脑,并如先前的会计等式显示的一样记录了这项资产交换。然后,当样本公司编制其期末财务报表时,必须确认折旧费用。股东对公司资产的要求权将随着折旧费用的确认而减少。

为了计算每年应该减少多少资产,样本公司首先必须减去它使用完该资产后认为该资产具有的价值,这个金额被称为**残值(residual value)**。在这个例子中,样本公司预计要将电脑使用至不具有任何价值之后,这意味着净残值为零。资产的成本减去净残值的余额除以使用资产的年限,即为年折旧额。通常,折旧费用是按年计提。因为样本公司预计使用这个价值 5 000 美元的电脑五年,并且估计它的净残值为零,所以每年的折旧额将为 1 000 美元。

图表 3.8　百思买公司资产负债表的资产部分

在 2009 年 2 月 28 日百思买公司拥有的不动产和设备成本为 69.4 亿美元。在资产的持续使用中企业记录的折旧费用总额为 27.66 亿美元。

百思买公司
来自合并资产负债表
(单位:百万美元)

	2009 年 2 月 28 日	2008 年 3 月 1 日
资产		
流动资产		
现金和现金等价物	498	1 438
短期投资	11	64
应收款项	1 868	549
存货	4 753	4 708
其他流动资产	1 062	583
流动资产合计	8 192	7 342
不动产和设备		
土地和建筑物	755	732
租赁资产改良	2 013	1 752
设施和设备	4 060	3 057
融资租赁	112	67
	6 940	5 608
减:累计折旧	2 766	2 302
不动产和设备净额	4 174	3 306
商誉	2 203	1 088
商标	173	97
客户关系	322	5
股权投资和其他投资	395	605
其他资产	367	315
资产合计	15 826	12 758

在任何特定的时点,设备的总扣减额被称为**累计折旧**(accumulated depreciation)。每年累计折旧都会变大。累计折旧与折旧费用不同,累计折旧是在资产的整个寿命中逐步累积的折旧费用总额,而折旧费用是单一年度的折旧额。累计折旧被称为**资产备抵账户**(contra-asset),是因为它和资产是相对的。累计折旧在资产负债表上单独披露,所以设备的原始成本是保持不变的。

在资产负债表上,设备的原始成本和累计折旧的扣减额(资产使用期间记录的折旧总额)是列示在一起的。计算得出的金额叫作设备的**账面价值**(book value 或 carrying value)。账面价值是包含在资产负债表上总资产金额中的资产净额。

这里是经过一年的使用之后为了记录资产的折旧进行的期末调整:

资产	=	负债	+	所有者权益	
				实收资本 +	留存收益
(1 000) 累计折旧					(1 000) 折旧费用

累计折旧作为一个设备成本的备抵科目列示在资产负债表上,折旧费用列示在利润表上。第一年期末资产的账面价值为4 000美元(成本减去累计折旧)。

经过第二年的使用,样本公司将再一次做出同样的记录——累计折旧增加1 000美元,同时记录1 000美元的折旧费用。累计折旧的金额将为2 000美元。折旧费用的金额只有1 000美元,因为它只代表了一个年度——第二年——的折旧费用。累计折旧指的是截至财务报表年度的资产寿命期间记录的所有折旧费用。在第二年年末电脑的账面价值为3 000美元——5 000美元的成本减去2 000美元的累计折旧。另一个例子见图表3.9。

图表3.9 递延费用——折旧

在2007年1月1日购入卡车。卡车将持续使用七年,成本为4 900美元,没有净残值。

卡车的成本将被作为折旧费用分摊在使用卡车的那七年的利润表中。这项费用被递延,即被推迟,直到卡车实际被使用时开始摊销。

在资产的整个寿命中,资产的成本——作为一项费用——按七年进行摊销(在这个例子中)。

截至12月31日的年度	2007	2008	2009	2010	2011	2012	2013
折旧费用(美元)	7 000	7 000	7 000	7 000	7 000	7 000	7 000
累计折旧(美元)	7 000	14 000	21 000	28 000	35 000	42 000	49 000

> **思考题3-6**
>
> Tango公司在2011年7月1日用6 500美元购置了一台电脑。它预期会被使用五年,第五年年末的净残值为500美元。该公司在2011年12月31日的利润表上应该列示多少折旧费用?2012年年底电脑的账面价值是多少?

3.4 应计项目和递延项目对财务报表的影响

既然你已经详细学习了应计项目和递延项目,那么准备好将所学的知识结合起来编制一套财务报表吧。我们将以Team Shirts 3月份的经济业务为例来观察时间性差异是如何影响财务报表的,然后再看一些真实企业的财务报表来识别应计项目和递延项目对其产生的影响。

3.4.1 Team Shirts 3月份的经济业务

在第1章和第2章,Teams Shirts完成了它前两个月的运营。图表3.10列示了我们在第2章中编制的公司2月底的资产负债表。

图表 3.10　Team Shirts 公司 2010 年 2 月 28 日的资产负债表

```
                    Team Shirts
                    资产负债表
                  2010 年 2 月 28 日
                    （单位：美元）
```

资产		负债和所有者权益	
现金	6 695	应付账款	800
应收账款	150	其他应付款	50
存货	100		
预付保险费	125	普通股	5 000
		留存收益	1 220
资产合计	7 070	负债和所有者权益合计	7 070

这些金额将被结转至下月，所以这也是 Team Shirts 2010 年 3 月 1 日的资产负债表。现在我们将根据图表 3.11 所示的经济业务带领 Team Shirts 完成 3 月份的运营。

图表 3.11　Team Shirts 3 月份的经济业务

日期	经济业务
1. 3 月 1 日	用 1 000 美元现金和 3 000 美元的票据（利率 12%、期限 3 个月）购买了 4 000 美元的电脑。电脑预计使用 3 年，净残值为 400 美元。
2. 3 月 10 日	支付上个月剩余的广告费 50 美元。
3. 3 月 15 日	从客户处收到 2 月份的应收账款 150 美元。
4. 3 月 20 日	支付 2 月份的采购款——付清应付账款余额 800 美元。
5. 3 月 24 日	用现金购买 250 件衬衫，每件 4 美元，总计 1 000 美元。
6. 3 月 27 日	售出 200 件衬衫，每件 10 美元，全部赊销，总计 2 000 美元。

在 3 月底，Team Shirts 编制了财务报表来看企业的发展如何。我们将会看到每一项经济业务对会计等式产生的影响。然后，在案例的最后我们会在图表 3.12 中看到将所有的经济业务放在一起的会计等式工作表。

经济业务 1：购买一项长期资产。Team Shirts 购买了一项使用期限超过一年以上的固定资产；因此，它将被分类为长期资产。记住，流动资产是在一年内将被耗用或者转变为现金的资产。如果一项资产的成本需要分摊在一年以上，那么它被视为长期资产。资产的实际购买被记录为一种资产交换，而不是费用。现在不需要担心折旧费用和利息费用，到编制财务报表时再考虑。这里是用 1 000 美元现金和 3 000 美元的应付票据（年利率 12%、3 个月到期）购买 4 000 美元的电脑对会计等式产生的影响：

资产	=	负债	+	所有者权益	
				实收资本	+ 留存收益
（1 000）现金 +4 000 电脑		+3 000 应付票据			

和电脑成本相关的费用的确认将被递延——推迟，直到 Team Shirts 已经使用资产并编制财务报表时。支付电脑款的现金部分将作为投资活动现金流量列示在现金流量表上。

经济业务2：支出现金以结清一项负债。上个月，Sara雇用一家公司来为她的企业做广告。2010年2月28日，Team Shirts还未全额支付这笔款项。因为这项工作是在2月份完成的，所以费用被列示在2月份的利润表中。3月份，Team Shirts支付了50美元现金以结清——消除——这项负债。这里是现金支出对会计等式产生的影响：

资产	=	负债	+	所有者权益		
				实收资本	+	留存收益
（50）现金		（50）其他应付款				

做广告的行为发生在2月份，所以费用列示在2月份的利润表中。现金是在3月份进行支付的，但是却不在3月份确认费用是因为这样做会重复计算费用，一项费用只能被确认一次。这项现金支付属于现金流量表中的经营活动现金流量。

经济业务3：收取现金以结清一项应收款项。在上个月的月底，Team Shirts还未收到所有客户的欠款。因为销售是在2月份发生的，所以那些销售带来的收入被计入2月份的利润表中。因为在销售发生的当时没有收到现金，Team Shirts记录了应收账款。应收账款是将会在一年内转变为现金的资产。当客户支付他们的账单时，Team Shirts记录收款并从记录上消除应收款项。这里是现金收款对会计等式产生的影响：

资产	=	负债	+	所有者权益		
				实收资本	+	留存收益
+150 现金						
（150）应收账款						

收取现金时不记录收入是因为在销售时已经记录了收入，现在再次计算会导致重复。这项现金收款属于现金流量表中的经营活动现金流量。

经济业务4：向供货商付款。在上个月的月底，Team Shirts的资产负债表上列示了800美元的应付账款。这是因为2月份的采购还欠供货商的货款。Team Shirts偿还了这项债务，使应付账款余额为零。这项现金支出属于现金流量表中的经营活动现金流量。

资产	=	负债	+	所有者权益		
				实收资本	+	留存收益
（800）现金		（800）应收账款				

经济业务5：购买存货。Team Shirts以每件4美元的价格购买了250件衬衫，总计1 000美元，并全额支付了现金。这项现金支出属于现金流量表中的经营活动现金流量。

资产	=	负债	+	所有者权益		
				实收资本	+	留存收益
（1 000）现金						
+1 000 存货						

经济业务6：销售。Team Shirts以每件10美元的价格销售了200件衬衫，全部是赊销。这意味着公司向他的客户提供了贷款，Team Shirts将在以后收取现金。

资产	=	负债	+	所有者权益		
				实收资本	+	留存收益
+2 000 应收账款						+2 000 销售收入

在记录销售收入的同时,Team Shirts 减少了存货。存货的减少量是一项费用,被称为商品销售成本。

资产	=	负债	+	所有者权益		
				实收资本	+	留存收益
(800)存货						(800)商品销售成本

注意到记录的销售收入金额为 Team Shirts 从客户处收取的金额。同时,记录的存货减少量是存货的成本——200 件衬衫,每件 4 美元。这是一个极好的配比原则的例子。

注意到公司记录中没有明确的利润记录。事实上,利润是一个推算出来的金额;它由销售收入减去销售成本计算得出。对于这次销售,利润是 1 200 美元。它被称为销售毛利(gross profit),也被称为边际毛利(gross margin)。毛利减去其他费用得到净利润,也称为净收益。

到现在为止,我们只看到了 3 月份(截至 2010 年 3 月 31 日)的日常经济业务。在月底时,Team Shirts 将因为应计项目和递延项目需要调整公司的记录以保证得到正确的财务报表。回顾这些经济业务看你是否能够识别所需要的调整。

3.4.2 调整会计记录

对 3 月 1 日的资产负债表和 3 月份的经济业务的回顾显示 2010 年 3 月底需要做出三项调整:
(1) 电脑的折旧费用;
(2) 当月的保险费用(回忆起 Team Shirts 在 2 月中旬购买了 3 个月的保险);
(3) 应付票据的利息费用。

现在我们将逐一查看这些调整,看如何计算这些调整的金额。

调整 1:折旧。3 月 1 日购买的电脑必须折旧——部分成本需要被确认为 3 月份的折旧费用。为了计算折旧费用,必须从资产的成本中扣除其净残值,然后再将差额除以资产的预计可使用年限。在这个案例中,净残值为 400 美元,所以这个数额需要从成本 4 000 美元中扣减。剩余的 3 600 美元除以 3 年,得出每年的折旧费用为 1 200 美元。因为我们编制的是月度财务报表,所以将年折旧额除以 12 个月,得到月折旧额 100 美元。做出的调整为减少资产和确认一项费用。

资产	=	负债	+	所有者权益		
				实收资本	+	留存收益
(100)累计折旧						(100)折旧费用

电脑成本的减少按月进行累计,所以会计记录中资产的账面价值每个月减少 100 美元。在会计记录中,我们不会每月简单地从会计等式左边的电脑成本中减去 100 美元,因为 GAAP 要求特定资产的成本和相关资产的累计折旧总额必须分开列出。

减记的金额被称为累计折旧。第一个月后,与这项特定资产相关的累计折旧为 100 美元。第二个月后,累计折旧将是 200 美元。这一金额——代表了我们计算的已使用资产的成本——是一项备抵资产,因为它减少了记录的资产价值。

资产的成本减去它的累计折旧是资产的账面价值。每次记录折旧费用时,累计折旧增加,资产的账面价值减少。折旧费用代表了一定期间的费用,其列示在利润表中。

注意,只在计算折旧费用时扣减净残值。在公司的正式记录中资产成本不会扣除净残值。

调整 2:保险费用。记得 Team Shirts 在 2 月中旬用 150 美元购买了 3 个月的保险,即每个月 50 美元。在 3 月 1 日的资产负债表中,作为流动资产的预付保险费的金额为 125 美元。3 月份需要记录一整月的保险费用,同时将从预付保险费中扣减相应的金额。

资产	=	负债	+	所有者权益		
				实收资本	+	留存收益
(50)预付保险费						(50)保险费用

调整 3：应计利息费用。3 月 1 日，Team Shirts 签署了一张 3 000 美元的 3 个月期的票据。票据的票面利率是 12%（给出的利率通常是指年利率）。因为企业编制的是月度财务报表，所以需要确认每个月的利息费用。根据利率公式——利息 = 本金 × 利率 × 时间——计算如下：

利息 = 3 000 × 0.12 × 1/12（12 个月中的 1 个月）= 30（美元）

资产	=	负债	+	所有者权益		
				实收资本	+	留存收益
		+30 应付利息				(30)利息费用

注意计算利息费用时不考虑票据的期限。无论是一张 6 个月期或者两年期还是任意期限长度的票据，利息费用都将是完全一样的。利息费用是用已流逝的时间占一年的比例为基础进行计算的，因为使用的利率是年利率。

为了使 Team Shirts 依据 GAAP 生成正确的财务报表，需要在 2010 年 3 月 31 日做出这些调整。

图表 3.12 会计等式工作表显示了所有的经济业务和调整。注意每张财务报表是如何反映这些交易的。

3.4.3 编制财务报表

第一，Team Shirts 编制利润表。收入和费用来自会计等式工作表中的曲线框中。通过组织和汇总生成 Team Shirts 3 月份的利润表，如图表 3.13 所示。利润表涵盖了一段期间——在这个案例中，它涵盖了一个月——的商业活动。

第二，Team Shirts 编制所有者权益变动表——总结了当期权益的变动，如图表 3.14 所示。和利润表一样，所有者权益变动表涵盖了一个特定的期间——在这个案例中是一个月。

第三，Team Shirts 编制资产负债表。资产负债表由三部分组成：资产、负债和所有者权益，每一项都以期末最后一天的金额列示。资产是按其流动性——资产转变为现金的难易程度——进行排序的。记住流动资产将会在下一个会计年度的某个时点耗用或转变为现金，而长期资产使用年限则超过一年以上。

类似地，流动负债是将要在下一个会计年度中偿还的债务，而长期负债则是不需要在下一个会计年度中偿还的债务。

所有者权益分为两部分进行列示——实收资本和留存收益。因为所有者权益是对会计等式中的所有经济业务的总结，所以如果工作表中没有错误，它应该使等式两边平衡。资产负债表如图表 3.15 所示。

第四，Team Shirts 编制现金流量表。因为前三张报表（利润表、所有者权益变动表和资产负债表）是以权责发生制而不是收付实现制为基础编制的，这三张财务报表没有提供公司现金的详细信息——它来源于哪里，又花费在哪里。资产负债表只给出了会计期末最后一天企业结账时的库存现金总额，而利润表——财务报告的核心——又没有给出关于现金的信息。这就是为什么需要编制现金流量表的原因。即使权责发生制会计下利润不是以现金为基础计量的，但是对于企业而言现金来源和使用的重要性毋庸置疑。现金流量表给出了现金余额从当期第一天到最后一天的详细变化。现金流量表如图表 3.16 所示。

第 3 章 应计项目和递延项目:会计中时间决定一切 103

图表 3.12 Team Shirts 3 月份的会计等式工作表

首先,编制利润表;其次,利用计算得出的净收益来编制所有者权益变动表;再次,利用所有者权益变动表中的实收资本和留存收益的总额来编制资产负债表;最后,组织和汇总有关现金的经济业务来编制现金流量表。

单位:美元

	现金	所有其他资产	(账户)	=	所有负债	(账户)	+	实收资本 普通股	+	留存收益 (账户)
期初余额	6 695	150	应收账款		800	应付账款		5 000		
		100	存货		50	其他应付款				
		125	预付保险费							1 220
经济业务										
1	(1 000)	4 000	电脑		3 000	应付票据				
2	(50)				(50)	其他应付款				
3	150	(150)	应收账款							
4	(800)				(800)	应付账款				
5	(1 000)	1 000	存货							
6		2 000	应收账款							2 000 销售收入
		(800)	存货							(800) 商品销售成本
调整 1		(100)	累计折旧							(100) 折旧费用
调整 2		(50)	预付保险费							(50) 保险费用
调整 3					30	应付利息				(30) 利息费用
期末余额	3 995	+	6 275*	=	3 030		+	5 000	+	2 240

* 所有其他资产(明细)
2 000 应收账款
300 存货
75 预付保险费
4 000 电脑
−100 累计折旧,电脑
6 275 合计

图表 3.13　Team Shirts 3 月份的利润表

Team Shirts
利润表
截至 2010 年 3 月 31 日
（单位：美元）

销售收入		2 000
费用：		
商品销售成本	800	
折旧费用	100	
保险费用	50	
利息费用	30	980
净收益		1 020

图表 3.14　Team Shirts 3 月份的所有者权益变动表

Team Shirts
所有者权益变动表
截至 2010 年 3 月 31 日
（单位：美元）

期初普通股	5 000	
本月发行的普通股	0	
期末普通股		5 000
期初留存收益	1 220	
当月净收益	1 020	
股利	0	
期末留存收益		2 240
所有者权益合计		7 240

图表 3.15　Team Shirts 2010 年 3 月 31 日的资产负债表

Team Shirts
资产负债表
2010 年 3 月 31 日
（单位：美元）

资产		负债和所有者权益	
流动资产		流动负债	
现金	3 995	应付利息	30
应收账款	2 000	应付票据	3 000
存货	300	流动负债合计	3 030
预付保险费	75	所有者权益	
流动资产合计	6 370	普通股	5 000
电脑（扣除 100 美元		留存收益	2 240
累计折旧的净额）	3 900	所有者权益合计	7 240
资产合计	10 270	负债和所有者权益合计	10 270

图表 3.16 Team Shirts 3 月份的现金流量表

```
                    Team Shirts
                    现金流量表
              截至 2010 年 3 月 31 日
                   （单位：美元）
```

经营活动产生的现金：		
从客户处收到的现金	150	
向供货商支付的现金	（1 800）	
支付广告费用的现金	（50）	
经营活动产生的现金净额		（1 700）
投资活动产生的现金：		
支付电脑成本的现金*		（1 000）
筹资活动产生的现金：		0
现金净减少额		（2 700）
现金期初余额		6 695
现金期末余额		3 995

*电脑成本 4 000 美元，其中支付了 1 000 美元现金和 3 000 美元票据。

3.4.4　真实企业财务报表中的应计项目和递延项目

在财务报表中最明显地识别应计项目和递延项目的地方是资产负债表。通常来说，用这种方式将经济业务汇总在一起的利润表不能明显辨别出应计项目和递延项目。例如，如果一家企业在利润表中列示了一项销售收入，企业可能已经收到了相关的现金，也可能没有收到。所以应该在资产负债表中寻找信息。

详细查看图表 3.17 中荷美尔食品公司的资产负债表。尽管报表中有很多你不熟悉的项目，但是可以从中看出你在这三章中学到了多少关于财务报表的知识。例如，你知道这是一张分类资产负债表，因为里面有流动资产和流动负债的分类汇总。这些资产是按照流动性排列的，以现金和现金等价物为资产的起点。随着你查阅更多的真实企业的财务报表，你会发现每家企业都会使用一些独特的术语。通常，你需要指出它们是什么类型的项目。如果你不能识别，可以查阅报表的附注以得到更多信息。

往下看资产负债表，你是否能够识别出公司在编制年末财务报表时可能记录的特定应计项目和递延项目。这里是一些例子：

（1）预付费用。预付费用被列示为一项流动资产。它代表了已经支付但还未使用的商品或者服务。将这项金额放入资产负债表意味着将费用递延至资源被使用的期间。预付这个词使得它作为一项资产出现在资产负债表上而不是作为一项费用出现在利润表中。

（2）备抵折旧。荷美尔食品公司有多种类型的不动产和设备。注意累计折旧在这里被称为备抵折旧，它从记录的资产成本中被扣减以得到资产的账面价值。在企业的会计记录中，累计折旧（或者备抵折旧）是一个备抵资产账户，代表了截至财务报表年度在资产的使用寿命期间企业记录为折旧费用的金额。

（3）应计费用。作为流动负债的一部分，应计费用是企业应该确认为费用的金额（即放入利润表中）。公司采用赊账的方式进行采购，意味着公司还欠别人一些款项。这些欠款可能是任何公司已经使用资源创造收入但还没有支付的款项，例如应付基础设施费用或者应付职工薪酬。资产负债表上再一次出现了费用这个词。在这里它前面被加上应计，意味着它是资产负债表上的一项负债而不是利润表上的一次费用。

图表 3.17　荷美尔食品公司 2008 年 10 月 26 日和 2007 年 10 月 28 日的资产负债表

三个阴影部分仅仅是从荷美尔食品公司的资产负债表中轻易找出的几个应计项目和递延项目的例子。

荷美尔食品公司
合并财务状况报表
（单位：千美元）

	2008 年 10 月 26 日	2007 年 10 月 28 日
资产		
流动资产		
现金和现金等价物	154 778	149 749
应收账款（分别扣除 2008 年 10 月 26 日的 314.4 万美元和 2007 年 10 月 28 日的 318 万美元坏账准备后的净额）	411 010	366 621
存货	784 542	646 968
递延所得税	45 948	52 583
预付费用和其他流动资产	41 900	15 804
流动资产合计	1 438 178	1 231 725
递延所得税	89 249	66 220
商誉	619 325	595 756
其他无形资产	151 219	162 237
养老金资产	91 773	99 003
对关联方的投资和来自关联方的应收款项	93 617	102 060
其他资产	155 453	170 048
固定资产		
土地	52 940	48 663
建筑物	662 519	615 245
设备	1 275 175	1 192 481
在建工程	78 083	114 415
	2 068 717	1 970 804
减：备抵折旧	(1 091 060)	(1 004 203)
	977 657	966 601
资产合计	3 616 471	3 393 650
负债和所有者投资		
流动负债		
应付账款	378 520	290 919
应付票据/短期借款	100 000	70 000
应计费用	72 192	66 000
应计职工赔偿金	26 825	27 372
应计营销费用	60 223	67 260
职工赔偿金	106 225	111 051
税费（不包括联邦所得税）	6 979	5 454
应付股利	24 946	20 745
联邦所得税	5 323	5 927
一年内到期的长期借款	0	49
流动负债合计	781 233	664 777
长期借款——减去一年内到期的部分	350 000	350 005
养老金和退休福利	386 590	440 810
其他长期负债	91 076	53 275
所有者投资		
优先股，每股票面价值 0.10 美元，核定股数 8 000 万股；发行股数无		
普通股，无投票权，每股票面价值 0.01 美元，核定股数 2 亿股；发行股数无		
普通股，每股票面价值 0.0586 美元，核定股数 4 亿股；2008 年 10 月 26 日发行 134 520 581 股； 2007 年 10 月 28 日发行 135 677 494 股	7 883	7 951
资本公积	0	0
累计其他综合损失	(113 184)	(101 811)
留存收益	2 112 873	1 978 643
所有者投资合计	2 007 572	1 884 783
负债和所有者投资合计	3 616 471	3 393 650

见合并财务报表附注。

虽然"费用"这个名词在资产负债表中并不常见，但是它经常伴随着"预付"一词。预付费用不是费用，而是资产。

固定资产以成本列示，然后再扣减累计折旧。备抵折旧和累计折旧含义相同。

资产负债表中再一次出现了"费用"，但是应计费用并不是费用，而是负债。

商业视角

绿色行动有利于公司的底线项目（净收益）吗？

公司的目标是为股东谋取利益——即增加股东价值。财务报表的职能是披露公司的财务业绩状况。那么公司的社会责任体现在哪儿呢？公司的社会责任和财务业绩之间有关系吗？对任何一家公司而言，社会责任中的一部分是采取措施减少它对环境带来的负面影响。似乎每个人都在谈论"绿色行动"。

在 Jeffry Hollander 的 *What Matters Most: How a Small Group of Pioneers Is Teaching Social Responsibility to Big Business and Why Big Business Is Listening* 一书中，他认为"将社会责任引入每日的商业运作是一种创造长期可持续增长和提升财务业绩的有效方式"。许多组织都对此表示赞同。例如，史泰博公司将3安培的电灯泡换成2安培之后净收益增加了420万美元。戴尔公司减少碳排放量的计划在2008年帮公司节省了300万美元。戴尔公司预计减少废料并在2013年达到对99%的废料再利用。

根据科尔尼公司最近的一项研究，在当今经济萧条的环境下，金融市场中坚持实践可持续发展的企业的业绩在平均水平之上。2009年3月史泰博的CFO John Mahoney向CFO绿色联盟表示应该继续履行社会责任以获取财务业绩。

"在经济萧条的当下，我们可以做的是维持我们的可持续发展规划，因为它会对我们的财务业绩产生重大影响。我认为在大多数公司思考如何可持续发展时，金融环境将会出现一个转折点。"

资料来源："Staples CFO: Going Green Means Saving Green" by David McCann, April 1, 2009, CFO.com.

随着你对公司财务报表中潜在的经济业务的继续学习，你会看到更多应计项目和递延项目的例子，它们是GAAP中一个独立的部分。

3.5 应用你的知识：比率分析

在本章，我们已经探讨了企业如何用净收益衡量利润。为了评估企业一段时期的盈利能力，需要用到一个被称为**边际销售利润率（profit margin on sales）** 的指标。有时候它也被称为净边际销售利润率或者直接被称为边际利润率。它用于衡量企业的销售收入实际产生了多少底线项目——净收益。计算这项指标的方法是，直接将净收益除以销售收入净额。

$$边际销售利润率 = \frac{净收益}{销售收入净额}$$

如图表3.18所示，截至2008年10月26日的会计年度，荷美尔食品公司的净收益为285 500 000美元，销售收入净额为6 754 903 000美元。它的边际销售利润率为4.2%，即每一美元的销售收入能产生4美分多一点的净收益。下面我们来计算前两年的边际销售利润率：

截至2007年10月28日的会计年度：301 892 000/6 193 032 000 = 4.9%

截至2006年10月29日的会计年度：286 139 000/5 745 481 000 = 5.0%

这一趋势表明每年销售收入中净收益的比率都在减小。这说明销售收入中成本的比率在增大。这绝对是荷美尔需要注意的地方，因为这表明企业需要停产或者转产。

图表 3.18　荷美尔食品公司的利润表

荷美尔食品公司
利润表
（单位：千美元，除每股收益为美元以外，股数为千股）

截至	2008年10月26日	2007年10月28日	2006年10月29日
销售收入净额	6 754 903	6 193 032	5 745 481
商品销售成本	5 233 156	4 778 505	4 362 291
毛利	1 521 747	1 414 527	1 383 190
费用：			
销售和运输费用	834 292	771 597	754 143
管理费用	178 029	162 480	182 891
费用合计	1 012 321	934 077	937 034
来自关联方的股权收益	4 235	3 470	4 553
营业利润	513 661	483 920	450 709
其他收益和费用：			
利息和投资（损失）收益	(28 102)	13 624	5 470
利息费用	(28 023)	(27 707)	(25 636)
税前净收益	457 536	469 837	430 543
所得税	172 036	167 945	144 404
净收益	285 500	301 892	286 139
每股收益：			
基本	2.11	2.20	2.08
稀释	2.08	2.17	2.05
流通在外的加权平均股数：			
基本	135 360	137 216	137 845
稀释	137 128	139 151	139 561

思考题 3-7

利用下面来自 Campbell Soup 公司利润表的信息，计算该公司的边际销售利润率。它与荷美尔食品公司的边际销售利润率相比如何？

单位：百万美元

	截至 2008 年 8 月 3 日	截至 2007 年 7 月 29 日
销售收入净额	7 998	7 385
净收益	1 165	854

3.6 经营风险、控制和伦理

在第 1 章和第 2 章中,我们讨论了企业面临的风险,特别是与财务信息相关的风险。既然你已经学过经济业务如何反映在财务报表中,下面来看与这个信息相关的三个最显著的风险:

(1) 记录和更新财务会计记录时出现错误;
(2) 未经授权使用财务会计记录;
(3) 财务会计记录中出现数据缺失。

无论如何记录经济业务,信息系统都需要关注这些风险——数据记录中的错误、数据的未授权使用和潜在的数据缺失。

3.6.1 记录和更新会计记录中的错误

记录经济业务时出现错误会导致不正确的会计记录和报告。无论是用于内部决策还是外部披露,这些错误带来的影响都很大。记录过程的准确性和完整性对企业的成功至关重要。以下控制措施可以使出现这些错误的风险最小化:(1) 输入和处理控制;(2) 对账和控制报告;(3) 为记录的经济业务提供支持性文件。手工和电算化会计系统都需要应用这些控制。

- 输入和处理控制。这项控制的目的是确保只有经过授权的经济业务进入会计系统。例如,当销售人员在收银机上记录一笔收入时,在输入数据之前必须先输入职工代码。额外的控制,例如部门编号或者项目编号,有助于确保销售人员输入正确的信息。控制这部分会计系统的电脑程序也可以对输入的金额做出限制。控制的设定依会计信息系统和企业而定,但是所有企业都应该实施控制来确保记录中输入和处理数据的准确性。

- 对账和控制报告。这项控制的目的是找出输入和处理会计数据中存在的错误。电算化会计系统是有价值的,因为它们能保证会计等式在每个数据输入的阶段都保持平衡。这种恒等性是会计软件(例如 Peachtree 和 QuickBooks)中的一种控制程序。会计软件不能保证所有记录的经济业务都准确无误,但是能减少一部分错误的发生。

- 为记录的经济业务提供支持性文件。这项控制的目的是防止错误的发生以及发现已经发生的错误。向会计系统输入数据的职员将会从描述经济业务的文件中获取数据。可以将文件中包含的信息与输入会计系统的数据进行比对。例如,当出版商(例如培生)向亚马逊寄送书籍的发票时,培生会留下一份发票的复印件用来向其会计系统中输入数据。培生也可能通过查阅这张发票来验证会计记录的准确性。

3.6.2 会计信息的未授权使用

对于任何公司的会计系统而言,未授权使用都是一个明显的风险。它会使公司面临泄露机密数据、出现错误、掩盖失窃等风险。在手工系统中,会计记录应该被锁在一个安全的地方以防止被未授权人员接触;电算化系统则通过用户名和密码来控制对会计系统的使用。

有一些严重的伦理问题涉及企业的数据和电算化会计系统。随着网络的高速扩张和无线办公的快速发展,与系统相关的舞弊已经出现。企业必须谨慎选择职员,尤其是那些接触到开发和保护企业电脑系统的职员。面对舞弊,没有系统是绝对安全的。

3.6.3 会计数据的缺失

假设你花费了几个小时来写你的营销报告,这份报告完成之前你决定和朋友出去喝杯咖啡。你走之后,电脑关机并且无法重启了。如果你备份了这份文件还好;如果没有备份,你就必须从头开始写这篇报告。

会计信息系统包含的数据是公司运营中至关重要的部分,所以必须有备份和灾难复原计划。根据《华盛顿邮报》报道(2005年9月21日,"Backups Enables System to Survive",D05页),与电脑记录相关的灾难复原"实现了电脑行业中60亿美元的份额,因为公司和政府已经从闪电、洪水和其他灾难(例如2001年9月11日的恐怖袭击)中学到了教训"。

本章要点总结

会计师希望利润表能反映报表当期的,而不包括此期间之前或者之后的收入和费用;还希望资产负债表在报表截止日列示出正确的资产和负债的金额。为了实现这些目标,必须在会计期末做出调整将收入和费用分配到正确的会计期间。

- 有时公司进行采购并延期付款,有时公司赚取收入但延期收款。
- 会计师不以现金的收取和支付为基础在利润表中确认收入和费用。当交易的经济实质发生时,企业确认收入和费用并将其列示在利润表上。交易的经济实质是提供或者收到商品和服务的行为。
- 当行为已经完成但是还未收到或者支出现金时会产生应计项目。行为发生在先,现金支付在后。你将确认——设立或者累计——已经实现的收入或者已经发生的费用,即使还没有收到或者支出现金。
- 在一些情形中,现金支付在先,行为发生在后。有时你会预先支付商品或者服务的费用;有时你的客户为后期提供的商品或者服务提前支付了款项。这些都会产生递延项目。现金已经收到或者支出,但是你递延了收入和费用的确认直至交易行为的完成。

本章问题总结

BB&B装修公司对外提供装修服务。假设BB&B装修公司2011年1月期初账户余额如下所示:

单位:美元

现金	200 000
备用品	20 000
设备*	100 000
累计折旧	(10 000)
资产合计	310 000
其他应付款	40 000
应付职工薪酬	4 000
长期应付票据	50 000
普通股	126 000
留存收益	90 000
负债和所有者权益合计	310 000

*设备每年折旧10 000美元,即月折旧833美元。

以下是2011年1月发生的经济业务:
a. 赊购额外的备用品12 000美元(作为其他应付款记录为负债)。
b. 支付2010年12月31日的应付职工薪酬。
c. 提供装修服务,获得84 000美元现金。
d. 支付所有其他应付款(包含业务a中的采购费用)。
e. 赊购价值15 000美元的备用品(记录为其他应付款)。

f. 支付从 2011 年 1 月 1 日开始的 6 个月租金 6 000 美元。

g. 支付长期贷款 5 000 美元,其中 4 950 美元是本金,50 美元是 1 月份的利息。

附加信息如下:
- 月底库存有价值 5 000 美元的备用品。
- 设备每月折旧 833 美元。
- 月底,还没有记录以下 1 月份的费用(将在 2 月份支付):

  基础设施费用　　　360 美元

  工资费用　　　　4 600 美元

➡ **要求**

1. 建立会计等式工作表并输入期初余额,然后记录每项经济业务和需要调整的事项。
2. 编制四张基本财务报表,其中所有者权益变动表只需要编制留存收益部分。

➡ **答案**

单位:美元

	资产			=	负债		+	所有者权益	
	现金	所有其他资产	(账户)		所有负债	(账户)		实收资本 普通股	留存收益 (账户)
期初余额	200 000	20 000 100 000 (10 000)	备用品 设备 累计折旧		40 000 4 000 50 000	其他应付款 应付职工薪酬 长期应付票据		126 000	90 000
经济业务									
a.		12 000	备用品		12 000	其他应付款			
b.	(4 000)				(4 000)	应付职工薪酬			
c.	84 000								84 000　收入
d.	(52 000)				(52 000)	其他应付款			
e.		15 000	备用品		15 000	其他应付款			
f.	(6 000)	6 000	预付租金						
g.	(5 000)				(4 950)	长期应付票据			(50)　利息费用
调整 1		(42 000)	备用品						(42 000)　备用品费用
调整 2		(833)	累计折旧						(833)　折旧费用
调整 3					350	其他应付款			(350)　基础设施费用
调整 4					4 600	应付职工薪酬			(4 600)　工资费用
调整 5		(1 000)	预付租金						(1 000)　租赁费用
期末余额	217 000	+ 99 167		=	65 000		+	126 000	+ 125 167

<table>
<tr><td colspan="2" align="center">BB&B 装修公司
利润表
截至 2011 年 1 月 31 日
（单位：美元）</td><td colspan="2" align="center">BB&B 装修公司
所有者权益变动表
截至 2011 年 1 月 31 日
（单位：美元）</td></tr>
<tr><td>收入</td><td>84 000</td><td>留存收益：</td><td></td></tr>
<tr><td>费用</td><td>48 833</td><td>期初余额</td><td>90 000</td></tr>
<tr><td>净收益</td><td>**35 167**</td><td>加：净收益</td><td>35 167</td></tr>
<tr><td></td><td></td><td>期末余额</td><td>**125 167**</td></tr>
</table>

<table>
<tr><td colspan="2" align="center">BB&B 装修公司
现金流量表
截至 2011 年 1 月 31 日
（单位：美元）</td><td colspan="2" align="center">BB&B 装修公司
资产负债表
2011 年 1 月 31 日
（单位：美元）</td></tr>
<tr><td>**经营活动产生的现金：**</td><td></td><td>资产：</td><td></td></tr>
<tr><td>从客户处收到的现金</td><td>84 000</td><td>现金</td><td>**217 000**</td></tr>
<tr><td>向供货商支付的现金</td><td>(52 000)</td><td>备用品</td><td>5 000</td></tr>
<tr><td>支付租赁费用的现金</td><td>(6 000)</td><td>预付租金</td><td>5 000</td></tr>
<tr><td>向职工支付的现金</td><td>(4 000)</td><td>流动资产合计</td><td>227 000</td></tr>
<tr><td>支付利息费用的现金</td><td>(50)</td><td>设备（扣除 10 833 美元累计折旧的净额）</td><td>89 167</td></tr>
<tr><td>经营活动产生的现金净额</td><td>21 950</td><td>资产合计</td><td>316 167</td></tr>
<tr><td>**投资活动产生的现金：**</td><td>0</td><td>负债和所有者权益：</td><td></td></tr>
<tr><td>**筹资活动产生的现金：**</td><td></td><td>负债</td><td></td></tr>
<tr><td>支付贷款本金的现金</td><td>(4 950)</td><td>其他应付款</td><td>15 350</td></tr>
<tr><td>**现金净增加额**</td><td>17 000</td><td>应付职工薪酬</td><td>4 600</td></tr>
<tr><td>加：现金期初余额</td><td>200 000</td><td>流动负债合计</td><td>19 950</td></tr>
<tr><td>**2011 年 1 月 31 日的现金期末余额**</td><td>**217 000**</td><td>长期应付票据</td><td>45 050</td></tr>
<tr><td></td><td></td><td>所有者权益</td><td></td></tr>
<tr><td></td><td></td><td>普通股</td><td>126 000</td></tr>
<tr><td></td><td></td><td>留存收益</td><td>**125 167**</td></tr>
<tr><td></td><td></td><td>负债与所有者权益合计</td><td>316 167</td></tr>
</table>

关键词

备抵资产账户	累计折旧	预付租金
备用品	时间性差异	预收收入
边际销售利润率	已实现	账面价值（book value）
递延项目	应付利息	账面价值（carrying value）
净残值	应计项目	折旧费用

思考题答案

思考题 3-1

企业已经赚取 6 个月的利息,金额为 $1\,000 \times 0.07 \times 6/12 = 35$ 美元。企业应当进行利息收入确认,增加收入(会计等式中留存收益一栏)的同时增加一项资产(应收利息)。

思考题 3-2

是,应该确认工资费用。按照惯例会在 7 月 15 日支付工资时记录 6 月份的工资费用。为了使 6 月份的工资包含在截至 6 月 30 日的会计年度的利润表中,ABC 公司需要进行应计费用确认。记录 6 月份的工资费用和应付职工薪酬 56 000 美元。

思考题 3-3

在 12 月 31 日,12 个月的杂志中有 7 个月已经送达。这意味着截至 12 月 31 日已经赚取了收到的 300 000 美元现金中的 7/12。在收取现金时,收入的确认被递延——推迟或者延期,因为还没有赚取收入。在 12 月 31 日,公司确认收入 175 000 美元。也就是说,公司将把 175 000 美元的收入列入利润表,并减少资产负债表中的负债预收收入。

思考题 3-4

当 Advantage 公司在 3 月 1 日支付租金时,现金减少,资产预付租金增加。现在,在 10 个月之后,已经使用了 10 个月的租赁。这意味着它应该被记录为租赁费用。一年的租金为 3 600 美元,即每个月 300 美元。现在,10 个月每月 300 美元的租赁费(共计 3 000 美元)必须从预付租金中扣除并增加到租赁费用中。然后,3 月 1 日支付的租赁费中的 3 000 美元将作为租赁费用列示在利润表中。

思考题 3-5

1. Konny 公司期初有 500 美元的备用品,然后又购买了价值 650 美元的备用品,合计当月的可用备用品有 1 150 美元。当月月底剩余 250 美元的备用品。这意味着公司使用了 900 美元(1 150 − 250)的备用品。备用品余额 250 美元将作为一项流动资产(备用品)列示在资产负债表上。

2. 4 月份的利润表中将列示 900 美元的备用品费用。

思考题 3-6

折旧金额等于购置成本减去净残值,即 6 500 − 500 = 6 000 美元。预估使用年限为 5 年。所以每年的折旧额为 $6\,000/5 = 1\,200$ 美元。因为电脑是 2011 年 7 月 1 日购买的,所以只有半年的折旧费用 600 美元列示在截至 2011 年 12 月 31 日的年度利润表中。2012 年 12 月 31 日资产的账面价值 = 购置成本 − 累计折旧(资产寿命期间所有记录的折旧) = 6 500 − 600(2011 年折旧) − 1 200(2012 年折旧) = 4 700 美元。

思考题 3-7

2008 年:$1\,165 \div 7\,998 = 14.57\%$

2007 年:$854 \div 7\,385 = 11.56\%$

这些指标比荷美尔食品公司的指标好很多。另外,边际销售利润率呈增长趋势,这是一个好现象。

问题

1. 权责发生制和收付实现制的区别？
2. 什么是递延收入？
3. 什么是应计收入？
4. 什么是递延费用？
5. 什么是应计费用？
6. 什么是利息？如何计算？
7. 解释负债和费用的差异。
8. 说出两种常见的递延费用。
9. 确认收入的含义是什么？
10. 配比原则与应计项目和递延项目是如何联系起来的？
11. 什么是折旧？
12. 为什么折旧是必要的？
13. 什么是边际销售利润率？这项指标能说明什么？
14. 与财务会计记录相关的风险有哪些？

单选题

1. 下列账户中哪一项是负债？
   a. 折旧费用　　　　　b. 股利　　　　　c. 累计折旧　　　　　d. 预收广告费
2. 下列事件中哪一项会产生应计项目？
   a. 提前收取收入　　　　　　　　　　　b. 用现金购买备用品但还未使用
   c. 发生利息费用但还未支付　　　　　　d. 支付未来两年的保险单
3. 下列事件中哪一项会产生递延项目？
   a. 现金已经收取但还未提供服务　　　　b. 已经提供服务但还未进行记录
   c. 企业没有足够的现金　　　　　　　　d. 用现金购买了资源但还未使用
4. 资产的账面价值是：
   a. 使资产负债表上的资产增加的账户　　b. 资产的原始成本减去累计折旧
   c. 资产的原始成本　　　　　　　　　　d. 等于累计折旧
5. Logan公司在上一个会计期间向客户赊销商品，本期收到客户支付的款项300美元。Logan公司将把它记录为：
   a. 300美元销售收入　　　　　　　　　b. 减少300美元应付账款
   c. 减少300美元应收账款　　　　　　　d. 增加300美元应收账款
6. 公司在5月份购买了商品，6月份向供应商支付现金。这项经济业务将会：
   a. 增加现金和减少存货　　　　　　　　b. 减少应付账款和减少现金
   c. 减少应收账款和减少现金　　　　　　d. 增加应付账款和增加存货
7. Z公司的会计师在年末忘记做记录设备折旧费用的调整。这个疏忽会对公司的财务报表产生什么影响？
   a. 低估资产和负债　　　　　　　　　　b. 高估资产和所有者权益
   c. 低估负债，高估所有者权益　　　　　d. 高估资产，低估所有者权益

8. 菲利普的照相机商店 2010 年 1 月 1 日的留存收益余额为 1 000 美元。2010 年度的收入是 10 500 美元,费用是 6 500 美元。2010 年 12 月 31 日公司宣告并发放股利 2 500 美元。那么 2010 年 12 月 31 日的留存收益余额是多少?

　　a. 4 000 美元　　　　b. 1 500 美元　　　　c. 2 500 美元　　　　d. 2 000 美元

9. 当预付保险费被使用时,需要做出下列哪项调整?

　　a. 增加保险费用,减少现金　　　　　　　b. 增加预付保险费,减少保险费用
　　c. 增加保险费用,增加预付保险费　　　　d. 增加保险费用,减少预付保险费

10. 边际销售利润率预示了企业具有以下哪种能力?

　　a. 营销产品　　　　　　　　　　　　　　b. 控制会计记录
　　c. 管理应计项目和递延项目　　　　　　　d. 控制成本

简易练习

A 组

简易练习 3-1A 分析经济业务对净收益的影响。下列经济业务发生于邻近的会计期间。对于每一项,请辨别它增加了净收益、减少了净收益,还是对净收益没有影响。

　　a. 发行股票,收取现金
　　b. 向银行贷款
　　c. 以赊销的方式向客户提供服务
　　d. 预先支付租金
　　e. 使用以前购买的备用品
　　f. 向员工支付本年度的工资

简易练习 3-2A 计算净收益和留存收益。Capboy 公司本期赚取收入 5 000 美元,发生费用 2 950 美元。并且公司向股东宣告并发放股利 500 美元。当期的净收益是多少?假设这是公司第一年运营,当期期末留存收益的余额是多少?

简易练习 3-3A 计算利息费用。UMC 公司于 2010 年 7 月 1 日购买了设备,并支付一张期限 3 个月、利率 9% 的票据,票面价值 10 000 美元。截至 2010 年 12 月 31 日的年度利润表中将确认多少利息费用? 偿还票据和利息会对 2010 年的现金流量表产生什么影响?

简易练习 3-4A 计算备用品费用。MBI 公司月初库存备用品 800 美元。当月,公司又购买了价值 300 美元的备用品。月底库存剩余备用品 150 美元。当月公司作为备用品费用列示在利润表上的金额是多少?需要做的调整是否涉及应计项目或者递延项目?

简易练习 3-5A 计算保险费用。Catrina 公司创立于 2009 年 1 月 1 日。在它运营的第一周,企业支付了 24 个月的火灾保险费 3 600 美元,保险有效期始于 2009 年 1 月 1 日。当公司编制截至 2009 年 12 月 31 日的年度财务报表时,资产负债表应该列示多少预付保险费?利润表应该列示多少保险费用?年末需要做的调整是否涉及应计项目或者递延项目?

简易练习 3-6A 计算折旧费用。假设一家公司在年初以 30 000 美元的价格购买了一件设备。设备预期使用 3 年,净残值为零。利用在本章中学习的折旧方法,计算资产使用寿命内第一年的折旧费用是多少?第一年年末设备的账面价值是多少?第二年年末设备的账面价值是多少?

简易练习 3-7A 计算预收收入。4 月 1 日 Able 公司从客户处收到现金 4 800 美元,并且将于从 4 月份开始的 12 个月中向客户提供服务。在公司的信息系统中,这些收到的现金被记录为预收收入。编制 12 月 31 日的财务报表时公司需要做出什么调整?如果不进行调整将对财务报表产生什么影响?这个调整涉及应计项目或者递延项目吗?

简易练习 3-8A 识别账户。从下列账户中找出经常需要在会计期末进行调整的资产或者负债,并指出这些调整是否涉及递延项目或者应计项目。

a. 现金
b. 预付保险费
c. 存货
d. 备用品
e. 应付账款

简易练习 3-9A 计算净收益。假设一家公司在年末进行所有调整之后科目及其余额如下所示:

单位:美元

服务收入	7 400
利息收入	2 200
预收收入	3 250
营业费用	1 500
预付租金	1 030

编制本年度的利润表。

简易练习 3-10A 计算预收收入。2009 年 1 月 1 日 Coats 和 Alday 各出资 25 000 美元设立了一家法律公司。2009 年 2 月 1 日,公司从客户处收到 24 000 美元的预付服务费,公司将于 2 月份开始的未来 12 个月向客户提供相应的服务,并将预付款全额记录为预收收入。本年度,公司发生并支付费用 7 000 美元。确认适当金额的服务收入的调整涉及应计项目或者递延项目吗?假设这是 2009 年完成的唯一经济业务,编制公司截至 2009 年 12 月 31 日的年度利润表、现金流量表、留存收益表和 2009 年 12 月 31 日的资产负债表。

简易练习 3-11A 计算边际销售利润率。假设一家企业的收入为 200 000 美元,净收益为 7 000 美元。边际销售利润率是多少?

练习

A 组

练习 3-23A 计算工资费用。Matrix 会计公司每两周向员工支付一次工资。但是,加班费是在下一个发薪日进行支付。公司只在年末 12 月 31 日进行应计工资费用确认。2009 年 12 月的工资信息如下所示:

- 最近的工资单(截至 2009 年 12 月 28 日为期两周的工资)于 2009 年 12 月 28 日支付。
- 截至 2009 年 12 月 28 日,两周的加班费为 7 500 美元。
- 2009 年剩余的工作日是 12 月 29 日、30 日、31 日,这些工作日都没有加班。
- 常规两周的工资合计 125 000 美元。

以五天为一个工作周,2009 年 12 月 31 日公司的资产负债表将列示多少应付职工薪酬?

练习 3-24A 计算预收收入。TJ 公司所有服务收入都提前收取。在 2011 年 12 月 31 日的资产负债表上公司有 12 500 美元的预收收入负债。2012 年客户预付了服务费 50 000 美元,截至 2012 年 12 月 31 日的年度利润表披露了服务收入 52 700 美元。那么 2012 年 12 月 31 日资产负债表披露的预收收入负债是多少?

练习 3-25A 计算利息费用。Sojourn 公司于 2010 年 11 月 1 日购买了设备,并支付一张期限 3 个月、利率 9% 的票据,票面价值 20 000 美元。在到期日 2011 年 1 月 31 日公司将向银行一次还本付息。请填写下列表格:

	利息费用	用于支付利息的现金
2010 年 11 月 30 日	_____	_____
2010 年 12 月 31 日	_____	_____
2011 年 1 月 31 日	_____	_____

练习 3-26A 计算保险费用。Vertigo 公司于 2009 年 7 月 1 日购买了两年的保险,花费 10 000 美元,被记录为预付保险费。使用会计等式列出公司在编制 2009 年 12 月 31 日的财务报表时所做的调整(假设之前没有进行预付保险费的调整)。

练习 3-27A 计算租赁费用。Jayne 于 2010 年 3 月 1 日为她新成立的公司租借了办公场所。为了得到优惠,她提前支付了从 3 月份开始未来 12 个月的租金 3 600 美元。这项预付款会对年末 12 月 31 日的财务报表产生什么影响?假设 2011 年没有其他租金支出。请把你的答案填写在下列表格中:

	截至 12 月 31 日的年度租赁费用	12 月 31 日的预付租金
2010 年	_____	_____
2011 年	_____	_____

练习 3-28A 计算预收收入。2009 年 7 月,一家新设立的网络游戏公司 Wizard 公司的一款在线游戏以每年 175 美元的价格收到 2 000 份为期三年的订单,共收取 1 050 000 美元。订单从 2009 年 11 月开始生效。通过填写下列表格列出每年利润表应确认的收入和年末资产负债表应披露的相关负债。Wizard 公司的会计年度截止日是 12 月 31 日。

	应确认的收入	12 月 31 日的预收收入
2009 年	_____	_____
2010 年	_____	_____
2011 年	_____	_____
2012 年	_____	_____

练习 3-29A 计算保险费用。2010 年 6 月 1 日,Yodel 公司支付了从当天开始未来两年的保险费 3 600 美元,并将它记录为预付保险费。利用下列表格计算年末财务报表披露的保险费用和预付保险费。公司的会计年度截止日是 12 月 31 日。

	保险费用	12 月 31 日的预付保险费
2010 年	_____	_____
2011 年	_____	_____
2012 年	_____	_____

练习 3-30A 计算折旧费用。Maximus Dog 公司于 2011 年 1 月 1 日购买了一辆新货车,花费 35 000 美元。货车预计使用五年后卖出,出售价格预计为 5 000 美元。公司采用直线折旧法,会计年度截止日

为 12 月 31 日。

1. 截至 2011 年 12 月 31 日的年度利润表应该披露多少折旧费用？
2. 从 2011 年 12 月 31 日开始的五年中每年资产负债表上货车的账面价值分别是多少？

练习 3-31A 分析收入确认的时点。将下列经济业务列示在会计等式中，然后说明给出的原始经纪业务是否导致了收入或者费用的确认。

a. 戴尔公司向它的电脑服务工程师支付了截至 1 月 31 日的月工资 80 000 美元。
b. 壳牌石油公司总部大楼 3 月份使用了 5 000 美元的电，公司已收到账单，但是 4 月份的某个时间才会支付。
c. 2011 年，Chico's FAS 的销售收入为 2 200 万美元，假设所有的销售均为赊销。
d. 家得宝公司 2010 年收到 5 900 万美元的利息和投资收益。

练习 3-32A 计算租赁费用。Hobbs 公司年初预付租金 6 000 美元，本年度公司额外预付了租金 12 000 美元，本年的租金费用是 15 000 美元。那么年末资产负债表上预付租金的余额是多少？

练习 3-33A 计算保险费用。Center 公司年初预付保险费 9 250 美元，本年度 Center 额外预付了保险费 7 500 美元，本年的保险费用是 6 000 美元。那么年末预付保险费的余额是多少？

练习 3-34A 计算租赁费用并编制财务报表。2010 年 3 月 1 日，股东以 35 000 美元的出资置换了普通股，成立 Quality 咨询公司。2010 年 4 月 1 日，公司支付了未来一年办公场所的租赁费 24 000 美元。2010 年咨询服务产生 62 000 美元的现金收入。编制截至 2010 年 12 月 31 日为期 10 个月的利润表、股东权益变动表、现金流量表和 2010 年 12 月 31 日的资产负债表。

练习 3-35A 计算折旧费用并编制财务报表。2011 年 1 月 1 日股东以 20 000 美元的出资置换了普通股，成立东南害虫防护公司。公司立即用其中 15 000 美元购买了重吨位的化工用卡车，卡车无净残值，预计使用五年。2011 年度公司赚取了现金收入 13 000 美元，现金费用支出 4 500 美元。编制截至 2011 年 12 月 31 日的年度利润表、股东权益变动表、现金流量表和 2011 年 12 月 31 日的资产负债表。

练习 3-36A 账户分类。说明下列项目是否会出现在利润表、股东权益变动表、资产负债表或者现金流量表上。有些项目可能不止出现在一个报表中。

应收利息	应付账款
工资费用	普通股
应收票据	股利
预收收入	资产合计
投资活动产生的现金流量净额	净收益
保险费用	咨询收入
留存收益	折旧费用
预付保险费	备用品费用
现金	应付职工薪酬
累计折旧	备用品
预付租金	筹资活动产生的现金流量净额
应收账款	土地
股东权益合计	经营活动产生的现金流量净额

练习 3-37A 分析经济业务。分析 Starwood 游艇修理公司的会计等式工作表，并解释产生每个分录的经济业务或者事项。

单位:美元

经济业务	资产			=	负债		+	所有者权益	
	现金	所有其他资产	（账户）		所有负债	（账户）		实收资本 普通股	留存收益 （账户）
1	150 000							150 000	
2	(125 000)	125 000	固定资产						
3	100 000				100 000	应付票据			
4	(500)	500	备用品						
5	(650)	650	预付保险费						
6	15 000								15 000 服务收入
7		(375)	备用品						(375) 备用品费用
8		(325)	预付保险费						(325) 保险费用
9					500	应付职工薪酬			(500) 工资费用
10		(1 000)	累计折旧						(1 000) 折旧费用
11					100	应付利息			(100) 利息费用

练习3-38A 编制财务报表。参见练习3-37A中的工作表。假设所有账户期初余额为零,工作表中的信息是公司截至12月31日的会计年度发生的经济业务。利用表中给出的数据编制四张财务报表。

练习3-39A 计算边际销售利润率。利用下列信息计算这两年的边际销售利润率。从2010年到2011年的变化是积极的还是消极的？为什么？

单位:美元

	截至2011年12月 31日的会计年度	截至2010年12月 31日的会计年度
销售收入净额	6 625.5	5 567.1
净收益	377.2	201.4

难题

难题3-57A 记录调整项目并编制利润表。太阳能公司信息系统中的数据（截至2010年12月31日）如下所示：

单位：美元

支付职工薪酬的现金	600 000
从客户处收取的现金	2 500 000
长期应付票据	225 000
现金	375 000
普通股	100 000
设备	750 000
预付保险费	45 000
存货	175 000
预付租金	75 000
留存收益	150 000
工资费用	625 000
服务收入	2 750 000

➡ 要求

1. 期末编制财务报表时需要进行五项调整，在会计等式中写出下列每一项调整。
   a. 设备购于 2010 年 1 月 1 日，预计使用年限 10 年，无净残值（每年等额进行折旧）。
   b. 截至 2010 年 12 月 31 日应付票据的应计利息是 2 500 美元。
   c. 2010 年 12 月 31 日未到期的保险是 11 000 美元。
   d. 75 000 美元预付租金的保期是从 2010 年 12 月 1 日到 2011 年 5 月 31 日的 6 个月。
   e. 2010 年 12 月 31 日职工已赚取但公司还未记录和支付的工资是 25 000 美元。
2. 编制太阳能公司截至 2010 年 12 月 31 日的年度利润表。

难题 3-58A 记录调整项目并计算净收益。2009 年 12 月 31 日调整前 Poorman's 公司的会计记录如下所示：

单位：美元

预付保险费	2 700
清洁备用品	3 200
预收服务费	2 625
应付票据	3 000
服务费	125 000
工资费用	90 000
卡车租赁费	6 500
卡车燃料费	1 000
保险费用	0
备用品费用	0
利息费用	0
应付利息	0
应付职工薪酬	0
预付租金——卡车	0

在 2009 年 12 月 31 日 Poorman's 公司编制财务报表之前，必须将下列项目进行调整：
   a. 预付保险费指的是 1 月初购买的 18 个月的保单，所以这一整年保单已经生效。
   b. 12 月 31 日盘点库存，发现剩余 500 美元的清洁备用品。

c. 12月1日客户预先支付了3个月的服务费（预收服务费），现在已经赚取1个月的服务收入。

d. 卡车每月的租金是500美元，需要预先支付。2010年1月的租金已经于2009年12月末支付并被包含在2009年的卡车租赁费中。

e. 10月1日向银行贷款。利率为12%（每月1%），期限是1年。公司还未确认任何应计利息费用。

f. 2009年12月31日（周三），有三天的工资费用还未支付。常规以五天为一个工作周并在工作周结束支付工资1 500美元。公司还未记录2009年最后三天的工资费用。

➡ **要求**

1. 在会计等式中列出每一项调整项目。
2. 编制 Poorman's 公司截至2009年12月31日的年度利润表。

难题 3-59A 计算折旧资产。Charlotte 摩托车修理公司2010年1月1日花费8 000美元现金购买了一架机器。企业预计使用四年，预估四年后机器无净残值。机器每年将进行等额折旧。

➡ **要求**

1. 在会计等式中列出采购机器和第一年折旧的会计分录。
2. 说明经过适当的调整之后，如何在2010年12月31日和2011年12月31日的资产负债表中的资产部分列示采购的机器。
3. 截至2010年12月31日的年度利润表中折旧费用是多少？2011年度呢？
4. 计算资产寿命的四年间折旧费用的总额。关于资产寿命终止时的账面价值，你有什么发现？

难题 3-60A 记录调整项目。以下是2010年12月31日马歇尔公司会计记录调整之前的部分财务报表项目清单：

单位：美元

项目	金额
预付保险费	12 750
预付租金	18 000
应收利息	0
应付职工薪酬	0
预收收入	30 000
利息收入	10 000

其他信息如下：

- 保单显示截至2010年12月31日原始成本18 000美元的24个月的保险（于2009年6月1日购买）中只剩余5个月未使用。
- 马歇尔公司有一张来自客户的应收票据，票据的利息是2 500美元，2011年1月1日到期。这项金额还未被记录。
- 会计记录显示在客户2010年7月1日预付的款项中，现在已经实现1/3的收入。
- 公司支付了从2010年8月1日开始的9个月的租金18 000美元，并将全部金额记录为预付租金。
- 年末，马歇尔公司2010年12月份的工资费用7 000美元还未支付。下一个支付日是2011年1月5日。工资费用还未被记录。

➡ **要求**

1. 在会计等式中列出编制截至2010年12月31日的财务报表前公司必须做出的调整。
2. 计算上述账户在截至2010年12月31日的年度财务报表中的账户余额。

难题 3-61A 记录调整项目。以下是2010年12月31日香甜饼干公司的部分财务报表项目清单：

单位:美元

预付保险费	6 000
预付租金	10 000
工资费用	25 000
预收订购收入	70 000
利息费用	38 000

其他信息如下:
- 公司在 2009 年 7 月 1 日为 3 年的商业保险支付了 7 200 美元(其中,6 个月的部分已经在 2009 年 12 月 31 日的利润表中费用化)。截至 2010 年 12 月 31 日的年度还未记录任何保险费用。
- 香甜饼干公司在 2010 年 1 月 2 日借入 200 000 美元,并需要于 2011 年 1 月 2 日支付 2010 年全年 11% 的利息。2010 年贷款的利息费用还未被记录。
- 账面显示已经赚取 60 000 美元的预收订购收入。
- 2010 年 11 月 1 日公司预先支付了 10 个月的租金。2010 年的租赁费用还未被记录。
- 公司将于 2011 年 1 月 3 日支付 2010 年 12 月 31 日的工资费用 2 000 美元。这项金额未被包含在工资费用的账户余额中。

➡ 要求
1. 在会计等式中列出编制截至 2010 年 12 月 31 日的财务报表前公司必须做出的调整。
2. 计算上述账户在截至 2010 年 12 月 31 日的年度财务报表中的账户余额。

难题 3-62A 记录调整项目。以下是角斗士运动公司期末做出调整前的账户余额:

单位:美元

预付保险费	9 000
预收收入	5 300
工资费用	7 590
应交税费	4 000
利息收入	2 000

年末,公司还有以下信息可供使用:
- 列示的预付保险费中有 1 000 美元已经到期。
- 列示的预收收入中有 3 000 美元已经赚取。
- 公司必须确认额外的应计工资费用 2 250 美元。
- 公司已经赚取额外的利息收入 750 美元,但还未收到现金,也未进行记录。

➡ 要求
1. 在会计等式中列出公司年末需要进行的调整。
2. 计算调整后每个账户的余额。
3. 指出每项调整是否涉及应计项目或者递延项目。

难题 3-63A 记录调整项目并编制财务报表。索尼滑雪板公司是一家滑雪板维修公司,它在 2008 年 12 月 31 日的会计记录中包含以下余额:

索尼滑雪板公司
资产负债表
2008年12月31日
（单位：美元）

资产		负债和所有者权益	
现金	40 000	应付账款	17 000
应收账款	16 500	普通股	45 000
土地	20 000	留存收益	14 500
合计	76 500		76 500

以下是索尼滑雪板公司2009会计年度发生的会计事项：

a. 1月1日，公司收到来自股东购买普通股的现金20 000美元。

b. 1月1日，公司购置一台电脑，花费15 000美元现金。电脑无净残值，预计使用3年。

c. 3月1日，公司通过发行12%的一年期票据借入10 000美元现金。

d. 5月1日，公司为办公场所预付了一年的租金2 400美元。

e. 6月1日，公司宣告并向股东发放现金股利4 000美元。

f. 7月1日，公司用现金购置土地，花费17 000美元。

g. 8月1日，公司偿还应付账款总计6 000美元。

h. 8月1日，公司提前收到从收款日开始未来12个月的服务费9 600美元。

i. 9月1日，公司出售了一块土地得到13 000美元现金，金额恰好等于这块土地的购置成本。

j. 10月1日，公司赊购了795美元的备用品。

k. 11月1日，公司用18 000美元现金购买了短期投资，固定利率为6%。

l. 12月31日，本年度公司赚取的赊销服务收入是40 000美元。

m. 12月31日，公司收到应收账款44 000美元。

n. 12月31日，本年度公司发生未支付的其他营业费用5 450美元。

- 职工已经赚取但是公司还未支付的工资总计2 300美元。
- 期末还剩余价值180美元的备用品。

⇒ 要求

1. 编制会计等式工作表，并记录截至2008年12月31日的账户余额（期初余额）。

2. 在会计等式工作表中记录公司2009年发生的经济业务和年末需要做出的调整。基于给出的经济业务数据，编制财务报表前需要额外进行五项调整（总共七项）。

3. 编制截至2009年12月31日的年度利润表、股东权益变动表、现金流量表和2009年12月31日的资产负债表。

难题3-64A 记录调整项目并编制财务报表。Pops公司2011年发生的经济业务如下所示：

a. 股东通过出资30 000美元现金成立了该公司。

b. 公司用8 000美元现金购置了办公设备，15 000美元现金购置了土地。

c. 公司总计赚取了22 000美元收入，其中收到16 000美元现金。

d. 公司用现金购买了价值890美元的备用品。

e. 公司用现金支付了其他营业费用6 000美元。

f. 年末职工在2011年已经赚取但是公司还未支付的工资有2 480美元。然而，下一个支付日是2012年1月4日。

g. 年末只有价值 175 美元的备用品余量。

办公设备购于 1 月 1 日,预计使用 8 年(采用直线法计提折旧,无净残值)。

➡ 要求

1. 在会计等式工作表中记录 2011 年发生的经济业务。

2. 记录年末需要进行的调整。

3. 编制截至 2011 年 12 月 31 日的年度利润表、股东权益变动表、现金流量表和 2011 年 12 月 31 日的资产负债表。

难题 3-65A 记录调整项目并编制财务报表。5 月 1 日,Matt Smith 出资 20 000 美元开设了一家咨询公司,并预先支付了 3 个月的租金合计 1 500 美元。5 月 3 日,他购置了备用品和两台电脑,分别花费 700 美元和 3 600 美元。电脑预计可以使用两年,无净残值。Matt 雇用了一位办公助理,月薪 2 000 美元,分别于 5 月 15 日和 5 月 31 日各支付 1 000 美元。5 月 27 日,Matt 支付了宣传公司开业的电台广告费用 400 美元。5 月份公司共赚取收入 6 000 美元,其中 4 200 美元已收到现金。月末,公司还有价值 300 美元的备用品库存。

➡ 要求

1. 在会计等式工作表中记录 5 月份发生的经济业务和编制截至 5 月 31 日的月度财务报表前必须做出的调整。

2. 编制截至 5 月 31 日的月度利润表、股东权益变动表、现金流量表和 5 月 31 日的资产负债表。

难题 3-66A 记录调整项目并编制财务报表。下列是 Casa Bella Interiors 公司 5 月 31 日调整前的一个账户和账户余额的清单,以及截至 2010 年 5 月 31 日的会计年度中的一些其他数据。

单位:美元

Casa Bella Interiors 账户和余额 2010 年 5 月 31 日	
现金	4 300
应收账款	9 300
应收票据	1 000
应收利息	—
预付租金	1 700
备用品	400
办公设备	23 400
累计折旧(办公设备)	(1 600)
应付账款	500
应付职工薪酬	—
应付利息	—
预收服务收入	2 600
长期应付票据	8 400
普通股	5 000
资本公积	2 300
留存收益	5 000
服务收入	19 800
工资费用	4 650
租赁费用	
折旧费用	
广告费用	450

其他数据如下所示:
- 办公设备的年折旧额是 500 美元。
- 职工已经赚取但是公司还未记录和支付的工资合计 750 美元。
- 年末预付租金中已发生的金额有 800 美元。
- 年末应收票据到期的利息有 120 美元。
- 年末应付票据产生的利息是 840 美元。
- 截至年末,预收收入中已经实际赚取的金额合计 1 500 美元。

➡ **要求**

1. 对于每个账户,写出年末需要进行的调整事项。
2. 编制截至 2010 年 5 月 31 日的年度利润表和 2010 年 5 月 31 日的资产负债表。
3. 计算公司本年度的边际销售利润率。

难题 3-67A 分析经济业务并编制财务报表。Drive Fast 租车公司通过向本地区的游客出租高速运动型跑车来创造收益。当提前进行预订时,Drive Fast 会收取半个周的租金来保留这个预约。但是,Drive Fast 不一定非要预约,有时客户会在当天前来租车。2010 年公司第一年运营,Drive Fast 的会计部门记录了下图中所示的经济业务。这些类型的经济业务要求 Drive Fast 的会计部门将一些收款记录为预收收入,而将另一些记录为已赚取的收入。

➡ **要求**

1. 在会计等式工作表中,解释产生每个分录的经济业务或者事项。
2. Drive Fast 租车公司在截至 2010 年 12 月 31 日的会计期间产生了净收益还是净损失?你这样说的原因是什么?
3. 编制截至 2010 年 12 月 31 日的年度利润表、股东权益变动表、现金流量表和 2010 年 12 月 31 日的资产负债表。

单位:美元

经济业务	资产			=	负债		+	所有者权益	
	现金	所有其他资产	(账户)		所有负债	(账户)		实收资本 普通股	留存收益 (账户)
1	235 000							235 000	
2	(143 000)	143 000	固定资产						
3	99 000				99 000	应付票据			
4	(3 000)	3 000	备用品						
5	(5 000)	5 000	预付租金						
6		17 000	应收账款						17 000 服务收入
7		(925)	备用品						(925) 备用品费用
8		(800)	预付租金						(800) 租赁费用
9					1 225	应付职工薪酬			(1 225) 工资费用
10		(2 250)	累计折旧						(2 250) 折旧费用
11					225	应付利息			(225) 利息费用

财务报表分析

财务报表分析 3-1 识别并解释应计项目和递延项目。使用附录 A 中选自百万书店公司年报的信息来回答下列问题:

1. 百万书店有递延费用吗?如果有,它们是什么?列示在哪儿?(忽略递延税款)
2. 百万书店有应计费用吗?如果有,它们是什么?列示在哪儿?
3. 递延费用和应计费用之间的区别是什么?
4. 计算过去两年的边际销售利润率。你能从中得到什么信息?

财务报表分析 3-2 识别并解释应计项目和递延项目。使用图表 3.17 中的荷美尔食品公司资产负债表来回答下列问题:

1. 流动资产部分列示了预付费用。这可能是关于什么的费用?这里的"费用"已经被确认(即包含在当期的利润表中)了吗?
2. 负债部分列示了应计费用。它代表的是什么?与此相关的费用已经被确认了吗?
3. 负债部分列示了应付账款。解释什么是应付账款以及荷美尔食品公司将会做什么来偿还这项负债。

财务报表分析 3-3 识别并解释费用和负债。使用嘉年华公司的资产负债表来回答下列问题。

嘉年华公司 & 公共有限公司
合并资产负债表
(单位:百万美元)

	2008 年 11 月 30 日	2007 年 11 月 30 日
资产		
流动资产		
现金和现金等价物	650	943
应收账款和其他应收款净额	418	436
存货	315	331
预付费用和其他	267	266
流动资产合计	1 650	1 976
不动产和设备净额	26 457	26 639
商誉	3 266	3 610
商标权	1 294	1 393
其他资产	733	563
	33 400	34 181
负债和所有者权益		
流动负债		
短期借款	256	115
长期借款的流动部分	1 081	1 028
可转换负债中的流动认沽期权	271	1 396
应付账款	512	561
应计负债和其他	1 142	1 353
客户保证金	2 519	2 807
流动负债合计	5 781	7 260

(续表)

	2008年 11月30日	2007年 11月30日
长期借款	7 735	6 313
其他长期负债和递延收益	786	645
担保和或有负债（见附注6和附注7）		
所有者权益		
嘉年华公司的普通股：票面价值0.01美元；核定股数19.60亿股；2008年和2007年发行股数6.43亿股	6	6
嘉年华公共有限公司的普通股：票面价值1.66美元；核定股数2.26亿股；2008年和2007年发行股数2.13亿股	354	354
资本公积	7 677	7 599
留存收益	13 980	12 921
累计其他综合（损失）收益	(623)	1 296
库存股：嘉年华公司2008年和2007年有1 900万股；嘉年华公共有限公司2008年有5 200万股，2007年有5 000万股；		
以成本计量	(2 296)	(2 213)
所有者权益合计	19 098	19 963
	33 400	34 181

    1. 流动资产中反映了什么递延费用？解释递延费用的含义，并在会计等式中写出为了记录这项资产可能需要进行的调整。

    2. 负债部分列示了2008年11月30日有超过25亿美元的客户保证金。解释它被记录为负债的原因，并（在会计等式中）列出导致这项负债产生的经济业务。

批判性思考题

风险与控制

    附录A关于百万书店的信息中有提到百万书店如何保护其会计数据吗？

伦理

    在线DVD公司现在是第二年运营。它是一个以网络为基础向在线客户提供DVD租赁服务来赚取固定月租的公司。月租是30美元，每个月客户可以收到三张DVD，还回一张的同时可以租借下一张。无论客户使用了多少张DVD（最多三张），服务费用都固定在每月30美元。每次客户签订一年的服务合约，在线DVD公司会确认360美元的销售收入。公司的所有者John Richards知道GAAP，但是他不认为有必要遵循这项会计准则。尽管在线DVD公司没有上市，但是John将公司的财务报表放在了公司的网页上以供客户使用。

    1. 如果遵循GAAP，在线DVD公司应该如何确认它的收入。

    2. 向John解释他应该遵循GAAP的原因，以及为什么他现在的财务报表可能是有误导性的。

    3. 你认为这是一个伦理问题吗？说明你的理由。

小组作业

使用财务报表分析 3-3 中的嘉年华公司的资产负债表。对每项流动资产和流动负债的性质写一个简短的说明。对于每项流动负债,解释你认为公司会如何偿还这笔债务。

网络练习:Darden

请查阅 www.dardenrestaurants.com。

网络练习 3-1 如果你在 Darden 公司工作,你可能会做什么工作?列出 Darden 的两个产业链。

网络练习 3-2 点击 Investor Relations 中的年报和财务数据,然后选择 HTML 版本的最近一年的年报。找到财务数据下面的资产负债表,然后通过点击下一步或者使用"内容"滚动条可以看到财务回顾。Darden 公司是使用日历年度作为它的会计年度吗?你这样说的原因是什么?

网络练习 3-3 参见资产部分。

1. 列出一项包含应计收入(已经赚取收入但还未收取现金)的资产账户名称。
2. 列出一项包含已经支付现金但还未费用化的资产账户名称。
3. 列出一项将会发生折旧的资产账户名称。
4. 问题 1—3 中列出的账户,最近一年披露的金额分别是多少?这些金额还需要进行调整吗?为什么?

网络练习 3-4 列出最近两年报告的资产合计金额、负债合计金额和所有者权益合计金额。针对每种类型的账户,它的趋势说明了什么?两年的会计等式都准确吗?

注意:网络练习的网站正在持续更新。因此,如果在指定的地方没有找到相关信息,请稍后再进行搜索。

第4章 商品和服务的结算:现金与应收款项

学习目标

当你学完本章,你应该能够:
1. 解释企业管理现金的方法,并编制银行对账单。
2. 描述现金在财务报表上是如何列报的。
3. 计算坏账费用,并解释企业如何评估和报告应收账款。
4. 解释赊销和信用卡销售之间的区别。
5. 说明并报告应收票据。
6. 编制包含坏账的财务报表。
7. 利用比率分析企业的应收账款。
8. 识别与现金和应收账款相关的风险,并进行风险控制。

 伦理问题

特别是涉及现金时

　　舞弊无处不在。Joanna Lynn McGee,40 岁,曾经是美国得克萨斯州 Wichita Falls 一家已经倒闭的信用社的 CEO,在 2008 年因挪用公款而认罪。她在信用社的任期内参与编造了 129 笔虚假贷款并篡改已逝开户人的姓名和地址。虚假贷款合计将近 300 万美元。2009 年 4 月,她被判处 71 个月的监禁并将支付超过 260 万美元的赔偿。

　　这项舞弊开始于 Joanna 帮助一名信用社的职员掩盖其偷窃行为。接下来的七年里,Joanna 致力于掩盖她自己的非法活动。当一家企业的产品是现金时,有大量的机会进行舞弊。专家认为有三种因素——以舞弊三角理论而著称——一定会促使舞弊的发生。它们是压力、合理化和机会。从一个局外人的角度,判断存在什么压力以及识别一个人如何将舞弊犯罪合理化是非常困难的。然而,机会这个因素是很容易观察到的。这就是任何有大量现金的企业必须有健全的内部控制的原因。Joanna McGee 将有几乎六年的时间在狱中思考其舞弊的压力和合理化因素,但是盗窃现金的机会可以通过一个良好的内部控制和伦理管理系统降到最低。

资料来源:TimesRecordNews, Wichita Falls Online, Apirl 3, 2009.
http://www.timesrecordnews.com/news/2009/apr/03/woman-sentenced-in-federal-case

4.1　对现金的控制

　　既然你已经学过四张基本财务报表并且了解企业如何在财务报表上报告经济业务,在后面的几个章节中我们将考察包括经营活动、投资活动和筹资活动在内的特定经济业务。本章我们将讨论涉及赚取收入和收款的经营活动。

当为商品和服务付款时客户通常有两种选择:付现或者赊购。公司将分析支付方式的风险,然后对其做出控制以减少风险。例如,如果公司需要大量库存现金,则它可能会将大量金额锁在一个安全的地方。这就是有助于保护企业不被抢劫的控制措施。如果公司进行赊销,那么保持精确的记录以便于客户能够恰当地进行支付至关重要。每年公司都会因为没有确认已赚取的收入或者没有收取已经提供商品和服务的款项而损失数百万美元的收入。通过学习现金和相关的控制,你将看到公司如何保护最重要的资产之一。

企业常常会保留大量现金。例如,2008年年底雅虎公司有超过20亿美元的现金和现金等价物。那是一大笔钱,雅虎的管理层希望确保它的安全。因为现金一般是挪用资产的目标,所以企业必须对这项资产保持严密的控制。

4.1.1　保管现金

现金几乎对所有人而言都是一项有价值的资产,它可以被用来获取几乎任何其他类型的资产。它很容易隐藏,并且很难分辨其所属权。如果你在你的教室地板上捡到20美元,你将很难辨别它的所有者。鉴于现金的价值和特征,保管现金非常关键。零售企业保管现金的一个方式是使用收银机。这种方式下现金处于锁定状态,而且所有的现金收取和支付都会被记录。

4.1.2　现金的职责分离

职责分离(segregation of duties)是现金的另一种关键控制。它意味着不同的人执行不同的工作。对现金而言,职责分离意味着管理现金实物的人——包括在任何时候可以接触现金实物的人以及开具支票、进行存款的人——与负责现金记账的人不能是同一个人。如果是同一个人承担这两项工作,那个人将很容易扣留一些现金并篡改记录来掩盖偷窃行为。一般来说,资产的实物控制和这项资产的账面记录不能交由同一个人负责。

有时候让两个人负责同一项工作有助于使企业远离舞弊。例如,如果企业经常通过客户的邮件收取现金和支票,习惯做法是让两个人一起打开信封。偷窃财物将需要合谋——两个或者更多人一起合作犯罪。在银行,你经常会看到两个人一起盘点现金。让人们共同承担一项工作可以减少错误和舞弊的发生。

4.1.3　银行存款余额调节表

几乎所有公司都会利用银行来帮助他们记录和保管现金。银行通过提供定期的银行对账单来帮助客户。**银行对账单**(bank statement)是银行每月寄送给存款人的反映其银行账户活动——存款、支票、借记卡交易——的汇总记录单。样例如图表4.1所示。

企业会编制**银行存款余额调节表**(bank reconciliation),有时也被称为现金余额调节表,它将企业账面的现金余额和当月银行对账单的现金余额进行对比。银行存款余额调节表不仅仅是现金记账的一部分,它还是现金管理的一个重要部分。就像我们都知道的,我们支票簿或者ATM消费记录的最后一行很少与我们每月银行对账单上的最后一行一致。对于企业而言同样如此:企业账面的现金余额很少与其每月银行对账单上的现金余额一致。这两个现金余额不一致是因为时间性差异,即有一些经济业务在一个地方已经进行了记录但是在另一个地方还没有。有时银行知道某项经济业务的情况但是企业还未在其账面上进行记录,有时企业知道某项经济业务的情况但是银行还未在其账面上进行记录。例如,企业可能在6月的最后一天进行了存款,但是银行记录的延迟导致存款可能不会出现在6月份的银行对账单上。更平常的是,企业已经开出支票但是银行还未支付,即在银行对账单日银行还未结算支票。换句话说,银行在对账单日并不知道那些经济业务。每月的银行对账单包含了所有的存款、支票、ATM交易和其他事项,必须将其与会计记录中的现金余额进行对账。

图表 4.1 银行对账单

安德沃银行
安德沃，MA 01844

账户对账单	Jessica 的巧克力商店 主街道 15 号 安德沃，MA 01844	对账单日 2010.6.30
		356814 账户号

上期对账单余额	存款和贷记		支票和借记		本期对账单余额
2010.5.31	编号	总额	编号	总额	2010.6.30
19 817.02	12	20 579.05	12	12 509.93	27 886.14

存款和贷记		支票和借记			每日余额	
日期	金额	日期	编号	金额	日期	金额
6-2	733.30	6-2	235	560.50	6-2	19 989.82
6-3	689.50	6-3	236	1 450.00	6-3	19 229.32
6-4	3 000.00	6-4	237	1 090.50	6-4	19 638.64
6-7	4 000.00	6-4	238	1 500.48	6-7	21 246.87
6-8	999.28	6-7	239	890.60	6-8	21 777.25
6-9CM	1 070.00	6-7	240	1 500.87	6-9	22 847.25
6-11	1 500.72	6-8	241	468.90	6-11	22 127.12
6-14	750.25	6-11	242	2 220.85	6-14	22 877.37
6-15	1 205.50	6-25	243	1300.08	6-15	24 082.87
6-25	1 200.00	6-29	NSF	225.65	6-25	23 982.79
6-29	3 450.80	6-29	452	875.85	6-29	26 332.09
6-30	1 979.70	6-30	DM	50.00	6-30	27 886.14
		6-30	461	375.65		

符号：ATM 自动取款机　　CM 贷项通知单　　EC 错误更正
　　　NSF 存款不足　　DM 借项通知单　　INT 已获利息　　SC 服务费

及时核对你的账户

思考题 4-1

编制银行存款余额调节表的目的是什么？企业多长时间编制一次银行存款余额调节表？

1. 对账步骤

将每月的银行对账单与现金账户的总分类账进行核对是内部控制中的一个重要环节，对账需要两个主要的步骤：

（1）从每月的银行对账单余额（也被称为银行账面余额）开始，将所有已经记录在企业账面但是因为银行在对账单日还未记录所以未出现在银行账面的经济业务进行调整。

（2）从企业的现金余额（也被称为企业账面余额）开始，将所有银行已经记录但是企业账面还未记录的经济业务进行调整。

上述的步骤完成之后，银行存款余额调节表的每一部分将显示出相同的对账后的现金余额。这个余额将是企业在对账单日拥有的实际现金金额。如图表 4.2 所示，企业和银行对账单的余额调节表分为两部分。

图表 4.2　银行存款余额调节表的格式

编制银行存款余额调节表时,会计师会建立一个工作表,并将它分为两部分:银行对账单(左边)和现金总分类账(右边)。注意调整项目的类型。我们将在后面的图表4.3和图表4.4中使用此例中的金额(单位:美元)。

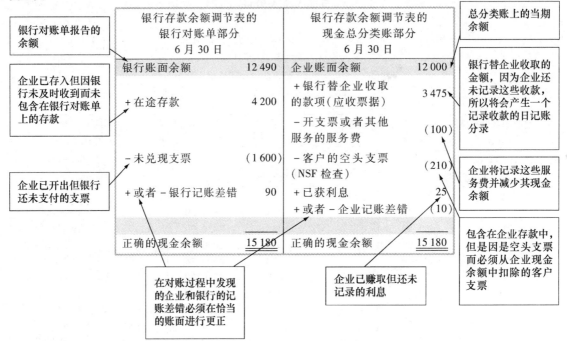

2. 调节项目

图表 4.2 中的右边列示了企业账面需要进行的调整。对于已经在总分类账里记录过的经济业务将不再需要进行调整。图表 4.2 的左边列示了**在途存款(deposit in transit)**和**未兑现支票(outstanding check)**。这些项目都不需要调整因为它们都已经被记录在企业的会计记录中,而且银行最终将会收到并将这些经济业务记录在银行的会计记录中。

编制银行存款余额调节表可以使企业:
(1) 发现无论是银行还是企业的记账差错。
(2) 在企业账面的现金账户中对银行已经记录但是企业还未记录的经济业务做出调整。

银行存款余额调节表以截至银行对账单日的银行账面余额和企业账面余额为开端,二者分别列示在工作表的两边。然后将每个余额调整至正确的现金余额。银行存款余额调节表有八个常见的调整项目,其中三个常见的调整项目可能需要用企业的记录调整银行对账单余额。从余额调节表上的银行账面余额一端开始,我们需要进行下列调整:
(1) 将在途存款增加至银行账面余额。
(2) 将未兑现支票从银行账面余额中扣减。
(3) 银行记账差错。它可能需要增加,也可能需要扣减。

五个常见的调整项目可能需要用银行对账单调整企业账面现金余额。从余额调节表上的企业账面余额一端开始,我们需要进行下列调整:
(1) 将银行替企业收取的款项增加至企业账面余额。
(2) 将出现在银行对账单上的银行服务费,包括透支费用,从企业账面余额扣减。
(3) 将客户的空头支票从企业账面余额扣减。

(4) 将账户的已获利息增加至企业账面余额。

(5) 企业记账差错。它可能需要增加，也可能需要扣减。

图表4.3列示了如何处理银行存款余额调节表中银行一侧的每个项目，图表4.4则列示了如何处理银行存款余额调节表中企业一侧的每个项目。相应的数额都来源于图表4.2中的例子。记住银行存款余额调节表不是企业正式记录中的一部分，它只是一个工作表，因此企业需要在记录上做出的任何变更都必须正式地记录在企业的会计系统中。

图表4.3　银行存款余额调节表中银行一侧的项目

实际上需要进行的调整可能不止这些，但是这是三个最常见的调整项目。

项目	项目对银行存款余额调节表产生的影响	项目对企业账面产生的影响
1. <u>在途存款</u>——企业存款时间太迟因而银行未将其记录在银行对账单上	需要将存款4 200美元增加至银行账面余额	不需要进行调整是因为这笔现金在发出存款时已经被记录
2. <u>未兑现支票</u>——企业已经开出支票，但在对账单日银行还未兑现	需要将未兑现支票的总额1 600美元从银行账面余额12 490美元中扣除	不需要进行调整是因为这笔现金在开出支票时已经被记录
3. <u>银行记账出现的差错</u>	假设银行应该记录存款980美元但是错误地记录为890美元，在这种情况下银行账面余额需要增加90美元	不需要进行调整是因为银行的记录出现差错，而企业的账面记录是正确的，企业应该通知银行更正相关的差错

图表4.4　银行存款余额调节表中企业一侧的项目

项目	项目对银行存款余额调节表产生的影响	项目对企业账面产生的影响
1. <u>银行代表企业收取的款项</u>，在这个例子中指应收票据	将3 475美元增加至企业账面余额	增加现金3 475美元的同时减少应收票据3 475美元
2. <u>服务费</u>——银行向企业收取的服务费用金额	从企业账面余额中扣减100美元	减少现金100美元的同时增加银行费用100美元
3. <u>空头支票</u>——企业从客户处收取并存入银行的空头支票	从企业账面余额中扣减210美元	增加（或者退回）应收账款（特定账户）210美元的同时减少现金210美元
4. <u>银行账户余额的已获利息</u>	将25美元增加至企业账面余额	增加现金25美元的同时增加利息收入25美元
5. <u>企业记账差错</u>	假设企业将一张支付给供应商以偿还应付账款的支票480美元错误地记录为490美元。在这种情况下，企业账面余额需要减少10美元	减少应付账款10美元的同时减少现金10美元

图表4.4中列示了银行对账单日已经包含在银行账面余额中但是企业直至收到银行对账单之前还不知道的信息。

3. 关于银行存款余额调节表及其调整项目的案例

我们将用ABC照明公司的相关信息来编制银行存款余额调节表。确保你能识别每个金额在余额调节表中应该列示的位置。

ABC 照明公司
（单位：美元）

来自银行对账单的信息：	
2010 年 6 月 30 日银行账面余额	4 890
银行代替 ABC 照明公司收取的应收票据（1 000 美元）和利息（30 美元）	1 030
银行服务费	10
退回并标记"存款不足"的客户支票	100
来自 ABC 照明公司会计记录的信息：	
2010 年 6 月 30 日企业账面余额	1 774
2010 年 6 月 30 日未兑现的支票：No. 298	1 300
No. 304	456
No. 306	2 358
2010 年 6 月 30 日 ABC 照明公司在银行营业时间之后存入的存款	1 750

编制银行存款余额调节表时牢记以下两个附加信息：

（1）银行对账单反映出银行在处理 ABC 化工公司开出的支票时错误地向 ABC 照明公司收取了 150 美元。

（2）6 月期间，ABC 照明公司的记账员将偿还的应付账款错误地记录为 346 美元。而银行是按正确金额 364 美元支付的支票。

ABC 照明公司
银行存款余额调节表
2010 年 6 月 30 日
（单位：美元）

第 1 部分：2010 年 6 月 30 日银行账面余额	4 890
加：在途存款*	1 750
加：银行记账差错	150
减：未兑现支票（#298，#304，#306）	(4 114)
2010 年 6 月 30 日正确的现金余额	2 676
第 2 部分：2010 年 6 月 30 日企业账面余额	1 774
加：银行收取的票据和利息	1 030
减：银行服务费	(10)
减：空头支票	(100)
减：企业记账差错（+346－364＝18）	(18)
2010 年 6 月 30 日正确的现金余额	2 676

*公司已经发出存款，但是截至银行对账单日银行还未记录。

注意，在完成的银行存款余额调节表的两个部分都可以看到正确的现金余额——2 676 美元。正如在本章前面所学的，银行存款余额调节表只是一个工作表——它不是企业会计系统中正式的一部分，包含在工作表上的任何信息都不会实际更正会计记录。因而银行存款余额调节表中每个"企业账面余额"部分的项目涉及的账户将需要进行会计记录的调整。这里是 ABC 照明公司为了将其会计记录更新至与银行存款余额调节表一致所做出的调整：

资产	=	负债	+	所有者权益	
				实收资本 +	留存收益
1 030 现金					
(1 000)应收票据					30 利息收入
(10)现金					(10)银行费用
(100)现金					
100 应收账款					
(18)现金		(18)应付账款			

通常企业的银行对账单有借项通知单和贷项通知单。借项通知单是企业账户发生的扣减项，会减少账户余额。贷项通知单是企业账户的增加项，会增加账户余额。银行对账单可能包含列示着已编号的新支票信息的借项通知单。与此相对应，银行会包含列示着账户已获利息的贷项通知单。会计师使用借项和贷项来增加和减少账户余额。即使你可能永远不需要了解会计借贷体系的工作原理，你也可能会实际看到它们在商业中的应用。例如，你的"借记"卡的名称就来源于你使用账户中的钱时银行做出的会计分录。当你听到商业中使用的术语"借记"和"贷记"时，你可以确定它们的意义来源于这些术语的会计含义和商业视角的应用。如果你希望了解更多会计借贷体系的工作原理，你可以在附录 B 中阅读相关知识。

> **思考题 4-2**
>
> Gifford 公司未调整的现金账面余额合计 2 400 美元。公司的银行对账单上包含一项列示着银行服务费 100 美元的借项通知。银行对账单上有两项贷项通知：一项是银行替公司收取的款项 300 美元，另一项是在会计期间公司赚取的利息金额 100 美元。未兑现的支票合计 250 美元，没有在途存款。基于以上信息，Gifford 公司正确的现金余额是多少？

4.2 现金的列报

你将会在两张财务报表——资产负债表和现金流量表中看到现金这项资产。资产负债表上报告了资产负债表日企业拥有的现金金额。企业通常有许多现金账户——在不同的银行有支出账户和储蓄账户。例如，企业通常有一个特殊账户用来支付职工薪酬。企业所有的现金账户将会合并列示在资产负债表上。图表 4.5A 显示了雅虎公司在资产负债表上对现金的列报。

4.2.1 现金等价物

雅虎公司的资产负债表上，第一项资产是现金和现金等价物。它是几乎所有资产负债表上的第一项资产。**现金等价物(cash equivalents)** 是一种高流动性的投资资产，将于 3 个月或者更短的时间内到期，公司可以容易地将其转换为已知数额的现金。美国短期国库券是一种常见的现金等价物。财务报表附注披露了企业对其现金等价物的定义。图表 4.5B 列示了雅虎公司财务报表附注中对现金等价物的定义。尽管不常见，但是现金的负数余额应该被列示为一项流动负债。这个余额表示企业的支票清算超过了其可用现金。正如你猜想的，企业并不希望出现一个负数现金余额。

图表 4.5A　雅虎公司比较资产负债表的流动资产部分

资产负债表的流动资产部分以现金和现金等价物作为首个项目。

雅虎公司
比较资产负债表（部分）
（单位：千美元）

	2007 年 12 月 31 日	2008 年 12 月 31 日
资产		
流动资产：		
现金和现金等价物	1 513 930	2 292 296
短期可流通性债务证券	487 544	1 159 691
应收账款（分别扣除 46 521 美元和 51 600 美元坏账准备的净额）	1 055 532	1 060 450
预付费用和其他资产	180 716	233 061
流动资产合计	3 237 722	4 745 498

图表 4.5B　现金和现金等价物的披露

雅虎公司的财务报表附注中定义了公司使用的"现金等价物"。

来自雅虎公司的附注：

现金和现金等价物，短期和长期可流通性债务证券。

　　公司将多余的现金投资于美国政府及其代理商、市政当局的货币市场基金和可流通性债务工具以及优质企业发行的可流通性债务证券。所有原始到期期限为 3 个月或者更短的投资都被视为现金等价物。从资产负债日开始计算有效到期期限小于 12 个月的投资被分类为流动资产。从资产负债日开始计算有效到期期限大于 12 个月的投资被分类为长期资产。

4.2.2　现金流量表

　　除了在资产负债表中占据显著位置，现金还有它自己的报表。如同你在前面的章节中学到的，现金流量表描述了当期所有的现金流量，它解释了现金从上期资产负债表到本期资产负债表的变化。最新一期资产负债表上显示的金额将会是现金流量表的计算结果。现金流量表是一张重要的财务报表，因为如果没有足够的现金支付职工、供应商、租赁和其他费用，企业将无法生存。

4.3　应收账款和坏账费用

　　如你所知，企业经常赊销商品和服务，这意味着它们向客户提供了信用并延期收取现金。接下来，我们将学习企业提供信用的原因和企业在应收账款中记录经济业务的方法。

4.3.1　提供信用

　　当企业进行赊销时，金额被记录在**应收账款（accounts receivable）**中，有时直接将其称为应收款项。为什么企业要进行赊销？因为向客户提供信用有助于吸引客户。很多零售商都使用银行信用卡来满足客户延期付款的需求，而直接从其他企业买卖的企业则直接向客户提供信用。大部分企业都只与允许收到商品之后再延期付款的供应商做交易。

图表 4.5A 列示了雅虎公司 2008 年 12 月 31 日和 2007 年 12 月 31 日资产负债表的流动资产部分。注意到列示的第三项资产是应收账款（扣除坏账准备的净额）。对于雅虎公司而言，这些是在雅虎上做广告的企业所欠的款项。

不幸的是，企业不能指望收到 100% 的应收账款余额。也就是说，并非所有客户都会支付它们的欠款。例如，有些客户因经济衰退或者破产而没有能力支付欠款。如果企业收到的赊销款项占总体应收账款的比例很低，那么这些坏账金额对于企业而言代价是昂贵的。每家企业都会对自身的坏账比例是否适当有自己的判断——没有统一的标准或者特定的数额。有不支付欠款的客户是企业营运中的一部分，企业要制定其自身的信用政策以在最大化销售和最小化坏账之间找到一个可以接受的平衡。

大多数企业向其客户提供信用，它们通常有大量的应收账款。依据 GAAP，当企业在资产负债表上报告应收账款时，报告的金额必须是企业预计可以收回的金额。这个金额被称为应收账款的**可变现净值（net realizable value, NRV）**。注意图表 4.5A 中的应收账款的列报会使用到"净值"这个词。净值意味着雅虎已经从总的应收账款中扣除了企业估计的坏账金额。企业通常使用**备抵法（allowance method）**来计算坏账金额。

遵循 GAAP 的企业通过将坏账费用和相应的销售收入放在同一期利润表上来应用配比原则。为了进行配比，雅虎公司将估计每期无法收回的金额并将其记录为一项费用。企业无法收回的应收账款被称为坏账，记录坏账的费用被称为坏账费用。

4.3.2 记录坏账

为了了解企业如何计算坏账，我们首先来学习企业在会计等式中记录坏账的方法。然后，我们再探讨企业如何计算其金额。为了记录**坏账费用（bad debt expense）**，企业会在会计期末进行调整。这项调整首先要记录坏账费用，将坏账费用包含在当期的利润表中。现在我们需要使会计等式保持平衡。因为年末估计费用时还不能识别无法收回的款项，所以不能直接从应收账款中扣减金额。应收账款的余额仅仅是所有个体客户未收回账款余额的合计金额，所以企业必须知道无法收回的账款来自哪个客户才能直接从应收账款中扣减相关金额。

企业预计无法收回的金额——坏账——被放入一个单独的账户，被称为**坏账准备（allowance for uncollectable accounts）**。这个账户是一个资产备抵账户，它用来记录应收账款的扣减项，直至企业可以确认特定的账户属于坏账才将它们从企业账簿中转销。坏账准备的余额将作为应收账款的扣减项出现在资产负债表上。这里是企业记录 5 000 美元坏账费用时做出的调整。

资产	=	负债	+	所有者权益	
				实收资本	+	留存收益
(5 000) 坏账准备					(5 000) 坏账费用

从应收账款总额中扣减坏账准备后剩余的金额被称为应收账款的账面价值。会计师一贯使用这个术语来表示资产负债表上的许多不同金额。你能回忆起设备的购置成本扣减累计折旧后的余额的名称吗？它被称为资产负债表上设备的账面价值。对于应收账款而言，扣减得到的余额也被称为可变现净值。

简而言之，坏账准备是一个资产备抵账户。这项备抵资产是应收账款的扣减项，代表了预计无法收回的款项。那些金额不能直接从应收账款中扣减，因为在会计师记录坏账费用时企业无法确定究竟哪些款项将无法收回。

4.3.3 估计坏账费用的方法

既然你已经了解了计算坏账费用的相关术语,我们即将学习会计师估计那些坏账费用所使用的方法。使用备抵法估计坏账费用的方法有两种:销售收入百分比法和应收账款法。

1. 备抵法——销售收入百分比法

销售收入百分比法聚焦于利润表和当期无法收回的赊销款项。为了在利润表中放入最有意义的金额,要思考这样一个问题——赊销收入中有多少将无法收回?坏账费用被记录为赊销收入的某个百分比,并且坏账准备增加相同的金额。因为坏账准备将从应收账款中被扣除,这将使得资产减少。

> **商业视角**
>
> ### 管理应收账款
>
> 应收账款通常是公司最大的流动资产之一。因为流动资产支撑着公司的运营,所以管理这些资产的规模和它们耗损或者转变为现金的时点是一项关键的商业活动。
>
> 企业如何控制其应收账款的规模呢?最明显的方式是制定信用政策来帮助企业达到赊销和相关收款的期望水平。如果公司的应收账款额大于公司的期望值,则它可以紧缩信用政策来降低赊销额或者加大回收力度来加速相关现金的收取。如果公司的应收账款额较小并且希望增加应收账款,则公司可能会放松其信用政策。
>
> 当公司希望增加销售额时,通常会放松其信用政策。除此之外,公司还有其他不太明显的管理应收账款的方式。如果公司有大量的应收账款并且需要现金来维持运营,它可能会将其应收账款卖给银行或者金融机构。这种行为被称为代理应收账款,购买者被称为代理商。当公司向代理商出售应收账款时,代理商会按照应收账款的价值收取一定比例的费用,类似于信用卡供应商。代理商拿到应收账款的所有权,并于应收账款到期时收取款项。
>
> 管理应收账款是企业销售和收款循环的重要部分。会计信息——应收账款的规模和收款时点——为这个循环过程中的决策提供了关键要素。

假设你拥有一家企业,年赊销额为 100 000 美元。为了编制财务报表,你需要估计这些赊销收入中无法收回的部分。你必须基于以往的经验来估计坏账准备的金额,因为你不能确切地预测出哪些客户将不会支付欠款。假设你认为有 2% 的赊销收入将无法收回。你将记录 2 000 美元的坏账费用,并在资产负债表上报告应收账款净额 98 000 美元——100 000 美元减去坏账准备 2 000 美元。

2. 备抵法——应收账款法

第二种计算坏账准备和相应的坏账费用的方法是应收账款法。这种方法聚焦于资产负债表。企业首先要估计在年末资产负债表中有多少应收账款将无法收回。这种估计会减少资产负债表上的应收账款额以保证企业报告的是预计能够收回的金额,即可变现净值。为了在资产负债表中放入最有意义的金额,要思考这样一个问题——全部的应收账款中有多少将会无法收回?销售收入百分比法的问题则是赊销收入中有多少比例的款项将无法收回?

通常企业使用**账龄分析表(aging schedule)**来估计这项金额。账龄分析表是将构成应收账款总额的每个账户按所欠账款期限(账龄)来进行分类列示的清单。另一种估计方法是选取应收账款总额的一定比例。

使用应收账款法估计坏账准备的方法有时被称为账龄法,有时被称为应收账款百分比法。这两个名称都只是应收账款法更具体的叫法。这种方法下,坏账费用等于应收账款减去可变现净值的金额与已计提坏账准备之差。

雅虎公司使用应收账款法(账龄法)来估计坏账。阅读图表4.6中企业对这种方法的描述。注意,企业提及了使用备抵法、评估款项的可收回程度和使用账龄分析来进行估计。

图表4.6 2008年12月31日10-K报表中雅虎公司对其坏账准备的描述

公司明确表示估计坏账的过程中涉及了许多估算。
坏账准备。公司基于对变量因素的评估来记录其坏账准备。公司考虑了历史经验、应收账款余额的账龄、客户的信用程度、经济条件和其他可能影响客户支付能力的因素来判断所需准备金的程度。

企业如何用应收账款余额作为出发点来估计坏账费用呢?假设Good Guys公司2010年12月31日调整前的应收账款余额是43 450美元。在这个案例中,我们甚至不知道销售收入的金额。为了使用应收账款法,Good Guys公司决定编制应收账款的账龄分析表,如图表4.7所示。正如你刚才所学的,账龄分析表是根据应收账款账龄的长短来进行分类的分析表。随着款项的欠款期限增长或者逾期,它们收回的可能性程度也随之降低。

图表4.7 应收账款的账龄分析表

注意,应收账款的金额随着账龄的增大而减小,这是因为大部分通过赊销购买商品的客户会及时支付欠款。同样注意到随着账龄的增大,估计坏账部分的比例也在增大。在这个案例中,如果应收账款逾期超过90天,有50%的可能性将无法收回款项。

单位:美元

客户	合计	未到期	已逾期天数			
			1—30天	31—60天	61—90天	90天以上
J. Adams	500	300	200			
K. Brown	200	200				
L. Cannon	650		300	350		
M. Dibbs	600				200	400
其他客户	41 500	25 000	10 000	3 000	2 500	1 000
	43 450	25 500	10 500	3 350	2 700	1 400
估计坏账比例		1%	3%	8%	20%	50%
估计坏账合计	2 078	255	315	268	540	700

这一行的金额是许多个客户账户金额的合计

这些金额的合计是2 078美元

基于应收账款的账龄分析,管理层估计年末无法收回的金额为2 078美元。你可以在图表4.7中看到估计坏账合计金额的计算过程。因此,可变现净值——企业认为可以收回的应收账款额——是41 372美元,即总额43 450美元减去2 078美元。这个金额是Good Guys公司希望在2010年12月31日的资产负债表上列示的金额——账面价值。GAAP要求企业披露应收账款总额和可变现净值。一些公司在资产负债表上列出了详细信息,另一些公司则将其列示在财务报表的附注上。图表4.8是Good Guys公司可能对其应收账款的列报。

图表 4.8　应收账款在资产负债表上的列报　　　　　　　　单位：美元

流动资产：	
应收账款	43 450
坏账准备	（2 078）
应收账款净额	41 372

在使用备抵法的第一年，坏账准备账户余额为零，Good Guys 公司估计的坏账金额为 2 078 美元。这是 Good Guys 将在年末进行的调整额。

资产	=	负债	+	所有者权益		
				实收资本	+	留存收益
（2 078）坏账准备						（2 078）坏账费用

记住并非直接从应收账款中扣减 2 078 美元，会计师将把这项金额记录在一个独立的准备金账户（资产备抵账户）中，并作为应收账款的扣减项目列示在资产负债表上。坏账费用则作为一项营业费用列示在利润表中。

4.3.4　冲销一笔特定的账款

在接下来的 2011 年中，企业将会识别特定的坏账并将它们从企业账簿中转销。这时企业已经可以找出不会偿还欠款的特定客户。当企业最终识别出特定的坏账并希望将它从账簿中转销时，企业将会从应收账款中扣减其金额并同时从坏账准备中转销相应的数额。从应收账款中扣减金额会使资产减少。从坏账准备中转销金额会通过减少资产负债表上应收账款的扣减项目而使得资产增加。这意味着实际冲销一笔账款时对资产不会产生净效应。当企业使用备抵法实际冲销一笔特定客户的账款时不会记录坏账费用。那是因为当会计师编制财务报表需要进行坏账估计调整时，企业就已经确认了坏账费用。

当企业冲销一笔特定的账款时，会计师仅仅是将未命名的坏账重分类为具体命名的坏账。这是企业冲销一笔 100 美元的特定账款时记录的经济业务。

资产	=	负债	+	所有者权益		
				实收资本	+	留存收益
（100）应收账款						
100　坏账准备						

只有在使用备抵法将应收账款作为估计坏账费用的基础时，你需要做出新的估计，并针对以前会计期间的估计出现高估或者低估的部分做出调整。如果你冲销的坏账大于你过去的估计（即你低估了坏账费用），将会出现坏账准备不足（负数余额）。然后，你将在期末调整时调整坏账准备的余额以保证它在期末的资产负债表中出现期望的余额。如果你冲销的坏账小于你过去的估计（即你高估了坏账费用），将会剩余一些额外的坏账准备（正数余额）。下一个案例将会向你展示在这种情况下应该如何去做。

回想一下 Good Guys 公司在 2010 年 12 月 31 日记录了 2 078 美元的坏账准备。这一金额将被用于 2011 年的冲销。假设公司在 2011 年 2 月将 M. Dibbs(欠公司 600 美元)认定为无法收回账款的客户。这说明公司的会计师或者信用经理确信公司将不能收到他的款项。它对会计等式的影响是坏账准备和应收账款同时减少。它不会对应收账款的净额产生影响。冲销一笔特定的账款意味着从企业账簿进行转销。公司现在可以将 600 美元的坏账进行命名,取代先前的未识别的坏账。公司在先前的会计期末做出估计时已经确认了费用,所以将坏账和特定的客户联系起来时不会再次确认费用。这里是公司冲销 Dibbs 的账款的方式。

资产	=	负债	+	所有者权益	
				实收资本	+ 留存收益
(600)应收账款, Dibbs					
600 坏账准备					

当你冲销一笔特定的账款时会发生什么?使用备抵法时,公司冲销一笔特定的账款时不会对公司的应收账款净额产生影响。相应地,企业会将这笔款项从其应收账款中扣减并从坏账准备中转销。

	调整后年末资产 负债表的余额	冲销 Dibbs 的账款	冲销 Dibbs 的账 款后的余额
应收账款	43 450	(600)	42 850
坏账准备	(2 078)	600	(1 478)
应收账款净额	41 372		41 372

假设,截至年末除了 Dibbs 的应收账款之外,Good Guys 公司识别并冲销了应收账款 1 400 美元,冲销坏账准备金额的合计为 2 000 美元。随着应收账款被识别,识别并冲销的过程会持续整年。这意味着年初的坏账准备金额 2 078 美元比实际被识别并冲销的账款多出 78 美元。公司将忽略这项差异并用与先前年度相同的方法估计下一个年度的坏账费用。公司将编制另一个账龄分析表并再次进行坏账估计。接下来看图表 4.9 中的相关账款的加项和减项。假设本年的赊销额合计 100 000 美元,收到的款项合计 91 450 美元,期末应收账款余额为 50 000 美元。以下是 Good Guys 公司本年度应收账款活动的一个总结。

- 期初余额是 43 450 美元(2010 年的期末余额)。
- 增加赊销收入 100 000 美元。
- 减去收款 91 450 美元。
- 减去冲销账款合计 2 000 美元。

这些活动使得应收账款期末余额为 50 000 美元。假设账龄分析表计算出来的估计坏账为 2 500美元。Good Guys 公司希望资产负债表将这个估计作为应收账款的扣减项,显示应收账款的账面价值为 47 500 美元。现在,Good Guys 公司必须考虑到它有一个来自去年记录坏账费用时产生的坏账准备余额,今年将只记录坏账费用 2 422 美元(2 500 − 78)。来自去年的金额 78 美元还留在坏账准备账户中,因此企业只需要向坏账准备中增加 2 422 美元就可以得到资产负债表上 2 500 美元的合计额。所以企业第二年的坏账费用将是 2 422 美元,年末的坏账准备余额将是期望值 2 500 美元。应收账款的余额 50 000 美元将减去准备金 2 500 美元,得到应收账款净额 47 500 美元。

图表 4.9　用应收账款估计坏账费用的方法计算得出的坏账准备

这个案例的开始列示了 2010 年 12 月 31 日的应收账款余额 43 450 美元。截至 2010 年 12 月 31 日的坏账准备和坏账费用是 2 078 美元。2011 年期间,企业的赊销额为 100 000 美元,收到款项 91 450 美元。这些项目和冲销的账款都列示在应收账款中。2011 年间,识别并冲销了账款 2 000 美元:来自 Dibbs 的 600 美元和其他合计 1 400 美元。冲销账款使得应收账款和坏账准备同时减少。在 2011 年 12 月 31 日,坏账准备余额为 78 美元,这是上一个年度剩余的金额。在 2011 年 12 月 31 日估计坏账时,计算得出新的估计值是 2 500 美元,期望值减去上一个年度剩余的准备金 78 美元即需要调整的数额。记录 2011 年坏账费用的调整会增加坏账准备(减少资产),同时增加坏账费用(减少留存收益)。

单位:美元

	应收账款	坏账准备	坏账费用
来自 2010 年 12 月 31 日财务报表的期初余额	43 450	2 078	2 078 计入利润表
2011 年的赊销收入	100 000		
2011 年的现金收款	(91 450)		
2011 年冲销的账款	(600)	(600)	
	(1 400)	(1 400)	
调整前的余额	50 000	78	
期望的期末余额		2 500	
坏账费用(为了保证准备金达到期望的余额而需要提取的金额)		2 422	2 422 计入利润表

▨ 代表 2011 年 12 月 31 日资产负债表上的金额。

学习对图表 4.9 中案例的总结以确保你理解了估计和记录坏账费用的程序以及实际冲销一笔特定账款的程序。

当使用应收账款法估计准备金时,只能保证第一年的坏账准备账户余额和坏账费用相等。在此之后,只有当前一个会计期末估计的坏账与次年识别为无法收回并冲销的账款总额完全相等时二者才会相等,而这种情况很少发生。每年坏账费用通常都会针对以前会计期间的分录中高估或者低估的部分做出一些小的调整。

坏账准备的调整是企业会计期末记录调整分录中的一部分。估计的坏账金额能影响企业的净收益。为了确保他们的奖金或者薪资能够增长,缺乏职业道德的管理人员可能会操纵坏账的估计来夸大净收益。当你在新闻中读到企业的会计问题时,要留意这一点。

图表 4.10 是对估计坏账的备抵法的一个总结。当你想要了解计算坏账准备和坏账费用的方法之间的差异时,可以查询这个图表。

图表 4.10　计算坏账的备抵法

估计坏账费用的方法	程序	对利润表的影响	对资产负债表的影响
销售收入法	选取一个赊销收入的百分比,将其记录为坏账费用	确认坏账费用减少了净收益	通过增加坏账准备(备抵资产)减少了资产
应收账款法	编制账龄分析表或者选取应收账款的一个单一的百分比来估计需要的坏账准备余额	确认坏账费用减少了净收益	通过增加坏账准备(备抵资产)减少了资产
对于两种方法	在两种方法下冲销一笔特定的账款	对利润表没有产生影响	对资产负债表没有产生净效应

思考题 4-3

假设年末 Pendleton 公司的记录如下所示：

单位：美元

账户	余额
坏账准备	(100)（来自上年度的余额）
坏账费用*	0
应收账款	10 000

*坏账费用余额为零是因为还未做出任何调整。

基于应收账款的账龄分析表，Pendleton 公司估计年末无法收回的应收账款有 500 美元。

1. 计算应列示在本年度利润表上的坏账费用的金额。
2. 年末资产负债表上的应收账款净额将会是多少？

4.3.5 直接冲销法

正如你所学的，企业在资产负债表上报告应收账款时，其金额必须是企业预期可以收回的应收账款——那是企业实际的资产。大部分上市的企业使用备抵法，因为当企业拥有坏账具有重要影响时，GAAP 要求其必须使用备抵法。还有一种方法叫作**直接冲销法**（direct write-off method）。采用这种方法的企业不需要进行坏账估计，只有当应收账款确定无法收回时才记录坏账费用。只有坏账极少、几乎所有应收账款都可以收回的企业才能采用直接冲销法。否则，企业这样做会违反 GAAP，因为坏账费用和相应的销售收入将无法配比，也无法以可变现净值报告其应收账款。

会计师通过扣减应收账款将坏账从会计记录中转销。坏账费用账户增加。采用直接冲销法的企业在资产负债表上报告的是应收账款总额。以下是企业发现 Jane Doe（欠企业 200 美元）不会支付欠款后记录的经济业务。

资产	=	负债	+	所有者权益	
				实收资本	+ 留存收益
(200)应收账款, J. Doe					(200)坏账费用

记住直接冲销法不被 GAAP 认可。如果企业遵循 GAAP，向客户提供信用的企业中几乎都不采用直接冲销法，因为冲销特定坏账的期间是发现坏账的期间而不是实现收入的更早期间，这违背了配比原则。然而，这是企业必须采用的以实现计税目的的方法。记住，财务会计和税务会计是两种不同类型的会计。财务会计的净收益额和税务会计的应税收益额不相同。它们的计算依据不同，计算项目也很不同。

图表 4.11 列示了你学过的计算坏账的方法之间的关系。

图表 4.11　计算坏账的方法

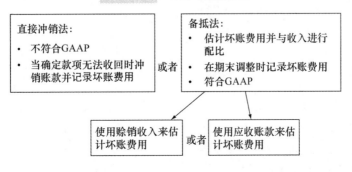

4.4 信用卡销售

规避向客户提供信用的风险的一个方法是接受信用卡付款。银行或者其他金融机构（也被称为信用卡公司）发行信用卡；使用者必须向发行商支付一定的费用才能使用信用卡。信用卡公司负责评估个人的信用程度，它们还负责向客户寄送账单并收取欠款。如果零售商允许客户使用信用卡来支付他们的采购，零售商必须向信用卡公司支付相关的服务费。这是一个重大的商业决策，尤其对小的零售商而言。必须将允许客户使用信用卡采购的成本与收益做比较。最显著的成本是信用卡费用。收益可能包括增加了客户数量和消除了向客户提供信用的风险。此外，零售商不需要记录客户的信用、支付和未偿还的余额，而且不会面临逾期或者无法收回的账款。

这是信用卡销售的操作方式。零售商将向信用卡公司提交所有的信用卡销售收据，信用卡公司则将立即向零售商付款。零售商收到的金额不等于收入的总额，而是少于收入总额的金额，因为信用卡公司将扣除收入总额的一定比例作为它提供服务的费用。零售商将这部分被信用卡公司扣除的金额分类为营业费用。

假设 Wally 轮胎公司支持万事达卡，当日的赊销收入总额为 1 000 美元。假设信用卡公司按照收入的 5% 收取服务费。Wally 轮胎公司将在其会计记录中记录当日的销售收入，如下所示：

资产	=	负债	+	所有者权益		
				实收资本	+	留存收益
950 应收账款, 万事达卡						1 000 销售收入
						(50) 信用卡费用

当零售商收到万事达卡的付款时（通常每天一次或者每周一次，取决于向万事达卡提交信用卡收据的程序），零售商将记录现金的增加和应收账款的减少。有时企业会将信用卡销售收入记录为现金，因为这笔款项几乎会立刻被信用卡公司存入零售商的银行账户。

> **简讯**
>
> 41% 的大学生有信用卡，其中 65% 的人会每月全额支付他们的账单。这个比例高于一般的成年人。
>
> 资料来源：Student Monitor Annual Financial Services Study, 2008.

> **思考题 4-4**
>
> Magic Milk 公司 12 月份的销售收入为 5 000 美元。客户使用万事达卡进行支付。万事达卡公司向 Magic Milk 公司收取销售收入的 3% 作为服务费。在此次交易中，Magic Milk 公司将会记录多少销售收入？Magic Milk 公司将会收到多少现金？

4.5 应收票据

你已经学过了企业最重大的应收款项——应收账款。另一个常见的应收款项是**期票（promissory note）**，它是在特定日期支付特定金额的书面承诺。承诺到期支付票据的个人或企业被称为**出票人（maker）**，收取票据款项的个人或企业被称为**收款人（payee）**。期票也被称为应收票据。应收账款和应收票据在会计上的主要区别是时间和利息。

首先，应收票据的收款期限通常比应收账款长。应收票据的收款期限通常大于 1 个月，欠款的客户或者企业将在偿还本金时支付利息。企业经常会重新商议逾期的应收账款，通过允许客户开具期票来延长客户的偿还期限并收取票据的利息。

其次，应收账款一般没有利息费用，而应收票据通常是有利息费用的。企业计算应收票据利息的方法与计算借款利息的方法相同：

$$利息 = 本金 \times 利率 \times 时间$$

如果票据是企业划分为流动资产的短期票据，那么它的期限小于 1 年。当计算短期票据的利息时，要确保利率和时间采用的单位相同。票面利息总是指年利率，因此时间期限也必须换算成以年为单位。下面将用一个简单的例子说明计算票据利息的过程。

假设 Procter & Gamble 公司允许 Pop 杂货店将逾期的应收账款转换为一张 5 月 1 日到期的期票。期票的票面金额为 5 000 美元，3 个月到期，利率为 8%。这是 Procter & Gamble 公司对这张票据的记录。

资产	=	负债	+	所有者权益		
				实收资本	+	留存收益
(5 000)应收账款，Pop 杂货店 5 000　应收票据，Pop 杂货店						

当 Pop 杂货店偿还票据时，它还将支付 3 个月的利息。这是将要记录在 Procter & Gamble 公司会计记录中的经济业务。

资产	=	负债	+	所有者权益		
				实收资本	+	留存收益
(5 000)应收票据，Pop 杂货店 5 100　现金						100 利息收入*

*利息 = 5 000 × 0.08 × 3/12 = 100 美元

如果企业编制财务报表时有未被偿还的应收票据，任何企业已经赚取但还未记录的利息都必须被确认。企业将计算这期间的利息并记录利息收入和应收利息。

> **思考题 4-5**
> 　　Delivery Products 公司允许客户用应收票据来支付拖欠的应收账款。票据金额为 3 000 美元，期限 6 个月，利率为 8%。如果期票于 9 月 1 日开具，那么票据和相关的利息将会如何列示在 12 月 31 日的资产负债表上呢？

4.6　Team Shirts 4 月份的经济业务

当 Sara 的衬衫企业开始运营时，企业最初的客户是她的一些朋友，因此应收账款的收取并非难题。现在，企业业务扩展到了体育用品商店和当地的学校。企业的客户群形成了一定的规模，因而企业需要特别关注应收账款收回的可能性。4 月 1 日的资产负债表如图表 4.12 所示，紧接着是 4 月份发生的经济业务（见图表 4.13）。在继续下面的调整项目之前，确保你了解每项经济业务是如何列示在图表 4.14 的会计等式工作表中的。

图表 4.12　Team Shirts 2010 年 4 月 1 日的资产负债表

Team Shirt
资产负债表
2010 年 4 月 1 日
（单位：美元）

资产		负债和所有者权益	
流动资产		流动负债	
现金	3 995	应付利息	30
应收账款	2 000	应付票据	3 000
存货	300	流动负债合计	3 030
预付保险费	75	所有者权益	
流动资产合计	6 370	普通股	5 000
电脑（扣除 100 美元		留存收益	2 240
累计折旧的净额）	3 900	所有者权益合计	7 240
资产合计	10 270	负债和所有者权益合计	10 270

图表 4.13　Team Shirts 4 月份的经济业务

日期	经济业务
4 月 1 日	收到客户支付应收账款的款项 2 000 美元
4 月 3 日	以每件 4 美元的价格赊购 1 000 件衬衫存货
4 月 15 日	支付从当日开始未来两个月的仓库租金 2 400 美元
4 月 30 日	本月以每件 10 美元的价格赊销了 800 件衬衫
4 月 30 日	本月发生营业费用花费现金 300 美元

　　调整 1：作为年末调整的一部分，Team Shirts 决定设立坏账准备账户。企业将使用应收账款账龄法，而且通过咨询一些当地企业和一些会计师之后，Sara 将提取应收账款期末余额的 2% 作为坏账准备金。应收账款期末余额为 8 000 美元，8 000 美元的 2% 即为 160 美元。

　　这项决策基于配比原则。企业希望将坏账费用和相应的销售收入相配比，即使企业并不知道有多少以及哪些客户将不会支付。

　　调整 2：本月的保险费用是 50 美元（回忆一下在上个月购买了保单，因此需要进行预付保险费的调整）。

　　调整 3：半个月的租赁费用为 600 美元（在 4 月 15 日支付了两个月的租金 2 400 美元）。

　　调整 4：需要记录电脑的折旧费用。它以每月 100 美元进行折旧。

　　调整 5：需要确认用于支付电脑的短期应付票据的利息 30 美元（3 000 × 12% × 1/12）。

　　完成图表 4.14 中的工作表后，你便为编制财务报表做好了准备。你将会在图表 4.15 中找到它们。确保你能够把财务报表上的数额追溯回工作表中。

第4章 商品和服务的结算:现金与应收款项

图表 4.14 Team Shirts 4 月份的会计等式工作表

单位:美元

	资产				=	负债		所有者权益	
	现金	所有其他资产	(账户)			所有负债	(账户)	实收资本 普通股	留存收益 (账户)
期初余额	3 995	2 000 300 4 000 (100) 75	应收账款 存货 电脑 累计折旧 预付保险费			30 3 000	应付利息 应付票据	5 000	2 240
经济业务									
1		2 000	应付账款			4 000	应付账款		8 000 销售收入
2		(2 400)	存货						(3 200) 商品销售成本
3	(2 400)	2 400	预付租金						(300) 营业费用
4		8 000 (3 200)	应收账款 存货						
5	(300)								
调整 1		(160)	坏账准备						(160) 坏账费用
调整 2		(50)	预付保险费						(50) 保险费用
调整 3		(600)	预付租金						(600) 租赁费用
调整 4		(100)	累计折旧						(100) 折旧费用
调整 5						30	应付利息		(30) 利息费用
期末余额	3 295	+	14 565		=	7 060	+	5 000	+ 5 800

资产明细:
应收账款　8 000
坏账准备　(160)
存货　1 100
预付保险费　25
预付租金　1 800
电脑　4 000
累计折旧　(200)
非现金资产合计　14 565

负债明细:
应付账款　4 000
应付票据　3 000
应付利息　60
负债合计　7 060

图表 4.15 Team Shirts 2010 年 4 月份的财务报表

Team Shirts
利润表
截至 2010 年 4 月 30 日
(单位:美元)

销售收入		8 000
费用:		
商品销售成本	3 200	
营业费用	300	
坏账费用	160	
保险费用	50	
租赁费用	600	
折旧费用	100	
利息费用	30	
费用合计		4 440
净收益		3 560

Team Shirts
所有者权益变动表
截至 2010 年 4 月 30 日
(单位:美元)

期初普通股		5 000
本月发行的普通股		0
期末普通股		5 000
期初留存收益		2 240
+ 净收益		3 560
− 股利		0
期末留存收益		5 800
所有者权益合计		10 800

Team Shirts
现金流量表
截至 2010 年 4 月 30 日
(单位:美元)

经营活动产生的现金:		
从客户处收到的现金	2 000	
支付租赁的现金	(2 400)	
支付营业费用的现金	(300)	
	(700)	
经营活动产生的现金净额		0
投资活动产生的现金:		0
筹资活动产生的现金:		0
现金减少额		(700)
现金期初余额		3 995
现金期末余额		3 295

Team Shirts
资产负债表
2010 年 4 月 30 日
(单位:美元)

资产			负债和所有者权益		
流动资产			流动负债		
现金		3 295	应付账款	4 000	
应收账款(扣除 160 美元			应付利息	60	
坏账准备的净额)		7 840	应付票据	3 000	
存货		1 100	流动负债合计		7 060
预付保险费		1 825	所有者权益		
流动资产合计		14 060	普通股	5 000	
电脑(扣除 200 美元			留存收益	5 800	
累计折旧的净额)		3 800	所有者权益合计		10 800
资产合计		17 860	负债和所有者权益合计		17 860

4.7 应用你的知识:比率分析

通过银行存款余额调节表控制现金有助于确保财务报表上数额的正确性。销售收入和应收账款的数额必须精确,因为管理层和其他人会使用这些数据来评估企业偿还短期负债的能力。当你在计算第 2 章学到的指标——流动资产除以流动负债时,分子中包含应收账款,因为它是一项流动资产。

另一个与应收账款相关的重要指标是**应收账款周转率(accounts receivable turnover ratio)**。这项指标——赊销收入净额除以平均应收账款净额——旨在衡量企业收回应收账款的速度。这项指标表示在一定期间内企业赊销并收回应收账款的过程平均重复进行了多少次。图表 4.16 列出了管理层用来评估流动性和应收账款的两个指标。

图表 4.16 涉及应收账款的两个流动性比率

比率	描述	公式	何时使用比率
流动比率	流动性指标	$\dfrac{\text{流动资产总额}}{\text{流动负债总额}}$	用于评估企业偿还短期负债的能力
应收账款周转率	衡量应收账款收款的速率,另一项流动性指标	$\dfrac{\text{赊销收入净额}}{\text{平均应收账款净额}}$	用于衡量公司收回应收账款的速度,另一项评估企业偿还短期负债能力的指标

图表 4.17 列示了来自雅虎公司资产负债表中的信息,并计算了应收账款周转率。比率的分母是期初应收账款净额与期末应收账款净额的平均值。这项特殊的比率可以帮助企业长期追踪以确保应收账款能够及时收回。

图表 4.17 雅虎公司:应收账款周转率

应收账款周转率等于赊销收入除以平均应收账款净额。然而,通常财务报表不会提供单独的现销额和赊销额,因此我们取销售收入总额作为分母。在计算用于进行纵向比较和横向比较的比率时,保持计算的一致性非常重要。例如,如果你使用销售收入总额来计算今年年末的应收账款周转率,那么你必须也使用销售收入总额计算下一个年度的应收账款周转率才能将二者进行比较。

单位:千美元

	2008 年 12 月 31 日	2007 年 12 月 31 日	2006 年 12 月 31 日
应收账款(净额)	1 060 450	1 055 532	930 964
销售收入*	7 208 502	6 969 274	
应收账款周转率	6.81 次	7.02 次	

*应收账款截止日期如图表所示,销售收入额截至如图表所示日期的会计年度。

应收账款周转率是 6.81 次,计算如下:

$$\frac{7\,208\,502}{(1\,055\,532 + 1\,060\,450)/2} = 6.81$$

如果平均应收账款周转率是 6.81 次,我们能够计算出雅虎公司收回应收账款所需的时间。如果我们用 365——一年的天数——除以应收账款周转率,我们将得到收回应收账款所需时间的平均值。截至 2008 年 12 月 31 日的会计年度(2008 年),我们将 365 除以 6.81 次,得到 53.60 天。这意味着雅虎公司大致需要两个月收回它的应收账款。2007 年,我们将 365 除以 7.02,得到 51.99 天。从 2007 年到 2008 年,雅虎公司收回应收账款的平均天数有少量增长,这并不是一项进步。注意,应收账款周转率越高(7.02 次与 6.81 次),企业收回应收账款的速度越快。

如果我们计算零售企业的应收账款周转率,与雅虎公司一类的企业相比,这项比率将会更高而收回应收账款的平均天数会更低。那是因为与雅虎公司一类的企业几乎向所有客户提供信用,因而没有像零售企业那么多的现销收入。当我们用收入总额(现销收入与赊销收入之和)作为比率中的分子时,我们稍微低估了收回应收账款所需的时间。让我们看图表 4.18 中一家零售企业百万书店的信息。

图表 4.18 百万书店:应收账款和销售收入

零售企业收回应收账款的速度很快。记住销售收入总额中包含现销收入。

单位:千美元

2008 年 2 月 2 日的应收账款	2007 年 2 月 3 日的应收账款	截至 2008 年 2 月 2 日的销售收入
6 450	7 524	535 128

应收账款周转率是 76.59 次,计算如下:

$$\frac{535\,128}{(7\,524+6\,450)/2}=76.59$$

为了得到收回应收账款的平均天数,我们将 365 天除以 76.59,得到 4.77 天。这个数额大大短于雅虎公司收回应收账款天数的平均值 53 天!百万书店大部分的销售收入是现销收入,而赊销收入并不单独披露。使用包含了现销收入和赊销收入的销售收入总额使得应收账款周转率高出很多,因为分子被人为地夸大了。

对于内部而言,管理层只使用赊销收入来计算应收账款周转率。对于外部使用者,那些信息是不可获得的。不同的行业,甚至同一行业的不同企业可能会有非常不同的应收账款周转率。如同你之前所学的,你必须谨慎使用比率分析。

> **思考题 4-6**
> 假设一家企业应收账款的期初余额是 10 500 美元,期末余额是 12 500 美元。当期的赊销收入合计 120 000 美元。应收账款周转率是多少?收回应收账款所需的平均时间是多少?

4.8 经营风险、控制和伦理

你已经学习过企业拥有的两项最重要的资产——现金和应收款项。现在我们准备继续讨论企业确保与这些资产相关的风险最小化的方法。记住内部控制的一个重要目的是确保企业的资产安全,以及相关的财务记录真实可靠。

在本章的前面部分中,你了解了一个企业拥有的最重要的控制手段之一:职责分离。这项控制是指负责记录资产账务的个人不能有保管或使用该资产的权限。这是保管现金过程中的一个非常重要的控制手段。

除了职责分离,还有三个关键的控制可以帮助一个企业保护它的资产并且提高其财务报告的准确性和可靠性:(1)对资产实物控制的明确责任分工;(2)与资产相关的文档管理的特定程序;(3)数据的独立内部核查。因为涉及现金和应收账款,我们将更进一步地学习这些关键性控制。

4.8.1 明确的责任分工

保管现金的职责可以分配给企业中各种各样的人。例如,在一些零售商店,每一个收银员都负责保管收银机上的现金。在每个班次结束时,就会清点现金,然后与收银机上记录的销售收入做对比。如果一个收银员少了 10 美元,那么弥补 10 美元的短缺可能就是这个收银员的责任。如图表

4.19 所示,当新的收银员来上岗时,他们将带着自己所负责的现金抽屉。

图表4.19　明确的责任分工

4.8.2　文档管理的特定程序

文档管理程序是对现金和应收账款的另一个至关重要的控制。你是否有到百货公司退货的经历,他们一定会要求你填写一张带有你的姓名、地址以及退货原因的表格。这项程序的目的之一就是为退款提供一项文档记录,如图表4.20所示。如果你是赊购,那么无论是现金退款还是返还信用额度,都必须附有证明文件来确保退款在合理范围之内。

图表4.20　文档管理程序

4.8.3　数据的独立内部核查

当你在商店购买东西时是否曾经在收银机附近看到一个牌子,上面写着"如果你没有拿到收据,那么你的采购是免费的"? 这个牌子是用来确保每个收银员正确记录所有销售收入的一种控制手段。如果收银员不通过把款项记入收银机并打出收据,同样他将无法收取你的钱并装入自己的口袋。为什么呢? 因为如果他们这样做,你会索要收据,并要求你的采购免费! 你其实是在帮商店管理者确保他们能拿到他们的现金并且合理地记录了销售。图表4.21给出了一个这种控制的例子。

图表4.21　数据的独立内部核查

思考题 4-7

解释在强制要求提供收据的情况下收银员无法将客户采购的钱装进自己口袋的原因。

本章要点总结

- 现金是企业所拥有的最重要的资产之一。它的所有权很难鉴定,所以很容易被盗走。对现金的控制至关重要,其中一个最重要的控制就是银行存款余额调节表。它是在每月月末调节企业的现金余额与银行对账单的工作底稿。

- 现金和现金等价物这些流动性很强的投资被一同列报在资产负债表上。现金也是其自身财务报告——现金流量表的焦点,它提供了一个会计期间内现金的所有来源以及使用情况。

- 当企业向其客户提供信用时,产生的资产被称作应收账款。在资产负债表中,应收账款是一项流动资产并且反映的是企业预计可以收回的净额。如果企业有大额的坏账(即客户将不会支付),那么企业必须估计坏账的金额,然后将其从应收账款总额中扣除,以得到在资产负债表上列报的应收账款的可变现净值。这就是计算坏账准备的备抵法。它意味着坏账费用将被确认为一个估计值,这样企业就可以将坏账费用和相关的销售收入进行配比。当确认一个特定的客户不会付款时,企业会冲销这笔账款,但是不会再次确认费用(该费用已经在销售期间确认过了)。

- 对于企业而言,信用卡销售几乎和现金销售一样。信用卡公司向企业支付欠款并得到相应的服务费。这样风险远小于企业自己向客户提供信用。例如,你在 Macy 百货公司购物时,对 Macy 而言,你直接向 Macy 赊购的风险要大于你用你的万事达卡进行购买的风险。

- 应收票据是客户欠企业的款项,通常是支付应收账款缓慢的客户通过重新协商确定的带利息的新的支付方式。

- 企业借助应收账款来评估企业的流动性。应收账款周转率(销售收入净额或赊销收入净额除以平均应收账款净额)衡量了企业收回其应收账款的速度。

- 对现金的控制至关重要。其中三个控制措施是:(1)明确的责任分工;(2)文档管理的特定程序;(3)数据的独立内部核查。

本章问题总结

以下是 Choco Drops 公司在截至 2011 年 12 月 31 日的会计年度中发生的经济业务:

a. 赊销商品 900 000 美元,相关商品销售成本为 270 000 美元。
b. 收到 80% 的销售收入款项。
c. 在 2011 年 10 月 1 日收到来自 Nature's Grocery Store 公司的 3 个月的票据 8 000 美元(2012 年 1 月 1 日到期),利率 6%,用以支付其未偿还的应付账款。
d. 现金销售为 98 000 美元,相关的商品销售成本为 29 400 美元。
e. 在法院通过一位财务困难客户的重组计划之后冲销了一笔 4 000 美元的账款。
f. 发生营业费用 75 600 美元,用现金进行了支付。

➡ **要求**

1. 在会计等式工作表中列出每项经济业务。企业的应收账款期初余额是 150 000 美元,坏账准备期初余额是 4 500 美元。存货的期初余额是 500 000 美元。其他项目期初余额未给出,在计算中不会用到(这些信息来自 2010 年 12 月 31 日的资产负债表)。

2. 做出记录坏账费用的调整。Choco Drops 公司使用备抵法基于应收账款期末余额的一个百分比来计算坏账费用。企业计算 2010 年的坏账费用时使用相同的比例——3%。还有，记得确认来自经济业务 c 中的期票的应收利息。

3. 编制截至 2011 年 12 月 31 日的年度利润表。

➡ 答案

单位：美元

	资产			=	负债		+	所有者权益	
								实收资本	留存收益
选定的期初余额		150 000 (4 500) 500 000	应收账款 坏账准备 存货						
经济业务	现金	所有其他资产	（账户）		所有负债	（账户）		（账户）	
a.		900 000 (270 000)	应收账款 存货					900 000 (270 000)	销售收入 商品销售成本
b.	720 000	(720 000)	应收账款						
c.		(8 000) 8 000	应收账款 应收票据						
d.	98 000	(29 400)	存货					98 000 (29 400)	销售收入 商品销售成本
e.		(4 000) 4 000	应收账款 坏账准备						
f.	(75 600)							(75 600)	营业费用
调整-1		(9 040)	坏账准备					(9 040)	坏账费用
调整-2		120	应收利息					120	利息收入

坏账费用的计算：
1. 应收账款的余额是多少？

应收账款期初余额	150 000
+销售收入	900 000
收回的款项	(720 000)
转到应收票据	(8 000)
冲销	(4 000)
应收账款期末余额	318 000

2. 坏账准备的期末余额是多少？

坏账准备期初余额	4 500
冲销	(4 000)
+坏账费用	X
期望的坏账准备余额	9 540（= 318 000 × 0.03）

调整前的坏账准备余额 = 500 美元
为了使坏账准备达到期望值 9 540 美元而需要调整的金额 = 9 040 美元

Choco Drops
利润表
截至 2011 年 12 月 31 日
（单位：美元）

收入		
销售收入	998 000	
利息收入	120	
总收入		998 120
费用		
商品销售成本	299 400	
坏账费用	9 040	
营业费用	75 600	
总费用		384 040
净收益		614 080

关键词

备抵法　　　　　　　收款人　　　　　　　　应收账款周转率
出票人　　　　　　　未兑现支票　　　　　　在途存款
坏账费用　　　　　　现金等价物　　　　　　账龄分析表
坏账准备　　　　　　银行存款余额调节表　　直接冲销法
可变现净值　　　　　银行对账单　　　　　　职责分离
期票　　　　　　　　应收账款

思考题答案

思考题 4-1

银行存款余额调节表的目的是为保护现金而提供的一种控制措施。银行对账单上所列报的现金金额（一个独立计算的余额）必须和会计记录中列报的现金金额核对一致。企业编制银行存款余额调节表应和银行提供银行对账单的频率一致，通常是一个月一次。

思考题 4-2

为了得到答案，你需要了解下面的信息：

单位：美元

企业账面余额	2 400
减服务费用	-100
加收回的款项	+300
加利息收入	+100
正确的现金余额	2 700

没有考虑未兑现支票，因为我们只用到了银行存款余额调节表的"企业账面余额"的一侧。

思考题 4-3

1. 400 美元（预期余额 500 美元 - 调整前剩余的余额 100 美元）
2. 9 500 美元（10 000 - 500）

思考题 4-4

Magic Milk 公司将会记录 5 000 美元的收入。收取的现金为 5 000 美元的 97%，即 4 850 美元。剩下的 3%，即 150 美元，将被记录为信用卡费用。

思考题 4-5

流动资产：应收票据 3 000 美元
流动资产：应收利息 80 美元（3 000 × 0.08 × 4/12）

思考题 4-6

1. 销售收入 120 000 美元除以应收账款平均值 11 500 美元 [(10 500 + 12 500) ÷ 2]，得到 10.43 次。
2. 收回天数：365 ÷ 10.43 = 35（天）

思考题 4-7

要打印收据,就必须将交易输入到收款机或者电脑里。如果将收取的现金和记录进行核对(从收银机到电脑),任何缺失的金额都能被轻易发现。

问题

1. 什么是银行存款余额调节表?它的作用是什么?
2. 银行存款余额调节表中银行账面余额的两种常见的调整是什么?
3. 描述银行存款余额调节表中银行账面余额的两种常见的调整。
4. 完成银行存款余额调节表,哪些调整需要记录在会计记录中?
5. 正确的现金余额指的是什么?
6. 识别并解释列示现金的财务报告。
7. 描述应收账款是怎么产生的。应收账款的余额代表什么?
8. 为什么应收账款(货款)不同于其他应收款?
9. 定义与应收账款相关的可变现净值、账面价值。
10. 解释计算坏账时采用的直接冲销法和备抵法的区别。哪个方法更好?为什么?
11. 如果一个公司在计算坏账时采用备抵法,它冲销一笔特定的账款会给净收益带来什么影响?
12. 描述估计利润表中坏账费用的两种备抵法。
13. 计算坏账准备时哪种方法聚焦于利润表?解释其原因。
14. 计算坏账准备时哪种方法聚焦于资产负债表?解释其原因。
15. 允许客户在购物时使用信用卡的优点和缺点是什么?
16. 应收账款和应收票据的区别是什么?
17. 计算应收账款周转率的公式是什么?这个公式旨在衡量什么?
18. 一个企业如何利用其应收账款周转率计算它收回应收账款所需的平均天数?
19. 解释职责分离是如何作为保管现金的一项主要控制措施的。
20. 解释为什么对现金进行实物控制很重要。

单选题

利用下面的信息回答问题1—4。Fred用品店刚刚从地方街道银行收到它的月度银行对账单,余额为45 000美元。Fred记账员计算出未兑现支票数额是20 000美元。该用品店在月末最后一天存入银行5 000美元,这项金额并未被记录到银行对账单中。对账单上显示的35美元银行服务费尚未记到商店的账簿中。银行对账单中还包括了一张来自新客户的250美元的空头支票。

1. 商店月末真实的现金余额是多少?
   a. 25 000美元 b. 30 000美元 c. 29 715美元 d. 29 750美元
2. 未兑现支票在银行存款余额调节表中应如何处理?
   a. 应该从企业账面余额中扣除 b. 应该增加至企业账面余额
   c. 应该从银行账面余额中扣除 d. 应该增加至银行账面余额
3. 下列哪个项目应该记录到Fred用品店的账簿中?

a. 未兑现支票和在途存款 　　　　　　b. 空头支票
c. 银行服务费 　　　　　　d. 空头支票和银行服务费

4. Fred 开始对账之前的会计账簿上现金余额是多少？
   a. 30 285 美元　　b. 30 250 美元　　c. 45 250 美元　　d. 25 285 美元

利用下面的信息回答选择题 5 和 6。年底未做任何调整的情况下，Sutton 公司会计账簿上显示的应收账款余额为 100 000 美元，坏账准备账户的余额为 2 000 美元（这意味着去年多估计了 2 000 美元）。该公司利用应收账款估计坏账费用。对应收账款进行分析后得出坏账的估计值为 27 000 美元。

5. 利润表中本年度坏账费用为多少？
   a. 27 000 美元　　b. 25 000 美元　　c. 23 000 美元　　d. 29 000 美元

6. 年末资产负债表中应收账款可变现净值为多少？
   a. 100 000 美元　　b. 75 000 美元　　c. 73 000 美元　　d. 77 000 美元

7. 假设一个企业采用销售百分比法估计坏账费用。该企业本年度发生的赊销为 200 000 美元，应收账款余额为 80 000 美元。企业估计赊销额的 2% 将无法收回。那么本年度的坏账费用是多少？
   a. 1 600 美元　　b. 2 000 美元　　c. 4 000 美元　　d. 3 600 美元

8. Scott 公司采用备抵法核算坏账。5 月份，公司发现它最大的客户之一申请了破产。如果 Scott 公司决定冲销掉该客户的账户，将会对 Scott 公司本期的净收益产生什么影响？
   a. 坏账费用将抵减收入　　　　　　b. 冲销应收账款将抵减收入
   c. a 和 b 都会发生　　　　　　d. 对净收益没有影响

9. Merry Maids 公司向 McKenzie-Grace 公司销售了 1 000 美元的真空吸尘器。McKenzie-Grace 公司用 Visa 信用卡进行支付。Visa 公司针对信用卡销售向 Merry Maids 公司索取 3% 的费用。这项经济业务会对 Merry Maids 公司的会计等式产生什么样的净影响？
   a. 增加资产 1 000 美元；增加留存收益 1 000 美元
   b. 减少资产 1 000 美元；减少留存收益 1 000 美元
   c. 增加资产 970 美元；增加留存收益 970 美元
   d. 信息不足

简易练习

A 组

简易练习 4-1A 分析银行存款余额调节表项目。对于下列每一个项目，指出其是否需要调整企业账面余额。对于影响企业账面余额的项目，指出该项目是应该增加至企业账面余额还是应该从企业账面余额中扣除。

项目	是否调整企业账面余额？	+/-
未兑现支票	否	n/a
银行服务费		
来自客户的空头支票		
在途存款		
银行记账差错		
银行收到的应收票据		

简易练习 4-2A 计算正确的现金余额。3 月 31 日，Ronca 公司有以下现金账户信息：

单位：美元

企业账面余额	7 500
未兑现支票	2 500
在途存款	1 800
银行服务费	100

计算 3 月 31 日正确的现金账面余额，并详述它将被列示在哪个财务报表中。

简易练习 4-3A 分析银行存款余额调节表中的记账差错。Name Brand Electronics 公司的会计师给存货供应商写了一张金额为 1 600 美元的支票，但在公司的账簿上错误地记录为 1 060 美元。当她看到当月的银行对账单并注意到银行兑现了 1 600 美元的支票时发现了这个错误。这种情况在银行存款余额调节表中应做怎样的处理？将 Name Brand Electronics 公司的会计师更正记账差错的调整记录到会计等式中。

简易练习 4-4A 采用销售百分比法计算坏账费用。Discount Bakery 公司拥有宽松的信用政策，并且其坏账的比率很高。公司估计 5% 的赊销收入将变成坏账。由于这一数额的重要性，公司决定采用备抵法来核算。公司本年度赊销收入为 200 000 美元，年末应收账款余额为 117 000 美元。那么公司本年度坏账费用是多少？

简易练习 4-5A 采用应收账款法计算坏账费用。Don's 高尔夫用品店第一年期末的应收账款为 50 000 美元，并且估计有 3% 无法收回。在资产负债表日没有被明确认定为无法收回的应收账款。如果 Don's 采用备抵法核算坏账，那么本年的利润表将列示多少坏账费用？

简易练习 4-6A 冲销坏账。Chastain's 室内装潢公司确定 Global Builders 公司的应收账款 5 500 美元无法收回。利用会计等式列出 Chastain's 公司如何冲销该账款，假设公司采用直接冲销法或者备抵法核算坏账。

简易练习 4-7A 信用卡销售。Jordan Beauty Supply 公司允许客户用 Discover 信用卡进行支付。Discover 公司按销售收入的 3.5% 向 Jordan 公司收取手续费。在 2009—2010 会计年度期间，Jordan 公司的客户使用 Discover 信用卡购买了价值 65 000 美元的商品。在截至 2010 年 6 月 30 日的年度利润表中 Jordan 公司应该列示的销售收入是多少？其中能实际收到的现金有多少？

简易练习 4-8A 分析应收票据。2011 年 5 月 1 日，Bob's Music 公司与 Spectrum Electronics 公司通过重新协商将逾期的应收账款 2 500 美元置换为一张利率为 5% 的 2 个月的期票。该票据的本金是多少？到期日是哪一天？到期时，Bob's Music 公司需要偿还多少钱？

简易练习 4-9A 计算应收账款周转率。Candid 公司拥有以下余额：

单位：美元

	2011 年 12 月 31 日	2010 年 12 月 31 日
应收款项，净额	325 000	285 000
销售收入（全部赊销）	1 757 000	1 248 700

计算 Candid 公司 2011 年应收账款周转率，以及平均多少天可以收回它的应收账款？

练习

A 组

练习 4-19A 编制银行存款余额调节表。Rudy's Painting 公司的银行对账单上 3 月 31 日的期末余额为 42 765.88 美元,服务费为 27.5 美元。公司在 3 月 25 日开具的购买设备的支票 6 725.15 美元仍未被银行兑现。在途存款为 3 185.64 美元。银行 3 月份为公司收回了 1 100 美元的票据。将银行对账单和已兑现的支票进行核对,公司发现银行在记录 Ruby's Landscaping 公司开具的支票时错误地从 Rudy's Painting 公司的账户中扣减了 1 185.19 美元。

计算 3 月 31 日正确的现金余额。

练习 4-20A 编制银行存款余额调节表。广告公司 Rog & Co. 关于其 7 月份的现金账户有以下可用的信息:

单位:美元

账面余额,7 月 31 日	24 180.55
未兑现支票	5 440.29
来自客户的空头支票	800.00
银行收回的票据	1 600.00
在途存款	4 960.58
其他费用:	
收回票据所支付的服务费	20.00
支票费用	62.50
银行账户利息收入	421.38

计算 7 月 31 日正确的现金余额。

练习 4-21A 编制银行存款余额调节表。利用下面信息为 Vartan's 咖啡店编制 4 月 30 日的银行存款余额调节表:

单位:美元

4 月 30 日美国银行对账单账面余额	9 547.21
未兑现支票	4 815.68
来自客户的空头支票	2 651.77
在途存款	6 972.89
利息收入	305.77
服务费	75.00
4 月 30 日 Vartan's 公司账面余额	14 125.42

在会计等式中列出公司更新现金余额需要做出的调整。它对净收益产生了什么净影响?净收益将会增加还是减少?变化的金额是多少?

练习 4-22A 编制银行存款余额调节表。利用下面的信息为 Sandra Warren's Smoothies 公司编制 12 月 31 日的银行存款余额调节表:

	单位:美元
12月31日的公司现金账面余额	6 275.34
12月31日的银行对账单期末余额	4 607.51
在途存款	2 504.57
未兑现支票:	
#4431	581.62
#4432	246.12

Sandra 发现了账簿上的一个错误:金额为 123.75 美元的 4429 号支票正确地从银行账户中扣除,但在公司账簿上被错误地记录为 132.75 美元。

练习 4-23A 识别并更正银行存款余额调节表中的错误。Janie Johnson 在编制 1 月 31 日的银行存款余额调节表时遇到了困难。她的余额调节表如下所示:

	单位:美元
公司账面现金余额	4 015
减在途存款	590
加未兑现支票	730
调整后公司账面余额	4 155
银行账面现金余额	3 700
加空头支票	430
减银行服务费	205
调整后银行账面余额	4 105

1. 找出 Janie 在编制银行存款余额调节表时出现的错误。
2. 正确的现金余额是多少?
3. 在会计等式中列出公司更新现金余额需要做出的调整。

练习 4-24A 确认备抵法下经济业务带来的影响。Health & Nutrition 公司采用备抵法计算坏账。指出下面每个独立的经济业务对应收账款总额、坏账准备、应收账款净额以及坏账费用的影响。用(+)表示增加,(-)表示减少,(0)表示没有影响。

1. 客户支付了他(或她)的账单。
2. 400 000 美元的销售收入中估计有 2% 无法收回。
3. 315 000 美元的应收账款中估计有 3% 无法收回。去年超出预期的 500 美元已冲销掉(已记录入账)。

练习 4-25A 采用销售百分比法计算坏账费用。Murray's 药品供应店采用备抵法核算坏账。2010 年,公司记录了 425 000 美元赊销收入。年底做调整之前,账户余额为应收账款 150 000 美元,坏账准备 -2 000 美元。

如果估计的坏账费用为赊销收入的 2.0%,那么年末利润表中的坏账费用是多少?

练习 4-26A 分析在销售百分比法下应收账款交易带来的影响。2011 年年初,Darcy's Floor Coverings 公司有以下账户余额:应收账款 325 000 美元,坏账准备 -7 500 美元。这一年中,赊销收入净额为 793 250 美元,并冲销了特定客户的账款 10 000 美元。收回现金 1 000 000 美元。年底,Darcy's 公司估计有 1% 的赊销净额将无法收回。

1. 将 2011 年的经济业务(包括期初余额)记录到会计等式中。
2. 年末的应收账款可变现净值是多少?
3. 截至 2011 年 12 月 31 日的年度利润表中坏账费用是多少?

练习 4-27A 采用应收账款百分比法计算坏账费用。一家公司年初应收账款余额为 30 000 美元，坏账准备余额为 -3 500 美元。本年内，销售收入（全部为赊销）为 90 000 美元，收回现金 82 000 美元。另外，识别并冲销了 3 400 美元的特定坏账。年底，公司估计应收账款期末余额的 2% 将无法收回。

1. 将经济业务（包括期初余额）记录到会计等式中。
2. 年末的利润表中坏账费用是多少？
3. 经过所有的调整后，坏账准备的余额是多少？

练习 4-28A 采用应收账款百分比法计算坏账费用。Energy Less 公司采用备抵法核算坏账，并且依据应收账款的账龄将坏账准备调整到期望的金额。2011 年年初，准备金账户余额为 -20 000 美元。2011 年期间，赊销收入共为 500 000 美元，有 18 000 美元应收款项被冲销。年底的账龄表明公司需要计提 21 000 美元的坏账准备。

1. 将经济业务（包括期初余额）记录到会计等式中。
2. 2011 年的坏账费用是多少？
3. 年末的资产负债表将会披露什么信息？
4. 这给那些评估企业年度业绩的人提供了什么信息？

练习 4-29A 记录信用卡销售。Executive Air Travel 公司允许客户使用现金或者信用卡支付。5 月份，公司为那些使用 Visa 卡付款的客户提供了价值 200 000 美元的机票。Visa 公司以机票收入的 2% 向 Executive 公司收取服务费。利用会计等式写出 Executive 公司将如何记录这些机票收入。Executive 公司为什么要支持 Visa 卡消费？

练习 4-30A 分析并记录应收票据。2009 年 10 月 1 日，ACME Athletic Equipment 公司从 Sporting Goods Unlimited 公司赊购了 10 500 美元的体育用品。11 月 1 日，ACME 通过与 Sporting Goods Unlimited 公司重新协商将其负债置换为一张利率为 10% 的 3 个月的期票。在会计等式中列出 10 月 1 日和 11 月 1 日两家公司的经济业务。确定票据的到期日，并在两家公司的账簿上编制相关的分录（利用会计等式）来记录票据的收回。

练习 4-31A 计算应收账款周转率。利用练习 4-26A 数据，计算 2011 年的应收账款周转率。Darcy's Floor Coverings 公司平均多少天可以收回它的应收账款？

难题

A 组

难题 4-45A 计算初始的企业账面余额。关注以下 Mile High 古董店 1 月份的信息：

- 1 月 31 日在途存款总额为 3 425.50 美元。
- 该月赚取的利息收入为 575 美元。
- 银行服务费为 25 美元。
- 银行从 Mile High 古董店的账户中扣除了 Foot Hills 家具公司开具的支票 130.25 美元。
- 下列支票在银行对账单日仍未兑现：
    - #3012   250.75 美元
    - #3008   420.82 美元
    - #3014   115.31 美元
- Mile High 古董店的会计师将一笔 215 美元的存款记为 251 美元。
- 银行退回了一张来自客户的 262.35 美元的空头支票。
- 1 月 31 日的银行账面余额合计 36 802.52 美元。

➡ **要求**

计算1月31日编制银行存款余额调节表之前 Mile High 古董店的账面现金余额（提示：先计算出正确的现金余额）。

难题4-46A 编制银行存款余额调节表。Anova公司6月份开始运营并收到了其第一个月的银行对账单。公司还提供了本月现金收支相关的信息，列示如下：

单位：美元

来自银行对账单的信息：		
开户存款额：	6月1日	7 500.00
收到的存款：	6月5日	3 500.50
	6月8日	5 796.80
	6月15日	3 470.56
	6月20日	5 460.50
	6月23日	2 565.45
	6月28日	3 540.84
已兑现的支票：	#101	1 250.45
	#102	345.82
	#103	244.50
	#105	150.47
	#107	1 194.50
银行对账单上的其他项目：		
借项通知单（账户余额的减项）：		
自动扣除的保险费	6月1日	256.00
新支票的费用	6月10日	42.30
每月的服务费	6月30日	35.00
贷项通知单（账户余额的增项）：		
来自保险公司更正记账差错的退款	6月5日	4.50
银行对账单账面余额	6月30日	28 320.11

单位：美元

来自 Anova 公司6月份的会计记录中的信息：		
银行存款：	6月1日	7 500.00
	6月5日	3 500.50
	6月8日	5 796.80
	6月15日	3 470.56
	6月20日	5 460.50
	6月23日	2 565.45
	6月28日	3 540.84
	6月29日	1 345.90
	6月30日	3 560.75
未兑现支票：	#101	1 250.45
	#102	345.82
	#103	244.50
	#104	2 500.45
	#105	150.47
	#106	423.50
	#107	1 194.50
	#108	825.80
	#109	231.60
	#110	2 350.00
Anova公司账面余额	6月30日	27 224.21

➡ 要求

1. 编制银行存款余额调节表,列示出 6 月 30 日正确的现金余额。
2. 在会计等式中列出 Anova 公司更新记录时需要做出的必要调整。
3. Anova 将会在哪个财务报告的哪个部分列报它的现金余额?

难题 4-47A 编制银行存款余额调节表。2010 年 5 月 31 日,夏普公司总分类账中的现金余额为 6 675 美元。来自国家银行的对账单上显示 5 月 31 日的余额为 8 240 美元。以下事件引起了你的关注:

a. 夏普公司 5 月 31 日的存款 1 000 美元尚未被记录到银行对账单中,因为它是在 5 月 31 日银行营业结束后存入夜间存款箱的。

b. 银行本月的基础服务费为 100 美元。

c. 银行为夏普公司收回一张 1 500 美元的应收票据,以及利息费用 58 美元。银行为此项服务索取了 30 美元的费用。夏普公司的票据没有进行应计利息确认。

d. 夏普公司会计师错误地将支付给 Williams 公司的 192 美元记录为 129 美元。银行按正确的 192 美元兑现了支票。

e. 夏普公司 5 月 31 日的未兑现支票金额合计 1 200 美元。

➡ 要求

1. 编制截至 5 月 31 日的银行存款余额调节表。
2. 在会计等式中列出夏普公司更新记录时需要做出的必要调整。

难题 4-48A 识别并更正银行存款余额调节表中的错误。分析下列出现在 Black Electric 公司的银行对账单以及公司会计账簿上的错误:

a. 银行将一笔 30 美元的存款记为 300 美元。

b. 公司记账人员错误地将一笔 250 美元的存款记为 520 美元。

c. 公司记账人员将从客户那里收到的 450 美元付款错误地以 540 美元记录到了银行存款单上。银行发现了这个错误并以正确的数额记录了该存款。

d. 银行对账单显示一张由公司开具的 392 美元的支票被错误地按 329 美元进行了支付(已兑现款项)。

e. 记账人员签发了 275 美元的支票但是错误地写下 257 美元作为公司账面的现金支出。

➡ 要求

针对每一个错误,描述在公司的银行存款余额调节表上将做出怎样的更正。

难题 4-49A 分析销售收入百分比法下应收账款交易带来的影响。评估下列情景,假设两家公司均以赊销收入净额为基础来估计坏账费用:

a. 年末,Bonnie 公司拥有应收账款 112 000 美元。调整前坏账准备余额为 -400 美元。换句话说,就是具体冲销的数额小于估计值,准备金账户仍留有余额。这一年的赊销收入净额为 315 000 美元,其中 3% 估计无法收回。

b. 年末,Clyde 公司拥有应收账款 220 000 美元。调整前坏账准备余额为 200 美元。换句话说,就是具体冲销的数额大于估计值,准备金账户少了 200 美元。这一年的赊销收入净额为 1 525 000 美元,其中 1% 估计无法收回。

➡ 要求

针对每一种情景,计算下列信息:

1. 本年的坏账费用。
2. 年末的坏账准备账户余额。
3. 年末的应收账款可变现净值。

4. 假设 Bonnie 公司期初应收账款（净额）为 105 000 美元，那么它本年的应收账款周转率是多少？

5. 假设 Clyde 公司期初应收账款（净额）为 226 000 美元，那么它本年的应收账款周转率是多少？

难题 4-50A 采用应收账款百分比法计算坏账费用。评估下列情景，假设两家公司均采用应收账款法估计坏账费用：

a. 年末，Tate 公司拥有应收账款 89 000 美元。调整前坏账准备余额为 –750 美元。12 月 31 日编制的账龄分析表表明有 2 100 美元应收账款无法收回。本年的赊销收入净额为 325 000 美元。

b. 年末，Bradley 公司拥有应收账款 75 250 美元。调整前坏账准备余额为 625 美元（企业实际冲销额大于估计值）。12 月 31 日编制的账龄分析表表明有 3 200 美元应收账款无法收回。本年的赊销收入净额为 452 000 美元。

➡ **要求**

针对每一种情景，计算下列信息：
1. 本年的坏账费用。
2. 年末的坏账准备账户余额。
3. 年末的应收账款可变现净值。
4. 仅依据所提供的数据，计算每家公司收回应收款项所需的天数，并指出哪家公司在收回应收款项时做得更好？解释你的答案。

难题 4-51A 计算应收账款、应收票据以及信用卡销售的经济业务。Storkville Baby Boutique 公司 2011 年上半年有以下经济业务：

1月2日	向 Tiny Tots Toys 公司赊销商品，赊销收入为 24 000 美元，商品销售成本为 18 000 美元。
2月3日	从 Tiny Tots Toys 公司收到的一张期限 90 天（3 个月）、利率 10% 的票据，票面金额 24 000 美元，用以支付 1 月 2 日的赊销款。
2月4日	向 Stuffed Animals Unlimited 公司赊销商品，赊销收入为 22 500 美元，商品销售成本为 17 250 美元。
2月9日	收到来自 Stuffed Animals Unlimited 公司的应付账款 10 000 美元，用以支付 2 月 4 日的赊销款。
3月22日	从 Stuffed Animals Unlimited 公司收到的一张期限 60 天（2 个月）、利率 10% 的票据，用以支付 2 月 4 日赊销款的余额。
3月25日	向 Little Angles Boutique 公司赊销商品，赊销收入为 22 000 美元，商品销售成本为 16 500 美元。
3月31日	3 月 1 日开始支持使用 Visa 卡销售商品。该月销售收入总额为 44 000 美元，商品销售成本为 25 000 美元。Visa 公司收取 2% 的费用。
4月30日	在听到 Little Angles Boutique 公司宣告破产的新闻后，公司因无法收回而冲销掉其账款。公司采用备抵法核算坏账。
4月30日	4 月份 Visa 卡销售收入总额为 52 000 美元，商品销售成本为 27 000 美元。
5月4日	收到 Tiny Tots Toys 公司全部应付账款。
5月21日	收到 Stuffed Animals Unlimited 公司全部应付账款。
5月31日	5 月份 Visa 卡销售收入总额为 65 000 美元，商品销售成本为 34 000 美元。
6月5日	向 Tiny Tots Toys 公司赊销商品，赊销收入为 22 000 美元，商品销售成本为 16 850 美元。

6月10日	向 Stuffed Animals Unlimited 公司赊销商品，赊销收入为 35 000 美元，商品销售成本为 29 000 美元。
6月15日	收到来自 Tiny Tots Toys 公司的应付账款，用以支付 6 月 5 日的赊销款。
6月22日	收到来自 Stuffed Animals Unlimited 公司的应付账款，用以支付 6 月 10 日的赊销款。
6月30日	6 月份 Visa 卡销售收入总额为 28 000 美元，商品销售成本为 18 000 美元。
6月30日	公司有应收账款 156 000 美元，还有一个 –700 美元的准备金账户。也就是说，企业实际冲销额大于估计值。本年度前 6 个月的赊销收入净额为 650 000 美元，现金销售收入为 115 000 美元。假设公司采用赊销法核算坏账。企业的历史数据表明大约 2.5% 的赊销收入净额无法收回。

➡ **要求**

用会计等式记录上面的经济业务。金额保留到个位。

难题 4-52A 计算应收账款周转率。Mystic 公司 2010 年 12 月 31 日资产负债表和利润表部分信息如下：

单位：美元

现金	35 000	存货	350 000
应收账款净额	73 000	办公用品	5 000
设备净额	225 000	销售收入	775 000
应付利息	1 350	利息费用	1 500
净收益	65 000	保险费用	5 000

➡ **要求**

1. 计算公司的应收账款周转率（结果保留两位小数）。2009 年 12 月 31 日应收账款净额为 87 000 美元。解释应收账款周转率的比率意义。

2. Mystic 公司平均多少天可以收回它的应收账款？

财务报表分析

财务报表分析 4-1 分析应收账款并计算应收账款周转率。使用下列惠普公司财务报表中的信息来回答问题：

单位：百万美元

来自流动资产：	2008 年 10 月 31 日	2007 年 10 月 31 日
现金和现金等价物	10 153	11 293
应收款项，扣除坏账准备	16 928	13 420
（分别为 9 000、8 400 万美元）		

1. 惠普公司有重大的赊销收入吗？如果有，有什么证据可以证明你的观点？

2. 截至 2008 年 10 月 31 日的会计年度的销售收入为 117 994 百万美元。计算应收账款周转率，并说明从中能看出关于惠普公司信用和收款政策的什么信息。

3. 你能说出截至 2008 年 10 月 31 日的会计年度的坏账费用是多少吗？并解释。

财务报表分析 4-2 分析应收账款和赊销收入。通过对 Family Dollar Stores 公司资产负债表的检查发现没有坏账准备项目。

1. 在什么条件下公司被允许从资产负债表上省略这个项目？Family Dollar Stores 公司这样做合理吗？
2. Family Dollar Stores 公司的许多客户使用信用卡进行支付。你认为这些销售收入应当怎样反映在财务报表上？

财务报表分析 4-3 分析应收账款并计算应收账款周转率。下列信息来源于 General Mills 公司的年度财务报表。

来自资产负债表 2008 年 5 月 25 日和 2007 年 5 月 27 日 （单位：百万美元）		
	2008 年 5 月 25 日	2007 年 5 月 27 日
资产		
流动资产		
现金和现金等价物	661	417.1
应收账款，扣除 2008 年和 2007 年	1 081.6	952.9
的坏账准备（均为 1 640 万美元）		
存货	1 366.8	1 173.4
预付费用、递延所得税和其他流动资产	510.6	510.3
流动资产合计	3 620.0	3 053.7
不动产和设备净额	3 108.1	3 013.9
商誉和无形资产净额	6 786.1	6 835.4
其他资产	5 527.4	5 280.7
总资产	19 041.6	18 183.7

来自利润表 截至 2008 年 5 月 25 日和 2007 年 5 月 27 日的会计年度 （单位：百万美元）		
	2008	2007
收入净额（销售收入）	13 652.1	12 441.5
销售成本	8 778.3	7 955.1
毛利	4 873.8	4 486.4

1. 在考虑可能的坏账之前，给出这两年的应收账款的合计金额是多少？也就是说，应收账款总额是多少？
2. 你认为公司有重大数额的坏账吗？为什么有或为什么没有？
3. 公布财务报表后不久，公司发现了一个欠公司上百万美元的重要客户申请了破产。如果公司在发布财务报表之前了解到这个信息，并做出相应记录，那么这将会对当期的财务报表有什么影响？请解释。
4. 计算 2008 年和 2007 年的应收账款周转率。2006 年会计年度期末应收账款净额为 912 百万美元。同时，计算公司平均多少天可以收回它的应收账款，并向公司管理层解释这一信息。

批判性思考题

风险与控制

1. 假设同一个人进行现金收款(邮件中收到的支票)、银行存款,并记录应收账款。职责分离的缺失可能会引发什么样的潜在问题?

2. 为什么当客户没有收到收据时商店将不向客户收费?

伦理

你在一家小公司的计费和收款部门工作。公司为那些在15天之内支付其账单的客户提供一个2%的折扣。在过去的一年里,你与其中一个客户的财务经理变得非常友好。一天,他打来电话要求你更改最近为他们公司开具的一张发票的日期,给他多提供额外的一周来还款,并保证仍在折扣期限内。他以邀请你到当地最好的饭店共进晚餐作为交换条件,来请你帮这个小忙。

这在记录中将是一个简单的变化,而且没有人会发现。你想,这也会给客户带来好感。那么你会不会做更改?为什么?

小组作业

给出的信息来自雅虎公司递交给美国证券交易委员会(SEC)的10-K表。在小组内讨论过去三年内与坏账准备有关的业务。与每年的准备金余额相关的冲销水平是什么?雅虎公司每年的准备金账户是否有足够的余额?

	截至2006年、2007年和2008年12月31日的会计年度 (单位:千美元)			
	期初余额	提取的坏账 费用金额	冲销额, 扣除追回款 后的净额	期末余额
应收账款 坏账准备				
2006	41 857	5 070	(8 731)	38 196
2007	38 196	23 018	(14 693)	46 521
2008	46 521	24 937	(19 858)	51 600

参照图表4.5A提供的应收账款余额来帮助你了解准备金账户的来龙去脉。

网络练习:英特尔公司

英特尔公司,到目前为止世界上最好的半导体制造商,占领超过80%的个人电脑处理器市场。请查阅www.intel.com并完成以下练习:

网络练习4-1 点击Investor Relations,然后选择Financials and Fillings。利用最新的年度报告回答下列问题:

1. 找出最近三年列报的总收入(销售收入净额)金额。

2. 英特尔公司的客户通常是哪些人?谁是它的两个最大的客户?你认为英特尔公司主要是赊销还是现销?为什么?英特尔公司向它的客户提供信用吗?或者英特尔公司的客户使用信用卡来支付欠款吗?

网络练习 4-2 在年度报告中,利用资产负债表回答下列问题:

1. 找出最近两年列报的应收账款净额。这个数额代表客户的欠款还是公司预计将从客户那里实际收回的金额?

2. 英特尔公司采用备抵法还是直接冲销法来记录坏账?为什么这么说?

网络练习 4-3 再次参照资产负债表回答下列问题:

1. 计算最近两年的应收账款周转率。2006年年底应收账款净额为27.09亿美元。你在计算这个比率时将会用到这个数值以及2007年和2008年的余额。哪一年公司收回应收款项的速度最快?为什么这么说?

2. 最近一年,英特尔公司平均需要多少天可以收回它的应收账款?

请注意:网络练习的网站正在持续更新。因此,如果在指定的地方没有找到相关信息,请稍后再进行搜索。

第5章 存货的采购和销售

学习目标

当你学完本章,你应该能够:

1. 计量并记录存货的采购和销售。
2. 解释记录存货的两种方法。
3. 使用四种存货成本流转假设定义并计量存货,以及解释这些方法如何影响财务报表。
4. 存货采购与销售后,分析经济业务并编制财务报表。
5. 解释存货估价的成本与市价孰低原则。
6. 定义并计算毛利率和存货周转率。
7. 描述有关存货的风险和使风险最小化的控制措施。
8. (附录5A)描述和计量存货差错对财务报表的影响。
9. (附录5B)使用毛利法估计存货。

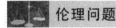 伦理问题

密切关注消失的存货

企业由于存货盗窃而损失数十亿美元。虽然像Bloomingdale's、Target和Costco这类小企业不会公然地谈及这些数据,但是美国零售联合会会从数以百计的零售商处收集数据。坏消息是每年由于存货消失而导致的超过30亿美元的损失中,因员工盗窃产生的损失额几乎占了一半。

对于企业这意味着什么呢?Preston Turco是纽约两家专业杂货店的店主,他在商店里采取了一些安全措施,例如特殊的收银机欺诈识别软件、监视器、监督顾客行窃的雇员以及采取手印识别方式记录雇员进出。他还有其他一些减少存货盗窃的建议:雇用并保留快乐、忠诚的雇员。

我们都读过有关Bernie Madoff和John Sanford的故事。他们处在高达数十亿美元欺诈事件的中心。但我们很少有人知道熟食店店员用高价标签交换低价标签,并尝试贿赂收银员使之对此视而不见的事件。据Turco说,这个店员现在正在监狱中。这也表明伦理在企业的所有层级中都是很重要的。

5.1 采购和销售商品

5.1.1 营业周期

　　商业企业的营业周期是由一系列描述公司如何使用现金产生更多现金的经营活动组成的。图表5.1展示了一个典型商业企业的营业周期。例如,Target公司从现金出发,采购存货、销售存货(当客户利用Target公司的信用延期支付时就产生了应收账款),然后从客户那里收到现金。但购货会产生应付账款的事实没有体现出来,而偿还应付账款时会减少现金。当Target公司收到现金时,营业周期就结束了。

图表5.1　营业周期

　　该图表展示了一个典型商业企业的营业周期。企业从现金出发,然后采购存货、销售存货,最后以收到现金结束。尽管没有在此显示应付账款,但企业购货时会产生应付账款,当偿还应付账款时会有现金流出。

5.1.2 采购库存商品

　　现在你了解了企业的营业周期,我们将关注采购存货的经营活动。购买商品用于销售对于商业企业是一项非常重要的活动。当漫步在史泰博公司或麦克斯办公公司的走廊时,想象去记录所有的商品。企业正常经营活动中为销售而持有的所有商品被称为商品存货。与此相反,备用品和机器设备都是用于企业自身而非销售,所以它们不属于存货。只有企业销售的物品才是存货。多数大公司都设有专门负责采购存货的大型采购部门。不论企业规模大小,它们必须通过信息系统谨慎地记录存货的采购。信息系统指的是企业记录和报告存货、销售等交易活动的方式。

　　商业企业将存货记录为一项流动资产直到其售出。根据配比原则,存货应当在售出时费用化。所以当存货售出时它就变为一项费用——商品销售成本。一定期间内销售特定商品的收入和商品销售成本形成配比,并出现在同一个利润表中。你会发现存货的价值同时影响资产负债表和利润表。存货的价值到底重不重要呢?Target公司2009年1月31日的资产负债表上显示其拥有价值超过67亿美元的存货,占公司总资产的15%以上。这对于公司资产来说是一个相当大的数额。

我们先来了解采购存货的程序,然后关注如何记录相关经济业务。

5.1.3 存货采购程序

当企业中的人员决定订购商品作为存货时,采购存货的程序就开始了。请求采购的人员会发送一份请购单给公司的采购员。例如,假设欧迪办公公司需要订购纸张。相应部门的经理会通过文本或电子形式确认请购单并交给采购员。采购员根据各供货商的价格、商品或服务的质量以及及时送货的能力来选择供货商为其提供纸张。采购员在**订购单(purchase order)**即公司向供货商订购商品或服务的单据中会详细说明所需商品、价格和送货时间。欧迪办公发送一份订购单给供货商,自己保留若干份用于内部记录。但是当订购单被确认时,会计系统里并不会编制分录,直到收到商品时才会记录。订购单如图表5.2所示。

图表5.2 欧迪办公的请购单

电话:555-555-5555
传真:555-555-5555
邮箱:someone@example.com

欧迪办公

请购单
收票人:
2200 Old Germantown Road
Delray Beach
FL 33445

运至:
欧迪办公仓库
2510 Depot Road
Delray Beach
FL 33445

请求人	发货时间	运输方式	离岸价	购买人	条款	税号
采购员	见收据	UPS	Delray Beach, FL	供应部门	n/30	
数量	项目	单位	描述	折扣%	应纳税额	单价	总计
1 000	RP34590	20 000	大量惠普像纸			2美元	40 000美元
						小计	
						税费	
订购单号:						运输费	
日期:						杂费	
供货商编号:HP6501						总计	40 000美元

欧迪办公的采购员发送一份订购单给收货部门,一份给应付账款部门。当收到商品时,收货部门会通知应付账款部门。这时采购就被记录在会计账簿中。当从供货商处收到的发票与请购单相符时,公司就会偿还应付账款。这个过程可能会更复杂,但为了使公司为其订购并收到的商品付款,各部门之间的合作总是必不可少的。

现代科技提供了更快捷、更有效的存货管理方法。例如在沃尔玛公司,没有明确的某个人来订购商品。当每件商品售出时,在收银机上使用条形码,电算化存货系统就会识别沃尔玛何时需要采购更多的存货,并且这些信息会直接进入供货商的电算化系统。尽管整个过程是自动化的,但是基础交易是一样的:从供货商处采购的存货销售给企业的客户,并且企业也需要确保为其收到的商品付款。

1. 记录购货

现在你已经对存货采购的程序很熟悉了,接下来要准备学习记录存货成本。采购存货的成本包括公司购买商品并使之成为库存商品的所有成本。企业中很多人员都需要了解存货成本的详细内容,包括请求采购的人员、CFO 和 CEO。财务报表的编制也需要存货信息。

企业有两种方法来记录存货经济业务——永续盘存制和定期盘存制。这两种不同的方法描述了企业存货记录的时间控制。当一个公司使用**永续盘存制(perpetual inventory system)**时,它会在每次商品采购时将其直接记入存货账户。类似地,每次销售发生时,它会从存货账户中转出,并将商品的成本确认为商品销售成本。这是 Team Shirts 记录存货的方法。在接下来的案例中,一个名为 Quality Lawn Movers 的虚构的公司,也使用永续盘存制记录存货。我们也将在本章的后半部分讨论**定期盘存制(periodic inventory system)**——存货账户仅在期末更新。

我们将以 Quality Lawn Movers 公司为例来学习如何记录存货成本。记住公司使用永续盘存制。假设在 6 月 1 日,Quality Lawn Movers 从一个名为 Black & Decker 的电动工具和割草机的制造商处采购了 100 台单价 150 美元的割草机。以下列示了如何在会计等式中记录此项经济业务:

资产	=	负债	+	所有者权益		
				实收资本	+	留存收益
15 000 存货		15 000 应付账款				

2. 为获取存货由谁支付运费

公司记入存货账户的成本不总是等于供货商的报价。原因之一是运费。请记住存货的成本包括获取商品并使之成为库存商品的所有成本。当商业企业为其购买的商品支付运费时,这项运费被称为进货运费,是存货成本的一部分。运输条款是买方与供货商协商的结果。

如果条款规定为**起运点交货(FOB(free on board) shipping point)**,即商品的所有权在起运点(供货商的仓库)转移给买方,并且买方负责起运点之后的运输费用。如果条款规定为**目的地交货(FOB destination)**,那么商品的所有权在目的地转移给买方,供货商——Black & Decker 就需要支付到达目的地之前的运输费用。

当你作为供货商为配送给客户的商品支付运费时,这项费用就成为销货运费或运输费用进入你的利润表。销货运费是一项营业费用,而进货运费是存货成本的一部分。图表 5.3 列示了起运点交货、目的地交货、买方和供货商之间的关系。

存货采购的详细内容,比如运输条款等,都会影响存货的成本。公司必须关注这些成本,因为它们对公司的盈利能力有影响。

假设 Quality Lawn Movers 购买的 100 台割草机的运费是 343 美元。如果运输条款规定为目的地交货,那么 Black & Decker 支付运费,所以 Quality Lawn Movers 的账簿中不记录运输费用。但是假设运输条款规定为起运点交货,意味着所有权在起运点——供货商的仓库转移。由于 Quality Lawn Movers 拥有在途商品的所有权,所以它需要支付运费。343 美元将包含在 Quality Lawn Movers 的存货成本中。运费一般以现金方式支付给运输公司,以下列示了如何在会计等式中记录此项经济业务:

图表 5.3　运输条款

运输条款规定谁拥有商品,以及商品的所有权何时转移。拥有在途商品的企业必须将其成本包含在存货中。	
起运点交货所有权在此转移　…　或者　…　目的地交货所有权在此转移	

起运点交货:所有权在起运点转移,买方拥有在途商品的所有权,所以买方支付运费。	**目的地交货**:所有权在目的地转移,卖方拥有在途商品的所有权,所以卖方支付运费。
买方支付运费;此项成本记录在存货账户中。 **供货商**不支付运费。	**买方**不支付运费。 **供货商**支付运费,此项费用记录为一项营业费用。

资产	=	负债	+	所有者权益	
				实收资本	+ 留存收益
343　存货					
(343)　现金					

思考题 5-1

在以下情况下,识别哪个公司需要支付运费。

1. A 公司从 X 公司购买 10 000 美元的商品,目的地交货。
2. B 公司从 Y 公司购买 10 000 美元的商品,起运点交货。

3. 购货退回与折让

　　由于企业订购了过多的存货、订购了错误的商品或者商品有轻微的残损,一些商品可能就需要退回给供货商。当企业退回商品时,这项交易被称为购货退回。在企业的会计系统中,购货退回的金额就从存货成本中扣减了。因为企业将商品成本记录在存货账户中,当商品退回时,存货账户余额会减少。购货退回的详细内容会记录在公司信息系统的另一部分。企业需要确切地知道在任一特定时期有多少购货被退回。企业应该确保其了解供货商的退货政策。通常,临近年末时,供货商会为销售而建立一个宽松的退货政策。虽然如此,但企业应该只购买其实际需要的存货,而不能因为预计下一个会计期间有购货退回就购买更多的存货。

　　买方可能通过购货折让降低成本而保留残损或不合格商品。当公司获得购货折让时,就像获得了折扣后的买价,所以存货账户余额会减少。购货折让不同于购货退回,因为买方是保留商品的。

　　当一项货物退回时,显示企业欠供货商金额的应付账款账户余额会减少。由于商品退回,存货账户余额也会减少。假设 Quality Lawn Movers 退回了两台不合格的割草机,以下列示了如何在会计等式中记录此项经济业务:

资产	=	负债	+	所有者权益		
				实收资本	+	留存收益
(300)存货		(300)应付账款				

类似地,如果供货商给企业提供了购货折让,企业欠供货商的应付账款就减少了。存货账户的余额也会减少,并体现为存货成本的降低。购货退回和购货折让通常用一个词来形容——**购货退回与折让**(purchase returns and allowances)。

4. 购货折扣

除购货退回与折让外,购货折扣也会引起供货商的报价与实际买价之间的差异。**购货折扣**(purchase discount)是指在折扣期内支付货款可以享受的现金折扣。例如,供货商为使客户尽快付款而提供购货折扣,会在条款中以如下形式描述:"2/10, n/30"。它意味着如果买方在发票日期后的 10 日内支付全部货款,供货商就会赋予其 2% 的现金折扣;否则,需要在 30 日内支付全部货款。供货商可以设定任意折扣条款。"3/15, n/45"是什么意思呢?如果买方在发票日期后的 15 日内支付全部货款,供货商就会赋予其 3% 的现金折扣;否则,需要在 45 日内支付全部货款。客户付款的天数从发票日期后的第一天开始计算。例如,发票日期为 6 月 15 日,折扣条款为"2/10, n/30",那么给予客户购货折扣的时间截止到 6 月 25 日,全部款项的支付截止时间为 7 月 15 日。

企业应该尽可能地利用供货商提供的购货折扣,因为它可以节省大笔资金。例如,供货商提供"2/10, n/30"的条款,如果企业没有在折扣期限内付款,而是直到第 30 天,即最后期限才付款,那么供货商实际向企业收取了年利率 36% 的金额。以下是我们如何计算 36% 的高利率的过程。如果折扣期限到期,企业直到发票日期后的第 30 天才付款,那么企业则是从供货商处"借款"20 天。由于企业没有在折扣期限内付款,供货商就在 20 天内赚取了 2% 的利息额。20 天的 2% 的"贷款"利率也就是 36% 的年利率,通过以下简单的比率等式可以得出:

$$2\% \div 20 = X \div 360$$

假设一年 360 天,求出 X = 36% 的年利率。一些公司会从银行借款(10% 或 12% 的年利率)来利用购货折扣。

假设 Black & Decker 向 Quality Lawn Movers 提供了"1/10, n/30"的条款,Quality Lawn Movers 利用了此购货折扣,并在 6 月 9 日支付了货款。回想一下公司是在 6 月 1 日购买存货,所以付款时间在折扣期限内。Quality Lawn Movers 最初欠 Black & Decker 的 15 000 美元由于价值 300 美元的商品退回而变为 14 700 美元。1% 的折扣额是 147 美元。这意味着公司需支付供货商 Black & Decker 14 553 美元(14 700 – 147)。以下列示了如何在会计等式中记录此项经济业务:

资产	=	负债	+	所有者权益		
				实收资本	+	留存收益
(14 553)现金		(14 700)应付账款				
(147)存货						

付款之前应付账款余额为 14 700 美元,所以整个 14 700 美元都需要从应付账款账户中转出。由于实际支付了 14 553 美元,此金额应从现金账户中扣减。折扣额将使会计等式平衡。因为存货采购被记录为 14 700 美元,但这不是实际的存货成本,所以折扣额就需要扣减存货账户余额。147 美元的扣减额将存货账户余额调整为商品采购的实际成本。

如果 Quality Lawn Movers 没在折扣期限内付款,那么支付行为则被记录为应付账款减少 14 700 美元以及现金减少 14 700 美元。

5. Quality Lawn Movers 购货总结

让我们来回顾 Quality Lawn Movers 存货账户下的交易活动。首先,100 台割草机的最初采购额被记录为存货增加 15 000 美元,然后公司支付了 343 美元的运费,接下来公司退回了两台价值 300 美元的割草机,最后公司利用购货折扣降低了 147 美元的存货成本。98 台割草机的存货账户现在的余额是 14 896 美元,即每台 152 美元。此金额为**库存商品成本**(cost of goods available for sale)。如果该公司有期初存货,那么库存商品成本就应该包含期初存货。以下是一种简单计算库存商品成本的方法:

单位:美元

期初存货	0
+净购货额(等于购货总额减购货退回与折让、购货折扣)	
15 000 − 300 − 147	14 553
+运费(进货运费)	343
=库存商品成本	14 896

思考题 5-2

Jaden 的咖啡小屋采购了 100 磅的哥伦比亚碳烤咖啡豆包装并销售给客户。咖啡豆每磅 5 美元,并且 Jaden 购买了 100 美元的包装袋来包装咖啡豆。当 Jaden 从咖啡豆进口商处收到 500 美元的发票时,会计人员注意到支付条款是"2/10,n/30"。咖啡豆运输条款为目的地交货,运费为 75 美元。会计人员在发票日期后的第五天向咖啡豆进口商付款。销售包装袋给 Jaden 的纸业公司没有提供折扣,所以 Jaden 在收到发票后的几个星期后才向其支付了 100 美元。根据以上采购业务,Jaden 在其存货账户记录了多少数额?

5.1.4 销售商品

你现在已经了解公司如何记录有关采购存货的经济业务。接下来我们来看看当公司销售存货时会发生什么。

记录的销售收入是扣除给予客户的销售退回、折让和折扣后的净额。之前学习的采购存货的知识也可以应用于销售存货,但是所有情况都相反了,不是购货退回与折让,而是销售退回与折让;不是购货折扣,而是销售折扣。

以下是当企业销售时发生的一些典型业务活动:
(1)客户发出订单。
(2)公司批准订单。
(3)仓库打包商品并办理托运。
(4)公司运输商品。
(5)公司向客户开具发票。
(6)公司收到货款。

电脑可以执行其中一些活动。不论企业是通过人工还是电脑执行这些活动,它们有同样的目标:
- 确保企业销售商品或服务给将付款的客户。
- 确保将商品或服务送达给订购的客户。

- 确保向客户开具了正确的发票并收到货款。

1. 销售程序

对销售来说,收入在商品发出时或运输时确认,这取决于运输条款。例如,英特尔运送电脑芯片给 IBM 的运输条款为起运点交货,那么商品离开英特尔时英特尔就确认收入,而不是当订单发出时,或 IBM 支付货款时。你知道商品运输前有很多程序,比如计划、营销和确认订单等,但是收入直到其确实发生时才确认。

图表 5.4 列示了 IBM 财务报表附注中有关收入确认的部分。IBM 确认收入前需要收到货款吗?不,记住 GAAP 认可权责发生制会计。

图表 5.4　IBM 如何确认收入

这只是 IBM 附注中有关收入确认的一小部分。

当收入已实现或已赚取并可实现时公司确认收入。当公司有充分证据表明准备工作、交付工作已经发生,销售价格固定或可确定,以及货款的可收回性可合理保证时,公司便认为收入已实现或已赚取并可实现。交付工作直到商品被运输或服务已经提供给客户时才发生;损失的风险已经转移给客户;获取了客户认可,客户认可条款已经失效,或者企业有客观证据表明客户认可条款中规定的标准已经达标。销售价格直到有关销售的所有意外事件都得到解决时才是固定或可确定的。

2. 记录销售

当销售发生时,就记录销售收入增加,通常简单称为销售增加。继续 Quality Lawn Movers 的案例,假设公司以 4 000 美元的价格赊销了 10 台割草机给 Sam's Yard Service。以下列示了如何在会计等式中记录此项经济业务:

资产	=	负债	+	所有者权益		
				实收资本	+	留存收益
4 000 应收账款						4 000 销售收入

当销售发生时,存货就会减少。记住这是永续盘存制。由于 Quality Lawn Movers 销售了 10 台割草机,其成本就会减少存货账户余额。回想一下每台割草机的成本为 152 美元。减少 10 台割草机的存货就会使存货账户减少 1 520 美元(152 × 10)。费用账户商品销售成本则增加 1 520 美元。以下列示了如何在会计等式中记录此项经济业务:

资产	=	负债	+	所有者权益		
				实收资本	+	留存收益
(1 520)存货						(1 520)商品销售成本

3. 销售退回与折让

企业的客户可能退回商品,企业也可能为销售的商品提供折让。这些金额直接抵减销售收入或先单独计入**销售退回与折让**(sales returns and allowances)账户,这是一个**收入备抵账户**(contra-revenue),在利润表中抵减销售收入。通常在利润表中你会看到销售净额,这是销售总额减销售退回与折让的数额。当客户退回商品给公司时,该客户的应收账款会减少(或者用现金偿付时现金会减少),销售退回与折让会增加,此账户余额最终抵减销售收入。

假设 Sam's Yard Service 发现购买的 10 台割草机中的一台有凹损并丢失了一些螺钉。Sam's

Yard Service 打电话向 Quality Lawn Movers 抱怨，Quality Lawn Movers 的销售员就为毁损的割草机给其提供了 100 美元的销售折让。Sam's Yard Service 接受了此折让并保留了割草机。以下是 Quality Lawn Movers 记录并调整其销售额和 Sam's Yard Service 的欠款的过程：

资产	=	负债	+	所有者权益		
				实收资本	+	留存收益
（100）应收账款						（100）销售退回与折让

4. 销售折扣和运输条款

销售折扣概念的描述，即提前付款而降低销售价格，和之前学习的购货交易中的概念完全相似。公司为激励客户提前付款经常向其提供**销售折扣（sales discount）**。

假设 Quality Lawn Movers 为 Sam's Yard Service 的销售提供了"2/10，n/30"的条款。如果 Sam's Yard Service 在发票日期后的 10 天内付款，Quality Lawn Movers 会降低 2% 的价格，这是 Sam's Yard Service 不应拒绝的优惠。Sam's Yard Service 会支付 3 822 美元，即发票金额 3 900 美元的 98%。回想一下之前 100 美元的销售折让使 4 000 美元减少为 3 900 美元。

就如同销售退回与折让，销售折扣的金额应该从销售收入的账户中扣除，即扣除 78 美元。不论是否使用单独的账户记录销售折扣，利润表都会显示销售净额。在此案例中，销售净额的计算如下：

单位：美元

销售收入	4 000
销售折让	（100）
销售折扣	（78）
销售净额	3 822

以下列示了如何在会计等式中记录从客户处收款的经济业务：

资产	=	负债	+	所有者权益		
				实收资本	+	留存收益
3 822 现金 （3 900）应收账款						（78）销售折扣

注意两点有关记录 Sam's Yard Service 付款的事项：

（1）销售折扣同销售退回与折让一样是一个收入备抵账户。销售折扣账户的余额会和销售退回与折让账户余额一同从销售收入中扣除而得出利润表中的销售净额。

（2）应收账款必须根据 Quality Lawn Movers 记录的 Sam's Yard Service 的应收账款余额全额进行结转。即使收到的现金比这个余额少，但是 Sam's Yard Service 的账户是全额结转的，所以 Quality Lawn Movers 记录的 Sam's Yard Service 的应收账款必须全额从会计记录中转销。

除销售退回与折让和销售折扣外，公司也会关注运输成本。你已经学习了通过运输条款（目的地交货和起运点交货）来确定支付运费的公司。当支付运费时，供货商很可能为承担运费而设定足够高的价格。当供货商支付运费时，这些成本被归类为营业费用。回顾图表 5.3，当你处理运输成本的会计问题时，请注意正确识别你所在公司是运输商品的采购商还是供货商。

5. Quality Lawn Movers 采购和销售总结

企业从期初存货开始，采购额外的存货，然后销售其中一些存货。以下计算过程列示了 Quality

Lawn Movers 发生的经济业务,它提供了采购和销售经济业务的总结:

单位:美元

期初存货	0
购货额(净)	
(15 000 – 300 – 147)	14 553
进货运费	343
库存商品成本	14 896
商品销售成本	1 520
期末存货	13 376

6. 销售税

除收取销售收入外,大部分零售企业必须为州政府收取销售税。销售税是销售价格的一部分。假设 Quality Lawn Movers 销售给客户一台割草机的价格为 400 美元,销售税税率为 4%。Quality 代表政府收取销售税,所以不论它收取多少税款,都属于应交给政府的税款。以下列示了 Quality Lawn Movers 如何记录从客户收取 416 美元现金的经济业务:

资产	=	负债	+	所有者权益		
				实收资本	+	留存收益
416 现金		16 应交销售税				400 销售收入

思考题 5-3

Fedco 以现金方式销售给客户价值 3 000 美元的商品。销售税税率为 5%。那么 Fedco 收到了多少现金?它赚取了多少销售收入?

5.2 记录存货:永续盘存制与定期盘存制

目前我们采购和销售存货的案例中,公司使用的是永续盘存制。有关存货的每项经济业务都会更新存货账户。像你在本章前一部分学习的一样,这被称为永续盘存制,因为它要求每次购货、退回和销售时持续更新存货记录。

本章前一部分简略提到的另一种方法被称为定期盘存制。使用定期盘存制的公司,其会计人员会等到会计期末时调整存货账户余额。会计系统使用了很多不同的账户来记录有关存货的经济业务,而不是直接记录在存货账户中。

由于科技的进步,越来越多的公司使用永续盘存制。例如,当你在 Target 购物,推着购物车去收银台结账时,收银员会扫描你的每一件商品。永续盘存制使 Target 和 Kroger、Safeway、Macy's 等零售商店可以在销售时完成相当于调整商品销售成本的工作。当然,信息系统同时也获取了其他更多的信息。很多公司具有精密的系统,特定商品的供货商可以通过互联网了解采购公司的存货,所以供货商会自动为采购公司运输商品。例如,当沃尔玛的存货记录显示该存货数量低于特定预设水平时,许多供货商就会自动向沃尔玛运输商品。

永续盘存制的一个主要优点是存货记录总是当前状态,并且通过对比存货的实地盘点和记录可以发现是否存在存货短缺。存货短缺是由于损坏、丢失或者员工、客户盗窃而导致的存货的减少。永续盘存制使得公司可以识别存货短缺。但是，对于没有最新电算化支持的企业来说，永续盘存制可能非常难处理。公司可能通过记录减少的每一件已售存货，而非实际记录商品销售成本，来保持实地盘点的存货是当前状态。这实际上是一种没有使用永续盘存制来管理潜在存货短缺的方法。使用永续盘存制追踪盘点存货数量，同时使用定期盘存制追踪成本有时被认为是一种混合系统，然而为了财务报告目的，这被认为是定期盘存制系统，因为会计人员在资产负债表上记录的是存货成本，而不是存货数量。

当公司使用定期盘存制时，存货账户的会计记录只在期末更新。企业必须盘点期末存货，然后计算商品销售成本的数额。也就是说，如果存货消失了，它一定是已销售了。这意味着任何存货短缺都不会从存货销售中单独区分出来。所有消失的存货都被认为是销售了，并且它的成本也会包含在当期的商品销售成本中。

> **思考题 5-4**
>
> 　　假设一个企业非常关注存货盗窃的情况。那么哪一种存货记录方法是该企业的最佳选择？请解释。

5.3　存货成本流转假设

　　目前为止在本章中你已经学习了存货账户中必须包含的成本。所有为销售存货而发生的成本都会成为存货成本的一部分，然后当商品销售时，就成为商品销售成本的一部分。这只是故事的开始。当商品成本随着不同的购货而变化时，存货计价就越来越复杂。

　　假设 Oakley 向 Sunglass Hut 运送了 120 副全新太阳镜。对 Sunglass Hut 而言每副太阳镜的成本为 50 美元。假设一个月之后，Sunglass Hut 需要更多流行的太阳镜并又采购了 120 副。然而这回 Oakley 每副要价 55 美元。如果本月 Sunglass Hut 销售了 140 副 Oakley 太阳镜给客户，那么它销售的是哪次购进的呢？这个问题就是如何在当期商品销售成本和期末（未售出的）存货之间分配存货成本。

　　如果我们知道销售了多少副成本为 50 美元的太阳镜和多少副 55 美元的太阳镜，那么就可以确定准确的商品销售成本。假设 Sunglass Hut 没有记录这项信息的方法。商店只知道销售了 140 副，存货中还剩 100 副。240 副待售眼镜总成本为 12 600 美元。

　　　　120 副 50 美元的太阳镜 + 120 副 55 美元的太阳镜 = 库存商品成本 12 600 美元

　　商店应该如何在 140 副已售太阳镜（商品销售成本）和 100 副未售太阳镜（期末存货）之间分配 12 600 美元呢？

　　Sunglass Hut 会假设哪些太阳镜从存货中流出销售给了客户，哪些还留在存货中。商店销售了全部 50 美元的太阳镜和一些 55 美元的太阳镜？或者销售了全部 55 美元的太阳镜和一些 50 美元的太阳镜？商店做的假设被称为存货成本流转假设，它用于计算利润表中的商品销售成本和资产负债表中的期末存货。商品实际的实物流转不需要和存货成本流转假设一致。库存管理员实际知道 50 美元的太阳镜没有全部售出，因为运送方式使它们处在陈列柜的下方，但是依然可以允许商店在计算商品销售成本时假设 50 美元的太阳镜首先售出。会计中我们关注存货成本流转，即有关商品在公司中流通的流转成本，而不是商品实际的实物流转。

　　GAAP 允许公司在多种存货成本流转假设中选择一种。学习多种存货流转假设可以帮助你了解当经济业务相同时，会计决策会如何影响财务报表上的数据。有如下四种基本的存货成本流转假设用于计算商品销售成本和期末存货：

(1) 个别计价法；

(2) 加权平均成本法；

(3) 先进先出法(FIFO)；

(4) 后进先出法(LIFO)。

5.3.1 个别计价法

个别计价法(specific identification method) 是一种将金额分配至商品销售成本和期末存货中的方法。使用个别计价法的企业实际记录了已售的商品，因为它记录了特定已售商品的实际成本。

使用个别计价法，每一件已售存货项目成本必须以其采购时的单位成本进行确定。个别计价法可以用于确定数量少、大件的、价格昂贵的项目，比如汽车、游艇的成本。然而个别计价法需要耗费大量的时间和金钱确定许多相同项目中的每项成本，比如多副相同的太阳镜。专营大件、同类产品的公司，如波音787梦幻客机，一定会选择使用个别计价法。然而，当你去Foot Locker买一双耐克的跑鞋时，商店会计人员不能准确知道该跑鞋的成本，所以商品销售成本不会通过个别计价法确定。

我们通过一个简单的例子展示如何运用个别计价法。图表5.5展示了一个汽车经销商如何确定每辆已售汽车的成本，即经销商支付给汽车制造商的金额。假设你拥有大众汽车的经销权，购买第一辆大众汽车的价格为22 000美元，第二辆为23 000美元，第三辆为25 000美元。对于客户来说，这三项存货都是一样的，但是每辆汽车都拥有自己特有的车辆识别号码(VIN)。通过查询VIN，你可以准确地知道每辆汽车经销商支付给制造商的金额。假设你在会计期间内销售了两辆汽车，那么商品销售成本是多少？你可以准确地确定销售的汽车及其成本。如果你销售了22 000美元和25 000美元的汽车，那么你的商品销售成本为47 000美元，期末存货23 000美元。但是如果你销售了23 000美元和25 000美元的汽车，那么商品销售成本为48 000美元，期末存货为22 000美元。

图表5.5　使用个别计价法记录存货成本

即每辆汽车销售时，经销商就确认该汽车的成本。商品销售成本体现了每辆已售汽车的成本。

5.3.2 加权平均成本法

很少有企业使用个别计价法，因为记录每个存货项目的成本很高。反而大多数企业都使用其他存货成本流转假设中的一种:加权平均成本法、先进先出法或后进先出法。使用**加权平均成本法**(weighted average cost)的企业对所有库存商品的成本进行平均,然后使用该加权平均成本评估商品销售成本和期末存货。单位平均成本等于库存商品的总成本除以库存商品的总数量。单位平均成本是加权成本,因为不同价格商品的数量用于加权以计算单位成本。计算的单位平均成本应用于所有已售商品获得商品销售成本,以及应用于所有未售商品获得期末存货的价值。如百思买、英特尔、星巴克和奇可思等公司都使用加权平均成本法计算商品销售成本和期末存货的价值。图表5.6展示了一个销售太阳镜的商店如何运用加权平均成本法。

图表5.6　加权平均成本法

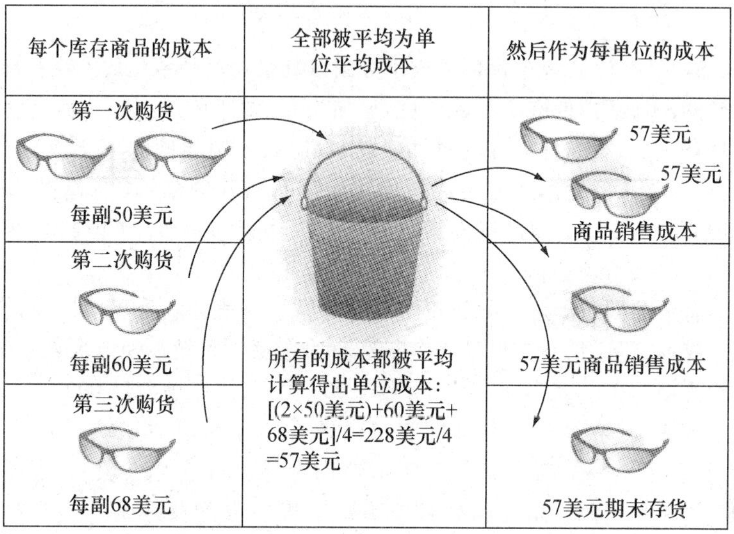

思考图表5.6中展示的太阳镜成本。商店从制造商处采购了4副太阳镜。前两副成本为50美元,第三副成本为60美元,第四副成本为68美元。库存商品的总成本为:

$$(2 \times 50) + 60 + 68 = 228(美元)$$

计算四副太阳镜的平均成本,每副加权平均成本为57美元。

$$228 \div 4 = 57(美元)$$

如果商店现在销售给客户3副太阳镜,那么商品销售成本如下:

$$3 \times 57 = 171(美元)$$

期末存货为57美元。注意171美元的商品销售成本加57美元的期末存货等于228美元,即库存商品成本。

思考题5-5

企业的期初存货为10个茶杯,每个成本为1美元。在3月的第一天,企业以每个2美元的价格采购了20个茶杯。此外没有其他购货行为。在本月的2日至31日之间,企业销售了15个茶杯。如果企业使用加权平均成本法的存货成本流转假设,那么15个茶杯的商品销售成本是多少?

5.3.3 先进先出法(FIFO)

先进先出法(first-in,first-out,FIFO) 是假设最先购进的存货最先被销售的常用存货成本流转方法。最先购进的商品成本分配至最先被销售的商品。期末库存商品的成本根据最近购进的商品确认。苹果、Barnes & Noble 和 Wendy's 都使用先进先出法。

我们用之前加权平均成本法的 4 副太阳镜的例子来了解如何运用先进先出法。假设太阳镜的采购顺序如图表 5.7 所示。不论实际哪副先被销售,最先购进的商品成本就变为商品销售成本。

图表 5.7　先进先出存货流转方法

库存商品成本	商品销售成本 商品销售的实际顺序不一定知道,但假设这是商品的流转顺序:	期末存货
第一次购货 每副50美元		
第二次购货 每副60美元		
第三次购货 每副68美元		
228美元	160美元	68美元

如果商店销售了 3 副太阳镜,商品销售成本则如下:

$$50 + 50 + 60 = 160(美元)$$

期末存货为 68 美元。再次注意 160 美元的商品销售成本加 68 美元的期末存货等于 228 美元,即库存商品成本。

5.3.4 后进先出法(LIFO)

后进先出法(last-in,first-out,LIFO) 是假设最后购进的商品最先被销售的存货成本流转方法。最近购进的商品成本分配至商品销售成本,所以期末存货的成本就被认为是最先购进商品的成本。来自不同行业的企业都使用后进先出法。例如,机械和引擎的制造商卡特彼勒,百事饮料(北美)和菲多利的所有者百事公司,以及经营药物和保健品的麦克森公司。

我们再用之前四副太阳镜的例子来了解如何运用后进先出法。假设太阳镜的采购顺序如图表 5.8 所示。

图表 5.8　后进先出存货流转方法

库存商品成本	商品销售的实际顺序不一定知道，但假设这是商品的流转顺序： 商品销售成本	期末存货
第一次购货 每副50美元		
第二次购货 每副60美元		
第三次购货 每副68美元		
228美元	178美元	50美元

不论实际哪副先被销售,最近购进的商品成本就变为商品销售成本。如果商店销售了3副太阳镜,商品销售成本计算如下:

$$68 + 60 + 50 = 178（美元）$$

期末存货为50美元。再次注意178美元的商品销售成本加50美元的期末存货等于228美元,即库存商品成本。

使用后进先出法的企业必须在财务报表中提供额外的信息披露。图表5.9展示了Tootsie Roll Industries提供的有关存货的信息披露的例子。

图表 5.9　财务报表附注中后进先出法的信息披露

来自 Tootsie Roll Industries 2008 年度报告中附注 1。

存货:

存货通过成本来描述,不能超过市场价值。公司绝大部分存货成本(2008年12月31日和2007年12月31日分别为535.57亿美元和543.67亿美元)都使用后进先出法确定。2008年12月31日和2007年12月31日存货现值超过后进先出法下存货成本的金额大约分别为124.32亿美元和112.84亿美元。

尽管Tootsie Roll Industries使用后进先出法,但是它也会披露有关期末存货现值的信息。记住LIFO下存货使用最早的成本进行评估,因为最近的成本都作为商品销售成本进入利润表。早的存货通常被形容为早的"LIFO"层次。当一个使用LIFO的企业确定了安全存货库存量,并且从不销售它的整个存货时,LIFO层次的存货可能就会持续很长一段时间。LIFO具有争议,因为企业可以在期末采购额外的存货,然后不需要销售就可以改变商品销售成本。不论仅以改变商品销售成本为目的而采购额外存货的行为是不是道德,你都应思考这些内容。即使你认为这是不道德的,你也应该注意当使用LIFO时会导致这种情况发生。

图表 5.10 列示了商品销售成本和期末存货成本三种计算方法——加权平均成本法、先进先出法和后进先出法的比较。

图表 5.10　加权平均成本法、先进先出法和后进先出法的比较

该图表比较了计算商品销售成本和期末存货成本的三种方法——加权平均成本法、先进先出法和后进先出法，使用了 4 副太阳镜的例子。没有识别 3 副被销售的太阳镜和 1 副留在期末存货中的太阳镜的成本是为了强调商品的实际实物流转并不影响存货成本流转方法。

购货	商品销售成本	期末存货
每副50美元 每副60美元 每副68美元		
加权平均成本法	57+57+57=171（美元）	57美元
先进先出法	50+50+60=160（美元）	68美元
后进先出法	68+60+50=178（美元）	50美元

思考题 5-6

Jayne's 珠宝店在 3 月采购了三只钻石和祖母绿手镯。当月钻石的价格波动较大，导致供货商销售给 Jayne's 珠宝店的手镯价格不同。

a. 3 月 5 日，第一只手镯的成本为 4 600 美元。
b. 3 月 15 日，第二只手镯的成本为 5 100 美元。
c. 3 月 20 日，第三只手镯的成本为 3 500 美元。

假设 Jayne's 珠宝店以每只 7 000 美元的价格销售了两只手镯。

1. 使用先进先出法，商品销售成本是多少？毛利是多少？
2. 使用后进先出法，商品销售成本是多少？毛利是多少？
3. 使用加权平均成本法，商品销售成本是多少？

5.3.5　存货成本流转假设如何影响财务报表

你注意到了刚才学习的例子中同一组事实和经济业务会导致财务报表上不同金额的商品销售成本和期末存货吗？接下来，你会学习企业选择的存货成本流转假设如何影响财务报表。

1. 不同存货成本流转假设下记录的存货和商品销售成本的差异

图表 5.11 展示了 Kaitlyn's 照相馆的存货记录。商店销售了一台相对不太贵的类型独特的一次性相机。首先我们将会在定期盘存制下使用加权平均成本法、先进先出法和后进先出法计算 1 月的商品销售成本和期末存货,然后在永续盘存制下再次计算。

图表 5.11 Kaitlyn's 照相馆的存货记录

1月1日	期初存货	8 台相机	每台 10 美元
1月8日	销售	3 台相机	每台 50 美元
1月16日	购货	5 台相机	每台 12 美元
1月20日	销售	8 台相机	每台 55 美元
1月30日	购货	7 台相机	每台 14 美元

不论公司选择哪种方法,库存商品成本——期初存货加购货——是相同的。这是库存商品成本的计算方法:

$$库存商品成本 = 期初存货 + 购货$$

Kaitlyn's 照相馆 1 月的库存商品成本为 238 美元。

80 美元　　　　+　　　　60 美元　　　　+　　　　98 美元　　　　= 238 美元
　↓　　　　　　　　　　　↓　　　　　　　　　　　↓
(8 台相机 × 每台 10 美元)　(5 台相机 × 每台 12 美元)　(7 台相机 × 每台 14 美元)

存货成本流转假设和记账方法决定了库存商品的金额如何在商品销售成本与期末存货中分配。

回想一下企业可以在每次销售(永续盘存制)或会计期末(定期盘存制)更新会计记录。为了使你学习存货成本流转的计算量最小,首先我们会从定期盘存制的例子开始,然后再根据永续盘存制重复之前的例子。不论企业使用哪种记账方法,先进先出法、后进先出法和加权平均成本法之间存货流转差异的概念是一样的。

加权平均成本法——定期盘存制

当企业选择定期盘存制时,存货记录中的计算在所有方法中是最简单的。Kaitlyn's 将期初存货的成本和所有购货的成本相加得到库存商品成本。Kaitlyn's 之前计算的那个金额为 238 美元。然后 238 美元除以所有库存相机的数量(即构成 238 美元的相机数量),得到每台相机的加权平均成本。Kaitlyn's 总共拥有 20 台(8 + 5 + 7)库存相机。238 美元除以 20 台相机得到每台相机 11.90 美元。单位加权平均成本就用于计算商品销售成本和期末存货:

　　11　　　×　　11.90 美元　　=　**130.90 美元商品销售成本**
　　↓　　　　　　　　↓
(已售相机数量)　　(单位成本)

　　9　　　×　　11.90 美元　　=　**107.10 美元期末存货**
　　↓　　　　　　　　↓
(期末存货中相机数量)　(单位成本)

商品销售成本(130.90 美元)加期末存货(107.10 美元)等于商品库存成本(238 美元)。

先进先出法——定期盘存制

月末时 Kaitlyn's 知道 1 月份已售相机的总数量为 11 台。Kaitlyn's 使用先进先出法,当存货销售时,它记录最早的相机成本。最先进入存货的项目最先转出并作为商品销售成本进入利润表。所以企业以每台 10 美元的 8 台期初相机存货成本记录为商品销售成本的第一部分。1 月 16 日,Kaitlyn's

采购了 5 台相机,所以企业也会将其中 3 台的成本作为商品销售成本的一部分。当月销售了 11 台相机。利润表会显示 116 美元的商品销售成本。

$$8 \text{ 台相机} \times \text{每台} 10 \text{ 美元} = 80 \text{ 美元}$$
$$3 \text{ 台相机} \times \text{每台} 12 \text{ 美元} = \underline{36 \text{ 美元}}$$
$$\text{商品销售成本} = \underline{116 \text{ 美元}}$$

资产负债表中存货还剩多少?

$$2 \text{ 台相机} \times \text{每台} 12 \text{ 美元} = 24 \text{ 美元}$$
$$7 \text{ 台相机} \times \text{每台} 14 \text{ 美元} = \underline{98 \text{ 美元}}$$
$$\text{期末存货} = \underline{122 \text{ 美元}}$$

注意商品销售成本加期末存货等于 238 美元,即 1 月份的库存商品成本。图表 5.12 展示了 Kaitlyn's 照相馆先进先出存货成本流转方法。

图表 5.12 Kaitlyn's 照相馆先进先出存货成本流转假设

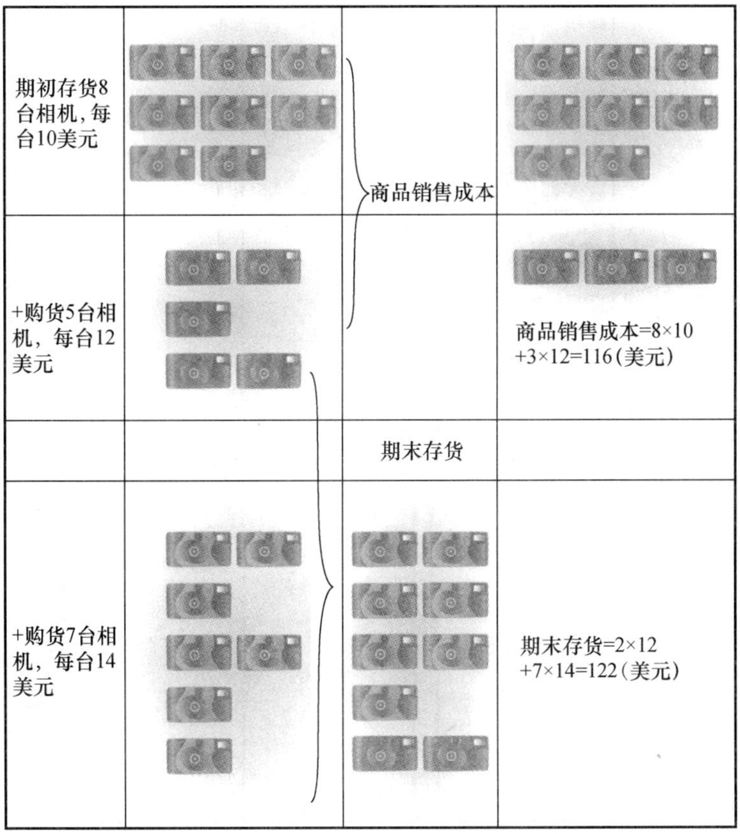

后进先出法——定期盘存制

当在定期盘存制下使用任何存货流转方法时,你都会从计算当月销售的相机总数量开始。我们知道 Kaitlyn's 照相馆 1 月份销售了 11 台相机。Kaitlyn's 使用后进先出法,对于最先销售的存货以最新的相机成本记录。最后进入存货的相机成本最先作为商品销售成本进入利润表。对于后进先出法,我们从按相机采购顺序排列的购货清单的末尾开始。

1 月 30 日的购货为 7 台相机,所以 Kaitlyn's 将这些成本作为最先售出相机的商品销售成本。

1月16日的购货为5台相机,所以Kaitlyn's会将其中4台的成本作为商品销售成本,得到11台已售相机的商品销售成本总额。

7台相机 × 每台14美元 = 98美元
4台相机 × 每台12美元 = 48美元
商品销售成本　　　　　 = 146美元

资产负债表中存货还剩多少?

1台相机 × 每台12美元 = 12美元
8台相机 × 每台10美元 = 80美元
期末存货　　　　　　 = 92美元

注意商品销售成本(146美元)加期末存货(92美元)等于库存商品成本(238美元)。图表5.13展示了Kaitlyn's照相馆后进先出存货成本流转方法。

图表5.13　Kaitlyn's照相馆后进先出存货成本流转假设

期初存货8台相机,每台10美元		期末存货=8×10+1×12=92(美元)
+购货5台相机,每台12美元		
+购货7台相机,每台14美元	商品销售成本=7×14+4×12=146(美元)	

加权平均成本法——永续盘存制

当企业使用永续盘存制时,每次销售发生时存货都会减少。科技使得企业使用永续盘存制更便捷,但是计算却更复杂一点。当你学习这些例子时,要仔细追溯购货和销售的日期。

如果公司选择在永续盘存制下使用加权平均成本假设,会计人员在每次购货和销售时都会计算一个新的加权平均成本。这种方法通常被称为移动加权平均法,因为平均成本随着每次交易而变化。现代企业的计算机系统可以很容易地处理这种记录方式,但是仅仅依靠计算器来计算永续盘存制下的加权平均成本法会非常麻烦。

当Kaitlyn's照相馆在1月8日销售了3台相机时,1台相机的加权平均成本就是期初存货的每台成本。所以1月8日的商品销售成本为30美元。这样存货中就剩下5台成本为10美元的相机。1月16日，Kaitlyn's采购了5台成本为12美元的相机。那么1台相机的加权平均成本现在就是：

$$[(5\times 10 \text{ 美元})+(5\times 12 \text{ 美元})]/\text{总量} 10 = \text{每台} 11 \text{ 美元}$$

1月20日Kaitlyn's照相馆销售了8台相机。商品销售成本为88美元，存货中剩下2台加权平均成本为11美元的相机。

当1月30日采购了7台成本为14美元的相机时，就必须计算一个新的加权平均成本。

$$[(2\times 11 \text{ 美元})+(7\times 14 \text{ 美元})]/\text{总量} 9 = \text{每台} 13.33 \text{ 美元}$$

1月份的商品销售成本为88美元+30美元=118美元。

1月份的期末存货为120美元(9台相机×每台13.33美元，四舍五入)。

先进先出法——永续盘存制

使用永续盘存制，当每次销售发生时必须计算和记录商品销售成本。只有在销售日之前采购的存货才会成为商品销售成本的一部分。永续盘存制要求你关注商品采购和销售的日期。Kaitlyn's的第一笔销售是在1月8日，Kaitlyn's只能根据期初存货中的相机计算1月8日的商品销售成本。其他购货发生在未来，Kaitlyn's在1月8日不知道它们的任何信息。

1月8日的商品销售成本为：

$$3 \text{ 台相机} \times \text{每台} 10 \text{ 美元} = 30 \text{ 美元}$$

接下来，1月20日销售了8台相机。因为存货成本流转假设为先进先出法，Kaitlyn's将期初存货中剩余的相机作为商品销售成本的一部分。所以1月20日的商品销售成本必须从期初存货中剩余的5台相机开始计算——5台相机×每台10美元=50美元。为获得另外3台相机的成本而计算8台相机总成本，Kaitlyn's会从1月16日的购货中计算这3台的成本，即3台相机×每台12美元=36美元。所以1月20日的商品销售成本总额为86美元(50+36)。

商品销售成本的总结：

$$3 \text{ 台相机} \times \text{每台} 10 \text{ 美元} = 30 \text{ 美元}$$
$$5 \text{ 台相机} \times \text{每台} 10 \text{ 美元} = 50 \text{ 美元}$$
$$3 \text{ 台相机} \times \text{每台} 12 \text{ 美元} = 36 \text{ 美元}$$
$$\text{商品销售成本总额} = 116 \text{ 美元}$$

1月底存货还剩多少？

$$2 \text{ 台相机} \times \text{每台} 12 \text{ 美元} = 24 \text{ 美元}$$
$$7 \text{ 台相机} \times \text{每台} 14 \text{ 美元} = 98 \text{ 美元}$$
$$\text{期末存货总额} = 122 \text{ 美元}$$

如果你回顾定期盘存制下先进先出法的例子，你会发现永续盘存制下先进先出法计算得出的商品销售成本与定期盘存制下先进先出法计算得出的结果是一样的，并且后者更容易计算。

这是一个巧合还是一个可预测的模式呢？观察两种方法下假设销售的特定相机，你会发现这不仅仅是巧合。无论企业实际使用哪种记账方法，永续盘存制下先进先出法或定期盘存制下先进先出法，会得出当期相同的商品销售成本金额和期末存货金额。遗憾的是，后进先出法或加权平均成本法却不是如此。

后进先出法——永续盘存制

永续盘存制下选择后进先出法比先进先出法使会计系统更加复杂。每次销售发生时，商品销售成本根据销售日前最后一次购货的成本确定。由于采购和销售的时间差，定期盘存制下后进先出法和永续盘存制下后进先出法得出的数额可能会稍微有些不同。

Kaitlyn's第一次销售是在1月8日。只有期初存货中的相机可以用于计算Kaitlyn's 1月8日的商品销售成本。其他购货发生在未来，Kaitlyn's 在 1 月 8 日不知道它们的任何信息。1 月 8 日的商品销售成本为 3 台相机 × 每台 10 美元 = 30 美元。

接下来，1 月 20 日销售了 8 台相机。因为存货成本流转假设为后进先出法，Kaitlyn's 将 1 月 20 日前最近采购的相机确定为商品销售成本的一部分。所以 1 月 20 日的商品销售成本从 1 月 16 日采购的 5 台相机开始计算——5 台相机 × 每台 12 美元 = 60 美元。为获得剩下 3 台相机的成本而计算 1 月 20 日销售的 8 台相机的总成本，Kaitlyn's 会从期初存货中挑选 3 台相机：3 台相机 × 每台 10 美元 = 30 美元。所以 1 月 20 日的商品销售成本总额为 90 美元(60 + 30)。

商品销售成本的总结：

    3 台相机 × 每台 10 美元 = 30 美元(1 月 8 日的销售)
    5 台相机 × 每台 12 美元 = 60 美元(1 月 20 日的销售)
    3 台相机 × 每台 10 美元 = 30 美元(1 月 20 日的销售)
    商品销售成本总额 = 120 美元

1 月底存货还剩多少？

    2 台相机 × 每台 10 美元 = 20 美元
    7 台相机 × 每台 14 美元 = 98 美元
    期末存货总额 = 118 美元

如果你回顾定期盘存制下后进先出法的例子，你会发现它导致了更高一些的商品销售成本，即 146 美元。那是因为在定期盘存制下，Kaitlyn's 被允许"假装"销售了 1 月 30 日购买的存货。也就是说，存货成本流转假设认可不一定发生的假设的商品流动。

2. 存货成本流转假设总结

企业使用三种存货成本流转假设（加权平均成本法、先进先出法和后进先出法）和两种记录方法（永续盘存制和定期盘存制）的所有组合。会计人员和企业调整这些方法以满足特定行业的需求。有时企业使用永续盘存制记录存货，但到了期末则使用定期盘存制计算商品销售成本。你从我们学习过的例子中发现，公司选择记录存货的方法能够影响列报的商品销售成本、存货和净收益。

图表 5.14 展示了例子中定期盘存制下加权平均成本法、先进先出法和后进先出法各自的商品销售成本和期末存货。各例子中，注意商品销售成本和期末存货的总和为 238 美元，即库存商品成本。对于无论是永续盘存制还是定期盘存制下的先进先出法、后进先出法和加权平均成本法，这都是成立的。你可以阅读有关企业是如何在财务报表附注中进行这项重要计算的。

图表 5.14　Kaitlyn's 照相馆存货数据汇总

单位：美元

存货成本流转假设	先进先出法	后进先出法	加权平均成本法
商品销售成本	116	146	131
期末存货	122	92	107

注：舍入取整的美元金额。

> **思考题 5-7**
>
> Jones Saddle 公司在 2011 年 8 月发生以下经济业务：
> - 8 月 10 日，采购了 30 个每单位 20 美元的存货；
> - 8 月 15 日，采购了 20 个每单位 21 美元的存货；
> - 8 月 20 日，采购了 20 个每单位 23 美元的存货；
> - 8 月 30 日，以每单位 30 美元销售了 35 件存货。
>
> 使用以下每种存货成本流转假设计算商品销售成本：（1）先进先出法；（2）后进先出法；（3）加权平均成本法（这个例子中，永续盘存制和定期盘存制的答案是一样的，因为所有购货都发生在销售之前）。

3. 先进先出法和后进先出法的所得税效应

由上述分析可知，存货成本流转假设会影响利润表中的商品销售成本数额和资产负债表中的存货数额。那么存货成本流转假设对现金流量表有什么影响呢？我们来看看 Kaitlyn's 照相馆的利润表和现金流量表，以解释什么使得公司偏好一种假设胜过另一种。首先，回顾图表 5.14，它汇总了三种常用方法下计算得出的商品销售成本。

无论使用哪种存货成本流转假设，销售收入和营业费用都是一样的。之前我们了解到销售收入为 590 美元。现在请看图表 5.15，注意我们增加了两项新数据，现金支付的 50 美元的营业费用和 30% 的所得税。图表 5.15 展示了每种存货成本流转假设下的利润表。

图表 5.15 Kaitlyn's 照相馆使用定期盘存制在各种成本流转假设下的利润表

由于存货成本一直都在上升，这意味着采用后进先出法会产生更高的商品销售成本和更低的应纳税所得额。之所以强调商品销售成本和所得税，是因为它们是导致后进先出法下收益低于先进先出法下收益的原因。

单位：美元

存货成本流转假设	先进先出法	后进先出法	加权平均成本法
销售收入*	590	590	590
商品销售成本	116	146	131
营业费用	50	50	50
税前收益	424	394	409
所得税（30%）	127	118	123
净收益	**297**	**276**	**286**

*（3×50）+（8×55）= 590

由于先进先出法会产生更高的净收益而让你认为它是最佳选择之前，请注意这仅仅在存货成本不断上升的时期内是有效的。另外，我们确实需要观察现金流量表以发现存货成本流转方法对现金流量有什么影响。图表 5.16 展示了各种存货成本流转假设下的现金流量表。

图表 5.16　Kaitlyn's 照相馆在各种存货成本流转假设下的现金流量表

所有方法会产生相同的现金流,除所得税项目。这个例子假设所有的经济业务都是现金交易。

单位:美元

存货成本流转假设	先进先出法	后进先出法	加权平均成本法
从客户处收到的现金	590	590	590
购买存货支付的现金	(238)	(238)	(238)
营业费用支付的现金	(50)	(50)	(50)
所得税支付的现金	(127)	(118)	(123)
经营活动产生的现金净额	175	184	179

如果对比图表 5.15 和图表 5.16,你会注意到尽管后进先出法产生了最低的净收益,但是它产生了最高的经营活动现金净额。更低净收益的直接结果就是所得税的节省。后进先出法在存货成本不断上升的时期会产生最高的现金净额。如果 Kaitlyn's 使用后进先出法,而不是先进先出法,它将节省 9 美元的所得税,并且可以使用那些钱去做广告或雇用新员工。试想如果这些节省的金额是数百万美元,那将会怎样? 存货成本上升时,企业通常使用后进先出法以节省数百万美元的金额。使用后进先出法的缺点是与先进先出法或加权平均成本法相比会产生更低的净收益。

4. 企业如何选择存货成本流转方法

现在思考可能影响企业选择存货成本流转假设的一些因素。

(1) 同类公司的一致性。企业通常选择同行业中其他企业使用的方法。那么经理可以很容易地对比企业与竞争企业的存货水平。投资者也不需要统一不同的存货方法就可以对比同类公司。

(2) 税金节约额和现金流量最大化。企业可能希望使税金节约额和现金流量最大化。在对 Kaitlyn's 照相馆各种存货方法的分析中你会发现,当存货成本上升时,公司使用后进先出法比先进先出法产生的商品销售成本更高。出现差异是因为最近更高的购货成本作为商品销售成本进入利润表,而早期更低的购货成本则作为存货留在资产负债表中。更高的商品销售成本导致了更低的净收益。尽管财务会计和税务会计通常都大不相同,但是美国国税局要求任何使用后进先出法计算所得税的公司在财务报告中也必须使用后进先出法。这被称为后进先出法一致性原则。所以在存货成本上升的时期,如果企业想利用更低的所得税,那么企业也必须向股东报告更低的净收益。企业选择后进先出法的主要原因就是减少所得税。请在"商业视角"专栏中了解更多有关后进先出法与税收的内容。

(3) 净收益最大化。在价格不断上升的时期,使用先进先出法会产生更高的净收益。那是因为更早、更低的购货成本作为商品销售成本进入利润表。假设你是 CFO,你的奖金取决于能否达到特定水平的盈余。你可能会放弃后进先出法产生的税收效益而选择先进先出法保持更高的净收益。

无论企业使用哪种存货成本流转方法,该方法必须连贯使用,以便于一个期间的财务报表可以和以前期间的财务报表相比较。只有当改变方法能够改进企业业绩或财务状况的衡量方式时,企业才可以改变存货成本流转方法。图表 5.17 给出了企业如果改变存货成本流转方法所必须做出披露的例子。

图表 5.17 改变存货成本流转方法的披露

这只是 Avery Dennison 公司 2007 年 12 月 29 日财务报表附注中存货披露的一部分。注意改变存货方法的理由被突出强调了。

会计方法的改变

2007 年的第四季度开始，公司的美国业务改变了存货记录的会计方法，从混合使用先进先出法和后进先出法变为先进先出法。公司的国际业务继续使用先进先出法评估存货。公司认为这次改变是可取的，因为先进先出法可以更好地反映合并资产负债表中存货的现值，更好地使合并利润表中的收入和费用相配比，使得公司业务中有关存货的会计处理相一致，以及增强与同行的可比性。

如果公司没有改变存货的会计政策，2007 年 12 月 29 日的税前收益将减少 110 万美元。

商业视角

存货成本流转假设和税收

GAAP 给予企业选择存货成本的会计方法相当大的自由。在价格上升的时期，后进先出法相对于先进先出法能产生税收效益。税收是依据净收益的百分比计算的，商品销售成本在计算中会被扣除。商品销售成本越高，产生的应纳税所得额就越低。这是由会计决策产生的真实经济效益。在 20 世纪，成本是不断上升的，所以企业选择后进先出法的存货方法来节税是明智的。但是最近的会计实务调查，如《会计趋势与技术》(2008) 报道仅有 30% 左右的企业使用后进先出法，大多数只用于存货的一小部分。哪些因素影响企业存货方法的选择以及为什么企业不选择使用后进先出法呢？

更低的盈余

就如你刚才了解到的，如果企业使用后进先出法节税，那么企业在财务报告中也必须使用后进先出法。这被称为后进先出法一致性原则。这是一般原则的例外，一般原则是指企业可能使用一种会计方法进行财务报告而使用另一种方法计算所得税。关于存货，要求一致性意味着在价格上升的时期选择后进先出法计算所得税会导致财务报表中更低的所得税和利润。为什么那是一个问题呢？

经理可能担心更低的盈余会对企业股票价格有负面影响。经理可能有基于盈余的薪酬合同，所以更低的盈余可能意味着更低的奖金。

国际财务报告准则 (IFRS)

IFRS 不允许使用后进先出法。所以如果企业有国际业务，就不能在那些业务中使用后进先出法。许多企业对国内存货使用后进先出法，但对非本国业务必须使用先进先出法或加权平均成本法。随着 GAAP 和 IFRS 的趋同，存货对于任何使用后进先出法的企业来说都会是一个重要问题。

大部分时候，会计方法的选择很难追溯到特定的经济后果。但是对于存货，会计方法的选择会对企业产生相当大的经济差异——实际金额。也就使存货成本流转方法的选择成为一项重要的经济决策。

> **简 讯**
>
> **国际财务报告准则(IFRS)的新闻**
>
> GAAP 和 IFRS 最众所周知的差异之一就是有关存货的内容。IFRS 不允许使用后进先出法。因为 GAAP 的后进先出法一致性原则(使用后进先出法计算所得税意味着你必须在财务报告中也使用后进先出法),对由于存货成本上升而已经使用后进先出法的企业来说,取消后进先出法会引起一些非常重大的税收问题。

> **思考题 5-8**
>
> 解释后进先出法一致性原则。GAAP 下的会计准则和美国国税局法规之间的一般关系是什么?

5.4 Team Shirts 存货假设的应用

Team Shirts 从 2010 年 1 月至今已经完成了四个月的经济业务。当公司进行 5 月的经济业务时,存货价格开始变化。这意味着 Team Shirts 必须选择一种存货成本流转假设。如果你回顾前四个月的经济业务,会发现存货价格一直都是每件 4 美元。当存货价格相同时,就没有必要进行成本流转假设,因为每种方法都会产生相同的存货价值和商品销售成本。你也应该回想一下 Team Shirts 在存货销售时会同时记录相关存货的减少。你已经学过这种被称为永续盘存制的方法。

图表 5.18 展示了 Team Shirts 2010 年 5 月 1 日的资产负债表。如你所知,这与图表 4.15 中 Team Shirts 2010 年 4 月 30 的资产负债表是相同的。

图表 5.18 Team Shirts 2010 年 5 月 1 日资产负债表

Team Shirts
资产负债表
2010 年 5 月 1 日
(单位:美元)

资产		负债和所有者权益	
流动资产:		流动负债:	
现金	3 295	应付账款	4 000
应收账款(扣除 160 美元坏账准备后的净额)	7 840	应付利息	60
		应付票据	3 000
存货	1 100	流动负债合计	7 060
预付费用	1 825	所有者权益:	
流动资产合计	14 060	普通股	5 000
电脑(扣除 200 美元累计折旧后的净额)	3 800	留存收益	5 800
		所有者权益合计	10 800
资产合计	17 860	负债和所有者权益合计	17 860

图表 5.19 展示了 Team Shirts 5 月的经济业务。

图表 5.19　Team Shirts 2010 年 5 月会计等式工作表　　　　　　　　　　　　　　　　单位：美元

	资产			=	负债		+	所有者权益	
	现金	所有其他资产	（账户）		所有负债	（账户）		实收资本 普通股	留存收益 （账户）
期初 余额	3 295	8 000 (160) 1 100 25 1 800 4 000 (200)	应收账款 坏账准备 存货 预付保险费 预付租金 电脑 累计折旧		4 000 3 000 60	应付账款 应付票据 应付利息		5 000	5 800
经济 业务									
1	(300)	300	预付保险费						
2	7 900	(7 900)	应收账款						
3	(4 000)				(4 000)	应付账款			
4		4 800	存货		4 800	应付账款			
5	9 900				9 900	预收账款			
6		8 800 (3 200)	应收账款 存货						8 800　销售收入 (3 200) 商品销售成本
7	(500)	300	预付网站 设计费						(200) 网站设计费
8		(100) 100	应收账款 坏账准备						
9		4 200	存货		4 200	应付账款			
10	(3 090)				(3 000) (60)	应付票据 应付利息			(30) 利息费用
11	(400)								(400) 营业费用
A-1		(75)	预付保险费						(75) 保险费用
A-2		(1 200)	预付租金						(1 200) 租金费用
A-3		(50)	预付网站 设计费						(50) 网站设计费
A-4		(100)	累计折旧						(100) 折旧费用
A-5		(1 800)	存货		(4 950)	预收账款			4 950　销售收入 (1 800) 商品销售成本
A-6		(116)	坏账准备						(116) 坏账费用
	12 805	+ 18 524		=	13 950		+	5 000	+ 12 379

资产（非现金）　　　　　　　　　　　　　　　**负债**
应收账款　　　　　　　　　　8 800　　　　　　应付账款　　　　　　　　　9 000
坏账准备　　　　　　　　　　(176)　　　　　　应付利息　　　　　　　　　　　0
存货　　　　　　　　　　　　5 100　　　　　　应付票据　　　　　　　　　　　0
预付保险费　　　　　　　　　　250　　　　　　预收账款　　　　　　　　　4 950
预付租金　　　　　　　　　　　600　　　　　　合计　　　　　　　　　　　13 950
预付网站设计费　　　　　　　　250
电脑　　　　　　　　　　　　4 000
累计折旧　　　　　　　　　　(300)
合计　　　　　　　　　　　18 524

首先，我们将记录会计等式中的每一笔经济业务。然后，我们将回顾这些记录来确认是否需要调整。

经济业务 1：支付保险。Team Shirts 以现金方式支付三个月的保险费 300 美元，保险范围始于 5 月 15 日。企业将所有的保险费用记录为预付保险费。在月末将其调整记录为费用。

资产	=	负债	+	所有者权益		
				实收资本	+	留存收益
（300）现金 300 预付保险费						

经济业务 2：应收账款的收回。Team Shirts 从以前购买其 T 恤的客户处收回 7 900 美元。不确认收入是因为销售最初发生时已经确认收入了。收回只是将一种资产（应收账款）变为另一种资产（现金）。

资产	=	负债	+	所有者权益		
				实收资本	+	留存收益
7 900 现金 （7 900）应收账款						

经济业务 3：偿还应付账款。Team Shirts 偿还了 4 000 美元的应付账款。这偿清了该笔债务总额。

资产	=	负债	+	所有者权益		
				实收资本	+	留存收益
（4 000）现金		（4 000）应付账款				

经济业务 4：采购存货。Team Shirts 赊购了 1 200 件单价 4 美元的 T 恤。

资产	=	负债	+	所有者权益		
				实收资本	+	留存收益
4 800 存货		4 800 应付账款				

经济业务 5：收到预收账款。Team Shirts 同意以单价 11 美元销售 900 件 T 恤给当地的学校系统。Team Shirts 运货前收到 9 900 美元现金。一半的 T 恤在 5 月 30 日运送，剩下的一半会在 6 月运送。

资产	=	负债	+	所有者权益		
				实收资本	+	留存收益
9 900 现金		9 900 预收账款				

经济业务 6：销售 Team Shirts。以单价 11 美元赊销了 800 件 T 恤。这意味着公司向客户提供了贷款，Team Shirts 在以后会收回款项。

资产	=	负债	+	所有者权益		
				实收资本	+	留存收益
8 800 应收账款						8 800 销售收入

记录销售收入的同时，Team Shirts 记录存货的减少。如你所知，存货的减少是一项被称为商品销售成本的费用。在这个时间点上，所有存货项目的成本都相同——4 美元，所以商品销售成本为 3 200 美元。期初存货有 275 件单价 4 美元的 T 恤，所以那些存货被假设先售出。剩下的 525 件来自最近以单价 4 美元采购的 1 200 件 T 恤。

资产	=	负债	+	所有者权益		
				实收资本	+	留存收益
（3 200）存货						（3 200）商品销售成本

经济业务 7：支付网站设计费和六个月的维修费。Team Shirts 雇用了网站设计师为企业建设网站页面。企业向网站设计师支付 200 美元网站设计费和 300 美元六个月的维修费。5 月整月的维修费会被记录。

资产	=	负债	+	所有者权益		
				实收资本	+	留存收益
300 预付网站设计费						
（500）现金						（200）网站设计费

经济业务 8：冲销一笔特定的应收账款。Team Shirts 冲销了 Ace Sports 100 美元的应收账款余额，它是一个已经宣布破产的客户。

资产	=	负债	+	所有者权益		
				实收资本	+	留存收益
（100）应收账款						
100 坏账准备						

经济业务 9：采购存货。Team Shirts 以 4 200 美元的价格赊购了 1 000 件 T 恤。

资产	=	负债	+	所有者权益		
				实收资本	+	留存收益
4 200 存货		4 200 应付账款				

经济业务 10：偿还带息票据。Team Shirts 月初有一张 3 000 美元的短期应付票据。它在 3 月 1 日发行，所以三个月的利息也已经支付了。票面利率为 12%。之前 3 月底和 4 月底的利息已经到

期。也就是记录每月 30 美元的利息费用和应付利息。所以这里三个月所需支付利息为 90 美元,其中 60 美元是应付利息,30 美元会被记录为 5 月的利息费用。票据本金的偿还和利息的偿还是分开列示的,因为如果它们是分开的就更容易编制现金流量表。票据本金的偿还是筹资活动导致的现金流出,然而利息的偿还是经营活动导致的现金流出。利息的支出和收入总是被划分为现金流量表中经营活动产生的现金流量。

资产	=	负债	+	所有者权益		
				实收资本	+	留存收益
(3 000)现金		(3 000)应付票据				
(90)现金		(60)应付利息				(30)利息费用

经济业务 11:支付营业费用。Team Shirts 以现金方式支付 400 美元的其他营业费用。

资产	=	负债	+	所有者权益		
				实收资本	+	留存收益
(400)现金						(400)营业费用

所有这些日常经济交易都记录在图表 5.19 会计等式工作表中。现在 Team Shirts 在编制 5 月的财务报表之前必须做出一些调整。当你学习每项调整时,请在会计等式工作表中识别该记录。

调整 1:保险费需要记录。5 月的保险费总额为 75 美元,即前半个月的 25 美元(用完预付保险费的期初余额)和后半个月的 50 美元(从 5 月 15 日开始的每月 100 美元的新政策)的合计数。

调整 2:租金费用需要记录。该月租金费用为 1 200 美元。

调整 3:5 月的网站服务费 50 美元需要记录。

调整 4:电脑每月 100 美元的折旧费用需要记录。

调整 5:900 件 T 恤的一半运送给了学校,所以预收账款中的一半需要确认收入,即需要确认 4 950 美元的收入。存货的减少也必须记录。回想一下 Team Shirts 使用的是先进先出法。存货中剩余每件成本为 4 美元的 T 恤 675 件,以及最近采购的每件成本为 4.2 美元的 T 恤 1 000 件。使用先进先出法,运送的 450 件 T 恤(学校提前支付 900 件 T 恤一半的货款)假设来自最早的存货,所以商品销售成本为 450×4 美元=1 800 美元。

调整 6:企业必须根据应收账款的期末余额记录坏账费用。期末余额为 8 800 美元,企业估计其中 2% 为不能收回的款项,那就是 176 美元。然而上月坏账准备账户中还剩余 60 美元。5 月 1 日资产负债表中列示的坏账准备期初为 160 美元。在经济业务 8 中,一项特定的 100 美元的款项被冲销了,这就使坏账准备变为 60 美元。现在,5 月末,Team Shirts 希望坏账准备余额为 176 美元(应收账款余额的 2%),那意味着 5 月只记录 116 美元的坏账费用。会计等式中的调整就将增加 116 美元的坏账准备而使其达到要求的 176 美元的余额。

调整之后,就可以编制财务报表了。确保图表 5.20 财务报表中的每项数额都可以追溯到图表 5.19 的会计等式工作表中。

图表 5.20 Team Shirts 2010 年 5 月的财务报表

<table>
<tr><td colspan="2" align="center">Team Shirts
利润表
截至 2010 年 5 月 31 日
（单位：美元）</td></tr>
<tr><td>销售收入</td><td align="right">13 750</td></tr>
<tr><td>费用：</td><td></td></tr>
<tr><td>   商品销售成本</td><td align="right">5 000</td></tr>
<tr><td>   营业费用</td><td align="right">400</td></tr>
<tr><td>   坏账费用</td><td align="right">116</td></tr>
<tr><td>   保险费用</td><td align="right">75</td></tr>
<tr><td>   租金费用</td><td align="right">1 200</td></tr>
<tr><td>   网站设计费</td><td align="right">250</td></tr>
<tr><td>   折旧费用</td><td align="right">100</td></tr>
<tr><td>   利息费用</td><td align="right">30</td></tr>
<tr><td>费用合计</td><td align="right">7 171</td></tr>
<tr><td>净收益</td><td align="right">**6 579**</td></tr>
</table>

<table>
<tr><td colspan="2" align="center">Team Shirts
所有者权益变动表
截至 2010 年 5 月 31 日
（单位：美元）</td></tr>
<tr><td>期初普通股</td><td align="right">5 000</td></tr>
<tr><td>本月发行的普通股</td><td align="right">—</td></tr>
<tr><td>期末普通股</td><td align="right">**5 000**</td></tr>
<tr><td>期初留存收益</td><td align="right">5 800</td></tr>
<tr><td>净收益</td><td align="right">**6 579**</td></tr>
<tr><td>股利</td><td align="right">—</td></tr>
<tr><td>期末留存收益</td><td align="right">**12 379**</td></tr>
<tr><td>所有者权益合计</td><td align="right">17 379</td></tr>
</table>

<table>
<tr><td colspan="2" align="center">Team Shirts
现金流量表
截至 2010 年 5 月 31 日
（单位：美元）</td></tr>
<tr><td>经营活动产生的现金：</td><td></td></tr>
<tr><td>   从客户处收到的现金</td><td align="right">17 800</td></tr>
<tr><td>   向供货商支付的现金</td><td align="right">(4 000)</td></tr>
<tr><td>   支付利息的现金</td><td align="right">(90)</td></tr>
<tr><td>   支付营业费用的现金</td><td align="right">(1 200)</td></tr>
<tr><td>经营活动产生的现金净额</td><td align="right">12 510</td></tr>
<tr><td>投资活动产生的现金</td><td align="right">0</td></tr>
<tr><td>筹资活动产生的现金</td><td></td></tr>
<tr><td>   偿还应付票据</td><td align="right">(3 000)</td></tr>
<tr><td>现金净增加额</td><td align="right">9 510</td></tr>
<tr><td>现金期初余额</td><td align="right">3 295</td></tr>
<tr><td>现金期末余额</td><td align="right">**12 805**</td></tr>
</table>

<table>
<tr><td colspan="2" align="center">Team Shirts
资产负债表
2010 年 5 月 31 日
（单位：美元）</td></tr>
<tr><td colspan="2" align="center">资产</td></tr>
<tr><td>流动资产：</td><td></td></tr>
<tr><td> 现金</td><td align="right">**12 805**</td></tr>
<tr><td> 应收账款（扣除 176 美元坏账准备净额）</td><td align="right">8 624</td></tr>
<tr><td> 存货</td><td align="right">5 100</td></tr>
<tr><td> 预付费用</td><td align="right">1 100</td></tr>
<tr><td>流动资产合计</td><td align="right">27 629</td></tr>
<tr><td>电脑（扣除 300 美元累计折旧净额）</td><td align="right">3 700</td></tr>
<tr><td>资产合计</td><td align="right">31 329</td></tr>
<tr><td colspan="2" align="center">负债和所有者权益</td></tr>
<tr><td>流动负债：</td><td></td></tr>
<tr><td> 应付账款</td><td align="right">9 000</td></tr>
<tr><td> 预收账款</td><td align="right">4 950</td></tr>
<tr><td>流动负债合计</td><td align="right">13 950</td></tr>
<tr><td>所有者权益：</td><td></td></tr>
<tr><td> 普通股</td><td align="right">**5 000**</td></tr>
<tr><td> 留存收益</td><td align="right">**12 379**</td></tr>
<tr><td>所有者权益合计</td><td align="right">17 379</td></tr>
<tr><td>负债和所有者权益合计</td><td align="right">31 329</td></tr>
</table>

5.5 评估存货价值的复杂之处：成本与市价孰低法

存货是资产负债表上依据成本记录的一项资产。如你所见，该项资产可以是一项相当大的数额。为确保存货不被高估，GAAP 要求公司在期末时将其单项存货或全部存货的成本与市场价值对比。对于财务报表，公司必须使用成本或市场价值中较低者记录存货价值。这被称为**成本与市价孰低法（lower-of-cost-or-market（LCM）rule）**。当你研究任何公司的年报时，附注中有关存货方法的内容通常会提到成本与市价孰低法的应用。

估计存货的市场价值是成本与市价孰低法中很复杂的部分。使用的市场价值是**重置成本（replacement cost）**，即从供货商购买类似存货来替换现有存货的成本。公司在资产负债表日对比会计记录中的存货成本和存货当日的重置成本，并使用两者中较低者作为资产负债表记录的依据。尽管应用此方法时有更多复杂之处，但是这个概念很简单。有一个底价（尽可能最低的价值）和一个限价（尽可能最高的价值），但是这些计算超出了基本课程的范围。关键点就是不能高估存货。当存货的价值减少时，减少存货的调整也会减少净收益。

对比存货的成本和它的现行重置成本不仅仅是一项简单的会计要求。有关存货现行重置成本的信息对于多种存货的销售策略形成和存货采购决策是很重要的。

像德国电信和索尼这样的公司的存货由于新科技出现导致贬值或快速淘汰是很正常的。这些公司不可能确切知道存货的价值，所以它们会估计存货的减值。有时在财务报表上列示为"存货减值准备"（记住类似这样的准备不是现金）。了解公司如何评估其存货对于分析公司的财务报表是重要的，并且你会在财务报表附注中发现这些信息。

5.6 财务报表分析

5.6.1 毛利率

四大报表中的每一张报表对于投资者和其他使用者都是有用的。比如，资产负债表告诉投资者有关企业财务状况和其偿还短期债务能力的信息。第 2 章学习的流动比率就是依据资产负债表中的数据计算得出的。除对企业财务状况和其偿还短期债务能力的分析外，投资者对企业的业绩也很感兴趣。那部分信息来自利润表。衡量企业业绩的一项重要比率是**毛利率（gross profit ratio）**。毛利等于销售收入减去商品销售成本。毛利率等于毛利除以销售收入。这个比率衡量的是公司扣除商品销售成本后销售收入中的剩余部分。剩余的金额必须覆盖其他所有营业费用，比如工资费用和保险费用，并且需要足够大才能够产生利润。

$$毛利率 =（销售收入 - 商品销售成本）/销售收入$$

我们根据图表 5.21 展示的利润表来计算 Target 的毛利率。对于其 2009 年 1 月 30 日结束的会计年度（2008 会计年度），Target 的毛利为 187.27 亿美元（628.84 − 441.75）。毛利率——毛利在销售收入中的百分比——是 29.8%。

毛利率对于零售公司非常重要。与所有比率一样，对比多年的毛利率是很有用的。请看 Target 的利润表，计算 2008 年 2 月 2 日结束的会计年度（2007 会计年度）的毛利率。用 185.42 亿美元的毛利除以 614.71 亿美元的销售收入得出毛利率为 30.2%。从 2007 年到 2008 年，Target 的毛利率稍微有些下降。

零售公司对毛利率以及如何将其与以前年度或竞争者对比特别感兴趣。当经理们讨论一个产品的利润时，他们讨论的是其毛利。没有特定的数额表示可接受的或很好的毛利。比如，杂货店商品的利润通常低于新车的利润，因为杂货店周转存货的频率比汽车代理商更频繁。当像克罗格或全食超市这样的杂货店购买杂货时,比如一加仑牛奶,其销售价格通常不比其成本高太多。因为杂货店销售多种不同商品,并且每种数量都很大,每件商品的毛利不需要很大就可以累计得出大型商店的毛利。然而当一个公司销售大件项目,比如汽车、电视或服装,并且未大量销售时,它就要求每件商品有更高的毛利。2008 年 9 月 28 日结束的会计年度,全食超市的毛利率为 34%,然而 Guess 公司呢? 2008 年 2 月 2 日结束的会计年度的毛利率为 45% (参见图表 5.22)。

图表 5.21 Target 公司:合并经营情况表

Target 2008 会计年度的截止日期为 2009 年 1 月 31 日。尽管图表中只给出了年份,但是你可以在公司资产负债表上找到该年度确切的截止日期(这里没有展示)。

Target 公司
合并经营情况表
(单位:百万美元)

	2008	2007	2006
销售收入	62 884	61 471	57 878
信用卡收入	2 064	1 896	1 612
收入合计	64 948	63 367	59 490
商品销售成本	44 157	42 929	40 366
销售及管理费用	12 954	12 670	11 852
信用卡费用	1 609	837	707
折旧和摊销	1 826	1 659	1 496
息税前盈余	4 402	5 272	5 069
净利息费用			
信用卡应收账款产生的无追索权的债务抵押	167	133	98
其他利息费用	727	535	499
利息收益	(28)	(21)	(25)
净利息费用	866	647	572
税前盈余	3 536	4 625	4 497
所得税	1 322	1 776	1 710
净盈余	2 214	2 849	2 787

5.6.2 存货周转率

商业公司通过销售存货盈利。它们销售存货的速度越快,赚取的利润越多。购买存货然后销售存货就使得存货"周转"。公司销售存货后,它必须采购新的存货。这种情况发生得越多,公司赚取的利润就越多。财务分析者和投资者对于公司存货周转的速度很感兴趣。不同行业的存货周转率相差很大。例如,糖果行业这类毛利很小的行业其存货周转的速度通常比汽车行业这类毛利很大的行业要快。

存货周转率(inventory turnover ratio)等于销售成本除以当年平均库存存货余额。这个比率衡量企业当年周转其存货的次数,即该企业销售存货的速度。

存货周转率 = 商品销售成本 / [(期初存货 + 期末存货) ÷ 2]

我们将对比大型食品杂货连锁店全食超市和较小的专业服装连锁店 Guess 的存货周转率。每个企业的年度商品销售成本都可以从其利润表中找到,平均存货可以根据比较财务报表中期初存货和期末存货计算得出。要得到平均存货,我们只需要将年初存货和年末存货相加再除以 2。图表 5.22 展示了数据和计算过程。注意,尽管全食超市的毛利率低于 Guess,但是它每年的存货周转次数比 Guess 大很多。

图表 5.22 全食超市和 Guess 公司的存货周转率   单位:千美元

	全食超市	Guess 公司
	截至 2008 年 9 月 28 日	截至 2008 年 2 月 2 日
(1) 销售收入	7 953 912	1 749 916
(2) 商品销售成本	5 247 207	957 147
(3) 毛利	2 706 705	792 769
毛利率(3) ÷ (1)	34%	45%
(4) 年初存货	288 112	173 668
(5) 年末存货	327 452	232 159
(6) 平均存货((4) + (5)) ÷ 2	307 782	202 914
存货周转率(2) ÷ (6)	17.0 次	4.7 次

尽管经理们希望存货快速周转,但是他们也希望有足够多的库存存货去满足顾客的需求。经理们可以通过使用存货周转率找出存货库存天数来管理存货。这被称为**存货平均周转天数**(average days in inventory)。对于全食超市,其存货平均周转天数为 365(一年的天数) ÷ 17.0(存货周转率) = 21.5 天。对于 Guess,其存货平均周转天数刚过 77 天(365 ÷ 4.7)。

经理们密切关注存货周转率和存货平均周转天数。如果经理们发现存货平均周转天数在增加,这意味着该项目库存的时间变长了,它可能预示着存在潜在旧的或应淘汰的存货问题。

> **思考题 5-9**
>
> 沃尔玛 2007 会计年度和 2008 会计年度的资产负债表上记录其存货分别为 35 159 美元和 34 511 美元。在 2008 会计年度(截至 2009 年 1 月 31 日),公司的商品销售成本为 306 158 美元(所有美元数额单位都是百万)。该年沃尔玛的存货周转率为多少?商品库存的时间平均为多少天?

5.7 经营风险、控制和伦理

存货是一项重要资产,并且占用了很大比例的企业资金。管理存货对于成功的企业非常重要。既要确保有足够的库存存货去满足需求,又不能有过多的存货,因为储存和保管的成本很高,这对于商业企业和制造企业都很关键。比如沃尔玛,花费了上百万美元建立和维护其先进的库存系统。

除存货日常管理之外,企业也必须评估和控制存货丢失的风险。你曾经了解过零售公司由于店铺盗窃导致的损失是多少吗?《20 世纪零售企业年度盗窃研究》报道称,2007 年仅 24 个美国零售公司由于店铺盗窃和员工盗窃导致的损失就超过了67亿美元。所以像Macy's和Target这样的企业非常关注存货盗窃就不足为奇了。消费者以更高的商品价格承受了那部分损失。所以良好的存货控制对于公司和消费者都是很重要的。

像其他公司资产一样,存货必须防止被损坏和被盗窃。我们讨论的政策和程序可以帮助降低有关存货实际采购的风险——选择可靠的供货商以及确保收到的货物是订购的货物。为了保护存货免于被盗,公司可以使用如锁定的储藏室和限制接近存货等控制方法。当你从Abercrombie & Fitch或GAP购买服装时,可能注意到在你离开商店前售货员必须取下服装上的传感器。你可能经历过由于商店售货员忘记取下该设施而发出讨厌的嘟嘟声音的事件。

职责划分是一项帮助公司降低由于差错或盗窃引起的存货丢失风险的控制措施。记录存货的人员与保管存货的人员不能是同一个人。资产会计记录和实物保管的分离使单独一人盗取存货并通过错误的会计记录掩盖的情况不可能发生。如果这项控制运行合理、恰当,它可能产生勾结——两个以上人员一起计划,这种情况下存货就会丢失。

如Target这类大型零售企业拥有大量的存货控制措施。有许多领域——从收货码头到商店前门——Target必须密切留意其存货。当商品到达收货码头时,员工会在没有任何数量列表的原始订购单副本中记录其类型和数量。企业希望收货人员可以独立核查收到商品的类型和数量。该项记录会被发送至应付账款部门,该部门员工会对比收到商品的记录和采购部门之前发送的原始订购单。你发现保护运输商品的控制措施了吗?多个不同部门记录订购及收到的商品。收货人员将商品发送至商品实物保管的存货部门,这和会计记录是分离的,我们也了解了会计记录是被多个部门确认的。

5.7.1 报废

存货是企业一项非常重要的资产,以至于财务分析者和投资者都很关注财务报表中是否正确记录了存货。除保护存货防止其损坏和被盗之外,企业还承担报废而导致的存货损失的风险。如果你是百思买的经理,你会讨厌当可以销售DVD时仓库里却堆满了录像带的情况。

处理尖端技术的企业拥有最高的存货报废风险。斯普林特或德国电信公司不希望有大量的模拟电话的存货,因为现在数字电话是更好的选择。随着新科技蓝牙的产生,拥有老式存货的手机企业就面临着风险。每年企业运用成本与市价孰低法的同时都会对存货进行报废评估。当存货被确认为报废时,它必须被冲销,并增加商品销售成本。例如,图表5.23展示的Flash存储器生产商SanDisk公司有关存货报废的财务报表附注。

图表5.23　SanDisk公司有关存货报废风险的财务报表附注

SanDisk属于科技企业,所以公司尤其关注存货报废。

公司根据一项新的估计报废或滞销存货的基本政策减少存货的账面价值,减少额等于存货成本与依据未来需求和市场状况假设得出的估计市场价值的差额,该假设包括平均售价的变动等。如果实际市场状况比管理估计的要差,可能就需要减少额外的存货价值。

5.7.2 存货丢失的伦理

存货丢失也存在伦理问题。首先是没有道德的人可能会盗取企业存货,其次存货提供了谎报企业资产价值的机会。漏记失去价值的存货意味着盈余可以通过存货价值的降低而被高估。现在你应该知道,经理们很少确认不能产生收入的费用,并且他们通常会设法增加盈余。存货评估是一个会计准则自由度很高并可以产生盈余操纵的领域。当你研究企业财务报表时,看一看企业有关冲销报废存货的政策。

本章要点总结

- 企业依据成本记录存货采购。它包括使存货成为库存商品的所有成本。计算存货成本时必须考虑运费、购货折扣、购货退回与折让。
- 当企业销售存货并计算销售净额时必须考虑销售折扣、销售退回与折让。
- 存货记录可以在每次销售时进行(永续盘存制),或者在会计期末进行(定期盘存制)。
- 如果企业销售时没有明确确认存货项目,那么企业会选择三种成本流转假设中的一种评估已售存货的价值。当存货成本不一致,并且确定明确的已售存货成本的花费太高时,利用成本流转假设很有必要。三种方法是加权平均成本法、先进先出法和后进先出法。当存货成本变化时,这些方法通常会产生不同的商品销售成本。
- 为避免高估存货价值,企业必须对比存货成本与市场价值,并使用较低者评估存货价值。这被称为成本与市价孰低法。
- 毛利率和存货周转率在评估企业有关存货的业绩时都非常有效。毛利率等于毛利除以销售收入。存货周转率等于商品销售成本除以平均存货余额。
- 企业面临存货丢失、损坏和被盗的风险。控制措施包括存货实物保管(安保服务、上锁和警报)和定期记录以发现潜在问题。许多企业,尤其是高科技企业,具有存货报废的风险。对采购和销售的定期管理也可以帮助控制这项风险。

本章问题总结

为对比一个专注于高端电视机的零售企业 TV Heaven 的存货方法,我们就只看一个项目从而使分析更简单。我们的结果也可以应用到存货中的其他项目。假设 TV Heaven 3 月初有 50 台单价为 2 010 美元的等离子电视机,即期初存货为 100 500 美元。3 月,企业发生了以下购货行为:

3 月 2 日	200 台每台成本为 2 000 美元的电视机
3 月 10 日	150 台每台成本为 1 800 美元的电视机
3 月 20 日	100 台每台成本为 1 500 美元的电视机
3 月 29 日	50 台每台成本为 1 000 美元的电视机

3 月,企业发生了以下销售行为:

3 月 5 日	110 台单价为 4 000 美元的电视机
3 月 12 日	160 台单价为 4 000 美元的电视机
3 月 25 日	150 台单价为 4 000 美元的电视机

➡ 要求

1. 使用定期盘存制,计算该月的商品销售成本和期末存货。请用加权平均成本法、先进先出法和后进先出法三种方法计算。所有其他营业费用为 250 000 美元。假设该月只发生这些经济业务。请用三种方法计算净收益。哪种方法会产生最高的净收益?是什么原因导致这种方法产生最高的净收益?

2. 使用永续盘存制,计算该月的商品销售成本和期末存货。请用加权平均成本法、先进先出法和后进先出法三种方法计算。所有其他营业费用为 250 000 美元。假设该月只发生这些经济业务。请用三种方法计算净收益。哪种方法会产生最高的净收益?解释为什么加权平均成本法和后进先出法在永续盘存制下和定期盘存制下会产生不同的数额。

➡ 答案

1. 定期盘存制

商品销售成本

	单位数量	单位成本	总成本
期初存货	50	2 010 美元	100 500 美元
购货 3月2日	200	2 000 美元	400 000 美元
3月10日	150	1 800 美元	270 000 美元
3月20日	100	1 500 美元	150 000 美元
3月29日	50	1 000 美元	50 000 美元
库存商品	550		970 500 美元
已售数量	420		

加权平均成本	970 500 美元 ÷ 550 = 每单位 1 765 美元(四舍五入)	
商品销售成本 =	420 单位 × 1 765 美元 = 741 300 美元	期末存货 =
		130 单位 × 1 765 美元 = 229 450 美元
先进先出法	50 × 2 010 美元 = 100 500 美元	
	200 × 2 000 美元 = 400 000 美元	
	150 × 1 800 美元 = 270 000 美元	80 × 1 500 美元 = 120 000 美元
	20 × 1 500 美元 = 30 000 美元	50 × 1 000 美元 = 50 000 美元
商品销售成本	420 单位 800 500 美元	期末存货 170 000 美元
后进先出法	50 × 1 000 美元 = 50 000 美元	
	100 × 1 500 美元 = 150 000 美元	
	150 × 1 800 美元 = 270 000 美元	80 × 2 000 美元 = 160 000 美元
	120 × 2 000 美元 = 240 000 美元	50 × 2 010 美元 = 100 500 美元
商品销售成本	420 单位 710 000 美元	期末存货 260 500 美元

TV Heaven
利润表
截至 3月 31日
(单位:美元)

	加权平均成本法	先进先出法	后进先出法
销售收入	1 680 000	1 680 000	1 680 000
商品销售成本	741 300	800 500	710 000
毛利	938 700	879 500	970 000
其他营业费用	250 000	250 000	250 000
净收益	688 700	629 500	720 000

使用后进先出法产生了最高的净收益,因为存货的成本在降低。更多的时候,在成本上升时公司使用后进先出法使净收益最小化。在本案例中,科技进步可能导致等离子电视机的成本在下降。

2. 永续盘存制

商品销售成本

		单位数量	单位成本	总成本
期初存货		50	2 010 美元	100 500 美元
购货	3 月 2 日	200	2 000 美元	400 000 美元
	3 月 10 日	150	1 800 美元	270 000 美元
	3 月 20 日	100	1 500 美元	150 000 美元
	3 月 29 日	50	1 000 美元	50 000 美元
库存商品		550		970 500 美元
已售数量	3 月 5 日	110		
	3 月 12 日	160		
	3 月 25 日	150		
期末存货		130		

加权平均成本法

加权平均成本		平均单位成本	商品销售成本
3 月 5 日的加权平均成本	50 个单价 2 010 美元 200 个单价 2 000 美元 =	500 500 ÷ 250 = 2 002	110 × 2 002 = 220 220 美元
3 月 12 日的加权平均成本	140 个单价 2 002 美元 150 个单价 1 800 美元 =	550 280 ÷ 290 = 1 898 （四舍五入）	160 × 1 898 = 303 680 美元
3 月 25 日的加权平均成本	130 个单价 1 898 美元 100 个单价 1 500 美元 =	396 740 ÷ 230 = 1 725 （四舍五入）	150 × 1 725 = 258 750 美元
商品销售成本合计			782 650 美元
期末存货	80 个单价 1 725 美元 50 个单价 1 000 美元 =	188 000 ÷ 130 = 1 446 （四舍五入）	188 000 美元

注：在永续盘存制下使用加权平均成本法，期末存货加商品销售成本比库存商品大 150 美元。此差异是由于四舍五入导致的。如果你计算时保留多位小数，就可以消除这个错误。这种计算方法通常在电脑程序中完成，就不用像我们在这进行四舍五入。

先进先出法

3 月 5 日销售（110 单位）	50 个单价 2 010 美元 60 个单价 2 000 美元 =	220 500 美元
3 月 12 日销售（160 单位）	140 个单价 2 000 美元 20 个单价 1 800 美元 =	316 000 美元
3 月 25 日销售（150 单位）	130 个单价 1 800 美元 20 个单价 1 500 美元 =	264 000 美元
商品销售成本		800 500 美元
期末存货	80 个单价 1 500 美元 50 个单价 1 000 美元 =	170 000 美元

后进先出法

3月5日销售(110单位)	110个单价2 000美元	220 000美元
3月12日销售(160单位)	150个单价1 800美元 10个单价2 000美元 } =	290 000美元
3月25日销售(150单位)	100个单价1 500美元 50个单价2 000美元 } =	250 000美元
商品销售成本		760 000美元
期末存货	50个单价1 000美元 30个单价2 000美元 50个单价2 010美元 } =	210 500美元

TV Heaven 利润表
截至3月31日
（单位：美元）

	加权平均成本法	先进先出法	后进先出法
销售收入	1 680 000	1 680 000	1 680 000
商品销售成本	782 650	800 500	760 000
毛利	897 350	879 500	920 000
其他营业费用	250 000	250 000	250 000
净收益	647 350	629 500	670 000

使用后进先出法产生了最高的净收益，因为存货的成本在降低。当企业使用永续盘存制时，它可以假设已售存货是在销售当天采购的。当企业使用定期盘存制时，当期的每次采购——无论购货日期与销售日期的匹配程度——都是计算商品销售成本的一部分。对于加权平均成本法，平均成本不同是因为在定期盘存制下最近的购货包含在平均成本计算中，但永续盘存制却不是如此。对于定期盘存制下的后进先出法，最近且最便宜的购货可以包含在商品销售成本中（在永续盘存制下，它不可以如此是因为最近销售时还没有采购最近且最便宜存货。）

关键词

备抵收入	个别计价法	目的地交货
成本与市价孰低法	购货退回与折让	起运点交货
重置成本	购货折扣	先进先出法(FIFO)
存货平均周转天数	后进先出法(LIFO)	销售退回与折让
存货周转率	加权平均成本	销售折扣
订购单	库存商品成本	永续盘存制
定期盘存制	毛利率	

思考题答案

思考题 5-1

1. X 公司支付运费
2. B 公司支付运费

思考题 5-2

咖啡豆	500 美元的 98% = 490 美元
包装袋	100 美元
存货成本合计	590 美元

注:运费没有包含在内是因为采购行为是 FOB 目的地交货。

思考题 5-3

收到现金:3 150 美元(3 000 美元 + 3 000 美元的 5%)

收入:3 000 美元

思考题 5-4

企业应该使用永续盘存制。每次销售时存货账户都会减少。当会计期间结束,并且存货已经盘点时,任何存货记录与存货实物盘点的差异都会成为存货短缺。如果企业使用定期盘存制,所有期末消失的存货都被假设为商品销售成本的一部分。

思考题 5-5

单位加权平均成本为[(10 美元 ×1) + (20 美元 ×2)/30] = 每单位 1.66667 美元

商品销售成本 = 15 × 1.66667 美元 = 25 美元

思考题 5-6

1. 商品销售成本为 4 600 + 5 100 = 9 700 美元;毛利为 14 000 - 9 700 = 4 300 美元
2. 商品销售成本为 3 500 + 5 100 = 8 600 美元;毛利为 14 000 - 8 600 = 5 400 美元
3. 手镯的加权平均成本为 13 200/3 = 4 400 美元;2 只手镯的商品销售成本为 2 × 4 400 = 8 800 美元

思考题 5-7

1. 先进先出法:[(30 × 20) + (5 × 21)] = 705(美元)
2. 后进先出法:[(20 × 23) + (15 × 21)] = 775(美元)
3. 加权平均成本法:[(30 × 20) + (20 × 21) + (20 × 23)] ÷ 70 = 21.143(美元)(四舍五入)
   21.143 × 35 = 740(美元)

思考题 5-8

后进先出法一致性原则认为以计算所得税为目的而使用后进先出法的企业,当以财务报告为目的时也必须使用后进先出法。会计准则和税收原则重叠的情况不多。通常 GAAP 不遵循税法。

思考题 5-9

存货周转率 = 306 158 ÷ [(35 159 + 34 511) ÷ 2] = 8.79

存货平均周转天数 = 365 ÷ 8.79 = 41.5(天)

问题

1. 解释术语目的地交货和起运点交货。运输条款的会计和商业含义是什么？为什么了解在运输过程中谁拥有商品很重要？
2. 进货运费和销货运费的区别是什么？
3. 购货退回和购货折让的区别是什么？购货退回与折让对买方整体的存货成本有什么影响？
4. 什么是购货折扣？购货折扣对买方整体的存货成本有什么影响？
5. 解释"2/15，$n/30$"的购货条款。你会利用此条款吗？为什么？
6. 什么是备抵收入账户？给出两个备抵收入账户的例子。
7. 什么是销售折扣？销售折扣对卖方整体销售收入有什么影响？
8. 定期盘存制和永续盘存制的区别是什么？
9. 什么是存货短缺？
10. 存货实物流转和存货成本流转的区别是什么？
11. 存货记录的一般成本流转方法是什么？请描述差异。
12. 如果存货成本不断上升，哪种方法（先进先出法、后进先出法或加权平均成本法）会产生最高的净收益？请解释。
13. 如果存货成本不断上升，哪种方法（先进先出法、后进先出法或加权平均成本法）会产生最低的净收益？请解释。
14. 先进先出法或后进先出法给出了期末存货最佳的——最近的——资产负债表价值吗？为什么？
15. 税收如何影响先进先出法和后进先出法的选择？
16. 永续盘存制或定期盘存制的选择会影响成本流转方法（后进先出法和先进先出法）的选择吗？请解释。
17. 什么是成本与市价孰低法？为什么它很必要？
18. 毛利率用于衡量什么？它如何计算？
19. 存货周转率用于衡量什么？存货平均周转天数意味着什么？
20. 有关存货的风险是什么？经理们如何使风险最小化？

单选题

1. 当采购存货时，它记录为一项____；当它被销售时则成为一项____。
    a. 负债；取款   b. 资产；费用   c. 负债；资产   d. 资产；备抵资产

依据以下信息回答2-5题：

这里提供了 Newman & Frith 商业公司的存货数据。每期销售数量为 2 800 个，每个售价 8 美元。公司使用定期盘存制。

日期		数量	单价（美元）	总成本（美元）
1月	期初存货	1 000	3.00	3 000
2月	购货	600	3.50	2 100
3月	购货	800	4.00	3 200
4月	购货	1 200	4.25	5 100
合计		3 600		13 400

2. 假设公司使用先进先出成本流转方法，请确定期末存货是多少？
   a. 3 400 美元　　　　b. 2 400 美元　　　　c. 9 200 美元　　　　d. 10 000 美元
3. 假设公司使用先进先出成本流转方法，请确定商品销售成本是多少？
   a. 3 400 美元　　　　b. 10 000 美元　　　c. 10 200 美元　　　d. 2 400 美元
4. 假设公司使用加权平均成本流转方法，请确定期末存货是多少？（平均成本四舍五入并保留两位小数）
   a. 2 300 美元　　　　b. 3 300 美元　　　　c. 9 800 美元　　　　d. 2 976 美元
5. 假设公司使用后进先出成本流转方法，请确定毛利是多少？
   a. 11 400 美元　　　 b. 14 400 美元　　　 c. 22 400 美元　　　 d. 19 700 美元
6. 以下哪种情况会使后进先出法比先进先出法产生一个更低的净收益？
   a. 存货成本不断降低　b. 存货成本不断上升　c. 存货成本不变　　　d. 销售价格不断降低

依据以下信息回答 7-10 题：

单位：美元

销售收入	480 000
商品销售成本	300 000
销售折扣	20 000
销售退回与折让	15 000
营业费用	85 000
利息收入	5 000

7. 净销售收入是多少？
   a. 400 000 美元　　　b. 445 000 美元　　　c. 415 000 美元　　　d. 455 000 美元
8. 毛利是多少？
   a. 145 000 美元　　　b. 105 000 美元　　　c. 140 000 美元　　　d. 90 000 美元
9. 净收益是多少？
   a. 60 000 美元　　　 b. 65 000 美元　　　 c. 55 000 美元　　　 d. 180 000 美元
10. 毛利率是多少？
    a. 13.54%　　　　　b. 14.61%　　　　　c. 32.58%　　　　　d. 21.67%

简易练习

A 组

简易练习 5-1A　计算存货成本。商品的发票价格为 5 000 美元。购货条款为"2/10，n/30"，并且收到发票的那一周已经支付货款。运输条款为起运点交货，运费为 200 美元。存货总成本为多少？

简易练习 5-2A　记录商品存货的销售：永续盘存制。Brenda Baliley 纺织公司使用永续盘存制。将以下经济业务记入会计等式中：

2 月，公司赊销了 500 000 美元的商品，条款为"2/10，n/30"。商品销售成本为 230 000 美元。

简易练习 5-3A　计算毛利和毛利率。使用简易练习 5-2A 的信息，计算销售毛利和毛利率。假设客户没有在折扣期限内付款。

简易练习 5-4A 计算商品销售成本和期末存货：加权平均成本法。使用加权平均成本流转假设计算商品销售成本和期末存货（假设在定期盘存制下）。

销售	100 单位	每单位 15 美元
期初存货	90 单位	每单位 6 美元
购货	60 单位	每单位 9 美元

简易练习 5-5A 计算商品销售成本和期末存货：先进先出法。使用简易练习 5-4A 的信息，在定期盘存制下使用先进先出成本流转假设计算商品销售成本和期末存货。

简易练习 5-6A 计算商品销售成本和期末存货：后进先出法。使用简易练习 5-4A 的信息，在定期盘存制下使用后进先出成本流转假设计算商品销售成本和期末存货。

简易练习 5-7A 分析成本流转方法对净收益的影响。根据以下信息，计算先进先出法和后进先出法下产生的净收益的差额（假设在定期盘存制下）。

期初存货	3 000 单位	每单位 100 美元
购货	8 000 单位	每单位 130 美元
已售数量	6 000 单位	每单位 225 美元

简易练习 5-8A 分析成本流转方法对毛利的影响。根据以下信息，计算先进先出法和后进先出法下产生的毛利的差额（假设在定期盘存制下）。

期初存货	1 500 单位	每单位 55 美元
购货	2 750 单位	每单位 58 美元
已售数量	2 250 单位	每单位 99 美元

简易练习 5-9A 应用成本与市价孰低原则。以下信息属于 Marine Aquatic Sales 公司存货中的 #007SS 项目：

成本	每单位 180 美元
重置成本	每单位 181 美元
售价	每单位 195 美元

存货实物盘点表明存在 2 000 个 #007SS 存货项目。该存货项目在 Marine Aquatic Sales 公司的资产负债表中应该记录为多少？

简易练习 5-10A 计算毛利率、存货周转率和存货平均周转天数。根据以下信息，计算 Barkley 公司 2012 年 12 月 31 日的存货周转率和毛利率（四舍五入并保留两位小数）。

销售收入	125 000 美元
商品销售成本	75 000 美元
2011 年 12 月 31 日期末存货	15 275 美元
2012 年 12 月 31 日期末存货	18 750 美元
净收益	26 500 美元

练习

A 组

练习 5-21A 记录商品经济业务：永续盘存制。假设以下是 Clark's 设备公司 5 月发生的经济业务。该公司使用永续盘存制。将以下经济业务记入会计等式中：

5 月 2 日	赊购总成本为 500 000 美元的冰箱；条款为"1/10，n/30"
5 月 9 日	支付从 GE 采购的冰箱的运费 800 美元
5 月 16 日	退回毁损冰箱给 GE；从 GE 收回 5 000 美元
5 月 22 日	以 180 000 美元的价格赊销成本为 100 000 美元的冰箱给 Pizzeria Number 1，条款为"n/30"
5 月 24 日	Pizzeria Number 1 退回一台没有订购的冰箱所以向其返还 3 000 美元，Clark's 的成本为 1 200 美元

练习 5-22A 记录商品经济业务：永续盘存制。Fedora 公司期初存货余额为 25 750 美元，并且 6 月发生了以下经济业务：

6 月 2 日	从 Plumes 公司赊购 4 000 美元的商品存货，条款为"2/10，n/30"，目的地交货。此次购货的运费为 225 美元
6 月 4 日	退回 400 美元的毁损商品给 Plumes 公司
6 月 6 日	赊销 7 000 美元的商品给 Fancy Caps，条款为"1/15，n/30"，起运点交货。运费为 125 美元。商品销售成本为 3 500 美元
6 月 9 日	向 Plumes 公司偿还欠款
6 月 10 日	由于在多项商品中发现轻微毁损，向 Fancy Caps 6 月 6 日的销售提供 300 美元折让
6 月 22 日	从 Fancy Caps 收回其总欠款
6 月 24 日	支付 1 850 美元的销售工资
6 月 25 日	支付 1 200 美元的陈列室租金

假设公司使用永续盘存制，将每项经济业务记入会计等式中。

依据以下数据回答练习 5-23A—练习 5-26A 题：

8 月初 Box Office Projectors 公司有 3 台投影仪的期初存货，每台成本 350 美元。8 月公司采购了 8 台同型号的投影仪。

8 月 11 日	采购 4 台单价 400 美元的存货
8 月 13 日	销售 5 台售价 425 美元的存货
8 月 14 日	采购 3 台单价 375 美元的存货
8 月 18 日	销售 2 台售价 425 美元的存货
8 月 21 日	销售 3 台售价 425 美元的存货
8 月 26 日	采购 1 台单价 380 美元的存货

练习 5-23A 计算商品销售成本和期末存货：定期盘存制下的先进先出法。假设 Box Office 使用定期盘存制和先进先出成本流转方法。

1. 计算 8 月利润表中的商品销售成本。
2. 确定 8 月末资产负债表中的存货成本。

练习 5-24A 计算商品销售成本和期末存货：定期盘存制下的后进先出法。假设 Box Office 使用定期盘存制和后进先出成本流转方法。

1. 计算 8 月利润表中的商品销售成本。

2．确定 8 月末资产负债表中的存货成本。

练习 5-25A 计算商品销售成本和期末存货：永续盘存制下的先进先出法。假设 Box Office 使用永续盘存制和先进先出成本流转方法。

1．计算 8 月利润表中的商品销售成本。
2．确定 8 月末资产负债表中的存货成本。

练习 5-26A 计算商品销售成本和期末存货：永续盘存制下的后进先出法。假设 Box Office 使用永续盘存制和后进先出成本流转方法。

1．计算 8 月利润表中的商品销售成本。
2．确定 8 月末资产负债表中的存货成本。

练习 5-27A 计算商品销售成本和期末存货：定期盘存制下的加权平均成本法。Fancy Phones 公司销售手机给商业客户。公司 2009 年年初拥有 2 000 单位的存货，每单位 200 美元。以下是有关公司商品存货 2009 年第一季度的经济业务：

1 月 14 日	采购 750 单位单价 225 美元的存货
2 月 13 日	采购 500 单位单价 175 美元的存货
3 月 30 日	采购 200 单位单价 205 美元的存货
购货合计	1 450 单位

公司支付了所有包含采购价格和运费的存货成本。在 2009 年 3 月 31 日结束的第一季度，销售数量总额为 2 500 单位，期末存货中还剩 950 单位。

假设公司使用定期盘存制和加权平均成本流转方法。
1．计算公司截至 3 月 31 日这一季度利润表中的商品销售成本。
2．确定公司 3 月末资产负债表中的存货成本。

练习 5-28A 计算商品销售成本和期末存货：永续盘存制下的加权平均成本法。Speedy Wireless 公司销售笔记本。公司在 2009 年第四季度初（即 10 月 1 日）拥有 500 单位的存货，每单位 250 美元。以下是有关公司商品存货 2009 年第四季度的经济业务：

10 月 3 日	销售 400 单位售价 400 美元的存货
11 月 5 日	采购 600 单位单价 275 美元的存货
11 月 29 日	销售 500 单位售价 425 美元的存货
12 月 1 日	采购 700 单位单价 260 美元的存货
12 月 24 日	销售 600 单位售价 450 美元的存货

公司支付了所有包含采购价格和运费的存货成本。
假设公司使用永续盘存制和加权平均成本流转方法。
1．计算公司截至 2009 年 12 月 31 日这一季度利润表中的商品销售成本。
2．确定公司截至 2009 年 12 月 31 日资产负债表中的存货成本。

练习 5-29A 应用成本与市价孰低原则。使用以下提供的数据回答问题：

2011 年 12 月 31 日期末存货成本	17 095 美元
2011 年 12 月 31 日期末存货重置成本	16 545 美元
2011 年 12 月 31 日商品销售成本	250 765 美元
2011 年 12 月 31 日销售收入	535 780 美元
2011 年 12 月 31 日现金余额	165 340 美元

企业在 2011 年 12 月 31 日的资产负债表中存货应该列报为多少？

练习 5-30A 应用成本与市价孰低原则。每种情况下指出年末资产负债表中存货应该列报的正确数额。
1. 期末存货成本　　　125 000 美元
   期末存货市价　　　121 750 美元
2. 期末存货成本　　　117 500 美元
   期末存货市价　　　120 250 美元

练习 5-31A　计算毛利和毛利率：先进先出法和后进先出法。根据以下信息，使用定期盘存制下的先进先出法和后进先出法计算毛利和毛利率：

销售	250 单位	每单位 100 美元
期初存货	75 单位	每单位 75 美元
购货	300 单位	每单位 60 美元

难题

A组

难题 5-43A　分析商品存货的采购。Rondo's Sports Wear 公司当年 6 月发生了以下购货：

6 月 7 日	采购 5 000 美元的商品，条款为"5/15, n/60"，FOB 起运点交货
6 月 15 日	采购 2 500 美元的商品，条款为"3/10, n/30"，FOB 起运点交货
6 月 25 日	采购 7 500 美元的商品，条款为"2/10, n/30"，FOB 目的地交货

➡ 要求
1. 对于列示的每项购货，公司在多少天内付款才能利用购货折扣？
2. 每项购货，现金折扣是多少？
3. 假设运费为销售价格的 10%，公司每次购货需要支付多少运费？
4. 假设公司利用了所有折扣，那么其 6 月的存货总成本为多少？

难题 5-44A　分析商品存货的采购。Carrie & Runnels Bikes Plus 公司当年 12 月发生了以下购货：

12 月 5 日	采购 2 600 美元的商品，条款为"3/10, n/30"，FOB 目的地交货
12 月 14 日	采购 6 150 美元的商品，条款为"1/10, n/60"，FOB 起运点交货
12 月 24 日	采购 8 375 美元的商品，条款为"2/5, n/20"，FOB 目的地交货

➡ 要求
1. 对于每项购货，假设公司利用折扣，哪一天是付款截止日期？
2. 对于每项购货，公司在多少天内付款才能利用购货折扣？
3. 每项购货，现金折扣是多少？
4. 假设每项购货的运费为 365 美元，公司每次购货需要支付多少运费？
5. 假设公司利用了所有折扣，那么其 12 月的存货总成本为多少？

难题 5-45A　记录商品经济业务、编制财务报表并计算毛利率：永续盘存制。2 月初，Ace Distribution 公司股东以 10 000 美元现金创立公司，并取得普通股。公司 2 月发生了以下经济业务：

2月2日	从 Enter Supply 公司赊购 7 100 美元的存货,条款为"2/10,n/45"
2月5日	向 Exit 公司赊销 6 000 美元的存货,条款为"2/10,n/30",FOB 目的地交货,商品销售成本为 4 500 美元
2月6日	支付向 Exit 公司销售运费 100 美元
2月8日	Enter Supply 公司退回 500 美元的存货
2月10日	向 Enter Supply 公司偿还所有欠款
2月12日	从 Exit 公司收到 2 月 5 日销售的货款
2月14日	现金采购 5 200 美元存货
2月16日	向供货商退回 2 月 14 日现金购货中 350 美元的商品
2月17日	从 Inware Distributors 赊购 3 800 美元的商品,条款为"1/10,n/30"
2月18日	支付 2 月 17 日购货运费 250 美元
2月21日	现金销售 10 350 美元商品,商品销售成本为 8 200 美元
2月24日	现金采购 2 300 美元存货
2月25日	向 Inware Distributors 支付 2 月 17 日购货货款
2月27日	客户退回 2 月 21 日销售的 200 美元的商品,退回商品的成本为 135 美元
2月28日	赊销 3 000 美元的商品,条款为"2/10,n/30",商品成本为 2 300 美元

➡ 要求

1. 假设公司使用永续盘存制,将每项经济业务记入会计等式中。从问题中描述的现金和普通股期初余额开始。
2. 计算 2 月底存货账户的余额。
3. 编制 2 月多步式利润表、所有者权益变动表和现金流量表。编制 2 月 28 日的资产负债表。
4. 计算毛利率。

难题 5-46A 记录商品经济业务、编制财务报表并计算毛利率:永续盘存制。以下是 Tiny's Sports Shop 2010 年 7 月发生的经济业务:

7月2日	从 Barbells 公司赊购 900 美元的存货,条款为"3/10,n/30"
7月4日	支付 7 月 2 日购货运费 75 美元
7月8日	向会员赊销 500 美元的存货,条款为"n/45",商品销售成本为 425 美元
7月9日	Barbells 公司退回 50 美元的损毁存货
7月11日	从 Spinners 现金采购 2 000 美元的健身器材
7月13日	向 Barbells 公司偿还所有欠款
7月15日	从 Get Pumped 赊购 1 000 美元的手套和锻炼带,条款为"5/15,n/60"
7月17日	向 Get Pumped 退回 25 美元的损毁商品
7月19日	向会员赊销 750 美元的商品,条款为"n/15",商品销售成本为 250 美元
7月20日	从会员处收到 700 美元现金赊销货款
7月23日	向 Get Pumped 偿还所有欠款
7月27日	由于齿轮没有正常运转而向会员提供 50 美元的折让
7月29日	从会员处收到赊销货款 400 美元
7月31日	现金支付当月 500 美元营业费用

➡ 要求

1. 假设其月初拥有 8 000 美元现金、2 000 美元商品存货和 10 000 美元普通股。假设使用永续盘存制,将每项经济业务记入会计等式中。
2. 计算 7 月商品销售成本和期末存货。
3. 编制 7 月多步式利润表、所有者权益变动表和 7 月 31 日的资产负债表。

4. 计算其 7 月的毛利率。解释该比率衡量了什么。

难题 5-47A 分析会计方法和编制正确的利润表。你是 Baldwin 公司的会计人员,你的助理编制了以下截至 2010 年 12 月 30 日的利润表:

Baldwin 公司
利润表
截至 2010 年 12 月 30 日
(单位:美元)

销售收入		850 000
销售退回与折让	22 500	
运费	14 300	(36 800)
净销售		813 200
费用		
商品销售成本	540 000	
销售费用	150 000	
保险费用	20 000	
管理费用	40 000	
股利	8 000	
费用合计		758 000
净收益		55 200

你发现了以下错误:

a. 销售收入包含了 5 000 美元待发货的项目(这些项目没有运送给客户,客户也没有为此付款)。

b. 销售费用包含了提供给收到损毁产品客户的 250 美元折让。

c. 保险费用包含了适用 2011 年的 100 美元保险。

d. 管理费用包含了提供给一个有财务困难并且需要支付 500 美元医疗费用的职工的贷款。该职工计划 12 月底偿还该贷款。

➡ 要求

1. 编制该年正确的多步式利润表。公司只在其利润表中将销售收入列示为销售净额。

2. 写一个备忘录给你的助手,解释为什么你发现的每个错误是不正确的以及正确的会计处理应该是什么。

难题 5-48A 计算商品销售成本和期末存货,并分析每种方法对财务报表的影响。Jefferson 公司在其运营的第一年 2011 年中发生了以下销售和购货业务:

1 月 5 日	采购 40 单位单价 100 美元的存货
2 月 15 日	销售 15 单位售价 150 美元的存货
4 月 10 日	销售 10 单位售价 150 美元的存货
6 月 30 日	采购 30 单位单价 105 美元的存货
8 月 15 日	销售 25 单位售价 150 美元的存货
11 月 28 日	采购 30 单位单价 110 美元的存货

➡ 要求

1. 在以下每种假设下计算 2011 年 12 月 31 日财务报表中的期末存货、商品销售成本和毛利：
   a. 定期盘存制下的先进先出法
   b. 定期盘存制下的后进先出法
   c. 定期盘存制下的加权平均成本法
2. 这些方法的差异会如何影响该年利润表和 2011 年 12 月 31 日的资产负债表？

难题 5-49A 计算商品销售成本和期末存货，并分析每种方法对财务报表的影响；应用成本与市价孰低法；计算存货周转率。以下是 2009 年发生的一系列经济业务：

1 月 1 日	期初存货有 70 单位单价 10 美元的存货
1 月 15 日	采购 100 单位单价 11 美元的存货
2 月 14 日	销售 60 单位售价 20 美元的存货
3 月 10 日	采购 50 单位单价 12 美元的存货
4 月 15 日	销售 70 单位售价 20 美元的存货
6 月 30 日	采购 100 单位单价 13 美元的存货
8 月 4 日	销售 110 单位售价 20 美元的存货
10 月 1 日	采购 80 单位单价 14 美元的存货
12 月 5 日	销售 50 单位售价 21 美元的存货

➡ 要求

1. 假设公司使用定期盘存制和先进先出成本流转方法，计算期末存货的价值和商品销售成本。
2. 假设公司使用定期盘存制和后进先出成本流转方法，计算期末存货的价值和商品销售成本。
3. 假设公司使用定期盘存制和加权平均成本流转方法，计算期末存货的价值和商品销售成本。
4. 三种方法中哪种方法会产生截至 2009 年 12 月 31 日的最高商品销售成本？
5. 三种方法中哪种方法会产生 2009 年 12 月 31 日资产负债表中最近的期末存货的价值？
6. 这些方法的差异会如何影响该年利润表和期末资产负债表？
7. 使用要求 1、2、3 中的每种方法计算公司该年的存货周转率和存货平均周转天数。
8. 年末，存货的现行重置成本为 1 100 美元，指出每种方法下（先进先出法、后进先出法和加权平均成本法）使用成本与市价孰低法公司会将存货列报为多少数额？

难题 5-50A 计算商品销售成本、期末存货和存货周转率。以下是 Super Stars 公司 5 月发生的商品存货的经济业务：

5 月 1 日	拥有 2 000 单位单价 10 美元的存货
5 月 9 日	销售 1 000 单位售价 15 美元的存货
5 月 15 日	采购 1 500 单位单价 11 美元的存货
5 月 21 日	销售 1 250 单位售价 14 美元的存货
5 月 29 日	采购 3 000 单位单价 9 美元的存货

➡ 要求

1. 假设公司使用定期盘存制，使用以下成本流转方法计算截至 5 月 31 日的商品销售成本和 5 月 31 日的期末存货：
   a. 先进先出法
   b. 后进先出法
   c. 加权平均成本法
2. 使用要求 1 的信息，计算每种方法下该月的存货周转率和存货平均周转天数。

3. 假设公司使用永续盘存制,使用以下成本流转方法计算截至 5 月 31 日的商品销售成本和 5 月 31 日的期末存货:
   a. 先进先出法
   b. 后进先出法

难题 5-51A 分析成本流转方法对财务报表和存货周转率的影响。Green Bay Cheese 公司在考虑改变存货成本流转方法,其主要目标是利润最大化。最近,公司使用加权平均成本法。以下提供了 2011 年的数据。

期初存货(10 000 单位)		14 500 美元
购货		
60 000 单位	单价 1.50 美元	90 000 美元
50 000 单位	单价 1.60 美元	80 000 美元
70 000 单位	单价 1.70 美元	119 000 美元
销售		
130 000 单位	售价 3.00 美元	

营业费用为 120 000 美元,公司税率为 30%。

➡ **要求**
1. 使用以下每种方法编制 2011 年多步式利润表:
   a. 定期盘存制下的先进先出法
   b. 定期盘存制下的后进先出法
2. 哪种方法产生了 2011 年 12 月 31 日资产负债表中更接近的存货余额?请解释。
3. 哪种方法产生了截至 2011 年 12 月 31 日该年更接近的商品销售成本?请解释。
4. 哪种方法产生了该年更好的存货周转率?请解释。
5. 为了达到目标,你给 Green Bay Cheese 公司的建议是什么?请解释。

难题 5-52A 计算商品销售成本和期末存货,并分析每种方法对财务报表的影响;应用成本与市价孰低法;计算存货周转率。以下是 Leo's Solar Supplies 公司截至 2010 年 12 月 31 日的信息。

2010 年 1 月 1 日:
- 现金为 15 550 美元
- 期初存货为 20 000 美元(100 单位单价 200 美元的存货)
- 实收资本为 19 000 美元
- 留存收益为 16 550 美元

2010 年经济业务:
- 现金采购 250 单位单价 225 美元的存货
- 现金采购 100 单位单价 250 美元的存货
- 现金销售 300 单位售价 400 美元的存货
- 现金支付 11 500 美元的营业费用
- 现金支付 30% 净收益的所得税

➡ **要求**
1. 使用以下每种成本流转方法计算截至 2010 年 12 月 31 日的商品销售成本和期末存货:
   a. 先进先出法
   b. 后进先出法
   c. 加权平均成本法

2. 使用每种方法,编制公司截至 2010 年 12 月 31 日的资产负债表、多步式利润表、现金流量表和所有者权益变动表。

3. 三种存货成本流转假设下的税前收益和税后净收益是多少？从对三种方法的分析中你对有关净收益的内容有什么发现？

4. 使用每种方法,计算截至 2010 年 12 月 31 日的存货周转率和存货平均周转天数。

5. 年末,存货的现行重置成本为 35 000 美元。指出每种方法下（先进先出法、后进先出法和加权平均成本法）使用成本与市价孰低法公司会将存货列报为多少数额？

难题 5-53A 计算毛利率和存货周转率。以下是来自 Abby's International Pasta 公司财务报表中的信息：

单位：千美元

截止日期	2011 年 6 月 30 日	2010 年 6 月 30 日	2009 年 6 月 30 日
销售收入	416 049	429 813	445 849
销售成本	92 488	98 717	110 632
存货	17 030	16 341	12 659

要求

1. 计算最后两年的毛利率。
2. 计算最后两年的存货周转率。
3. 这些比较提供了哪些信息？

财务报表分析

财务报表分析 5-1 分析利润表。这里展示了 Williams-Sonoma 公司截至 2009 年 2 月 1 日和 2008 年 2 月 3 日会计年度的利润表。比较两年公司的业绩。公司控制存货成本吗？公司控制其他费用吗？请证明你的答案。

Williams-Sonoma 公司
合并利润表
（单位：千美元）

	截至会计年度	
	2009 年 2 月 1 日（52 周）	2008 年 2 月 3 日（53 周）
净销售收入	3 361 472	3 944 934
商品销售成本	2 226 300	2 408 963
毛利	1 135 172	1 535 971
销售和管理费用	1 093 019	1 222 573
利息收益	(1 280)	(5 041)
利息费用	1 480	2 099
税前盈余	41 953	316 340
所得税	11 929	120 583
净盈余	30 024	195 757

财务报表分析 5-2 分析存货管理。根据以下来自 Wet Seal 公司的信息分析企业的存货管理。

计算每年的毛利率和存货周转率。你认为公司管理其存货的能力如何？还有其他什么信息可以帮助回答这个问题？

Wet Seal 公司
合并经营情况表
（单位：千美元）

	截至会计年度		
	2009 年 1 月 31 日	2008 年 2 月 2 日	2007 年 2 月 3 日
销售净额	592 960	611 163	564 324
销售成本	400 521	408 892	370 888
毛利	192 439	202 271	193 436
销售和管理费用	154 671	177 468	178 703
商店清算成本	—	—	（730）
资产减值损失	5 611	5 546	425
经营收益	32 157	19 257	15 038
利息收益	2 182	5 489	4 387
利息费用	（2 863）	（1 136）	（31 955）
利息收益（损失）净额	（681）	4 353	（27 568）
税前收益（损失）	31 476	23 610	（12 530）
所得税	1 322	378	308
净收益（损失）	30 154	23 232	（12 838）

来自 2009 年 1 月 31 日资产负债表
存货　　25 529 千美元
来自 2008 年 2 月 2 日资产负债表
存货　　31 590 千美元
来自 2007 年 2 月 3 日资产负债表
存货　　34 231 千美元
来自 2006 年 1 月 28 日资产负债表
存货　　25 475 千美元

财务报表分析 5-3 分析存货管理。根据以下信息分析亚马逊公司的存货管理：

单位：百万美元

	截至 2008 年 12 月 31 日	截至 2007 年 12 月 31 日	2006 年 12 月 31 日
销售收入	19 166	14 835	
销售成本	14 896	11 482	
净收益	645	476	
存货（年末）	1 399	1 200	877

给亚马逊的股东写一个有关你对其存货管理评价的简短报告。

批判性思考题

风险与控制

本章中你学习了零售企业具有存货报废的风险。企业可以如何将此风险最小化?哪种类型的企业风险最高?哪种类型的企业风险最低?

伦理

Jim's Music 公司使用后进先出法,公司该年的利润非常高。存货成本整年都平稳上升,Jim 很担心税收。他的会计人员建议公司在 12 月最后一周采购大量存货。会计人员向 Jim 解释这会大量减少他的收益。

1. Jim 不明白会计人员建议的逻辑。解释购货如何影响应纳税所得额。
2. 这符合伦理吗?Jim 不确定从合法并符合伦理的立场来看这项行为是否合适。

小组任务

选择一个你认为可能关注报废存货的零售企业和一个不太关注报废存货的零售企业。然后找到两个企业的财务报表并计算其过去两年的存货周转率。结果是你预料的吗?解释你预料的是什么以及你发现的结果是什么。

网络练习:Gap

Gap 公司由 Donald 和 Doris Fisher 于 1969 年在加利福尼亚州旧金山成立,当时仅有一个商店和少数员工。今天,Gap 公司是位居世界前列的专业零售商,在服装产业拥有三大知名品牌(Gap、Banana Republic 和 Old Navy)。Gap 公司拥有超过 134 000 名员工分布于美国、英国、加拿大、法国和日本的 3 100 个商店。访问 www.gapinc.com。

网络练习 5-1 首先点击"Investors",其次是"Financials",最后是"Annual Reports"和"Proxy"。下载最新的年报。

1. Gap 公司使用哪种存货成本流转假设衡量存货成本?它使用成本与市价孰低法评估存货吗?如果使用,市场价值如何确定?这项政策符合 GAAP 吗?
2. 列出最近三年列报的销售净额和毛利。销售净额是在增长还是在下降?毛利是在增长还是在下降?这些趋势是有利的还是不利的?请解释。
3. 根据财务报表计算最近三年的存货周转率(你需要从网页中找到 2007 年和 2006 年年报中的存货价值)。存货周转率是在增长还是在下降?这些是如何计算的?Gap 公司如何确认和处理滞销存货?
4. 对于商品销售成本,Gap 公司使用商品销售成本和占用经费。这些金额包含什么?

网络练习 5-2 回到 Gap 公司主页,点击社会责任。

1. Gap 公司是否做了一些事情来确保公平对待服装工人?如果是,为什么这样做对公司很重要?

回到有关 Gap 公司的内容。

2. 点击"我们的服装是如何制成的"。列出并简单描述 Gap 公司的产品生命周期的 5 个步骤。

请注意:网站是不断更新的。所以,如果没有找到指出的信息,请进一步探究年报以获取信息。

附录 5A

存货差错

你知道期初存货成本加采购成本等于库存商品成本,库存商品成本在商品销售成本和期末存货中分配,即:

$$\begin{aligned}&\text{期初存货}\\&+\text{购货}\\&=\text{库存商品成本}\\&-\text{期末存货}\\&=\text{商品销售成本}\end{aligned}$$

因为存货直接影响商品销售成本(这是一项主要成本),所以期初存货或期末存货的计算差错会影响净收益。追溯差错的影响需要缓慢、专心的考虑。为了展示差错如何影响收益,以下是展示期末存货和期初存货差错的简单数字例子。阅读每项描述并学习有关例子。

期末存货差错

假设企业具有正确的期初存货金额和购货金额。然后库存商品成本也是正确的。如果期末存货被高估了,商品销售成本一定被低估了。为什么?因为期末存货和商品销售成本是库存商品成本的两部分。商品销售成本是一项费用。如果从销售收入中减去的费用很小,净收益就会很大。假设你正确计算了库存商品成本(期初存货+购货)为 10 美元。那些商品要么售出成为商品销售成本的一部分,或者没有售出仍然是存货的一部分。

所以库存商品成本包含两部分——商品销售成本和期末存货。假设正确的期末存货为 2 美元,但是你错误计算其价值为 3 美元。如果期末存货被错误地评估为 3 美元,那么商品销售成本就会被评估为 7 美元。记住,这个例子中期末存货和商品销售成本加起来必须等于 10 美元。商品销售成本有什么不对?如果期末存货实际为 2 美元,那么商品销售成本应该为 8 美元。知道发生了什么吗?当你高估期末存货时,你就低估了商品销售成本。无论何时你低估一项费用,就会高估净收益。

如果期末存货很小(被低估),商品销售成本一定很大(被高估),结果是净收益被低估。让我们使用相同的例子,库存商品成本正确计算为 10 美元。如果期末存货实际为 2 美元,但你错误将其低估为 1 美元,那么商品销售成本就被评估为 9 美元。而它应该为 8 美元。所以低估期末存货会引起商品销售成本的高估。如果你高估一项费用,就会低估净收益。

期初存货差错

如果 2009 年期末存货被高估,那么 2010 年期初存货也被高估了,毕竟它们是同一个数值。所以期末存货的差错会影响连续两年——一年的期末存货和下一年的期初存货。如果期初存货被高估,那么库存商品成本就被高估。如果期末存货盘点正确,那么商品销售成本就被高估,所以净收益就被低估。让我们继续之前的例子。如果你评估期初存货为 3 美元(正确价值为 2 美元),并且正确加上了第二年的购货——15 美元,那么库存商品成本就为 18 美元。记住正确数额应该为 17 美元。年末,你正确盘点期末存货为 6 美元。商品销售成本被计算为 12 美元。期末存货和商品销售成本之和必须为 18 美元。然后我们知道正确的库存商品成本为 17 美元。如果正确的期末存货为 6 美元,那么正确的商品销售成本为 11 美元。计算的商品销售成本被高估了 1 美元。当一项费用被高估时,净收益就会被低估。

如果期初存货被低估,那么库存商品成本就被低估。如果期末存货盘点正确,那么商品销售成本就被低估。所以净收益就被高估。试想图表5A.1中给出的例子。如你所见,当你低估期初存货时,你自然会低估商品销售成本。被低估的费用会导致被高估的净收益。

图表5A.1　期初存货差错

单位:美元

	计算的数额	正确的数额
期初存货	1(由于以前年度差错被低估)	2
+购货	+15	+15
库存商品成本	16	17
−期末存货	6	6
商品销售成本	10	11

注意超过两年的时间差错会自动抵消——它们会相互抵消。然而,每年的财务报表的正确性很重要,而不是每隔一年的,所以当公司发现存货差错时会进行修改,而不是等着让差错相互抵消。

思考题5A-1

Barry公司错误盘点了2010年12月31日的期末存货。资产负债表报告存货为360 000美元,但是价值25 000美元的存货被忽略了。Berry报告该年净收益为742 640美元。这项存货差错对Berry该年的商品销售成本有什么影响?2010年12月31日正确的净收益是多少?

答案:期末存货被低估,所以商品销售成本被高估。大量费用被减去,所以净收益应该增加25 000美元,正确的净收益应该是767 640美元。

简易练习

简易练习5A-1A　计算存货差错。以下每种存货差错会如何影响当年净收益?假设每项差错是该年唯一的差错。

1. 期末存货被高估3 000美元
2. 期末存货被低估1 500美元
3. 期初存货被低估3 000美元
4. 期初存货被高估1 550美元

练习

练习5A-3A　计算存货差错。Ian's Small Appliances报告了如下商品销售成本:

单位:美元

	2009	2010
期初存货	130 000	50 000
购货	275 000	240 000
库存商品成本	405 000	290 000
期末存货	50 000	40 000
商品销售成本	355 000	250 000

Ian's 发生了以下两个差错：
1. 2009 年期末存货被低估了 5 000 美元。
2. 2010 年期末存货被高估了 2 000 美元。

难题

难题 5A-5A 分析存货实物盘点的结果并计算商品销售成本。Matrix 公司使用定期盘存制下的加权平均成本法。公司会计记录展示了有关 2010 年 11 月的经济业务：

	数量（单位）	成本（美元）
11 月 1 日期初存货	400	900
11 月购货	1 250	4 275
库存商品	1 650	5 175
商品销售成本	1 300	4 077
11 月 30 日期末存货	350	1 098

2010 年 11 月 30 日，公司进行了一次存货实物盘点，发现实际只有 300 单位的存货。

➡ 要求

1. 根据实物盘点的信息，更正 11 月公司的商品销售成本。
2. 这一更正会如何改变本月的财务报表？
3. 引起会计记录中存货数额和存货实物盘点数额差异的原因可能有哪些？

附录 5B

估计期末存货的毛利法

有时公司可能想要估计期末存货的成本，而不是盘点存货数量再计算成本。比如，如果一个公司编制月报或季报，GAAP 允许其估计期末存货进行列报。这样避免了公司每季度盘点存货的麻烦。如果存货毁损或被盗，公司也可以估计可靠的毁损存货以要求保险赔偿。

首先，你必须知道公司通常的毛利率——第 5 章中你学习的毛利率。毛利率等于毛利除以销售收入。你可以使用以前年度的销售收入和成本数据计算毛利率。然后你将该利率乘以当期销售收入，就得到估计的毛利。最后你从销售收入中减去估计的毛利得到估计的商品销售成本。因为你知道期初存货（来自上一期财务报表）、购货（来自你的记录）和估计的商品销售成本，所以你可以估计期末存货。

比如，假设 Super Soap 公司在 4 月 16 日的一场洪水中丢失了所有存货。公司 3 月 31 日已经编制了一系列财务报表，当时拥有价值 2 500 美元的存货。4 月的第一阶段采购了 3 500 美元的存货。企业通常的毛利率为 40% 。如果公司 4 月的前 16 天内的销售收入为 8 200 美元，那么它丢失了多少存货？

（1）如果销售收入为 8 200 美元，通常的毛利率为 40%，那么毛利应该为 3 280 美元。

（2）如果销售收入为 8 200 美元，毛利为 3 280 美元，那么商品销售成本为 4 920 美元。也就是说，如果毛利率为 40%，那么其他 60% 必须为商品销售成本。所以 8 200 的 60% = 商品销售成本 =

4 920 美元。

（3）期初存货＋购货－商品销售成本＝期末存货。2 500 美元＋3 500 美元－4 920 美元＝1 080 美元。这是我们对丢失的存货的最佳估计。

> **思考题 5B-1**
>
> 　　假设 Base 公司 5 月期初存货为 2 000 美元，5 月的前半个月采购了 8 000 美元的存货，5 月的前半个月的销售收入为 12 000 美元。接着，一场火灾损毁了剩下的存货。公司该年前四个月的毛利率大概为 30%，公司在火灾中大约毁损了多少存货？
>
> 　　答案：12 000 美元×0.7＝商品销售成本，所以 8 400 美元的存货被售出。10 000 美元－8 400 美元＝1 600 美元，即 1 600 美元的存货在火灾中被毁损。

简 易 练 习

简易练习 5B-1A　估计存货。Fantasy Games 公司想要为其该年第一季度的季报估计期末存货余额。根据以下信息，你的最佳估计值是多少？

期初存货	75 800 美元
销售净额	92 500 美元
净采购额	50 500 美元
毛利率	20%

练　习

练习 5B-3A　估计存货。以下是 Arizo Chemical Supply 公司的信息：

2009 年 1 月 1 日存货	240 000 美元
1 月净采购额	750 000 美元
1 月销售净额	950 000 美元
毛利率（历史数据）	40%

估计 1 月的商品销售成本和 2009 年 1 月 31 日的期末存货。

难　题

难题 5B-5A　估计存货。Hines Fruit 公司销售新鲜水果给佛罗里达州州际公路的游客。一次龙卷风损毁了 6 月的所有存货。为整理一份索赔的保险文件，公司的所有者 Hazel 和 Gene 必须估计毁损存货的价值。1 月 1 日至 6 月龙卷风发生当天的记录显示，公司年初拥有 4 000 美元的存货。该年采购额为 9 000 美元，龙卷风发生前的销售收入为 16 000 美元。通常的毛利率为 30%。

➡ **要求**

1. Hazel 和 Gene 应该向保险公司索赔多少金额？
2. 假设一箱水果没有受到龙卷风的影响,该箱水果的成本为 700 美元。这种情况下损失了多少存货？

第6章　长期资产的购置与使用

学习目标

当你学完本章,你应该能够:
1. 解释长期资产如何分类及其成本如何计算。
2. 解释并计算有形资产在其使用寿命内如何冲销,以及在财务报表中如何报告。
3. 解释并计算无形资产在其使用寿命内如何冲销,以及在财务报表中如何报告。
4. 解释长期资产价值的减少、修理和产能变化以及使用寿命和残值估计的变化如何影响财务报表。
5. 解释一项长期资产的处置如何反映在财务报表中。
6. 确认并解释长期资产在财务报表中如何报告,以及编制包含长期资产的财务报表。
7. 使用资产收益率(ROA)和资产周转率帮助评价企业业绩。
8. 识别并描述有关长期资产的经营风险以及使该风险最小化的控制措施。
9. (附录6A)解释财务报表的折旧如何不同于税收的折旧。

 伦理问题

谁需要铲车?

大部分小偷偏爱现金,有些可能更偏爱珠宝,然而很少有小偷偏爱铲车。企业长年使用的大型、贵重的资产很难被盗。将铲车放入公文包然后从厂房悄悄溜走是不可能的。然而这些资产也可能被盗。对这类资产的要求就是确保可以接触它们的人员拥有适当的授权。

2009年6月,纽约交通运输管理局(MTA)的三位合同工人被起诉盗窃皇后区厂房的8辆铲车和其他设备。负责厂房的人员以为三位合同工人有权处置设备。为什么?因为穿着企业制服的三位合同工人拥有与MTA的维修合同。被控告的三位工人将铲车以稍高于7 000美元的价格销售给废料场,然而重置被盗财产的成本却超过250 000美元。

根据舞弊审核师协会2008年发布的有关职业欺诈和滥用的报告显示,所有职业欺诈中,16.3%是由于非现金资产的挪用,有些资产在光天化日下被盗。教训就是所有的资产,无论其被盗的可能性多低,都需要适当的安全措施。

6.1　购置长期资产

到目前为止,你已经学习了企业如何提供商品和服务给其消费者,以及货款的收回。本章中,我们将了解用于企业经营的长期资产,也被称为固定资产的购置。

所有企业都购置长期经营资产(比如电脑、复印机和家具),以及短期资产(比如文件夹、纸张和钢笔)。购置长期资产比短期资产通常更复杂。购置长期资产更复杂有一些原因。对于长期资产,企业必须非常谨慎地选择供货商,因为与其的合作关系会延续相当长一段时间。另外,长期资产的货币投资一般比短期资产更大,并且如果公司做了错误的决定,处置长期资产更困难。例如,购置一个新的追踪存货的电脑系统比为员工休息室购置新的电话需要多耗费 Staples 公司上千美元。如果 Staples 公司经理不喜欢采购的该种电话,他(或她)可能将电话分发或捐赠给当地的 Goodwill,然后再购买一个新的电话。如果经理认为公司购置了错误的电脑存货系统呢?处置该长期资产是相当困难的,这也可以反映出最初做出购置系统决定的经理决策不当。

企业购置长期资产前,必须确定它将产生多少收入以及该资产成本为多少。长期资产的成本必须包括使其投入使用的全部成本。长期资产在经营使用前通常要求大量的建造和准备工作,以及培训员工如何使用它们。如果 Staples 购置一项新的电脑存货系统,它可能要求新的硬件和软件,并且需要培训员工使用新的系统。所有这些成本都会被记录为该资产成本的一部分。

考虑所有这些成本是企业购置一项长期资产过程中的一部分。然后会计人员使用这些成本记录资产的购置与使用。购置什么资产以及如何支付的决定在购置时不会影响利润表。记录长期资产的购置会影响资产负债表和部分现金流量表。如你在第 3 章中所学,企业直到资产实际使用时才确认长期资产的费用。当资产被使用以及费用被确认时,该项费用被称为折旧费用。这项递延是时间性差异的一个例子。我们在过去的一个时间点购置了一项长期资产,在之后的一段时间我们会使用该资产。

6.1.1 长期资产的种类:有形资产和无形资产

企业中使用的长期资产分为两类:**有形资产**(tangible assets) 和**无形资产**(intangible assets)。图表 6.1 展示了 Staples 公司资产负债表中长期资产的部分,你可以发现这两类长期资产。

一般的有形资产为不动产、厂房和设备,无形资产为商标、专利和版权。我们在本章后半部分会详细讨论。

图表 6.1 来自 Staples 公司的资产负债表

虽然你不知道 Staples 公司使用的一些项目的含义,但你会在本章中学习到其中很多项目。

来自 Staples 公司资产负债表 (单位:千美元)		
	2009 年 1 月 31 日	2008 年 2 月 2 日
不动产和设备:		
土地和房屋	1 040 754	859 751
租赁资产改良支出	1 183 879	1 135 132
设备	1 949 646	1 819 381
家具和器具	926 702	871 361
不动产和设备合计	5 100 981	4 685 625
减累计折旧和累计摊销	2 810 355	2 524 486
不动产和设备净额	2 290 626	2 161 139
扣除累计摊销后租赁许可净额	26 931	31 399
扣除累计摊销后无形资产净额	701 918	231 310
商誉	3 780 169	1 764 928
其他资产	476 153	292 186
长期资产合计	7 275 797	4 480 962

其中"土地和房屋"至"家具和器具"为有形资产;"扣除累计摊销后租赁许可净额"至"商誉"为无形资产。

6.1.2 采购成本

考虑一项长期资产的购置。历史成本原则要求公司依据购买资产的数额——它的成本记录资产。不动产、厂房和设备的成本包括所有使资产投入使用的合理的、必要的支出。在资产负债表中将所有这些成本报告为资产的一部分,其原因是为了将费用递延到资产实际使用并产生收入时确认。那也就是如你所知的配比原则,提供了权责发生制会计的基础。这些资产出现在资产负债表中然后在其被使用而产生收入的会计期间内被摊销计入费用。以下是一些常见的不动产、厂房和设备的成本构成:

(1) 当企业为厂房建筑物建造购置土地时,采购成本包含:
    a. 支付的地价
    b. 不动产佣金
    c. 律师费
    d. 将土地投入使用的准备费用,如清理费或排水费
    e. 拆毁现有建筑物的费用

土地一般不折旧。因为土地可以保持有效性并且不被消费而产生收入,它的成本作为资产负债表中一项长期资产保持不变。即使土地的价值增长了,但 GAAP 下编制的财务报表也只以成本列示土地的价值。

(2) 当企业购置厂房时,采购成本包含:
    a. 购置建筑物或厂房的成本
    b. 更新或重建厂房的成本
    c. 使厂房运营的其他成本

(3) 当企业购置设备时,包含以下成本:
    a. 采购成本
    b. 进货运费——运送设备的成本
    c. 运输中的保险费
    d. 安装成本,包括试运行成本
    e. 培训员工使用新设备的成本

(4) 当企业建造或修复一个建筑时,包含以下采购成本:
    a. 建筑师或承包商的酬金
    b. 建造成本
    c. 修复建筑的成本

与土地的会计处理相反,即使企业预计建筑物的价值会增长,对该资产仍应计提折旧。实际中,企业使用的大部分可以产生收入的资产在使用过程中其价值都会减少。回想一下折旧不代表将资产价值评估为其市场价值,而是将资产的成本系统地分配至企业使用该资产产生收入的会计期间。

思考题 6-1

对于以下每种成本,指出在经济业务发生时它应该被记录为一项资产还是一项费用:
1. 支付员工工资
2. 购置新的运输卡车
3. 提前支付租金
4. 支付拖欠租金(使用建筑物之后)

6.1.3 一揽子购买的分配

计算某些资产的采购成本可能很困难。购买建筑物和土地,这是一个一揽子购买的例子,因为两种资产是以一个价格购买的。对于会计记录,企业必须分别计算每一种资产的成本。为什么?企业会对建筑物进行折旧但不会对土地进行折旧。企业使用**相对公允市价法(relative fair market value method)**将采购价格在建筑物和土地之间进行分配。假设公司购买建筑物及其土地的价格为100 000美元。公司通常以评估的形式获取每个项目的市场价格。然后公司使用每个项目评估的相对数额在两种资产中分配100 000美元的采购价格。假设建筑物被评估为90 000美元,土地被评估为30 000美元。评估总额为120 000美元(= 90 000 + 30 000)。

建筑物占评估总额的四分之三。

$$90\,000 \text{美元} \div 120\,000 \text{美元} = 3/4$$

所以,会计人员将建筑物记录为一揽子购买总成本的四分之三。

$$3/4 \times 100\,000 = 75\,000 (\text{美元})$$

分配给土地的成本就为剩余的25 000美元。

$$100\,000 - 750\,000 = 25\,000 (\text{美元})$$

或者你可以这样计算:

$$1/4 \times 100\,000 = 25\,000 (\text{美元})$$

同样的方法——使用一项资产占所有资产评估总额的比例——可以用于以一个价格采购的任何数量的资产。

思考题6-2

Bargain公司支付土地及其建筑物的价格为480 000美元。独立的评估将建筑物评估为400 000美元,将土地评估为100 000美元。Bargain公司应该将建筑物成本及土地成本记录为多少?为什么公司需要分别记录其成本?

6.2 使用长期有形资产:折旧和折耗

现在你很熟悉企业可能拥有的资产类型及其采购成本,下面我们来讨论资产的使用。不动产、厂房和设备的成本一直作为资产负债表中的资产直到其投入使用。只要企业使用资产帮助产生收入,财务报表中的利润表就会列示一些费用的数额。将成本记录为资产,而不是记录为费用,即将成本**资本化(capitalize)**。该项成本在使用期间会被确认为费用。回想一下第3章,折旧是指系统、合理地将长期资产的成本分摊到其使用期间并记录为费用的过程。折旧是配比原则的一个例子——将资产的成本与其产生的收入相配比。如果公司每年计划使用一项资产,则它在利润表中就会确认折旧费用。

如果你听说或看到"这项资产在我们账簿中价值10 000美元",那么并不意味着该资产如果被销售其实际价值是10 000美元,而是意味着该资产会计记录中的置存价值或账面价值——还未折旧的数额是10 000美元。称它为置存价值是因为它是资产负债表中资产记录的数额。还未折旧的数额也被称为账面价值,因为它是会计记录中的资产价值。当你了解资产折旧的具体方法时,参考图表6.2中折旧的术语。

图表 6.2　折旧术语

术语	定义	例子
成本或采购成本	为资产支付的金额，包括所有使资产运营的必要金额	Staples 为其新商店购置 21 000 美元的电子收银机
预计使用寿命	公司计划使用资产的时间；可能以年或资产将产生的单位数量来衡量	Staples 的收银机计划使用 10 年
残值或剩余价值	当公司资产使用结束时其预计的价值——残值是在预计处置日期估计的资产的市场价值	当 Staples 使用完收银机时，公司计划以 1 000 美元出售它们
折旧基础	成本减残值	折旧基础为 21 000 美元 − 1 000 美元 = 20 000 美元
账面价值或置存价值	成本减累计折旧	如果 Staples 使用直线折旧法，公司每年的折旧费用为 2 000 美元。第一年之后，账面价值为 19 000 美元（21 000 − 2 000）

会计人员主要使用三个术语描述一项成本在会计期间内如何冲销。**摊销**（amortization）是冲销长期资产中最通用的措辞。**折旧**（depreciation）是描述特定类型不动产、厂房和设备摊销的具体术语。**折耗**（depletion）是描述自然资源摊销的具体术语。冲销无形资产没有特定术语，所以会计人员使用通用术语摊销来描述冲销无形资产的成本。

所有这些术语——摊销、折旧和折耗——都涉及将资产的成本分配至超过一个会计期间的期间内。

会计人员编制财务报表可以使用多种折旧方法。我们将讨论三种最常用的方法，分别是直线折旧法、工作量法和余额递减折旧法。

思考题 6-3

对于以下每种资产，给出冲销其成本的术语：
1. 设备
2. 建筑物
3. 油井

6.2.1　直线折旧法

直线折旧法（straight-line depreciation）是将资产成本分配至其使用期间的最简单的方法。这是我们在第 3 章中使用的方法。使用这种方法时，每期的折旧费用相同。为计算每个会计期间适当的折旧费用，你应该遵从以下步骤：

（1）估计资产的使用寿命。当企业购置资产时以及购置后正确记录该资产成本时应该考虑这项估计。

（2）估计**残值**（salvage value），即你认为当企业使用完该资产时的价值。残值是你认为某人会为使用完的资产支付的价格。熟知资产及其使用和市场价值的人员会估计其残值。在资产的使用期间你需要不止一次地调整残值。使用寿命和残值是相关的，企业应该将这些估计作为购置决策的一部分。

（3）计算折旧基础——你希望折旧的数额。通过从资产购置成本中减去残值得到。

(4) 使用折旧基础除以估计的资产使用寿命,这样就得到了每年的折旧费用。

(采购成本 – 残值)÷估计使用寿命 = 每年的折旧费用

我们将使用 Holiday 宾馆购置橙汁机的例子来展示所有折旧方法。图表 6.3 总结了三种折旧方法中我们所需的信息。

图表 6.3　Holiday 宾馆的橙汁机

成本	11 500 美元的发票价格 +1 000 美元的运费和安装费 12 500 美元
使用寿命	6 年
残值	500 美元
使用寿命内估计的产量	240 000 杯果汁

假设 Holiday 宾馆为自助早餐酒吧购置了一台新的自动压榨橙汁机。该机器很昂贵并且需要大量橙子供应。在考虑购置该机器的风险和报酬以及评估其对财务报表的影响之后,Holiday 宾馆决定购置一台估计使用寿命为 6 年、价值 11 500 美元的机器。除 11 500 美元的发票价格之外,运费和安装费为 1 000 美元。Holiday 宾馆估计该机器 6 年后的残值为 500 美元。在企业中熟知该资产性能的人员复核并确定有关使用寿命和残值的判断之后,Holiday 宾馆将计算每年的折旧费用。

首先,Holiday 宾馆通过从成本中减去残值得到折旧基础。

$$成本 = 11\,500 + 1\,000 = 12\,500(美元)$$

$$残值 = 500 美元$$

$$折旧基础 = 12\,500 - 500 = 12\,000(美元)$$

然后,Holiday 宾馆使用折旧基础除以使用寿命。

$$每年的折旧费用 = 12\,000 \div 6 = 2\,000(美元)$$

每年利润表都会包含 2 000 美元的折旧费用,以及资产每年的账面价值都会减少 2 000 美元。账面价值的减少在资产的使用寿命内是累计的。公司的会计记录总是保存资产的采购成本并在资产负债表或附注中披露,所以 Holiday 宾馆具有单独的累计折旧账户并从资产负债表中资产的采购成本中扣除。如果 Holiday 宾馆 2010 年 1 月 1 日购置了机器,公司的会计年度截止到 12 月 31 日,那么截至 2010 年 12 月 31 日的利润表就会包含 2 000 美元的折旧费用。资产负债表会列示 12 500 美元的采购成本和截至 2010 年 12 月 31 日的 2 000 美元的累计折旧。这是折旧费用调整在会计等式中的体现:

资产	=	负债	+	所有者权益	
				实收资本	+ 留存收益
(2 000)累计折旧——机器					(2 000)折旧费用

设备账户在资产整个使用寿命内的余额为 12 500 美元。累计折旧(一个备抵账户)在 2010 年折旧费用记录后的余额为 2 000 美元。这是 2010 年 12 月 31 日资产负债表中该资产的记录:

单位:美元

	2010 年 12 月 31 日
设备	12 500
减:累计折旧	(2 000)
账面价值	10 500

在 2011 年的利润表中也会包含 2 000 美元的折旧费用。直线折旧法是由于每年的折旧数额相同而得名,所以资产使用寿命内折旧费用的形状是一条水平的直线。2011 年年末的调整和 2010 年年末的调整是一样的。累计折旧账户将加上 2 000 美元,所以新的余额为 4 000 美元。因为利润表只是一个年度的,所以折旧费用还是 2 000 美元。2011 年 12 月 31 日资产负债表列示了资产的账面价值是如何减少的,因为到那天为止 Holiday 宾馆已经使用它两年了。

单位:美元

	2011 年 12 月 31 日
设备	12 500
减:累计折旧	(4 000)
账面价值	8 500

图表 6.4 展示了在资产整个使用寿命期内年末财务报表中的折旧费用和累计折旧数额。在资产使用寿命结束的年末,账面价值将等于残值。Holiday 宾馆之前估计在资产使用寿命结束的年末它可以以等于其账面价值 500 美元的价格出售该资产。

图表 6.4 直线折旧法

每年的折旧费用总是 2 000 美元,如下表和图中所示。账面价值一直都在减少,从 2010 年 12 月 31 日的 10 500 美元减少到 2015 年 12 月 31 日的 500 美元。

单位:美元

年份	截至该年末利润表中的折旧费用	年末资产负债表中的累计折旧	年末资产负债表中的账面价值
2010	2 000	2 000	10 500
2011	2 000	4 000	8 500
2012	2 000	6 000	6 500
2013	2 000	8 000	4 500
2014	2 000	10 000	2 500
2015	2 000	12 000	500

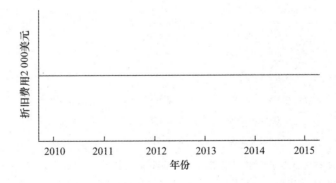

思考题 6-4

2010 年 1 月 1 日,Access 公司花费 15 000 美元购置了一个新的电脑系统。该电脑系统估计的使用寿命为 5 年,估计残值为 3 000 美元。使用直线折旧法,Access 公司截至 2011 年 12 月 31 日利润表中会包含多少折旧费用?确定 2011 年 12 月 31 日该资产的账面价值。

6.2.2 工作量(生产量)法

另一种企业确定折旧费用的方法是估计资产的生产量——资产在其使用寿命内将生产多少单位量或产生多少工作量？这种确定折旧费用的方法被称为**工作量法(activity method of depreciation)**,也称为生产量法。工作量的例子有行驶的英里数或生产的单位量。如果公司购置了一辆汽车,它可能决定在以旧换新前行驶 100 000 英里。工作量法与直线折旧法类似。不同之处在于它以估计资产使用寿命内的工作量作为分配基础,而不是以估计使用寿命作为分配基础。

(采购成本 – 残值)/估计使用寿命内的工作量 = 每单位工作量比率

每单位工作量比率 × 该年实际工作量水平 = 每年折旧费用

为使用工作量法,Holiday 宾馆需要估计机器在其使用寿命内可以产生多少产量。假设 Holiday 宾馆估计橙汁机在其使用寿命内可以生产 240 000 杯果汁。当你使用工作量法计算折旧基础时与使用直线折旧法几乎是一样的——从成本中减除估计的残值。在这个例子中,折旧基础为 12 000 美元 (12 500 – 500)。然后使用折旧基础除以你估计的机器在其使用寿命内将生产的总单位数。

以下是工作量法在 Holiday 宾馆橙汁机中的应用。首先使用折旧基础——12 000 美元——除以估计的橙汁机将生产的橙汁杯数,那就得出了折旧率。

12 000 美元 ÷ 240 000 杯 = 0.05 美元/杯

Holiday 宾馆将使用这个每杯 0.05 美元的折旧率对机器生产的每杯果汁进行折旧。假设机器内置的计数器显示在第一年其压榨了 36 000 杯果汁。该年的利润表中列示的折旧费用就为 1 800 美元。

36 000 杯 × 0.05 美元/杯 = 1 800 美元

这就是该年的折旧费用,并且在年末调整时资产的账面价值会随着折旧计提而降低。记录资产的账面价值很重要,所以 Holiday 宾馆不会将资产折旧至低于估计残值 500 美元以下的价值。当资产到达 Holiday 宾馆估计的使用寿命年末时,残值将等于账面价值。

图表 6.5 展示了橙汁机的折旧图表,并展示了其每年的生产水平。

图表 6.5 工作量法

年份	每年生产量——橙汁杯数(杯)	折旧率 × 果汁杯数(每杯 0.05 美元*)	该年折旧费用(利润表)(美元)	累计折旧(年末资产负债表)(美元)	资产账面价值(年末资产负债表)(美元)
2010	36 000	0.05 × 36 000	1 800	1 800	10 700
2011	41 000	0.05 × 41 000	2 050	3 850	8 650
2012	39 000	0.05 × 39 000	1 950	5 800	6 700
2013	46 000	0.05 × 46 000	2 300	8 100	4 400
2014	43 000	0.05 × 43 000	2 150	10 250	2 250
2015	35 000	0.05 × 35 000	1 750	12 000	500

12 500 美元的机器成本减去 500 美元的残值得出了 12 000 美元的折旧基础。
估计总产量为 240 000 杯。*折旧率 = 12 000 ÷ 240 000 = 0.05 美元/杯。

对于工作量法,每年的折旧费用取决于每年资产生产的产量。这种方法将费用与资产的工作量相配比。尽管每年账面价值在减少,但是折旧费用每年都不一样。一如既往,累计折旧都在增加直到其达到折旧基础——成本减除残值。这意味着资产使用寿命终了其账面价值将等于估计残值。

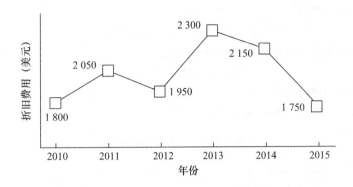

思考题 6-5

Hopper 公司 2009 年 1 月 1 日以 44 000 美元的价格购置了一台织布机。预计使用寿命为 10 年或产量为 100 000 张地毯,并且其估计残值为 4 000 美元。2009 年制作了 13 000 张地毯,2010 年制作了 14 000 张地毯。使用工作量法计算 2009 年和 2010 年的折旧费用。

6.2.3 余额递减折旧法

你已经学习了直线折旧法和工作量法。第三种方法是**余额递减折旧法(declining balance depreciation)**。这种方法被认为是**加速折旧法(accelerated depreciation)**,允许在资产使用寿命的早些年计提较多折旧,在以后年度计提较少折旧。当设备在早些多产的年份产生更多收入时,就会被计提较多的折旧。在早些年对资产计提较多折旧也有助于使有关资产的整个费用更均衡,在以后年度内折旧费用较低但修理费用可能增加。

余额递减折旧法通过运用一个固定的比率来降低资产的账面价值而加速资产的折旧。通常,企业使用被称为双倍余额递减法的余额递减折旧法。企业使用直线折旧法比率的 200% 计算每年折旧比率。例如,如果一项资产的使用寿命为 5 年,那么直线折旧法比率就为 1/5,即 20%。那是因为使用直线折旧法资产 5 年中每年计提 20% 的折旧。双倍余额递减法下折旧率就为 40%,即直线折旧法比率的 200% 或两倍。以下解释了这种方法如何运用及其被称为双倍余额递减法的原因。每年会计人员都对资产的置存价值或账面价值进行直线折旧法比率双倍的折旧。

$$账面价值 \times (2 \times 直线折旧法比率) = 每年费用$$

一个例子可以帮助你了解这种方法如何运用。假设一项资产的使用寿命为 4 年。双倍余额递减法下折旧率就为 50%:

$$100\% \div 4 = 每年 25\% = 直线折旧法下的折旧率$$
$$双倍 25\%:50\% = 双倍余额递减法下的折旧率$$

将这种折旧方法运用到 Holiday 宾馆的橙汁机上,第一年期初的账面价值为 12 500 美元——其采购成本。注意当使用双倍余额递减法计算每年折旧费用时要忽略残值。记住账面价值等于成本减累计折旧。回想一下橙汁机的使用寿命为 6 年。所以折旧率为 1/6 的双倍,即 1/3。

第一年的折旧费用为:

$$1/3 \times 12\,500 = 4\,167(美元)$$

2010 年 12 月 31 日资产负债表上的账面价值为:

$$12\,500 - 4\,167 = 8\,333(美元)$$

对于第二年,会计人员再次计提 1/3 的账面价值(不是成本)的折旧。第二年的折旧费用为:

$$1/3 \times 8\,333 = 2\,778(美元)(四舍五入)$$

第二年年末的累计折旧为：
$$4\,167 + 2\,778 = 6\,945(美元)$$

2011 年 12 月 31 日资产负债表上的账面价值为：
$$12\,500 - 6\,945 = 5\,555(美元)$$

尽管在计算每年费用时忽略了残值，但是你必须始终记着残值并确保资产的账面价值永远不会低于其残值。图表 6.6 展示了 Holiday 宾馆橙汁机使用双倍余额递减法的折旧过程。

图表 6.6　双倍余额递减法

年份	折旧率 = 1/3 或 33.333%	该年资产折旧前的账面价值（美元）	该年折旧费用（美元）	累计折旧（年末）（美元）	年末账面价值（美元）12 500 美元 − 累计折旧
2010	0.33333	12 500	4 167	4 167	8 333
2011	0.33333	8 333	2 778	6 945	5 555
2012	0.33333	5 555	1 852	8 797	3 703
2013	0.33333	3 703	1 234	10 031	2 469
2014	0.33333	2 469	823	10 854	1 646
2015	0.33333	1 646	1 146 *	12 000	500 **

* 0.33333 × 1 646 美元的计算表明折旧费用为 549 美元。因为这是其使用寿命的最后一年，并且这年折旧后的账面价值应该为 500 美元，折旧费用必须为 1 146 美元以使累计折旧总额达到 12 000 美元。

** 2015 年的折旧费用必须计算使其成为资产使用寿命年末的账面价值——因为账面价值应该为估计残值。

对于双倍余额递减法，资产使用寿命的早些年份折旧费用较高，以后年份折旧费用较低。账面价值以一个降低的比率在减少。累计折旧余额仍然在增加直到其达到成本减除残值的数额。企业总是希望资产在其使用寿命年末账面价值等于估计残值。

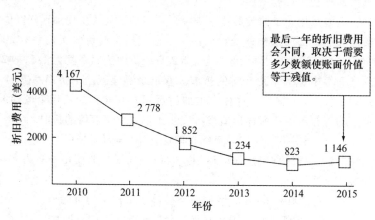

有时资产使用寿命中最后一年的折旧费用会大于（有时又会小于）账面价值乘以双倍余额递减法下折旧率计算得出的数额。当资产具有一个较大残值，其使用寿命的最后一年的折旧费用会小于账面价值乘以双倍余额递减法下折旧率计算得出的数额。当资产没有残值，其使用寿命中最后一年的折旧费用会大于账面价值乘以双倍余额递减法下折旧率计算得出的数额。最后一年的折旧费用是使资产账面价值等于残值所需的数额。

图表 6.7 总结了三种折旧方法的计算过程。

表 6.7　折旧方法

方法	折旧费用计算公式
直线折旧法	（采购成本 – 残值）/估计使用寿命 = 每年折旧费用
工作量法	（采购成本 – 残值）/估计使用寿命内工作量 = 单位折旧率比率 单位折旧比率 × 该年实际工作水平 = 每年折旧费用
双倍余额递减法	年初账面价值 ×（2/估计使用寿命）= 每年折旧费用

在资产使用寿命内，不论使用哪种方法，折旧费用总额的确认都是一样的。图表 6.8 比较了橙汁机使用三种不同折旧方法的折旧费用。

图表 6.8　比较 Holiday 宾馆橙汁机在使用寿命内的折旧费用

注意三种方法的年折旧费用是不同的，但是所有方法在资产使用寿命内的折旧费用总额是相同的。

单位：美元

年份	直线折旧法	工作量法	双倍余额递减法
2010	2 000	1 800	4 167
2011	2 000	2 050	2 778
2012	2 000	1 950	1 852
2013	2 000	2 300	1 234
2014	2 000	2 150	823
2015	2 000	1 750	1 146
资产使用寿命内折旧费用总额	12 000	12 000	12 000

> **思考题 6-6**
>
> 　　一项资产成本为 50 000 美元，估计残值为 5 000 美元，使用寿命为 5 年。使用双倍余额递减法计算其第二年的折旧费用。

6.2.4　折耗

你现在已经了解设备等类似固定资产如何使用三种折旧方法进行摊销，我们再将注意力转移到自然资源摊销的方法上。当公司使用一项自然资源为其经营获取收益时，该资产的摊销被称为折耗。通常累计折旧、累计折耗和累计摊销金额会汇总为一个总额出现在资产负债表中。

折耗与工作量法类似，但是它只应用于自然资源成本的摊销。自然资源的例子如用来做油井和矿井的土地。每单位折耗成本等于自然资源成本减残值除以估计工作量或从该自然资源可以获取的产量。然后每单位折耗成本乘以每期抽出、挖掘出或切割出的产量单位以确定该期间内有关工作量的折耗总额。

假设 2011 年 1 月 1 日公司以 100 000 美元的价格购买了得克萨斯州一个油井的所有权，估计油井将在其使用寿命内生产 200 000 桶油。每桶的折耗率为：

100 000 美元 ÷ 200 000 桶 = 每桶 0.50 美元

如果 2011 年生产了 50 000 桶油，那么 2011 年有关 50 000 桶油的折耗为：

$$每桶\ 0.50\ 美元 \times 50\ 000\ 桶 = 25\ 000\ 美元$$

2011 年 12 月 31 日的资产负债表中油井的账面价值为：

$$100\ 000 - 25\ 000 = 75\ 000(美元)$$

6.3 使用无形资产：摊销

除有形资产外,大部分企业都拥有无形资产。无形资产对企业来说具有长期价值,但它们是不可见的或不可触摸的。它们的价值在于赋予资产所有者的权利和权益,这些权利通常表现为合同。犹如有形资产,它们以成本记录,包含了企业获取资产的所有成本。

如果一项无形资产拥有不确定的使用寿命,那么该项资产不能被摊销。然而,企业会定期对资产进行永久性减值的评估,必要时减记其价值。这里的观点是资产负债表必须包含对企业具有未来价值并可以为其产生收入的任何资产,但资产的评估价值不可以高于其公允价值。资产由于永久性减值而被记录意味着减少资产的价值并在利润表中记录费用。

拥有有限使用寿命的无形资产在其有效或合法年限内(较短者)使用直线摊销法进行摊销。这意味着每年的费用都相同。累计折旧和累计摊销通常合计出现在资产负债表中。

6.3.1 版权

版权(copyright) 是美国法律为保护所有者原创作品署名权的一种保护形式。当你听到版权这个词时,可能想到如书籍和杂志文章等书面作品。版权保护的范围已超越了书面作品,延伸到音乐和艺术作品,并且同时适用于公开和非公开的作品。依据《1976 年版权法》,版权所有者拥有下列权利:

- 复制作品;
- 使用作品准备相关材料;
- 通过销售、出租或出借向大众分发作品副本;
- 公开展示作品,比如文学、音乐、戏剧和舞蹈作品;
- 通过数字音频传播方式公开展示作品,比如录音作品。

所有获取并维护版权的成本都是资产成本的一部分。版权在其合法或有效年限内(较短者)使用直线摊销法进行摊销。

6.3.2 专利

专利(patent) 是美国政府授予发明者的一项产权,即当专利被授予后禁止发明者以外的其他人在一定时期内生产、使用、许诺销售、销售或进口该发明。2009 年 IBM 宣布它打破了 2008 年一年被授予专利数量的记录——4 186 项。这高于微软、惠普、甲骨文、苹果和谷歌的专利总量。

犹如版权,维护专利的成本被资本化为资产成本的一部分。专利在其法定或有效年限内(较短者)使用直线摊销法进行摊销。例如,大部分专利具有 20 年的使用寿命,然而公司可能认为专利的使用寿命比法定年限短。如果公司认为专利只能提供 10 年的价值,那么公司应该使用较短的时间段对资产进行摊销。

6.3.3 商标

商标(trademark) 是从法律上将企业产品区别于其他企业产品的标志、词汇、词组或图标。最受公认的商标之一是耐克的标志。大多数情况下商标不进行摊销,因为它们的使用寿命是不确定的。美国专利商标局为其注册的商标提供 10 年的保护,只要商标在使用都可以续期。

6.3.4 特许权

特许权(franchise)是允许某企业在特定区域出售产品或提供服务的协议。购买特许权的初始成本是特许经营费,这就是被资本化的无形资产。特许权在其有限的使用寿命内进行摊销。如果特许权的使用寿命是不确定的,它就不需要摊销。除初始成本外,特许权的使用者要向公司持续支付费用,通常是销售额的一定百分比。你可能对2009年的一些顶级特许权感到惊讶:第一名是赛百味;其他的包括麦当劳和必胜客。

6.3.5 商誉

商誉(goodwill)是当公司收购另一个公司时,超过其净资产市场价值的成本数额。日常对话中的商誉指的是良好的品质。然而当你在公司的资产负债表中看到商誉时你知道那是以超过一个公司净资产市场价值收购该公司的结果。商誉是中级财务课程或高级财务课程中的一个高级论题。然而你应该对商誉有一个一般性的了解,因为其出现在很多企业的资产负债表中。

假设家得宝以950 000美元现金收购了Pop's硬件商店。存货和建筑物——Pop's的所有资产——被评估为750 000美元;并且Pop's是一家小的硬件商店,它没有负债。为什么家得宝会支付高于Pop's的有形净资产市场价值的价格?Pop's硬件商店已经经营了很多年,并且商店具有一个很好的地理位置和忠实的客户基础。所有这些是Pop's经营发展多年而产生的商誉。GAAP不允许公司确认自创商誉,所以Pop's的资产负债表不包含商誉。现在家得宝决定收购Pop's硬件商店,不管怎样,商誉将被记录。以下是该经济业务如何影响家得宝在会计等式中的体现。

资产	=	负债	+	所有者权益	
				实收资本	+ 留存收益
(950 000)现金					
750 000 多种资产					
200 000 商誉					

无形资产商誉发生了什么?商誉不进行摊销因为它被认为拥有一个不确定的使用寿命。尽管商誉不进行摊销,但是公司必须评估商誉以确保它在资产负债表中没有被高估。这被称为资产减值评估,我们在本章中稍后会学习这一论题。失去一些价值的商誉必须被减记——资产减少并且费用被记录。你可以在企业财务报表附注中了解企业的商誉。

6.3.6 研究与开发成本

研究与开发成本对企业有益,至少它是研究开发的目标。然而研究与开发成本是费用化而不是作为资产成本的一部分资本化,因为不确定这些成本是否代表了某些价值。软件开发成本直到其产生了技术上可行的产品时才被认为是研究成本,所以这些成本在其发生时也必须费用化。然而,只要软件被认为技术上可行,从那个时点起发生的成本都作为软件成本的一部分资本化。决定何时软件在技术上是可行的是公司进行会计决策时需要做出判断的另一个例子。企业的开发者和计算机专家会做出判断。

6.4 资产购置后的变化

我们在本章开始讨论了长期资产的种类和成本,然后讨论了会计记录如何展示企业对那些资产的使用。现在我们讨论如何调整财务报表以记录资产使用后可能发生的三种情况:第一种,资产可能由于企业控制之外的情况发生减值;第二种,企业可能为了在资产使用寿命内维持或改善资产而发生支出;第三种,企业可能需要调整之前对资产使用寿命和残值的估计。

6.4.1 资产减值

到现在为止你了解了会计人员想要避免高估资产负债表中的资产或利润表中的收入。如果特定变化发生,准备编制财务报表的企业必须评估其长期资产,包括商誉和其他无形资产的**资产减值**(**impairment**)——资产的公允价值低于其账面价值而产生的永久性减值。这些变化包括:

(1) 经济衰退导致长期资产市场价值显著降低。
(2) 公司使用资产方式发生变化。
(3) 影响资产价值的企业环境发生变化。

当一项或一组资产的账面价值高于其公允价值时被认为减值。资产减值不易衡量,然而你应该熟悉该术语,因为你几乎在每张年报中都可以看到它。因为资产减值测试非常困难,所以它是一个为更高级的课程保留的论题。

图表6.9展示了Darden餐馆报告中披露的一部分有关其2007年和2008年的资产减值费用(损失)。公司必须在财务报表附注中披露减值资产的描述和导致资产减值的事实和情况。

图表6.9 Darden餐馆财务报表附注中有关资产减值的披露

财务报表附注提供了有关财务报表中数据的重要信息。

2008年会计年度我们记录了少于10万美元的长期资产减值损失。2007年会计年度我们记录了26万美元的长期资产减值损失,这主要与Red Lobster餐馆和Olive Garden餐馆的永久性关闭有关。

6.4.2 改善资产或延长其使用寿命的支出

资产价值的另一种变化可能是企业花钱改善资产的结果。任何使多于一个会计期间受益而产生的支出都被称为**资本性支出**(**capital expenditure**)。资本性支出在其发生时被记录为资产,在其使用的会计期间内费用化或摊销。

与资本性支出对应的是不会延长资产使用寿命或改善资产质量的支出。任何只使当前会计期间受益的支出在其发生时费用化。有时它被称为收益性支出,尽管费用更能有逻辑地表明其意思。

很多公司对购置项目应当作为资本性支出还是收益性支出(费用)建立了分类政策,通常依据其数额大小。这里运用了重要性会计原则,所以小额支出可以直接费用化。

改建和改进项目是资本性支出,因为它们可以给公司提供多年的利益。改建项目的一个例子是配线系统的改建以提高建筑物电气系统的效率。改进项目可能包括如使用更节能的空调系统等。

普通维修被确认为当期费用,因为它们是日常行为,并且不会延长资产使用寿命或提高其效率。普通维修,如粉刷、汽车发动机调整、机器清理和润滑,是维持资产良好运营情况的必要支出,其在发生时费用化。

假设Staples公司办公室的电脑终端机需要按月调整与清理。这项维修的成本就是一项费用——在发生的期间确认。但是假设 Staples 公司更新其电脑硬件以扩充其容量或延长其寿命,这项成本就被认为是资本性支出,应该进行资本化——记录为资产成本的一部分并且在资产剩余的使用寿命内计提折旧。

6.4.3 调整使用寿命和残值的估计

有时一项资产使用一段时间后,经理们发现他们需要调整对该资产使用寿命或残值的估计。评价与固定资产有关的估计是对这些资产进行持续会计处理的组成部分。对于长期资产的会计处理,调整一项估计的处理不同于差错的处理——你不需要回头更改任何以前的记录或财务报表。那些数额在当时是正确的,因为当时计算使用的是最佳估计。假设经理们认为运转良好的机器的使用寿命将超过最初的估计。未折旧余额——资产的账面价值——减去残值的价值将在新估计的剩余使用寿命内摊销。同样地,如果经理们认为机器的残值要高于之前的估计值,则未来的折旧费用将使用新的残值进行计算。这种方法类似于在调整估计时将未折旧余额当成资产的成本并且使用新估计的使用寿命和残值计算资产剩余年限的折旧费用。

假设 Staples 公司购置了一台成本为 50 000 美元的复印机,估计使用寿命为 4 年,残值为 2 000 美元。使用直线折旧法,其一年的折旧费用为:

$$(50\,000 - 2\,000)/4 = 48\,000/4 = 12\,000(美元)$$

假设 Staples 公司的机器已经折旧了 2 年,其账面价值为 26 000 美元。

$$50\,000 - 12\,000 - 12\,000 = 26\,000(美元)$$
$$成本\ -第一年折旧 - 第二年折旧 =\ 账面价值$$

当 Staples 公司资产使用 2 年后,经理发现该资产可以再多使用 3 年(而不是最初估计的 2 年),并且现在认为到时其残值为 1 000 美元(不是最初估计的 2 000 美元)。

前两年的折旧费用不会变化。然而对于之后的三年,折旧费用将不同于前两年。50 000 美元的采购成本减 24 000 美元的累计折旧得出未折旧余额为 26 000 美元。这个数额被视为现在的资产成本。估计残值为 1 000 美元,并且估计剩余使用寿命为 3 年。折旧计算过程为:

$$(26\,000 - 1\,000)/3 = 25\,000/3 = 8\,333.33(美元)$$

资产在随后的三年每年计提 8 333.33 美元的折旧,最终资产的账面价值将为 1 000 美元 $[26\,000 - (8\,333.33 \times 3)]$。

思考题 6-7

2010 年年初,White 公司以 2 400 美元的成本雇用了一个技工对设备主构件进行大修。设备 2006 年年初的原始成本为 10 000 美元,2009 年 12 月 31 日资产负债表中的账面价值为 6 000 美元。购置设备时,White 公司估计其使用寿命为 10 年并且无残值。2010 年年初的大修延长了设备的使用寿命。White 公司新的估计为设备将持续使用至 2017 年年末——从大修当天计后 8 年,估计残值依然为零。White 公司对其所有资产都使用直线折旧法。计算 White 公司截至 2011 年 12 月 31 日利润表中的折旧费用。

6.5 销售长期资产

我们购置长期资产并使用它——在其使用寿命内折旧、折耗或摊销。现在,我们将学习处置资产。处置一项资产意味着将其销售、交易或扔进垃圾桶(请循环使用!)。公司何时出售一项资产?有时资产被售出是因为它对公司已经没有用处。其他时候资产会被新的模型代替,尽管现有资产还有剩余生产力。你计算处置资产的利得或损失是通过比较销售资产时收到的现金——也称为现金价款——与资产处置时的账面价值。存在三种情况：

（1）现金价款大于账面价值，应确认利得。

（2）现金价款小于账面价值，应确认损失。

（3）现金价款等于账面价值，不确认利得或损失。

假设你决定销售7年前购置的设备。购置时，你估计其使用寿命为10年。资产的成本为25 000美元，残值为零，你使用直线折旧法对其折旧。每年的折旧费用为2 500美元。现在，7年之后，你以8 000美元的价格销售该资产。销售产生了利得还是损失？首先，计算你销售资产当天其账面价值：

$$账面价值 = 成本 - 累计折旧 = 25\,000 - (7 \times 2\,500) = 7\,500(美元)$$

然后，从现金价款中减去账面价值计算销售的利得或损失。

$$8\,000 - 7\,500 = 500(美元)$$

因为8 000美元的现金价款大于7 500美元的账面价值，所以销售产生了利得。销售利得将作为收入出现在利润表中。利得具有这个特殊的名字是因为它不是企业经营中常规的部分。你不是为了经营而购置和销售企业中使用的设备，所以这类经济业务产生的收益被称为利得而不是简单称其为收入。

另一种计算销售资产利得或损失的方法是记录你知道的如下三个数据：

（1）记录收到的现金。

（2）转销资产及其累计折旧。

（3）使用经济业务中的利得或损失平衡会计等式。

资产	=	负债	+	所有者权益		
				实收资本	+	留存收益
8 000 现金						
(25 000) 设备						500 销售设备利得
17 500 累计折旧						

现在假设你7年后以5 000美元的价格销售资产，而不是8 000美元。销售产生了利得还是损失？你已经知道销售当天的账面价值为7 500美元。从现金价款中减除账面价值：

$$5\,000 - 7\,500 = -2\,500(美元)$$

因为现金价款小于账面价值，所以销售产生了损失。损失是一项费用，它出现在利润表中。

假设你正好以账面价值7 500美元的价格销售资产，那将没有利得或损失。请看下面的会计等式，它展示了以账面价值销售资产的影响。

资产	=	负债	+	所有者权益		
				实收资本	+	留存收益
7 500 现金						
(25 000) 设备						
17 500 累计折旧						

没有利得或损失。所以以账面价值销售资产不会影响利润表。

商业视角

销售资产以筹集资金

企业投资长期资产,在相当长的一段时间内,通常数十年,使用它们产生收入。例如,Delta 舰队中飞机的平均使用寿命为 13.8 年。建筑物和设备的使用寿命可以长达 40 年以上。当更新的、更多产的资产出现或当资产磨损需要更换时,企业出售资产。然而企业销售长期资产仅仅为筹集资金是不常见的。

在大萧条时期,这种情况可能发生变化。最近一项来自 1 275 名美国、亚洲和欧洲的企业财务总监以及杜克大学和伊利诺伊大学研究员的调查发现,59% 的美国企业报告称紧缩的信贷市场直接影响了它们企业投资新项目的计划。这些企业中,70% 的报告称相比于 2008 年信贷危机开始前它们在销售更多的公司资产以筹集资金。

州政府也在找寻销售资产以满足 2009 年之后预计预算赤字的可能。例如,亚利桑那州州长宣布了包括销售州办公大楼和监狱给投资者的计划,然后再从投资者处回租它们。

当你研究一个企业的财务报表时,应确保关注其长期资产发生了什么变化。投资新项目失败以及出售具有产能的资产可能是萧条时刻到来的信号。

资料来源:"Firms Take Drastic Actions in Response to Credit Crisis," News Release, Duke University, Fuqua School of Business, February 3, 2009. www.fuqua.duke.edu/news_events/releases/credit_crisis_cash.

思考题 6-8

Perry Plants 公司拥有一项原始成本为 24 000 美元的资产。公司在 2010 年 1 月 1 日出售该资产获取 8 000 美元现金。销售当天的累计折旧为 18 000 美元。确定 Perry Plants 公司对该销售应该确认利得还是损失,金额是多少?

6.6 财务报表中长期资产的列报

6.6.1 报告长期资产

本章中你会发现长期有形资产和长期无形资产都根据企业为其支付的数额记录。这些资产展示在资产负债表中资产部分的后半部分,在流动资产之后。因为不动产、厂房和设备的成本及其累计折旧是不同的,会计人员认为不动产、厂房和设备应根据其摊余成本或折旧后成本进行记录。财务报表附注是了解资产类型、资产大致使用寿命和折旧方法的好地方。

长期资产的使用表现为利润表中的折旧、折耗和摊销费用。通常,该数额在利润表中以上述多个账户的总额列示,所以你可能不会看到每一个单独的项目金额。

现金流量表将任何不动产、厂房和设备的现金支出作为投资活动产生的现金流量。任何来自销售长期资产收到的现金都在相同部分列示——投资活动产生的现金流量——在现金流量表中。记住销售长期资产产生的利得或损失记录在利润表中,但不属于有关销售的现金。来自长期资产销售收到的现金将出现在现金流量表中(投资活动)。

图表 6.10 展示了百思买资产负债表的资产部分。企业以资产成本展示了多种固定资产,然后展示了累计折旧(企业对其不动产、厂房和设备自购置时的所有折旧)的扣除。一些企业仅展

示净额,将详细内容放在财务报表附注中。任何情况下,你应该可以找到或计算出企业长期资产的成本。

图表 6.10　长期资产的列报

此图表显示了百思买如何在资产负债表中列示其固定资产的信息。

百思买公司
合并资产负债表(部分)
(单位:百万美元)

	2009年2月28日	2008年3月1日
资产		
流动资产		
现金及现金等价物	498	1 438
短期投资	11	64
应收账款	1 868	549
商品存货	4 753	4 708
其他流动资产	1 062	583
流动资产合计	8 192	7 342
不动产及设备		
土地和建筑物	755	732
租赁资产改良支出	2 013	1 752
家具设备	4 060	3 057
融资租赁不动产	112	67
	6 940	5 608
减:累计折旧	2 766	2 302
不动产和设备净额	4 174	3 306
商誉	2 203	1 088
商标	173	97
其他资产	1 084	925
资产合计	15 826	12 758

> **简讯**
>
> **IFRS 和长期资产**
>
> 　　GAAP 以历史成本减累计折旧评估长期资产。如果公允价值能被可靠地衡量,IFRS 允许资产根据其公允价值进行重新估价,那么累计折旧就减少。注意 IFRS 不要求重新估价。

IFRS 与 GAAP 的另一个显著差异是有关资产减值。在 GAAP 下,当资产由于减值被冲销时,减值损失不可以转回,即使情况发生转变。然而在 IFRS 下,如果情况发生转变减值损失可以转回(有关商誉的除外)。

IFRS 与 GAAP 之间还有很多长期资产会计处理的其他差异,但是它们都是很技术性的。如果你的专业是会计,你将在高级财务课程中学习更多有关知识。

6.6.2 编制 Team Shirts 报表

自 2010 年 1 月起,Team Shirts 已经完成了 5 个月的运营。在 Team Shirts 开始 6 月的经营前,回顾 6 月 1 日的资产负债表(见图表 6.11)。

图表 6.11 Team Shirts 2010 年 6 月 1 日资产负债表

Team Shirts
资产负债表
2010 年 6 月 1 日
(单位:美元)

资　　产		负债和所有者权益	
流动资产		流动负债	
现金	12 805	应付账款	9 000
应收账款		预收账款	4 950
(扣除 176 美元折让后净额)	8 624	流动负债合计	13 950
存货	5 100	所有者权益	
预付费用	1 100	普通股	5 000
流动资产合计	27 629	留存收益	12 379
电脑(扣除 300 美元累计折旧后净额)	3 700	所有者权益合计	17 379
资产合计	31 329	负债和所有者权益合计	31 329

公司一直在挣扎,但是 Sara 认为如果可以拓展业务,她就能获得很大的利润突破。她的调查表明人们对其 T 恤有大量需求,所以她计划 6 月进行拓展。浏览每项经济业务,学习它们如何记入如图表 6.12 所示的会计等式工作表。然后我们将进行期末调整并编制四大报表。

图表 6.12　Team Shirts 6 月会计等式工作表

6 月所有经济业务和月末所需的调整都列示在此会计等式工作表中。

单位：美元

	资产			=	负债		+	所有者权益	
	现金	所有其他资产	（账户）		所有负债	（账户）		实收资本普通股	留存收益（账户）
期初余额	12 805	8 800 (176) 5 100 250 600 250 4 000 (300)	应收账款 坏账准备 存货 预付保险费 预付租金 预付网页设计费 电脑 累计折旧		9 000 4 950	应付账款 预收账款		5 000	12 379
经济业务									
1		30 000	卡车		30 000	应付票据			
2	8 000	(8 000)	应收账款						
3		12 600	存货		12 600	应付账款			
4	(9 000)				(9 000)	应付账款			
5	(7 200)	7 200	预付租金						
6		20 000 (8 355)	应收账款 存货						20 000　销售收入 (8 355) 商品销售成本
7	(2 300)								(2 300) 营业费用
8		(150) 150	应收账款 坏账准备						
A-1		(100)	预付保险费						(100) 保险费用
A-2		(1 200)	预付租金						(1 200) 租金费用
A-3		(50)	预付网站设计费						(50) 网站设计费
A-4		(1 890)	存货		(4 950)	预收账款			4 950　销售收入 (1 890) 商品销售成本
A-5		(100)	电脑累计折旧						(100) 折旧费用
A-6		(725)	卡车累计折旧						(725) 折旧费用
A-7					150	应付利息			(150) 利息费用
A-8		(387)	坏账准备						(387) 坏账费用
	2 305 +	67 517		= 42 750			+5 000 +		22 072

商品销售成本：225 件 × 4.00 美元/件 + 1 775 件 × 4.20 美元/件 = 8 355 美元

资产（非现金）		负债	
应收账款	20 650	应付账款	12 600
坏账准备	(413)	应付利息	150
存货	7 455	应付票据	30 000
预付保险费	150	合计	42 750
预付租金	6 600		
预付网站设计费	200		
电脑	4 000		
累计折旧	(400)		
卡车	30 000		
累计折旧	(725)		
合计	67 517		

经济业务1：6月1日，Team Shirts购置了一辆25 000美元的卡车。公司支付了额外的5 000美元装置了T恤的货架。Team Shirts与当地银行签订了5年期、利率6%的应付票据以筹资30 000美元。从2011年起的每一年的5月31日，Team Shirts会向银行偿还该年利息加上应付票据本金30 000美元中的6 000美元。Team Shirts预计该卡车可以行使大约200 000英里，并且在使用寿命结束后残值为1 000美元。公司决定使用工作量法，基于英里数对其折旧。

经济业务2：Team Shirts收回8 000美元应收账款。

经济业务3：Team Shirts发现多个大型运动商品商店购买其T恤，所以企业必须增加存货。Team Shirts赊购了3 000件单价为4.20美元的T恤。

经济业务4：Team Shirts偿还9 000美元的应付账款。

经济业务5：Team Shirts提前支付仓库租金。6月1日，公司仍然有半个月的预付租金600美元。6月，公司提前支付6个月的租金，从6月15日到12月15日，金额为7 200美元(1 200×6)。

经济业务6：6月15日，Team Shirts赊销并运送2 000件售价为10美元的T恤至多个不同的运动商店。

经济业务7：Team Shirts支付价值2 300美元的营业费用。

经济业务8：Team Shirts发现其客户之一B&B Sports已经宣布破产，所以企业冲销B&B Sports 150美元的未清余额。

在你了解了图表6.12中列示的每一笔经济业务后，要准备在编制6月份财务报表前做出必要调整。当你浏览每一项调整的解释时，同时关注图表6.12工作表的底部。

调整1：Team Shirts需要调整预付保险费。6月1日，资产负债表中有250美元的预付保险费。回想一下Team Shirts在5月购买了总成本为300美元的3个月保险，每个月100美元(5月只消耗半个月的保险费)。

调整2：另一个需要调整的项目是预付租金。Team Shirts每月租金为1 200美元。

调整3：6月预付网站费必须调整确认50美元的费用。

调整4：月初的预收账款已经实现。4 950美元的销售收入必须确认，并且1 890美元(450件T恤，每件4.20美元)的商品销售成本也必须确认。

调整5：电脑的折旧费用必须记录。回想一下其每月折旧费用为100美元。

调整6：新卡车的折旧费用必须记录。其成本为30 000美元，残值为1 000美元。它使用工作量法，基于估计的200 000英里进行折旧。6月，卡车行驶了5 000英里。比率为每英里0.145美元(29 000美元折旧基础除以200 000英里)。6月折旧费用为每英里0.145美元×5 000英里 = 725美元。

调整7：卡车的应付票据利息需要记录。本金为30 000美元、利率为6%的票据在6月1日签发。6月的利息为150美元(30 000×0.06×1/12)。

调整8：坏账准备必须记录。应付账款的当前余额为20 650美元，Team Shirts希望对期末应收账款计提2%的坏账准备，即413美元。然而坏账准备有26美元(176美元的期初余额减150美元的冲销)的当前余额。那意味着企业必须记录387美元(413－26)的坏账费用(并增加坏账准备)。

根据图表6.12中的会计等式工作表，你可以了解财务报表是如何产生的。通过将工作表中的数据追溯到图表6.13所示的适当的财务报表中进行学习。

图表 6.13　Team Shirts 2010 年 6 月财务报表

箭头可以帮助你了解财务报表之间的关系。

**Team Shirts
利润表
截至 2010 年 6 月 30 日
（单位：美元）**

销售收入	24 950
费用：	
商品销售成本	10 245
营业费用	2 300
坏账费用	387
保险费用	100
租金费用	1 200
网站设计费	50
折旧费用	825
利息费用	150
费用合计	15 257
净收益	**9 693**

**Team Shirts
所有者权益变动表
截至 2010 年 6 月 30 日
（单位：美元）**

期初普通股	5 000
本月发行的普通股	0
期末普通股	**5 000**
期初留存收益	12 379
净收益	9 693
股利	0
期末留存收益	**22 072**
所有者权益合计	**27 072**

**Team Shirts
现金流量表
截至 2010 年 6 月 30 日
（单位：美元）**

经营活动产生的现金：		
从客户处收到的现金	8 000	
向供货商支付的现金	(9 000)	
支付营业费用的现金	(9 500)	
经营活动产生的现金净额		(10 500)
投资活动产生的现金*		0
筹资活动产生的现金		0
现金净增加额		(10 500)
现金期初余额		12 805
现金期末余额		**2 305**

*企业通过发行 30 000 美元的应付票据购置 30 000 美元的卡车。

**Team Shirts
资产负债表
2010 年 6 月 30 日
（单位：美元）**

资产		
流动资产：		
现金		**2 305**
应收账款（扣除 413 美元坏账准备净额）		20 237
存货		7 455
预付费用		6 950
流动资产合计		36 947
电脑	4 000	
卡车	30 000	34 000
累计折旧		(1 125)
不动产及设备净额		32 875
资产合计		69 822
负债和所有者权益		
流动负债：		
应付账款		12 600
应付票据（截至 2011 年 5 月 31 日）		6 000
应付利息		150
流动负债合计		18 750
应付票据		24 000
负债合计		42 750
所有者权益：		
普通股		**5 000**
留存收益		**22 072**
所有者权益合计		27 072
负债和所有者权益合计		69 822

6.7 应用你的知识：比率分析

现在你已经学习了企业如何记录长期资产及其使用。下面我们将了解如何使用有关长期资产的信息来帮助评估企业的业绩。

6.7.1 资产收益率

公司购置资产以帮助产生未来收入。回想一下资产的定义——企业用于产生收入的有价值的东西。衡量企业使用资产创造收益能力的指标是**资产收益率**(return on assets, ROA)。资产收益率是对公司盈利性的综合衡量。如同会计中很多术语一样，这个比率的名字很有描述性。公司的收益就是公司得到的东西，我们想要衡量该收益占资产的百分比，所以按照字面意思，资产收益率是用收益——净收益——除以资产。

$$资产收益率 = 净收益/平均总资产$$

这个比率衡量公司使用其资产为投资者创造收益的能力。这是简化的 ROA 版本，你可能遇到过更复杂的 ROA 版本，在分子净收益中加回了利息费用、税后净额。因为利息费用是赚取的利润对债权人进行偿还的一部分，将其加回净收益使比率更确切地衡量了对所有投资者（股东和债权人）的回报。因为不是总能直接计算支付利息的税收效应，所以我们将使用简化的比率版本，使用净收益作为分子。分母为平均总资产。

使用如 ROA 这样的比率给财务报表使用者提供了使各公司净收益标准化的方式。图表 6.14 给出了一个例子。对于 2008 年 9 月 28 日结束的会计年度，苹果公司的净收益为 48.34 亿美元，平均资产为 324.6 亿美元。对于 2009 年 1 月 30 日结束的会计年度，戴尔公司的净收益为 24.78 亿美元，平均资产为 270.31 亿美元。苹果公司似乎胜过戴尔公司。但是这一比较没有告诉我们每个公司使用其资产创造该净收益的能力。如果我们使用净收益除以平均总资产，我们将得出该年的资产收益率，这使我们可以更好地比较两个公司的业绩。

图表 6.14 苹果和戴尔的资产收益率

	苹果公司 截至 2008 年 9 月 27 日	戴尔公司 截至 2009 年 1 月 30 日
净收益（百万美元）	4 834	2 478
平均资产（百万美元）	32 460	27 031
资产收益率（%）	14.89	9.17

这个比较展示了苹果使用总资产创造收益的能力强于戴尔。整个行业的平均资产收益率为 12.6%。使用图表 6.14 中会计年度的结果，苹果的 ROA 为 14.89%，戴尔的 ROA 为 9.17%。你可以在 www.moneycentral.msn.com 中找到企业 ROA 的更新信息。

6.7.2 资产周转率

帮助我们评估企业对资产的使用的另一个比率是**资产周转率**(asset turnover ratio)。这个比率表明了公司使用其资产产生收入的效率。该比率等于销售收入净额除以平均总资产。该比率回答了一个问题：资产投资的每一美元产生了多少美元的销售收入？

$$资产周转率 = 销售收入净额/平均总资产$$

再次看看苹果和戴尔。苹果截至 2008 年 9 月 27 日的会计年度的销售收入为 324.79 亿美元；戴尔截至 2009 年 1 月 30 日的会计年度的销售收入 611.01 亿美元，几乎为苹果的两倍。以下是两家公司的资产周转率：

	苹果公司	戴尔公司
销售收入（百万美元）	32 479	61 101
平均资产（百万美元）	32 460	27 031
资产周转率	1.00	2.26

不同行业的资产周转率相差很大，所以仅仅比较相同行业的企业很重要。在此期间戴尔使用资产产生收入的能力比苹果要强一点。然而很有意思的是，苹果该年的净收益为48.34亿美元，而戴尔只有24.78亿美元。

记住所有比率的共性：比率必须与同一个公司或其他公司的其他年份的比率相比较才有意义。行业标准也经常用于帮助投资者和分析者使用比率分析来评价企业业绩。一两个比率不能给出对任何企业业绩的明确描述。比率分析只是了解企业财务报表所需的一个工具。

6.8 经营风险、控制和伦理

企业丢失长期资产的风险源于盗窃。该风险对于一些大型资产（如厂房）来说，不是问题，但是对于较小的、移动的固定资产（如汽车、电脑和家具等），是非常严重的问题。即使对于大型资产，如建筑物和厂房，也具有因故意毁坏、飓风或恐怖活动产生的毁损风险。任何公司内部控制系统的主要作用之一就是避免所有资产遭受盗窃和毁损——不论有意或无意。资产保护措施的成本可能很高，资产毁坏后替换它们的成本也可能很高。

资产保护措施的实物控制能够简单地定义为仓库大门的锁、零售商店的摄像头或通宵待在办公室的保安。即使资产被警戒、围墙、警报等保护设施保护，公司仍必须确保只有适当的人员可以接触资产。犹如你在本章开篇了解的有关铲车的故事，接触资产的适当授权很关键。

资产完整和可靠的记录也是资产保护措施的一部分。如现金和存货类的资产一样，负责记录长期资产的人员应该不同于资产实物保管的人员。犹如你在以前章节学习的内容，这被称为职责分离，是一个常用的控制措施。

监控是资产保护措施的另一种控制。这意味着某人需要确保其他控制——实物控制、职责分离和其他有关保护资产的政策和程序——在恰当地运行。通常企业有内部审计师——他们自己的员工，将其作为他们工作责任的一部分来执行这项程序。你可能记得是内部审计师首先揭露世通公司舞弊的。

本章要点总结

- 使用寿命超过一年的资产被划分为资产负债表中的非流动资产（或长期资产）。它们以成本记录，包括所有使资产投入使用的必要成本。
- 长期资产在其使用寿命内冲销。对于厂房和设备，资产可能使用直线折旧法、工作量法或双倍余额递减法进行冲销。具有确定使用寿命的无形资产使用直线折旧法进行冲销或摊销。
- 日常修理和维护成本在发生时费用化，然而资产产能的提高或使用寿命的延长发生的支出则作为资产成本的一部分资本化。
- 任何资产使用寿命或残值的调整在调整时和未来时期生效。过去任何的折旧费用不进行调整。
- 当资产出售时，利得或损失的计算为收益（销售价格）与资产账面价值（成本－累计折旧）之间的差异。

本章问题总结

假设以下为 Pencils Office Supply 公司年初的资产负债表:

Pencils Office Supply
资产负债表
2008 年 1 月 1 日
(单位:美元)

资产	
现金	390 000
应收账款	136 000
存货	106 350
预付保险费	3 000
设备	261 000
累计折旧——设备	(75 800)
资产合计	820 550
负债和所有者权益	
应付账款	26 700
应付工资	13 500
预收账款	35 000
长期应付票据	130 000
其他长期负债	85 000
普通股	250 000
留存收益	280 350
负债和所有者权益合计	820 550

假设公司在截至 2008 年 12 月 31 日的会计年度发生了以下经济业务:

a. 公司年初购置了新设备。发票价格为 158 500 美元,但是设备制造商因为 Pencils 公司支付设备运送费用而向其提供了 3% 的折扣。Pencils 公司支付了 1 500 美元的运费和 700 美元的设备在途特殊保险。安装成本为 3 000 美元,并且 Pencils 公司花费了 6 000 美元培训员工使用新设备。另外,Pencils 公司以年薪 40 000 美元雇用了一个新的管理人员,负责使用新设备进行打印服务。所有成本发生时都以现金支付。

b. 公司出售了一个初始成本为 12 300 美元的旧机器,相关累计折旧为 11 100 美元。销售收入为 1 500 美元。

c. 公司收回 134 200 美元的应收账款。

d. 公司该年采购了价值 365 500 美元的存货,支付了 200 000 美元的现金,余下的是赊购。

e. 公司支付 12 000 美元的保险费用。

f. 公司偿还 170 000 美元的应付账款。

g. 公司支付员工工资总额 72 250 美元(这包括年初所欠工资和新的管理人员的工资)。

h. 公司销售收入为 354 570 美元。它们收到 200 000 美元现金,余下的是赊销。存货销售成本为 110 000 美元。公司只使用一个收入账户——销售和服务收入。

i. 公司偿还 50 000 美元以减少长期应付票据的本金,并偿还 10 400 美元的利息。

j. 公司现金支付 30 000 美元的营业费用。

➡ 其他信息

- 公司年末欠员工工资 10 250 美元(发生了但没有支付)。
- 年末剩余保险金额为 2 000 美元。
- 公司估计新设备使用寿命为 20 年,残值为 2 945 美元。公司使用直线折旧法计提折旧。
- 以前购置的固定资产每年折旧率为 10%。
- 21 000 美元的预收服务账款在年末实现。

➡ 要求

建立一张会计等式工作表。输入期初余额、经济业务和任何年末所需的调整。然后编制整个会计年度的利润表、所有者权益变动表、现金流量表和 2008 年 12 月 31 日的资产负债表。

➡ 答案

单位:美元

	资产			=	负债		+	所有者权益	
	现金	所有其他资产	(账户)		所有负债	(账户)		实收资本 普通股	留存收益 (账户)
期初余额	390 000	136 000	应收账款		26 700	应付账款		250 000	280 350
		106 350	存货		13 500	应付工资			
		3 000	预付保险费		35 000	预收收入			
		261 000	设备		130 000	长期应付票据			
		(75 800)	累计折旧		85 000	其他长期负债			
经济业务									
a.	(164 945)	164 945	设备						
b.	1 500	(12 300)	设备						300 销售不动产、产房和设备利得
		11 100	累计折旧						
c.	134 200	(134 200)	应收账款						
d.	(200 000)	365 500	存货		165 500	应付账款			
e.	(12 000)	12 000	预付保险费						
f.	(170 000)				(170 000)	应付账款			
g.	(72 250)				(13 500)	应付工资			(58 750) 工资费用
h.	200 000	154 570	应收账款						354 570 销售和服务收入
		(110 000)	存货						(110 000) 商品销售成本
i.	(50 000)				(50 000)	长期应付票据			
	(10 400)								(10 400) 利息费用
j.	(30 000)								(30 000) 营业费用
调整 1					10 250	应付工资			(10 250) 工资费用
调整 2		(13 000)	预付保险费						(13 000) 保险费用
调整 3		(8 100)	累计折旧						(8 100) 折旧费用
调整 4		(24 870)	累计折旧						(24 870) 折旧费用
调整 5					(21 000)	预收账款			21 000 销售收入
	16 105	+ 836 195		= 211 450			+ 250 000	+390 850	

第6章 长期资产的购置与使用

Pencils Office Supply
利润表
截至 2008 年 12 月 31 日
（单位：美元）

销售和服务收入		375 570
商品销售成本		110 000
毛利		265 570
销售资产利得		300
其他费用		
保险费用	13 000	
工资费用	69 000	
折旧费用	32 970	
利息费用	10 400	
其他营业费用	30 000	(155 370)
净收益		110 500

Pencils Office Supply
所有者权益变动表
截至 2008 年 12 月 31 日
（单位：美元）

期初普通股	250 000	
+ 新发行股份	—	
期末普通股		250 000
期初留存收益	280 350	
+ 净收益	110 500	
− 股利	—	
期末留存收益		390 850
所有者权益合计		640 850

Pencils Office Supply
现金流量表
截至 2008 年 12 月 31 日
（单位：美元）

经营活动产生的现金：		
从客户处收到的现金	334 200	
向供货商支付的现金	(370 000)	
支付保险的现金	(12 000)	
向职工支付的现金	(72 250)	
支付利息的现金	(10 400)	
支付其他营业费用的现金	(30 000)	
经营活动产生的现金净额	(160 450)	
投资活动产生的现金：		
销售设备产生的利得	1 500	
购置设备支付的现金	(164 945)	
投资活动产生的现金净额	(163 445)	
筹资活动产生的现金：		
偿还长期应付票据的现金	(50 000)	
该年现金增加额（减少额）	(373 895)	
加：期初现金余额	390 000	
2008 年 12 月 31 日现金余额	16 105	

Pencils Office Supply
资产负债表
2008 年 12 月 31 日
（单位：美元）

资产	
现金	16 105
应收账款	156 370
存货	361 850
预付保险费	2 000
流动资产合计	536 325
设备（扣除 97 670 美元累计折旧净额）	315 975
资产合计	852 300
负债和所有者权益	
负债	
应付账款	22 200
应付工资	10 250
预收账款	14 000
流动负债合计	46 450
长期应付票据	80 000
其他长期负债	85 000
所有者权益	
普通股	250 000
留存收益	390 850
负债和所有者权益合计	852 300

关键词

版权
残值
工作量法
累计折旧
商标
商誉
摊销
特许权

无形资产
相对公允市价法
修正的加速成本收回制度
有形资产
余额递减折旧法
折耗
折旧

直线折旧法
专利
资本化
资本支出
资产减值
资产收益率
资产周转率

思考题答案

思考题 6-1

1. 费用
2. 资产
3. 资产
4. 费用

思考题 6-2

4/5 的成本[(400 000/500 000)×480 000 = 384 000 美元]应该记录为建筑物的成本,1/5 的成本[(100 000/500 000)×480 000 = 96 000 美元]应该记录为土地的成本。这两项成本需要分开,因为公司会对建筑物进行折旧但是不对土地进行折旧。

思考题 6-3

1. 折旧
2. 折旧
3. 折耗

思考题 6-4

每年的折旧为 2 400 美元[(15 000 - 3 000)/5],所以该数额会出现在截至 2011 年 12 月 31 日的利润表中。在 2011 年 12 月 31 日,公司已进行了两年的折旧,所以账面价值为 10 200 美元(15 000 - 4 800)。

思考题 6-5

比率 = (44 000 - 4 000) ÷ 100 000 = 0.40
2009:13 000 × 0.40 = 5 200(美元)
2010:14 000 × 0.40 = 5 600(美元)

思考题 6-6

第一年:50 000 × 2/5 = 20 000(美元)

新的账面价值 = 50 000 − 20 000 = 30 000（美元）
第二年：30 000 × 2/5 = 12 000（美元）

思考题 6-7

新的折旧数额：6 000 + 2 400 = 8 400（美元）
8 400 美元/8 年的剩余使用寿命 = 剩余每年折旧 1 050 美元

思考题 6-8

销售产生了 2 000 美元利得。8 000 美元的收益大于 6 000 美元的账面价值。

问题

1. 描述有形资产和无形资产的差异。
2. 一项成本的资本化和费用化有何差异？
3. 什么是折旧？
4. 摊销是什么意思？
5. 解释折旧和折耗的差异。
6. 企业如何确定不动产、厂房和设备的成本？
7. 什么是一揽子购买？这种购买会产生什么会计问题，企业如何处理该问题？
8. 什么是资产的置存价值或账面价值？资产的这种价值等于其市场价值吗？请解释。
9. 什么是资产的剩余价值或残值？
10. 折旧费用和累计折旧的差异是什么？折旧费用和累计折旧分别出现在哪张财务报表中？
11. 配比原则在折旧中如何运用？
12. 解释 GAAP 允许的三种折旧方法的差异。
13. 什么是版权及其会计处理？
14. 什么是专利及其会计处理？
15. 资产减值是什么意思？
16. 与长期经营性资产相关的成本中哪种应该予以资本化，哪种应该予以费用化？
17. 资产处置产生的利得或损失如何计算？该利得或损失出现在哪张财务报表中？
18. 商誉如何增加？
19. 如何计算资产收益率？该利率衡量什么？
20. 如何计算资产周转率？该利率衡量什么？
21. 列出两种控制和保护资产的措施。

单选题

1. 以下哪一项是无形资产？
   a. 特许权　　　　b. 石油储备　　　　c. 土地　　　　d. 维修
2. 折旧是系统、合理地将资产的成本分摊到什么期间？
   a. 支付资产的期间　　　　　　　b. 资产市场价值减少的期间
   c. 公司使用资产的期间　　　　　d. 公司整个经营期间
3. 冲销一项成本意味着什么？

a. 将成本作为一项资产放在资产负债表中　　b. 评估资产的使用寿命
c. 将成本记录为一项费用　　　　　　　　　d. 递延费用

4. 假设企业购置了一栋 500 000 美元的新的建筑物，并且支付了额外的 50 000 美元在使用前对其进行改造。企业应将资产的成本记录为多少？

 a. 500 000 美元　　　　　　　　　　　　　b. 550 000 美元
 c. 450 000 美元　　　　　　　　　　　　　d. 取决于谁进行改造

5. 假设企业购置了一处 100 000 美元的土地和建筑物。企业的会计人员为了企业的会计记录而想将成本在土地和建筑物之间进行分配。为什么？

 a. 土地总是比建筑物昂贵
 b. 土地不会计提折旧而建筑物会计提折旧，所以会计人员需要两个不同的数额
 c. 土地会升值并且其记录的成本会随着时间而增加，而建筑物会贬值
 d. 折旧费用在第一年之后会与累计折旧相分离

6. 当一项维修现有资产的支出延长了该资产的使用寿命时，该成本应该被（　　　）。

 a. 划分为一项收入支出因为它产生了收入　　b. 资本化并在资产的剩余使用寿命内冲销
 c. 在维修期间费用化　　　　　　　　　　　d. 展示在利润表或其附注中

7. 当商誉被确认减值时，企业将（　　　）。

 a. 其账面价值增加为市场价值
 b. 立即出售
 c. 减少商誉的价值以冲抵收益（资产减值损失）
 d. 减少商誉的价值以冲抵实收资本（减少实收资本）

8. 当公司的资产负债表显示商誉为 300 000 美元时，那意味着什么？

 a. 当公司出售时其已经产生了一个价值 300 000 美元的良好信誉
 b. 公司价值比资产负债表显示的价值高 300 000 美元
 c. 公司收购另一个公司并支付了高于其净资产公允价值的 300 000 美元
 d. 公司在该期间投资了 300 000 美元在新设备中

9. 假设企业购置了一项 100 000 美元的资产，并在购置当天估计其使用寿命为 10 年，无残值。企业使用直线折旧法。使用资产 5 年后，企业改变了对其剩余使用寿命的估计，估计为 4 年（总共 9 年而不是初始估计的 10 年）。企业在资产使用寿命的第六年应该确认多少折旧费用？

 a. 12 500 美元　　　b. 10 000 美元　　　c. 11 111 美元　　　d. 31 111 美元

10. 假设企业购置了一项 50 000 美元的资产，使用直线折旧法在其 10 年的使用寿命内进行折旧，无残值。在使用的第七年年末，企业决定出售资产。销售收入为 17 500 美元。销售资产产生了多少利得或损失？销售会如何影响现金流量表？

 a. 2 500 美元损失；来自投资活动的 2 500 美元现金流出
 b. 32 500 美元损失；来自投资活动的 17 500 美元现金流入
 c. 17 500 美元利得；来自投资活动的 17 500 美元现金流入
 d. 2 500 美元利得；来自投资活动的 17 500 美元现金流入

简易练习

A组

简易练习6-1A 计算资产的成本。当旧空调系统停止工作时Susan's Bake Shop购置了一个新的空调系统。该系统的发票价格为45 000美元。Susan's的采购也发生了以下相关费用：运费,1 925美元;安装费,3 250美元;第一年运行系统的电费,1 275美元。

Susan's应该在账簿中将这个空调系统记录为多少数额？

简易练习6-2A 一揽子购买的会计处理。Marketing Consultants公司一次性付清375 000美元,购置了一处建筑物及其附近土地、一个计算机系统。一项评估确定土地的价值为189 000美元,建筑物的价值为126 000美元,计算机系统的价值为105 000美元。公司应该在账簿中将每项新资产记录为多少数额？

简易练习6-3A 一揽子购买的会计处理。Wrecker Specialist公司购置了总成本为415 000美元的三项新设备。以下是每项设备的评估价值：1设备,162 750美元;2设备,116 250美元;3设备,186 000美元。

每项设备的成本在公司的账簿中应该记录为多少数额？

简易练习6-4A 计算折旧费用：直线折旧法。对于一项成本为20 000美元、使用寿命为4年、估计残值为4 000美元的资产,计算其每年的直线折旧费用。

简易练习6-5A 计算折旧费用：工作量法。对于一辆成本为32 000美元、估计使用寿命为5年或125 000英里、估计残值为2 500美元的汽车,使用工作量法计算其前两年的折旧费用。以下是每年行驶的英里数：

单位：英里

第一年	25 000
第二年	35 000
第三年	15 000
第四年	45 000
第五年	5 000

简易练习6-6A 计算折旧费用：双倍余额递减法。对于一项成本为18 500美元、使用寿命为4年、估计残值为3 500美元的资产,使用双倍余额递减法计算其每年的折旧费用。解释其在第三年和第四年会产生的会计问题。

简易练习6-7A 确定资产的成本。如果一项资产的残值为1 500美元,在其4年的使用寿命内使用直线折旧法,以每年1 500美元的折旧率进行折旧。资产的成本是多少？

简易练习6-8A 确定资产的使用寿命。假设一项资产的成本为28 500美元,估计残值为3 500美元。两年后,资产的账面价值为18 500美元。资产的使用寿命为几年？假设使用直线折旧法。

简易练习6-9A 计算折耗。Mining Expedition公司在2010年1月1日购买了一个8 400 000美元的矿井,并估计在其使用寿命内可以产生3 500 000磅煤。2010年发掘了1 100 000磅煤。2011年发掘了900 000磅煤。这两年每年的折耗是多少？

简易练习6-10A 无形资产的摊销。Unique Quality Recourses公司在2009年7月1日购买了一项150 000美元的专利。估计使用寿命为20年。合法年限为15年。对于截至2010年6月30日的会计年度的摊销费用是多少？

简易练习6-11A 分析收益性支出和资本性支出。将Dalton & Sons公司以下每种支出划分为资本性支出或收益性支出(费用化)并解释原因:
1. 按照长期维修的计划,支付新修理的屋顶的费用(替换相似的旧的屋顶);
2. 给行政办公楼建造了一个附属建筑物;
3. 改善了通风系统以提高建筑物的能源效率;
4. 根据需要替换主要设备的零部件。

简易练习6-12A 随着估计残值的变化计算折旧费用。2010年1月1日Premium Beer公司购置了一台成本为110 000美元的设备。估计其使用寿命为8年,无残值。使用直线折旧法。2012年1月,估计残值从0美元调整为7 500美元。公司2012年应该记录多少折旧?

简易练习6-13A 资产减值的会计处理。Delta Airlines公司确定其一些飞机已经减值。飞机的账面价值为1 000万美元,但是公允价值为900万美元。这项减值会如何影响当期的利润表?

简易练习6-14A 资产处置的会计处理。2009年7月1日购置的一台机器的成本为170 000美元。其估计使用寿命为10年,无残值。8年后,该机器以36 000美元现金售出。销售产生了多少利得或损失?

练习

A组

练习6-29A 一揽子购买的会计处理。Connor's Tasty Vegan餐厅以32 000美元从一次破产销售中购置了一台烤箱和一辆运输车。一个独立的评估师提供了以下市场价值:烤箱15 000美元,运输车35 000美元。
1. 餐厅应该如何将采购价格分配至每项资产?
2. 如果烤箱的使用寿命为4年,估计残值为1 600美元,餐厅使用直线折旧法每年应该记录多少折旧费用?
3. 如果运输车的使用寿命为8年,估计残值为2 000美元,使用双倍余额递减法3年后运输车的账面价值是多少?

练习6-30A 计算资产的成本和折旧费用。True Light Electricity公司以180 000美元现金购买了一块土地,以420 000美元现金购买了一处建筑物。公司支付有关采购的律师费22 000美元,并将该成本根据采购价格分配至建筑物和土地。建筑物的重新设计成本为52 000美元。使用会计等式记录不动产的采购,包括所有相关支出。假设所有经济业务都是现金交易并且都发生在年初。
1. 假设建筑物的使用寿命为25年,估计残值为17 400美元,计算每年的直线折旧费用。
2. 第三年年末建筑物的账面价值是多少?
3. 第三年年末土地的账面价值是多少?

练习6-31A 计算折旧费用:直线折旧法和工作量法。Paper Printing公司在2010年1月1日以65 000美元购置了一台复印机。复印机的使用寿命为5年或复印1 000 000份,其残值估计为5 000美元。2010年公司的复印份数为250 000份,2011年复印份数为190 000份。
1. 先使用直线折旧法计算2010年和2011年的折旧费用,再使用工作量法计算折旧费用。
2. 哪种方法更准确地体现了资产的实际使用情况?请解释。

练习6-32A 计算折旧费用:直线折旧法和双倍余额递减法。Seminole Construction公司在2010年7月1日以62 000美元购置了一台设备,并支付了2 500美元培训员工如何使用设备。该设备的使用寿命为8年,估计残值为500美元。
1. 使用直线折旧法计算截至2011年6月30日—2013年6月30日的折旧费用。

2. 使用双倍余额递减法计算截至 2011 年 6 月 30 日—2013 年 6 月 30 日的折旧费用(四舍五入取整)。

3. 每种方法下 2013 年 6 月 30 日设备的账面价值是多少?

练习 6-33A 在多种方法下计算折旧。Burgers to Go 公司年初以 25 700 美元购置了一辆新的运输车。该车的估计使用寿命为 5 年,估计生产力为 80 000 英里,估计残值为 1 700 美元。以下是每年行驶的英里数:第一年,16 000 英里;第二年,20 000 英里;第三年,13 000 英里;第四年,15 000 英里;第五年,16 000 英里。完成直线折旧法、工作量法、双倍余额递减法三种方法下的五年折旧表(四舍五入取整)。

练习 6-34A 在多种方法下计算折旧。Soda Pop Bottling 公司在 2009 年年初以 75 500 美元现金购买了一台设备。该设备的估计使用寿命为 4 年,估计残值为 3 500 美元,估计生产力为 150 000 单位。2009 年实际生产的单位数为 37 500 单位,2010 年为 40 000 单位。分别计算直线折旧法、工作量法和双倍余额递减法三种方法下 2009 年和 2010 年的折旧费用(四舍五入取整)。

练习 6-35A 计算折耗。美国石油公司在 2010 年 1 月 1 日以 55 000 000 美元购买了一处近海油井的开采权。公司估计油井在其使用寿命内将产生 10 000 000 桶油。美国石油公司在 2010 年开采了 675 000 桶油。

1. 美国石油公司在 2010 年应该记录多少折耗?

2. 在 2010 年 12 月 31 日(会计年度末)该油井的账面价值是多少?

练习 6-36A 摊销无形资产。Carterette Research 公司在美国专利商标局注册了一项专利。获得专利的总成本为 195 000 美元。尽管企业认为该专利只可以使用 10 年,但是其合法年限为 20 年。Carterette Research 公司会如何记录其每年的摊销费用?在会计等式中展示它是如何被记录的。

练习 6-37A 计算商誉。International Manufacturing 决定收购一个小的当地制造公司 Township Manufacturing。Township Manufacturing 的市场价值为 120 000 美元,并且没有负债。但是 International Manufacturing 支付了 135 000 美元。使用会计等式记录这项收购。

练习 6-38A 评估资产减值。近几年,Bargain Airline 公司由于潜在的机翼问题停飞了 10 台 747 飞机。尽管在年末飞机已经维修,但是公司认为该问题预示着将对这些飞机进行潜在减值的评估需求。分析结果表明这些飞机的公允价值已经永久减值(低于其账面价值)1.2 亿美元的数额。这项减值对该年公司利润表有何影响?

练习 6-39A 区分资本性支出和收益性支出(费用)。将以下项目划分为资本性支出或收益性支出(费用):

1. 更换运输卡车的汽油;
2. 更换运输卡车的发动机;
3. 支付新运输卡车的营业税;
4. 给办公楼安装一个新的相似的屋顶;
5. 为新的计算机系统支付运费和安装费用;
6. 重新粉刷行政办公室;
7. 为激光打印机购买并安装新的墨盒;
8. 更换屋顶上消失的木瓦;
9. 培训以前的员工使用新的计算机系统;
10. 更换运输卡车的刹车片。

练习 6-40A 资本性支出和收益性支出(费用)的会计处理,以及计算折旧费用。Pet Food 公司使用一台机器 5 年。第六年年初,该机器运转不如预期良好。首先,公司定期对机器进行维修,其成本为 170 美元。其次,公司替换了一些报废的部件,其成本为 575 美元。最后,在第六年年初,公司完成了一项主要的机器大修理,不仅修缮了机器,而且增加了新功能,并延长了其 4 年的使用寿命

(总使用寿命为 10 年),无残值。大修理的成本为 25 000 美元。机器初始成本为 100 000 美元,残值为 7 000 美元,使用寿命为 6 年。

1. 这些成本中哪些是资本性支出?这些数额如何出现在财务报表中?
2. 这些成本中哪些是收益性支出?这些数额如何出现在财务报表中?
3. 假设 Pet Food 公司使用直线折旧法,第六年到第十年的利润中会记录多少折旧费用?

练习 6-41A 资本性支出和收益性支出(费用)的会计处理,以及计算折旧费用。Reengineering 公司为其产品运行一台小的修理设备。2009 年年初,公司的会计记录显示以下 2006 年年初购置的唯一一台设备的余额:设备,135 000 美元;累计折旧,45 000 美元。

2009 年发生了以下设备修理和维护成本:日常修理和维护,815 美元;为提高效率进行的机器的主要大修理,32 000 美元。

公司使用直线折旧法,现在估计设备将持续使用 12 年,残值为 500 美元。其会计年度截至 12 月 31 日。

1. 公司在 2008 年年末会记录多少设备折旧?
2. 大修理后的 2009 年年初,设备的剩余估计使用寿命为几年?
3. 公司 2009 年会记录多少折旧费用?

练习 6-42A 资产处置的会计处理。Erickson Electricity 公司以 70 000 美元购买了一辆公共载重汽车。该汽车估计使用寿命为 8 年,残值为 6 000 美元。

1. 如果 4 年后以 40 000 美元销售该汽车,公司会确认利得还是损失?数额是多少?假设使用直线折旧法。
2. 如果公司 6 年后以 17 000 美元销售该汽车,利得或损失是多少?

练习 6-43A 资产处置的会计处理。Uptown Bakery 公司 5 年前以 21 000 美元购买了一台谷物研磨机。该机器预计 10 年使用寿命后的残值为 1 000 美元。假设使用直线折旧法,如果 5 年后该机器以 13 500 美元或者 8 400 美元价格出售,分别计算实现的利得或损失。

练习 6-44A 资产处置的会计处理。Gourmet Pizza's Delivery 公司处置了一台使用了 3 年的运输车。公司记录提供了以下信息:运输车,25 000 美元;累计折旧,15 000 美元。

对于以下每种独立的情形,计算处置汽车的利得或损失:

1. 公司以 13 500 美元将汽车销售给 Desserts on Wheels;
2. 公司以 10 000 美元将汽车销售给 Premium Beer Corporation;
3. 公司以 8 250 美元将汽车销售给 Organic Food Market;
4. 汽车在公司的停车场被盗,并且公司没有保险。

练习 6-45A 资产处置的会计处理。Paper Printing 公司处置了一台使用了两年的复印机。该复印机初始成本为 65 000 美元,有关累计折旧为 32 500 美元。对于以下每种情形,计算处置复印机的利得或损失:

1. 公司以 27 500 美元将复印机销售给一个教堂;
2. 公司以 33 000 美元将复印机销售给一个当地银行;
3. 公司将复印机交由一个托运公司托运至当地垃圾场,该复印机被认为无价值。

练习 6-46A 计算利得或损失及现金流量。Big Peach Athletics 公司出售了一项初始成本为 21 000 美元、累计折旧为 11 500 美元的资产。如果销售获得的现金为 10 250 美元,销售产生的利得或损失是多少?该数额会出现在哪张财务报表中?现金流量表中会出现多少数额,以及出现在哪个部分?

练习 6-47A 确认财务报表项目。判断以下每个项目会出现在哪张财务报表中:

1. 固定资产的账面价值为 56 900 美元;
2. 销售固定资产的收入为 20 000 美元;

3. 销售固定资产的损失为 12 500 美元；
4. 设备的累计折旧为 10 000 美元；
5. 设备的折旧费用为 2 000 美元；
6. 资产减值准备冲销为 45 000 美元。

练习 6-48A 计算资产收益率和资产周转率。使用附录 A 中百万书店年报的内容，计算其最近会计年度的资产收益率(ROA)和资产周转率。

难题

A 组

难题 6-69A 计算资本化成本和折旧费用。Auto Mechanics 公司 2010 年 1 月 1 日为其修理商店购置了一台新设备。发票价格为 64 700 美元，但是销售人员由于公司以现金购买设备而向其提供了 5% 的折扣。运输成本为 2 500 美元，公司为设备在途运输购买了一项 300 美元的特殊保险。安装成本为 1 250 美元，公司花费了 2 500 美元培训员工使用新设备。另外，公司需要支付 7 500 美元定制设备以符合商店的需求，并以年薪 55 000 美元雇用了一个对该类设备有多年经验的特殊机修工。

➡ 要求

1. 这项新资产资本化数额应该为多少？
2. 为计算 2010 年的折旧费用，你需要其他什么信息？你认为在购置资产前公司应该收集这些信息吗？为什么？

难题 6-70A 计算并分析各种方法下的折旧费用。2010 年 1 月，Super Fast Subs 公司以 31 000 美元购置了一辆运输车。汽车的估计使用寿命为 5 年，估计残值为 1 000 美元。公司估计在其服务期限内汽车可以行驶 200 000 英里。实际行驶英里数如下：

年份	英里数
2010	35 000
2011	40 000
2012	45 000
2013	39 000
2014	41 000

➡ 要求

1. 分别使用直线折旧法、双倍余额递减法和工作量法计算汽车 5 年使用寿命中每年的折旧费用（四舍五入取整）。
2. 折旧方法的选择会如何影响每年的净收益？折旧方法的选择会如何影响每年的资产负债表？

难题 6-71A 计算并分析各种方法下的折旧费用。Marshall's Dry Cleaning 公司在 2010 年 1 月 1 日以 125 000 美元的成本购置了一项新设备。估计使用寿命为 8 年，残值为 15 000 美元。

➡ 要求

1. 编制两张不同的设备折旧表——一张使用直线折旧法，另一种使用双倍余额递减法（四舍五入取整）。

2. 确定哪种方法会产生 2010 年最高的净收益。

难题 6-72A 计算并分析各种方法下的折旧费用。Schillig & Gray Industries 公司在 2011 年年初以 9 500 美元购置了一台新机器。公司估计该机器会持续使用 4 年，残值为 500 美元。该机器的估计生产力为 180 000 单位。以下为每年的产量：2011 年 50 000 单位；2012 年 45 000 单位；2013 年 30 000 单位；2014 年 55 000 单位。

➡ 要求

1. 分别使用直线折旧法、双倍余额递减法和工作量法计算机器 4 年使用寿命中每年的折旧费用（四舍五入取整）。
2. 对于每种方法，给出每年年末资产负债表中展示的累计折旧数额。
3. 计算每种方法下每年机器的账面价值。

难题 6-73A 无形资产的会计处理。Scientific Genius 公司年初拥有的无形资产余额如下：商标，45 000 美元；版权，36 000 美元；商誉，50 000 美元。商标的剩余使用寿命为 15 年，版权的剩余使用寿命为 9 年。该年发生了以下经济业务：

a. 年初，公司申请了一项新的商标。总成本为 30 000 美元，其使用寿命估计为 15 年。
b. 公司发生有关新产品开发的研发费用 75 000 美元，没有新产品被鉴定。
c. 公司评估商誉减值并将其账面价值减少 5 000 美元。
d. 公司在法庭中为其版权之一进行辩护，总费用为 18 000 美元。

➡ 要求

1. 在会计等式中展示每项经济业务，包括为编制年末财务报表而所需的任何调整。
2. 编制年末资产负债表中无形资产部分。

难题 6-74A 折旧估计调整的会计处理。2009 年 1 月，Flooring Installation & Repair 公司以 45 000 美元的成本购买了一辆运输车。企业估计其会持续使用 6 年，至 2014 年年末的残值为 3 000 美元。公司使用直线折旧法。分析以下每项独立的情形：

a. 在记录 2012 年折旧费用前，机修工告诉公司运输车可以像预计的一样使用至 2014 年年末，但它将只值 750 美元。
b. 在记录 2012 年折旧费用前，公司决定使用运输车至 2013 年年末。公司估计到时运输车的价值为 1 500 美元。
c. 在记录 2012 年折旧费用前，公司决定使用运输车至 2015 年年末，但到时它将毫无价值。
d. 在记录 2012 年折旧费用前，机修工告诉公司，如果公司花费 5 000 美元进行大修，运输车可以使用至 2017 年年末。但是，到时（2017 年年末）的估计残值为 100 美元。公司决定采纳机修工的建议，对运输车进行大修。

➡ 要求

计算每种情形下 Flooring Installation & Repair 公司在截至 2012 年 12 月 31 日的利润表中记录的有关运输车的折旧费用。

难题 6-75A 资产处置的会计处理。分析以下每项独立的情形：

a. 一台成本为 22 000 美元的机器，估计使用寿命为 3 年，残值为 1 000 美元。使用直线折旧法进行两年折旧后，公司以 8 000 美元出售该机器。
b. 一台成本为 40 000 美元的运输车，估计使用寿命为 10 年，残值为 4 000 美元。使用直线折旧法进行 10 年折旧后，公司将该破旧不堪的运输车作为废品以 1 000 美元出售。
c. 一台成本为 45 000 美元的设备，估计使用寿命为 8 年，残值为 3 000 美元。使用双倍余额递减法进行 4 年折旧后，公司以 14 750 美元出售该设备（四舍五入取整）。
d. 一项成本为 21 000 美元的资产，估计使用寿命为 7 年，无残值。使用直线折旧法进行 6 年折旧后，公司确认该资产毫无价值，并将其托运至垃圾场。

➡ **要求**

对于每种情形，计算基于资产处置而产生的利得或损失。

难题 6-76A 计算各种方法下的折旧费用以及资产处置的会计处理。Hope Construction 公司在 2011 年 1 月 1 日以 55 000 美元购置了一台新设备。公司估计设备使用寿命为 5 年，无残值。公司的会计年度截至 12 月 31 日。

➡ **要求**

1. 分别使用直线折旧法和双倍余额递减法计算 2011 年和 2012 年会计年度的折旧费用。

2. 公司在 2013 年 1 月 1 日以 33 000 美元出售该设备。使用每种折旧方法得出的销售利得或损失为多少？该利得或损失会出现在哪张财务报表中？

难题 6-77A 计算各种方法下的折旧费用以及资产处置的会计处理。Book Printing 公司四年前以 60 000 美元购置了一台机器。公司估计该机器使用寿命为 5 年，无残值。公司记录了其四年的折旧费用。

➡ **要求**

1. 假设公司使用直线折旧法。如果以 11 000 美元销售该机器，会不会产生利得或损失？如果会，会产生多少利得或损失？该销售会如何影响该年财务报表？

2. 假设公司使用双倍余额递减法。如果以 9 000 美元销售该机器，会不会产生利得或损失？如果会，会产生多少利得或损失？该销售会如何影响该年财务报表？

3. 假设公司使用直线折旧法并以 13 000 美元销售该机器，会不会产生利得或损失？如果公司使用双倍余额递减法会如何变化？

难题 6-78A 分析并更正有关长期资产的会计差错。Umpire 公司由于 2011 年初期发生的一次罢工，导致公司的信息处理出现了一些麻烦，并且某些经济业务的会计处理出现了一些差错。评估以下该年发生的各种独立情况：

a. 2011 年年初，一处建筑物和土地的采购总额为 100 000 美元。尽管评估师确定 90% 的价格应该分配至建筑物，但是公司决定将所有采购价格分配至建筑物。建筑物使用直线折旧法进行超过 40 年的折旧，估计残值为 10 000 美元。

b. 同年，公司为记录进球而对一项新的器具进行研发。研发成本为 20 000 美元，公司将其资本化。公司打算超过 5 年后再使用直线折旧法将其冲销，无残值。

c. 临近年初，公司花费了 10 000 美元对其设备进行日常维护，会计人员决定将这些成本作为设备成本的一部分进行资本化。设备进行了 5 年的折旧，无残值。

d. 公司花费 5 000 美元以延长其一些设备的使用寿命，会计人员将成本资本化。

➡ **要求**

1. 对于每种情况，描述产生的差错并列出其影响，没更正的差错对于 Umpire's 公司 2011 年财务报表中以下项目会有什么影响：净收益、长期资产以及留存收益。如果没有差错，仅仅在项目旁边写无。

2. 描述更正公司会计记录并使 2011 年财务报表准确的调整。如果没有差错，在项目旁边写无。

财务报表分析

财务报表分析 6-1 在资产负债表中分析长期资产。以下信息来自家得宝公司年报。

信息来自家得宝公司资产负债表   单位：百万美元

	2009 年 2 月 1 日	2008 年 2 月 3 日
不动产和设备		
土地	8 301	8 398
建筑物	16 961	16 642
家具设备	8 741	8 050
租赁物改良投资	1 359	1 390
在建工程	625	1 435
其他	490	497
	36 477	36 412
减：累计折旧和摊销	10 243	8 936
不动产和设备净额	26 234	27 476

➡ 要求

1. 你能辨别家得宝公司为其拥有的建筑物支付了多少金额吗？如果能，你是如何知道的？
2. 你能辨别建筑物的价值（市场价值）是多少吗？
3. 解释不动产和设备中包含的每个项目。
4. 家得宝公司说其 2008 会计年度（截至 2009 年 2 月 1 日）的资本化支出比 2007 会计年度（截至 2008 年 2 月 3 日）要少。这里给出的所有信息可以支持这个说法吗？

财务报表分析 6-2 在资产负债表中分析长期资产。使用附录 A 中百万书店年报的信息帮助你回答以下问题：

1. 百万书店拥有哪种类型的可折旧资产？它使用什么方法对这些资产进行折旧？
2. 百万书店拥有无形资产吗？它们是什么，百万书店如何对其进行会计处理？
3. 你能分辨百万书店的不动产和设备的使用寿命和/或使用状态吗？它会持续对不动产、厂房和设备进行投资吗？
4. 百万书店有效使用了其资产吗？你对此如何评价？

批判性思考题

风险与控制

像 Barnes & Noble 这类企业保管资产的风险有哪些？你认为现存的将风险最小化的控制措施有哪些？登录企业的网站 www.barnesandnobleinc.com，然后点击"For Investors"。你将可以发现公司的年报以帮助你回答这些问题。年报中提到了任何特殊的控制措施了吗？

伦理

Rachel 在一家装配有现代化复印机、扫描仪和打印机的房地产公司工作。她通常是唯一可以晚上在办公室工作的员工，并且有空余时间做自己的事情。她已经开始为孩子的学校报告和丈夫的生意而使用办公设备。你认为 Rachel 使用办公设备是无害的吗？或者她的行为是不道德的吗？为什么？如果你认为她的行为是不道德的，有什么可以防止她这么做的控制措施吗？你曾经使用过办公资源处理个人事务吗？在哪种情形下对办公资源的该种使用方式是合理的？

小组任务

选择本章中展示的三种折旧方法之一。讨论应该使用这种方法的原因及其不是好的选择的原因，确定你认为最符合财务报告目标的方法。

网络练习：百思买

百思买是专注家用电子产品、个人电脑、娱乐软件和设备的第一零售商。百思买在美国、加拿大、墨西哥、中国和欧洲经营，超过155 000名员工遍布全世界（截至2008年会计年度期末）。登录www.bestbuy.com 并完成以下练习：

网络练习6-1 选择页面底部的"For Our Investors"，然后选择百思买最近的PDF格式的年报。观察最近年末的不动产和设备。使用合并资产负债表来回答以下问题：

1. 这些资产的采购成本是多少？
2. 账面价值（置存成本）是多少？
3. 多少采购成本已经费用化？
4. 所列资产中有没有未进行折旧的？

网络练习6-2 使用财务报表附注的内容回答以下问题（信息通常可以在附注1中找到）：

1. 找到不动产和设备的标题。百思买对不动产和设备使用哪种折旧方法？建筑物、家具和设备的使用寿命范围是什么？这些使用寿命有意义吗？
2. 找到商誉的标题。商誉是哪种类型的资产？百思买冲销该项资产吗？请解释百思买的做法。

网络练习6-3 在百思买截至2009年2月28日的年报的第27页中，有一个五年重点财务数据的总结（如果没有找到这页，你可以在财务报表中找寻这个信息）。

1. 确定最近四年年末报告的总资产的数额。
2. 确定最近三年报告的收入和净盈余（净收益）。
3. 计算最近两个会计年度的资产周转率。公司在哪个会计年度最有效地使用了资产？你是如何辨别的？

附录6

折旧和税收

公司在其财务报表中展示的会计信息和公司向美国国税局报告的联邦所得税申报表中的信息是不一样的。当公司编制财务报表时遵循GAAP，因为那些报表提供给股东，即公司的所有者。税收的信息由美国国内税收法规的法律规定决定，GAAP和国税局要求报告的信息不同，所以公司会使用可以产生两套数据的信息系统。

对于固定资产的折旧，公司使用被称为**修正的加速成本收回制度（modified accelerated cost recovery system，MACRS）**的方法为其纳税申报计算抵减额。修正的加速成本收回制度在征税时是被允许的，但是不被GAAP允许。修正的加速成本收回制度的目的是激励公司投资新的不动产、厂房和设备。如果一项资产可以很快被冲销——在很短年限内发生大量折旧费用的扣除，来自折旧费用扣除而产生的税收效益使公司具备更多的现金对新的资产进行投资。

较多的折旧费用如何导致较低的税收？假设一个公司扣除折旧和税收前的收益为10 000美元。如果税收目的下的折旧费用为2 000美元，那么公司应纳税收益为8 000美元。假设公司的税率为25%，那么公司必须支付2 000美元（8 000×0.25）的税额。净收益为6 000美元。

现在，假设公司可以使用一个加速折旧的方法对资产进行折旧，并产生价值4 000美元的折旧费用。扣除折旧和税收前的收益为10 000美元，所以税前收益为6 000美元（10 000－4 000）。税率为25%，公司将支付1 500美元的税额。净收益为4 500美元。

折旧费用越高，公司必须支付的税额就越低。越低的税金账单意味着支付给国税局的现金就越少，所以公司该年的净现金流就越大。然而，犹如我们比较直线折旧法和双倍余额递减法时发现的一样，在资产的使用寿命期间，不论公司使用哪种方法，折旧总费用是一样的。各种方法的区别体现在将折旧总费用分配至资产使用寿命的方式。公司为税收目的而希望使用像修正的加速成本收回制度这类加速折旧方法是为了尽快产生大量的抵减额。节省今年的税额比节省下一年的税额更优是因为，那是公司可以用于购买资产以提高生产力再产生利润的现金。

第7章 负债的会计处理

学习目标

当你学完本章,你应该能够:
1. 定义确定负债并解释职工薪酬是如何记录的。
2. 定义预计负债并解释保修负债是如何记录的。
3. 解释长期票据和抵押贷款的作用。
4. 记录债券的发行以及对债券持有者的利息支付。
5. 编制包含长期负债的财务报表。
6. 解释资本结构以及计算负债权益比率。
7. 识别与长期负债相关的重要风险及其相关的控制。
8. (附录7)计算现值以及债券发行产生的发行收入。

 伦理问题

评级有何意义?

当公司打算筹集大量现金时,通常会发行债券。就如同发行股票一样,发行债券也是企业融资的一种方式。然而债券是一种债务工具,它不像股票那样代表了对公司的所有权。债券持有者,即购买债券的投资者向发行债券的公司提供了借款。为帮助投资者评估公司债券的风险,评级机构对债券进行信用评级。标准普尔、穆迪和惠誉是三大著名评级机构,它们在2008年的金融危机中扮演了重要角色。

当金融机构将复杂的债务证券(与次级贷款相关)组合在一起时,就会雇用评级机构对其进行评级。最高评级是AAA,表明风险较小,接下来的评级是AA、A、BBB、BB、B、CCC、CC和C,评级为BB以及低于此评级的债券有时也被称为垃圾债券。有时评级机构未对复杂的债务证券进行风险评估却将其评为AAA证券。它们如今也承认,当时并没有相应数据来进行评估,但是仍然得到了报酬。当它们评估的AAA证券越多时,获得的业务就越多。

标准普尔前总经理Frank Raiter认为,信用评级机构本可以阻止2008年的金融危机,但是因为其贪婪而导致现实与此背道而驰。诺贝尔经济学奖得主约瑟夫·斯蒂格利茨称信用评级为"信用欺诈"。Raiter曾经因为不愿意与欺诈者同流合污而被降职,他宁愿辞职也不违背自己的原则。

伦理问题不一定是法律问题。评级机构中成百上千的人都专注交易本身,而不是证券评级的质量。由于这种情况的发生,自20世纪30年代的大萧条以来,以利润最大化为目标的伦理决策及其后果都包含了最严重的金融风险。如果你想学习更多的有关知识,可以对2008年金融危机中评级机构所扮演的角色进行研究。美国国会和证券交易委员会也在努力改变评级行业现状以确保以上事项不再发生,但由此引发的讨论还在继续。

资料来源:NOW on PBS Video, Credit and Credibility(12-26-08).

7.1 债券的种类

你已经学习了存货、不动产、设备等资产以及保险、备用品等经营项目的会计处理。现在我们来学习企业是如何利用流动负债和长期负债来购买这些资产的。回顾前面章节学习的内容,负债是企业经营过程中产生的债务。它们是通过转移经济利益(如现金、商品或服务)偿还的。当一项债务发生时,才会在会计记录中进行确认,并体现在资产负债表中。比如,家得宝公司从百得公司购买商品,就会将其记录为存货,并且增加应付账款。负债是基于过去的交易而产生的,并且通常在发生时确认。

负债可能是确定的(即公司可以确定金额),也可能是预计的。一方面,确定负债是企业欠其债权人确切金额的负债。另一方面,**预计负债(estimated liabilities)**是对或有债务的评估金额。在本章中,我们会对这两种负债进行讨论。图表 7.1 展示了家得宝公司资产负债表中负债的部分。当我们讨论各种负债时,你可以参照这张图表。

图表 7.1 家得宝公司资产负债表

重点关注表中负债部分,当你学习本章时可以参照此图表。

<table>
<tr><td colspan="3">家得宝公司及其子公司
合并资产负债表
(单位:百万美元)</td></tr>
<tr><td></td><td>2009 年 2 月 1 日</td><td>2008 年 2 月 3 日</td></tr>
<tr><td>资产</td><td></td><td></td></tr>
<tr><td>流动资产:</td><td></td><td></td></tr>
<tr><td>　现金及现金等价物</td><td>519</td><td>445</td></tr>
<tr><td>　短期投资</td><td>6</td><td>12</td></tr>
<tr><td>　应收账款净额</td><td>972</td><td>1 259</td></tr>
<tr><td>　存货</td><td>10 673</td><td>11 731</td></tr>
<tr><td>　其他流动资产</td><td>1 192</td><td>1 227</td></tr>
<tr><td>　　流动资产合计</td><td>13 362</td><td>14 674</td></tr>
<tr><td>不动产及设备:</td><td></td><td></td></tr>
<tr><td>　土地</td><td>8 301</td><td>8 398</td></tr>
<tr><td>　建筑物</td><td>16 961</td><td>16 642</td></tr>
<tr><td>　家具设备</td><td>8 741</td><td>8 050</td></tr>
<tr><td>　租赁资产改良支出</td><td>1 359</td><td>1 390</td></tr>
<tr><td>　在建工程</td><td>625</td><td>1 435</td></tr>
<tr><td>　融资租赁</td><td>490</td><td>497</td></tr>
<tr><td></td><td>36 477</td><td>36 412</td></tr>
</table>

(续表)

	2009 年 2 月 1 日	2008 年 2 月 3 日
减：累计折旧和摊销	**10 243**	8 936
不动产及设备净额	**26 234**	27 476
应收票据	**36**	342
商誉	**1 134**	1 209
其他资产	**398**	623
资产合计	**41 164**	44 324
负债和所有者权益		
流动负债：		
短期负债	**—**	1 747
应付账款	**4 822**	5 732
应付职工薪酬及相关费用	**1 129**	1 094
应交销售税	**337**	445
递延收益	**1 165**	1 474
应交所得税	**289**	60
长期负债（流动部分）	**1 767**	300
其他应计费用	**1 644**	1 854
流动负债合计	**11 153**	12 706
长期负债（包括流动部分）	**9 667**	11 383
其他长期负债	**2 198**	1 833
递延所得税	**369**	688
负债合计	**23 387**	26 610
所有者权益：		
普通股，票面价值 0.05 美元；法定股数：100 亿股；2009 年 2 月 1 日和 2008 年 2 月 3 日已发行股数分别为 17.07 亿股和 16.98 亿股；2009 年 2 月 1 日和 2008 年 2 月 3 日发行在外股数分别为 16.96 亿股和 16.90 亿股。	**85**	85
实收资本	**6 048**	5 800
留存收益	**12 093**	11 388
累计其他综合收益（损失）	**(77)**	755
库存股，2009 年 2 月 1 日和 2008 年 2 月 3 日股数为 1 100 万股和 800 万股。	**(372)**	(314)
所有者权益合计	**17 777**	17 714
负债和所有者权益合计	**41 164**	44 324

7.1.1 确定负债

确定负债（definitely determinable liabilities）是可以准确计量的债务。当 Walgreens 公司从其医药供货商 Mckesson 公司购买药物时，它知道其购货成本并记录确切金额的负债。因此，公司会记录负债金额并调增存货账户。确定负债账户包括应付账款、银行贷款或信贷额度和应付票据等。

在图表 7.1 中，家得宝公司 2009 年 2 月 1 日的资产负债表显示了 48.22 亿美元的应付账款。这是它欠其供货商的金额，是确定负债。当家得宝公司从百得公司赊购钻头时，公司会计人员会调增存货账户而增加资产并调增应付账款。应付职工薪酬、应付利息等应计负债通常都是确定负债。

7.1.2 职工薪酬

职工薪酬是企业的一种常见费用，应付职工薪酬是企业的短期确定负债。政府规定当企业给职工支付薪酬时，需要扣缴联邦所得税、州所得税和联邦社会保险税，以至于企业记录职工薪酬的账户信息比资产负债表上其他项目信息更多。职工薪酬的会计记录需要大量的公司资源，所以公司通常都会委托其他公司（比如自动数据处理公司）来管理。学习一些职工薪酬的内容有助于你了解未来有关工资的核算，并且明白负债是如何记录的。

假设家得宝公司雇用一个前警员来守卫总部大楼，工资为每星期500美元，此金额为该员工的工资总额。你根据工作经验应该知道，工资总额不是员工可以全部拿回家的。图表7.2展示了工资总额各部分的去向。

图表 7.2 你的工资总额是如何分配的？

每个人都想得到工资这张饼的一部分，图表中被扣除的金额还没有包括健康保险费、州所得税以及退休金。大多数人能够拿回家的工资甚至低于工资总额的72%。

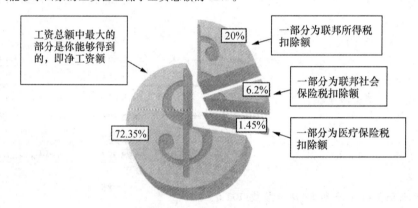

公司会从工资总额中代扣代缴一些项目。首先，公司会扣缴所得税。扣缴所得税意味着家得宝公司将从员工工资中扣除的金额上交给美国政府。如此一来，家得宝公司实际上是政府的代理人。其次，美国政府要求企业扣缴按当前法定税率计算的联邦社会保险税（本书中以6.2%为准）和医疗保险税（本书中以1.45%为准）。公司必须将这两项费用"配比"记录。这意味着公司除了作为政府的代理人，也需要记录其支付行为。公司的这项支出属于工薪税费用。

我们来计算家得宝公司支付给保安500美元工资总额中的各项扣除金额。假设联邦所得税的税率为10%，公司将扣除50美元。接着我们将用6.2%的联邦社会保险税和1.45%的医疗保险税来计算扣除额，分别为31美元和7.25美元。所以家得宝公司支付给保安的金额为：

500.00 – 50.00 – 31.00 – 7.25 = 411.75（美元）

工资总额－联邦所得税－联邦社会保险税－医疗保险税＝ 净工资额

家得宝公司支付给员工的411.75美元是净工资额。扣除额是应该支付给各种指定政府机构的。接下来是公司会计人员如何记录支付的职工薪酬。

资产	=	负债	+	所有者权益		
				实收资本	+	留存收益
(411.75)现金		50.00 应付联邦所得税 31.00 应付联邦社会保险税 7.25 应付医疗保险税				(500)工资费用

当家得宝公司支付联邦社会保险税和医疗保险税给政府的时候,也会"配比"记录这些金额。通常情况下,这些金额都是通过银行来支付的。公司将工薪税"存入"银行,实际上意味着银行提前为公司向政府支付税费。接下来是家得宝公司如何记录给政府税费的,其中包括工薪税。

资产	=	负债	+	所有者权益		
				实收资本	+	留存收益
(126.50)现金		(50.00)应付联邦所得税 (31.00)应付联邦社会保险税 (7.25)应付医疗保险税				(38.25)工薪税费用

公司支付给州和联邦政府机构的税费还有其他很多类型,如州和联邦失业税。这些也是工薪税费用的一部分。

> **思考题7-1**
>
> Sandy 2月份在 Paula's 书店工作赚取了1 500美元。Sandy 需要从自己的工资总额中缴纳20%的联邦所得税、6.2%的联邦社会保险税和1.45%的医疗保险税。那么Sandy在2月份能得到的净工资额是多少?Paula's书店在会计等式中如何记录支付给Sandy的薪酬?

7.1.3 其他短期负债:使用信用额度

几乎每个公司在其经营期限内都需要借钱,有时是为了正常经营需要维持一个正的现金流量,有时是为了业务扩张或进行其他重大调整。选择融资方式是公司的一项重大决策。在本章的后半部分,我们会讨论长期融资方案。在那之前,你应该先了解一种帮助公司管理除长期融资之外的现金流量的常规方式——信用额度。这是企业为正常经营活动融资的一种绝佳选择。

什么是信用额度?它是公司和银行之间的一项协议,是银行允许公司为日常经营所借取的最大额度。银行为这种借款所定的利率通常比信用卡购买的利率低很多,但是它可能比定期定额的银行贷款利率要高一点。另外,有一种典型短期偿付"窗口"(60—90天)的信用额度贷款。

什么类型的企业应该使用信用额度?首先,企业必须是盈利且开展固定业务;其次,要有可预测的现金流。使用信用额度的最佳时期是企业有可预计的、临时的、短期现金缺口的时候。使用的金额及借款的金额需要在短期内偿还,从而做出有效的信用额度融资决策。对于目前没有现金流问题但是想要做一些准备以防出现该问题的公司,使用信用额度也是一个不错的选择。

什么时候使用信用额度是一个较差的融资决策?当公司需要大量购买主要长期资产时,长期、低利率的贷款是一种更好的融资方式。如果公司的现金缺口不是短期的,那么公司就需要为此做长期决策。使用信用额度支付职工薪酬也不是一个很好的方式。职工薪酬应该是公司日常现金流中优先支付的费用,大多数情况下,必须依靠贷款来支付职工薪酬的企业需要反思一下其财务状况。

企业需要提供什么才能获得信用额度?最重要的一项是公司要有一系列的财务报表,尤其是资产负债表和利润表。除了基本财务报表以外,公司也需要有预计现金流入和流出的详细计划。其他重要项目还包括这几年的纳税申报表、当前的银行账户清单、当前营业计划和可能用于抵押的资产评估报告。

查看一些知名公司的财务报表,你会在财务报表附注中找到关于信用额度的信息。

7.2 预计负债

有时候公司必须估计费用,使其能够和与之配比的收入列报于利润表中。如果在会计期末,公司已经产生了一项费用但还不知道具体金额,那么必须要对这项费用进行估计。在第 4 章中,你已经学习过这样一笔费用——坏账费用。对费用进行估计是为了使其能够合理地和与之有关的销售收入相配比。在这种情况下,公司会在记录坏账费用的同时记录备抵资产——坏账准备。

现在我们将讨论公司必须进行估计的另外一种费用,它将被记录为负债。当公司为销售的产品提供保修时,与之相关的成本应该在销售的同一期间予以确认(体现在利润表中)。我们来看一下它是如何完成的(这里讨论的保修是与产品配套的,且没有任何附加收费。购买的延长保修有不同的会计处理)。

为什么公司愿意为产品或服务提供保修?如同提供赊销的决策一样,提供保修是一种销售和营销工具;而且是否提供保修是公司必须要做的战略决策之一。出于财务报表的目的,公司要在销售产品的时候确认保修费用。为什么要这样做?这是因为配比原则适用于这种情况,收入和费用应该在同一张利润表中配比体现。由于公司不能确切地知道将为履行保修义务所花费的成本,所以要对其进行估计。公司在销售时通常不会支出现金来修理或者更换保修产品,因此负债同保修费用一起被记录。这是一项在销售时或在编制财务报表时要做的调整分录,负债的增加额与保修费用的增加额是相同的,这项负债有时被称为保修储备。注意这种类型的储备不是现金储备。因为企业要记录预计费用,所以保修储备仅仅是记录的一项负债。

需要对未来保修成本进行估计的会计处理反映了基本的业务流程。考虑和估计这些成本对于公司做出明智的经营决策是至关重要的。这些成本可能是重要的,而且会计准则要求公司在销售发生时而不是履行保修义务时将其记录。当现金用于支付保修产品的修理时,应该怎样做?没有费用会被记录,而是之前设立的负债会减少。因此,实际支出导致现金或一些其他资产(用于修理产品)的减少,并且与负债的减少额相同。这有时被称为"冲销储备成本",而不是抵减收益。我们来看一个例子。

假设 Brooke's 自行车公司在 6 月份销售了 100 辆自行车,并且为每辆自行车提供一年的保修期。会计人员估计与此销售有关的未来修理和更换成本每辆约为 30 美元(6 月份没有发生与保修相关的支出),那么 6 月份的利润表中保修费用的金额是多少?Brooke's 自行车公司要将全部金额 3 000 美元记为本月费用,那么 6 月 30 日的负债(应付保修费或预计保修负债)金额是多少?这总的 3 000 美元将作为负债体现在资产负债表中。

资产	=	负债	+	所有者权益		
				实收资本	+	留存收益
		3 000 预计保修负债				(3 000)保修费用

假设 7 月份是销售淡季,并且 Brooke's 自行车公司没有售出一辆自行车。然而,在 7 月份对 6 月份销售的多辆自行车进行了修理。公司的修理成本为 250 美元,那么 7 月份的利润表中保修费用的金额是多少?答案是 0。因为 Brooke's 自行车公司在销售发生时已经确认了费用,因此在修理时没有费用需要确认。修理成本要从公司"欠"其客户的金额中扣除。所以 7 月 31 日的负债(应付保修费或预计保修负债)金额为 2 750 美元(3 000 – 250),这被称为冲销储备成本。

资产	=	负债	+	所有者权益		
				实收资本	+	留存收益
(250)现金		(250)预计保修负债				

> **思考题7-2**
>
> 假设8月份是另一个自行车销售淡季(没有销售额),但是Brooke's自行车公司再次对之前销售且在保修期内的自行车进行了修理,总花费为500美元。那么8月份该自行车公司利润表中保修费用的金额是多少?8月31日的负债(应付保修费或预计保修负债)金额是多少?

7.3 长期应付票据和抵押贷款

你已经学习了公司如何记录流动负债。在本部分,你将学习公司如何记录长期负债。当公司借款期限长于一年时,产生的债务通常被称为长期应付票据。长期票据在很多方面都不同于短期票据。回顾第3章,短期票据是公司在一年之内或更早偿还的债务。公司可以在票据到期日一次性偿还长期票据,也可以在借贷期间分期等额偿还。买房贷款是一个在贷款期间分期付款的例子,每月付款包括利息和本金。在每月的付款中,借款人偿还月贷款利息的同时,也偿还了贷款本金余额的一小部分。当银行每月通过未偿还本金余额计算利息时,用于支付利息的付款部分会变小。为什么会这样?这是因为每次的付款总额是不变的,而未偿还本金余额在减少。因此,每月付款的更大部分可以用于减少未偿还本金余额。

图表7.3展示了一笔本金为100 000美元、15年期、年利率10%的抵押贷款的利息为什么会随时间变得越来越少。每年的付款是不变的,但付款用于支付利息费用的部分在减少,而用于减少未偿还本金余额的部分在增加。

图表7.3 包括利息和本金的付款

此图表展示了一笔本金为100 000美元、15年期、年利率10%的抵押贷款的付款计划。每年将在年末偿还约13 147美元。随着每年的付款,本金余额会减少,所以每年的利息费用也会变少。每年的付款金额是不变的,因此越来越多的付款用于减少本金余额。此图表展示了利息占付款的比例是如何随着时间减少的,而在每年付款中用于偿还本金的比例是如何随着时间增加的。

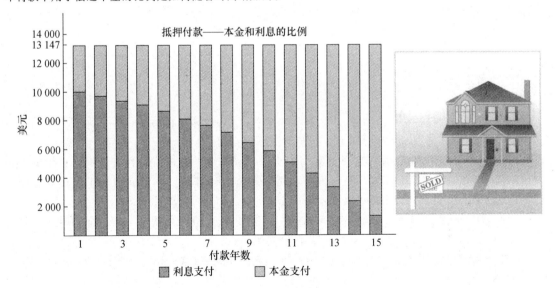

抵押贷款是一种如果借款人在到期日不能偿还债务,则给予贷款人对不动产抵押物求偿权的应付票据。像大多数长期票据一样,抵押贷款通常是分期偿还的债务,每期付款包括本金和利息。

假设你为一块土地筹资，1月1日从太阳信托银行借入一笔本金为100 000美元、年利率为8%的3年期抵押贷款。在每年的12月31日偿还38 803.35美元。太阳信托银行是如何计算出这笔抵押贷款的每年付款额的？银行计算出将100 000美元以8%的年利率进行3年投资能得到的金额，这也是银行期望从你那里获得的金额。附录7会讨论这类计算的详细过程。

在这个例子中，付款是按年度计算的，并且第一年付款是在贷款的第一年年末支付。三年的付款支付后，本金和利息都将被偿还。图表7.4展示了每年付款是如何减少未偿还本金的，这也被称为**贷款摊销分析表**(amortization schedule)。

图表7.4　抵押贷款摊销分析表　　　　　　　　　　　　　　　　　　单位：美元

抵押贷款本金余额	每年付款额	利息费用 (8%×抵押贷款 本金余额)	抵押贷款本金减少 (每年付款额——利息费用)
期初余额　　　100 000.00	第一年　38 803.35	8 000.00	30 803.35
第一年付款支付后 69 196.65	第二年　38 803.35	5 535.73	33 267.62
第二年付款支付后 35 929.03	第三年　38 803.35	2 874.32	35 929.03
第三年付款支付后　　　0.00			

在第一年的付款中，利息费用是多少？有多少用于偿还本金？记住，利息是使用别人资金的成本。利息的计算基于本金、利率和贷款期限。

利息 = 本金 × 利率 × 贷款期限

银行在贷款的第1天借给你100 000美元。在第365天，你支付给银行38 803.35美元。而100 000美元在过去的这一年产生的利息是

100 000美元本金 × 0.08年利率 × 1年 = 8 000美元

你借入100 000美元整一年，因此用本金乘以年利率再乘以一年期限就可得到这一年的利息费用。在这38 803.35美元中8 000美元是利息，所以付款中余下的部分——30 803.35美元——是本金的偿还额。下面展示的是第一年的付款是如何被记录的。

资产	=	负债	+	所有者权益		
				实收资本	+	留存收益
(38 803.35)现金		(30 803.35)应付抵押贷款				(8 000)利息费用

抵押贷款的本金已减少。换言之，未偿还本金余额变小，意味着在第一年年末你有更少的银行借款。

因此，在第二年你欠银行的利息会比第一年支付的利息少。这是因为利率将根据更少的本金(即更小的未偿还本金金额)计算。我们再次利用利息公式计算第二年付款中用于支付利息的部分，并且从付款中减去利息得出用于减少本金的金额。

- 第二年期初未偿还本金余额：69 196.65美元(期初本金100 000美元 – 第一年付款中本金的减少额30 803.35美元)
- 第二年的利息费用：第二年本金69 196.65美元 × 年利率0.08 × 1年 = 5 535.73美元

每年你欠银行的利息变少是因为每年的未偿还本金余额变小。在第二年年末，银行获得的第二年支付款是38 803.35美元。像前面计算显示的，其中的5 535.73美元是利息费用，余下的部分——33 267.62美元(38 803.35 – 5 535.73)——减少了未偿还本金余额。第二年的付款支付后，未偿还本金余额为35 929.03美元。对于第三年38 803.35美元的付款额是：

新本金 = 35 929.03 美元

第三年的利息费用 = 35 929.03 × 0.08 × 1 = 2 874.32(美元)

在这个案例中,当你从第三年 38 803.35 美元的付款中减去 2 874.32 美元的利息,得到余下的 35 929.03 美元,再减去本金,这种情况下,会得到 0。余下的未偿还本金余额恰好等于此金额,仅仅是一种巧合吗?不是的。银行已经根据本金、利率和贷款期限进行了计算,因此在第三年年末时会准确地等于此金额。

思考题 7-3

Tompkins 公司在 1 月 1 日通过借入本金为 600 000 美元、月偿还额为 5 500 美元的长期抵押贷款购买了一幢建筑物。抵押贷款的年利率为 9%。那么截至 1 月 31 日,第一个月的付款中利息的金额是多少?本金的金额是多少?

7.4 长期负债:发行债券筹资

长期票据和抵押贷款是借入可在较长一段时间内偿还的资金的一种方式。公司经常要筹集大量资金来建造新的店铺或仓库。一种筹资方式是向公众发行债券。

7.5 什么是债券

债券(bond) 是企业、大学或政府机构发行的带息长期应付账款。发行债券意味着公司向个人投资者和其他想投资的公司借款。债券凭证是规定公司在债券期限末向债券持有者支付利息和偿还本金义务的书面协议。债券凭证提供了利率、债券票面价值和债券期限的信息。图表 7.5 展示了一张真实的债券凭证。

公司通过发行债券借款而不是去银行贷款有三个主要原因:

(1) 企业发行债券借取的资金额会多于银行愿意借出的贷款额。

(2) 债券持有者通常愿意更长时间地借出资金。许多债券是 15 年期、20 年期或者 30 年期债券。一些银行不会这么长时间地将资金借给企业,而债券持有者愿意这样做。这是因为他们可以随时将可转换债券在债券市场上出售给其他投资者来变现。

(3) 债券利率——借款人支付给债券持有者的利率——一般比银行贷款收取的利率低。银行向在其储蓄账户存款的客户支付一种利率——存款利率,而向其贷款客户收取更高的利率——贷款利率。

企业通过发行债券借款的缺点是从其他来源处借取更多的资金会受到限制,或者企业需要保持一个特定的负债权益比率——负债对所有者权益的比率。为了保护债券持有者的权益,这些限制也被称为其他特定条款,在债券协议中有具体说明。回想一下,包括债券持有者在内的债权人拥有优先于所有者的要求权。

7.5.1 发行债券:获得资金

公司为筹集资金而发行债券。在美国发行的大多数债券是在其存续期间每年或每半年向债券持有者支付一次利息。利率会在债券的票面上给出。在未来某个特定日期(也被称为到期日),债券持有者会得到金额为债券面值的一次性付款。面值是指债券的设定价值或票面价值。大多数债

图表 7.5 债券凭证

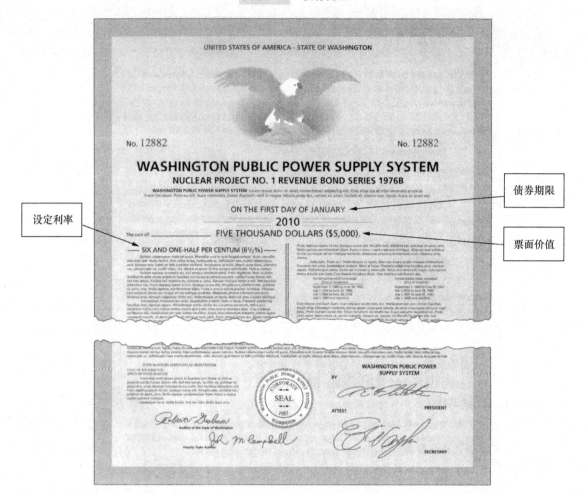

券的发行面值是 1 000 美元的倍数。借款的公司出售或发行一个具有法律约束力的承诺偿还给购买者。初始买家不是真的"购买",而是按照债券价格借出资金。债券持有者是公司的债权人,不是公司的所有者。

债券的设定利率决定了支付给债券持有者的利息。支付给持有者利息的计算与债券发行日的市场利率完全无关。利息支付额是通过债券的票面价值乘以债券的设定利率计算得到的。

然而,债券发行时的**市场利率(market rate of interest)** 决定了债券持有者为在未来特定日期获得固定支付款愿意借出的资金额——他们愿意为购买债券而给出的付款额。债券市场上的需求将确定债券的价格,因而可以准确地获得市场回报率。市场回报率被看作是从同等风险的类似投资中可以获得的利率。为了做发行债券的经营决策,公司必须明白这一事实并且在计划发行债券时估计现金收入。因此,当债券发行时,债券的票面上可能会有与公司从债券持有者那里获得的资金额不同的本金额——它的票面价值。

债券发行时的价格——公司从债券持有者那里获得的资金额——在债券市场上计算得出,并且根据票面价值的百分比设定。债券发行时,公司取得的现金被称为**发行收入(proceeds)**。如果债券按照 98.375 的价格出售,表示债券以 1 000 美元的 98.375% 即 983.75 美元出售。债券按照票面价值发行被称为**平价发行债券(bonds issued at par)**,债券低于票面价值发行被称为**折价发行债券(bonds issued at a discount)**,债券高于票面价值发行被称为**溢价发行债券(bonds issued at a premium)**。

- 以 100 的价格出售债券是平价出售。

- 以低于 100 的价格出售债券是折价出售。
- 以高于 100 的价格出售债券是溢价出售。

债券的种类有很多。图表 7.6 介绍了最常见的几种类型。

图表 7.6　债券的种类

债券种类	债券的特性或描述
担保债券	一旦违约,公司给予债券持有者某项特定资产的求偿权
未担保债券(也称为信用债券)	与特定资产无联系,并且由一般信用等级的公司发行
定期债券	在某日到期
分期还本债券	在未来几年分期到期
可转换债券	给予债券持有者将债券转换成普通股的选择权
可赎回债券	债券发行人可以在债券到期前按照规定的金额赎回债券
零息债券(也称为无息债券)	在债券存续期间不支付利息(利息在债券存续期期末本金被偿还的同时进行支付)
垃圾债券	已被债券评级机构降至投资级别之下的债券(评级等级从 AAA——低风险债券——到 C 或 D,当债券的评级为 BB 或更低时,被称为垃圾债券。)

思考题 7-4

如果票面价值为 1 000 美元的债券按照 95.5 的价格出售,那么债券持有者需要支付多少现金?如果票面价值为 1 000 美元的债券按照 102 的价格出售,那么债券持有者又需要支付多少现金?

7.5.2　记录债券发行

假设 Muzby Minerals 公司发行了一张面值为 1 000 美元的债券,6 年期,每年支付利息,设定利率为 5%。图表 7.7 展示了与此债券相关的现金流。

图表 7.7　1 000 美元、6 年期、利率为 5%的债券现金流

这有助于将债券看成一系列现金支付。企业发行债券,就是向债券持有者出售一系列的未来支付款。债券持有者为那些现金支付款花费多少,取决于债券发行时的市场利率。

年数	0	1	2	3	4	5	6
债券持有者持有的现金流		50美元	50美元	50美元	50美元	50美元	50美元 1000美元

如果市场利率和债券的设定利率一致,投资者将支付与债券票面价值相等的价款。正如你在上一节所学到的,当设定利率等于市场利率时发行的债券为平价发行债券。与债券相关的现金流是此后 6 年每年年末支付的 50 美元利息费用和第六年年末一次性支付的 1 000 美元本金。下面展示的是 Muzby Minerals 公司是如何记录其平价发行的 1 000 美元债券的。

资产	=	负债	+	所有者权益		
				实收资本	+	留存收益
1 000 现金		1 000 应付债券				

1. 折价发行债券

一方面,如果市场利率高于5%,投资者将支付低于票面价值的价款。原因是如果资金用于其他地方投资会获得更高的市场利率,因此没有人会支付与票面价值相同的价格来得到5%的回报率。市场会为债券设定一个更低的价格,以使投资者能够从债券中准确地获得市场利率。当设定利率低于市场利率时发行的债券即为折价发行债券。

假设当债券发行时市场利率约为6%。由于投资者想得到此回报率,因此债券必须以低于1 000美元的价格出售。债券市场会计算出债券的出售价格。换言之,市场会决定债券持有者为获得此后6年每年年末的50美元和第六年年末的1 000美元将支付多少价款。此债券以95.1的价格发行,意味着债券持有者将支付票面价值的95.1%,即951美元的价款。

下面展示的是此项经济业务是如何影响会计等式的。

资产	=	负债	+	所有者权益		
				实收资本	+	留存收益
951 现金		951 应付债券(净额)				

虽然对负债的净影响是951美元,但是企业通常会记录应付债券的票面价值(1 000美元)以及**应付债券折价(discount on bonds payable)**账户(一个负债备抵账户)中的抵减额。你已经在第3章中学习了备抵账户。每个备抵账户都有一个主账户。例如,备抵账户累计折旧的主账户是像设备那样的固定资产账户。应付债券折价会从其主账户——应付债券中扣除,并且得到的结果为负债净额。备抵账户被认为是计价账户,它们用于对相关的资产或负债进行计价。在资产负债表的长期负债部分,将列示债券扣除折价账户后的净额。应付债券的净额也被称为债券的**账面价值(carrying value)**。

2. 溢价发行债券

另一方面,如果当市场利率低于5%,设定利率为5%的债券发行时,投资者将不得不支付高于票面价值的价款。更高利率的债券很有吸引力以至于市场需求增加,从而导致价格上升,直到市场设定的价格能够使债券投资可以准确地获得市场回报率。债券的出售价格会高于票面价值。当设定利率高于市场利率时发行的债券即为溢价发行债券。超过面值的发行收入被称为**应付债券溢价(premium on bonds payable)**。

假设当设定利率为5%的债券发行时,市场利率约为4%。市场会给出一个能够获得市场回报率的债券价格。债券以105.2的价格发行。换言之,发行收入将为票面价值的105.2%,即1 052美元。下面展示的是此项经济业务是如何在会计等式中记录的。

资产	=	负债	+	所有者权益		
				实收资本	+	留存收益
1 052 现金		1 052 应付债券(净额)				

债券的票面价值(1 000美元的应付债券)和应付债券溢价(52美元)都是负债,并且企业将它们的金额在会计系统独立的账户中记录。应付债券溢价被称为附加负债账户。附加意味着增加,同时

也描述了应付债券与应付债券溢价之间的关系。应付债券溢价是与应付债券负债相配对的,并且二者在资产负债表中被加总。债券按其净额(等于债券的票面价值与溢价之和)来列报。

7.5.3 向债券持有者支付价款

记住,无论债券持有者购买债券时支付的价款是多少——发行价格是高于还是低于债券票面上的价格,一系列的偿还额是由印刷在债券票面上的数额确定的。这一系列的现金流是债券持有者所购买的。在 Muzby Minerals 公司发行单一债券例子中,现金流设定为每年 50 美元的利息和到期日 1 000 美元的一次性支付额。

然而,发行债券企业的会计记录是有一些复杂的。现在我们来讨论高于或低于票面价值发行债券的会计处理。

1. 债券折价和溢价摊销:实际利率法

债券折价和债券溢价在债券存续期间会被冲销。债券的账面价值——作为负债列报的净额——在到期日需要变成它的票面价值,这是因为此金额正是到期日负债的金额。债券存续期间,它的账面价值在每次企业付款给债券持有者时都会发生一点点改变,直至到期时账面价值等于票面价值,这被称为债券折价或溢价摊销。债券折价或溢价摊销是公司向债券持有者支付利息期间,利用实际利率法计算正确的利息费用金额的一种自然结果。记住,支付给债券持有者的现金付款额是在债券发行前确定的。但是,当折价或溢价发行债券时,现金付款额不等于利息费用。

折价摊销

为了展示折价摊销时债券的账面价值是如何变化的,我们继续应用发行价格为 951 美元、面值为 1 000 美元的债券的例子。债券的设定利率为 5%,且市场利率为 6%。当债券发行时,此负债的账面价值是 951 美元。每次企业向债券持有者支付利息,债券的账面价值就会有所增加。增加额是利息费用与支付给债券持有者现金利息的差额。

假设债券是在 1 月 1 日发行的。第一次向债券持有者支付利息是在 12 月 31 日,且金额为 50 美元($1\,000 \times 0.05 \times 1$)。记住,这是由印刷在债券票面上的数额确立的,无论债券发行时的价格是多少。然而利息费用——列示在利润表中——不等于支付给债券持有者的现金利息。利息费用由通常的利率公式计算得出:

$$利息 = 本金 \times 利率 \times 期限$$

在本例中,借取的本金是 951 美元。这是在债券发行日债券持有者给公司的实际借款额。企业必须支付的借款利率是 6%——发行日的市场利率,而且期限是 1 年。

$$951 \times 6\% \times 1 = 57.06(美元)$$

支付的 50 美元现金利息与 57.06 美元利息费用之间的差额是增加债券账面价值的金额。这种情况在每次利息支付时都会发生。利息支付额与利息费用之间的差额将增加债券的账面价值。形容这个过程的会计术语为折价摊销,且这种方法被称为实际利率摊销法。债券存续期间,折价被摊销,因此到期日债券的账面价值正是其票面价值。

当企业在第一次利息支付日向债券持有者支付 50 美元时,企业欠债券持有者的金额实际上会增加 7.06 美元。这是因为支付给债券持有者的价款是固定的,额外的 7.06 美元会被加至 951 美元的未偿还本金余额中。第一次利息支付后,新的本金余额为 958.06 美元(951 + 7.06)。这 7.06 美元——利息费用与利息支付额之间的差额——有时也被称为折价摊销额。支付给债券持有者的 50 美元和折价摊销对会计等式的影响如下:

资产	=	负债	+	所有者权益	
				实收资本	+ 留存收益
(50)现金		7.06 应付债券净额			(57.06)利息费用

图表 7.8 展示了此债券的摊销分析表。注意,这是发生于债券存续期间的。每年的利息支付额是相同的。然而,利息费用与利息支付额之间的差额——在定期的利息支付中企业所欠但还没有支付的部分——必须加至未偿还本金中,因此增加债券的账面价值。到期日,账面价值将等于票面价值。

图表 7.8 折价发行债券摊销分析表

在本例中,因为市场利率为 6%,因此设定利率为 5% 的 1 000 美元债券是折价发行的。为了出售债券,企业必须提供一个折扣。债券持有者的实际收益率将为 6%。

单位:美元

	(1) 期初账面价值	(2) 现金付款额 1 000 × 0.05	(3) 利息费用 (1) × 0.06	(4) 折价摊销 (3) - (2)	(5) 期末账面价值 (1) + (4)
第一年	951.00	50.00	57.06	7.06	958.06
第二年	958.06	50.00	57.48	7.48	965.54
第三年	965.54	50.00	57.93	7.93	973.47
第四年	973.47	50.00	58.41	8.41	981.88
第五年	981.88	50.00	58.91	8.91	990.79
第六年	990.79	50.00	59.21	9.21	1 000.00*

*这是使其在到期日等于票面价值的四舍五入。虽然利率约为 6%,但我们计算时使用 6%。

思考题 7-5

尝试一下将本例题改为每半年支付利息。直接用年利率除以 2,并且按 6 个月为 1 个期间计算利息支付期数。

Knollwood 公司在 2010 年 1 月 1 日以 98 的价格发行了面值 200 000 美元、年利率 6%、20 年期的债券。市场利率约为 6.5%。利息于 6 月 30 日和 12 月 31 日进行支付。公司采用实际利率摊销法。那么 Knollwood 公司截至 2010 年 12 月 31 日利润表中的利息费用是多少?2010 年 12 月 31 日资产负债表中债券的账面价值是多少?

溢价摊销

我们现在应用同一个债券,但假设是溢价发行的。回想一下,4% 的市场利率低于 5% 的债券设定利率,因此债券持有者将支付债券的一系列溢价。在本例中,债券持有者购买此债券的付款额为 1 052 美元——我们不能忘记这是给企业的实际贷款。正如折价发行债券的计算方法,溢价发行债券的利息费用是运用市场利率算出的。第一年,利息费用是:

利息 = 本金 × 利率 × 期限

利息 = 1 052 × 4% × 1 = 42.08(美元)

当债券发行者支付 50 美元现金时,此付款额向债券持有者支付了第一年的利息和一小部分的本金。偿还的本金是支付的现金利息与利息费用之间的差额。

50 美元付款额 - 42.08 美元利息费用 = 7.92 美元

这 7.92 美元是应付债券溢价的摊销额。每次债券发行者向债券持有者支付利息,债券的账面价值就会有所减少,直至到期时账面价值等于票面价值。到期时,债券发行者向债券持有者支付 1 000 美元票面价值。下面展示的是支付给债券持有者的利息是如何影响会计等式的。

资产	=	负债	+	所有者权益	
				实收资本	+ 留存收益
(50)现金		(7.92)应付债券净额			(42.08)利息费用

溢价发行债券会使利息费用(对于债券发行者)少于实际向债券持有者支付的现金利息,这是因为 4% 的市场利率低于债券 5% 的设定利率。每次债券发行者进行现金利息支付时,"贷款"的初始本金就会被偿还一点。那偿还多少呢?支付的现金利息与利息费用之间的差额就是债券账面价值的减少额。到期时,账面价值将会等于票面价值。

图表 7.9 展示了此债券的摊销分析表。注意,这是发生于债券存续期间的。每年的利息支付额是相同的。然而,不是所有的付款额都是支付给债券持有者的利息(尽管仍被称为利息支付)。部分付款将用于减少本金。到期时,支付给债券持有者的价款中除他们应得到的利息外的总金额为溢价。因此到期时,账面价值将会等于票面价值。

图表 7.9　溢价发行债券摊销分析表

在本例中,因为市场利率为 4%,因此设定利率为 5% 的 1 000 美元债券是溢价发行的。债券持有者必须支付高于面值的价款购买债券。债券持有者的实际收益率将为 4%。

单位:美元

	(1) 期初账面价值	(2) 现金付款额 1 000×0.05	(3) 利息费用 (1)×0.04	(4) 溢价摊销 (3)-(2)	(5) 期末账面价值 (1)+(4)
第一年	1 052.00	50.00	42.08	(7.92)	1 044.08
第二年	1 044.08	50.00	41.76	(8.24)	1 035.84
第三年	1 035.84	50.00	41.43	(8.57)	1 027.27
第四年	1 027.27	50.00	41.09	(8.91)	1 018.36
第五年	1 018.36	50.00	40.73	(9.27)	1 009.09
第六年	1 009.09	50.00	40.91	(9.09)	1 000.00*

*此数值是使其等于票面价值的四舍五入。

> **思考题 7-6**
>
> 2011 年 1 月 1 日,Wood 公司发行了面值 200 000 美元、20 年期、利率 10% 的债券。此时市场利率为 9%。发行收入为 218 257 美元。利息于每年 12 月 31 日进行支付。公司采用实际利率摊销法。那么 Wood 公司截至 2011 年 12 月 31 日利润表中的利息费用是多少? 2011 年 12 月 31 日资产负债表中债券的账面价值是多少?

2. 债券折价和溢价的直线摊销

除了债券折价或溢价摊销的实际利率法外,企业有时会运用另外一种方法,被称为直线摊销法。直线摊销法简单地将溢价或折价在利息支付期内进行等额分配。实际利率法,关于利用未偿还本金计算出的利息费用,具有逻辑意义。但直线法没有特定的逻辑。它是一个比实际利率法容易很多的简单计算,简单是它唯一具有吸引力的特点。直线摊销经常在配比方面做得不好,而且它不是 GAAP 的一部分。然而,如果直线法与实际利率法在计算利息费用和应付债券净额时得出相似金额——如果二者的差异不重要——那么会计准则允许使用直线摊销法。这是你在第 2 章学到的实质性约束的一个应用。

我们将继续运用上一个例子——6 年期、设定利率 5%、面值 1 000 美元、发行时市场利率 4% 的债券,看一下直线摊销是怎样应用的。回想一下,债券是溢价发行的,并且我们计算出的发行价格为 1 052 美元。1 000 美元票面价值与 1 052 美元发行价格的差额是溢价。在图表 7.9 中,我们已经知道了运用实际利率法是如何将这 52 美元的溢价进行摊销的。现在我们将运用直线法摊销此溢价。首先,将溢价除以向债券持有者支付利息的期数。这意味着每次支付利息时,相同金额会被摊销。在本例中,溢价是 52 美元,每年的摊销额将是 8.67 美元(四舍五入)。运用直线摊销法的摊销分析表在图表 7.10 中予以展示。

图表 7.10　溢价发行债券直线摊销

当运用直线摊销法时,52 美元的溢价被简单地等额分配在债券存续期间。

单位:美元

	(1) 期初账面价值	(2) 现金付款额 1 000 × 0.05	(3) 溢价摊销 52.00 ÷ 6	(4) 利息费用 (2) − (3)	(5) 期末账面价值
第一年	1 052.00	50.00	8.67	41.33	1 043.33
第二年	1 043.33	50.00	8.67	41.33	1 034.66
第三年	1 034.66	50.00	8.67	41.33	1 025.99
第四年	1 025.99	50.00	8.67	41.33	1 017.32
第五年	1 017.32	50.00	8.67	41.33	1 008.65
第六年	1 008.65	50.00	8.65*	41.35*	1 000.00

*经过四舍五入调整。

运用直线摊销法,在计算利息费用时你不需要知道市场利率。每一期间的利息费用是相同的;折价或溢价摊销是相同的;当然,利息支付额也是相同的。你能够看出它是如何使计算简单化的。然而,记住,只有当运用直线法计算出的利息费用与在实际利率法下计算出的金额没有显著差异时,它才被准许使用。本例中的金额不大,并且差异看起来也不显著。当一个公司有几十万甚至几百万流通在外的债券时,这两种方法算出的利息费用金额会有显著性的差异。

商业视角

如何解读债券报价

当企业发行债券后,债券可以在二级市场中进行买卖。就像股票,公司完成初始发行后,买方和卖方可以通过债券市场进行债券交易。二级市场中债券的价格将会不同于初始债券价格,这取决于债券初始发行日后利率是上升还是下降。债券价格与利率是负相关关系:当利率上升时,债券价格下降;反之亦然。债券市场将为债券定价以使投资能获得相似风险下的市场回报率。因为债券的利息支付是固定的,因此当市场利率下降时,那些固定利率看上去更有吸引力。

例如,假设面值为 1 000 美元的债券每年支付 9% 的利率。如果市场利率为 9%,债券的发行价格是 1 000 美元。如果市场利率升至 10%,这张利率 9%、面值 1 000 美元的债券就不如其他的投资具有吸引力。因此,债券价格会下降。这是相反的关系:当利率上升时,债券价格会下降。如果市场利率降至8%,那么这张利率9%、面值1000美元的债券将是一个很有吸引力的投资;并且债券价格会上升。

在二级市场上交易的债券价格会随着利率、经济以及与特定公司债券相关的风险变化而波动。报纸和财经网站通常会报告关于公司债券的数据。这是一个你可能会查找到的例子。

公司	价格（面值的%）	票面利率%	到期日	本期收益率（%）	惠誉评级
IBM	109.62	5.050	2012年10月22日	4.607	A
福特汽车	58.00	7.700	2097年5月15日	13.276	CCC

IBM债券的交易(出售)价格是票面价值的109.62%。IBM向债券持有者支付5.050%的票面利率(每年),并且债券于2012年10月22日到期。本期收益率是本期购买者会在债券投资中获得的真实回报。它等于利息支付(票面利率)除以债券价格。5.050%的票面利率除以109.62的价格得到4.607%的收益率。注意IBM与福特汽车的债券评级差异。由于美国汽车行业当前的经济状况,作为债券持有者,贷款给福特公司是相当有风险的。问一问前通用汽车的债券持有者就知道这一点。当通用汽车在2009年申请破产保护时,债券持有者损失了数百万美元。

7.6 Team Shirts 7月份的经济业务

当Sara在1月份创办T恤公司时,她向妹妹借了一小笔钱。由于要发展和运营业务,Sara决定需要更多的空间来进行库存和实际业务运营。这对于她是至关重要的。Sara找到一个关于小型办公综合楼的好交易,于是她去当地的银行取得了85 000美元(办公综合楼成本)的抵押贷款。7月份的经济业务展示在图表7.11中,并且7月1日的资产负债表展示在图表7.12中。记住,这与第6章图表6.13中6月30日的资产负债表是相同的。

图表7.11 Team Shirts 7月份的经济业务

1	7月1日	购买价格为85 000美元的建筑物和土地,90%的购买价格分配给建筑物,估计残值为1 500美元,并且估计使用寿命为25年(对于此例,我们记录月折旧)
		85 000美元的抵押贷款是10年期,8月1日开始,每月付款额为900美元,设定利率为5%
2	7月10日	以现金收回应收账款18 000美元
3	7月12日	以现金偿还应付账款12 600美元
4	7月15日	以每件3.60美元的价格赊购T恤10 000件
5	7月20日	以每件11美元的价格赊销T恤9 000件
6	7月22日	以现金收回应收账款45 000美元
7	7月24日	以现金支付营业费用6 000美元
8	7月28日	特定账户确认为无法收回并且予以注销,总额为400美元
9	7月30日	宣告和发放现金股利2 000美元

图表 7.12　Team Shirts 2010 年 7 月 1 日资产负债表

Team Shirts
资产负债表
2010 年 7 月 1 日
（单位：美元）

资产

流动资产		
现金		2 305
应收账款（扣除 413 美元坏账准备净额）		20 237
存货		7 455
预付费用		6 950
流动资产合计		36 947
不动产及设备		
电脑	4 000	
卡车	30 000	34 000
累计折旧		(1 125)
不动产及设备净额		32 875
资产合计		69 822

负债和所有者权益

流动负债	
应付账款	12 600
应付票据（流动部分）	6 000
应付利息	150
流动负债合计	18 750
长期应付票据	24 000
负债合计	42 750
所有者权益	
普通股	5 000
留存收益	22 072
所有者权益合计	27 072
负债和所有者权益合计	69 822

以下是用于月末调整的一些附加信息：

（1）货车每月行驶 3 000 英里。

（2）坏账费用的计算中所依据的百分比与 Team Shirts 6 月份使用的相同：2% 的应收账款期末余额应记录在备抵账户中。

首先，我们将使用会计等式工作表记录经济业务和必要的调整。然后，我们将编制 Team Shirts 7 月份的四大基本财务报表。我们依旧简单地将所得税忽略不计。

把图表 7.11 中的每一笔经济业务追踪记录到图表 7.13 的会计等式工作表中。

在工作表的下方，你会发现资产和负债期初与期末余额的一些详细内容。注意，第 9 项经济业务是工作表中的最后一项，列示在调整之后。它实际上是在调整前记录的，但是记住，股利不包含在净收益中。因此，股利不能在曲线方框内。在你学习研究完经济业务后，看一下 A-1 至 A-9 的调整。确定这些必要的调整是企业会计人员经常的工作。图表 7.14 提供了一些详细计算，将帮助你理解调整金额。此图表也解释了 Team Shirts 是如何计算长期抵押贷款的流动部分的。

根据会计等式工作表，你可以编制财务报表。图表 7.15 展示了四大基本财务报表。你应该能够看出财务报表中的金额来自会计等式工作表和图表 7.14 中的详细计算。

图表 7.13　Team Shirts 7 月份会计等式工作表

单位：美元

	资产			=	负债		+	所有者权益	
	现金	所有其他资产	（账户）		所有负债	（账户）		实收资本	留存收益（账户）
期初余额	2 305	67 517	详细内容见工作表下方		42 750	详细内容见工作表下方		5 000	2 2072
经济业务 1		8 500 76 500	土地 建筑物		85 000	应付抵押贷款			
2	18 000	(18 000)	应收账款						
3	(12 600)				(12 600)	应付账款			
4		36 000	存货		36 000	应付账款			
5		99 000 (33 465)	应收账款 存货						99 000　销售收入 (33 465)　商品销售成本
6	45 000	(45 000)	应收账款						
7	(6 000)								(6 000)　营业费用
8		(400) 400	应收账款 坏账准备						
A-1		(100)	累计折旧，电脑						(100)　折旧费用
A-2		(435)	累计折旧，卡车						(435)　折旧费用
A-3		(250)	累计折旧，建筑物						(250)　折旧费用
A-4		(100)	预付保险费						(100)　保险费用
A-5		(1 200)	预付租金						(1 200)　租金费用
A-6		(50)	预付网站设计费						(50)　网站设计费
A-7					150	应付利息			(150)　利息费用
A-8					354	应付利息			(354)　利息费用
A-9		(1 112)	坏账准备						(1 112)　坏账费用
9	(2 000)								(2 000)　股利
	44 705	+ 187 805		=	151 654		+	5 000	+ 75 856

资产（现金除外）	期初	期末	负债	期初	期末
应收账款	20 650	56 250	应付账款	12 600	36 000
坏账准备	(413)	(1 125)	应付利息	150	654
存货	7 455	9 990	应付票据（卡车）	30 000	30 000
预付保险费	150	50	应付抵押贷款		85 000
预付租金	6 600	5 400		42 750	151 654
预付网站设计费	200	150			
电脑	4 000	4 000			
累计折旧	(400)	(500)			
卡车	30 000	30 000			
累计折旧	(725)	(1 160)			
土地		8 500			
建筑物		76 500			
累计折旧		(250)			
	67 517	187 805			

图表 7.14　Team Shirts 7 月份财务报表的详细计算

折旧　　　　　　　　　　　　　　　　　　　　　　　　　　　　　　　　　单位：美元

项目	金额	计算
电脑	100	
卡车	435	每英里 0.145 美元 × 3 000 英里
建筑物	250	76 500　成本（购买价格的 90%）
		（1 500）　残值
	785	75 000　折旧基础
		÷300　25 年 × 12 个月
		250.00　月折旧

商品销售成本　　　　　　　　　　　　　　　　　　　　　　　　　　　　　单位：美元

期初存货	1 775 件 T 恤，每件 4.20 美元	7 455
购货	10 000 件，每件 3.60 美元	36 000
可供销售的商品成本		43 455
销售 9 000 件 T 恤：		
商品销售成本	1 775 件，每件 4.20 美元	33 465
	7 225 件，每件 3.60 美元	
期末存货	2 775 件，每件 3.60 美元	9 990
		43 455

坏账费用　　　　　　　　　　　　　　　　　　　　　　　　　　　　　　　单位：美元

期初坏账准备	413
当月冲销	(400)
调整前余额	13
应有余额	
期末应收账款的 2% = 56 250 美元的 2%	1 125
所需调整 = 坏账费用	1 112

利息费用和长期抵押贷款流动部分　　　　　　　　　　　　　　　　　　　单位：美元

这是抵押贷款前 12 个月的摊销分析表。年利率 5% 除以 12 得到月利率。每月付款额与利息费用之间的差额将减少本金余额。这 12 个月的本金减少总额是长期负债的流动部分。它是将在下一年到期的本金。记住，利息直到本段时间结束才记录为负债。在抵押贷款的第 1 个月（7 月）月末，Team Shirt 第 1 个月的应计利息为 354 美元。

期初余额(每月)	利息费用(每月)5%/12	每月付款额	本金减少	期末余额
85 000	354**	900	546	84 454
84 454	352	900	548	83 906
83 906	350	900	550	83 356
83 356	347	900	553	82 803
82 803	345	900	555	82 248
82 248	343	900	557	81 691
81 691	340	900	560	81 131
81 131	338	900	562	80 569
80 569	336	900	564	80 005
80 005	333	900	567	79 438
79 438	331	900	569	78 869
78 869	329	900	571	78 298
			6 702	

　　金额可在财务报表中找到。** 0.00417 × 85 000 = 354（美元）

图表 7.15 Team Shirts 2010 年 7 月份财务报表

Team Shirts
利润表
截至 2010 年 7 月 31 日
（单位：美元）

销售收入：	99 000
费用：	
商品销售成本	33 465
营业费用	6 000
坏账费用	1 112
保险费用	100
租金费用	1 200
网站设计费用	50
折旧费用	785
利息费用	504
费用合计	43 216
净收益	**55 784**

Team Shirts
所有者权益变动表
截至 2010 年 7 月 31 日
（单位：美元）

期初普通股	5 000
本月发行的普通股	0
期末普通股	**5 000**
期初留存收益	22 072
净收益	55 784
股利	(2 000)
期末留存收益	**75 856**
所有者权益合计	80 856

Team Shirts
现金流量表
截至 2010 年 7 月 31 日
（单位：美元）

经营活动产生的现金		
从客户处收到的现金	63 000	
向供货商支付的现金	(12 500)	
支付营业费用的现金	(6 000)	
经营活动产生的现金净额		44 400
投资活动产生的现金*		0
筹资活动产生的现金		
支付现金股利		(2 000)
现金净增加额		42 400
期初现金余额		2 305
期末现金余额		**44 705**

* 企业购买土地和建筑物换取了 85 000 美元的应付抵押贷款。

Team Shirts
资产负债表
2010 年 7 月 31 日
（单位：美元）

资产		
流动资产		
现金		**44 705**
应收账款（扣除 1 125 美元坏账准备）		55 125
存货		9 990
预付费用		5 600
流动资产合计		115 420
不动产及设备		
土地		8 500
电脑	4 000	
卡车	30 000	
建筑物	76 500	110 500
累计折旧		(1 910)
不动产及设备净额		117 090
资产合计		232 510
负债和所有者权益		
流动负债		
应付账款		36 000
应付利息		654
应付票据（流动部分）		6 000
应付抵押贷款（流动部分）		6 702
流动负债合计		49 356
应付票据		24 000
应付抵押贷款		78 298
负债合计		151 654
所有者权益		
普通股		**5 000**
留存收益		**75 856**
所有者权益合计		80 856
负债和所有者权益合计		232 510

7.7 应用你的知识：财务报表分析

你知道企业融资的两种方式是债务和权益。公司选择的债务和权益的比例结构被称为**资本结构**(capital structure)。那是因为债务和权益是资本的两大来源，并且每个公司都会决定组成资本总额的这两项各自所占的比重。

公司在什么时候应该借钱？一个非常简单的成本效益分析表明，当借款收益（它能为企业赚取的）超过借款成本（利息费用）时，借钱会是一个好主意。回顾图表 7.1 中的家得宝公司资产负债表。家得宝公司在 2009 年 2 月 1 日的债务总额是 2 338 700 万美元，这几乎占其融资（2009 年 2 月 1 日其负债＋所有者权益＝4 116 400 万美元）的 57%。与相关行业中的其他企业相比，公司债务总额所占的比重是怎样的呢？2009 年 1 月 30 日，劳氏公司的负债总额为 1 463 100 万美元，并且债务加所有者权益的总额为 3 268 600 万美元，债务几乎占劳氏公司资本结构的 45%。关于企业应该有多少债务，没有规定。如果你进修金融课程，你将会研究有关最优资本结构的课题，并且发现这是没有简单答案的。

密切相关的是**财务杠杆**(financial leverage)概念，即通过外借资金而增加收益的方法。如果一个公司运用借款赚得的收益比付款多，这被称为正财务杠杆作用。假设 Anna Chase 已向她的新企业投资了 50 000 美元，并且没有债务。如果企业在当年赚得了 5 000 美元的净收益，那么她将获得 10% 的投资收益率。假设 Anna 想要拓展她的业务。如果她另外借取 50 000 美元，那么她将在下一年额外赚得 5 000 美元。如果税后的借款成本为 8%（4 000 美元），那么 Anna 若借钱，她将利用财务杠杆。因为盈余的增加额会多于借款的成本。第二年新的收益总额(5 000 美元＋5 000 美元－4 000 美元利息)将为 6 000 美元。Anna 在第二年的净资产收益率为 6 000 美元÷50 000 美元＝12%。

债务比率衡量了公司的债务状况以及偿还利息支付额的能力。最常使用的是**负债权益比率**(debt-to-equity ratio)。

$$负债权益比率 = \frac{负债总额}{所有者权益总额}$$

负债权益比率将债权人对企业资产求偿的金额与所有者对企业资产求偿的金额进行了比较。有时候，分子只包含长期负债而不是负债总额。当你比较两家企业或者比较同一企业不同时期的负债权益比率时，只要确保计算方法一致即可。拥有高负债权益比率的企业通常被称为高杠杆企业。负债权益比率约为 100%（一半债务和一半权益）的企业是很常见的。图表 7.16 展示了家得宝和劳氏公司的负债权益比率。注意，这里给我们的信息，与前一节的资本结构中确定每个公司债务所占的比重时得到的信息，是同种类型的。关于有多少债务和多少权益构成企业资本结构的比较，有许多比率能够得出相同的基本比较结果。

图表 7.16 家得宝公司和劳氏公司的负债权益比率

	家得宝 2009 年 2 月 1 日	劳氏 2009 年 1 月 30 日
负债总额（百万美元）	23 387	14 631
所有者权益总额（百万美元）	17 777	18 055
负债权益比率(%)	131.6	81.0

公司长期负债的详细内容通常能在财务报表的附注中找到，而不能在资产负债表中看到，因此学习这些附注是重要的。例如，图表 7.17 中 Sherwin-Williams 公司资产负债表的负债部分，只列示了长期负债的基本金额，而附注给出了详细内容。

图表 7.17 Sherwin-Williams 公司财务报表中长期负债的详细内容

它展示了资产负债表中的负债以及提供有关详细内容的附注。摘自 Sherwin-Williams 公司的财务报表(单位:千美元)。

摘自负债和所有者权益部分

	12月31日		
	2008	2007	2006
流动负债合计	1 936 736	2 141 385	2 074 815
长期负债	303 727	293 454	291 876
其他应付退休福利	248 603	262 720	301 408
其他长期负债	321 045	372 054	334 628
所有者权益合计	1 605 648	1 785 727	1 992 360
负债和所有者权益合计	4 415 759	4 855 340	4 995 087

附注 7——负债

长期负债

		未偿还余额		
	到期日	2008	2007	2006
7.375% 信用债券	2027	137 047	137 044	137 041
7.45% 信用债券	2097	146 967	146 960	146 954
10%—13.5% 期票	截至 2007	19 713	9 450	7 881
		303 727	293 454	291 876

思考题 7-7

计算图表 7.17 中列示的 Sherwin-Williams 公司每一年的负债权益比率。你会看到什么样的趋势?投资者可能会如何解释它?

7.8 经营风险、控制和伦理

公司中与长期债务相关的主要风险是不能偿还债务的风险。企业拥有的债务越多,其在到期日不能偿还债务的风险就越大。那将会导致严重的财务困境,甚至有可能破产。对于家得宝公司,这看起来不是一个迫切的问题。正如你所看到的,公司的债务在其资本结构中约占 57%,一个比许多公司低得多的比例。然而,四年前,债务在家得宝公司的资本结构中仅占 40%。追踪家得宝公司的金融分析师肯定是要看这个比例的。企业没有能力偿还债务对于债权人和投资者也是一个非常大的风险。如果公司偿还债务有困难,你将不愿意成为其债权人或投资者中的一员。

为使与长期债务相关的风险最小化,公司主要可以做两件事情:

(1) 做融资决策时一定要进行全面的业务分析。这样会出现正的财务杠杆作用。公司必须确保通过外借资金赚得的收益高于与外借资金相关的利息成本具有高的可能性。应该有多高的可能性是一个单独的经营决策。借的钱越多,可能性就应该越高。

（2）研究不同类型债务的特征——期限、利率、易于获得的资金，并且鉴于借款的目的和公司的财务状况，评估债务在具体情况下的吸引力。例如，债券比银行贷款更灵活，是因为债券的期限和现金流可以多种多样。但是筹到银行贷款会比公司发行债券更快捷。正如你所知道的，债务将显示在财务报表中。当企业发生经济业务时，没有将债务列入资产负债表中，这被称为资产负债表表外融资。这个专题对于入门课程来说有一点复杂，但是你应该熟悉这种表述以及它的一般意义。资产负债表表外融资不总是违法或违背GAAP的，但是有一个没有将债务列入资产负债表中而违背GAAP的著名案例，这就是安然公司主要的舞弊行为。安然公司运用创造性的记账方法，使得实际上本应显示在资产负债表中的债务没有列入其中。2002年著名的安然公司破产表明伦理涉及会计的各个方面，甚至是债务如何记录。

本章要点总结

• 确定负债是金额已知的负债，并且在发生时记录。职工薪酬是一个典型的例子。企业知道有多少工资费用要记录。企业充当政府的代理人，从员工那里收取社会保险税、医疗保险税和所得税。

• 预计负债是为编制财务报表必须进行估计的负债。这是有必要的，以便企业能够在知道费用的确切金额之前将其记录。保修负债是一个典型的例子。对产品提供的保修需要企业估计未来的支出，以使保修费用能够在销售的同一期间进行记录。记录费用的同时，企业会记录负债，这通常被称为储备。它不是现金！它是一个当与保修相关的实际支出发生时企业会使用的账户。那时候，没有费用会被记录，而成本将冲抵储备。

• 长期抵押贷款通常支付的价款包括本金和利息。为了计算支付款中的利息费用部分，用利率（根据适当的时间段做调整，例如按月支付的月利率）乘以本期期初未偿还本金余额。然后，从支付款中减去利息额就能得到本金减少额。

• 企业为从资本市场（公众）筹资而发行的债券是一种债务工具。它可以以平价、折价或溢价发行。债券的发行价格——企业的发行收入——设定为债券票面价值的百分比，并且由债券发行时的市场确定。列示在资产负债表中的债券——账面价值——是"净"额。任何适用的折价（或溢价）已经从债券的票面价值中减去（或加上）。

• 资本结构是指企业拥有的债务与权益的比例结构。负债权益比率，就像听起来那样，它等于企业的债务总额除以企业的权益总额。它告诉投资者和债权人相对于权益，企业资本结构中的债务是多少。

• 企业的主要风险是不能够偿还债务的风险。对此风险的最好控制是具有健全的财务计划和企业经营盈利。

本章问题总结

下列经济业务发生在HPC公司最近一年的会计年度内：

1. 在会计年度的第一天，2月1日，公司以98的价格发行面值5 000 000美元、10年期、利率8%的债券。当时的市场利率约为8.3%。利息于每年2月1日支付。折价运用实际利率法进行摊销。

2. 公司贷款10 000 000美元。此贷款是20年期，利率6.5%，且每季付款额为224 260美元。公司是在此会计年度第三季度的最后一天进行贷款的，并且第一个支付日是在此会计年度的最后一天。

3. 公司花费 55 780 美元对之前销售的产品履行保修义务。
4. 公司赊购价值 675 000 美元的存货。企业使用永续盘存制进行存货记录。
5. 公司向供货商支付经济业务 4 中所购买商品的部分价款 563 000 美元。
6. 公司在本年赚取预收服务收入期初金额中的 57 000 美元。
7. 公司提前从客户处收到 25 990 美元,产品将于明年交付。
8. 公司估计将在今后两年花费 50 000 美元履行与今年销售相关的保修(所有的产品都是两年保修期)。
9. 公司对经济业务 2 中的贷款进行了支付。

假设公司年初有如下的负债账户和余额:

单位:美元

应付账款	75 500
预收服务收入	57 960
应付保修费	68 950

要求

1. 在会计等式中列示每一笔经济业务。
2. 给出公司因上述交易需在年末做出的调整。
3. 编制公司会计年度末的资产负债表的负债部分。

答案

单位:美元

	资产		=	负债		+	所有者权益	
	现金	所有其他资产 (账户)		所有负债	(账户)		实收资本	留存收益
选定的期初余额				75 500 57 960 68 950	应付账款 预收收入 应付保修费			(账户)
经济业务 1	4 900 000			4 900 000	应付债券			
2	10 000 000			10 000 000	应付长期票据			
3	(55 780)			(55 780)	应付保修费			
4		675 000 存货		675 000	应付账款			
5	(563 000)			(563 000)	应付账款			
6				(57 000)	预收收入			57 000 收入
7	25 990			25 990	预收收入			
8				50 000	应付保修费			(50 000) 保修费用
9	(224 260)			(61 760)	应付长期票据			(162 500) 利息费用
调整 1				400 000 6 700	应付利息 应付债券			(406 700) 利息费用

➡ **辅助计算**

债券：

　　债券利息费用 = 4 900 000 × 0.083 = 406 700（美元）

　　利息支付 = 5 000 000 × 0.08 = 400 000（美元）

　　折价摊销 = 406 700 - 400 000 = 6 700（美元）

单位：美元

年末资产负债表负债部分	
流动负债：	
应付账款	187 500
应付利息	400 000
预收收入	26 950
应付保修费	63 170
** 长期负债（流动部分）	257 241
流动负债合计	934 861
长期负债：	
** 应付票据	9 680 999
应付债券（扣除 93 300 美元折价净额）	4 906 700
负债合计	15 522 560

** 按季度支付的长期贷款的部分摊销分析表列示在下方。在下一个会计年度，这些付款中的四笔将会到期。因为利息尚未在年末发生，因此只有本金部分被记录为流动负债。流动部分的总额是本金减少这列中突出显示的值的总和。应付票据的余下金额（在期初本金这列突出显示）列示在长期负债中。

	期初本金	季度利息 (65 ÷ 4) 0.01625	付款额	本金减少	
第一年第一季度	10 000 000	162 500	224 260	61 760	
第一年第二季度	9 938 240	161 496	224 260	62 764	下一年本金
第一年第三季度	9 875 476	160 476	224 260	63 784	支付的付款额
第一年第四季度	9 811 692	159 440	224 260	64 820	257 241
第二年第一季度	9 746 872	158 387	224 260	65 873	
第二年第二季度	9 680 999 长期部分				

关键词

财务杠杆	市场利率	债券
发行收入	摊销分析表	账面价值
负债权益比率	现值	折价发行债券
年金	溢价发行债券	折现
平价发行债券	应付债券溢价	折现率
普通年金	应付债券折价	资本结构
确定负债	预计负债	

思考题答案

思考题 7-1

Sandy 的薪酬是 1 085.25 美元。

经济业务的记录如下:

资产	=	负债	+	所有者权益	
				实收资本 +	留存收益
(1 085.25)现金		300.00 应付联邦所得税 93.00 应付联邦社会保险税 21.75 应付医疗保险税			(1 500)工资费用

思考题 7-2

1. 没有保修费用记录在 8 月份的利润表中。
2. 负债是 2 250 美元(2 750 – 500)。

思考题 7-3

利息是 600 000 美元 ×9% ×1/12 = 4 500 美元。付款总额为 5 500 美元,所以本金减少是余下的 1 000 美元。

思考题 7-4

按照 95.5 的价格发行的面值为 1 000 美元的债券售价为 955 美元。

按照 102 的价格发行的面值为 1 000 美元的债券售价为 1 020 美元。

思考题 7-5

利息费用(而不是利息支付)是通过债券的账面价值乘以市场利率计算得到的。发行收入(债券的售价)等于在第一个利息支付日债券的账面价值。

发行收入 = 200 000 ×98% = 196 000(美元)

前六个月的利息费用 = 196 000 ×0.065 ×1/2 = 6 370(美元)

利息支付 = 200 000 ×6% ×1/2 = 6 000(美元)

费用与支付额之间的差额 = 370 美元

此金额(370 美元)将被加至债券的账面价值(这与从应付债券折价中减去此金额是相同的)。

第一次利息支付后,债券的账面价值为 196 370 美元(196 000 美元期初账面价值 + 370 美元折价摊销)。

2010 年 12 月 31 日, Knollwood 记录的下半年的利息费用如下:

利息费用 = 196 370 ×0.065 ×1/2 = 6 382(美元)

利息支付 = 6 000 美元

费用与支付额之间的差额 = 382 美元

此金额将被加至债券的账面价值(从应付债券折价中减去)。

2010 年 12 月 31 日债券的账面价值 = 196 752 美元

本年的利息费用总额为 6 370 美元 + 6 382 美元 = 12 752 美元。

思考题 7-6

第一次利息支付时，利润表中的利息费用是 19 643.13 美元(9% ×218 257)。

支付给债券持有者的现金付款是 20 000.00 美元。

356.87 美元的差额是溢价摊销。

12 月 31 日资产负债表中的账面价值是 217 900.13 美元(218 257.00 − 356.87)。

思考题 7-7

2008 年：2 810 111 美元(负债总额) ÷ 1 605 648 美元(权益总额) = 175%

2007 年：3 069 613 美元(负债总额) ÷ 1 785 727 美元(权益总额) = 172%

2006 年：3 002 727 美元(负债总额) ÷ 1 992 360 美元(权益总额) = 151%

比率在上升，但是要进行有意义的分析，我们还需要进行一些行业比较。

问题

1. 企业融资的两个主要来源是什么？
2. 确定负债和预计负债的区别是什么？各举出一例。
3. 什么是抵押贷款？
4. 当分期付款偿还抵押贷款时，付款额将减少现金。那么财务报表中受此影响的其他两个项目是什么？
5. 债券的偿还方式与其他需要分期付款的融资方式之间的区别是什么？
6. 与银行贷款相比，通过发行债券融资的优势是什么？
7. 与债券相关的利息支付是如何计算的？
8. 解释债券设定利率和实际利率之间的区别。
9. 债券票面价值的别称是什么？
10. 什么时候折价发行债券？什么时候溢价发行债券？
11. 负债权益比率是如何计算的？此比率是衡量什么的？
12. 术语资本结构是指什么？
13. 解释财务杠杆。

单选题

1. Partco 雇用了一位秘书，工资为每星期 900 美元。秘书的第一份薪酬中包含了 20% 的所得税、6.2% 的社会保险税和 1.45% 的医疗保险税扣除额。那么 Partco 与此支付相关的费用总额(包括工薪税费用)是(   )？
   a. 68.85 美元   b. 968.85 美元   c. 651.15 美元   d. 720.00 美元
2. 下面各项都是流动负债，除了(   )。
   a. 应付职工薪酬   b. 应付抵押贷款   c. 预收收入   d. 应付账款
3. 对于员工当前完成的工作，公司欠其的金额(   )。
   a. 作为养老金负债列示在资产负债表中   b. 作为流动负债列示
   c. 在资产负债表中被称为退休后津贴   d. 不列示在资产负债表中
4. 负债经常需要进行估计，是因为(   )。
   a. 相关的费用需要与适当的收入配比记录   b. 它为经理提供了管理资产的方式

c. 它们通常直到结账才披露 　　　　　d. 相关的资产已经记录

5. Advanced Music Technology 公司估计当年销售商品的保修成本将为 900 美元（被认为是一个重大的金额）。当年 Advanced 公司花费了 750 美元修理客户返还的商品。那么当年的保修费用是多少？（　　）

　　a. 750 美元　　　b. 900 美元　　　c. 150 美元　　　d. 无法确定

6. 1 月 1 日,Sotana 公司发行了面值 400 000 美元、10 年期、设定利率 10% 的债券。债券发行的现金收入是 354 120 美元。公司每年向债券持有者支付利息。那么在第一个利息支付日,公司将向债券持有者支付多少现金？（　　）

　　a. 40 000 美元　　b. 48 000 美元　　c. 35 412 美元　　d. 42 494 美元

7. 题目信息同第 6 题。与设定利率相比,债券发行日的市场利率如何？（　　）

　　a. 市场利率高于设定利率　　　　　b. 市场利率低于设定利率
　　c. 两个利率相等　　　　　　　　　d. 无法确定

8. 按照高于市场利率的设定利率发行的债券是（　　）发行的。

　　a. 溢价　　　　　b. 折价　　　　　c. 平价　　　　　d. 无法确定

9. 设定利率为 8% 的面值 1 000 美元的债券发行时的市场利率为 10%。那么债券持有者每年获得的利息支付额是多少？

　　a. 100 美元　　　b. 80 美元　　　c. 20 美元　　　d. 800 美元

10. 正的财务杠杆作用意味着公司（　　）。

　　a. 拥有的债务多于权益　　　　　　b. 运用借款赚得的收益多于借款成本
　　c. 拥有正确的债务金额　　　　　　d. 拥有的权益多于债务

简易练习

A 组

简易练习 7-1A　负债分类。说出下列负债是确定负债还是预计负债:应付账款、预收收入、保修负债。

简易练习 7-2A　负债分类。Taylor 公司在 12 月 31 日有下列债务:(a) 6 个月内到期的 10 000 美元的应付票据;(b) 12 500 美元的预收收入;(c) 15 000 美元的应付利息;(d) 60 000 美元的应付账款;(e) 两年内到期的应付票据。对每一项债务,说明是否应该被归类为流动负债。

简易练习 7-3A　职工薪酬会计处理。Jimmy Paycheck 作为录音室的经理,每月可赚取 1 500 美元。Jimmy 收入中的 25% 是联邦所得税扣除额。除了联邦政府要求扣除的金额外,没有其他的扣除额。那么必须要从 Jimmy 的收入中扣除的金额是多少？计算下个月的薪酬中 Jimmy 可以得到的净工资额。

简易练习 7-4A　保修负债会计处理。Key 公司为其高档门锁提供三年的保修期。当年,公司获得 100 000 美元的销售收入。与收入相关的保修成本每年约为 3 000 美元。那么在销售当年的公司的利润表中,与这些收入相关的保修费用是多少？销售发生的后两年内,公司中与这些收入相关的保修费用是多少？

简易练习 7-5A　抵押贷款会计处理。Nunez 公司准备借取资金 25 000 美元,5 年期,利率为 8%。每年的付款额将为 6 261.41 美元。当公司在贷款的第一年年末支付款项时,有多少是用于支付利息费用的？

简易练习 7-6A　抵押贷款会计处理。Feather and Furs 公司借取 75 000 美元购买人造毛皮存储设备。此借款为 10 年期,利率为 12%,并且月付款额为 1 076.03 美元。当公司在贷款的第一个月月末支付款项时,有多少是用于减少贷款本金的?

简易练习 7-7A 债券会计处理。如果面值为 1 000 美元的债券按照 95 的价格出售,那么发行公司将获得多少现金?如果面值为 1 000 美元的债券平价出售,那么发行公司将获得多少现金?如果面值为 1 000 美元的债券按照 101 的价格出售,那么发行公司将获得多少现金?

简易练习 7-8A 债券会计处理。说出下列每种情况中,债券是溢价、折价还是平价发行的。

1. Colson 公司发行设定利率为 10%、票面价值为 200 000 美元的债券。发行时,类似投资的市场利率为 9%。

2. Dean 公司发行设定利率为 12%、票面价值为 100 000 美元的可赎回债券。发行时,类似投资的市场利率为 9%。

3. Liddy 公司发行设定利率为 8%、票面价值为 200 000 美元的债券。发行时,类似投资的市场利率为 9%。

简易练习 7-9A 债券会计处理。计算下列每种情况中债券的发行收入。

1. Haldeman Hair System 以 106 的价格发行面值为 20 000 美元的债券。
2. Erlichman Egg 公司以 99 的价格发行面值为 100 000 美元的债券。
3. Carl's Cutlery 公司以 96.5 的价格发行面值为 500 000 美元的债券。

简易练习 7-10A 债券会计处理。Altoona 公司能够以 220 000 美元的价格发行(出售)面值为 200 000 美元、设定利率为 9% 的债券,这是因为它的信用评级很好,并且市场利率已经下降。那么第一年公司支付的现金利息是多少?利息费用是高于还是低于利息支付额?

简易练习 7-11A 计算负债权益比率。假设 2010 年 Axel 公司的流动资产总额为 57 855 美元,资产总额为 449 999 美元;流动负债总额为 71 264 美元,负债总额为 424 424 美元。计算公司 2010 年的负债权益比率。

练习

A 组

练习 7-23A 负债分类。说出以下列出的每一项是确定负债还是预计负债,或者二者都不是:

1. 因购买存货而欠供货商的金额;
2. 未决诉讼的潜在收益;
3. 保修债务的金额;
4. 下一年偿还的贷款金额;
5. 下一年累计支付给员工的假期工资的金额。

练习 7-24A 职工薪酬会计处理。一个公司有 30 000 美元的工资总额,联邦所得税扣除额为 6 000 美元,联邦社会保险税扣除额为 1 860 美元,医疗保险税扣除额为 435 美元。

1. 资产负债表中列示的应付职工薪酬(支付给员工)的金额是多少?
2. 利润表中列示的工资费用的金额是多少?
3. 应付职工薪酬是什么类型的负债?

练习 7-25A 职工薪酬会计处理。在 2 月,Winter 公司的员工赚取了 50 000 美元的工资。联邦社会保险税扣除额为 2 500 美元,联邦所得税扣除额为 3 500 美元,员工捐赠给 United Way 的扣除额为 435 美元。利用会计等式记录 2 月月末时的工资费用和应付职工薪酬。3 月的第一个星期公司将支付给员工 2 月份的工资以及支付给政府的工薪税。

练习 7-26A 保修负债会计处理。当 Park Avenue 宠物店出售一只小狗时,会为这只小动物提供健康保证。如果小狗在销售后的前两年内生病,宠物店将会支付高达 300 美元的兽医费用。因为这对宠物店通常是一笔重大的费用,因此会计人员坚持要宠物店在每年年末财务报表编制前记录预计保证负债。2010 年 12 月 31 日,会计人员估计 2010 年出售的小狗的保证费用将为 2 000 美元,并且为记录此负债做了适当的分录。2011 年 3 月 30 日,宠物店收到一位在 2010 年购买小狗的顾客的兽医费用账单,宠物店签发了一张 50 美元的支票偿还给小狗的主人。

1. 将经济业务填入到会计等式中来记录 2010 年 12 月 31 日的预计保证负债。

2. 将经济业务填入到会计等式中来记录 2011 年 3 月 30 日兽医费用的支付。此支付对 2011 年宠物店的财务报表有什么影响?

练习 7-27A 长期负债会计处理。Larry the Locksmith 公司需要进行一些长期融资,并且计划在 2009 年 12 月 31 日借取 200 000 美元、20 年期的抵押贷款,年利率为 7%。从 2010 年 12 月 31 日开始,每年年末的付款额为 20 000 美元(四舍五入)。

1. 2010 年与此贷款相关的利息费用是多少?

2. 列示在 2010 年 12 月 31 日资产负债表中的负债金额是多少?

3. 2011 年与此贷款相关的利息费用是多少?

4. 列示在 2011 年 12 月 31 日资产负债表中的负债金额是多少?

练习 7-28A 长期负债会计处理。Grace's Gems 公司在 2011 年 12 月 31 日花费 100 000 美元购买了一些不动产,支付了 20 000 美元的现金获得了 80 000 美元的抵押贷款,年利率为 8%,且在 2012 年 3 月末、6 月末、9 月末和 12 月末的付款额均为 2 925 美元。

1. 2012 年列示在季度利润表中的利息费用是多少? 2012 年列示在季度资产负债表中的负债是多少?

2. 截至 2012 年 12 月 31 日利润表中的利息费用是多少?

练习 7-29A 长期负债会计处理。假设 MegaStore 公司为其业务扩张进行融资,在 2010 年 1 月 1 日签发了一张面值 750 000 美元、15 年期、利率 10% 的应付票据。条款规定,2010 年 6 月 30 日和 12 月 31 日的半年付款额为 49 000 美元。那么在 2010 年 12 月 31 日公司的资产负债表中列示的此应付票据的本金是多少?

练习 7-30A 长期负债会计处理。4 月 1 日,Mark Hamm 为开办新公司 Gymnastics World,从纽约的州立银行借取面值 15 000 美元、8 月期、利率 6% 的票据。债务是以公司的名义借取的。票据和利息将于 11 月 30 日偿还。

1. 利用会计等式展示 Gymnastics World 公司如何记录收到的资金。

2. 假设 Gymnastics World 公司想要编制 4 月份的利润表。利用会计等式展示公司如何记录本月的应计利息。

3. 假设 Gymnastics World 公司在每个月月末应计与此票据相关的利息费用。那么在 9 月 30 日应付利息账户的余额是多少?

4. 利用会计等式展示当贷款同利息一起偿还时,公司如何记录 11 月 30 日的经济业务(假设第 3 问已经完成)。

练习 7-31A 债券会计处理。2009 年 12 月 31 日,Alejandro 企业以 99 的价格发行了面值为 25 000 美元、利率为 5% 的债券。期限为 10 年,且于每年的 12 月 31 日支付利息。

1. 前两年的利息支付额是多少?

2. 发行日的市场利率是高于还是低于 5%?

3. 利息费用将会高于还是低于利息支付额?

练习 7-32A 债券会计处理。2010 年 12 月 31 日,Carl's Cartons 公司以 104 的价格发行了面值为 10 000 美元、利率为 9% 的债券。债券的利息于每年的 12 月 31 日进行支付。

1. 前两年的利息支付额是多少?

2. 发行日的市场利率是高于还是低于9%？

3. 利息费用将会高于还是低于利息支付额？

练习7-33A 债券会计处理。2010年1月1日，Conway计算机公司按照票面价值发行了面值为500 000美元、利率为15%、10年期的债券。利息于每年的1月1日进行支付。利用会计等式记录下列经济业务：

1. 债券发行；

2. 2010年12月31日的应计利息；

3. 2011年1月1日的利息支付额。

练习7-34A 债券会计处理。2012年12月31日，Dave's送货服务公司以约89的价格发行了面值为10 000美元、利率为10%的债券。期限为10年，且于每年的6月30日和12月31日支付利息。

1. 前两年的利息支付额是多少？

2. 发行日的市场利率是高于还是低于10%？

3. 利息费用将会高于还是低于利息支付额？

练习7-35A 债券会计处理。2009年6月30日，Sam的办公用品公司以106的价格发行了面值为50 000美元、利率为8%的债券。期限为5年，且于每年的12月31日和6月30日支付利息。

1. 前两年的利息支付额是多少？

2. 发行日的市场利率是高于还是低于8%？

3. 利息费用将会高于还是低于利息支付额？

练习7-36A 债券会计处理。2011年6月30日，Sugar Fudge有限公司以50 000美元的价格发行了面值为50 000美元、利率为10%的债券。利息于每年的6月30日进行支付。

1. 前两年的利息支付额是多少？

2. 发行日的市场利率是高于还是低于10%？

3. 利息费用将会高于还是低于利息支付额？

练习7-37A 运用实际利率法计算利息费用。2010年6月30日，Mako公司发行了面值50 000美元、5年期、利率10%的债券，当时的市场利率为9%。发行收入为51 945美元。利息于每年的6月30日进行支付。

1. 每年的利息支付额是多少？

2. 第一个利息支付日的利息费用是多少？

3. 应付债券和利息费用将如何列示在年末的财务报表中（2011年6月30日）？

练习7-38A 运用实际利率法计算利息费用。2010年6月30日，Superfast制鞋公司发行了面值200 000美元、15年期、利率9%的债券，当时的市场利率为10%。发行收入为184 788美元。利息于每年的6月30日进行支付。

1. 每年的利息支付额是多少？

2. 第一个利息支付日的利息费用是多少？

3. 应付债券和利息费用将如何列示在年末的财务报表中（2011年6月30日）？

练习7-39A 编制折价发行债券摊销分析表。Jamison公司在2012年1月1日发行了面值100 000美元、利率8%、10年期的债券，当时的市场利率为10%。发行收入为87 710.87美元。利息于每年的1月1日进行支付。公司运用实际利率法摊销债券溢价和折价。编制债券存续期间的摊销分析表。

练习7-40A 编制溢价发行债券摊销分析表。Old School Vacations公司在2010年1月1日发行了面值100 000美元、利率10%、10年期的债券，当时的市场利率为8%。发行收入为113 420.16美元。利息于每年的1月1日进行支付。公司运用实际利率法摊销债券溢价和折价。编制债券存续期间的摊销分析表。

利用下列的 eBay 公司的财务数据回答练习 7-41A：

摘自 eBay 公司合并资产负债表		
（单位：千美元）		
	2007 年 12 月 31 日	2008 年 12 月 31 日
资产		
流动资产合计	7 122 505	6 286 590
资产合计	15 366 037	15 592 439
负债和所有者权益		
流动负债合计	3 099 579	3 705 087
负债合计	3 661 435	4 508 581
所有者权益合计	11 704 602	11 083 858
负债和所有者权益合计	15 366 037	15 592 439

练习 7-41A 计算负债权益比率。利用提供的 eBay 公司的信息，计算 2007 年 12 月 31 日和 2008 年 12 月 31 日的负债权益比率（注意，eBay 将最近年份的数据放在右边栏，而不是通常的左边栏）。解释此比率是衡量什么的，以及此比率从 2007 年到 2008 年是否有所改善。

难题

A 组

难题 7-61A 流动负债会计处理。2011 年 3 月 1 日，Stein 公司的会计记录列示了下列的负债账户及其余额：

单位：美元

应付账款	21 600
短期应付票据	10 000
应付利息	800
预收服务收入	12 500

a. 2011 年 3 月 1 日，公司签发了面值 12 000 美元、利率 7.5%、3 个月期的票据。
b. 3 月份，公司偿还了 10 000 美元的短期票据和 3 月 1 日资产负债表中列示的应付利息。
c. 公司偿还了期初的应付账款。
d. 同月，公司赊购了价格为 25 000 美元的商品。
e. 同样在 3 月份，公司的员工赚取了 36 000 美元的工资。与之相关的联邦社会保险税扣除额为 2 232 美元，联邦所得税扣除额为 3 800 美元，以及州所得税扣除额为 1 140 美元。公司将于 4 月 1 日支付 3 月份的工资和代扣代缴税款。在 3 月 31 日没有记录有关工资或工薪税费用的分录。

➡ 要求
1. 利用会计等式列示每一项经济业务。
2. 利用会计等式列示 3 月份应付债券利息所需的调整以及工资费用和工薪税费用所需的调整。
3. 编制 2011 年 3 月 31 日资产负债表中的流动负债部分。

难题 7-62A 保修负债会计处理。2012 年，Best Stuff 公司销售新录像机的收入为 90 000 美元。

公司为录像机提供两年的保修期。当公司将这笔业务记录销售时,也估计其将花费8 400美元履行保修义务。当公司编制2012年度的财务报表时,没有录像机被带来维修。然而,2013年1月,20个人带来了他们坏了的录像机,公司一共花费了750美元进行维修(录像机在保修期内,因此未向顾客收费)。假设在2013年1月没有额外的销售(即在1月份没有新的保修负债)。

➡ 要求

1. 在2012年公司的利润表中,与录像机的销售收入相关的保修费用是多少?
2. 在2012年年末公司的资产负债表中,会有保修负债吗?如果有,金额是多少?
3. 在2013年1月公司的利润表中,与这些录像机相关的保修费用是多少?
4. 在2013年1月31日公司的资产负债表中,会有保修负债吗?如果有,金额是多少?

难题7-63A 分期偿还本金和利息的应付票据会计处理。Ultra Power公司在2011年从事了以下与长期负债相关的经济业务:

a. 3月1日,公司为购买机器借取资金50 000美元。贷款将在今后10年的每年年末(从2012年2月28日开始)偿还,且每年的付款额为6 793美元。利率为6%。

b. 10月1日,公司从当地的信用合作社以8%的利率借取资金100 000美元。贷款期限为7年,并且Ultra Power将在每年的9月30日支付价款19 207美元。

➡ 要求

1. 对每一项贷款,编制前四次支付的摊销分析表。列示每一次支付的本金减少额和利息费用。
2. 在截至2011年12月31日公司的利润表中,与这两项贷款相关的利息费用总额是多少?
3. 在2011年12月31日公司的资产负债表中,应付利息是多少?

难题7-64A 分期偿还本金和利息的应付票据会计处理。Joe Brinks计划从以下项目融资:

a. 购买卡车借取资金30 000美元,且在今后5年每月付款额为601美元。银行采用的利率为7.5%。

b. 购买一块土地,土地拥有者出售给Joe的价格为25 000美元。卖方将接受每年付款额为6 595美元的5年期付款,且利率为10%。

c. 出售价格为4 000美元的一些旧设备。Joe愿意接受季度付款额为546美元的2年期付款,且利率为8%。

d. 购买价格为50 000美元的土地和建筑物,首次付款为5 000美元,以及在今后10年半年度的付款额为3 095美元,且利率为6.5%。

➡ 要求

对每个独立的项目,在会计等式中列示前两次支付的经济业务。

难题7-65A 应付债券会计处理。Julie的保洁服务公司以105的价格发行了面值25 000美元、10年期的债券。债券的设定利率为9%。

➡ 要求

1. 发行时的市场利率是高于还是低于9%?你是如何知道的?
2. 债券的发行收入是多少?
3. 每期的利息费用将会高于还是低于利息支付额?
4. 5年后债券的账面价值将会高于还是低于25 000美元?

难题7-66A 应付债券会计处理。2010年2月8日,Adam Ship Builders以96的价格发行了面值为500万美元、利率为7%的债券。债券将在2020年6月30日到期。利息于每年的6月30日和12月31日进行支付。

> **要求**
> 1. 债券的发行收入是多少？
> 2. 发行时的市场利率是高于还是低于7%？
> 3. 每期的利息费用将会高于还是低于利息支付额？
> 4. 到期时债券的账面价值将是多少？

财务报表分析

财务报表分析7-1 计算负债权益比率以及分析财务数据。下列信息来自Nordstrom公司的资产负债表：

Nordstrom 公司
合并资产负债表（部分）
（单位：百万美元）

	2009年1月31日	2008年2月2日
负债和所有者权益		
流动负债：		
商业票据	275	—
应付账款	563	556
应计薪金、工资及相关福利	214	268
其他流动负债	525	550
长期负债（流动部分）	24	261
流动负债合计	1 601	1 635
长期负债，净额	2 214	2 236
递延产权激励，净额	435	369
其他负债	201	245
资本承诺及或有负债		
所有者权益：		
普通股，无票面价值；法定股数为10亿股；已发行及发行在外股数分别为21 540万股和22 090万股	997	936
留存收益	223	201
累计其他综合损失	(10)	(22)
所有者权益合计	1 210	1 115
负债和所有者权益合计	5 661	5 600

1. 计算所列示年份的负债权益比率。
2. 谁将会对此信息感兴趣？为什么？
3. 假设你正在考虑投资一些股票。你如何看待此比率从一年到下一年的变化？
4. 如果公司有应付债券，你认为它们可能会被包含在资产负债表的什么地方？
5. 什么样的风险与公司资产负债表中的长期负债相关？

财务报表分析7-2 计算负债权益比率以及分析财务数据。下列信息来自微系统公司的资产负债表：

微系统公司及其子公司
合并资产负债表
（单位：千美元）

	2008年6月30日	2007年6月30日
资产		
流动资产：		
现金及现金等价物	381 964	242 702
短期投资	—	86 950
应收账款，2008年6月30日扣除2 834.8万美元坏账准备净额及2007年6月30日扣除2 311万美元坏账准备净额	192 445	180 203
存货净额	64 575	47 790
递延所得税	18 724	16 683
预付费用和其他流动资产	29 737	27 650
流动资产合计	687 445	601 978
投资，非流动	65 216	—
不动产、厂房及设备净额	29 165	27 955
递延所得税，非流动	7 108	23 145
商誉	159 722	138 332
无形资产净额	16 168	14 509
购买和内部开发软件成本，2008年6月30日扣除6 169.1万美元累计摊销净额及2007年6月30日扣除5 470.8万美元累计摊销净额	30 846	36 296
其他资产	7 336	4 541
资产合计	1 003 006	846 756
负债和所有者权益		
流动负债：		
银行信贷额度	989	2 308
应付账款	46 843	43 126
应计费用和其他流动负债	124 913	117 142
应交所得税	6 363	8 094
递延收益	115 398	86 742
流动负债合计	294 506	257 412
应交所得税，非流动	18 302	—
递延所得税，非流动	2 181	15 934
其他非流动负债	8 103	17 554
负债合计	323 092	290 900
少数股东权益及少数股东所有权	6 898	4 723
资本承诺及或有负债（附注12）		
所有者权益：		
普通股，票面价值0.00625美元；法定股数：1.2亿股；2008年6月30日已发行和发行在外股数为8 089.8万股及2007年6月30日已发行和发行在外股数为8 109.6万股	506	507
股本溢价	131 517	149 089
留存收益	480 777	382 785
累计其他综合收益	60 216	18 752
所有者权益合计	673 016	551 133
负债和所有者权益合计	1 003 006	846 756

附注是合并财务报表的一个组成部分。

1. 计算所列示年份的负债权益比率。
2. 谁将会对此信息感兴趣？为什么？
3. 假设你正在考虑投资一些股票。你如何看待此比率从一年到下一年的变化？
4. 如果微系统公司有应付债券，你认为它们可能会被包含在资产负债表的什么地方？
5. 什么样的风险与微系统公司资产负债表中的长期负债相关？

财务报表分析 7-3 计算负债权益比率以及分析财务数据。使用百万书店财务报表（在本书附录 A）回答下列问题：
1. 百万书店有几种类型的负债？你在什么地方能找到这个信息？
2. 计算至少连续两年的负债权益比率？这些比率提供了什么信息？
3. 百万书店提醒任何与长期负债相关的风险了吗？如果有，在什么地方提示的？

批判性思考题

风险与控制

借取资金的风险之一是变化的利率。例如，如果公司发行债券时的市场利率为 7%，那么如果在债券流通在外期间，市场利率上升会发生什么？提出公司为控制此风险可以采取的一些行动。找几家拥有未偿还长期债务的公司，阅读一下财务报表中解决此利率风险的附注。

伦理

Lucy Shafer 打算借取 100 000 美元来扩张她的名犬业务。她正在为去当地银行进行贷款申请编制一系列财务报表。Lucy 目前拥有从她叔叔处借取的 50 000 美元的未偿还贷款。Lucy 的叔叔是以非常低的利率借给她资金的，并且她在五年内不需要支付任何本金款项。由于从她叔叔处获得的有利贷款条件，Lucy 认为此贷款不是重大的，不足以披露在她的财务报表中。反而，Lucy 将这 50 000 美元划分为实收资本，并且利息支付包含在利润表的杂项费用中。

1. Lucy 对其叔叔贷款的分类以及相关的利息支付会对财务报表产生什么影响？
2. 当地银行可能感兴趣的一些比率会因为 Lucy 的行为而误报吗？
3. 你认为 Lucy 的行为是缺乏职业道德的吗？假设 Lucy 的叔叔同意成为公司的合伙人，直到 Lucy 能够通过带息偿还 50 000 美元来购买他的股份。这样做会改变你的观点吗？

小组作业

先把班级分成组，再将西南航空公司、三角洲航空公司、联合航空公司、穿越航空公司、大陆航空公司分配到各组。

首先，对分给你的航空公司，分析其资产负债表中的负债部分。对每一项负债，写一个简短的描述。利用附注中的信息来帮你完成。然后，计算具有相关信息年份的负债与权益比率。关于分给你的航空公司的债务状况你能得出什么初步结论？

网络练习：星巴克

星巴克是排名第一的特种咖啡零售商，在全球开设了 16 000 多家咖啡店。公司也向餐厅、企业、航空公司和酒店销售咖啡豆，以及提供邮购和网购业务。登录美国有线电视新闻网财经网站（CNN Money）http://money.com.cn 或 http://finance.yahoo.com，输入星巴克公司的股票代码 SBUX，然后找到财务报表。

网络练习 7-1 使用年度资产负债表。确定最近三年年末列报的负债总额和所有者权益总额。

网络练习 7-2 计算每年年末的负债权益比率(负债总额比所有者权益总额)。

网络练习 7-3 是所有者还是债权人对星巴克的资产拥有更多的求偿权?你是如何知道的?

网络练习 7-4 什么类型的财务风险适用于星巴克?

附录 7

货币的时间价值

如果你曾经使用过信用卡或者借款超过一年,你就拥有关于货币时间价值的经验。这个术语意味着货币随着时间的推移是有价值的,那是因为你投资的货币能够赚取利息。人们更愿意在今天获得 1 美元,而不是在一年之后,这是由于今天获得的 1 美元能够在本年度赚取利息。于是,它将比一年之后的 1 美元更值钱。

单利与复利

在一些章节中我们已经计算了贷款本金的利息。当利息只是基于本金计算时,这被称为单利计息。单利计息通常适用于贷款期限为一年或少于一年的短期贷款。

当利息是基于贷款本金加上已赚取但未收取或支付的利息计算的时候,这被称为复利计息。本年度赚取的利息要加至初始本金,并且这个新的更大的金额用于计算在下一年赚取的利息。每年,利息是基于一个更大的金额计算的。更大的金额来自将每一年赚取的利息加至以前年度的利息,再加上初始本金。

图表 7A.1 展示了如果你今天投资 1 000 美元并且观察它在 10 年间的增长,这 1 000 美元会发生什么变化。你能够很容易地看出复利计息比单利计息使你的资金增长的快得多。

你能够利用复利计息的概念计算出今天的存款会使你在未来某个时期拥有的资金额。我们来完成一个例子。

如果你今天存款 1 000 美元,且每年的利率为 10%,那么你在 10 年后将会拥有多少资金?

- 如果资金赚取的是单利,那么你将在第 10 年年末拥有 2 000 美元。每一年,1 000 美元的本金将赚取 100 美元。
- 如果资金赚取的是复利,那么你将在第 10 年年末拥有 2 594 美元。每一年,本金加上之前赚得的利息将赚取利息。

现值

有时我们想知道未来的金额在今天值多少钱。也就是,我们想知道未来现金流的**现值**(present value)。

1. 单一金额的现值

将在未来获得的一笔钱的现值是今天的美元价值。如果你答应在一年后支付 100 美元,那么它今天值多少钱?换言之,你今天存入多少钱,在一年之后能增长为 100 美元?下面是计算现值的公式:

$$PV = FV_n \left[\frac{1}{(1+i)^n} \right]$$

其中,PV 代表现值;FV 代表终值;n 代表期数;i 代表利率。

图表 7A.1 单利与复利

单位:美元

今天以10%的年利率存款	第一年年末	第二年年末	第三年年末	第四年年末	第五年年末	第六年年末	第七年年末	第八年年末	第九年年末	第十年年末
单利										
1 000	1 100	1 200	1 300	1 400	1 500	1 600	1 700	1 800	1 900	2 000
复利										
1 000	1 100	1 210	1 331	1 464	1 610	1 772	1 949	2 144	2 358	2 594

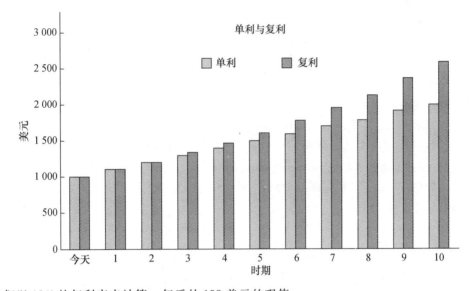

我们以10%的年利率来计算一年后的100美元的现值。

$$PV = 100 \times [1/(1+0.10)^1] = 100 \times 0.90909 = 90.91(美元)$$

此计算展示了当年利率为10%时,今天拥有90.91美元相当于一年后拥有100美元。我们可以在逻辑上检查一下:如果我们今天存款90.91美元,且每年获得10%的利率,那么我们将在年末获得100美元(90.91×1.10=100.001)。

我们以10%的年利率来计算两年后的100美元的现值。

$$PV = 100 \times [1/(1+0.10)^2] = 100 \times 0.82644628 = 82.6446(美元)$$

此计算展示了当年利率为10%时,今天拥有82.6446美元相当于两年后拥有100美元。我们可以在逻辑上检查一下:如果我们今天存款82.6446美元,且每年获得10%的利率,那么我们将在一年后拥有90.909美元[82.6446×(1+0.10)]。然后,90.909美元一年赚取10%的利息,因此在第二年年末我们将获得99.9999美元——四舍五入调整为100美元。

幸好,我们不需要利用公式来计算未来金额的现值。我们可以利用现值表、财务计算器或者Excel。我们来看一下现值表是如何应用的。

现值表是基于1美元的。全表在本附录末尾,参见图表7A.5。为了解决这个问题,你可以简单地看一下展示在图表7A.2中的一小部分。找到10%这一列和2年这一行。表中的系数为0.82645。用此系数乘以100美元,得到的现值为82.645美元。

图表 7A.2　摘自 1 美元的现值表

期数(n)	8%	9%	10%	11%
1	0.92593	0.91743	0.90909	0.90090
2	0.85734	0.84168	**0.82645**	0.81162
3	0.79383	0.77218	0.75131	0.73119
4	0.73503	0.70843	0.68301	0.65873

你也可以利用财务计算器计算现值(一些计算器可能稍微有些不同)。

- 输入终值 100 美元(FV 键);
- 输入利率 10(i% 键,有时是 I/Y 键);
- 输入期数 2(n 键);
- 按 CPT 键,再按 PV 键计算现值。

你应该看到显示的是 82.645 美元。

查找未来金额的现值被称为现金流**折现**(discounting),现金流折现时的利率被称为**折现率**(discount rate)。现金流折现剥离了随着时间推移产生的利息金额,使现金流等价于今天的美元金额。

2. 年金的现值

除了单一金额的折现外——通常指的是一次性支付的金额——我们可能需要计算一系列支付款的现值。定期等额存入或支出的一系列款项被称为**年金**(annuity)。它的名字来源于每年支付的概念,因为大多数年金是按年度计算的。年金的现值有许多实际应用。大多数涉及年金的现值问题都在期末支付,其被称为**普通年金**(ordinary annuity)。首先,尝试一个简单的例子(思考题 7A-1)来看看公式是如何应用的。然后,我们将看到一些你可能熟悉的例子——通过借款购买摩托车或汽车和支付价款偿还贷款。

思考题 7A-1

　　John 想在五年后拥有 5 000 美元。如果年利率为 10%,那么他今天应该存入多少钱才能在五年后拥有 5 000 美元? 换言之,五年后 5 000 美元的现值是多少? 尝试利用公式、现值表和财务计算器(如果有的话)。

假设你正在出售你的旧摩托车,且一位朋友给你提供了在今后四年每年年末支付 500 美元的一系列支付款。你的朋友实际上为你的摩托车支付了多少钱? 因为货币具有时间价值,所以这不是简单的 4×500 美元,即 2 000 美元。一年后得到 500 美元不同于今天得到 500 美元。为了查找今后四年每年支付的 500 美元价款在今天值多少钱,你需要利用适当的利率以及将支付款折现得到每次支付款的现值。假设每年的利率为 5%。

第一年年末支付的第一次价款将折现一年,第二年年末支付的第二次价款将折现两年,第三次和第四次价款以此类推。一系列支付款的现值将是单个现值金额的总和。下面是如何在公式中应用:

$$PV = FV_n \left[\frac{1}{(1+i)^n} \right]$$

PV = 500 × [1/(1 + 0.05)^1] = 500 × 0.95238 = 476.19(美元)
PV = 500 × [1/(1 + 0.05)^2] = 500 × 0.90703 = 453.51(美元)
PV = 500 × [1/(1 + 0.05)^3] = 500 × 0.86384 = 431.92(美元)
PV = 500 × [1/(1 + 0.05)^4] = 500 × 0.82270 = 411.35(美元)

PV 合计 = 1 772.97 美元

此计算说明了如果你今天存款1 772.97美元且赚取5%,那么你今天获得1 772.97美元与今后四年每年年末收到500美元的支付款是没有差别的。表达相同观点的另一种方式是你的朋友通过向你提供四次每年500美元的支付款为你的摩托车支付了1 772.97美元。2 000美元支付款总额与1 772.97美元摩托车价格之间的差额是利息。

年金的现值表汇编了1美元的现值表中的个别系数。全表在本附录末尾图表7A.6给出。我们可以利用提供单一系数就能解决相同问题的年金现值表,而不用使用现值表四次。找到5%所在的列和(期数)4所在的行,你会看到系数为3.54595。如果你用500美元的支付款乘以系数3.54595,你将得到1 772.98美元(这是由于四舍五入调整产生的一分钱差额)。

图表7A.3 摘自年金的现值表

期数(n)	4%	5%	6%	7%
3	2.77509	2.72325	2.67301	2.62432
4	3.62990	**3.54595**	3.46511	3.38721
5	4.45182	4.32948	4.21236	4.10020
6	5.24214	5.07569	4.91732	4.76654

你可能想利用财务计算器计算年金的现值。

- 输入支付款500美元(PMT键);
- 输入期数4(n键);
- 输入利率5(i%键或I/Y键);
- 按CPT键,再按PV键。

你将会看到显示的是1 772.98美元。那是一系列支付款的现值。

我们来看一个购买汽车的例子。假设你找到一辆你打算以23 000美元购买的汽车。你支付了1 000美元的首付,并且你需要借取22 000美元。如果你以6%的年利率借取资金3年,那么你的月付款额将会是多少? 在此情形下,要特别注意支付款的时间。你将按月支付而不是按年支付。为了满足这一付款计划,你需要确保时间段n和利率i%表示的是相同的时间范围。如果期间是1个月,年利率必须要转换成月利率。你以每月1/2%(即0.50%或0.005)的利率(即6%的年利率)借取36个月(3年×12个月/年)的资金。

在本例中,你拥有现值——为购买汽车借取的金额。当我们已经知道现值时,我们需要找到支付款(实际上是一系列支付款)。图表7A.4展示了年金现值表的一部分,其包含了我们需要的系数(因为这个问题的需要,增加了期数为36的系数)。

PV(年金) = 支付款 ×(期数36,0.5%的系数)

22 000美元 = 支付款 × 32.87102

支付款 = 669.28美元

因此,你在今后36个月每月支付的汽车月付款额为669.28美元。

图表7A.4 摘自年金的现值表

期数(n)	0.50%	1%	2%	3%
35	32.03537	29.40858	24.99862	21.48722
36	**32.87102**	30.10751	25.48884	21.83225
37	33.70250	30.79951	25.96945	22.16724
38	34.52985	31.48466	26.44064	22.49246

计算债券发行的收入

在本章节的之前部分你已经知道市场是基于市场利率和债券表示的现金流量来设定债券价格的。市场是这样做的,利用市场利率将现金流量折现至其现值。我们利用本章节的例子看一下市场是如何为债券定价的。回顾一下,Muzby Minerals 发行了一张面值为 1000 美元的债券,6 年期,每年支付利息,设定利率为 5%。

1. 平价发行债券

如果市场利率与债券的设定利率相同,投资者将按照债券的票面价值进行支付。与债券相关的现金流量是在今后六年每年年底支付的 50 美元利息和在第六年年底一次性偿还的本金。如果这一系列的现金流量是以 1000 美元的价格出售的,那么这意味着债券的买方相信这 1000 美元就是那些未来现金流的现值——今天的价值。我们来检验一下:

使用 5% 的折现率,6 年期每年 50 美元的付款额的现值为:

| 50 美元付款额 | × | 5.07569
年金的现值(5%,6 年期) | = | 253.78 美元
利息支付的现值 | ⎫
⎬ 1000 美元
⎭ |

加上 6 年后 1000 美元的现值为:

| 1000 美元付款额 | × | 0.74622
1 美元的现值(5%,6 年期) | = | 746.22 美元
本金支付的现值 | |

2. 折价发行债券

如果市场利率高于 5%,投资者将按照低于债券票面价值的价格进行支付,这是因为通过未来 5% 的利息支付和债券存续期末的本金支付获得的金额要小于今天的 1000 美元。现金流量的现值将会小于 1000 美元,因此债券的出售价格会低于票面价值。正如你在本章节之前学到的,当债券发行时的设定利率低于市场利率时,债券是折价发行的。

假设债券发行时的市场利率为 6%。因为投资者要求获得此回报率,因此债券必须以低于 1000 美元的价格出售。为计算发行价格,你要得到与债券相关的未来现金流的现值。换言之,为在今后六年每年年底获得 50 美元及在第六年年底获得 1000 美元,债券持有者要支付多少钱?

有多种方法来计算这些现金流的现值,如利用表、财务计算器和 Excel。在本例中,我们将使用现值表中的数值,如那些能在附录末尾处找到的数值。

使用 6% 的折现率,6 年期每年 50 美元的付款额的现值为:

| 50 美元付款额 | × | 4.91732
年金的现值(6%,6 年期) | = | 245.87 美元
利息支付的现值 | ⎫
⎬ 950.83 美元
⎭ |

加上 6 年后 1000 美元的现值为:

| 1000 美元付款额 | × | 0.70496
1 美元的现值(6%,6 年期) | = | 704.96 美元
本金支付的现值 | |

债券的发行价格将为 950.83 美元。

> **思考题 7A-2**
>
> 假设 Action 公司在市场利率为 12% 时,发行了面值 1000 美元、10 年期、利率 11.5% 的债券。每年支付一次利息。那么债券的发行收入——Action 公司获得的现金——是多少?

3. 溢价发行债券

如果当市场利率低于 5% 时,发行了设定利率为 5% 的债券,投资者将按照高于债券票面价值的价格进行支付,这是因为通过未来5%的利息支付和债券存续期末的本金支付获得的金额要大于今天的1 000美元。现金流量的现值将会大于1 000美元,因此债券的出售价格会高于票面价值。当债券发行时的设定利率高于市场利率时,债券是溢价发行的。发行价格与票面价值的差额被称为应付债券溢价。

假设利率为5%的债券发行时的市场利率为4%。因为市场将为债券定价以得到市场回报率,因此债券将以高于1 000美元的价格出售。将额外的金额看作帮助公司支付票面利率5%的利息所需的金额。如同折价的情形,发行价格等于与债券相关的未来现金流的现值。换言之,为在今后六年每年年底获得50美元及在第六年年底获得1 000美元,债券持有者将要支付的金额是多少?

未来现金流的现值计算如下:

使用4%的折现率,6年期每年50美元的付款额的现值为:
$$50 \times 5.24214 = 262.11 \text{ 美元}$$
加上6年后1 000美元的现值为:
$$1\,000 \times 0.79031 = 790.31 \text{ 美元}$$

} 1 052.42 美元

债券的发行价格将为1 052.42美元。

> **思考题7A-3**
>
> 假设HPS公司发行了面值1 000美元、10年期、利率11.5%的债券。利息于每年进行支付。发行时的市场利率为10%。那么HPS在债券发行时得到的金额是多少?

思考题答案

思考题7A-1

$5\,000 \times 0.62092 = 3\,104.60 \text{(美元)}$

思考题7A-2

利息支付的现值 $= 115 \times 5.65022 = 649.78 \text{(美元)}$

本金支付的现值 $= 1\,000 \times 0.32197 = 321.97 \text{(美元)}$

债券的发行收入——获得的现金 $= 971.75 \text{ 美元}$

思考题7A-3

利息支付的现值 $= 115 \times 6.14457 = 706.63 \text{(美元)}$

本金支付的现值 $= 1\,000 \times 0.38554 = 385.54 \text{(美元)}$

债券的发行收入——获得的现金 $= 1\,092.17 \text{ 美元}$

简易练习

简易练习7A-1A 现值。假设你想在五年后的年末拥有存款5 000美元。银行将支付2%的存款利率。那么你今天要存入多少钱才能在五年后的年末拥有5 000美元?

简易练习7A-2B 现值。Able公司为Cane公司提供一些使用过的办公设备。Able公司想让Cane公司在今后三年每季度(三个月期)末支付100美元。假设适当的折现率为4%。那么办公设备的实际销售价格是多少?

练习

练习 7A-3A 利用货币的时间价值概念计算付款额。对于以下每种情况,计算贷款所要求的付款额。假设每种情况中价款都是在期末支付的。利率是年利率。

1. 本金 = 30 000 美元;利率 = 5%;期限 = 5 年;付款方式 = 每年
2. 本金 = 30 000 美元;利率 = 8%;期限 = 5 年;付款方式 = 每年
3. 本金 = 30 000 美元;利率 = 8%;期限 = 10 年;付款方式 = 每年
4. 本金 = 30 000 美元;利率 = 8%;期限 = 10 年;付款方式 = 每半年
5. 本金 = 30 000 美元;利率 = 12%;期限 = 2 年;付款方式 = 每月

练习 7A-4B 利用货币的时间价值概念计算付款额。对于以下每种情况,计算贷款所要求的付款额。假设每种情况中价款都是在期末支付的。利率是年利率。

1. 本金 = 25 000 美元;利率 = 6%;期限 = 5 年;付款方式 = 每年
2. 本金 = 25 000 美元;利率 = 9%;期限 = 5 年;付款方式 = 每年
3. 本金 = 35 000 美元;利率 = 7%;期限 = 8 年;付款方式 = 每年
4. 本金 = 35 000 美元;利率 = 7%;期限 = 8 年;付款方式 = 每半年
5. 本金 = 40 000 美元;利率 = 12%;期限 = 2 年;付款方式 = 每月

难题

难题 7A-5A 利用货币的时间价值概念对债券的会计处理。Andre's 进口公司在 2009 年 1 月 1 日发行了面值为 150 000 美元的债券。债券在 2019 年 1 月 1 日到期。利息于每年的 12 月 31 日进行支付。设定利率为 10%,且发行时的市场利率为 13%。

➡ 要求

1. 计算债券发行的收入。发行债券是如何影响 Andre's 进口公司的财务报表的(发行日)?
2. 编制债券存续期间前三年的摊销分析表,列示利息费用和每一计息期期末的账面价值。Andre's 进口公司运用实际利率法摊销溢价和折价。
3. Andre's 进口公司在截至 2010 年 12 月 31 日的利润表中列示的与此债券相关的利息费用是多少?假定采用实际利率法。
4. 运用直线摊销法,计算截至 2010 年 12 月 31 日的利息费用。然后,将此金额与运用实际利率法计算出的金额进行比较。你认为 Andre's 的进口公司应该使用哪种方法?为什么?

难题 7A-6B 利用货币的时间价值概念对债券的会计处理。Gordon's 设备公司在 2010 年 1 月 1 日发行了面值为 2 000 000 美元的债券。债券在 2018 年 1 月 1 日到期。利息于每年的 12 月 31 日进行支付。设定利率为 3%,且发行时的市场利率为 2%。

➡ 要求

1. 计算债券发行的收入。发行债券是如何影响 Gordon's 设备公司的财务报表的(发行日)?
2. 编制债券存续期间前四年的摊销分析表,列示利息费用和每一计息期期末的账面价值。Gordon's 设备公司运用实际利率法摊销溢价和折价。
3. Gordon's 设备公司在截至 2015 年 12 月 31 日的利润表中列示的与此债券相关的利息费用是多少?假定采用实际利率法。
4. 运用直线摊销法,计算截至 2015 年 12 月 31 日的利息费用。然后,将此金额与运用实际利率法计算出的金额进行比较。你认为 Gordon's 设备公司应该使用哪种方法?为什么?

图表 7A.5 1美元的现值表

$$PV = \frac{1}{(1+i)^n}$$

n	0.50%	1%	2%	3%	4%	5%	6%	7%	8%	9%	10%	11%	12%	13%	14%	15%
1	0.99502	0.99010	0.98039	0.97087	0.96154	0.95238	0.94340	0.93458	0.92593	0.91743	0.90909	0.90090	0.89286	0.88496	0.87719	0.86957
2	0.99007	0.98030	0.96117	0.94260	0.92456	0.90703	0.89000	0.87344	0.85734	0.84168	0.82645	0.81162	0.79719	0.78315	0.76947	0.75614
3	0.98515	0.97059	0.94232	0.91514	0.88900	0.86384	0.83962	0.81630	0.79383	0.77218	0.75131	0.73119	0.71178	0.69305	0.67497	0.65752
4	0.98025	0.96098	0.92385	0.88849	0.85480	0.82270	0.79209	0.76290	0.73503	0.70843	0.68301	0.65873	0.63552	0.61332	0.59208	0.57175
5	0.97537	0.95147	0.90573	0.86261	0.82193	0.78353	0.74726	0.71299	0.68058	0.64993	0.62092	0.59345	0.56743	0.54276	0.51937	0.49718
6	0.97052	0.94205	0.88797	0.83748	0.79031	0.74622	0.70496	0.66634	0.63017	0.59627	0.56447	0.53464	0.50663	0.48032	0.45559	0.43233
7	0.96569	0.93272	0.87056	0.81309	0.75992	0.71068	0.66506	0.62275	0.58349	0.54703	0.51316	0.48166	0.45235	0.42506	0.39964	0.37594
8	0.96089	0.92348	0.85349	0.78941	0.73069	0.67684	0.62741	0.58201	0.54027	0.50187	0.46651	0.43393	0.40388	0.37616	0.35056	0.32690
9	0.95610	0.91434	0.83676	0.76642	0.70259	0.64461	0.59190	0.54393	0.50025	0.46043	0.42410	0.39092	0.36061	0.33288	0.30751	0.28426
10	0.95135	0.90529	0.82035	0.74409	0.67556	0.61391	0.55839	0.50835	0.46319	0.42241	0.38554	0.35218	0.32197	0.29459	0.26974	0.24718
11	0.94661	0.89632	0.80426	0.72242	0.64958	0.58468	0.52679	0.47509	0.42888	0.38753	0.35049	0.31728	0.28748	0.26070	0.23662	0.21494
12	0.94191	0.88745	0.78849	0.70138	0.62460	0.55684	0.49697	0.44401	0.39711	0.35553	0.31863	0.28584	0.25668	0.23071	0.20756	0.18691
13	0.93722	0.87866	0.77303	0.68095	0.60057	0.53032	0.46884	0.41496	0.36770	0.32618	0.28966	0.25751	0.22917	0.20416	0.18207	0.16253
14	0.93256	0.86996	0.75788	0.66112	0.57748	0.50507	0.44230	0.38782	0.34046	0.29925	0.26333	0.23199	0.20462	0.18068	0.15971	0.14133
15	0.92792	0.86135	0.74301	0.64186	0.55526	0.48102	0.41727	0.36245	0.31524	0.27454	0.23939	0.20900	0.18270	0.15989	0.14010	0.12289
16	0.92330	0.85282	0.72845	0.62317	0.53391	0.45811	0.39365	0.33873	0.29189	0.25187	0.21763	0.18829	0.16312	0.14150	0.12289	0.10686
17	0.91871	0.84438	0.71416	0.60502	0.51337	0.43630	0.37136	0.31657	0.27027	0.23107	0.19784	0.16963	0.14564	0.12522	0.10780	0.09293
18	0.91414	0.83602	0.70016	0.58739	0.49363	0.41552	0.35034	0.29586	0.25025	0.21199	0.17986	0.15282	0.13004	0.11081	0.09456	0.08081
19	0.90959	0.82774	0.68643	0.57029	0.47464	0.39573	0.33051	0.27651	0.23171	0.19449	0.16351	0.13768	0.11611	0.09806	0.08295	0.07027
20	0.90506	0.81954	0.67297	0.55368	0.45639	0.37689	0.31180	0.25842	0.21455	0.17843	0.14864	0.12403	0.10367	0.08678	0.07276	0.06110
21	0.90056	0.81143	0.65978	0.53755	0.43883	0.35894	0.29416	0.24151	0.19866	0.16370	0.13513	0.11174	0.09256	0.07680	0.06383	0.05313
22	0.89608	0.80340	0.64684	0.52189	0.42196	0.34185	0.27751	0.22571	0.18394	0.15018	0.12285	0.10067	0.08264	0.06796	0.05599	0.04620
23	0.89162	0.79544	0.63416	0.50669	0.40573	0.32557	0.26180	0.21095	0.17032	0.13778	0.11168	0.09069	0.07379	0.06014	0.04911	0.04017
24	0.88719	0.78757	0.62172	0.49193	0.39012	0.31007	0.24698	0.19715	0.15770	0.12640	0.10153	0.08170	0.06588	0.05323	0.04308	0.03493
25	0.88277	0.77977	0.60953	0.47761	0.37512	0.29530	0.23300	0.18425	0.14602	0.11597	0.09230	0.07361	0.05882	0.04710	0.03779	0.03038
30	0.86103	0.74192	0.55207	0.41199	0.30832	0.23138	0.17411	0.13137	0.09938	0.07537	0.05731	0.04368	0.03338	0.02557	0.01963	0.01510
35	0.83982	0.70591	0.50003	0.35538	0.25342	0.18129	0.13011	0.09366	0.06763	0.04899	0.03558	0.02592	0.01894	0.01388	0.01019	0.00751
40	0.81914	0.67165	0.45289	0.30656	0.20829	0.14205	0.09722	0.06678	0.04603	0.03184	0.02209	0.01538	0.01075	0.00753	0.00529	0.00373

（PV = 现值，i = 小数形式的每期利率，n = 期数）

图表 7A.6 年金的现值表

$$PV_a = \frac{1}{i}\left[1 - \frac{1}{(1+i)^n}\right]$$

n	0.50%	1%	2%	3%	4%	5%	6%	7%	8%	9%	10%	11%	12%	13%	14%	15%
1	0.99502	0.99010	0.98039	0.97087	0.96154	0.95238	0.94340	0.93458	0.92593	0.91743	0.90909	0.90090	0.89286	0.88496	0.87719	0.86957
2	1.98510	1.97040	1.94156	1.91347	1.88609	1.85941	1.83339	1.80802	1.78326	1.75911	1.73554	1.71252	1.69005	1.66810	1.64666	1.62571
3	2.97025	2.94099	2.88388	2.82861	2.77509	2.72325	2.67301	2.62432	2.57710	2.53129	2.48685	2.44371	2.40183	2.36115	2.32163	2.28323
4	3.95050	3.90197	3.80773	3.71710	3.62990	3.54595	3.46511	3.38721	3.31213	3.23972	3.16987	3.10245	3.03735	2.97447	2.91371	2.85498
5	4.92587	4.85343	4.71346	4.57971	4.45182	4.32948	4.21236	4.10020	3.99271	3.88965	3.79079	3.69590	3.60478	3.51723	3.43308	3.35216
6	5.89638	5.79548	5.60143	5.41719	5.24214	5.07569	4.91732	4.76654	4.62288	4.48592	4.35526	4.23054	4.11141	3.99755	3.88867	3.78448
7	6.86207	6.72819	6.47199	6.23028	6.00205	5.78637	5.58238	5.38929	5.20637	5.03295	4.86842	4.71220	4.56376	4.42261	4.28830	4.16042
8	7.82296	7.65168	7.32548	7.01969	6.73274	6.46321	6.20979	5.97130	5.74664	5.53482	5.33493	5.14512	4.96764	4.79877	4.63886	4.48732
9	8.77906	8.56602	8.16224	7.78611	7.43533	7.10782	6.80169	6.51523	6.24689	5.99525	5.75902	5.53705	5.32825	5.13166	4.94637	4.77158
10	9.73041	9.47130	8.98259	8.53020	8.11090	7.72173	7.36009	7.02358	6.71008	6.41766	6.14457	5.88923	5.65022	5.42624	5.21612	5.01877
11	10.67703	10.36763	9.78685	9.25262	8.76048	8.30641	7.88687	7.49867	7.13896	6.80519	6.49506	6.20652	5.93770	5.68694	5.45273	5.23371
12	11.61893	11.25508	10.57534	9.95400	9.38507	8.86325	8.38384	7.94269	7.53608	7.16073	6.81369	6.49236	6.19437	5.91765	5.66029	5.42062
13	12.55615	12.13374	11.34837	10.63496	9.98565	9.39357	8.85268	8.35765	7.90378	7.48690	7.10336	6.74987	6.42355	6.12181	5.84236	5.58315
14	13.48871	13.00370	12.10625	11.29607	10.56312	9.89864	9.29498	8.74547	8.24424	7.78615	7.36669	6.98187	6.62817	6.30249	6.00207	5.72448
15	14.41662	13.86505	12.84926	11.93794	11.11839	10.37966	9.71225	9.10791	8.55948	8.06069	7.60608	7.19087	6.81086	6.46238	6.14217	5.84737
16	15.33993	14.71787	13.57771	12.56110	11.65230	10.83777	10.10590	9.44665	8.85137	8.31256	7.82371	7.37916	6.97399	6.60388	6.26506	5.95423
17	16.25863	15.56225	14.29187	13.16612	12.16567	11.27407	10.47726	9.76322	9.12164	8.54363	8.02155	7.54879	7.11963	6.72909	6.37286	6.04716
18	17.17277	16.39827	14.99203	13.75351	12.65930	11.68959	10.82760	10.05909	9.37189	8.75563	8.20141	7.70162	7.24967	6.83991	6.46742	6.12797
19	18.08236	17.22601	15.67846	14.32380	13.13394	12.08532	11.15812	10.33560	9.60360	8.95011	8.36492	7.83929	7.36578	6.93797	6.55037	6.19823
20	18.98742	18.04555	16.35143	14.87747	13.59033	12.46221	11.46992	10.59401	9.81815	9.12855	8.51356	7.96333	7.46944	7.02475	6.62313	6.25933
21	19.88798	18.85698	17.01121	15.41502	14.02916	12.82115	11.76408	10.83553	10.01680	9.29224	8.64869	8.07507	7.56200	7.10155	6.68696	6.31246
22	20.78406	19.66038	17.65805	15.93692	14.45112	13.16300	12.04158	11.06124	10.20074	9.44243	8.77154	8.17574	7.64465	7.16951	6.74294	6.35866
23	21.67568	20.45582	18.29220	16.44361	14.85684	13.48857	12.30338	11.27219	10.37106	9.58021	8.88322	8.26643	7.71843	7.22966	6.79206	6.39884
24	22.56287	21.24339	18.91393	16.93554	15.24696	13.79864	12.55036	11.46933	10.52876	9.70661	8.98474	8.34814	7.78432	7.28288	6.83514	6.43377
25	23.44564	22.02316	19.52346	17.41315	15.62208	14.09394	12.78336	11.65358	10.67478	9.82258	9.07704	8.42174	7.84314	7.32998	6.87293	6.46415
30	27.79405	25.80771	22.39646	19.60044	17.29203	15.37245	13.76483	12.40904	11.25778	10.27365	9.42691	8.69379	8.05518	7.49565	7.00266	6.56598
35	32.03537	29.40858	24.99862	21.48722	18.66461	16.37419	14.49825	12.94767	11.65457	10.56682	9.64416	8.85524	8.17550	7.58557	7.07005	6.61661
40	36.17223	32.83469	27.35548	23.11477	19.79277	17.15909	15.04620	13.33171	11.92461	10.75736	9.77905	8.95105	8.24378	7.63438	7.10504	6.64178

注：现金流发生于每期期末，即普通年金。
(PV_a = 年金现值，i = 小数形式的每期利率，n = 支付或收到价款的期数）

第8章 所有者权益的会计处理

学习目标

当你学完本章,你应该能够:
1. 解释公司如何利用权益对其业务进行融资。
2. 现金股利支付的会计处理以及计算股利在普通股股东和优先股股东之间的分配。
3. 定义库存股,解释公司为什么购买库存股以及库存股购买的会计处理。
4. 解释股票股利和股票拆分。
5. 定义留存收益以及留存收益增加和减少的会计处理。
6. 编制包含股权交易的财务报表。
7. 计算净资产收益率和每股收益以及解释这些比率的含义。
8. 识别与所有者权益相关的经营风险及其相关的控制。

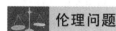 伦理问题

低价买入,高价卖出

设想一下,你拥有某一公司相当多的股票,并且你准备卖出。当然你想尽可能高价将其出售。或许你曾听过"低价买入,高价卖出"的投资建议。希望你不会愿意犯下罪行去影响股票价格。对于一位西雅图律师以及在2009年7月被美国证券交易委员会指控犯有欺诈罪的其他三人,情况并非如此。这些人参与了一项通过基于虚假、误导性或严重夸大的报表来提供建议以试图提高股票价格的计划。这种类型的计划被称为"拉高出货"。利用错误的信息提高股票价格,再以新的、更高的价格抛售(卖出)你的股票。这通常发生在小型的上市企业中,犯罪者对企业的股票有重大的投资,并且能够影响其他人购买股票。企业必须足够小以致其股票价格能够被少量的买家影响。

David Otto和其他三人因在网站上提供有关并不存在的抗衰老营养补充剂的虚假和误导性新闻稿和信息已被控告。表示要生产这些补充剂的MitoPharm公司的首席执行官也被指控犯罪。被控告的犯罪者利用虚假的信息抬高股票价格后,将他们自己在MitoPharm的股票以超过100万美元的价格卖出。

资料来源:"SEC Charges Four With Fraud," by Kathy Shwiff, *Wall Street Journal*, July 14, 2009, p. C8.

8.1 公司所有者权益的组成部分——实收资本

每个企业都有所有者。正如你在第1章中学到的,一般有以下三种形式的企业组织:
(1) 个人独资企业;

(2) 合伙企业；

(3) 公司。

不论企业是哪种形式，都需要所有者的资金——出资——经营。对于个人独资企业和合伙企业，个人所有者使用他们自己的资金或从家人、朋友、银行借入的资金。公司可获得更多的资金是因为公司出售股票给投资者。在本章中，我们将关注企业如何从所有者处获取资金以及从所有者处获得资金的会计处理。

所有者对企业资产的要求权被称为所有者权益或股东权益。回忆一下，所有者权益有两个主要部分——实收资本和留存收益。每一部分都在资产负债表中作为单独的金额进行记录和列报。实收资本是所有者在公司中投资的金额。实收资本通常被细分为两部分：股本和股本溢价（资本溢价、其他投入资本）。

8.1.1 股票——法定、已发行和发行在外

作为出资的回报，所有者将获得代表公司所有权的股份。公司可能有各种不同的所有权等级，通常被称为股票的类别。同一类别股票的所有股份与此类别的任一其他股份拥有相同的权利。然而，对于不同类别的股票，所有者的权利是不同的。每个公司都有一类能代表公司中基本所有者权益的股票，被称为**普通股**(common stock)。

当公司成立时，公司所在州会要求其出具一份称为章程的协议，用于具体说明公司的特征。例如，章程规定了公司可以发行股票的最大数量，被称为**法定股本**(authorized shares)。

已发行股票(issued shares)是公司需要资本时，分批出售给股东的股份。

图表 8.1 展示了 2009 年 2 月 1 日和 2008 年 2 月 3 日 PetSmart 股份有限公司所有者权益部分。注意在 2009 年 2 月 1 日法定普通股股数为 625 000 000 股，且已发行股数为 159 770 000 股。已发行股票不一定发行在外，因为企业可以在股票市场上购买自己的股票。**发行在外股票**(outstanding shares)是股东而不是公司持有的股份。

图表 8.1 PetSmart 股份有限公司资产负债表的所有者权益部分

当你读到关于所有者权益的不同部分时，参考一下摘自 PetSmart 股份有限公司资产负债表的这些信息。

PetSmart 股份有限公司
合并资产负债表（部分）
（单位：千美元）

	2009 年 2 月 1 日	2008 年 2 月 3 日
所有者权益：		
优先股，面值 0.0001 美元；法定股数为 10 000 000 股，无已发行和发行在外股数	—	—
普通股，面值 0.0001 美元；法定股数为 625 000 000 股；已发行股数分别为 159 770 000 股和 158 104 000 股	16	16
股本溢价	1 117 557	1 079 190
留存收益	936 100	758 674
累计其他综合收益（损失）	(2 714)	5 585
减：库存股，按成本，股数分别为 32 408 000 股和 30 066 000 股	(906 823)	(856 868)
所有者权益合计	1 144 136	986 597
负债和所有者权益合计	2 357 653	2 167 257

当公司回购自己的股票时,这部分股票被称为**库存股(treasury stock)**。公司已发行的任何股票可以是被投资者持有的发行在外股票,或是被存入公司的库存股。注意到,在图表 8.1 中,PetSmart 公司拥有大量的库存股(2009 年 2 月 1 日为 32 408 000 股),其列示在所有者权益部分的末端,要从所有者权益总额中减去。

图表 8.2 展示了法定股本、已发行股票、发行在外股票,以及库存股之间的关系。

图表 8.2　法定、已发行和发行在外股票

在本例中,1 000 000 股是法定股数,但只有 300 000 股是已发行股数。已发行股数中的 290 000 股是发行在外股数,10 000 股是库存股股数。

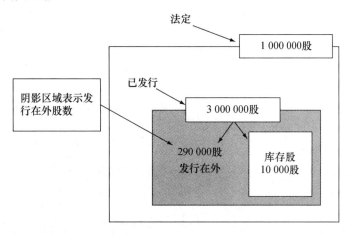

8.1.2　普通股

普通股,正如其名字,是代表公司所有权的最典型的股本。公司必须要有普通股。普通股的所有者一般具有如下权利:

(1) 投票选举董事会成员;
(2) 分享公司利润;
(3) 若公司解散(例如,公司由于破产停业),享有公司剩余资产;
(4) 当公司发行新股票时,获取更多的股份,通常是指优先购股权(尽管此权利经常被股东放弃)。

公司章程通常会提供一个固定的每股金额,被称为股票的**面值(par value)**。面值可以是任意金额,且在当今的商业环境中没有实际的意义,并且大多数州不要求股票有面值。公司必须维持州规定的或公司章程包含的特定金额的资本。此金额可以是发行在外股票面值的总额。然而,经常地,其他的方式也会被用来确定法定资本以保护债权人。一些企业通常会发行无面值股票。图表 8.1 展示了 PetSmart 公司普通股每股面值为 0.0001 美元。如果你知道普通股每股面值,并且知道普通股账户的金额,你就能计算已发行的股数。利用图表 8.1 中的资产负债表看一下是如何计算的。在 2009 年 2 月 1 日,普通股账户余额为 16 000 美元,且普通股每股面值为 0.0001 美元。为计算已发行的股数,用普通股余额除以每股面值来看一下普通股账户余额代表的股数是多少。

$$\frac{16\,000\,美元}{0.000\,1\,美元} = 160\,000\,000\,股$$

因为普通股账户余额四舍五入被调整为 16 000 美元,因此计算得到的股数也是舍入调整的。已发行的实际股数为 159 770 000 股。我们舍入调整计算的是 160 000 000 股。

股票通常以高于面值的价格出售。在一些州,法律要求股票至少要按照面值出售。假设公司股票的面值是每股 2 美元,股票发行当天的市场价格是每股 10 美元,且公司发行了 100 股。下面是如何计算将记录为普通股的金额。

$$每股面值2美元 \times 100股 = 200美元$$

200美元的金额将列示在资产负债表上独立于任何股本溢价的账户中。余下的每股8美元将列示在另一被称为股本溢价的账户中。

$$8美元溢价(每股) \times 100股 = 800美元$$

面值总额——200美元——被称为普通股或股本,溢价金额——800美元——被称为股本溢价。它们都要在资产负债表中列报。图表8.3展示了当股票有面值时,来自股票发行的现金是如何被分为两个实收资本账户的。记住实收资本指的是股本和股本溢价。所有缴入资本的金额被称为实收资本。

图表8.3 记录股票发行

100股股票以每股10美元的价格发行。面值为每股2美元。股票发行收入1 000美元,分为两个账户:普通股和股本溢价。

现金(每股10美元)	普通股 面值(每股2美元)	股本溢价 (每股8美元)
公司发行股票收到的现金	10美元金额被分为两个账户:普通股和股本溢价	
公司获得的金额: 100 × 10 = 1 000(美元)	普通股:100 × 2 = 200(美元) 股本溢价:100 × (10 − 2) = 800(美元)	

商业视角

公司破产:分配利益

在美国,企业可以申请破产的方法有两种。第一种被称为第七章(因为位于美国《破产法》第七章的位置而得名),并且它标志着停业。运营停止,受托人被任命将出售公司的资产和偿还公司的债务,这被称为清算。公司几乎没有足够的资金来偿还所有的债权人并向所有者支付他们的投资或他们应当分享的公司留存收益。债权人将首先得到清偿。债券持有者将在所有者之前得到他们的利益。并且在所有者中,优先股股东排在最前,普通股股东排在最后。

第二种破产形式被称为第十一章。这种类型的破产标志着业务重组。属于第十一章类型的企业期望继续经营以便在未来某个时候回归稳健的财务状况。当企业不能够再向债务持有人偿付时,通常会申请第十一章规定的破产形式。债务会根据重组计划进行重组——也许是更低的利率和更长的期限。此计划必须得到破产法庭的批准并且计划中要包括一个委员会来代表债权人和股东的利益。债权人的利益继续优先于股东的利益。

大多数上市企业宁愿选择第十一章而不是第七章,这是因为它们想继续营业以及在将来恢复盈利运营。

下面是证券交易委员会对破产公司的投资者提示:"在第十一章破产期间,债权人不获得利息和本金支付,股东不获得股利。如果你是债权人,可能会获得换取债券的新股票、新债券或股票和债券的组合。如果你是股东,信托人会要求你退还你的股票以换取重组后公司的股票。新的股票可能会是更少的股数和更低的价值。重组计划清楚地说明作为投资者的权利以及如果有的话,你能够期望从公司所得到的。"(www.sec.gov/investor/pubs/bankrupt.htm)

2009年夏天,通用汽车破产案成为历史上规模第二大的工业破产案。债权人同意用他们持有的公司27.1亿美元的信用债券换取新通用汽车10%的权益。美国政府现在是通用汽车的普通股股东,持有新公司60%的股权。你可能想读到一些关于这一历史性破产案的内容以及看一下当通用汽车摆脱破产时,它的结构是如何变化的(在 www.nytimes.com 可以搜索相关信息)。

假设 Miles Barkery 公司章程授权发行每股面值1美元的普通股50股。假设公司以每股15美元的价格发行了30股。下面展示的是企业将如何记录此项经济业务。

资产	=	负债	+	所有者权益	
				实收资本	+ 留存收益
450 现金				30 普通股	
				420 股本溢价	

此项经济业务将会如何列示在 Miles Barkery 的财务报表中?假设公司是第一次发行股票。资产负债表中的所有者权益部分将在列示实收资本的报表部分列示此信息。

单位:美元

实收资本	
普通股(每股面值1美元;法定股数为50股;已发行和发行在外股数为30股)	30
股本溢价	420

> **思考题 8-1**
>
> 假设通用磨坊公司以每股20美元的价格发行了每股面值为1美元的普通股10 000股。那么公司将如何记录此项经济业务?

8.1.3 优先股

正如你在本章之前读到的,公司可能会拥有除了普通股之外其他类别的股票。许多企业有一类被称为**优先股**(preferred stock)的股票。优先股股东优先于普通股股东享有股利分配权,且对资产享有优先求偿权。如果企业停业,优先股股东优先享有获得支付债权人后剩余资产的权利。然而,优先股股东通常没有投票权。

8.2 现金股利

人们购买公司的股票,是因为他们期望公司的价值增值。以高于成本的价格出售股票是股东投资赚钱的一种方式。另一种方式是从企业获得的股利分配。股东从企业获得的盈余分配被称为**股利(dividends)**。董事会决定支付股利的金额以及何时支付给股东。记住如果公司有优先股股东，那么他们将首先得到股利。当董事会认为现在公司处于获得最佳利益时期时，他们也可以不支付股利。董事会可能想要通过购买更多的设备或存货将可用现金再投资到业务中。

例如，微软公司成立于1975年，直到2003年才支付股利。一些企业习惯上支付股利，一些企业从不支付股利。图表8.4展示了通用电气公司和棒约翰国际股份有限公司是如何解释它们的股利政策的。新公司经常不支付股利，是因为它们想将其所有盈余再投资到业务中。另一方面，已建立的公司通常没有新公司的发展潜力，可以利用定期的股利支付来吸引投资者。

图表8.4　股利政策：通用电气公司和棒约翰国际股份有限公司

一些企业，像通用电气，始终支付股利。其他企业，像棒约翰，不支付股利。比较通用电气（左侧）和棒约翰（右侧）的股利政策。

通用电气公司	棒约翰国际股份有限公司
2008年我们宣告了126亿美元的股利。 　　普通股每股1.24美元的股利相比2007年上涨了8%，比2006年增加了12%。2009年2月6日，我们的董事会批准了普通股每股0.31美元的定期季度股利，将于2009年4月27日向2009年2月23日营业时间结束前登记的股东发放股利。鉴于经济增长的不确定性，包括美国政府行为、失业率上升和评级机构的最近公告，董事会将继续评估2009年下半年公司的股利水平。2008年，我们宣告了1亿美元的优先股股利。	自1993年首次公开发行普通股以来，我们从未对我们的普通股发放过股利，并且目前也没有发放股利的打算。

8.2.1　有关股利的重要日期

当董事会决定支付现金股利时，有三个重要日期：宣告日、登记日和发放日。

1. 宣告日

股利宣告日是指董事会决定支付股利并向股东宣告的日期。在宣告日，将产生一个被称为应付股利的法定负债。此负债的金额与会计等式中留存收益的减少额相对应。股利不从实收资本中扣除，是因为股利是盈余的分配，不是股东初始实收资本的分配。下面是企业如何记录其宣告的将在股东间分配的50 000美元股利的情况。

资产	=	负债	+	所有者权益		
				实收资本	+	留存收益
		50 000 应付股利				（50 000）股利

记住，股利不能作为利润表中的费用，因为它们与产生的收入无关。股利被看作是企业按所有权份额的比例分配给所有者的盈余，而不是从企业盈余中的扣除额。

2. 登记日

登记日是用来准确地决定谁将得到股利的日期。在那天持有股票的人都有权获得股利。公司最初将股票出售给股东后，股东可以自由地与他人交易——买卖——股份。在登记日持有股票的任何人都将有权获得股利。有的股东可能只在那一天持有股票，并且将获得全部的股利金额。登记日后，股票将做除息处理。也就是说，如果股票是在登记日后交易的，新的持有者将不会得到股利。企业在登记日不会在会计等式中进行记录。注意图表8.4中通用电气公司在股利附注中提及的此日期。

3．发放日

发放日是现金实际支付给股东的日期。此支付和其他负债的支付对会计等式的影响相同：资产（现金）减少和负债（应付股利）减少。

资产	=	负债	+	所有者权益		
				实收资本	+	留存收益
（50 000）现金		（50 000）应付股利				

8.2.2 普通股股东和优先股股东之间的股利分配

正如你读到的，公司必须在普通股股东收到股利前支付优先股持有者一定金额的股利。注意债券持有者必须在任何类型的股利分配前收到利息支付。优先股股利通常是按面值的固定比例支付的。例如，10%（100美元面值）的优先股将在公司董事会宣告股利的年份得到10美元的股利。优先股股东必须在普通股股东获得股利前得到每股10美元的优先股股利。董事会拥有自主权决定是否向优先股股东支付股利，但不能决定支付给优先股股东的股利金额。优先股股东的股利一般列示在优先股凭证上。有以下两种类型的优先股——累积优先股和非累积优先股。

- 累积优先股是指固定的股利金额年复一年地进行累积，且之前尚未发放股利的全部金额必须在股利支付给普通股股东之前向优先股股东进行支付。之前年份没有宣告的，欠累积优先股股东的股利被称为积欠股利。公司不会确认这样的股利负债，但应将它们在财务报表的附注中进行披露，只有在股利宣告后才确认为一项负债。大多数优先股是累积优先股。
- 对于非累积优先股，董事会决定是否向持有者补偿失去的股利。

8.2.3 股利支付案例

假设JG公司有以下发行在外股票：
- 9%，面值100美元的累积优先股1 000股；
- 每股面值0.50美元的普通股50 000股。

公司上次于2009年12月支付股利。在2009年的股利发放中，JG公司支付了截至2009年12月31日的所有股利。在2010年之前没有积欠股利。2010年没有支付任何股利。2011年10月1日，董事会宣告向股东发放总额为30 000美元的股利，将于2011年11月1日记录及2011年12月15日发放给所有股东。有多少股利将支付给优先股股东，有多少股利将支付给普通股股东？

首先，计算支付给优先股股东的年股利。

1 000股 × 每股面值100美元 × 0.09 = 9 000美元

因为优先股是累积的，且在2010年没有支付给优先股股东股利，所以JG公司必须先向优先股股东支付2010年的9 000美元股利，然后向优先股股东支付当年（2011年）的9 000美元股利。公司一共向优先股股东支付了18 000美元，余下的12 000美元将支付给普通股股东。在宣告日，10月1日，公司产生有关股利支付的法定负债。以下显示的是公司是如何记录此项经济业务的。

资产	=	负债	+	所有者权益		
				实收资本	+	留存收益
		18 000 应付股利，优先股股东				（30 000）股利分配
		12 000 应付股利，普通股股东				

在宣告日，公司记录负债。如果 JG 公司要编制资产负债表，将会列示一项被称为应付股利的流动负债。此负债是欠股东股利的债务。正如前面例题展示的，公司可能将对普通股股东的负债和对优先股股东的负债分开列示，或者公司可能将优先股股利和普通股股利合并起来作为应付股利总额。

12 月 15 日，当 JG 公司向股东支付现金履行义务时，现金减少和负债——应付股利——将在记录中转销。以下显示的是公司是如何记录此项经济业务的。

资产	=	负债	+	所有者权益	
				实收资本	+ 留存收益
（30 000）现金		（18 000）应付股利,优先股股东			
		（12 000）应付股利,普通股股东			

假设优先股是非累积的。那么，JG 公司将仅向优先股股东支付当年的 9 000 美元股利，余下的 21 000 美元股利将支付给普通股股东。

思考题 8-2

公司有 8% 的累积优先股 10 000 股和普通股 20 000 股发行在外。面值都为 100 美元。去年没有支付股利，但今年向股东支付了 200 000 美元股利。那么这 200 000 美元中有多少将支付给优先股股东？

8.3 库存股

公司可以在公开市场上交易——买入和卖出——自己的股票（交易时间由美国证券交易委员会的规定进行控制）。库存股指的是已发行的随后被发行股票的公司回购的普通股。一旦股票被公司购买，就被确认为库存股，直到再次出售或注销——完全退出流通。

8.3.1 为什么企业购买自己的股票

公司有许多理由购买自己的股票。下面是一些最常见的原因：

（1）为满足员工股票薪酬计划。当企业想要给员工或公司高管股份时，企业经常会使用库存股。由于美国证券交易委员会设立的许多要求，发行新股是一个高成本和耗时的项目，因此企业通常只在需要筹集大量资金时发行新股。

（2）对于企业和股东来说，提供一种比支付现金股利更加灵活的方式将现金返还给股东。拥有大量现金的企业经常会购买自己的股票作为将现金返还给股东的一种方式。企业对于什么时候购买股票和购买的数量有完全的灵活性，且个人股东对于是否将自己的股份出售给公司有完全的灵活性。这种灵活性使得企业和股东受益。企业能够控制其资本结构中债务和权益的组合。例如，回购股票能够减少权益。股东能够通过是否出售股票来决定何时将在企业中的投资变现。

（3）增加公司的每股收益。当企业减少发行在外股数时，在净收益不变的条件下，根据每股收益的数学运算，每股收益会增加。然而，企业必须考虑，用来回购股票的现金能产生一些会稍微使分子增大的收益，至少是利息收入。

（4）减少未来股利支付所需的现金。当企业减少发行在外股数时，未来股利支付所需现金总额会减少。库存股股份不获得股利。

（5）减少恶意收购的机会。最高管理层或董事会可以通过确保库存股分配或出售给适当的人——那些将会抵制收购的人来帮助企业抵制收购。购买股票同样会减少现金储备，以减少被收购的吸引力。

企业的董事会能够决定企业是否以及何时将采取回购股票的策略。这已经变得相当普遍，并且你能够在财务报表的企业附注中读到相关内容。图表 8.5 展示了 2009 年 2 月 1 日会计年度末 PetSmart 公司财务报表附注的摘要。注意，PetSmart 公司有一个非常活跃的股票回购计划。在纽约证券交易所交易的企业中，有超过一半的企业会定期购买自己的股票。

图表 8.5 PetSmart 股份有限公司购买自己的普通股

股票购买计划——摘自财务报表附注

2007 年 8 月，董事会批准了一项新的股票购买计划，到 2009 年 8 月 2 日回购高达 3 亿美元的普通股。在 2008 年，我们回购了价值为 5 000 万美元的股票 230 万股。到 2009 年 2 月 1 日，在 2007 年 8 月的股票购买批准中余下的金额为 2 500 万美元。

8.3.2 购买库存股的会计处理

库存股的购买减少了公司的资产（现金），同时减少了所有者权益。假设棒约翰决定回购之前发行的部分股票。库存股通常按成本记录。下面是如果公司按照每股 16 美元的价格回购 100 股将记录的内容。

资产	=	负债	+	所有者权益		
				实收资本	+	留存收益
(1 600) 现金				(1 600) 库存股		

面值和股票之前的发行价格都与之无关。运用此方法，被称作成本法，库存股简单地按企业回购股票时支付的金额进行记录。成本法下，会用到下列步骤：

- 公司库存股所持股份在资产负债表中表现为减少所有者权益总额。因此，库存股是一种所有者权益。然而，不像其他的权益账户，库存股的成本减少了所有者权益。由于库存股是资产负债表的所有者权益中的一部分以及对权益总额的负影响，库存股账户被称为权益备抵账户，且要从所有者权益总额中扣减。
- 当公司购买库存股或随后再将其出售时，没有收益或损失将在公司的财务记录中确认。即使公司以 4 美元的价格获取其股票中的一股，且随后以 6 美元的价格卖出，公司将不会列示 2 美元的收益。相反，公司从股票的出售中得到更多资金——实收资本。

> **思考题 8-3**
>
> 假设公司初始以每股 15 美元的价格发行了面值 1 美元的普通股 100 000 股。多年后，公司决定回购普通股中的 1 000 股。股票回购时的售价是每股 50 美元。(a) 此项经济业务在会计等式中如何记录？(b) 此项经济业务后，有多少股是已发行的，有多少股是发行在外的？

8.3.3 出售库存股

如果库存股被出售，出售的股份将按企业回购时支付的金额从库存股账户中转销。如果库存股以高于成本的价格出售，溢价部分将被分类为库存股产生的股本溢价。

假设企业以每股 50 美元的价格购买了库存股 1 000 股。一年后，企业以每股 60 美元的价格出售一半的股数。按照 50 美元的成本减去的 500 股库存股会通过减少库存股账户(一个权益备抵账户)的余额来增加所有者权益总额,并且将增加股本溢价。下面是企业如何记录以每股 60 美元的价格出售成本为 50 美元的 500 股股票。

资产	=	负债	+	所有者权益		
				实收资本	+	留存收益
30 000 现金				25 000 库存股		
				5 000 库存股产生的股本溢价		

余下的 500 股,以每股 50 美元的成本在库存股账户中。假设企业以每股 48 美元的价格将此股份出售。如同上述例题,库存股必须按照成本从库存股总额中减去。在本例中,公司不会得到股本溢价,而是将减少实收资本账户来平衡会计等式。成本和再发行价格之间的差额——2 美元/股 × 500 股 = 1 000 美元——将从库存股产生的实收资本中扣除。下面是企业如何记录以 48 美元的再发行价格出售 500 股库存股——初始成本为每股 50 美元。

资产	=	负债	+	所有者权益		
				实收资本	+	留存收益
24 000 现金				25 000 库存股		
				(1 000)库存股产生的股本溢价		

如果库存股产生的股本溢价账户中的金额不足以支付每股 2 美元的股票下降的价格,那么所需金额将减少留存收益,以平衡会计等式。

8.3.4 列报库存股

库存股最常在资产负债表中作为所有者权益的减项列报。正如前面提到的,运用成本法对库存股进行会计处理。图表 8.6 展示了 Abercrombie & Fitch 公司已回购股份是如何在资产负债表中列报的。

图表 8.6 摘自 Abercrombie & Fitch 公司资产负债表

Abercrombie & Fitch 公司
合并资产负债表(部分)
(单位:千美元)

	2009 年 1 月 31 日	2008 年 2 月 2 日
A 级普通股——面值 0.01 美元:法定股数 150 000 000 股,2009 年 1 月 31 日和 2008 年 2 月 2 日已发行股数均为 103 300 000 股	1 033	1 033
实收资本	328 488	319 451
留存收益	2 244 936	2 051 463
累计其他综合收益(损失),税后净额	(22 681)	7 118
库存股,按平均成本,2009 年 1 月 31 日和 2008 年 2 月 2 日股数分别为 15 573 789 股和 17 141 116 股	(706 198)	(760 752)
所有者权益合计	1 845 578	1 618 313
负债和所有者权益合计	2 848 181	2 567 598

摘自 10-K：

2008 会计年度期间，A&F 以约 5 000 万美元的价格回购了股数约为 70 万股的普通股。2007 会计年度期间，A&F 以约 28 790 万美元的价格回购了股数约为 360 万股的普通股。2006 会计年度期间，A&F 没有回购任何股份。2008 会计年度和 2007 会计年度的回购都是按照 A&F 董事会的授权进行的。

> **思考题 8-4**
>
> Surety 公司在 2010 年年初有已发行和发行在外的面值 1 美元的普通股 125 000 股。股票的发行价格平均为每股 6 美元。2010 年，公司以平均每股 7 美元的价格回购股票 1 000 股。公司将如何在 2010 年 12 月 31 日的资产负债表中列报库存股？

8.4 股票股利和股票拆分

你已经学习了发行股票和回购股票。公司可能还会有其他两项与股票相关的经济业务：股票股利和股票拆分。

8.4.1 股票股利

公司可能想向股东支付股利，但没有充足的库存现金。公司会给予股东额外的公司股票，而不是给予其现金，这被称为**股票股利(stock dividends)**。记录股票股利是简单地将所有者权益账户中的金额进行重新分类。发行股票股利的公司将留存收益转换为实收资本，因而给予股东对这部分股权更直接的求偿权。股票股利不是股东的收益。其实，理论上，股东获得股票股利是不会产生价值的。股东在公司中仍然持有相同比例的股份。

GAAP 区分了小额股票股利（通常是少于公司发行在外股票的 25%）和大额股票股利（多于公司发行在外股票的 25%）。对于小额股票股利，由于其对股票市场价格的影响可以忽略不计，因此公司使用股票的市场价值来记录交易。对于大额股票股利，由于其使得大量的新股票进入市场，以致每股的市场价格会根据新增加的股数有所调整，因此公司使用股票的面值来记录交易。

假设公司宣告和发行给现有股东 10% 的股票股利。股票的面值为每股 1 美元，当前的市场价格为每股 18 美元。公司将以市场价值记录股票股利。股票股利发放之前，公司发行在外股数为 150 000 股。因此，公司将向股东发行的新股数为 15 000 股(150 000×10%)。将有总额为 270 000 美元(15 000×18)的留存收益转换为实收资本。下面列示的是公司将如何记录股票股利：

资产	=	负债	+	所有者权益		
				实收资本	+	留存收益
				15 000 普通股		(270 000) 留存收益
				255 000 股本溢价		

这有时也被称为留存收益资本化。图表 8.7 展示了资产负债表中的权益部分是如何被股票股利影响的。当考虑股票股利时，要记住股票股利不会增加股东在公司中的持股比例。如果你在股票股利发放之前持有公司 5% 的股份，那么股票股利发放之后你仍持有 5% 的股份。股利发放之后，你的 5% 的股份中包含了更多的股份数——但每个股东的持股比例保持不变。

图表 8.7　股票股利支付前后的所有者权益

股票股利不改变所有者权益总额。只是将一小部分留存收益重新分类为实收资本。

单位:美元

	股票股利发放前	股票股利发放后
所有者权益:		
普通股,面值 1 美元	150 000	165 000
股本溢价	600 000	855 000
实收资本合计	750 000	1 020 000
留存收益	950 000	680 000
所有者权益合计	1 700 000	1 700 000

8.4.2　股票拆分

当公司增加发行在外股数且按比例降低每股面值时,就会出现**股票拆分**(stock split)。发行在外股票拆分成两股或多股,每股面值也有相应的分割。有时候企业会召回所有的旧股,再发行新股。其他时候,企业会发行额外的拆分股票,并向股东通知股票面值的变化。

假设你拥有 Target 的股票 100 股。股票的面值为每股 1 美元,市场价值为每股 24 美元。Target 的董事会投票表决按 1 比 2 的比例拆分股票。拆分后,你拥有每股面值 0.50 美元的股票 200 股,而不是每股面值 1 美元的股票 100 股。理论上,除了将股票价格按照与股数相同的比例拆分之外,股票拆分是不影响股票价格的。例如,如果在 1 比 2 的股票拆分前,每股按 24 美元交易,那么新股将按 12 美元进行交易。公司将股票拆分的详细内容附加记录在财务报表的所有者权益部分。不在会计记录中正式记录。

> **思考题 8-5**
> 1. 比较股票拆分和股票股利。
> 2. 假设你有 ABC 公司的股票 1 500 股,是公司发行在外股票的 3%。如果公司宣告按 1 比 2 的比例进行股票拆分,那么你将拥有的股数是多少?你所拥有的股数代表的所有权百分比是多少?

8.5　留存收益

留存收益(retained earnings)是企业存续期间未分配给股东的盈余总额。留存收益也可被称为已赚资本。正如你所知,留存收益不是现金!

留存收益包括:自公司成立之日的净收益,减去自公司成立之日的净损失,减去自公司成立以来宣告的股利。

因为留存收益是所有者权益的一部分,因此在此期间留存收益的变化将包含在所有者权益变动表中。有时所有者权益变动表中提供留存收益变化详细内容的部分会被单独列示,被称为留存收益表。

在企业的会计系统中,留存收益账户不直接增加正常的经营过程中赚取的收入或扣减发生的费用。理论上,那些金额被单独地记录在收入和费用账户中。然后,在会计期末编制财务报表时,利用收入和费用账户中的余额编制利润表。那时,这些利润表账户中的收入账户会加至实际的留存收益账户,而费用账户则从实际的留存收益账户中扣减。记住这一重要的计算:

$$\begin{aligned}&\text{期初留存收益}\\&+\text{本期净收益(或 }-\text{净损失)}\\&-\text{股利}\\&\overline{=\text{期末留存收益}}\end{aligned}$$

思考题 8-6

假设 B&B 公司年初留存收益为 84 500 美元。本年度,公司赚得 25 600 美元的净收益以及宣告 12 200 美元的现金股利。那么公司留存收益的期末余额是多少?

8.6 Team Shirt 发行新股

当私营企业打算向公众提供股权来筹集大量资金时,企业的组织形式必须是公司(个人独资企业和合伙企业想要向公众提供股权,必须首先将组织形式变为公司)。在证券交易所首次公开发行股票被称为首次公开发行(IPO)。与公司发行证券前所做的工作非常类似,公司需要做大量的工作来为首次公开发行做准备。美国证券交易委员会要求公司提供许多报告,其中一系列财务报表包含在被称为招股说明书的报告中。记住,证券交易委员会的工作是保护公众。

8 月份,Sara 决定让她的公司"上市"来筹集大量资本。Sara 觉得通过增加公司的权益而不增加负债为扩张提供更多资金,是一个好的长期战略。正如你所知道的,公司的债权人和所有者都对公司资产享有要求权,且公司中债务金额和权益金额之间的关系被称为公司的资本结构。为增加公司的权益,Team Shirts 将向公众提供成为公司所有者的机会。

图表 8.8 展示了 Team Shirts 8 月初的资产负债表。这也是你在第 7 章(见图表 7.15)看到的 7 月 31 日的资产负债表。8 月份的第一项经济业务是 Team Shirts 首次公开发行。尽管企业的形式已经是公司,但 Team Shirts 还为上市做了大量的准备工作。证券交易委员会对首次公开发行的要求是广泛的,我们将会让投资银行家做幕后的工作。他们是该地区首次公开发行的财务、会计和法律专家。资产负债表中的会计变更取决于公司债务和权益的特征以及债权人和所有者之间签订的协议。对于 Team Shirts,我们将其简单化,但在现实生活的首次公开发行中,交易将会更加复杂。

Sara 与一家投资银行和一家会计师事务所合作来为股票发行——首次公开发行做准备。投资银行家做法律工作并且基本上将股票买入然后向公众发行。为简单起见,我们假设所有的费用都已从股票的发行价格中扣除。Team Shirts 的公司章程中普通股的面值为 0.01 美元,法定股数为 100 000 股。Sara 的个人所有权已经分配了 30 000 股。记住,那时她是唯一的股东,因此所有的所有者权益都归属于她。Sara 希望保留大部分的股票,这样她就可以保持对公司的控制,因此 Team Shirts 决定在首次公开发行中增发 25 000 股普通股。面值 0.01 美元的股票是以每股 3 美元的价格发行的。

图表 8.8 Team Shirts 2010 年 8 月 1 日资产负债表

Team Shirts
资产负债表
2010 年 8 月 1 日
（单位：美元）

资产

流动资产		
现金		44 705
应收账款（扣除 1 125 美元坏账准备后的净额）		55 125
存货		9 990
预付费用		5 600
流动资产合计		115 420
不动产及设备		
土地	8 500	
电脑	4 000	
卡车	30 000	
建筑物	76 500	119 000
累计折旧		(1 910)
不动产及设备净额		117 090
资产合计		232 510

负债和所有者权益

流动负债	
应付账款	36 000
应付利息	654
应付票据（流动部分）	6 000
应付抵押贷款（流动部分）	6 702
流动负债合计	49 356
应付票据	24 000
应付抵押贷款	78 298
负债合计	151 654
所有者权益	
普通股	5 000
留存收益	75 856
所有者权益合计	80 856
负债和所有者权益合计	232 510

资产	=	负债	+	所有者权益		
				实收资本	+	留存收益
75 000 现金				250 普通股		
				74 750 股本溢价		

Team Shirts 8 月份的其他经济业务在图表 8.9 中列出。把每一笔经济业务追踪记录到图表 8.10 的会计等式工作表中。然后,学习研究这一系列的调整。

图表 8.9　Team Shirts 8 月份的经济业务

1	以 75 000 美元的价格发行普通股 25 000 股,面值为 0.01 美元
2	以现金偿还应付账款 30 000 美元
3	以现金收回应收账款 40 000 美元
4	以每件 3.50 美元的价格赊购 T 恤 25 000 件
5	发现客户 Play Ball Sports 已申请破产,因此冲销此账户的未偿还余额 1 000 美元
6	以每件 10 美元的价格赊销 T 恤 26 119 件
7	以现金收回应收账款 25 000 美元
8	以现金支付营业费用 12 000 美元
9	以现金支付 12 个月的续保费用 2 400 美元,新的保险政策于老保险政策到期日 8 月 15 日生效
10	以现金偿还第一个月的抵押贷款 900 美元(利息和本金的分解见图表 8.11 中的摊销分析表,记住在 7 月份末应计利息)

为做以上的必要调整,你要找到描述中包含的其他信息:
1. 电脑折旧(每月 100 美元);
2. Team Shirts 在 8 月份行驶卡车 4 000 英里,因此卡车折旧为 580 美元(4 000 英里×每英里 0.145 美元);
3. 建筑物折旧(每月 250 美元);
4. 保险费——8 月份 150 美元(50 + 100);
5. 租金——8 月份 1 200 美元;
6. 网站设计费——8 月份 50 美元;
7. 卡车贷款利息(30 000 美元×0.06 = 每年 1 800 美元;每月 150 美元);
8. 抵押贷款利息(见图表 8.11 中的摊销分析表);
9. 坏账准备仍按应收账款期末余额的 2% 计提。

所有的调整列示在图表 8.10 的会计等式工作表中。
折旧、存货、坏账费用和长期抵押贷款的详细内容列示在图表 8.11 中。
在理解会计等式工作表中的所有分录后,将数额追踪记录到图表 8.12 的财务报表中。

图表 8.10 Team Shirts 8月份会计等式工作表

单位：美元

	资产			=	负债		+	所有者权益			
	现金	所有其他资产	（账户）		所有负债	（账户）		实收资本		留存收益	（账户）
期初余额	44 705	187 805	详细内容见工作表下方		151 654	详细内容见工作表下方		5 000		75 856	
经济业务 1	75 000							250 74 750			
2	(30 000)				(30 000)	应付账款					
3	40 000	(40 000)	应收账款								
4		87 500	存货		(87 500)	应付账款					
5		(1 000) 1 000	应收账款 坏账准备								
6		261 190 (91 694)	应收账款 存货							261 190 (91 694)	销售收入 商品销售成本
7	25 000	(25 000)	应收账款								
8	(12 000)									(12 000)	营业费用
9	(2 400)	2 400	预付保险费								
10	(900)				(546) (354)	应付抵押贷款 应付利息					
A-1		(100)	累计折旧,电脑							(100)	折旧费用
A-2		(580)	累计折旧,卡车							(580)	折旧费用
A-3		(250)	累计折旧,建筑物							(250)	折旧费用
A-4		(150)	预付保险费							(150)	保险费用
A-5		(1 200)	预付租金							(1 200)	租金费用
A-6		(50)	预付网站设计费							(50)	网站设计费
A-7					150	应付利息				(150)	利息费用
A-8					352	应付利息				(352)	利息费用
A-9		(4 904)	坏账准备							(4 904)	坏账费用
	139 405 +	374 967		=	208 756		+	80 000	+	225 616	
检验		514 372		=	514 372						

	期初	期末
资产（现金除外）		
应收账款	56 250	251 440
坏账准备	(1 125)	(5 029)
存货	9 990	5 796
预付保险费	50	2 300
预付租金	5 400	4 200
预付网站设计费	150	100
电脑	4 000	4 000
累计折旧	(500)	(600)
卡车	30 000	30 000
累计折旧	(1 160)	(1 740)
土地	8 500	8 500
建筑物	76 500	76 500
累计折旧	(250)	(500)
	187 805	374 967
负债		
应付账款	36 000	93 500
应付利息	654	802
应付票据（卡车）	30 000	30 000
应付抵押贷款	85 000	84 454
	151 654	208 756

图表 8.11　Team Shirts 8 月份财务报表的详细计算

折旧

电脑	100 美元		
卡车	580 美元	每英里 0.145 美元 × 4 000 英里	
建筑物	250 美元	76 500	成本（90% 的购买价格）
		(1 500)	残值
		75 000	折旧基础
		÷ 300	25 年 × 12 个月
		250.00	月折旧

商品销售成本（先进先出法）

期初存货	2 775 件 T 恤，每件 3.60 美元	9 990
购货	25 000 件 T 恤，每件 3.50 美元	87 500
可供销售的商品成本		97 490
销售 26 119 件 T 恤：	2 775 件 T 恤，每件 3.60 美元	9 990
	23 344 件 T 恤，每件 3.50 美元	81 704
商品销售成本		91 694
期末存货	1 656 件 T 恤，每件 3.50 美元	5 796
		97 490

坏账费用

期初坏账准备	1 125
当月冲销	(1 000)
调整前余额	125
期望的余额	
期末应收账款的 2% = 251 440 美元的 2%	5 029
所需调整 = 坏账费用	4 904

利息费用和长期抵押贷款流动部分

这是抵押贷款前 13 个月的摊销分析表。年利率 5% 除以 12 得到月利率。每月付款额与利息费用之间的差额将减少本金余额。未来 12 个月的本金减少总额是长期负债的流动部分。它是将在下一年到期的本金。记住，利息直到本会计期间结束才记录为负债。在抵押贷款的第二个月（8 月）月末，Team Shirt 第二个月的应计利息为 352 美元。

单位：美元

期初余额（每月）	利息费用（每月）5%/12	每月付款额	本金减少	期末余额
85 000	354	900	546	84 454
84 454	352	900	548	83 906
83 906	350	900	550	83 356
83 356	347	900	553	82 803
82 803	345	900	555	82 248
82 248	343	900	557	81 691
81 691	340	900	560	81 131
81 131	338	900	562	80 569
80 569	336	900	564	80 005
80 005	333	900	567	79 438
79 438	331	900	569	78 869
78 869	329	900	571	78 298
78 298	326	900	574	77 724
			6 730	

金额可在财务报表中找到。

第二次付款前的应付抵押贷款	84 454
流动部分	6 730
余下的长期应付抵押贷款	77 724

图表 8.12　Team Shirts 2010 年 8 月财务报表

Team Shirts
利润表
截至 2010 年 8 月 31 日
（单位：美元）

销售收入	261 190
费用：	
商品销售成本	91 694
营业费用	12 000
坏账费用	4 904
保险费用	150
租金费用	1 200
网站设计费	50
折旧费用	930
利息费用	502
费用合计	111 430
净收益	**149 760**

Team Shirts
所有者权益变动表
截至 2010 年 8 月 31 日
（单位：美元）

期初普通股	5 000
本月发行的普通股	250
普通股发行产生的股本溢价	**74 750**
期末普通股	80 000
期初留存收益	75 856
净收益	**149 760**
股利	0
期末留存收益	**225 616**
所有者权益合计	305 616

Team Shirts
现金流量表
截至 2010 年 8 月 31 日
（单位：美元）

经营活动产生的现金	
从客户处收到的现金	65 000
向供货商支付的现金	(30 000)
支付营业费用的现金	(14 400)
支付利息费用的现金	(354)
经营活动产生的现金净额	20 246
投资活动产生的现金	0
筹资活动产生的现金	
支付抵押贷款的现金	(546)
普通股发行收到的现金	75 000
筹资活动产生的现金净额	74 454
现金净增加额	94 700
期初现金余额	44 705
期末现金余额	**139 405**

Team Shirts
资产负债表
2010 年 8 月 31 日
（单位：美元）

资产		
流动资产		
现金		**139 405**
应收账款净额（扣除 5 029 美元坏账准备）		246 411
存货		5 796
预付费用		6 600
流动资产合计		398 212
不动产及设备		
土地	8 500	
电脑	4 000	
卡车	30 000	
建筑物	76 500	119 000
累计折旧		(2 840)
不动产及设备净额		116 160
资产合计		514 372
负债和所有者权益		
流动负债		
应付账款		93 500
应付利息		802
应付票据（流动部分）		6 000
应付抵押贷款（流动部分）		6 730
流动负债合计		107 032
应付票据		24 000
应付抵押贷款		77 724
负债合计		208 756
所有者权益		
普通股		5 250
股本溢价		**74 750**
留存收益		**225 616**
所有者权益合计		305 616
负债和所有者权益合计		514 372

8.7 应用你的知识:比率分析

企业的所有者权益能为财务报表分析提供有用的信息。净资产收益率和每股收益能帮助我们评估股东的收益能力。

8.7.1 净资产收益率

净资产收益率(return on equity,ROE)是衡量普通股股东每向公司投资美元可以赚取的收益额的指标。计算净资产收益率时,我们需要知道会计期间期初和期末的普通股股东权益的金额。普通股股东权益等于权益总额减去优先股股东权益。比率使用普通股股东权益,是因为普通股股东被认为是企业的真正所有者。然后,我们使用净收益减去宣告的优先股股利做分子。用净收益减去优先股股利是因为我们计算的是普通股股东的收益。优先股股东都不包含在此比率的分子和分母中。回忆一下,普通股股东只有在优先股股利支付后才有权享有企业的收益。净资产收益率告诉我们公司多大程度上利用了普通股股东的出资和经营中留存的收益。

$$净资产收益率 = \frac{净收益 - 优先股股利}{平均普通股股东权益}$$

图表 8.13 展示了计算棒约翰连续两年的净资产收益率所需要的信息。对企业的业绩进行有意义的分析需要将收益率的大小与其他类似企业或行业标准进行比较。注意,棒约翰的净资产收益率从约 23.9% 增长到约 28.6% 。任何分析师都希望得到关于这个较大增加额的更多信息。记住,当计算此比率时,我们简单地使用普通股股东权益期初和期末的平均值做分母。

图表 8.13　棒约翰股份有限公司净资产收益率

	截至 2008 年 12 月 28 日	截至 2007 年 12 月 30 日
净收益(千美元)	36 796	32 735
平均普通股权益(千美元)	(129 986 + 126 903)/2 = 128 445	(126 903 + 146 782)/2 = 136 843
净资产收益率(%)	28.6	23.9

8.7.2 每股收益

由于分析师和投资者都利用当前收益预测未来股利和股票价格,因此**每股收益**(earnings per share,EPS)或许是最有名和使用最普遍的比率。此比率是普通股股东的每股净收益。

$$每股收益 = \frac{净收益 - 优先股股利}{发行在外普通股股数的加权平均数}$$

此比率分子中的"盈余"从净收益开始。因为每股收益指的是普通股股东的收益,因此优先股股利必须从净收益中扣除。投资者看到公司的净收益每年都增加,可能因此就认为他(她)每年做得更好。然而,如果发行在外的普通股股数也是增加的,投资者可能会更加糟糕,这是因为增加的股数会稀释投资者的部分收益。即使净收益增长,也要在更多的所有者之间共享。分母是发行在外普通股股数的加权平均数。例如,假设企业在年初(1 月 1 日)有 100 000 股发行在外的普通股,并且在 4 月 1 日增发了普通股 10 000 股。那么今年发行在外普通股股数的加权平均数将是:

$$(100\ 000 \times 3/12) + (110\ 000 \times 9/12) = 107\ 500(股)$$

分数 3/12 和 9/12,代表的是特定股数发行在外的时间段在本年中所占的比例。换言之,发行在外股数是运用股数发行在外的时间段加权计算的。

假设企业今年的净利润为 129 000 美元,且没有优先股。那么,每股收益将是:

$$\frac{129\,000}{107\,500} = 1.20$$

每股收益能够帮助投资者预测股票价格,因此是一个比较受欢迎的比率。因为 GAAP 的要求,所有上市公司的财务报表中都会提供每股收益(在利润表中)。每股收益是评价公司的整体业绩最常用的指标。每股收益被财务分析师预测、投资者期望、企业高管管理以及大型公司满怀希望地宣布。

图表 8.14 Dollar Tree Stores 公司的利润表展示了两项每股收益。第一项被称为基本每股净收益。这是利用净收益除以发行在外普通股股数的加权平均数直接计算得到的。第二项被称为稀释后每股净收益。这是一个"假设"计算:假如所有能够转换为普通股的潜在证券在年末都实际地转换成普通股,每股净收益将会是多少? 这些证券可以是可转换债券或可行使的股票期权,二者都可以转换为普通股。如果你是股东,你可能想知道每股收益的最坏情况。这指的就是稀释后每股收益。稀释后每股收益的计算是复杂的,并且在编制年度财务报表时,由公司的会计人员来完成。幸运的是,由于 GAAP 的要求,企业的利润表将会列示企业的每股收益。这意味着当我们分析上市企业的财务报表时,我们不需要计算此比率。然而,如果你决定成为一名会计人员,你将会花大量的时间学习每股收益复杂的计算。

图表 8.14　利润表中每股收益的列报

Dollar Tree Stores 公司及其子公司
合并利润表
(单位:百万美元,每股数据除外)

	截至 2009 年 1 月 31 日	截至 2008 年 2 月 2 日	截至 2007 年 2 月 3 日
销售收入净额	4 644.9	4 242.6	3 969.4
商品销售成本	3 052.7	2 781.5	2 612.2
毛利	1 592.2	1 461.1	1 357.2
销售及管理费用	1 226.4	1 130.8	1 046.4
营业收入	365.8	330.3	310.8
利息收入	2.6	6.7	8.6
利息费用	(9.3)	(17.2)	(16.5)
税前收益	359.1	319.8	302.9
所得税费用	129.6	118.5	110.9
净收益	229.5	201.3	192.0
基本每股净收益	2.54	2.10	1.86
稀释后每股净收益	2.53	2.09	1.85

见合并财务报表的附注。

现在你应该已经习惯了会计人员使用不同的术语来表示同样的事情。Dollar Tree Stores 公司没有将它标为每股收益,而是称它为每股净收益。

8.8 经营风险、控制和伦理

一般来说,我们一直在关注企业面临的风险。现在我们将从所有者的角度关注与所有者权益相关的风险。

购买公司股票的任何人都可能会失去那笔资金。然而,同时也有可能获得相应的可观的回报。在2000年的最初几个月,科技股蓬勃发展。因为很多的新企业是基于互联网的,所以这被称为网络繁荣。2000年3月,纳斯达克(全美证券交易商自动报价系统)收于5 048.62点的峰值,超过14个月之前价值的两倍。许多投资者获得了股票价格上涨的回报。接着,价格开始回落。达到顶峰的第二天,纳斯达克指数下跌近3%的价值。截至2002年10月,已经下降到1 114.11点,亏损达到峰值的78%。网络繁荣已经变为网络萧条。

许多投资者在网络繁荣时期赚了钱,一些科技企业也没有失去其价值。例如,如果你在2002年7月购买了eBay公司的一股股票,你支付了约14美元。你可以在2005年1月以超过57美元的价格卖出。对于个人投资者,这是与所有者权益相关的风险获得回报的一面。

2008年,当股票市场在10月份的一周内下跌了超过20%的价值时,我们再次看到这种现象。根据城市研究所(一个无党派的经济和社会政策研究中心)的统计显示,在2007年年末和2008年年末之间标准普尔指数下降超过了1/3。此下跌对经济和数百万人的退休基金产生了负面的影响。2008年股市崩盘的长期影响将取决于市场如何复苏。接近退休年龄的人比那些还有许多时间恢复的人更加关心他们失去的财富。然而,已经相当清楚的是,股票所有权有重大的风险。

怎样控制股票所有权风险?将股票所有权风险最小化的最好方式是分散投资。如果你拥有许多不同类型企业的股票,当其中一些股票的价格下跌时,其他股票的价格会上涨。例如,如果你拥有杂货零售业企业的股票(如Kroger),用餐饮业企业的股票(如Olive Garden和Red Lobster的母公司Darden餐厅)来平衡此投资或许是明智的。那么,如果流行的趋势是在家就餐,杂货店的股票可能会增值。如果在外就餐更加流行,那么餐厅的股票可能会更有价值。这个例子是相当简单化的,金融专家对多样化有更复杂的概念。然而,底线是很简单的,即不要将所有的鸡蛋都放到一个篮子中。

股票所有权的其他风险来自所有权与经营权的分离产生的问题,这在今天的公司很常见。考虑到缺乏职业道德的管理行为会导致潜在的损害,以及在大公司拥有所有权的投资者必须承担这个风险,监督管理层的行为和决策的控制——如董事会和独立审计——将会帮助使风险最小化。这些风险中的许多在2002年的《萨班斯-奥克斯利法案》中得到解决,你将在第11章读到更多关于此法案的内容。

本章要点总结

- 公司通过发行优先股和普通股筹集资金。股票的股数可分为法定、已发行和发行在外三种。
- 优先股股东在普通股股东之前得到股利。优先股股利是由股票凭证上给出的面值和百分比确定的。董事会宣告的股利中余下的股利支付给普通股股东。记住,企业不是必须支付股利。一些公司,像棒约翰,从未支付现金股利。
- 库存股是企业在公开市场上已发行随后回购的股票。企业可能购买自己的股票用来支付员工和经理的一部分薪酬。
- 股票股利是由股份而非现金构成的股利。股东会收到将保持股利支付前所有权比例的股份数。当公司降低每股面值且按比例增加发行在外股数时，就会出现股票拆分。例如，如果你持有面值3美元的股票5股，公司规定按照1比3进行股票拆分，那么新的面值为每股1美元，并且你将持有15股。这会降低股票的市场价格（股票拆分在正式的会计记录中不做处理）。

- 留存收益的余额等于公司存续期间所有净收益的和减去损失，再减去宣告的股利。它是一直留存在公司中的公司盈余。
- 净资产收益率被定义为普通股股东的净收益除以平均普通股股东权益。它衡量公司的盈利能力。每股收益被定义为净收益除以发行在外普通股股数的加权平均数。它衡量的是普通股股东按持股比例得到的净收益。
- 与股票所有权相关的最大风险是股票价值降低的可能性。由于所有者和管理者经常不同，因此所有者可能会在监督管理者的决策上有问题。对于企业来说，公开交易的风险涉及美国证券交易委员会和《萨班斯-奥克斯利法案》规定的复杂要求。

本章问题总结

假设Pia的披萨店在截至2011年12月28日的会计年度内发生以下经济业务：
1. 公司以每股24美元的价格发行每股面值0.01美元的普通股100 000股。
2. 今年的现金收入为100 690 000美元，现金支出为50 010 000美元。
3. 公司宣告300 000美元的现金股利。
4. 公司以每股22美元的平均成本回购股票（库存股）25 000股。

Pia的披萨店
资产负债表的所有者权益部分
（单位：千美元）

	2011年12月28日	2010年12月28日
所有者权益：		
优先股（每股面值0.01美元；法定股数为5 000 000股；无已发行股数）		
普通股（每股面值0.01美元；法定股数为50 000 000股；2011年12月28日已发行股数为 xxxxxx 股，2010年12月28日已发行股数为31 716 105股）		317
股本溢价——普通股		219 584
累计其他综合收益（损失）	(3 116)	(3 116)
留存收益		293 921
库存股（按成本，2011年12月28日股数为 xxxxxx 股，2010年12月28日股数为13 603 587股）		(351 434)
所有者权益合计		<u>159 272</u>

➡ **要求**

利用会计等式列示Pia的披萨店如何记录每一笔经济业务。然后，通过填入阴影区域的数据更新Pia的披萨店资产负债表的所有者权益部分。

➡ **答案**

资产	=	负债	+	所有者权益	
				实收资本 +	留存收益
1. 2 400 000 现金				1 000 普通股	
				2 399 000 股本溢价	
2. 100 690 000 现金					100 690 000 收入
(50 010 000) 现金					(50 010 000) 费用
3.		300 000 应付股利			(300 000) 股利
4. (550 000) 现金				(550 000) 库存股	

Pia 的披萨店
资产负债表的所有者权益部分
（单位：千美元）

	2011年12月28日	2010年12月28日
所有者权益：		
优先股（每股面值 0.01 美元；法定股数为 5 000 000 股；无已发行股数）		
普通股（每股面值 0.01 美元；法定股数为 50 000 000 股；2011 年 12 月 28 日已发行股数为 31 816 105 股，2010 年 12 月 28 日已发行股数为 31 716 105 股）	318	317
股本溢价——普通股	221 983	219 584
累计其他综合收益（损失）	(3 116)	(3 116)
留存收益	344 301	293 921
库存股（按成本，2011 年 12 月 28 日股数为 13 628 587 股，2010 年 12 月 28 日股数为 13 603 587 股）	(351 984)	(351 434)
所有者权益合计	211 502	159 272

关键词

发行在外股票   净资产收益率   面值
法定股本   库存股   普通股
股票拆分   留存收益   已发行股票
股票股利   每股收益   优先股
股利

思考题答案

思考题 8-1

资产	=	负债	+	所有者权益		
				实收资本	+	留存收益
200 000 现金				10 000 普通股		
				190 000 股本溢价		

思考题 8-2

去年的 80 000 美元（100×10 000×0.08）和今年的 80 000 美元，总计 160 000 美元支付给优先股股东。余下的 40 000 美元支付给普通股股东。

思考题 8-3

a.

资产	=	负债	+	所有者权益		
				实收资本	+	留存收益
(50 000) 现金				(50 000) 库存股		

b. 已发行股数为 100 000 股，发行在外股数为 99 000 股。

思考题 8-4

库存股将从所有者权益中扣除。金额为回购股份的成本 7 000 美元。

思考题 8-5

1. 股票拆分是股票面值的分割和股东所持有股数的增加，并与拆分前所有权分配相称。股票股利是作为股利分配给现有股份持有者的股票，同样保持着股利支付前的所有权分配。

2. 你将拥有 3 000 股，仍是发行在外股票的 3%。

思考题 8-6

84 500 美元 + 25 600 美元 − 12 200 美元 = 97 900 美元

问题

1. 公司进行企业融资的两种主要方式是什么？
2. 普通股和优先股之间的区别是什么？
3. 解释面值如何影响普通股和优先股的发行。
4. 资产负债表中一般的实收资本和股本溢价的区别是什么？
5. 股东通过公司股票投资赚取资金的两种方式是什么？

6. 股利是公司的费用吗？解释原因。
7. 公司发行股利时，要考虑的三个日期是什么？
8. 累积优先股和非累积优先股的区别是什么？
9. 什么是积欠股利？
10. 什么是库存股？公司为什么要获取库存股？
11. 购买库存股对公司的财务报表有什么影响？
12. 库存股被认为是法定、已发行还是发行在外的股票？解释你的回答。
13. 解释股票股利和现金股利之间的区别。
14. 股票股利对公司财务报表的影响是什么？
15. 什么是股票拆分？它对公司的所有者权益有何影响？
16. 资产负债表的所有者权益部分分为哪两个部分？解释每一部分列报的内容。
17. 净资产收益率如何计算？此比率是衡量什么的？
18. 解释每股收益是如何计算的。此比率是衡量什么的？
19. 在你学习过的所有财务比率中，哪一个是GAAP规定要在财务报表中列报的？它会出现在哪一个财务报表中？

单选题

1. 下面哪一项不会影响留存收益？（   ）
   a. 本期的净收益
   b. 宣告将发放给普通股股东的股利
   c. 偿还贷款的本金
   d. 以上各项都会影响留存收益
2. 优先股是（   ）的股票。
   a. 高于普通股价格交易
   b. 已发行，随后回购
   c. 买入和卖出用于平滑公司盈余
   d. 比普通股享有股利优先权
3. 库存股是（   ）。
   a. 公司已经回购的股票并且作为一项投资加至短期交易性金融资产（流动资产）
   b. 认为是已发行，但未发行在外的公司股票
   c. 可以用来"管理"盈余的公司股票——当股票价格上涨时，可以将其出售获得利得来帮助公司达到预期的盈余
   d. 当购买库存股时，以资产的增加和所有者权益的减少记入账面
4. 所有者权益的两个主要组成部分是（   ）。
   a. 优先股和普通股
   b. 缴入资本和实收资本
   c. 实收资本和留存收益
   d. 普通股和库存股
5. 购买库存股将会（   ）。
   a. 增加资产和所有者权益
   b. 减少资产和所有者权益
   c. 对资产和所有者权益无影响
   d. 减少资产，但对所有者权益无影响
6. 如果公司以每股10美元的价格回购股票50股，随后以每股12美元的价格出售，公司将（   ）。
   a. 记录每股2美元的利得
   b. 记录增加100美元的留存收益
   c. 列示销售收入
   d. 列示增加100美元的实收资本
7. 年末资产负债表中已发行的股数是（   ）。
   a. 本年已发行的股数
   b. 企业存续期间已发行的股数
   c. 法定发行的股数
   d. 本年回购的股数

8. 当库存股以高于公司购买时的价格再发行时,二者的差额(　　)。
   a. 是增加企业收益的利得　　　　　　b. 包含在本期的销售收入中
   c. 增加股本溢价账户　　　　　　　　d. 作为股利发放给当前股东
9. 股利的发放是(　　)。
   a. 公司法的规定　　　　　　　　　　b. 由企业董事会决定
   c. 与企业每股收益相关的金额　　　　d. 由证券交易委员会决定
10. 净资产收益率衡量的是公司多大程度上利用(　　)。
    a. 所有者对企业的初始出资
    b. 债权人对企业的投资
    c. 股东对企业的投资总额,包括出资的和赚取的
    d. 公司的资产

简易练习

A组

简易练习 8-1A 股票分类。Delta 的公司章程批准公司出售面值 1.50 美元的普通股 450 000 000 股。截至 2011 年 12 月 31 日,公司已发行的每股平均价格为 4 美元的普通股股数为 180 915 000 股。Delta 有 57 000 000 股的库存股。那么在 2011 年 12 月 31 日的资产负债表中披露的法定、已发行和发行在外的普通股股数分别是多少?

简易练习 8-2A 记录普通股发行。Vest 公司以每股 11 美元的价格出售和发行了面值 10 美元的普通股 100 股。列示此项经济业务将如何记录在会计等式中。

简易练习 8-3A 分析普通股发行对财务报表的影响。Ice Video 公司以每股 32.50 美元的价格出售和发行了面值 0.01 美元的普通股 5 000 股。Ice Video 公司从股票发行中收到的现金是多少?此项经济业务如何列示在资产负债表的所有者权益部分?

简易练习 8-4A 分析股利对财务报表的影响。2010 年 12 月 15 日,Seat 公司的董事会宣告发放现金股利,于 2011 年 1 月 8 日支付发行在外的 100 000 股普通股每股 1.50 美元的股利。会计期间截至 12 月 31 日。那么这将如何反映在 2010 年 12 月 31 日的资产负债表中?

简易练习 8-5A 优先股股东和普通股股东之间的股利分配。2012 年,Tasty 面包房的董事会宣告总额为 40 000 美元的股利。公司有面值 100 美元、6% 的优先股 2 000 股。无积欠股利。那么这 40 000 美元中有多少将支付给优先股股东?有多少将支付给普通股股东?

简易练习 8-6A 记录库存股的出售。假设 Fitness and Fashion 公司于 2011 年 8 月 31 日以每股 20 美元的价格回购普通股 690 股,然后于 2011 年 9 月 25 日以每股 22.50 美元的价格将这些库存股再次出售。在会计等式中列示 2011 年 9 月 25 日的经济业务。以上这些经济业务会对 2011 年 9 月 30 日资产负债表的所有者权益部分产生什么影响?

简易练习 8-7A 分析股票股利对财务报表的影响。Zorro 公司于 2010 年 6 月 1 日宣告和发行 10% 的股票股利。此股利宣告和发行之前,面值 0.10 美元的普通股发行在外的股数为 220 000 股。股票股利宣告和发行之后,发行在外的股数是多少?每股面值是多少?

简易练习 8-8A 分析股票拆分对财务报表的影响。Romax 公司宣告按 1 比 2 的比例对普通股进行股票拆分。宣告之前,面值 1 美元的普通股发行在外的股数为 200 000 股。确定股票拆分后,普通股发行在外的股数是多少?每股面值将是多少?股票拆分对所有者权益总额有什么影响?

简易练习 8-9A 计算留存收益余额。2011 年 1 月 1 日,Green 公司年初的留存收益余额为 520 000 美元。2011 年,公司赚得 89 500 美元的净收益以及宣告并发放 10 000 美元的股利。公司新发行的普通股获得 150 000 美元。2011 年 12 月 31 日留存收益的余额是多少?

简易练习 8-10A 计算留存收益余额。假设 Hillard 公司年初的留存收益余额为 450 000 美元。本年内,公司宣告并发放 20 000 美元的股利。如果留存收益的期末余额为 495 500 美元,那么本年的净收益(或净损失)是多少?

简易练习 8-11A 计算净资产收益率。利用以下数据计算 Mighty Motors(MM)股份有限公司的净资产收益率。2010 年年初,MM 的流动资产总额为 57 855 美元,资产总额为 449 999 美元,负债总额为 424 424 美元。截至 2010 年 12 月 31 日,净收益为 3 822 美元。2010 年年末,流动资产总额为 62 397 美元,资产总额为 369 053 美元,负债总额为 361 960 美元。MM 没有优先股。计算 2010 年 MM 公司的净资产收益率。确保在计算中使用的是平均股东权益。

练习

A 组

练习 8-23A 分析资产负债表的权益部分。Super Retail 公司在 2010 年年报的财务报表中列报了以下信息:

单位:千美元

	2010 年 3 月 31 日	2009 年 3 月 31 日
普通股,面值 0.000 5 美元,法定股数为 370 000 000 股;2010 年 3 月 31 日已发行和发行在外股数为 74 758 500 股,2009 年 3 月 31 日为 72 406 500 股	37	36
实收资本	396 200	352 633
留存收益	143 190	66 272

在 2009 年 3 月 31 日和 2010 年 3 月 31 日期间有新的普通股发行吗?公司列报了截至 2010 年 3 月 31 日的净收益吗?解释你是怎样得出结论的。

练习 8-24A 股票分类和编制资产负债表的所有者权益部分。Royal Knight 印刷公司的公司章程授权其出售面值 3 美元的普通股 400 000 股。到目前为止,公司已发行总额为 337 500 美元的股票 75 000 股。上个月,Royal Knight 以每股 4.75 美元的价格回购股票 5 000 股。

1. 如果 Royal Knight 打算编制资产负债表,那么列示的法定、已发行和发行在外的股数分别是多少?

2. 除了之前给出的所有者权益,Royal Knight 还有 295 000 美元的留存收益。利用这些信息,编制 Royal Knight 资产负债表的所有者权益部分。

练习 8-25A 记录股票交易。列示以下每项经济业务是如何影响会计等式的:

3 月 1 日,发行面值 0.02 美元的普通股 75 000 股,获得现金 99 750 美元;

4 月 1 日,以每股 115 美元的价格发行面值 95 美元的优先股 1 000 股,并获得现金;

6 月 30 日,以每股 3 美元的价格购买库存股 1 000 股(即公司在股票市场中购买自己的股票)。

练习 8-26A 分析股票交易对财务报表的影响。参考练习 8-25A 的信息。6 月 30 日已发行的普通股股数是多少?6 月 30 日发行在外的普通股股数是多少?

练习 8-27A 分析股利对财务报表的影响。截至 2009 年 6 月 30 日，Burlon 印刷公司的年度净收益为 175 000 美元。2009 年 7 月 15 日，董事会开会并宣布向发行在外的 150 000 股普通股发放每股 0.35 美元的股利。董事会决定于 9 月 1 日向 8 月 1 日登记的全体股东实际发放股利。宣告日、登记日、发放日分别是哪一天？如果 Burlon 印刷公司打算编制 2009 年 7 月 31 日的资产负债表，那么列报的股利将是多少（如果可能的话）？

练习 8-28A 优先股股东和普通股股东之间的股利分配。Holly Brown 建筑公司有发行在外的面值 70 美元、8% 的累积优先股 5 000 股和发行在外的面值 2.50 美元的普通股 7 500 股。公司于 2009 年 7 月 1 日开始运营。Holly Brown 公司运营的前三年每一年宣告和发放的股利如下：

单位：美元

截至的会计年度	发放的股利总额	向优先股股东支付的股利	向普通股股东支付的股利
2010 年 6 月 30 日	20 000		
2011 年 6 月 30 日	36 000		
2012 年 6 月 30 日	40 000		

计算每年向优先股股东和普通股股东支付的股利金额。

练习 8-29A 分析资产负债表的权益部分。Athletic Endurance 公司 2010 年 12 月 31 日资产负债表的所有者权益部分如下：

单位：美元

优先股，6%，面值 120 美元，可累积	1 170 000
普通股，面值 1.50 美元	300 000
普通股超过面值的缴入资本	1 200 000
留存收益	2 500 000
合计	5 170 000

1. 有多少普通股是已发行的？
2. 有多少普通股是发行在外的？
3. 有多少优先股是发行在外的？
4. 普通股的平均每股售价是多少？
5. 如果公司宣告 115 000 美元的股利，且没有积欠股利，那么向普通股股东支付的股利是多少？

练习 8-30A 记录股票交易。Surfing Dewd 公司被授权发行优先股和普通股。Surfing Dewd 的优先股是面值 105 美元、6% 的优先股。公司运营的第一个月，有以下与股票相关的经济业务。

3 月 1 日	以每股 5 美元的价格发行面值 0.50 美元的普通股 16 000 股，并获得现金
3 月 11 日	按照面值发行优先股 1 500 股
3 月 16 日	以每股 7 美元的价格购买普通股 3 000 股作为库存股
3 月 18 日	以每股 10 美元的价格发行面值 0.50 美元的普通股 32 000 股，并获得现金
3 月 20 日	以每股 12 美元的价格出售 16 日购买的库存股 2 900 股
3 月 31 日	宣告股利 10 000 美元

将每项经济业务列示在会计等式中。

练习 8-31A 编制资产负债表的所有者权益部分。运用练习 8-30A 中的数据编制 3 月 31 日资产负债表的所有者权益部分。月末的留存收益为 75 000 美元。

练习 8-32A 分析权益账户。以下余额列示在哥伦比亚公司 2009 年和 2010 年的年末资产负债表中。对每一项,给出从一年到下一年变化最可能的原因。

单位:美元

	2009 年 12 月 31 日	2010 年 12 月 31 日	解释
普通股	45 000	50 000	
股本溢价	200 000	230 000	
留存收益	182 500	200 000*	
库存股	(3 450)	(5 450)	

*本年的净收益为 20 000 美元。

练习 8-33A 分析资产负债表的权益部分。利用 6 月 30 日 Enthusiastic Learning 公司资产负债表的所有者权益部分回答下列问题:

单位:美元

所有者权益	
优先股,可累积,法定股数为 15 000 股,已发行和发行在外股数为 5 000 股	525 000
股本溢价,优先股	75 000
普通股,面值 1.00 美元,法定股数为 500 000,已发行股数为 375 000	375 000
股本溢价,普通股	750 000
留存收益	855 000
	2 580 000
减:库存股(5 000 股普通股)	(25 000)
所有者权益合计	2 555 000

1. 有多少普通股是发行在外的?
2. 按平均值计算,已发行普通股的发行价格是多少?
3. 优先股的面值是多少?
4. 如果优先股本年的股利总额为 31 500 美元,那么优先股的股利率是多少?
5. 按平均值计算,公司购买库存股支付的每股价格是多少?

练习 8-34A 记录股票交易。会计年度的第一天,Music Productions 公司有已发行(按面值)和发行在外的面值 2 美元的普通股 210 000 股,留存收益余额为 900 000 美元。列示下列的每项经济业务将会如何影响会计等式:

1. 以每股 10 美元的价格增发普通股 5 000 股;
2. 当股票的市场价格为每股 10 美元时,宣告和发放 5% 的股票股利;
3. 以每股 12 美元的价格增发普通股 15 000 股;
4. 对发行在外的股份宣告每股 1.30 美元的现金股利;
5. 支付宣告的股利;
6. 以每股 14 美元的价格购买库存股 5 000 股;
7. 以每股 16 美元的价格出售库存股 2 000 股;
8. 以每股 15 美元的价格出售库存股 2 500 股;
9. 宣布按 1 比 2 的比例进行股票拆分。

练习 8-35A 编制资产负债表的所有者权益部分。运用练习 8-34A 中的数据编制年末资产负债表的所有者权益部分。本年的净收益为 150 000 美元。

练习 8-36A 编制资产负债表的所有者权益部分。以下信息可在 Zebra 企业年末的总分类账中找到。编制资产负债表的所有者权益部分。

单位:美元

留存收益	650 000
库存股(10 000 股普通股,按成本)	85 000
普通股(面值 2 美元,法定股数为 500 000 股,已发行股数为 220 000 股)	440 000
股本溢价,普通股	1 100 000
优先股(面值 12 美元,8%,法定股数为 75 000 股,已发行股数为 25 000 股)	300 000
股本溢价,优先股	50 000

练习 8-37A 计算净资产收益率和每股收益。下列最近两个会计年度末的财务信息适用于 High-Speed 互联网公司。公司没有优先股。计算 2009 年和 2010 年的净资产收益率和每股收益。这些比率表明本年的公司业绩如何?

单位:千美元

	2010	2009
平均普通股股东权益	3 984	3 450
宣告给普通股的股利	1 500	1 455
净收益	6 045	4 266
本年发行在外普通股的加权平均数	6 558	5 850

练习 8-38A 分析股权交易对财务报表的影响。分析下列经济业务并且在资产负债表中指出每一项会使美元增加(+)还是减少(-)。如果是所有者权益的变化,要指出影响的是实收资本、留存收益还是库存股。如果经济业务对资产负债表无影响,写入 NA。作为例子,第一行已填写。

	资产	负债	所有者权益	影响的权益部分
按面值发行面值 1 美元的普通股 1 000 股	+1 000		+1 000	实收资本
以 14 美元的价格发行面值 1 美元的普通股 1 500 股				
宣告每股 0.25 美元的现金股利				
支付 0.25 美元的现金股利				
以每股 17 美元的价格购买库存股 200 股				
以每股 17 美元的价格出售库存股 100 股				
宣告和发放 10% 的普通股股利(当时的市场价格为每股 17 美元)				
宣告按 1 比 2 的比例进行股利拆分				
发行面值 100 美元、4% 的非累积优先股 2 000 股				

难题

A 组

难题 8-55A 股票交易会计处理。Runnels 几何设计公司于 2009 年 1 月 1 日开始运营。公司被授权发行 8%、面值 105 美元的优先股 50 000 股和面值 2 美元的普通股 600 000 股。下列股票交易发生在 2009 年:

1 月 15 日	以每股 3 美元的价格发行普通股 5 000 股,并获得现金
3 月 1 日	以每股 110 美元的价格发行优先股 10 000 股,并获得现金
7 月 12 日	以每股 5 美元的价格发行普通股 30 000 股,并获得现金
10 月 10 日	以每股 108 美元的价格发行优先股 5 000 股,并获得现金
12 月 1 日	以每股 7 美元的价格发行普通股 20 000 股,并获得现金

➡ 要求

1. 在会计等式中列示每项经济业务。
2. 编制 2009 年 12 月 31 日资产负债表的所有者权益部分中的实收资本部分。

难题 8-56A 分析和记录股票股利交易。2010 年 12 月 31 日,Hargrove Dynamics 股份有限公司有已发行和发行在外的面值 5 美元的普通股 75 000 股。留存收益的余额为 265 000 美元。2011 年 1 月 15 日,Hargrove Dynamics 向普通股股东宣告和发放 8% 的股票股利。当时股票的市场价格为每股 25 美元。

➡ 要求

1. 列示股票股利将如何影响会计等式。
2. 股票股利发放后,发行在外的股数是多少?
3. 如果在股票股利发放之前,你拥有 Hargrove Dynamics 股份有限公司 7% 的发行在外的普通股,那么股票股利发放后,你的所有权百分比是多少?

难题 8-57A 分析和记录股票交易和编制资产负债表的权益部分。下列信息涉及 Bottling 公司的权益账户:

a. 2010 年 1 月 1 日,实收资本的构成包括已发行和发行在外的面值 1 美元的普通股 80 000 股、480 000 美元的股本溢价和 560 000 美元的留存收益。

b. 在 2010 年的第一季度,Bottling 公司以每股 7 美元的价格增发普通股 5 000 股。

c. 7 月 15 日,公司宣布按 1 比 3 的比例进行股利拆分。

d. 10 月 15 日,公司宣告和发放 5% 的股票股利。当天股票的市场价格为每股 8 美元。

e. 11 月 1 日,公司宣告每股 0.90 美元的股利,将于 11 月 15 日进行支付。

f. 临近年底,公司的 CEO 决定公司回购股票 1 000 股。当时,股票在股票市场中按每股 9 美元的价格进行交易。

g. 2010 年的净收益为 75 500 美元。

➡ 要求

1. 列示每项经济业务将如何影响会计等式。
2. 编制 2010 年 12 月 31 日资产负债表的所有者权益部分。

难题 8-58A 记录股票交易、编制资产负债表的权益部分和计算比率。2011 年 1 月 1 日,Classic Clothing 公司的所有者权益账户余额如下:

单位：美元

优先股(5%,面值 80 美元,非累积,法定股数为 35 000 股)	800 000
普通股(面值 1 美元,法定股数为 750 000 股)	500 000
股本溢价,优先股	30 000
股本溢价,普通股	2 000 000
留存收益	1 650 000
库存股——普通股(10 000 股,按成本)	60 000

2011 年期间,Classic Clothing 公司发生了下列经济业务：

1 月 1 日　　以每股 6 美元的价格发行普通股 10 000 股

4 月 1 日　　以每股 8 美元的价格回购增发的普通股 10 000 股

6 月 1 日　　宣告优先股的年度现金股利于 6 月 30 日支付

12 月 1 日　　向普通股股东宣告每股 0.55 美元的现金股利,于 2011 年 12 月 31 日支付

本年的净收益为 940 000 美元。

➡ 要求

1. 在会计等式中列示每项经济业务。
2. 编制 2011 年 12 月 31 日资产负债表的所有者权益部分。
3. 计算截至 2011 年 12 月 31 日的净资产收益率。

难题 8-59A　编制资产负债表的权益部分。2009 年 11 月 1 日,Dazzling Desserts 公司有已发行和发行在外的面值 1 美元的普通股 300 000 股。2009 年 11 月 1 日,所有者权益账户有以下余额：

单位：美元

普通股	300 000
股本溢价	2 700 000
留存收益	3 500 000

下列经济业务发生在截至 2010 年 10 月 31 日的会计年度：

a. 11 月 30 日,以 100 美元的价格发行 7%、面值 95 美元的累积优先股 30 000 股。

b. 12 月 31 日,以每股 12 美元的价格回购普通股 5 000 股。

c. 1 月 1 日,宣告向发行在外的普通股发放每股 0.75 美元的现金股利,于 2010 年 1 月 31 日向 12 月 15 日登记的股东发放股利。

d. 2010 年 3 月 1 日,向优先股股东宣告和发放股利。

e. 截至 2010 年 10 月 31 日的净收益为 675 000 美元。

➡ 要求

编制 2010 年 10 月 31 日 Dazzling Desserts 公司资产负债表的所有者权益部分。

难题 8-60A　分析资产负债表的权益部分。下列信息摘自 Freedman 化妆品公司比较资产负债表的权益部分：

单位：美元

	2010 年 12 月 31 日	2009 年 12 月 31 日
普通股(面值 20 美元)	600 000	500 000
股本溢价	800 000	400 000
留存收益	105 000	55 000
所有者权益合计	1 505 000	955 000

截至 2010 年 12 月 31 日的净收益为 250 000 美元。

要求

1. 2010 年期间新发行的普通股股数是多少?
2. 2010 年期间股票的平均发行价格是多少?
3. 2010 年宣告的股利金额是多少?
4. 公司在 2010 年年末有库存股吗?

难题 8-61A 分析资产负债表的权益部分。2011 年 6 月 30 日,Vision Specialty 公司在比较资产负债表中列报了下列信息:

单位:美元

	2011 年 6 月 30 日	2010 年 6 月 30 日
普通股		
法定股数:1 200 股		
已发行股数:2011 年 6 月 30 日为 1 000 股	20 000	
2010 年 6 月 30 日为 800 股		16 000
股本溢价	22 000	16 000
留存收益	40 000	29 500

要求

1. 公司普通股的面值是多少?
2. 在截至 2011 年 6 月 30 日的会计年度期间,公司有新股发行吗?
3. 截至 2011 年 6 月 30 日的会计年度期间发行股票的近似(平均)发行价格是多少?
4. 截至 2011 年 6 月 30 日的会计年度期间,Vision Specialty 公司赚得了净收益(损失)吗?假设没有宣告和发放股利,净收益(损失)是多少?

难题 8-62A 分析资产负债表的权益部分。下列信息摘自 Veridian Dynamic 股份有限公司资产负债表的权益部分:

单位:美元

	2010 年 6 月 30 日	2009 年 6 月 30 日
所有者权益:		
普通股,面值 1.00 美元;2010 年 6 月 30 日已发行股数为 500 000 股,发行在外股数为_____；2009 年 6 月 30 日已发行股数为 320 000 股,发行在外股数为_____	500 000	320 000
股本溢价	3 180 000	1 920 000
留存收益	1 050 000	975 000
库存股,按成本,2010 年 6 月 30 日股数为 15 000 股,2009 年 6 月 30 日股数为 9 000 股	(105 000)	(54 000)

要求

1. 2010 年 6 月 30 日,已发行的 500 000 股平均每股的发行价格是多少(将答案四舍五入到最接近的美分)?
2. 截至 2010 年 6 月 30 日的会计年度发行的 180 000 股普通股的平均发行价格是多少?
3. 2010 年 6 月 30 日,有多少股票是发行在外的?2009 年 6 月 30 日,有多少股票是发行在外的?

4. 本年期间,公司回购的股份是多少?本年购买的库存股平均每股的成本是多少(假设本年没有出售库存股)?

5. 如果没有宣告和发放股利,那么截至 2010 年 6 月 30 日的净收益是多少?

财务报表分析

财务报表分析 8-1 分析资产负债表的权益部分。ConAgra 食品公司在 2008 年 5 月 25 日比较资产负债表中列报了下列信息:

单位:百万美元

	2008 年 5 月 25 日	2007 年 5 月 27 日
普通股,面值_____		
法定股数:1.2 亿股		
已发行股数:2008 年为 566 653 605 股	2 833.4	
2007 年为 566 410 152 股		2 832.2
股本溢价	866.9	816.8
留存收益	3 409.5	2 856.0
累计其他综合收益	286.5	(5.9)
库存股,按成本,股数分别为 82 282 300 股和 76 631 063 股	(2 058.9)	(1 916.2)

1. 分别解释股本溢价和留存收益的含义。
2. ConAgra 普通股的近似面值是多少?
3. 在截至 2008 年 5 月 25 日的会计年度期间,公司新发行的普通股股数是多少?
4. 本年度发行股票的近似(平均)发行价格是多少?
5. 本年度 ConAgra 赚得净收益了吗?
6. 如果 ConAgra 发放了总额为 37 710 万美元的股利,那么你预计本年的净收益会是多少?

财务报表分析 8-2 分析资产负债表的权益部分。下列信息摘自 Ameristar Casinos 股份有限公司资产负债表:

单位:千美元

	2008 年 12 月 31 日	2007 年 12 月 31 日
所有者权益:		
优先股,面值 0.01 美元,法定股数为 30 000 000 股;无已发行和发行在外股数	—	—
普通股,面值 0.01 美元;2008 年 12 月 31 日已发行股数为 58 093 041 股,发行在外股数为_____;2007 年 12 月 31 日已发行股数为 57 946 167 股,发行在外股数为_____	581	579
股本溢价	246 662	234 983
留存收益	136 551	285 238
其他综合收益(损失)	(27 295)	
库存股,按成本,2008 年 12 月 31 日股数为 792 322 股,2007 年 12 月 31 日股数为 787 236 股	(17 719)	(17 674)
所有者权益合计	338 780	503 126

1. 2008年12月31日,发行在外的普通股股数是多少?

2. 2007年12月31日,发行在外的普通股股数是多少?

3. 2008年12月31日,已发行的58 093 041股普通股平均每股的发行价格是多少(将答案四舍五入到最接近的美分)?

4. 截至2008年12月31日的会计年度,公司发放现金股利18 015 000美元。那么本年期间公司的净收益或净损失是多少?

财务报表分析8-3 分析资产负债表的权益部分。利用在企业网站 www.barnesandnobleinc.com/for_investor/for_investor.html 上查找到的 Barnes & Noble 书店的年报回答下列问题:

1. Barnes & Noble 书店回购过公司股票吗?它是在财务报表的什么地方披露的?解释最近一个会计年度期间发生的库存股交易。

2. 计算最近连续两年的净资产收益率。此比率提供了什么信息?

批判性思考题

风险与控制

当股票市场在很长一段时间内增长,投资者会对作为股东的风险变得过于自信。2008年股票市场明显下跌之后,人们开始重新思考关于持股的风险。上市公司所有者面临什么类型的风险?作为一名投资者,你能做些什么来继续在市场上投资,但将风险最小化?

伦理

AVX电子即将上市一种革命性的新电脑芯片。如果此消息在产品推出前泄露出去,公司担心这可能很快会成为巨头电信公司收购的目标。现任的AVX管理层打算重新分配公司的持股,因此管理者将会拥有更大份额的所有权。所以,管理层决定在公司普通股价格非常低的时候回购20%的普通股,并将其分配给管理者,包括他们自己,作为公司奖励计划的一部分。AVX管理层的行为是道德的吗?解释这种策略为什么将会减少恶意收购的风险。会有团体被此策略伤害吗?

小组作业

以小组为单位,选出两个如果你有资金将会投资的公司。在互联网上查找它们的财务报表并查看资产负债表的所有者权益部分。你的分析会告诉你关于每家企业的什么信息?这是一个好的投资吗?解释你的发现和结论。

网络练习:好时食品公司

好时是美国糖果市场上领先于玛氏股份有限公司的市场领导者。公司制造像好时之吻、Reese牌花生酱、Twizzlers licorice、Jolly Rancher、Mounds、Super Bubble gum 和奇巧巧克力(雀巢授权)等著名品牌的巧克力和糖果。它的产品销售于北美并向90多个国家出口。

登录 www.hershey.com。

网络练习8-1 探索 Investor's Relations。好时工厂位于哪座城市?好时股票的当前报价(市场价格)是每股多少钱?此市场价格反映在好时公司资产负债表中吗?如果是,可以在哪里找到?

利用最近一年的年报以及查找合并的资产负债表回答下列问题:

网络练习8-2 公司法定和已发行了哪些类型的股票?最近一年,已发行和发行在外的股数分别是多少?

网络练习8-3 确定最近一年年末的所有者权益总额。在总额中,股东对已发行股票的出资是多少?按平均值计算,股东支付的每股发行价格是多少?平均发行价格是高于还是低于当前市场价格?解释二者的差额。

网络练习8-4 最近一年年末,所有者权益中有多少是已赚资本?已赚资本账户的名称是什么?相比前一年,已赚资本是增加还是减少?什么原因可能导致此变化?

网络练习8-5 公司回购过普通股吗?你是怎样知道的?回购的股份被称作什么?当公司回购股票时,所有者权益总额会增加还是减少?为什么公司会想要回购已发行的股份?

第9章 现金流量表的编制和分析

学习目标

当你学完本章,你应该能够:
1. 解释现金流量表的重要性及其所包括的三类现金。
2. 解释现金流量表的两种编制方法(直接法与间接法)的不同。
3. 将权责发生制下的金额转换为以收付实现制为基础的金额。
4. 采用直接法编制现金流量表中经营活动产生的现金流量部分。
5. 采用间接法编制现金流量表中经营活动产生的现金流量部分。
6. 编制现金流量表中投资活动产生的现金流量部分和筹资活动产生的现金流量部分。
7. 对现金流量表进行整体分析和计算自由现金流量。
8. 运用现金流量表及相关控制来评估企业的投资风险。

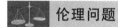
伦理问题

追寻现金流量

2008年5月,《华尔街日报》的一篇报道强调了在股票估值中现金流量的重要性。因为会计选择会影响盈余,因此与净收益相比,现金流量是衡量公司财务健康状况的更好尺度。

开篇提到的盈余——通常指净收益——能被蓄谋已久的一些小把戏操控,比如说改变折旧表和收入确认方式。现金流量——公司实际创造了多少钱——并不能逃过欺诈的影响,但是很多分析师认为这是评估公司健康与否的一种更精确的方式。

在《华尔街日报》的报道中,巴克莱全球投资公司的Richard Sloan提到美国通用电气公司就是公司净收益和现金流量差距逐渐扩大的一个例证。报道中引用了他的原话:"这暗示了企业一直在极力迎合数字。"

美国证券交易委员会(SEC)指控美国通用电气公司存在民事欺诈行为,称其在2002年和2003年使用财务报表误导投资者。2009年8月,美国通用电气公司同意支付5 000万美元罚金就上述指控达成和解。SEC执行部门负责人表示:"通用电气公司扭曲会计准则到了违规的地步。过于激进的会计方法歪曲了企业真实的财务状况,从而误导投资者。"根据和解协议,通用电气公司既不承认也不否认SEC的指控。

美国通用电气公司现金流量和净收益之间的差距真的像Sloan所观察到的那样,暗示了通用电气公司存在尚未披露的会计问题吗?千万不要低估从追寻现金流量的过程中获得的启示。让我们先从认识现金流量表来开始本章的学习。

资料来源:Tom Lauricella, "Cash Flow Reigns Once Again," *Wall Street Journal*, May 12,2008, p. C1;Paul Glader and Kara Scannell, "GE Settles Civil-Fraud Charges," *Wall Street Journal*, August 5, 2009, p. B2.

9.1 现金流量表的重要性

现金流量表——GAAP 和 IFRS 要求企业必须编制的四张财务报表之一——反映企业在一定会计期间内所有现金的收支情况。任何现金流量都与三种企业活动——经营活动、投资活动或者筹资活动中的一种有关系。图表 9.1 是对列报在现金流量表中的信息的总结。

图表 9.1 现金流量表

企业的现金流量包括在一定期间内或一定会计期间内所有的现金流入和流出。现金流量被分为三类：经营现金流量、投资现金流量和筹资现金流量。

	经营现金流量	投资现金流量	筹资现金流量
业务类型	与企业日常经营活动有关的现金——收入类和费用类业务	与购买和出售持有期限在一年或一年以上的资产有关的现金	与借款（仅限于本金）、所有者投入和所有者分配有关的现金收支
举例			
流入	从客户处收到的现金	出售土地或建筑物获得的现金收益	新发行股票获得的现金收入
流出	为购买存货向供应商支付的现金	购买新的土地或建筑物所支付的现金	向股东支付的现金股利
与现金流量有关的资产负债表项目	流动资产和流动负债	长期资产	长期负债和股东权益

由于未能有效规划现金流量的使用，每年有成千上万的公司破产。当债务到期时，它们没有足够的库存现金去偿还。编制现金预算表对于所有公司来讲是一项重要的活动。而对现金预算表的编制远比估算会计期间内的现金流入与流出要复杂得多。现金的来源以及用途都必须详细地列示——还有多少库存现金，以及在不同时点上对现金的需求量。每个月必须按来源和用途对计划的现金流入与流出量进行预算。预算只有达到这样的详细程度，企业才能通过从当地银行获取信贷额度、借款，或者改变收款周期（实行紧缩的信贷政策）或付款周期（推迟采购）等方法来预防现金短缺。

现金预算是一个包括估计公司现金收入与支出，具体预测现金来源、用途以及现金流量循环周期的详细计划。比较现金预算表中的预算现金流量和实际现金流量，为进一步计划和评估公司业绩奠定了基础。为了比较一定会计期间内实际现金流量和期间内的现金预算，公司必须从会计记录中获取有关实际现金流量来源和用途的详细资料。通过比较实际现金流量和预算现金流量，公司能够为编制下个期间的现金流量预算做好准备。尽管财务报告的目标群体是股东和债权人，但现金流量的相关信息对公司的管理层也同样有很大帮助。

Sara 在 2010 年 1 月份创办了 Team Shirts 公司之后，每个月我们都为她的企业编制四张基本财务报表，这其中包含现金流量表。我们一直用下列方式编制现金流量表：

(1) 在会计等式工作表中确认每一笔现金业务；
(2) 把每一笔现金业务按照经营、投资或筹资进行分类。

当我们在会计等式工作表中单独列示现金业务时,我们先是简单地填列每一笔现金增加或者减少;然后把每一笔现金流量划分到经营活动产生的现金、投资活动产生的现金或筹资活动产生的现金。因为现实生活中的公司需要更加复杂的会计系统来处理成千上万甚至上百万的经济业务,因此在编制现金流量表时像这样单独确认每一笔经济业务对于公司来讲是不可行的。本章我们将讨论实际上现金流量表是如何编制的。

9.2 编制现金流量表的两种方法

GAAP 和 IFRS 都提到了两种编制现金流量表的方法:**直接法**(direct method)和**间接法**(indirect method)。这两种方法以编制现金流量表经营部分(经营活动产生的现金)的方式来命名,直接列示现金收入和现金流出的主要类别,或者间接地以净收益为起点并做出相关调整直到获得经营活动产生的现金净额。而对于另外两个部分,即投资和筹资,就只有一种计算现金流量的方法:直接认定经济业务。因此,当提到编制现金流量表的不同方法时,直接法和间接法的差异仅存在于经营活动产生的现金。

在详细讨论两种不同的编制方法之前,先看一个能体现编制现金流量表方法间差异的简单的例子。我们将从一个简易公司第一个月的以下经济业务开始:

(1)购入一批存货,价款 250 美元——支付供应商 200 美元现金,其余 50 美元暂欠(应付账款)。

(2)销售所购存货,售价 600 美元——收到 500 美元现金,其余 100 美元未收(应收账款)。

(3)用现金购买备用品,价款 30 美元——已使用了价值 20 美元的备用品,其余价值 10 美元的备用品下月再用。

净收益计算如下:

$$600 - 250 - 20 = 330$$
销售收入　　商品销售成本　　备用品费用　　净收益

现金收支计算如下:

$$500 - 200 - 30 = 270$$
现金销售收入　　购入存货　　购买备用品　　现金流量净额

可以用图表 9.2 列示的两种方法——直接法和间接法将权责发生制下的金额转化为收付实现制下的金额。采用直接法时,我们必须对利润表的每一个项目逐笔进行检查。相比之下,间接法则更加机械化,在净收益的基础上调节不涉及现金的利润表项目以及流动资产和流动负债的所有变动,不包含现金。在本章我们将稍后再讨论具体编制方法。随着学习如何编制财务报表的深入,你可能更想学习经济业务及其列报。注意这个例子中所涉及的现金流量是经营活动产生的现金流量,而直接法和间接法最后计算出的经营活动产生的现金净额是一致的。

编制现金流量表经营部分的两种方法都需要获得基本经济业务信息,从而能把现金从以权责发生为基础的金额中分离出来。例如,必须检查销售收入金额以得知从那些销售中实际收到的现金金额。必须检查备用品费用以得知为备用品实际支付多少现金。通过这样的处理就能把权责发生制下的金额转换为以收付实现制为基础的金额。

图表 9.2 现金流量表直接法和间接法的区别

两种方法最后计算出的经营活动产生的现金净额是一致的。

现金流量表
（仅经营活动产生的现金）
（单位：美元）

直接法		间接法	
经营活动产生的现金：		经营活动产生的现金：	
从客户处收到的现金	500	净收益	330
为备用品支付的现金	(30)	－应收账款的增加额	(100)
为存货向供应商支付的现金	(200)	－低值易耗品的增加额	(10)
经营活动产生的现金净额	270	＋应付账款的增加额	50
		经营活动产生的现金净额	270

> **思考题 9-1**
>
> 编制现金流量表时运用的直接法和间接法最大的差异是什么？它们之间又有什么相似之处？

9.3 权责发生制 vs. 收付实现制

众所周知，遵循 GAAP 的公司都是在权责发生制的基础上进行会计处理。事实上编制现金流量表就是把会计记录转换成以收付实现制为基础，正如图表 9.2 所示。至于为什么权责发生制和收付实现制通常是不同的，这其中有很多原因。

9.3.1 销售收入 vs. 从客户处收到的现金

例如，在装运或交付商品后公司才能记录销售业务，然后在利润表上确认收入。但是公司在那个时点总能收到现金吗？不一定。因此，一个会计期间内的销售收入额不一定就等于此会计期间内所收到的现金金额。当公司在会计期末编制财务报表时，有的客户可能仍然亏欠公司货款——公司可能有应收账款。这是销售收到的现金金额和销售收入额在一定的会计期间内可能不一致的原因之一。

而且，公司可能在当前的会计期间才收到上个会计期间销售收入产生的现金——在当年收回上年的应收账款。因此，在现金流量表中要想计算从客户处收到的现金，必须对应收账款金额的变化进行调整。

假设一家公司 2011 年应收账款的期初余额为 500 美元，这些应收账款是在 2010 年确认销售收入时记录的，所有的销售都是赊销。2011 年度公司的销售收入是 3 000 美元。在 2011 年年末，应收账款的余额为 600 美元。那么 2011 年公司一共向客户收取了多少现金？因为应收账款的期初余额为 500 美元，期末余额为 600 美元，所以以本年增加的应收账款金额表示尚未从客户处收到的销售收入。因此，虽然销售收入有 3 000 美元，但是其中只有价值 2 900 美元的部分收到了现金。

应收账款期初余额	500
+ 销售收入	+3 000
− 从客户处收到的现金	− x
= 应收账款期末余额	600

解方程求 x： $500 + 3\,000 - x = 600$

$$x = 2\,900$$

换一种思路来看，假设客户偿还了 500 美元的欠款。如果总销售收入为 3 000 美元，应收账款的期末余额为 600 美元，那么能够收到 2 400 美元的当期销售收入。期初 500 美元已经收回加上当期收到的 2 400 美元的销售收入——得出在会计期间内从客户处收到的现金总额，共 2 900 美元。为了用直接法编制现金流量表，这种推理方式必须运用到利润表的每一个项目中。

9.3.2　工资费用 vs. 支付给职工的现金

利润表上的各项目账面金额可能与为此项目支付或收到的现金金额不相同。正如前面讨论的，销售收入的货币金额可能不同于从客户处收到的现金。又比如，商品销售成本可能不同于为存货支付的现金，保险费用可能不同于向保险公司支付的现金，等等，利润表上的所有项目都如此。

流动资产和流动负债的变动反映了权责发生制下的利润表金额与现金金额的差异。以利润表中的一项费用为例，假设在年度利润表上列示的工资费用金额为 75 000 美元，在现金流量表上，我们想把支付给职工的现金列示为一项经营活动现金流出。那么是什么导致了工资费用不同于支付给职工的现金？

首先，我们可能用现金支付上期所欠的一部分职工工资，该现金支付会减少应付职工薪酬负债。如果我们在期初确实支付了之前所欠的一部分工资，那么支付的这部分现金不应算作本期支付的职工工资。还有什么会导致工资费用不同于支付给职工的现金呢？我们可能产生直到下期才支付的工资费用。换句话说，我们确认了一部分尚未支付给职工的工资费用。因此，必须把它记录为应付职工薪酬。在上述两例中，应付职工薪酬的期初期末余额变化反映了工资费用和支付给职工的现金之间的差异。为编制现金流量表，这种推理方式必须运用在资产负债表的每个流动资产和流动负债（不包括现金）项目上。

假设应付职工薪酬的期初余额为 690 美元，而从利润表上可以看出本期工资费用为 75 000 美元。如果期末应付职工薪酬的余额变为 500 美元，那么实际支付给职工多少现金？首先，必须付清期初所欠的 690 美元工资款。其次，因为应付职工薪酬的期末余额为 500 美元，所以我们仅支付了本期工资费用中的 74 500 美元（75 000 − 500）。因此，支付给职工的现金总额为 75 190 美元（690 + 74 500）。

还有另外一种理解方式，即用现金全额支付本期 75 000 美元工资费用，而且偿还了 190 美元的应付职工薪酬（从 690 美元减少到 500 美元），加总为 75 190 美元。事实上就是分析与利润表项目相关的资产负债表项目，其中现金金额是我们想找的未知量。

应付职工薪酬期初余额	690
+ 工资费用	+75 000
− 支付给职工的现金	− x
= 应付职工薪酬期末余额	500

解得 x 为 75 190 美元，即现金流量表中需要的现金金额。

> **思考题 9-2**
>
> Robo 公司的应收账款期初余额为 25 000 美元,本期销售收入为 50 000 美元,应收账款期末余额为 15 000 美元。本期 Robo 公司从客户处收到多少现金?这部分现金在现金流量表中应该如何分类?

9.4 编制现金流量表:直接法

接下来让我们学习编制现金流量表的步骤。首先,正如前面讨论的,在现金流量表中报告经营活动产生的现金采用以下两种方法之一。

(1)直接法:把以权责发生制为基础的利润表上的每一个项目都转化为现金。

(2)间接法:以净收益为起点,通过加减必需金额的调整来把净收益转化为经营活动产生的净现金流量。

确认了经营活动产生的现金流量之后,再来确定投资活动产生的现金流量和筹资活动产生的现金流量。在本章我们将稍后学习相关知识。

要采用直接法计算经营活动产生的现金流量,我们必须首先分析利润表。必须对利润表上的所有金额逐笔进行分析,来确定每一个项目到底相应收取或支付了多少现金(准确来讲,企业会计系统列报数据的方法可能和我们这里讲的存在差异)。

9.4.1 收入→从客户处收到的现金

利润表上报告的第一个项目通常是收入。是什么导致了利润表上报告的收入和从客户处收到的现金存在差异?收到任何以前年度销售收入产生的现金——应收账款——虽然不包含在本期收入中,但必须算作现金流入。反之,任何本期尚未收到现金的销售收入不能算是现金流入。不管是已收取但没包含在收入中的现金,还是未收取但包含在收入中的现金,都可以通过观察应收账款当期金额的变动来确认。

我们将以 Team Shirt's 第三个月的经济业务——3 月份——为例来看看具体的编制方法。我们从本月利润表的首行开始分析,如图表 9.3 所示(首次出现在图表 3.13),把每一笔权责发生制下的金额转换为以收付实现制为基础的金额。

图表 9.3 Team Shirts 3 月利润表

Team Shirts
利润表
截至 2010 年 3 月 31 日
(单位:美元)

销售收入		2 000
费用		
商品销售成本	800	
折旧费用	100	
保险费用	50	
利息费用	30	(980)
净收益		1 020

3月份利润表上报告的销售收入为2 000美元。为编制现金流量表,我们需要知道企业3月份从客户处收到了多少现金。我们必须观察当月应收账款的变化情况。在3月1日,Team Shirts有价值150美元的应收账款;在3月31日,企业有价值2 000美元的应收账款。通过比较资产负债表的月初余额和月末余额,如图表9.4所示,可以看出应收账款金额增加了1 850美元。应收账款金额的变动是因为本期销售收入尚未收到现金。

图表9.4　Team Shirts比较资产负债表

Team Shirts
比较资产负债表
2010年3月1日和2010年3月31日
(单位:美元)

	3月31日	3月1日		3月31日	3月1日
现金	3 995	6 695	应付账款	0	800
应收账款	2 000	150	其他应付款	0	50
存货	300	100	应付利息	30	0
预付保险费	75	125	应付票据	3 000	0
预付租金	0	0	负债合计	3 030	850
电脑(净值,其中累计折旧为100美元)	3 900	0	普通股	5 000	5 000
			留存收益	2 240	1 220
资产合计	10 270	7 070	负债和所有者权益合计	10 270	7 070

分析应收账款的变化。期初余额为150美元,本月赊销收入为2 000美元(利润表上的销售收入)。应收账款期末余额为2 000美元。因此,从客户处收到的现金一定是150美元(2 000 – 1 850)。如果回想一下前面的章节(第3章),查阅Team Shirts 3月份的经济业务,就会发现150美元恰好是公司从客户处收到的现金金额。

应收账款期初余额	150
＋赊销金额	＋2 000
－收到的现金	－ x
＝应收账款期末余额	2 000

解得x为150美元,即从客户处收到的现金金额。

9.4.2　商品销售成本→向供应商支付的现金

接着看3月份利润表,下一个项目是金额为800美元的商品销售成本,即本月销售的商品成本。商品销售成本和本月向供应商支付的现金金额之间有差异吗?Team Shirts把期初存货中以前月份购买的存货都卖了,还是在3月份购买了多于实际销售量的商品?我们需要看一下本月存货的变动情况。存货期初余额为100美元,期末余额为300美元。这表明Team Shirts购买了足够的存货使得在销售了价值800美元的存货之后又多积累了200美元的存货。因此,本月购买存货的金额一定是1 000美元。那么购买这些存货时Team Shirts都是支付的现金吗?

为了比较购买的价值1 000美元的存货和向供应商支付的现金,我们先来看一下应付账款(支付给供应商）的变动情况。应付账款期初余额为800美元，期末余额为0。这表明Team Shirts必须向供应商支付本月购货款1 000美元和偿还2月份所欠的800美元。因此，向供应商支付的现金合计为1 800美元。

存货期初余额	100
+ 购买的存货	+ x
− 商品销售成本	− 800
= 存货期末余额	300

求解 x 时，发现Team Shirts购买的存货价值为1 000美元。现在如果要计算向供应商支付多少现金，我们必须分析应付账款：

应付账款期初余额	800	
+ 购买的存货（赊购）	+1 000	（= 上面方程所求的 x）
− 向供应商支付的现金	y	
= 应付账款期末余额	0	

求解 y，得到向供应商支付的现金金额为1 800美元。

9.4.3 其他费用→为其他费用支付的现金

在3月31日利润表中报告的下一项费用为折旧费用。折旧费用是一项非现金费用。这表明当我们记录折旧费用时实际上没有任何现金流出。购买设备时支付的现金属于一项投资现金流量，而且周期性的折旧并不涉及现金。采用直接法计算经营活动产生的现金流量时，折旧费用是一项我们可以忽略的费用。

在3月31日利润表中报告了50美元的保险费用。那么实际用现金支付了多少保险费用呢？公司支付保险费用时，通常记录为预付保险费。检查预付保险费项目的变动能帮助我们发现本月为保险费用支付了多少现金。预付保险费期初余额为125美元，期末余额为75美元。因为预付保险费减少的金额正好等于保险费用金额，所以Team Shirts本月没有支付任何保险费用。保险产生的费用都已在以前期间支付。

最后一项需要我们考虑的费用是利息费用。在3月份的利润表中，我们可以看到利息费用为30美元。Team Shirts是用现金支付的这部分费用吗？在资产负债表中报告的应付利息月初没有余额，而月末有30美元的余额。如果月初不欠利息，而月末应付30美元利息费用，那么这30美元的利息费用中有多少需要用现金支付？一分没有。因为Team Shirts一直到期末都欠着这部分利息费用，因此Team Shirts并没有为利息费用支付任何现金。

Team Shirts本月还支出了一笔与经营活动有关的现金，你能发现是什么吗？在3月1日的资产负债表中，Team Shirts欠了一笔50美元的款项，即其他应付款。在3月底，其他应付款金额已经减少为0。导致金额减少只有一种可能：为解决广告诉讼而支付现金。因此，我们也应该在现金流量表上列示一笔50美元的现金流出。

9.4.4 直接法总结

总之，为了编制现金流量表，我们已经将利润表中的权责发生制金额"转换"成收付实现制金额。Team Shirts从客户处收到150美元现金，向供应商支付1 800美元现金，还支付了一笔50美元的其他应付款。经营活动产生的现金流量净额为 −1 700美元。图表9.5列示了直接法下现金流量表中的经营部分。

图表 9.5　经营活动产生的现金——直接法

```
                    Team Shirts
                  现金流量表（局部）
                 截至 2010 年 3 月 31 日
                    （单位：美元）
```

经营活动产生的现金	
从客户处收到的现金	150
向供应商支付的现金	(1 800)
为广告支付的现金	(50)
经营活动产生的现金净额	(1 700)

记住，图表 9.5 只列示了经营活动产生的现金流量。要想解释从 3 月 1 日到 3 月 31 日所有的现金变动，必须要包含投资和筹资活动现金流量。

> **思考题 9-3**
>
> Flex 公司 2010 年的期初预付保险费为 350 美元。2010 年度公司利润表上报告的保险费用为 400 美元。如果 Flex 公司的期末预付保险费余额为 250 美元，那么在 2010 年 Flex 公司用现金支付了多少保险费用？在现金流量表中，这部分现金如何列示？

9.5　编制现金流量表：间接法

虽然财务会计准则委员会和国际会计准则理事会都鼓励公司采用直接法编制现金流量表，但是 90% 以上的公司仍采用间接法。因为大部分会计人员认为采用间接法编制现金流量表更容易。而且使用直接法时企业要提供一张单独的调整表，将净收益调整为经营活动产生的现金净额，这对于公司来讲意味着更繁杂的工作。还有一些公司声称自己的会计系统不能产生直接法下编制报表所需要的信息。

9.5.1　以净收益为起点

采用间接法编制现金流量表——只适用于编制现金流量表中的经营部分——以净收益为起点。然后随着净收益，把利润表上的任何非现金金额进行增加或减少来消除其对净收益最初的影响。典型的非现金项目有折旧和摊销费用，以及出售资产的利得或损失。注意出售长期资产的利得或损失不是现金，而是资产的账面价值与销售收益的差额（我们把销售资产所得收入计入现金流量表中投资活动部分）。

我们将以 Team Shirts 3 月份的净收益为起点，图表 9.3 和图表 9.4 列示了采用间接法编制现金流量表所需要的信息。

3 月份净收益为 1 020 美元。我们所做出的第一项调整就是加回所有的非现金费用，例如折旧。对于 Team Shirts 来讲，我们必须将 100 美元的折旧费用加回净收益。在计算 1 020 美元的净收益时，我们减去了并非现金流出的 100 美元。因此，在把净收益转化成现金金额时我们必须将它加回净收益。

接下来我们将要调整利润表中其他不涉及现金的金额。回想一下，在直接法下，我们运用应收账款的变动把销售收入转化为从客户处收到的现金，用存货和应付账款的变动把销售成本转化为向供应商支付的现金。而对于间接法，如果我们通过每一项流动资产账户——不包含现金——的变动以及每一项流动负债账户的变动来调整净收益，我们就能够完成将净收益转化为经营活动产生的现金净额的调整。

我们将采用间接法继续编制 Team Shirts 3 月份的现金流量表。我们以金额为 1 020 美元的净收益为起点，加回所有的非现金费用，因此加回了 100 美元的折旧费用。然后，根据图表 9.4，检查本月所有的流动资产和流动负债账户的变动情况。

9.5.2 检查流动资产和流动负债账户

应收账款增加了 1 850 美元，表示至今仍未收到任何现金的销售收入。因此，我们必须从应收账款中扣除这部分增加额，从而把净收益转化为现金金额。

流动资产的下一个变动为存货增加 200 美元，表示已经购买但因未售出所以没在利润表中结转商品销售成本的项目。但是 Team Shirts 确实购买了这些存货（我们在检查应付账款时考虑企业所有的赊购情况），因此这部分金额要在净收益中扣除，因为它属于现金流出。

预付保险费从 125 美元减少至 75 美元，减少的 50 美元已作为保险费用在利润表中扣除，但是它并不属于本期的现金流出。因此这部分金额要加回到净收益，因为它不是现金流出。

流动资产和流动负债中的最后一项变动为应付账款的变动。Team Shirts 3 月初有 800 美元的应付账款和 50 美元的其他应付款，而两个账户月末余额均为 0，表示与这两个金额相关的现金流出为 850 美元。另一项流动负债为应付利息，月初无余额，月末余额为 30 美元。而 Team Shirts 并没有支付这 30 美元，所以 30 美元必须加回。

图表 9.6 列示了 Team Shirts 3 月份现金流量表的经营部分。此报表以净收益为起点并对我们上面讨论过的项目进行了调整。比较采用间接法编制的现金流量表经营部分和图表 9.5 所示的采用直接法编制的相同部分，可见不管我们用何种方法编制（学习第 3 章时，我们通过检查每一笔现金业务来编制报表；或者采用本章前面我们提到的直接法编制；或者像刚才讨论的那样采用间接法编制），经营活动产生的现金流量净额都相同。

图表 9.6　经营活动产生的现金流量——间接法

Team Shirts
现金流量表（局部）
截至 2010 年 3 月 31 日
（单位：美元）

净收益	1 020
＋折旧费用	100
－应收账款增加	(1 850)
－存货增加	(200)
＋预付保险费减少	50
－应付账款减少	(800)
－其他应付款减少	(50)
＋应付利息增加	30
经营活动产生的现金净额	(1 700)

图表9.7总结了如何将净收益调整至经营活动产生的现金。虽然这些"规则"总是适用于间接法,但是对于为什么要加上或者扣除流动资产或流动负债账户余额的变动,你应该明白这其中的原因。

图表 9.7　间接法:把净收益转化成经营活动产生的现金

如何调整	举例
以净收益为起点	净收益
加所有非现金费用	＋折旧费用
减利得	－设备出售利得
加损失	＋设备出售损失
减流动资产增加	－应收账款增加
	－预付租金增加
加流动资产减少	＋存货减少
	＋预付保险费减少
加流动负债增加	＋应付账款增加
	＋应付职工薪酬增加
减流动负债减少	－应交所得税减少
	－应计负债减少

9.5.3　比较直接法和间接法

哪一种方法更容易理解？直接法下的列报——图表9.5所示——在所提供的现金详细信息方面比间接法更容易理解。但是,现在大多数公司采用间接法,因为间接法提供的信息无法在直接法下编制的报表上找到。而这种实务的变化会给财务报表使用者带来切实的好处。财务会计准则委员会和国际会计准则理事会最近联合发布的一篇讨论稿(2008)提议在将来只能使用直接法。时刻关注事态发展,要想达成这个目标可能没那么快,也没那么容易。

> **思考题9-4**
>
> 假设公司的年度净收益额为50 000美元。折旧费用,是利润表上唯一的非现金项目,金额为7 000美元。本年唯一发生变动的流动资产账户为应收账款,其期初余额为6 500美元,期末余额为8 500美元;本年唯一发生变动的流动负债账户为应付职工薪酬,其期初余额为2 500美元,期末余额为3 000美元。假设以上为所有的相关信息。采用间接法计算经营活动产生的现金净额。

9.6　投资和筹资活动产生的现金

除了经营活动产生的现金之外,在现金流量表中还能找到另外两类现金流量:投资活动产生的现金和筹资活动产生的现金。不管你采用哪种方法编制现金流量表(直接法或间接法),投资活动产生的现金和筹资活动产生的现金部分的编制方法都是一样的——通过检查非流动资产负债表账户。资产负债表上首先应该检查金额的账户为:不动产、厂房和设备,应付票据,应付债券,普通股,留存收益。

9.6.1 投资活动

通过分析资产负债表上的长期资产部分可以找到与投资活动现金流量相关的信息。Team Shirts 3月31日的资产负债表上列示一台电脑成本为4 000美元。其中,账面价值为3 900美元,累计折旧为100美元,总成本为4 000美元。这项电脑资产在3月1日的资产负债表中没有列示,因此Team Shirts 是在3月份购买的这台价值4 000美元的电脑。购买电脑属于一项投资现金流量。

当发现公司购买一项长期资产时,我们必须搞清楚公司的支付方式。在这个案例中,Team Shirts支付现金1 000美元,并签了一张3 000美元的应付票据。在现金流量表中我们只把这1 000美元列为现金流出,但是必须在附注中对用应付票据支付的电脑购货款金额进行披露。应该对所有的投资活动和筹资活动进行披露,即使这些活动中不涉及现金。

9.6.2 筹资活动

通过分析资产负债表上的长期负债和所有者权益部分可以找到与筹资活动现金流量相关的信息。注意Team Shirts在3月1日的资产负债表上没有列示任何应付票据,在3月31日的资产负债表中,应付票据的余额为3 000美元。这表明Team Shirts在3月份借入3 000美元。同样,在发现这样的变动后,我们必须找出经济业务的详细信息,然后再决定经济业务是如何影响现金流量表的。通常用票据借款会导致一项筹资现金流入。但是,在本例中,票据是用来交换电脑的。注意要对借款进行披露,即使在现金流量表中没有列示它的金额。只要公司涉及筹资或投资活动,就必须在现金流量表中进行披露,即使公司实际上并没有收到或支付任何现金。在经济业务中,现金被认为是隐性的。就像Team Shirts通过借款得到现金,接着马上用它购买了电脑。

在编制现金流量表的筹资部分时,我们还需要查找其他的经济业务,包括偿还借款本金以及新的资本投入(比如发行股票);同时,还需要关注支付给股东的股利。2010年3月,Team Shirts没有发生这些经济业务。

9.7 汇总

当我们把已经编制好的经营活动产生的现金与投资、筹资活动信息汇总后,就有了完成现金流量表所需要的所有信息。如图表9.8的两张报表所示,我们用不同的方法编制报表,但是它们在格式和金额上是相似的。

图表9.8A 现金流量表(直接法)

Team Shirts
现金流量表
截至2010年3月31日
(单位:美元)

经营活动产生的现金	
从客户处收到的现金	150
向供应商支付的现金	(1 800)
为广告支付的现金	(50)
经营活动产生的现金净额	(1 700)

(续表)

投资活动产生的现金	
购买电脑	(1 000)[a]
投资活动产生的现金净额	(1 000)
筹资活动产生的现金	0
现金净增加(减少)额	(2 700)
期初现金余额	6 695
期末现金余额	3 995

[a] 购买电脑花费4 000美元,其中支付现金1 000美元并签了一张3 000美元的应付票据。

图表9.8B　现金流量表(间接法)

Team Shirts
现金流量表
截至2010年3月31日
(单位:美元)

经营活动产生的现金	
净收益	1 020
+折旧费用	100
-应收账款增加	(1 850)
-存货增加	(200)
+预付保险费减少	50
-应付账款减少	(800)
-其他应付款减少	(50)
+应付利息增加	30
经营活动产生的现金净额	(1 700)
投资活动产生的现金	
购买电脑	(1 000)[a]
投资活动产生的现金净额	(1 000)
筹资活动产生的现金	0
现金净增加(减少)额	(2 700)
期初现金余额	6 695
期末现金余额	3 995

[a] 购买电脑花费4 000美元,其中支付现金1 000美元并签了一张3 000美元的应付票据。

　　验证一下,图表9.4的资产负债表列示的现金金额在3月1日为6 695美元,在3月31日变为3 995美元,现金减少2 700美元。解释现金余额的这种变动是编制现金流量表的目的所在。

直接法和间接法总结

　　正如你所看到的,编制现金流量表有两种方法:直接法和间接法,GAAP都予以认同。直接法能够提供更直接的经营活动产生的现金的详细情况,因为它单独列示各项经营现金流量。公司采用直接法时,GAAP要求企业提供一张单独的调整表,将净收益调整为经营活动产生的现金流量净额,而这张调整表看起来正像是间接法下编制的现金流量表的经营部分。

通过利润表和当期资产负债表的期初期末余额来间接编制现金流量表更加容易,但是其列示的信息可能难以理解。采用间接法的公司必须在财务报表上对为利息支付的现金和为税费支付的现金分别进行披露,这是 GAAP 的要求。牢记在这两种方法下的投资活动和筹资活动部分是相同的,而且现金总的变动也是一样的。

9.8 应用你的知识:财务报表分析

图表9.9所示为 AutoZone 公司的现金流量表。首先,注意报表的格式。报表包括三个必需的部分:(1) 经营活动产生的现金流量;(2) 投资活动产生的现金流量;(3) 筹资活动产生的现金流量。其次,注意第一部分——经营活动提供的现金——采用间接法编制。

图表 9.9　AutoZone 现金流量表

此现金流量表采用间接法编制。

AutoZone 公司

现金流量表

(单位:千美元)

	截止日期		
	2008 年 8 月 30 日 (53 周)	2007 年 8 月 25 日 (52 周)	2006 年 8 月 26 日 (52 周)
经营活动产生的现金流量:			
净收益	641 606	595 672	569 275
将净收益调整为经营活动提供的现金净额			
固定资产折旧和无形资产摊销	169 509	159 411	139 465
摊销借款手续费	1 837	1 719	1 559
执行股票期权的所得税优惠	(10 142)	(16 523)	(10 608)
递延所得税	67 474	24 844	36 306
基于股份的薪酬费用	18 388	18 462	17 370
流动资产和流动负债变动			
应收账款	(11 145)	20 487	37 900
存货	(137 841)	(160 780)	(182 790)
应付账款和应计费用	175 733	186 228	184 986
应交所得税	(3 861)	17 587	28 676
其他项目(净额)	9 542	(1 913)	608
经营活动提供的现金净额	921 100	845 194	822 747
投资活动产生的现金流量:			
资本性支出	(243 594)	(224 474)	(263 580)
购买交易性金融资产	(54 282)	(94 615)	(159 957)
出售投资所获收益	50 712	86 921	145 369
处置资本资产	4 014	3 453	9 845
投资活动使用的现金净额	(243 150)	(228 715)	(268 323)

（续表）

	截止日期		
	2008年8月30日 （53周）	2007年8月25日 （52周）	2006年8月26日 （52周）
筹资活动产生的现金流量：			
商业票据贴现净额	(206 700)	84 300	(51 993)
发行债券收益	750 000	—	200 000
偿还债券	(229 827)	(5 839)	(152 700)
出售普通股所得收益	27 065	58 952	38 253
购买库存股	(849 196)	(761 887)	(578 066)
执行股票期权的所得税优惠	10 142	16 523	10 608
偿还融资租赁债务	(15 880)	(11 360)	—
其他项目	(8 286)	(2 072)	(3 778)
筹资活动使用的现金净额	(522 682)	(621 383)	(537 676)
汇率变化对现金的影响	539	—	—
现金和现金等价物的净增加（减少）额	155 807	(4 904)	16 748
现金和现金等价物的期初余额	86 654	91 558	74 810
现金和现金等价物的期末余额	242 461	86 654	91 558
补充的现金流量信息：			
支付利息，扣除资本化的利息成本净额	107 477	116 580	104 929
支付所得税	313 875	299 566	267 913
通过融资租赁获得的资产	61 572	69 325	—

9.8.1 经营活动产生的现金——AutoZone

报表以净收益为起点，然后对它的金额做出了相应的调整。观察所做的调整看你能否理解它们所提供的信息。例如，把折旧和摊销加回净收益来求得经营活动产生的现金净额，因为在开始计算净收益时折旧和摊销的金额已被扣除，但是它们并不是现金支出。通过把这部分金额加回净收益来转回之前对它的扣除。还有一些调整，可能超出了初级会计课程的范围，但是你应该明白做出这些调整的原因。这些调整是为了"消除"在计算净收益时所包含的非现金金额的影响。投资者追求的是经营活动产生的现金流量净额为正值。从长远来看，这对任何企业的持续经营都是至关重要的。

9.8.2 投资活动产生的现金——AutoZone

报表中投资活动部分把资本性支出列示为第一项。资本性支出包含的项目有不动产、厂房和设备。回想一下我们在第6章学过的资本性支出和收益性支出——把成本资本化和把成本费用化。这里就是AutoZone资本化的成本。报表中投资活动产生的现金流量部分列示的其他项目包括与AutoZone日常生产经营无关的因购买和处置长期资产产生的现金流入与流出。当AutoZone购买这类资产并出售是作为企业日常生产经营过程的一部分时，产生的现金流量应该属于第一部分——经营活动提供的现金。

现金流量表中投资活动产生的现金流量部分给出了关于公司未来计划的信息。投资不动产、厂房和设备可能预示着扩张，或者至少是关注公司基础设施的持续更新。长期来看，公司对基础设施的投资不足可能会引发问题。

9.8.3 筹资活动产生的现金——AutoZone

现金流量表中筹资活动产生的现金流量部分反映了与企业筹资方式有关的现金流量。有的项目是可以确认的——发行债券和出售普通股所得的收益。注意AutoZone花费了大量的金额回购自己的股票。这个部分列示的所有项目都与AutoZone的筹资有关。把这些信息与资产负债表提供的信息相结合,就会为财务报表使用者描绘出公司筹资方式的全景。

9.8.4 现金流量表的其他特征

我们还需要考虑报表的另外两个特征。第一,在计算当年现金净增加额或者净减少额的过程中,报表包含了从期初现金余额到期末现金余额的调整。第二,它还披露了补充信息,关于为缴纳利息和税费而支付的现金。这是GAAP要求的。信息不一定总是列示在现金流量表上,但是如果在报表上不能找到相关信息,那么可以到附注中去找。

9.8.5 自由现金流量

在分析现金流量表时,经理和分析师经常计算出一个数字,被称为**自由现金流量**(free cash flow)。自由现金流量被定义为经营活动产生的现金净额减去股利以及资本支出。它能够衡量企业进行长期投资的能力,有时它也能衡量企业的财务灵活性。截至2008年8月30日的会计年度,AutoZone的自由现金流量非常充裕:921 100万美元 − 243 600万美元 = 677 500万美元。查阅前两年的资本支出,你会发现677 500万美元足以支持AutoZone进行新的投资。

思考题9-5

DRP公司报告的经营活动产生的现金流量为45 600美元。假设公司用现金购买了价值为25 000美元的长期资产,而且在本年没有支付任何股利。公司本年的平均流动负债金额为40 000美元。那么公司本年的自由现金流量是多少?

商业视角

烧钱率(cash burn rate)

通用汽车存在现金问题。在2008年第三季度,公司亏损42亿美元,每个季度的现金开销约为69亿美元。2009年第一季度,公司报告了60亿美元的净亏损,每个季度的现金开销为102亿美元。

企业消耗自有现金的速度被称为烧钱率。通用汽车的烧钱率在2008年和2009年年初就敲响了警钟。在2009年1月,通用汽车按第十一章破产法申请了破产保护。

持有充足的现金是生存之本。当企业没有现金,又不能借到钱时,就很可能破产。但是,为了把耗尽现金的风险降到最低,所有企业都可以采取相应的措施。

第一,计划必不可少。现金预算是所有预算的重要组成部分。要知道你的烧钱率!在准备现金预算时,企业要估计自己什么时候能收到现金,什么时候会支出现金。在这个过程中,就会发现面临现金短缺的潜在性。知道现金流量的循环周期可以使得公司在现金短缺时通过取得信贷额度或者短期借款来拯救企业,在现金充裕时计划如何偿还短期借款。

第二,管理现金流量很重要。管理的一个重要职能就是确保公司应收账款和存货管理的有效性。保证产能以及合适的信贷政策也是这个功能的一部分。公司不想在应收款项和存货上套牢太多现金,因此必须找到一个平衡点。定期收取应收账款是管理现金流量的重要组成部分。

通用汽车存在的问题一直复杂而密集,但是却在耗尽现金的那一刻破产了。即使是美国政府几亿美元现金的救助也阻止不了它的破产。

虽然华尔街极其强调企业盈余——净收益——的重要性,但是现金流量同样很重要。在某种意义上,管理现金比管理盈余更重要。俗语"现金为王"还是有一定道理的。

资料来源:"GM's Crippling Burn Rate," *Business Week*, November 7, 2008, and "Time To Cut Our Losses? GM's Cash Burn Rate Increases To An Alarming $113 MILLION A Day!" AutoSpies.com, May 7, 2009.

现金流量表为经理、债权人以及投资者提供了重要的信息。在公司年报中,现金流量表和其他三张基本财务报表——利润表、资产负债表、所有者权益变动表——一起列报,为评估公司经营状况提供信息,并为预测公司发展潜力提供基础。

9.9 经营风险、控制和伦理

在第4章我们已经学习了公司为了将与现金相关的风险降到最低所应采取的控制措施。现在我们来探讨一下投资者所面临的与现金流量表相关的风险。误导性的财务报表通常是利润表和资产负债表,像安然和世通都是因此败落。因为经理很难对现金流入与现金流出作假,所以很少有人想到通过现金流量表来检验企业管理层的伦理。但是,经理确实会操控现金流量的分类。因为分析师经常追求的是经营活动产生的现金流量净额为正值,所以尤其对于知名公司来讲,企业经理为了确保现金流量的这一部分为正值,会有些压力。企业有可能采用与世通一样的操控手段,即把本应属于利润表的费用作为资产负债表的长期资产处理。有人会错把经营活动产生的现金流出作为投资活动产生的现金流出处理,这就完全扭曲了此项支出的性质。营业费用是经营活动的成本,所以投资者想看到小一点的数字。投资活动产生的现金流出通常是预示未来企业实现增长的信号,所以投资者希望看到大一点的数字。

现金流量表包含大量信息,当你在分析企业财务报表时,需要对它进行审慎的考虑。与其他财务报表提供的信息是一个道理,只有在企业管理层遵守伦理道德的前提下,现金流量表提供的信息才可靠。

本章要点总结

- 现金流量表解释了现金从会计期间的期初到期末发生的变动——当期资产负债表金额和下期资产负债表金额。
- 现金流量可以划分为经营活动产生的现金、投资活动产生的现金以及筹资活动产生的现金。现金流量表分别报告这三类现金流量。
- 编制现金流量表有两种方法——直接法和间接法。直接法会直接列示所有的经营现金流入与流出。而间接法以净收益为起点,调整所有的非现金项目,折旧费用、出售长期资产的利得或损失是典型的非现金项目。间接法下还会根据流动资产(不包括现金)以及流动负债的变动进行调整。这两种方法完成了现金流量表中对经营活动产生的现金部分的报告。另外两个部分——投资活动产生的现金和筹资活动产生的现金——在两种类型的现金流量表上的列示都是一样的。
- 自由现金流量是从经营活动产生的现金净额中扣除对长期资产的投资和支付的现金股利之后的现金净额。它能够衡量企业能有多少资金进行长期投资。

- 在投资企业前,看一下企业的现金流量表。成长中的或成熟的企业的经营活动产生的现金流量净额都应该是正值。投资现金流量可能让你对企业的未来规划有更多的了解。一定要看企业几年的现金状况,然后把企业现金的来源和用途与其竞争者进行对比。

本章问题总结

假设 Attic Treasures(一家零售店)提供了下面的比较资产负债表和相应的利润表(注意右边一列是最近年度的。在比较财务报表中注意时间的排列顺序是很重要的)。假设公司在这一年中没有购买任何的不动产、厂房和设备。

Attic Treasures
比较资产负债表
(单位:美元)

	2008 年 1 月 30 日	2009 年 1 月 30 日
资产		
现金	23 000	39 200
应收账款	12 000	23 450
商品存货	25 200	28 100
预付租金	6 000	5 500
不动产、厂房和设备	79 500	70 000
累计折旧	(24 000)	(29 000)
资产合计	121 700	137 250
负债和所有者权益		
应付账款	12 300	26 200
应交所得税	10 000	8 100
长期应付票据	39 700	25 800
普通股和资本溢价	18 500	20 000
留存收益	41 200	57 150
负债和所有者权益合计	121 700	137 250

Attic Treasures
利润表
截至 2009 年 1 月 29 日
(单位:美元)

销售收入		234 900
商品销售成本		178 850
毛利		56 050
销售费用	24 000	
管理费用*	8 500	32 500
营业收益		23 550
利息费用		1 200
税前收益		22 350
所得税费用		3 400
净收益		18 950

*包括租金费用 2 000 美元和折旧费用 6 000 美元。

➡ 要求

编制现金流量表。老师会告诉你采用间接法还是直接法(或用两种方法)编制。

➡ 答案

直接法

为了用直接法编制现金流量表的经营活动产生的现金部分,需要顺着利润表往下,通过相应的流动资产和流动负债账户的变动,把权责发生制下的金额转化成现金金额。

1. 把销售收入转化为从客户处收到的现金。

销售收入 = 234 900 美元。

应收账款从 12 000 美元到 23 450 美元的增加额 = 11 450 美元。

应收账款的增加额是 Attic Treasures 尚未收到现金的销售收入金额,所以从客户处收到的现金 = 234 900 美元 – 11 450 美元 = **223 450 美元**。

2. 把商品销售成本转化为向供应商支付的现金。需要两步。

首先,把商品销售成本转化为采购总额。

商品销售成本 = 178 850 美元。

存货从 25 200 美元到 28 100 美元的增加额 = 2 900 美元的额外采购。

存货增加额加上商品销售成本等于采购总额 = 178 850 美元 + 2 900 美元 = 181 750 美元。

然后,把采购总额转化为向供应商支付的现金。

采购总额 = 181 750 美元。

应付账款从 12 300 美元到 26 200 美元的增加额 = 13 900 美元,表示未支付购货款的采购。所以向供应商支付的现金为 181 750 美元 – 13 900 美元 = **167 850 美元**。

3. 把销售费用转化为销售费用支付的现金。因为没有流动资产和流动负债的变动与销售费用(比如应计销售费用)有关,所以 Attic Treasures 必须用现金全额支付这部分金额。因此为销售费用支付的现金 = **24 000 美元**。

4. 把管理费用转化为管理费用支付的现金。

管理费用 = 8 500 美元。这其中包括 2 000 美元的租金费用和 6 000 美元的折旧费用。因此,我们可以把管理费用分解成如下费用:租金费用,2 000 美元;折旧费用,6 000 美元;其他费用,500 美元。

首先,租金费用和资产负债表上的预付租金有关。预付租金由 6 000 美元减少到 5 500 美元,表明公司用了之前(去年)已经支付的租金,因此预付租金的减少使得租金费用减少 500 美元从而得到为租金支付的现金 = 2 000 美元 – 500 美元 = 1 500 美元。

折旧费用是一项非现金费用,因此并没有与之相关的现金流量。

500 美元的其他费用一定是全额现金支付,因为资产负债表上没有与它相关的流动资产或流动负债的变动。因此,为管理费用支付的现金总额 = 1 500 美元 + 500 美元 = **2 000 美元**。

5. 把利息费用转化为利息支付的现金。

利息费用 = 1 200 美元。

利息费用是全额现金支付,因为资产负债表上没有与它相关的流动资产或流动负债的变动。为利息费用支付的现金 = **1 200 美元**。

6. 把所得税费用转化为所得税支付的现金。

所得税费用 = 3 400 美元。

应交所得税从 10 000 美元到 8 100 美元的减少额 = 1 900 美元,表示比利润表上列示的所得税费用额外多支付的所得税。

为所得税支付的现金 = 3 400 美元 + 1 900 美元 = **5 300 美元**。

现在你已经把利润表上的所有项目都转化成了现金流入和现金流出,可以编制现金流量表的第一部分。

单位:美元

经营活动产生的现金:	
从客户处收到的现金	223 450
向供应商支付的现金	(167 850)
为销售费用支付的现金	(24 000)
为管理费用支付的现金	(2 000)
为利息支付的现金	(1 200)
为所得税支付的现金	(5 300)
经营活动产生的现金净额	23 100

7. 计算投资活动产生的现金。对长期资产的分析表明不动产、厂房和设备减少了9 500美元。金额减少是由处置资产引起的。因为利润表上没有报告长期资产的处置利得或损失,资产一定是按账面价值出售的。不动产、厂房和设备的金额减少了9 500美元(被出售的不动产、厂房和设备的成本),累计折旧账户增加了5 000美元。利润表上报告的这一年的折旧费用是6 000美元。如果累计折旧只增加了5 000美元,那么1 000美元一定是已经被扣除。这意味着出售的不动产、厂房和设备的账面价值为8 500美元(9 500 - 1 000)。因为没有处置利得或损失,因此公司收到的处置收入等于账面价值。所以现金流入——收入——由处置不动产、厂房和设备产生的是一项8 500美元的投资现金流入。

8. 计算筹资活动产生的现金流量,需分析长期负债和股东权益账户的变动。长期应付票据由39 700美元减少到25 800美元,这其中一定有**13 900美元**的现金流出。普通股和资本溢价增加了**1 500美元**,这其中一定包含因发行1 500美元的股票而导致的现金流入。最后,看一下公司是否在这一年宣告发放股利。留存收益由41 200美元到57 150美元的增加额 = 15 950美元。与净收益相比有差额吗?净收益为18 950美元,但是留存收益仅增加了15 950美元,所以差额3 000美元一定是宣告发放的股利。没有列示应付股利说明已经发放了股利。

现在你可以采用直接法汇总报表。

Attic Treasures
现金流量表——直接法
截至2009年1月29日
(单位:美元)

经营活动产生的现金	
从客户处收到的现金	223 450
向供应商支付的现金	(167 850)
为销售费用支付的现金	(24 000)
为管理费用支付的现金	(2 000)
为利息支付的现金	(1 200)
为所得税支付的现金	(5 300)
经营活动提供的现金净额	23 100
投资活动产生的现金	
出售不动产、厂房和设备的现金收入	8 500

筹资活动产生的现金	
偿还借款本金	(13 900)
发行股票的现金收入	1 500
支付的现金股利	(3 000)
筹资活动使用的现金净额	(15 400)
本年现金净增加额	16 200
期初现金余额	23 000
期末现金余额	39 200

间接法

采用间接法编制现金流量表，以净收益为起点，然后通过所有非现金费用、流动资产（不包括现金）和流动负债的变动来调整净收益。其他两个部分——投资活动产生的现金和筹资活动产生的现金——与直接法一致。

Attic Treasures

现金流量表——间接法

截至 2009 年 1 月 29 日

（单位：美元）

经营活动产生的现金	
净收益	18 950
加：折旧费用	6 000
减：应收账款增加	(11 450)
减：存货增加	(2 900)
加：预付租金减少	500
加：应付账款增加	13 900
减：应交所得税减少	(1 900)
经营活动产生的现金净额	23 100
投资活动产生的现金	
出售不动产、厂房、设备的现金收入	8 500
筹资活动产生的现金	
偿还借款本金	(13 900)
发行股票的现金收入	1 500
支付的现金股利	(3 000)
筹资活动使用的现金流量净额	(15 400)
本年现金净增加额	16 200
期初现金余额	23 000
期末现金余额	39 200

关键词

直接法　　　　自由现金流量　　　　间接法

思考题答案

思考题 9-1

差异在于经营活动产生的现金流量部分。在直接法下,会确认每笔现金流量,而间接法以净收益为起点并把它调整成现金金额。但是不管用哪种方法,经营活动产生的现金流量净额都是一样的。另外两个部分——投资活动产生的现金和筹资活动产生的现金——在两种方法下都是一样的。

思考题 9-2

$50\,000 + (25\,000 - 15\,000) = 60\,000$(美元)

这是经营活动产生的现金流量。

思考题 9-3

$400 - (350 - 250) = 300$(美元)

这是经营活动产生的现金流量。

思考题 9-4

以净收益为起点,加回折旧费用:50 000 美元 + 7 000 美元 = 57 000 美元。然后,扣除应收账款的增加额 2 000 美元。净收益中包括赊销收入,但是如果还没有收到现金就应该把这部分扣除。再加上应付职工薪酬增加的 500 美元。在利润表中扣除的工资费用中,有一部分在资产负债表日仍没有支付。

50 000 美元 + 7 000 美元 - 2 000 美元 + 500 美元 = 55 500 美元,这是经营活动产生的现金净额。

思考题 9-5

自由现金流量 = 经营活动产生的现金净额 - 长期资产的购买 - 股利 = 45 600 - 25 000 - 0 = 20 600(美元)

问题

1. 编制现金流量表的目的是什么?
2. 编制现金流量表需要使用哪两种财务报表?
3. 描述能够解释当年现金发生的所有变化的三种现金流量类别。
4. 为什么现金流量表很重要?
5. 编制现金流量表的两种传统的方法是什么?这两种方法之间有什么区别?
6. 哪种经济业务会产生经营活动现金流量?列举三种能够划分为经营活动产生的现金流量的经济业务。
7. 哪种经济业务会产生投资活动现金流量?列举三种能够划分为投资活动产生的现金流量的经济业务。
8. 哪种经济业务会产生筹资活动现金流量?列举三种能够划分为筹资活动产生的现金流量的经济业务。
9. 在直接法下编制现金流量表时如何处理折旧费用?在间接法下呢?
10. 在确定从客户处收到的现金时,应该分析哪些账户?如何对这些现金流量进行分类?
11. 在确定出售建筑物所获收入时,应该分析哪些账户?如何对这些现金流量进行分类?

12. 在确定向供应商支付的现金时,应该分析哪些账户?如何对这些现金流量进行分类?
13. 在确定为股利支付的现金时,应该分析哪些账户?如何对这些现金流量进行分类?
14. 收取或支付的利息在现金流量表上如何进行分类?
15. 定义自由现金流量并解释这个金额表明公司的什么状况。
16. 为使企业的经营状况给投资者留下更好的印象,企业可能会怎样对现金流量表造假?

单选题

根据以下信息回答第1—3题。

Quality Products 在5月发生以下现金业务:

单位:美元

购买存货	5 000
由借款产生的现金收入	7 000
为利息支付的现金	400
从销售收入中收到的现金	26 500
新发行的股票	25 000
向职工支付的工资	4 600
购买新的送货车	20 000

(注意:答案中带括号的数字表示现金流出)

1. 筹资活动产生的现金净额是多少?
   a. 7 000 美元 b. 25 000 美元 c. 31 600 美元 d. 32 000 美元
2. 投资活动产生的现金净额是多少?
   a. (20 000)美元 b. (25 000)美元 c. 25 000 美元 d. 32 000 美元
3. 经营活动产生的现金净额是多少?
   a. 26 500 美元 b. (3 500)美元 c. 16 500 美元 d. 16 900 美元
4. 出售库存股所得现金(　　)。
   a. 不会包括在现金流量表中 b. 划分为抵减权益的现金流量
   c. 划分为投资活动现金流量 d. 划分为筹资活动现金流量
5. 出售建筑物的现金收入是(　　)。
   a. 建筑物成本 b. 建筑物的账面价值
   c. 账面价值加上利得或减去损失 d. 在适合的财务报表中列示在筹资部分
6. 如果一家企业投资现金流入净额为5 000美元,筹资现金流入净额为24 000美元,本年现金净增加额为12 000美元,那么经营活动产生的现金净额是多少?
   a. 现金流入净额17 000美元 b. 现金流入净额29 000美元
   c. 现金流出净额17 000美元 d. 现金流出净额19 000美元
7. 本年度的折旧费用为50 000美元,净收益为139 500美元。如果公司除了与长期资产相关的业务外,其余都是现金业务,那么经营活动产生的现金净额是多少?
   a. 139 500 美元 b. 189 500 美元
   c. 89 500 美元 d. 根据给定信息无法确定

根据以下信息回答第 8—10 题。

Frances 公司截至 2011 年 12 月 31 日的会计年度利润表和补充信息如下：

Frances 公司
利润表
截至 2011 年 12 月 31 日
（单位：美元）

销售收入		400 000
费用：		
商品销售成本	165 000	
工资费用	70 000	
折旧费用	55 000	
保险费用	20 000	
利息费用	10 000	
所得税费用	18 000	338 000
净收益		62 000

应收账款减少 12 000 美元，存货增加 6 000 美元，应付账款减少 2 000 美元，应付职工薪酬增加 8 000 美元，预付保险费增加 4 000 美元，利息费用和所得税费用等于它们的现金金额。Frances 公司采用直接法编制现金流量表。

8. Frances 公司在 2011 年从客户处收到多少现金？
   a. 400 000 美元　　　b. 412 000 美元　　　c. 406 000 美元　　　d. 388 000 美元
9. Frances 公司在 2011 年向供应商支付了多少现金？
   a. 173 000 美元　　　b. 165 000 美元　　　c. 167 000 美元　　　d. 163 000 美元
10. 当年 Frances 公司为保险支付了多少现金？
    a. 20 000 美元　　　b. 24 000 美元　　　c. 16 000 美元　　　d. 48 000 美元

简易练习

A 组

简易练习 9-1A　确认现金流量。给出下列现金业务，把每一笔经济业务划分为经营活动、投资活动或筹资活动产生的现金流量。
   a. 向职工支付完工工资
   b. 向股东支付股利
   c. 为新设备购置付款
   d. 为存货向供应商付款
   e. 向银行支付相关借款利息

简易练习 9-2A　计算和确认现金流量。College Television 公司在 2010 年 12 月 31 日的资产负债表上列示了 20 000 美元的备用品。2011 年度的利润表列示的备用品费用为 50 000 美元。在 2011 年 12 月 31 日的资产负债表上，备用品为 25 000 美元。如果没有赊购备用品（都是现金采购），那么在 2011 年 College Television 公司一共在备用品上花费了多少现金？这部分现金流出在现金流量表上如何分类？

简易练习9-3A 计算和确认现金流量。一座建筑物成本为55 000美元,在出售时,累计折旧为15 000美元,出售利得为5 000美元,而且是现金销售。在这笔经济业务中公司可以收到多少现金,在现金流量表中又如何分类?

简易练习9-4A 计算和确认现金流量。2010年的销售收入为50 000美元,商品销售成本为35 000美元。如果应收账款增加2 000美元,存货减少1 300美元,应付账款减少2 000美元,其他应计负债减少1 000美元,这一年向供应商支付的现金是多少?这笔经济业务产生的现金在现金流量表上如何分类?

简易练习9-5A 在间接法下对净收益进行调整。Lilly's公司在截至2010年6月30日会计年度的利润表中列示的销售收入为50 000美元。在这一年,应收账款余额增加7 500美元。根据给定信息,在采用间接法编制现金流量表的经营活动产生现金部分时,应该对净收益做出什么调整?公司在截至2010年6月30日的会计年度中从客户处收到的现金是多少?

简易练习9-6A 在间接法下对净收益进行调整。2011年,Mail Direct公司产生67 500美元的工资费用,列示在利润表中。在2011年1月1日资产负债表上列示的应付职工薪酬为10 450美元;在2011年12月31日资产负债表上列示的应付职工薪酬为13 200美元。根据给定信息,在采用间接法编制现金流量表中经营活动产生现金部分时,应该对净收益做出什么调整?在2011年一共(为工资)支付给职工多少现金?

简易练习9-7A 在间接法下计算和确认现金流量。本年Beta公司花费40 000美元购买一辆新的运输卡车。利润表上报告的与卡车相关的折旧费用是2 000美元。在采用间接法时,如何在现金流量上反映卡车的购买和相关折旧费用?

简易练习9-8A 在间接法下对净收益进行调整。2012年,Jewels公司的净收益是350 000美元。2012年固定资产的折旧为73 000美元,公司出售固定资产损失为20 000美元。其余都是现金业务。计算在间接法下经营活动产生的现金净额。

简易练习9-9A 计算和确认现金流量。C&S Supply公司的留存收益期初余额为125 000美元,期末余额为150 000美元。当年净收益为80 000美元。是什么引起留存收益的变动?除了净收益之外,留存收益的变动在现金流量表上如何列示?

练习

A组

练习9-19A 确认现金流量。对以下各个项目,区分是现金流入还是现金流出,以及会出现在现金流量表的哪一部分。假设采用直接法。

项目	流入或流出	报表的哪一部分
a. 从客户处收到现金		
b. 股票发行收入		
c. 支付借款利息		
d. 偿还借款本金		
e. 为广告支付现金		
f. 出售库存股收入		
g. 从当地银行借款		
h. 支付给职工(工资)的现金		
i. 用现金购买设备		
j. 为存货向供应商支付现金		
k. 支付税费		

练习 9-20A 确认现金流量。对于每一项经济业务,指出现金流量的金额,指出各自会导致现金流入还是现金流出,并指出每笔现金流量会出现在现金流量表的哪一部分。假设采用直接法编制现金流量表。

经济业务	金额	流入或流出	报表的哪一部分
a. 发行每股面值为 1 美元的普通股 1 000 股,发行价格为每股 8 美元			
b. 购买价值 800 美元的备用品,支付现金 650 美元,剩余金额暂欠			
c. 从当地银行借款 9 500 美元以拓展业务			
d. 用 5 200 美元现金购买一批办公设备			
e. 赚取收入 16 000 美元,其中收到 8 500 美元的现金,剩余金额未收			
f. 偿还银行 6 000 美元的借款并付其 500 美元利息			
g. 雇用行政助理并支付其 750 美元现金			
h. 宣告并发放 875 美元现金股利			

练习 9-21A 采用直接法编制现金流量表中经营活动产生的现金部分。使用 Hargrove Dynamics 公司截至 2011 年 12 月 31 日的年度利润表,以及列示的期初和期末的比较资产负债表提供的信息,来编制直接法下现金流量表中经营活动产生的现金部分。

Hargrove Dynamics 公司
利润表
截至 2011 年 12 月 31 日
(单位:美元)

销售收入		120 000
商品销售成本		40 000
毛利		80 000
营业费用		
工资	7 500	
租金	10 200	
设施	4 800	
保险	1 500	24 000
净收益		56 000

从资产负债表中选出的账户如下:

单位:美元

账户	期初余额	期末余额
应收账款	5 000	15 000
存货	32 000	12 500
预付保险费	1 500	500
应付账款	12 000	17 500
应付职工薪酬	1 850	1 600
应付设施费	500	0

练习9-22A 采用间接法编制现金流量表中经营活动产生的现金部分。根据9-21A的信息,采用间接法编制现金流量表中经营活动产生的现金部分。然后,比较这张报表和在9-21A中编制的报表。它们之间有什么相同之处吗?不同之处呢?你觉得哪张报表信息量更大?

练习9-23A 计算现金变动。给定下列信息,计算本年现金变动情况。

单位:美元

从客户处收到的现金	31 000
出售车辆收到的现金	5 000
本年商誉摊销费用	3 200
发行股票收到的现金	75 000
为工资支付的现金	19 800
出售土地收到的现金	21 200
为其他营业费用支付的现金	14 000
为存货向供应商支付的现金	10 550

练习9-24A 计算经营活动产生的现金。根据给定的Very Heavenly Desserts公司的信息,计算以下项目的金额:

a. 为工资支付的现金
b. 为所得税支付的现金
c. 为存货支付的现金
d. 从客户处收到的现金
e. 发行股票的现金收入

摘自Very Heavenly Desserts公司的财务报表　　　　　单位:美元

	年度利润表	资产负债表	
		期初	期末
销售收入	67 000		
应收账款		8 800	3 500
工资费用	18 750		
应付职工薪酬		3 000	3 250
商品销售成本	31 200		
存货		11 600	9 500
应付账款		1 500	1 750
所得税费用	7 500		
应交所得税		1 500	1 600
普通股和股本溢价		500 000	750 000

练习9-25A 编制现金流量表中经营活动产生的现金部分并确定采用的方法。根据9-24A的信息计算Very Heavenly Desserts公司经营活动产生的现金流量,公司采用哪种方法编制现金流量表?

练习 9-26A　计算投资和筹资活动产生的现金流量。Voich Plumbing 公司 2011 年发生了以下事项：

1月10日	发行 160 000 美元的普通股
2月27日	与 Last Local 银行签订一张 15 000 美元的票据
5月12日	以 4 500 美元出售旧服务卡车，出售利得为 500 美元
5月30日	以 42 000 美元购进一辆新的服务卡车
8月15日	发放现金股利 5 400 美元
10月30日	以 25 000 美元现金购买一台新的电脑服务器
12月31日	向 Last Local 银行支付 1 500 美元的现金利息

计算公司 2011 年投资活动及筹资活动产生的现金净额。

练习 9-27A　采用直接法计算经营活动产生的现金。以下是 Quality Tech 公司的相关信息：

Quality Tech 公司
利润表
截至 2009 年 6 月 30 日
（单位：美元）

销售收入	75 000
商品销售成本	(25 000)
毛利	50 000
保险费用	(5 000)
净收益	45 000

1. 应收账款期初余额是 2 500 美元，期末余额是 500 美元。
2. 应付账款（给供应商）的期初余额是 5 000 美元，期末余额是 3 000 美元。存货的期末余额比期初余额多 1 000 美元。
3. 预付保险费期初余额是 5 000 美元，期末余额是 5 750 美元。

确定以下现金流量：
a. 当年因销售收入从客户处收到的现金；
b. 当年为存货向供应商支付的现金；
c. 当年为保险支付的现金。

练习 9-28A　采用间接法计算经营活动产生的现金。Brenda Textiles 公司报告 2011 年的净收益是 120 000 美元。公司还报告折旧费用为 35 000 美元，出售缝纫设备的损失为 2 500 美元。其比较资产负债表表明应收账款本年减少 5 000 美元，应付账款减少 2 500 美元，预付费用增加 1 980 美元。用间接法编制公司 2011 年现金流量表中经营活动产生的现金部分。

练习 9-29A　采用间接法计算经营活动产生的现金。以下信息摘自 Artist 公司 2009 年和 2010 年 12 月 31 日的资产负债表：

单位：美元

	2010	2009
流动资产		
现金	65 000	60 000
应收账款	10 000	30 000
存货	66 000	59 000
预付费用	50 000	23 500

（续表）

	2010	2009
流动资产合计	191 000	172 500
流动负债		
应付应计费用	8 500	4 500
应付账款	30 000	42 000
流动负债合计	38 500	46 500

2010 年的净收益是 21 000 美元，折旧费用是 11 000 美元。

采用间接法编制公司截至 2010 年 12 月 31 日的年度现金流量表中经营活动产生的现金部分。

练习 9-30A　采用直接法计算经营活动产生的现金。Stackhouse International 公司在 2010 年 6 月 30 日完成第一年的运营。年度利润表表明其收入是 250 000 美元，营业费用是 75 000 美元，应收账款期末余额是 71 000 美元，与营业费用相关的应付款项期末余额是 35 000 美元。用直接法计算经营活动产生的现金流量净额。

练习 9-31A　采用直接法计算经营活动产生的现金。在截至 2009 年 3 月 31 日的会计年度，Fins & Feathers Pet 公司发生了以下经济业务：

a. 收到应收账款 125 000 美元

b. 支付利息 5 000 美元

c. 赚取现金销售收入 225 000 美元

d. 支付 45 000 美元工资

e. 缴纳所得税 15 000 美元

f. 记录摊销费用 35 000 美元

g. 以 12 000 美元现金卖掉车辆

h. 向供应商支付 85 200 美元

i. 发行 375 000 美元的债券

j. 以 37 000 美元现金购买新车辆

k. 以 350 000 美元现金购买土地

l. 支付 29 800 美元的营业费用

根据相关经济业务，用直接法编制现金流量表中经营活动产生的现金部分。

练习 9-32A　采用间接法编制现金流量表。根据以下 Eriksen Sporting Goods 公司的信息，用间接法编制现金流量表。

Eriksen Sporting Goods 公司 比较资产负债表 （单位：美元）		
	2010 年 12 月 31 日	2009 年 12 月 31 日
资产		
现金	386 000	241 000
应收账款	128 000	120 000
存货	240 000	350 000
土地	190 000	240 000
设备	500 000	360 000

	2010 年 12 月 31 日	2009 年 12 月 31 日
		(续表)
累计折旧	(150 000)	(90 000)
资产合计	1 294 000	1 221 000
负债和股东权益		
应付账款	84 000	100 000
应付债券	320 000	440 000
普通股和股本溢价	400 000	360 000
留存收益	490 000	321 000
负债和股东权益合计	1 294 000	1 221 000

补充信息如下：

a. 截至 2010 年 12 月 31 日会计年度的净收益是 190 000 美元；

b. 公司宣告并发放了现金股利；

c. 公司用 120 000 美元现金赎回金额为 120 000 美元的应付债券；

d. 公司发行普通股，收到 40 000 美元现金。

练习 9-33A 分析现金流量表。以下信息摘自 Expansion 公司最近的现金流量表：

单位：美元

经营活动使用的现金净额	(932 000)
投资活动提供的现金净额	1 180 500
筹资活动提供的现金净额	2 107 000

1. 现金流量表中的这些分类汇总告诉你公司的什么信息？
2. 要分析公司在未来产生正的现金流量净额的能力，你还需要什么补充信息？
3. 公司在此期间的净收益是正值吗？为了预测其下一年的净收益你还需要什么信息？

难题

A 组

难题 9-49A 编制现金流量表（直接法或间接法）。以下是 Craig's Service 公司截至 2011 年 12 月 31 日会计年度的利润表，以及 2010 年和 2011 年 12 月 31 日的资产负债表。

Craig's Service 公司
利润表
截至 2011 年 12 月 31 日
（单位：千美元）

服务收入	92 000
费用：	
工资和薪酬	60 000
广告	10 000
租金	4 800

		(续表)
折旧	3 600	
备用品	5 200	
费用合计		83 600
税前收益		8 400
所得税费用		2 940
净收益		5 460
每股收益(美元)		0.55

Craig's Service 公司
比较资产负债表
(单位:千美元)

	2011年12月31日	2010年12月31日
资产		
流动资产:		
现金	6 910	3 500
应收账款	12 000	14 000
备用品	200	370
预付广告费	800	660
流动资产合计	19 910	18 530
不动产、厂房和设备		
设备	44 000	40 000
减:累计折旧	21 600	18 000
不动产、厂房和设备合计	22 400	22 000
资产合计	42 310	40 530
负债和股东权益		
流动负债:		
应付职工薪酬	2 700	3 300
应交税费	1 900	1 780
流动负债合计	4 600	5 080
股东权益:		
普通股	30 000	30 000
留存收益	7 710	5 450
	37 710	35 450
负债和股东权益合计	42 310	40 530

➡ **要求**

1. 分别采用直接法和间接法编制截至2011年12月31日会计年度的现金流量表。
2. 为什么现金流量表对公司以及公司外部群体那么重要?
3. 作为使用者,你更偏向哪一种格式——直接还是间接?为什么?
4. 评估公司当年使用现金的方式。你认为公司现金状况良好吗?
5. 计算公司的自由现金流量。

难题 9-50A 采用间接法计算经营活动产生的现金流量。以下信息摘自 Discovery Tech 公司在 2011 年和 2010 年 6 月 30 日的比较资产负债表。

单位：千美元

	2011 年 6 月 30 日	2010 年 6 月 30 日
流动资产：		
现金	2 750	2 115
应收账款	3 000	2 750
存货	1 700	1 025
预付保险费	270	320
流动资产合计	7 720	6 210
流动负债		
应付账款	1 800	1 750
应付职工薪酬	3 750	3 150
流动负债合计	5 550	4 900

截至 2011 年 6 月 30 日的年度净收益是 425 000 美元。在本年的营业费用中包含 105 000 美元的折旧费用。

➡ 要求

采用间接法编制公司截至 2011 年 6 月 30 日会计年度的现金流量表中经营活动产生的现金部分。

难题 9-51A 采用间接法计算经营活动产生的现金。以下信息来自 Moonlight Spa Treatments 公司在 2011 年和 2010 年 3 月 31 日的资产负债表：

单位：千美元

	2011	2010
流动资产：		
现金	3 765	3 005
应收账款	989	1 050
存货	1 500	1 000
预付租金	125	250
流动资产合计	6 379	5 305
流动负债		
应付账款	1 475	1 105
应付职工薪酬	1 700	1 960
流动负债合计	3 175	3 065

截至 2011 年 3 月 31 日的年度净收益是 105 700 美元。在本年的营业费用中包含 98 000 美元的折旧费用。

➡ 要求

编制公司 2011 年 3 月 31 日的现金流量表中经营活动产生的现金流量部分。采用间接法。

难题 9-52A 采用间接法计算经营活动产生的现金。有关 Burke Landscaping 公司截至 2009 年 6 月 30 日的会计年度信息如下：

单位：美元

	2008 年 7 月 1 日	2009 年 6 月 30 日
应收账款	356 000	302 000
预付保险费	76 000	32 000
存货	132 000	142 000

公司报告的截至 2009 年 6 月 30 日的会计年度净收益为 675 000 美元。包含在利润表中的折旧费用是 60 500 美元。

➡ **要求**

假设上面给出的是所有与现金流量表相关的信息。采用间接法编制公司在截至 2009 年 6 月 30 日的会计年度的现金流量表中经营活动产生的现金流量部分。

难题 9-53A 计算投资和筹资现金流量。为编制截至 2010 年 12 月 31 日会计年度的现金流量表，Sweet Confections 公司收集了下列信息：

单位：美元

出售土地利得	25 000
出售土地收入	170 000
发行债券（面值 150 000 美元）所得收入	135 000
债券折价摊销	3 500
宣告股利	34 000
发放股利	32 000
发行普通股	50 000

➡ **要求**

1. 编制现金流量表中投资活动产生的现金部分。
2. 编制现金流量表中筹资活动产生的现金部分。

难题 9-54A 计算投资和筹资现金流量。为编制截至 2011 年 6 月 30 日会计年度的现金流量表，Glavine Sports Products 公司收集了下列信息：

单位：美元

出售汽车损失	5 000
出售汽车收益	7 500
购买汽车	420 000
宣告股利	10 000
支付股利	5 000
出售库存股收入	65 000
偿还贷款本金	17 500
支付贷款利息	500

➡ **要求**

1. 编制现金流量表中投资活动产生的现金部分。
2. 编制现金流量表中筹资活动产生的现金部分。

难题 9-55A 计算投资和筹资现金流量。为编制截至 2012 年 12 月 31 日会计年度的现金流量表,McKinney Carterette Cataloging Specialists 公司收集了下列信息:

单位:美元

支付股利	17 750
购买库存股	25 000
银行贷款收入	55 000
出售设备利得	15 000
出售设备收入	30 000
出售普通股所得收入	175 000

➡ 要求

1. 编制现金流量表中投资活动产生的现金部分。
2. 编制现金流量表中筹资活动产生的现金部分。

难题 9-56A 分析现金流量表。使用下面 Matlock 公司的现金流量表来回答问题。

Matlock 公司
现金流量表
截至 2010 年 12 月 31 日
(单位:千美元)

经营活动产生的现金流量		
净收益		1 500
折旧费用	210	
应收账款减少	320	
存货增加	(70)	
预付租金增加	(10)	
应付账款减少	150	600
经营活动提供的现金净额		2 100
投资活动产生的现金流量		
购买设备	(1 000)	
出售旧设备收入	200	
投资活动使用的现金净额		(800)
筹资活动产生的现金流量		
偿还长期抵押贷款	(1 350)	
出售普通股所得收入	500	
支付现金股利	(200)	
筹资活动使用的现金净额		(1 050)
2010 年现金净增加(减少)额		(250)
2010 年 1 月 1 日现金余额		346
2010 年 12 月 31 日现金余额		596

➡ 要求

1. 在 2010 年公司如何使用其大多数现金?
2. 你从公司得到了哪些信息?

3. 在2010年公司是通过什么方式获得大多数现金的?
4. 从长远来看,这样的现金来源合理吗?解释原因。
5. 计算公司2010年的自由现金流量。

财务报表分析

财务报表分析9-1 分析现金流量表。使用 Borders Group 公司的财务报表(可以在网站 www.borders.com 上找到)来回答下列问题:

1. 在最近的会计年度,公司现金的主要来源和用途是什么?这说明了公司什么样的现金状况?
2. 有证据表明公司在扩张吗?如果有,是什么证据?

财务报表分析9-2 分析现金流量表。下面的现金流量表摘自 First Solar 公司2008年年报。

First Solar 公司及其子公司
合并现金流量表
(单位:千美元)

	截至 2008年12月27日	2007年12月29日	2006年12月30日
经营活动产生的现金流量			
从客户处收到的现金	1 203 822	515 994	110 196
向供应商和合伙人支付的现金	(723 123)	(276 525)	(111 945)
收到的利息	19 138	19 965	2 640
支付的利息,扣除资本化的利息成本净额	(4 629)	(2 294)	(712)
缴纳所得税,退税后净额	(1 975)	(19 002)	—
以股份为基础的补偿的额外税收收益	(28 661)	(30 196)	(45)
其他	(1 505)	(1 991)	(710)
经营活动提供(使用)的现金净额	463 067	205 951	(576)
投资活动产生的现金流量			
购买不动产、厂房和设备	(459 271)	(242 371)	(153 150)
购买交易性金融资产	(334 818)	(1 081 154)	—
交易性金融资产到期所获收入	107 450	787 783	—
出售交易性金融资产收入	418 762	—	—
限制投资增加	(15 564)	(6 008)	(6 804)
对关联方的投资	(25 000)		
收购,扣除收购的现金净额	—	(5 500)	—
其他长期资产投资	—	—	(40)
投资活动产生的现金净额	(308 441)	(547 250)	(159 994)
筹资活动产生的现金流量			
发行普通股所得收入	—	365 969	302 650
与关联方产生的应付票据收入	—	—	36 000
向关联方偿还应付票据			(64 700)

(续表)

	截至 2008年12月27日	2007年12月29日	2006年12月30日
偿还长期负债	(41 691)	(34 757)	(135)
其他权益贡献	—	—	30 000
执行股票期权收入	16 036	10 173	100
发行债券收入,扣除发行成本净额	138 887	49 368	130 883
以股份为基础的补偿的额外税收收入	28 661	30 196	45
经济发展基金收入	35 661	9 475	16 776
其他筹资活动	(5)	(3)	(9)
筹资活动产生的现金净额	177 549	430 421	451 550
汇率变化对现金的影响	(20 221)	7 050	391
现金和现金等价物的净增加额	311 954	96 172	291 371
现金和现金等价物的期初余额	404 264	308 092	16 721
现金和现金等价物的期末余额	716 218	404 264	308 092

回答下列问题:

1. 在最近的会计年度,公司的主要现金来源是什么?
2. 公司在拓展业务吗?现金流量表上有证据支持你的观点吗?
3. 公司在最近的会计年度发行新的股票了吗?发行新债券了吗?
4. 当公司采用直接法时,必须提供一张把净收益调整为经营活动产生的现金流量净额的调节表。这是什么意思?你认为这个要求会阻止直接法的使用吗?

财务报表分析9-3 分析现金流量表。Chico's Fas 公司截至 2009 年 1 月 31 日、2008 年 2 月 2 日以及 2007 年 2 月 3 日会计年度的现金流量如下:

Chico's Fas 公司及其子公司
合并现金流量表
(单位:千美元)

	截至 2009年1月31日	2008年2月2日	2007年2月3日
经营活动产生的现金流量			
净(亏损)收益	(19 137)	88 875	166 636
将净收益(亏损)调整为经营活动提供的现金净额			
折旧和摊销,商品销售成本	8 782	10 386	7 564
折旧和摊销,其他	88 790	81 593	61 840
递延所得税收益	(20 507)	(6 635)	(22 324)
基于股份的薪酬费用,商品销售成本	2 769	4 909	6 004
基于股份的薪酬费用,其他	9 821	12 171	15 237
以股份为基础的补偿的额外税收收益	(100)	(209)	(2 365)
递延租金费用,净额	6 060	9 508	6 867
商誉减值	—	—	6 752
出售投资所获收益	—	(6 833)	—

(续表)

截至	2009年1月31日	2008年2月2日	2007年2月3日
长期资产减值	13 691	—	—
处置不动产和设备利得(损失)	761	(908)	826
资产减少(增加)——			
应收款项,净额	3 766	(18 770)	(4 517)
应收所得税	12 267	—	—
存货	11 847	(32 388)	(14 696)
预付费用和其他	4 224	(3 958)	(3 676)
负债(减少)增加——			
应付账款	(22 488)	24 119	7 532
应计和其他递延负债	(1 100)	46 787	57 314
调整合计	118 583	119 772	122 358
经营活动提供的现金净额	99 446	208 647	288 994
投资活动产生的现金流量			
购买交易性金融资产	(569 538)	(1 212 894)	(162 690)
出售交易性金融资产所得收入	587 809	1 190 761	325 894
购买Fitigues资产	—	—	(7 527)
购买Minnesota特许经营权和商店	—	(32 896)	—
收购其他专营店	—	(6 361)	(811)
出售土地收入	—	13 426	—
出售投资收入	—	15 090	—
购买不动产和设备	(104 615)	(202 223)	(218 311)
投资活动使用的现金净额	(86 164)	(235 097)	(63 445)
筹资活动产生的现金流量			
发行股票收入	306	3 533	6 402
以股份为基础的补偿的额外税收收益	100	209	2 365
为递延融资成本支付的现金	(629)	—	—
回购普通股	(311)	(694)	(200 148)
筹资活动(使用)提供的现金净额	(534)	3 048	(191 381)
现金和现金等价物净增加(减少)额	12 748	(23 402)	34 168
现金和现金等价物期初余额	13 801	37 203	3 035
现金和现金等价物期末余额	26 549	13 801	37 203
现金流量补充信息披露:			
为利息支付的现金	159	461	107
为所得税支付的现金,净额	13 591	74 563	105 646
非现金的投资和筹资活动:			
因出售土地获得应收票据	—	25 834	—
出售权益性投资获得应收款项	—	2 161	—

附加信息是合并财务报表不可缺少的一部分。

回答下列问题:

1. 公司是采用直接法还是间接法编制现金流量表?

2. 在最近的会计年度应收账款增加了还是减少了?
3. 为什么折旧(一项非现金费用)包含在现金流量表中?
4. 在三年中有两年的报表上存货都列示为负值(被扣除)。分别描述这两年存货账户余额发生了什么变动?
5. 在最近的会计年度应付账款账户的余额是增加还是减少了?请解释。
6. 你认为公司在扩张吗?找出数据支持你的答案。
7. 计算公司这三年的自由现金流量。算出的值能说明什么?
8. 你在公司的现金流量模式中发现了什么特别的风险吗?

批判性思考题

风险与控制

公司要想成功,必须预测现金流量。什么证据能帮助你评估企业是否做了充足的现金规划呢?在公司年报中是否包含能帮助你做出评估的信息呢?

伦理

经过两年的运营之后,Lucky Ladder 公司决定向银行申请贷款来为一家新店筹资。虽然公司一直很成功,但是它从来没进行过现金预算。公司的所有者运用前两年的业务信息来重建现金预测。他把新的预测和财务报表一起报告,就好像这是公司之前编制好的计划的一部分。你认为这种行为道德吗?在相同的情况下你会怎么做?为什么?

小组作业

准备一堂课讨论现金流量表的格式,把直接法分配给班内二分之一的小组,间接法分配给剩下的小组。每一小组准备在自己分到的方法下编制现金流量表经营活动部分的优势。方法的理论和实践方面都要考虑。参考财务报表分析 9-2 中 First Solar 公司的现金流量信息。

网络练习:Carnival 公司

Carnival 公司引以为傲的是成为"世界上最受欢迎的邮轮航线"——因提供很多不同品质的游轮度假而独一无二。登录 www.carnival.com,点击"关于 Carnival:投资者关系"。你会发现 SEC 关于 Carnival 公司的报告。找出 2009 年 1 月 29 日公司在 10-K 中报告的 2008 年年报。

网络练习 9-1 使用 10-K 回答下列问题:
1. 公司经营几条不同的航线。找出并列举 3 条。
2. 在过去的五年中,公司一共投入使用了几艘新船?
3. 为船只支付的费用是资本性支出还是收益性支出?在现金流量表上,应该在哪种业务活动类别下报告这部分支出?

网络练习 9-2 找到年度现金流量表(在 2008 10-K 的第 F-3 页)回答下列问题:
1. 公司采用直接法还是间接法编制现金流量表?你是怎样做出判断的?方法的选择会影响哪一种业务活动部分?
2. 在最近的会计年度,列出在现金流量表中报告的三种主要活动类型的现金流入或现金流出的净额。哪一种类型的活动提供的现金最多?有利还是不利?

3. 在最近的会计年度,净收益和经营活动产生的现金净额报告的金额是多少？这些金额一样吗？解释为什么一样或为什么不一样。

4. 在最近的会计年度,公司报告了资本性支出的现金流入或流出吗？有利还是不利？解释原因。你认为这些资本性支出的目的是什么？资本性支出的净额是多少？哪个业务活动部分报告这些信息？

5. 在最近的会计年度,公司支付了多少现金股利？发行或注销过普通股吗？那么发行或注销的净额是多少？在最近的会计年度,公司发行或注销过长期负债吗？那么发行或注销的净额是多少？哪个业务活动部分报告这些信息？

6. 现金流量表表明公司的现金和流动性状况强还是弱？

第10章 运用财务报表分析评估企业业绩

学习目标

当你学完本章,你应该能够:

1. 确认并解释净收益的构成。
2. 对财务报表信息进行横向分析和纵向分析,并解释。
3. 对财务报表进行基本比率分析,并解释比率含义。
4. 识别股票投资风险,并解释如何控制这些风险。
5. (附录10A)定义综合收益并解释它如何变动。
6. (附录10B)解释如何估值并报告一家企业对另一家企业的交易性金融资产投资。

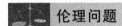
伦理问题

第一次步入正轨

会计信息是投资者评估企业业绩时使用的财务信息的重要组成部分。作为投资者,你需要对企业报告的盈余充满信心。我们指望编制财务报表的人员和独立审计师能呈现可靠的财务信息。但是,错误难以避免。当企业出差错后,可能需要进行盈余重述。对投资者有个好消息:公司财务重述的数量由 2007 年的 1 235 个降到 2008 年的 869 个。这是重述数量连续第二年下降。重述数量在《萨班斯-奥克斯利法案》出台之后达到最低水平。重述所覆盖的时间段(479 天),以及要求调整的规模(平均 610 万美元)都低于前两年。

你可能认为在重述数据方面的重大进步与《萨班斯-奥克斯利法案》中企业财务报告要包括有效的内部控制的条款有关。或许这与法律对经理道德准则的要求,或者与企业报告可疑欺诈案件的举报热线有关。不管原因是什么,这个受到好评的趋势与公司会计和可靠的财务报表是分不开的。

10.1 进一步探究利润表

你已经学到很多关于基本财务报表以及会计人员如何记录、汇总并报告经济业务的知识。在财务报表上有很容易就能看出的信息,也有很难看出的信息。透过数字大小和来源挖掘数字深层次的含义是很重要的。我们已经看过了财务报表的各个部分。现在我们将观察所有的财务报表并回答以下问题:财务报表提供了什么信息?信息代表什么含义?如何利用这些信息?

在开始具体分析财务报表之前,我们需要更进一步探究利润表的一些特征。因为盈余——净收益——是财务报告的焦点,公司担心的是现有和潜在的投资者将会如何解读公司每季度的盈余公告。指控公司操纵盈余从而使盈余看起来比实际值更高的现象屡见不鲜。在努力使盈余的构成清晰且向财务报表使用者提供其应该代表的信息的过程中,财务会计准则委员会要求两个项目必须与企业正常盈余分开列示。单独列示这两个项目的主要原因在于它们不是企业持续性盈余的一部分。报告的盈余是一个用来预测未来盈余的金额,但是下面两个项目预计不会在未来重复出现:(1)终止经营;(2)非常项目。

10.1.1 终止经营

如果留意财经新闻,则你应该听说过公司出售部门的事件。Darden Restaurants 公司在 2006、2007、2008 年的利润表上列示了终止经营。在这期间,Darden 出售了它的 Smokey Bones 餐厅,并关闭了很多 Bahama Breeze 餐厅。此类经济业务的利得或损失在利润表上单独列示。企业经常会评估各部门对企业利润的贡献。如果一个部门不盈利或不再适应企业的战略,企业可能会出售它来保持盈利或改变企业的重心。被终止经营的公司组成部分被称为**终止经营(discontinued operations)**。

在 GAAP 和 IFRS 下,当企业终止经营部门时,其所涉及的财务问题会与企业的正常经营分开列示。为什么分开列示是有用的?因为盈余是一个重要的数字,用来评估公司业绩和预测未来业绩。为使评估和预测更有意义,一次性经济业务应该与重复性经济业务分开。分开列示允许投资者把一次性经济业务看成企业正常经营的例外。除了处置利得或损失外,会计期间内终止经营的盈余或亏损也必须单独列示。这些项目的税收影响在每个项目中单独列示,而不是包含在公司其他部分的所得税中。这种列示被称为"扣除税款净额"。接下来我们看一个有终止经营项目的企业的例子。

2010 年,Muzby Manufacturing 出售了其一个主要的业务分部——板条箱生产部,因为企业想把经营精力放在核心业务上,而核心业务不包括板条箱生产部。该年板条箱生产部的收益或亏损,以及出售该部门的利得或损失都在利润表上单独列示。假设以下条件:

(1) Muzby Manufacturing 该年持续经营产生的税前收益是 395 600 美元,相应的所得税是 155 000 美元。

(2) 该年终止经营分部贡献的收益是 12 000 美元,相应的所得税是 1 900 美元。

(3) 出售终止经营分部获得 63 000 美元利得,与利得相关的税收为 28 000 美元。

图表 10.1 强调的第一部分列示了如何在 Muzby Manufacturing 的利润表上报告这部分信息。

图表 10.1 在利润表上列示终止经营与非常项目

利润表强调的第一部分列示了如何报告终止经营的相关信息,强调的第二部分列示了如何报告非常项目。

Muzby Manufacturing
利润表
截至 2010 年 12 月 31 日
(单位:美元)

持续经营产生的税前收益		395 600
所得税费用		155 000
持续经营收益		240 600
终止经营		
终止板条箱生产部的收益(扣除 1 900 美元的税收净额)	10 100	
处置板条箱生产部利得(扣除 28 000 美元的税收净额)	35 000	45 100
非常项目前收益		285 700

(续表)

非常项目损失	
国外经营的征用（扣除67 000美元的税收净额）	(133 000)
净收益	152 700

10.1.2 非常项目

你已经学习了会计人员在利润表上单独披露的第一个项目——终止经营的影响。第二个项目是本质上非正常且不经常发生的事项的财务影响。此类事项的财务影响在GAAP下被称为**非常项目(extraordinary item)**。IFRS不允许列示非常项目。要满足非常标准，事项必须不正常，而且必须在可预见的未来不能合理预测其发生。决定事项是否能被认为是非常的需要很多职业判断。能判断为属于不经常发生的例子包括：火山爆发，国外经营被外国政府收购，遵守新法律法规带来的一次性成本。每种情境都是独特的而且必须考虑企业运营的环境。注意非常项目的所得税税收影响也是与企业其他部分的所得税分开报告的。

假设Muzby Manufacturing在国外设有工厂，国外工厂所在地政府决定征用所有美国企业。被征用工厂的价值是200 000美元。美国税法允许冲销此类非常损失，意味着公司会享受税收减免。假设适用的税收减免额为67 000美元。图表10.1中强调的第二部分列示了如何在Muzby Manufacturing的本年利润表中报告这部分信息。

> **思考题10-1**
> 公司要列示终止经营和非常项目扣除税收后的净额，是什么意思？有什么选择吗？

10.2 财务信息的横向分析和纵向分析

既然你已经能够确认在利润表上可能会出现非常项目和终止经营，那么请准备好分析整张报表或整套报表。

分析财务信息主要有三种方法：横向分析、纵向分析和比率分析。

10.2.1 横向分析

横向分析(horizontal analysis)是从不同时期评价企业财务报表项目的方法。横向分析的目的是用百分比而不是金额来表达财务报表项目的变化。通过横向分析，而不只是简单地观察初始数字，财务报表使用者更容易发现金额背后的变化趋势。根据General Mills公司2009年的10-K报表考虑其现金流量，以下是General Mills不动产、厂房和设备的现金支出。

General Mills公司：资本支出
截至5月最后一个星期日
（单位：百万美元）

2009	2008	2007	2006	2005
525.6	522.0	460.2	360.0	434.0

通常，分析师会选择一年作为基期，即参照点。其他年份报告的金额都用选定的基期的百分比表示。假设我们选择2005年为基期，那么我们在2006年的资本支出（360百万美元）中减去2005年

的资本支出(434 百万美元),然后除以基期数值(434 百万美元)。

$$\frac{360-434}{434}=-17.1\%$$

我们的计算表明在截至 2006 年 5 月的会计年度,General Mills 的资本支出比基期的资本支出下降 17.1%,依次类推,从基期到 2007 年的百分比变化计算如下:

$$\frac{460.2-434}{434}=6.0\%$$

General Mills 公司:资本支出
资本支出比较——以 2005 年为基期

	2009	2008	2007	2006	2005
资本支出(百万美元)	525.6	522.0	460.2	360.0	434.0
变化百分比(%)	29.6	20.3	6.0	-17.1	100.0

进行横向分析的方法不止一种。通常情况下,通过比较一年和下一年来分析,而不是使用固定的基期。例如,我们可以把 2009 年的资本支出和 2008 年的相比。在这个例子中,会出现增长。增长多少呢?不到 8%,列示如下:

$$\frac{562.6-522.0}{522.0}=7.8\%$$

观察初始数字对于理解一个单独的项目,比如说资本支出通常是很困难的。为使趋势更明显,通过百分比的方式展现支出的变化可能会有所帮助。横向分析用一种更易于看清事情经过的方式列示了 General Mills 的不动产、厂房和设备的变动。

思考题 10-2

假设 Watts 公司过去五年的销售收入如下:

单位:美元

2012	2011	2010	2009	2008
142 600	138 500	125 900	134 500	125 000

以 2008 年为基期进行横向分析,公司五年间的销售收入怎么样?

10.2.2 纵向分析

纵向分析(vertical analysis) 和横向分析很相似,但是纵向分析只包括一年的财务报表项目,财务报表上的每个项目均以它占某一选定基准金额的百分比列示,这也被称为财务报表共同比(common-sizing)。例如,对资产负债表进行纵向分析,你会把表中的每一个金额都转化成它占总资产的百分比。对于利润表的纵向分析,销售收入通常被用作基准金额,因为几乎所有的企业开支都依赖于销售收入水平,报表上的每一个账户都用占销售收入的百分比表示。此种类型的分析能指出成本过大或无明显理由而增长的地方。例如,如果 General Mills 的经理看到以占销售收入比重列示的某些成本增加时,他们可以调查增加的原因,并且如果必要的话可以采取措施降低企业在那个方面的成本。在企业内部,General Mills 会更加细致地进行纵向分析。对于投资者来说,纵向分析中对不同规模公司间进行有意义的比较也是可以的。图表 10.2 列示了对 General Mills 截至 2009 年 5 月 31 日和 2008 年 5 月 25 日会计年度的利润表进行的纵向分析。

图表 10.2　纵向分析

虽然分析一年的数据会提供一些信息,但是比较两年的数据会透露更多 General Mills 的现状。这两年的百分比看起来具有一致性。在分析中什么项目特别突出?不管分析透露的是有趣还是非正常的信息,财务报表附注都应该是寻找更多信息的首选。

General Mills
合并利润表
(单位:百万美元)

截至	2009 年 5 月 31 日		2008 年 5 月 25 日	
销售收入净额	14 691.30	100.00%	13 652.10	100.00%
商品销售成本	9 457.80	64.38%	8 778.30	64.30%
销售和管理费用	2 953.90	20.11%	2 625.00	19.23%
其他(利得),净额	(84.90)	-0.58%	0.00	
重组、减值和其他成本	41.60	0.28%	21.00	0.15%
营业利润	2 322.90	15.81%	2 227.80	16.32%
利息,净额	390.00	2.65%	421.70	3.09%
税前收益及来自合资公司的税后收益	1 932.90	13.16%	1 806.10	13.23%
所得税	720.40	4.90%	622.20	4.56%
来自合资公司的税后收益	91.90	0.63%	110.80	0.81%
净收益	1 304.40	8.88%	1 294.70	9.48%

思考题 10-3

使用 Brothers 公司 2010 年和 2009 年的利润表,以销售收入为基准数据,进行纵向分析。此分析提供了什么信息?

Brothers 公司
利润表
(单位:美元)

截至	2010 年 3 月 31 日	2009 年 3 月 31 日
销售收入	10 000	8 000
费用:		
商品销售成本	3 200	2 800
营业成本	300	275
坏账费用	100	90
保险费用	200	200
租金费用	600	600
折旧费用	250	250
利息费用	75	75
费用合计	4 725	4 290
净收益	5 275	3 710

10.3 比率分析

正如你所读到的,财务比率是财务报表上不同金额间的比较。贯穿全书,你已经学到比率分析是通过使用财务报表信息来产生能衡量公司财务状况的特定值。我们先来回想一下所有你已经学过的比率,然后再看另外一类比率,即市场指标。

10.3.1 回想所有比率

有四大类比率,都以它们试图衡量的对象来命名。

- **流动性比率(liquidity ratios)**:这些比率衡量公司偿还短期债务和经营成本——下个会计年度到期的债务的能力。我们之前已经讨论过流动比率(第2章)、应收账款周转率(第4章)以及存货周转率(第5章)。本章我们将学习另外一个流动性比率:经营活动产生的现金对流动负债比率。
- **偿债能力比率(solvency ratios)**:这些比率衡量公司偿还长期债务,例如长期负债(银行借款),以及长期存续的能力。我们之前已学过负债权益比率(第7章)。
- **盈利能力比率(profitability ratios)**:这些比率衡量公司经营或盈利状况。记住,经营的目标是盈利,所以这类比率检查公司达到此目标的程度。我们已经学过边际利润率(第3章)、资产收益率(第6章)、资产周转率(第6章)以及净资产收益率(第8章)。
- **市场指标(market indicators)**:这些比率将公司股票的现行市场价格和收益或股利相联系。本章你将学到市盈率和股利收益率。

图表10.3列示了你在前面章节学过的三种类型的比率,还包括两个新比率,即市场指标。记住,本书介绍的比率只是财务报表分析中用到的比率的一小部分。

图表 10.3 普通比率

比率	定义	如何使用比率	学习比率的章节
流动性			
流动比率	流动资产总额 / 流动负债总额	旨在衡量公司用流动资产偿还流动负债的能力,此比率帮助债权人决定公司是否能偿还短期债务	2
经营活动产生的现金对流动负债比率	经营活动产生的现金净额 / 流动负债平均余额	旨在衡量公司偿还短期债务的能力,此比率与流动比率相似,但是只有经营活动产生的现金才被认为是可以用来偿还短期负债的	10
存货周转率	商品销售成本 / 存货平均余额	旨在衡量公司销售存货的速度	5
应收账款周转率	赊销收入净额 / 应收账款平均净额	旨在衡量公司从赊销收入中收回现金的速度	4
偿债能力			
负债权益比率	负债总额 / 股东权益总额	旨在比较公司负债金额和公司所有者投入的金额	7

(续表)

比率	定义	如何使用比率	学习比率的章节
盈利能力			
资产收益率	$\dfrac{\text{净收益}}{\text{平均资产总额}}$	旨在衡量公司使用资产为股东和债权人,即投入资金的人,成功赚取收益的程度;总资产平均余额是本年期初资产与期末资产的平均数	6
资产周转率	$\dfrac{\text{销售收入净额}}{\text{平均资产总额}}$	旨在衡量公司使用资产的效率	6
净资产收益率	$\dfrac{\text{净收益}-\text{优先股股利}}{\text{平均普通股股东权益}}$	旨在衡量用普通股股东在公司的投资赚取了多少收益	8
边际利润率	$\dfrac{\text{净收益}}{\text{销售收入净额}}$	旨在衡量在每一美元的销售收入中产生的利润盈亏金额	3
毛利率	$\dfrac{\text{毛利}}{\text{销售收入净额}}$	旨在衡量公司的盈利能力,这是管理层最认真监督的比率之一,因为它描述了毛利占销售价格的百分比,一个小的变动通常会在公司销售盈利性方面引起大变动	5
每股收益	$\dfrac{\text{净收益}-\text{优先股股利}}{\text{发行在外的普通股股数的加权平均数}}$	旨在计算每股普通股的净收益	8
市场指标			
市盈率	$\dfrac{\text{普通股每股市价}}{\text{每股收益}}$	旨在计算每一美元盈余的市价	10
股利收益率	$\dfrac{\text{每股股利}}{\text{每股市价}}$	旨在计算以股利表明每股股票投资的收益率	10

注:周转比率有时也称作效率比率。

思考题 10-4

假设 General Mills 的流动比率大于 1,并用现金清偿一项流动负债。这对公司的流动比率有什么影响?

10.3.2 包含现金流量的流动性比率

流动比率(流动资产除以流动负债)是在第 2 章介绍的,这是衡量流动性最常用的比率。这里介绍的新的流动性比率以现金流量表中的经营活动产生的现金净额为分子,以流动负债平均余额为分母。这个比率具体来说就是直接由企业经营中产生的现金金额除以要支付的流动负债,被称作**经营活动产生的现金对流动负债比率**(cash from operations to current liabilities ratio)。

$$\text{经营活动产生的现金对流动负债比率} = \dfrac{\text{经营活动产生的现金净额}}{\text{流动负债平均余额}}$$

思考题 10-5

A 公司的毛利率是 30%,B 公司的毛利率是 60%。你能分辨出哪个公司更赚钱吗?为什么?

10.3.3 市场指标

股票市价是投资者愿意支付的股票价格。使用股票每股现行市价的两个比率可以用来帮助潜在的投资者预测购买股票可能赚取的收益。其中一个比率是**市盈率**[price-earnings(P/E) ratio]。这个比率根据它的名字来定义,即每股股票价格除以公司现在的每股收益。

$$市盈率 = \frac{每股市价}{每股收益}$$

投资者和财务分析师相信市盈率表明未来盈余潜力。高市盈率表明公司大幅增长潜力大。当一个新成立的公司还没有盈余时,市盈率没有意义,因为分子是零。然而亚马逊在开始的几年没有盈余,但是股价上涨。因此,分析师对市盈率所包含的信息意见不一致。

另一个市场指标是**股利收益率**(dividend yield ratio)。这个比率等于每股股利除以每股市价。你可能会发现股利收益率的值和股东期望的投资回报相比很低。投资者预测股价会上涨时愿意接受低股利收益。

但是,发展潜力低的股票可能需要提供更高的股利收益来吸引投资者。

$$股利收益率 = \frac{每股股利}{每股市价}$$

图表10.4 列示了谷歌和埃克森美孚公司的每股收益、每股股利以及每股市价。从长远的增长来看,买哪只股票更好?如果你需要正常的股利收入,最好的选择是哪个?

图表 10.4　市盈率和股利收益率

	截至	谷歌 2008年12月31日	埃克森美孚 2008年12月31日
每股收益(美元)		13.46	8.78
每股股利(美元)		0.00	1.55
期末每股市价(美元)		448.89	79.83
市盈率		33.35	9.09
股利收益率(%)		n/a	1.94

吸引投资者的股票类型取决于投资者对收益和增长的偏好。比如,年轻投资者不需要从投资退休基金股票中获得股利。这些长期投资者更喜欢投资具有高增长潜力的公司,而不管是否有股利收益。具有33.35(2008年最后一天)高市盈率的谷歌可能比具有9.09(2008年最后一天)低市盈率的埃克森美孚更具吸引力。因生活开支需要股利收益的退休人员会更关注一项投资的股利收益规模,而不太关注投资的长期增长状况。对于这样的投资者,在股利方面埃克森美孚比谷歌更好,因为埃克森美孚支付正常股利而谷歌从未向其股东支付过股利。

这两个与市场相关的比率对管理层和投资者非常重要,因为分析师和投资者利用它们评估企业的股票。如果观察公司年报,你可能会看到对这些比率的报告,通常针对最近的两三年。

10.3.4　理解比率

比率本身不会提供太多信息。要想有用,比率必须与以前年度的同一比率、同一行业其他公司的比率,或者行业平均值进行比较。记住,除每股收益之外,对于特定比率的计算,公司之间会有所不同。计算比率没有标准和固定的公式。一家公司可能会用负债比股东权益计算负债率,而另一家公司可能会用负债比负债与股东权益之和计算负债率。一个分析师可以创造任何他(或她)认为对分析公司财务报表有用的比率。当解释和使用公司的比率时,一定要保证你知道这些比率是如何计算的。当你计算这些比率时,确保计算的一致性,这样你才能对它们做出有意义的比较。

虽然利润表上的每股收益是必须作为财务报表的一部分进行计算和列示的唯一比率,但是企业通常会在年报中报告很多我们本章讨论过的比率。当这些比率没有作为财务报表的一部分进行列报时,它们可能会出现在年报的其他部分,通常在描述几年趋势的图表中。

任何有价值的财务报表分析都不仅仅是粗略地看一下比率。分析师必须要观察趋势、比率值的构成,以及可能在公司财务报表中不会涉及的其他信息。

10.4 运用比率分析

我们将根据 Abercrombie & Fitch 公司(A&F)2008 年的年报计算图表 10.3 列示的一些比率。图表 10.5 列示的是三年的利润表,图表 10.6 列示的是两年的资产负债表。

图表 10.5 Abercrombie & Fitch 公司利润表

Abercrombie & Fitch 公司
合并利润表
(单位:千美元,每股数据除外)

	2008	2007	2006*
销售收入净额	3 540 276	3 749 847	3 318 158
商品销售成本	1 178 584	1 238 480	1 109 152
毛利	2 361 692	2 511 367	2 209 006
仓储和分销费用	1 511 511	1 386 846	1 187 071
销售和管理费用	419 659	395 758	373 828
其他营业收益,净额	(8 864)	(11 734)	(9 983)
营业收益	439 386	740 497	658 090
利息收入,净额	(11 382)	(18 828)	(13 896)
税前收益	450 768	759 325	671 986
所得税费用	178 513	283 628	249 800
净收益	272 255	475 697	422 186
每股净收益(美元)			
基本	3.14	5.45	4.79
稀释	3.05	5.20	4.59
加权平均发行在外股股数(千股)			
基本	86 816	87 248	88 052
稀释	89 291	91 523	92 010
每股宣告股利(美元)	0.70	0.70	0.70

* 2006 会计年度有 53 周。

图表 10.6 Abercrombie & Fitch 公司资产负债表

Abercrombie & Fitch 公司
合并资产负债表
（单位：千美元）

	2009年1月31日	2008年2月2日
资产		
流动资产：		
现金及等价物	522 122	118 044
交易性金融资产	—	530 486
应收款项	53 110	53 801
存货	372 422	333 153
递延所得税	43 408	36 128
其他流动资产	93 763	68 643
流动资产合计	1 084 825	1 140 255
不动产和设备，净额	1 398 655	1 318 291
交易性金融资产	229 081	—
其他资产	135 620	109 052
资产总额	2 848 181	2 567 598
负债和股东权益		
流动负债：		
应付账款	92 814	108 437
未兑现支票	56 939	43 361
应计费用	241 231	280 910
递延租赁信用	42 358	37 925
应交税费	16 455	72 480
流动负债合计	449 797	543 113
长期负债：		
递延所得税	34 085	22 491
递延租赁信用	211 978	213 739
借款	100 000	—
其他负债	206 743	169 942
长期负债合计	552 806	406 172
股东权益：		
A类普通股——面值0.1美元：在2009年1月31日法定股本为150 000 000 股，2008年2月2日发行103 300 000 股	1 033	1 033
实收资本	328 488	319 451
留存收益	2 244 936	2 051 463
累计其他综合（损失）收益，扣除税款净额	(22 681)	7 118
库存股：2009年1月31日和2008年2月2日股数分别为15 664 385 股和17 141 116 股	(706 198)	(760 752)
股东权益合计	1 845 578	1 618 313
负债和股东权益合计	2 848 181	2 567 598

财务报表附注是合并财务报表不可缺少的一部分。

分析需要的其他信息如下：
- 经营活动产生的现金净额在 2008 会计年度为 490 836 000 美元，2007 会计年度为 817 524 000 美元。
- 会计年度末的每股市价在 2009 年 1 月 30 日（2008 会计年度的期末）约为每股 17.85 美元，在 2008 年 2 月 1 日（2007 会计年度末）约为每股 82.06 美元。
- 宣告的股利列示在资产负债表上。

比率的计算列示在图表 10.7 上。虽然两年的比率不能为决策提供足够的信息，但是可以把这当成是练习如何计算比率的机会。

图表 10.7　Abercrombie & Fitch 公司比率分析

评估比率时，记住即使是两年的数据也不足以得出结论。多数年报提供 10 年的比率数据。通常，比率分析对于发现潜在问题很有帮助。从本次比例分析中，没有发现 Abercrombie & Fitch 存在明显问题。

比率	定义	计算	计算	解释
流动性		截至 2009 年 1 月 31 日	截至 2008 年 2 月 2 日	
流动比率	$\dfrac{\text{流动资产总额}}{\text{流动负债总额}}$	$\dfrac{1\,084\,825}{449\,797}=2.41$	$\dfrac{1\,140\,255}{543\,113}=2.10$	流动比率很好，行业（服装零售）平均值为 1.37
经营活动产生的现金对流动负债比率	$\dfrac{\text{经营活动产生的现金净额}}{\text{流动负债平均余额}}$	$\dfrac{490\,836}{(543\,113+449\,797)/2}=0.99$	$\dfrac{817\,524}{(510\,627^{*}+543\,113)/2}=1.55$	比率大幅下降是存在问题的，经营产生的现金大幅减少需要进一步分析
存货周转率	$\dfrac{\text{商品销售成本}}{\text{存货平均余额}}$	$\dfrac{1\,178\,584}{(333\,153+372\,422)/2}=3.34$	$\dfrac{1\,238\,480}{(427\,447^{*}+333\,153)/2}=3.26$	公司每年周转存货仅仅略高于 3 次，2008 年行业平均值是 3.3 次
应收账款周转率	$\dfrac{\text{赊销收入净额}}{\text{应收账款平均净额}}$	$\dfrac{3\,540\,276}{(53\,801+53\,110)/2}=66.23$	$\dfrac{3\,749\,847}{(43\,240^{*}+53\,801)/2}=77.28$	公司每年周转应收款项 66 次，当现金和信用卡销售收入包括在分子中时，会虚增比率，所以在没有更多信息的情况下此比率没有太大意义
偿债能力		截至 2009 年 1 月 31 日	截至 2008 年 2 月 2 日	
负债权益比率	$\dfrac{\text{负债总额}}{\text{股东权益总额}}$	$\dfrac{449\,797+552\,806}{1\,845\,578}=0.54$	$\dfrac{543\,113+406\,172}{1\,618\,313}=0.59$	公司在其资本结构中小幅降低了负债的金额

(续表)

比率	定义	计算 截至 2009 年 1 月 31 日	计算 截至 2008 年 2 月 2 日	解释
盈利能力				
资产收益率	$\dfrac{\text{净收益}}{\text{总资产平均余额}}$	$\dfrac{272\,255}{(2\,567\,598+2\,848\,181)/2}=10.1\%$	$\dfrac{475\,697}{(2\,248\,067^{*}+2\,567\,598)/2}=19.8\%$	企业资产收益率下降,很容易看出经济不景气带来的影响
资产周转率	$\dfrac{\text{销售收入净额}}{\text{总资产平均余额}}$	$\dfrac{3\,540\,276}{(2\,567\,598+2\,848\,181)/2}=1.31$	$\dfrac{3\,749\,847}{(2\,248\,067^{*}+2\,567\,598)/2}=1.56$	企业利用资产创造的销售收入减少,基于本年经济环境的特殊性这也不足为奇
净资产收益率	$\dfrac{\text{净收益}-\text{优先股股利}}{\text{平均普通股股东权益}}$	$\dfrac{272\,255}{(1\,618\,313+1\,845\,578)/2}=15.7\%$	$\dfrac{475\,697}{(1\,405\,297^{*}+1\,618\,313)/2}=31.5\%$	同样看到 ROE 大幅下降,但是股东收益率还是不错的
边际利润率	$\dfrac{\text{净收益}}{\text{销售收入净额}}$	$\dfrac{272\,255}{3\,540\,276}=7.7\%$	$\dfrac{475\,697}{3\,749\,847}=12.7\%$	不仅销售收入下降,每一美元净收益也下降了,这表明成本增加了
毛利率	$\dfrac{\text{毛利}}{\text{销售收入净额}}$	$\dfrac{2\,361\,692}{3\,540\,276}=66.7\%$	$\dfrac{2\,511\,367}{3\,749\,847}=67.0\%$	这个比率变化不大,所以毛利率表明成本增加不是因为存货成本
每股收益	$\dfrac{\text{净收益}-\text{优先股股利}}{\text{发行在外的普通股股数的加权平均数}}$	$\dfrac{272\,255}{86\,816^{**}}=3.14$	$\dfrac{475\,697}{87\,248^{**}}=5.45$	计算列示在此,但是记住如果你有利润表,就不用计算这个比率,它会列示在利润表上
市场指标		截至 2009 年 1 月 31 日	截至 2008 年 2 月 2 日	
市盈率	$\dfrac{\text{普通股每股市价}}{\text{每股收益}}$	$\dfrac{17.85}{3.14}=5.68$	$\dfrac{82.06}{5.45}=15.06$	盈余大幅度下降,股价下跌,在 2008 会计年度年初,投资者愿意为每一美元的盈余支付 15.06 美元,但是到了年末,投资者只愿意为每一美元的盈余支付 5.68 美元

(续表)

比率	定义	计算	计算	解释
股利收益率	每股股利/每股市价	$\dfrac{0.70}{17.85}=3.9\%$	$\dfrac{0.70}{82.06}=0.9\%$	股利稳定,所以收益会随着股价变化而变化;这些是会计年度期末的股价

注:* 来源于并没有在此列示的 2007 年资产负债表;** 在利润表上披露。

比率计算相对简单,难点在于解释比率。有人写书试图教授如何解释比率,分析师因为其在财务报表分析领域的专业性而赚取可观报酬。本书每章都会介绍一个比率,你会发现有关如何计算、解释、使用比率的信息。下面描述的是比率间有什么联系,以及从它们的相互联系中如何获取信息的例子。

10.4.1 流动性比率

1. 流动比率

通常,流动比率大于 1 被认为是合理的,表明企业在下一年有足够的流动资产去偿还流动债务(流动负债)。但是,回想一下,比率只是反映了在某一时点——会计年度最后一天的流动资产和流动负债对比情况。A&F 的流动比率是 2.41。孤立地考虑这个数据,看起来是很合理的。但是,结合其他的流动比率对于发现 A&F 的应收款项和存货转成现金的速度快慢是很有帮助的。如果流动比率高是因为应收账款和存货量大,而不是因为现金多,偿还流动负债又需要现金,那么流动资产转化成现金的速率就变得很重要。另一个处理现金充足性问题的方法是看公司经营活动产生的现金金额。

2. 经营活动产生的现金对流动负债比率

对于 A&F 来讲,这个比率下降了。此比率小于 1,说明 A&F 的平均流动负债比经营活动产生的现金多。如果这是一个问题,我们应该尝试进一步发掘为什么公司没能创造充足的现金。现在让我们转向周转率。

3. 存货周转率

初看上去,这似乎是 A&F 存在问题的地方。存货周转次数是每年 3.34 次,换算成存货周转天数为 109 天。记住,你可以用 365(一年中的天数)除以存货周转率来计算平均存货周转天数。换句话说,售出一项存货项目平均需要 109 天。虽然听起来这种存货周转速度很慢,但是要得出结论我们还是需要更多的信息。Retail Owners Institute(http://retialowner.com)提供了很多相关行业数据。服装和配饰商店的平均存货周转率在 2007 年为 3.4 次,2008 年为 3.3 次。事实上,2004 年的存货周转率仅为 3.1 次。考虑到行业状况,存货周转率似乎对 A&F 来说并不是一个特殊问题。但是,提高这个比率有助于 A&F 的现金流量。

4. 应收账款周转率

在表中已经提到,零售店的应收账款周转率通常很高,因为大部分销售都是通过现金和银行信用卡收款。A&F 的这个比率也在下降,这不是一个好的信号。

综合考虑,这些流动性比率表明 A&F 能偿还短期贷款,但是存货和应收账款可能是 A&F 需要提高效率的方面。

10.4.2 盈利能力比率

收益率——资产收益率(ROA)和净资产收益率(ROE)——衡量企业收益与公司内某一特定群体投资之间的关系。例如,资产收益率用于衡量所有投资者(包括债务和权益持有者)的回报,而净资产收益率只衡量普通股权益投资者的回报。我们的分析表明 A&F 在 2008 会计年度的资产收益率为 10.1%,净资产收益率为 15.7%。不幸的是,这两个比率与 2007 会计年度(资产收益率为 19.8%,净资产收益率为 31.5%)相比下降幅度很大。2007 年的行业数据表明服装(零售)的行业平均值中,资产收益率为 11.9%,净资产收益率为 21.4%(来自标准普尔行业调查,2009 年 12 月 12 日)。在这两种情况中,A&F 的收益率都高于 2007 年的行业平均值。

正如你看到的,比率分析并不是一件易事。通常网络和学校图书馆会提供很多资源帮助你。但是,理解你正在分析的公司就没有什么替代资源了。一家公司的财务史、市场、管理、战略、经济的宏观状况都在解释财务信息中占有一席之地。

10.5 财务报表分析——不仅仅是数字

你可能已经注意到你之前看过的每张年报最后都有这句话,"财务报表附注是这些财务报表不可缺少的一部分"。有些分析师认为附注比报表本身包含更多有关公司财务健康的真实信息。翻到本书最后,你会看到百万书店的财务报表。看一下其报表上详尽且广泛的附注。不论是在接下来的课程中,还是在实务中,分析和评估公司业绩方面的知识学习得越多,你就会对财务报表附注中的信息理解得越透彻。在比较两个或多个企业时,你需要知道公司做出的会计选择,如折旧和存货方法,从而能进行有效的比较。通常,分析师会使用不同于企业的方法计算新的数据,从而在与另一家企业比较时才有意义。例如,如果一家公司使用后进先出法,另一家公司使用先进先出法,那么分析师会通过使用后进先出法企业附注中的披露把后进先出法的数据转化为先进先出法下的数据。

商业视角

什么是 EBITDA?

如果你读过很多有关财务报表和盈余的内容,那么最终你会碰到"EBITDA"这个词。它是息税折旧及摊销前盈余(earnings before interest, taxes, depreciation, and amortization)的首字母缩写。计算 EBITDA 的信息来自利润表(盈余、税收和利息)和现金流量表(折旧和摊销——在计算经营活动产生的现金时要加回)。剔除这些项目(因为它们包含管理层的自由裁量权和估计)会使比较不同公司的财务状况更容易,因为它是管理层筹资选择(负债而不是权益)的结果,因此剔除利息会消除企业资本结构的影响。

虽然 EBITDA 已经成为衡量公司业绩的一个普遍指标,但是它并不能反映企业的所有状况。根据 Investopedia.com,警惕 EBITDA 至少有四个原因:

(1) 现金流量没有替代物。无论 EBITDA 怎么样,公司如果没有足够的现金就无法运营。
(2) 从盈余中剔除的项目并不是可以避免的项目,因此忽视它们会引起误导。
(3) EBITDA 忽视了盈余质量。你将在第 11 章进一步学习。
(4) 使用 EBITDA 计算市盈率会让企业看起来比实际状况更好。

本质上 EBITDA 虽有用处,但它只是衡量企业业绩的方法中的一种。记住 GAAP 没有对 EBITDA 进行定义,因此公司可能会用不同的方式衡量 EBITDA。

为了更好地理解会计信息在企业中的角色,需要看一下企业计划。企业计划是对如何开始和维持企业成功运营的详尽分析。企业计划包括销售预测、费用估计和预计的财务报表。这些"假设的"财务报表和预测是企业计划的一部分。银行借钱给新客户企业之前,通常要求看这些报表。

因为会计是企业中如此重要的一部分,因此会计原则会随企业变化而相应调整。每年 FASB 和 SEC 都会增加关于财务报表项目估值的规定。FASB 还关注电子交易、电子商务,以及实时获取财务数据方法下产生的会计数据的持续有用性和可靠性。当竞争呈现新维度,尤其是因为新技术而产生竞争时,对企业财务信息的审核力度就会加强。在 21 世纪初财务丑闻和开始于 2008 年的衰退的影响下,为了制定好决策,财务信息的重要性会继续提升。

10.6 经营风险、控制和伦理

我们已经在第 1 章讨论过与创办企业相关的风险。现在我们将换成投资者的角度,毕竟某一天你可能会去买上市公司的股票。很多工作的人会拿退休基金中的钱投资上市公司的股票。另外,股票市场变化会影响很大一批企业和个人投资者。那么你作为一个投资者,应该怎样把与股票所有权相关的风险降到最低呢?当然,那个风险是指赔钱!

首先,你应该尽力找一个财务投资者或分析师来帮你,或者你可以通过自己学习和分析股票成为专家。同时你还需要知道并且理解一些财务会计和财务报表分析的知识,这些你已经在本课程中都接触到了。但是,自己博学或咨询专家并不能完全保护投资者免受损失。

> **简讯**
>
> 在 2007 年 9 月 30 日和 2009 年 3 月 6 日这段时间,股票市场损失 56% 的价值,约下降 13 万亿美元。
>
> 资料来源:The Urban Institute, Fact Sheet on Retirement Policy, March 9, 2009. http://www.urban.org/retirement_policy/url.cfm? ID = 411847.

这就得转向第二个也是最有效的把股票所有权相关风险最小化的方法:多样化。在日常使用中,多样化意味着变化和扩张。用投资的语言说,多样化意味着把投资多样化(超越狭隘的一种投资)。多样化意味着不要把鸡蛋放在一个篮子里。多样化的投资会使投资者在一定的风险水平下赚取更高的回报。

消除股票所有权的所有风险是不可能的,但是持有不同种类的投资会帮助你把风险最小化。投资资产而不是股票是多样化的一部分。回想第 7 章学到的,投资者也会购买公司债券。投资债券和其他债务证券也是稳健多样化战略的一部分。不动产是多样化投资组合中常见的例子。个人的投资组合构成取决于个人愿意承担的风险。根据美国第一银行,"一个多样化的投资组合不会集中在一两项投资上,相反,它会包括回报率变化方向与其他投资相反的投资"。

本章要点总结

- 净收益的构成包括持续经营收益、终止经营以及非常项目。终止经营和非常项目产生的利得和损失要与其他收入费用分开列示,从而使投资者能轻易区分非经常项目和那些在可预见的未来能预测其发生的项目。

- 横向分析通常会根据基期从不同时期比较特定的财务报表项目。纵向分析,也称作共同比报表,财务报表上的所有项目均以一个项目占另外一个项目的百分比表示。最常见的对利润表的纵向分析以所有项目占销售收入的百分比计算,而资产负债表的纵向分析以所有项目占总资产的百分比计算。
- 比率分析是所有想评估企业财务报表的人使用的工具。记住,一个比率只有在和另一个比率作比较时才有意义。
- 作为所有者通过购买股票投资公司会产生风险。最大的风险就是公司不景气,然后股价下跌。对投资者最好的保护就是投资组合多样化,即购买多样的股票和其他投资,比如债券和不动产,从而使一类资产价格的下跌被另一类资产价格的上涨抵消。

本章问题总结

要求

使用苹果公司以下利润表和资产负债表的信息,进行最近两个会计年度的比率分析(以图表10.7为模板),并评价结果。

苹果公司
合并利润表
(单位:百万美元)

	2008	2007	2006
销售收入净额	32 479	24 006	19 315
商品销售成本	21 334	15 852	13 717
毛利	11 145	8 154	5 598
营业费用:			
研究和开发费用	1 109	782	712
销售和管理费用	3 761	2 963	2 433
营业费用总计	4 870	3 745	3 145
营业收益	6 275	4 409	2 453
其他收益和费用	620	599	365
税前收益	6 895	5 008	2 818
所得税费用	2 061	1 512	829
净收益	4 834	3 496	1 989
每股盈余(美元)			
基本	5.48	4.04	2.36
稀释	5.36	3.93	2.27
计算每股盈余使用的股数(千股)			
基本	881 592	864 595	844 058
稀释	902 139	889 292	877 526

苹果公司
合并资产负债表
（单位：百万美元）

	2008 年 9 月 27 日	2007 年 9 月 29 日
资产		
流动资产：		
现金和现金等价物	11 875	9 352
短期投资	12 615	6 034
应收账款，减每期 4 700 万美元的坏账准备	2 422	1 637
存货	509	346
递延所得税资产	1 447	782
其他流动资产	5 822	3 805
流动资产总计	34 960	21 956
不动产、厂房和设备，净额	2 455	1 832
商誉	207	38
无形资产，净额	285	299
其他资产	1 935	1 222
资产总计	39 572	25 347
负债和股东权益		
流动负债：		
应付账款	5 520	4 970
应计费用	8 572	4 310
流动负债合计	14 092	9 280
非流动负债	4 450	1 535
负债总计	18 542	10 815
资本承诺及或有负债		
股东权益：		
普通股，无面值；法定股本 1 800 000 000 股，已发行和发行在外股数分别为 888 325 973 股和 872 328 972 股	7 177	5 368
留存收益	13 845	9 101
累计其他综合收益	8	63
股东权益合计	21 030	14 532
负债和股东权益合计	39 572	25 347

见合并财务报表附注。

你需要的补充信息如下：

	单位：百万美元
2006 年 9 月 27 日资产合计	17 205
2006 年 9 月 27 日存货	270
2006 年 9 月 27 日应收账款净额	1 252
2006 年 9 月 27 日流动负债合计	6 443

（续表）

2006年9月27日股东权益合计	9 984
截至2007年9月27日会计年度经营活动产生的现金净额	5 470
截至2008年9月28日会计年度经营活动产生的现金净额	9 596
2007年9月27日股票市价(美元)	153.47
2008年9月27日股票市价(美元)	128.24

见合并财务报表附注。

➡ **答案**

比率	定义	计算	计算	解释
流动性		截至2008年9月27日	截至2007年9月27日	
流动比率	流动资产总额 / 流动负债总额	$\dfrac{34\,690}{14\,092}=2.46$	$\dfrac{21\,956}{9\,280}=2.37$	苹果在偿还短期债务方面不存在问题
经营活动产生的现金对流动负债比率	经营活动产生的现金净额 / 流动负债平均余额	$\dfrac{9\,596}{(9\,280+14\,092)/2}=0.82$	$\dfrac{5\,470}{(6\,443^{*}+9\,280)/2}=0.70$	比率有点低,但是最近一年比率有所上升
存货周转率	商品销售成本 / 存货平均余额	$\dfrac{21\,334}{(346+509)/2}=49.90$	$\dfrac{15\,852}{(270^{*}+346)/2}=51.47$	苹果周转存货速度快,2008年存货平均周转天数是7.31天(365/49.90)
应收账款周转率	赊销收入净额 / 应收账款平均净额	$\dfrac{32\,479}{(1\,637+2\,422)/2}=16.00$	$\dfrac{24\,006}{(1\,252^{*}+1\,637)/2}=16.62$	苹果回收应收款项的时间合理,2008年苹果收回应收账款的平均天数是22.81天(365/16.00)
偿债能力		截至2008年9月27日	截至2007年9月27日	
负债权益比率	负债总额 / 股东权益总额	$\dfrac{18\,542}{21\,030}=0.88$	$\dfrac{10\,815}{14\,532}=0.74$	这个比率看似有点高,但应注意苹果的长期负债很少(有的资料中比率分子用长期负债)
盈利能力		截至2008年9月27日	截至2007年9月27日	
资产收益率	净收益 / 总资产平均余额	$\dfrac{4\,834}{(25\,347+39\,572)/2}=14.89\%$	$\dfrac{3\,496}{(17\,205^{*}+25\,347)/2}=16.43\%$	虽然略微下降,资产收益率仍然很好;鉴于本年经济衰退,此比率就更不足为奇
资产周转率	销售收入净额 / 总资产平均余额	$\dfrac{32\,479}{(25\,347+39\,572)/2}=1.00$	$\dfrac{24\,006}{(17\,205^{*}+25\,347)/2}=1.13$	此变化说明企业资产创造销售收入的效率降低
净资产收益率	(净收益-优先股股利) / 平均普通股股东权益	$\dfrac{4\,834}{(14\,532+21\,030)/2}=27.19\%$	$\dfrac{3\,496}{(9\,984^{*}+14\,532)/2}=28.52\%$	净资产收益率很好,在经济衰退的大环境下只有小幅下降

(续表)

比率	定义	计算	计算	解释
边际利润率	$\dfrac{\text{净收益}}{\text{销售收入净额}}$	$\dfrac{4\ 834}{32\ 479}=14.88\%$	$\dfrac{3\ 496}{24\ 006}=14.57\%$	边际利润率高,它体现出苹果很好地控制了成本
毛利率	$\dfrac{\text{毛利}}{\text{销售收入净额}}$	$\dfrac{11\ 145}{32\ 479}=34.31\%$	$\dfrac{8\ 154}{24\ 006}=33.97\%$	比率有小幅的上升,很不错,尤其考虑到现在不景气的经济环境
每股收益	$\dfrac{\text{净收益}-\text{优先股股利}}{\text{发行在外的普通股股数的加权平均数}}$	$\dfrac{4\ 834\ 000}{881\ 952}=5.48$ **	$\dfrac{3\ 496\ 000}{864\ 595}=4.04$ **	计算列示在此,但是记住如果你有利润表,就不用计算这个比率,它会列示在利润表上
市场指标		**截至 2008 年 9 月 27 日**	**截至 2007 年 9 月 27 日**	
市盈率	$\dfrac{\text{普通股每股市价}}{\text{每股收益}}$	$\dfrac{128.24}{5.48}=23.40$	$\dfrac{153.47}{4.04}=37.99$	虽然盈余增加,但年末市价下跌幅度很大,这导致市盈率大幅下跌
股利收益率	$\dfrac{\text{每股股利}}{\text{每股市价}}$	N/A 苹果没有支付股利		

注:* 来源于并没有在此列示的 2006 年资产负债表,但补充信息中已提供;** 在利润表上披露。

关键词

可供出售金融资产
经营活动产生的现金对流动负债比率
共同比
综合收益
终止经营

股利收益率
非常项目
持有至到期投资
横向分析
流动性比率
市场指标

市盈率
盈利能力比率
偿债能力比率
交易性金融资产
未实现利得或损失
纵向分析

思考题答案

思考题10-1

那些项目必须在扣除税收影响后再列示,因为以扣除税收后净额报告项目的方法把这些项目的税收影响和公司正常的税收费用分开。另一种选择是列示这些项目尚未扣除税收影响的总额,然后把税收节约或税收增加列入公司正常税收费用中。

思考题 10-2

2008	2009	2010	2011	2012
100%	7.6%	0.7%	10.8%	14.1%

企业每年销售收入都超过了基期的销售收入。除了 2010 年之外,百分比增加状况一直很好且持续增加。

思考题 10-3

Brothers 公司
利润表
(单位:美元)

截至	2010 年 3 月 31 日		2009 年 3 月 31 日	
销售收入	10 000	100.0%	8 000	100.0%
费用:				
商品销售成本	3 200	32.0%	2 800	35.0%
营业成本	300	3.0%	275	3.4%
坏账费用	100	1.0%	90	1.1%
保险费用	200	2.0%	200	2.5%
租金费用	600	6.0%	600	7.5%
折旧费用	250	2.5%	250	3.1%
利息费用	75	0.8%	75	0.9%
费用合计	4 725	47.3%	4 290	53.6%
净收益	5 275	52.8%	3 710	46.4%

公司各个领域的状况都在优化。高收益不只是因为销售收入增长。商品销售成本占销售收入百分比下降,而且所有费用占销售收入百分比都有所下降。

思考题 10-4

清偿这项债务会增加流动比率。我们用一个简单的例子解释原因:假设流动资产是 5 亿美元,流动负债是 2.5 亿美元,则流动比率是 2。现在假设用流动资产偿付了价值 5 000 万美元的流动负债,那么流动资产还剩 4.5 亿美元,流动负债还剩 2 亿美元,此时流动比率是 2.25。当分数大于 1,而且分数的分子和分母都减少相同的金额时,分数值会变大。

思考题 10-5

不能。毛利率不能告诉你哪家公司盈利能力更强,因为一家公司的销售收入可能高于另一家公司。例如,大数的 30% 要优于小数的 60%。而且,公司除商品销售成本之外必须支付的其他成本未知。毛利率在比较同一行业的公司或评估一家公司不同时期的业绩时最有用。

问题

1. 定义财务会计准则委员会要求在利润表上单独列示的项目。为什么分开列示具有有用性?
2. 一项事项要被认定为非常项目需要满足什么要求?举出一例能被认为是非常项目的事项。

3. 以扣除税款后净额列示是什么意思？运用在什么地方？为什么？
4. 什么是横向分析？此种分析方法的目的是什么？
5. 什么是纵向分析？此种分析方法的目的是什么？
6. 什么是流动性？哪些比率有助于衡量流动性以及其中每个比率都衡量什么？
7. 什么是偿债能力？哪些比率有助于衡量偿债能力以及其中每个比率都衡量什么？
8. 什么是盈利能力？哪些比率有助于衡量盈利能力以及其中每个比率都衡量什么？
9. 什么是市场指标？哪些比率有助于衡量市场指标以及其中每个比率都衡量什么？
10. 如何运用财务比率决定公司运营的成功与否？

单选题

1. 假设公司非常损失为300 000美元。如果公司适用税率是35%，那么这项损失在财务报表上如何列示？
    a. 在利润表上的经营产生的收益项目下面，以扣除税收节约后净额列示，即净损失195 000美元
    b. 在利润表上作为经营产生收益的计算的一部分，以税前总额列示，即净损失300 000美元
    c. 在财务报表中作为补充信息列示
    d. 在现金流量表上作为筹资活动产生的一项现金支出列示
2. Kearney公司的流动资产是120 000美元，总资产是600 000美元。流动负债是80 000美元，负债总额是300 000美元。流动比率是多少？
    a. 2.00   b. 2.50   c. 1.90   d. 1.50
3. Ritchie公司出售固定资产获利100 000美元。公司适用税率是25%。公司在财务报表中如何报告这项交易？
    a. 在利润表上作为持续经营产生收益的计算的一部分，扣除税收后净额，即75 000美元
    b. 作为非常项目，扣除税收后净额，即75 000美元
    c. 作为终止经营，扣除税收后净额，即75 000美元
    d. 在利润表上作为持续经营产生收益的计算的一部分，税前总额，即100 000美元
4. Cerard公司报告销售收入2010年300 000美元；2011年330 000美元；2012年360 000美元。如果公司把2010年作为基期，那么2011年和2012年与基期相比的增长率分别是多少？
    a. 2011年10%，2012年10%   b. 2011年120%，2012年120%
    c. 2011年110%，2012年110%   d. 2011年10%，2012年20%
5. 6月30日，Star Radio报告流动资产总额为45 000美元，资产总额为200 000美元，流动负债总额为42 000美元，负债总额为80 000美元。这天的流动比率是多少？
    a. 0.56   b. 2.50   c. 1.07   d. 0.93
6. Talking Puppet公司报告会计年度最后一天的市盈率为50。如果公司报告每股盈余是2.5美元，那么此时公司股票的交易价格是多少？
    a. 每股20美元   b. 每股125美元   c. 每股50美元   d. 每股47.50美元
7. Singleton公司的销售收入是2 000 000美元，商品销售成本是1 200 000美元，存货平均余额是400 000美元。公司在此期间的存货周转率是多少？
    a. 3.00   b. 4.00   c. 5.00   d. 0.33
8. 假设一家企业的存货周转率是20，该企业假设一年是360天。存货的平均周转天数是多少？
    a. 5.56天   b. 18天   c. 20天   d. 360天

9. 假设一家新公司在决定存货成本上升的期间是使用后进先出法(LIFO)还是先进先出法(FIFO)。CFO 建议使用 LIFO,因为这会使存货周转率更高。CFO 的建议正确吗?
   a. 正确,平均存货余额(比率的分母)会低于商品销售成本(比率的分子),因此会比使用 FIFO 时比率高
   b. 错误,平均存货余额会保持不变,因为不论选择哪种方法购买量都是相同的
   c. 存货方法对存货周转率没有影响
   d. 没有具体的存货金额,不能预测存货方法的影响
10. 如果公司拥有 100 000 美元的负债和 100 000 美元的权益,那么:
    a. 股东权益回报率是 1
    b. 负债权益比率是 1
    c. 资产收益率是 0.5
    d. 企业负债过多

简易练习

A 组

简易练习 10-1A 终止经营。2010 年,Earthscope 公司决定出售自己的卫星销售部,虽然此部门本年一直是盈利的。在 2010 年,卫星销售部收益是 54 000 美元,对收益征收的税费是 12 500 美元。部门出售利得是 750 000 美元,对利得征收的税费是 36 700 美元。在截至 2010 年 12 月 31 日的年度利润表中如何报告这些金额?

简易练习 10-2A 非常项目。Sew and Save 公司去年遭受了 30 000 美元的非常损失。相关的税收节约金额为 5 600 美元。这部分税收节约金额在利润表上如何进行报告?

简易练习 10-3A 横向分析。Olin Copy Corporation 在 2012 年的比较资产负债表中列示了以下金额:

单位:千美元

	2012	2011	2010
收入	6 400	4 575	3 850
商品销售成本	3 900	2 650	2 050

针对 2011 年和 2012 年的收入和商品销售成本,以 2010 年作为基期进行横向分析,并用金额和百分比的形式表示。

简易练习 10-4A 纵向分析。Bessie's Quilting 公司在 2010 年 12 月 31 日报告了以下金额:

单位:美元

现金	5 000
应收账款	40 000
存货	35 000
设备,净额	120 000
资产总额	200 000

对公司的资产进行纵向分析。以总资产为基准金额。此分析提供了什么信息?

简易练习 10-5A 比率分析。Fireworks 公司报告的流动资产是 720 000 美元,流动比率是 1.2,那么流动负债是多少?

简易练习 10-6A　比率分析。Low Light 公司五年的流动比率比较分析如下：

	2008	2009	2010	2011	2012
流动比率	1.19	1.85	2.50	3.40	4.02

这五年中公司的流动性发生了什么变化？

简易练习 10-7A　比率分析。假设 A 公司的存货周转率是 25，毛利率是 10%，而 B 公司的存货周转率是 3.5，毛利率是 50%。哪个公司更像是杂货店，那个更像是服装精品店？解释原因。

练习

A 组

练习 10-15A　终止经营。运用以下信息编制从持续经营收益开始的一部分利润表。

单位：美元

持续经营收益	230 000
本年终止经营亏损	60 000
亏损产生的税收优惠	9 500
出售终止经营部分损失	128 500
出售损失产生的税收节约	31 000

练习 10-16A　非常项目。Devon's Central Processing Agency 因为一场灾难而遭受 560 000 美元的亏损，根据财务报表目的这项灾难满足非常项目的确认条件。亏损产生的税收优惠是 123 000 美元。如果持续经营收益（扣除税款净额）是 1 300 500 美元，那么净收益是多少？

练习 10-17A　横向分析。Conway Furniture 这五年的销售收入金额报告如下：

单位：美元

2010	2009	2008	2007	2006
30 000	28 400	26 300	24 200	25 400

以 2006 年为基期，进行横向分析。此分析提供了哪些并不能简单从数字中看出的信息？

练习 10-18A　纵向分析。使用以下 Color Copy 公司的利润表，以销售收入作为基准金额进行纵向分析。

Color Copy 公司
利润表
截至 2011 年 9 月 30 日
（单位：美元）

销售收入	10 228
商品销售成本	5 751
毛利	4 477

		（续表）
其他费用：		
折旧——建筑物和设备	100	
其他销售和管理费用	2 500	
费用合计		2 600
息税前收益		1 877
利息费用		350
税前收益		1 527
所得税		150
净收益		1 377

练习 10-19A 流动比率。计算以下 Suzanne's Hotels 公司资产负债表中给定年份的流动比率。

Suzanne's Hotels 公司
资产负债表
（单位：美元）

	2011 年 12 月 31 日	2010 年 12 月 31 日
流动资产：		
现金	98 000	90 000
应收账款，净额	110 000	116 000
存货	170 000	160 000
预付费用	18 000	16 000
流动资产合计	396 000	382 000
设备，净额	184 000	160 000
资产总计	580 000	542 000
流动负债合计	206 000	223 000
长期负债	119 000	117 000
负债合计	325 000	340 000
普通股股东权益	90 000	90 000
留存收益	165 000	112 000
负债和股东权益总额	580 000	542 000

虽然两年还不足以形成趋势，但是你对比率的变化方向有什么看法？

练习 10-20A 负债权益比率。使用练习 10-19A 中 Suzanne's Hotels 公司的资产负债表，计算 2011 年和 2010 年的负债权益比率。假设你以负债和权益之和作为分母计算负债率，哪一个比率——负债对权益还是负债对负债和权益之和——更容易解释？作为投资者，你认为负债权益比率的变化"趋势"好还是不好？为什么？

练习 10-21A 比率分析。Zap 电子公司在截至 2011 年 1 月 31 日和 2010 年 1 月 31 日会计年度的报告如下：

单位：千美元

	2011 年 1 月 31 日	2010 年 1 月 31 日
应收账款	36 184	24 306
存货	106 754	113 875
流动资产	174 369	154 369
流动负债	71 616	68 001
长期负债	12 316	35 200
股东权益	121 851	198 935
销售收入	712 855	580 223
商品销售成本	483 463	400 126
利息费用	335	709
净收益	11 953	4 706

假设所有的销售都是赊销，企业没有发行在外的优先股。计算下列比率：
1. 流动比率（两年）；
2. 应收账款周转率（2011 年）；
3. 存货周转率（2011 年）；
4. 负债权益比率（两年）；
5. 净资产收益率（2011 年）。

这些比率有没有反映出公司的问题？

练习 10-22A 比率分析。Corner Grocers 公司最近两个会计年度的报告如下：

单位：美元

	2012 年 12 月 31 日	2011 年 12 月 31 日
现金	25 000	20 000
应收账款（净额）	60 000	70 000
商品存货	55 000	30 000
固定资产（净额）	280 000	260 000
资产总计	420 000	380 000
应付账款	45 000	62 000
长期应付票据	75 000	100 000
普通股	135 000	122 000
留存收益	165 000	96 000
负债和股东权益总计	420 000	380 000
截至 2012 年 12 月 31 日会计年度的净收益	75 000	
销售收入（所有销售都是赊销）	450 000	
商品销售成本	210 000	
利息费用	1 500	

计算截至 2012 年 12 月 31 日会计年度的以下比率：

1．流动比率；
2．应收账款周转率；
3．存货周转率；
4．资产收益率；
5．净资产收益率。

练习 10-23A　比率分析。Furniture Showcase 公司截至 2010 年 6 月 30 日会计年度的报告如下：

单位：美元

销售收入	530 000
商品销售成本	300 000
毛利	230 000
费用	113 000
净收益	117 000

年初公司发行在外的普通股有 50 000 股，年末公司发行在外的普通股有 40 000 股。年末公司股票的市价是每股 20 元。接近年末时公司宣告并支付了 80 000 美元的股利。

计算公司的每股收益和市盈率。

练习 10-24A 到练习 10-27A 使用的是 Campbell Soup 公司的资产负债表和利润表，如下所示：

Campbell Soup 公司
合并资产负债表
（单位：百万美元）

	2008 年 8 月 3 日	2007 年 7 月 29 日
流动资产		
现金和现金等价物	81	71
应收账款（附注 15）	570	581
存货（附注 15）	829	775
其他流动资产（附注 15）	172	151
可供出售流动资产	41	—
流动资产合计	1 693	1 578
固定资产，扣除折旧后净额（附注 15）	1 939	2 042
商誉（附注 5）	1 998	1 872
其他无形资产，扣除摊销后净额（附注 5）	605	615
其他资产（附注 15）	211	338
可供出售非流动资产	28	—
资产总计	6 474	6 445
流动负债		
应付票据（附注 11）	982	595
应付账款	655	694
应计负债（附注 15）	655	622

(续表)

	2008年8月3日	2007年7月29日
应付股利	81	77
应交所得税	9	42
可供出售流动负债	21	—
流动负债合计	2 403	2 030
长期负债(附注11)	1 633	2 074
其他负债(附注15)	1 119	1 046
可供出售非流动负债	1	—
负债合计	5 156	5 150
股东权益(附注13)		
优先股,法定资本4 000万股;未发行	—	—
股本,面值0.375美元,法定股本5.6亿股,发行5.42亿股	20	20
股本溢价	337	331
留存收益	7 909	7 082
库存股,2008年1.86亿股,2007年1.63亿股,成本计价	(6 812)	(6 015)
累计其他综合收益	(136)	(123)
股东权益合计	1 318	1 295
负债和股东权益合计	6 474	6 445

Campbell Soup 公司
合并利润表
[单位:百万美元,每股金额(美元)及股数(百万股)除外]

	2008(53周)	2007(52周)	2006(52周)
销售收入净额	7 998	7 385	6 894
成本和费用			
商品销售成本	4 827	4 384	4 100
销售费用	1 162	1 106	1 033
管理费用	608	571	552
研究和开发费用	115	111	103
其他费用/(收益)(附注15)	13	(30)	9
重组费用(附注7)	175	—	—
成本和费用总计	6 900	6 142	5 797
息税前收益	1 098	1 243	1 097
利息费用(附注15)	167	163	165
利息收入	8	19	15
税前收益	939	1 099	947
所得税费用(附注10)	268	307	227
持续经营收益	671	792	720
终止经营收益	494	62	46

（续表）

	2008(53周)	2007(52周)	2006(52周)
净收益	1 165	854	766
每股——基本			
持续经营收益	1.80	2.05	1.77
终止经营收益	1.32	0.16	0.11
净收益	3.12	2.21	1.88
加权平均发行在外股数——基本	373	386	407
每股——假设稀释			
持续经营收益	1.76	2.00	1.74
终止经营收益	1.30	0.16	0.11
净收益	3.06	2.16	1.85
加权平均发行在外股数——假设稀释	381	396	414

练习10-24A 横向分析。使用Campbell Soup公司截至2007年1月29日和2008年8月3日的利润表，对每一个报告的项目进行横向分析。你的分析告诉你公司当年的经营状况怎么样？

练习10-25A 纵向分析。使用Campbell Soup公司截至最近两个会计年度的利润表，对每一个报告的项目以销售收入净额为基准金额进行纵向分析。你的分析告诉你公司报告年度的经营状况怎么样？

练习10-26A 流动性比率。使用Campbell Soup公司的财务报表计算截至2008年8月3日会计年度的以下流动性比率：

1. 流动比率；
2. 存货周转率；
3. 应收账款周转率（假设所有的销售收入都是赊销）。

这提供了关于公司流动性的什么信息？

练习10-27A 偿债能力和盈利能力比率。使用Campbell Soup公司的财务报表计算截至2008年8月3日会计年度的以下偿债能力和盈利能力比率：

1. 负债权益比率；
2. 资产收益率；
3. 净资产收益率；
4. 毛利率；
5. 边际利润率。

这提供了关于公司偿债能力和盈利能力的什么信息？

难题

A组

难题10-41A 终止经营和非常项目。以下项目均来源于Hartsfield公司截至2011年12月31日会计年度的财务报表：

	单位:美元
持续经营净收益	136 500
出售终止经营分部利得,扣除 42 000 美元税款后净额	140 000
分部终止经营亏损,扣除 24 000 美元税款后净额	(80 000)
出售土地利得	65 000
非常损失,扣除 6 000 美元税款后净额	(20 000)

➡ 要求

1. 说明上面所列项目应出现在哪张财务报表的哪个部分。
2. 描述每个项目,并尽可能多地给出每个项目在财务报表上列报的细节。
3. 基于提供的数据,公司适用的税率是多少?

难题 10-42A 编制利润表。截至 2010 年 12 月 31 日 Pops 公司报告如下信息:

	单位:美元
销售收入	575 000
商品销售成本	230 000
利息收入	10 000
出售设备利得	8 000
销售和管理费用	12 000
利息费用	5 000
非常利得	15 000
分部终止经营亏损	(10 500)
处置终止分部利得	28 000

➡ 要求

假设公司适用 30% 的税率。编制截至 2010 年 12 月 31 日会计年度的利润表。

难题 10-43A 编制利润表。以下余额出现在 Hacky Sak 公司截至 2011 年 9 月 30 日会计年度的总账上:

	单位:美元
销售和管理费用	15 000
其他收入和利得	40 000
营业费用	65 000
商品销售成本	125 000
销售收入净额	385 000
其他费用和损失	25 000

另外,本年还发生了如下事项:

a. 4 月 10 日,飓风毁坏了公司的一处制造工厂,导致 55 000 美元的非常损失。

b. 7 月 31 日,公司终止了一个不盈利分部的运营。经营损失是 25 000 美元。出售分部的资产获利得 15 000 美元。

➡ 要求

1. 假设公司适用的税率是 35%,编制截至 2011 年 9 月 30 日会计年度的利润表。
2. 计算公司会在利润表上报告的每股收益,假设公司加权平均发行在外普通股股数是 200 000 股,而且没有支付优先股股利。

难题 10-44A 横向分析和纵向分析。以下是 Alpha 公司的利润表:

> Alpha 公司
> 利润表
> (单位:千美元)

	截至 12 月 31 日的会计年度		
	2010	2009	2008
销售收入净额	5 003 837	4 934 430	4 881 103
商品销售成本	2 755 323	2 804 459	2 784 392
毛利	2 248 514	2 129 971	2 096 711
销售和管理费用	1 673 449	1 598 333	1 573 510
营业收益	575 065	531 368	523 201
利息费用	61 168	71 971	80 837
利息和净投资费用(收入)	(5 761)	(6 482)	(8 278)
其他费用——净额	29 540	26 046	23 365
所得税前收益	490 118	440 103	427 277
所得税费用	186 258	167 239	166 663
净收益	303 860	272 864	260 614

➡ **要求**

1. 对报表中列示的每一年进行纵向分析,以销售收入作为基准金额。写一段话解释比率说明了什么。
2. 以 2008 年为基期,对销售收入和商品销售成本进行横向分析。此分析给了你什么信息?

难题 10-45A 计算并分析财务比率。以下是摘自一家公司财务报表的信息:

	截至 12 月 31 日的会计年度		
	2011	2010	2009
销售净额(都是赊销)	5 003 837	4 934 430	
商品销售成本	2 755 323	2 804 459	
毛利	2 248 514	2 129 971	
利息费用	61 168	71 971	
所得税费用	186 258	167 239	
净收益	303 860	272 864	
现金和现金等价物	18 623	19 133	3 530
应收账款,减坏账准备	606 046	604 516	546 314
流动资产合计	1 597 377	1 547 290	1 532 253
资产合计	4 052 090	4 065 462	4 035 801
流动负债合计	1 189 862	1 111 973	44 539
长期负债	1 163 696	1 237 549	
股东权益合计*	1 698 532	1 715 940	1 592 180

*企业没有优先股。

要求

1. 计算 2011 年和 2010 年的下列比率：
   a. 流动比率；
   b. 应收账款周转率；
   c. 负债权益比率；
   d. 边际利润率；
   e. 净资产收益率；
   f. 毛利率。
2. 假设 2010 年到 2011 年这些比率的变化趋势和变化幅度与过去几年保持一致。那么对于每一个比率，解释比率的变化趋势说明了公司的什么情况。

难题 10-46A 计算并分析财务比率。以下摘自 Presentations 公司 2010 年的年报：

Presentations 公司
资产负债表
（单位：千美元）

	2010 年 12 月 31 日	2009 年 12 月 31 日
资产		
流动资产：		
现金	1 617	1 220
应收账款	1 925	3 112
商品存货	2 070	966
预付费用	188	149
流动资产合计	5 800	5 447
厂房和设备：		
建筑物，净额	4 457	2 992
设备，净额	1 293	1 045
厂房和设备合计	5 750	4 037
资产合计	11 550	9 484
负债		
流动负债：		
应付账款	1 817	1 658
应付票据	900	1 100
流动负债合计	2 717	2 785
长期负债	3 500	2 000
负债总计	6 217	4 785
股东权益		
普通股，无面值	3 390	3 042
留存收益	1 943	1 657
股东权益总计	5 333	4 699
负债和股东权益总计	11 550	9 484

	Presentations 公司
	利润表
	截至 2010 年 12 月 31 日
	（单位：美元）

销售收入	12 228
商品销售成本	8 751
毛利	3 477
营业费用：	
折旧——建筑物和设备	102
其他销售和管理费用	2 667
费用合计	2 769
息税前收益	708
利息费用	168
税前收益	540
所得税费用	114
净收益	426

➡ 要求

1. 计算截至 2010 年 12 月 31 日会计年度的下列比率：
   a. 负债权益比率；
   b. 毛利率；
   c. 流动比率；
   d. 边际利润率。
2. 比率说明了公司的哪些成功之处？为了分析公司的整体状况还需要什么信息？

难题 10-47A 计算并分析财务比率。Kitchen 公司的财务报表包括以下项目：

单位：美元

资产负债表	2011 年 6 月 30 日	2010 年 6 月 30 日	2009 年 6 月 30 日
现金	17 000	12 000	14 000
投资（交易性金融资产）	10 000	16 000	20 000
应收账款（净额）	54 000	50 000	48 000
存货	75 000	70 000	73 000
预付费用	16 000	12 000	10 000
流动资产合计	172 000	160 000	165 000
流动负债合计	140 000	90 000	75 000
年度利润表	截至 2011 年 6 月 30 日	截至 2010 年 6 月 30 日	
赊销收入净额	420 000	380 000	
商品销售成本	250 000	225 000	

➡ **要求**

1. 计算截至 2011 年 6 月 30 日会计年度的以下比率,并尽可能地计算截至 2010 年 6 月 30 日会计年度的以下比率。对于每个比率,说明变化方向对公司是好还是不好。
   a. 流动比率;
   b. 应收账款周转率;
   c. 存货周转率;
   d. 毛利率(假设赊销收入净额 = 销售收入总额)。
2. 假设类似零售店的行业平均流动比率是 1.7。这个信息能帮助你评估公司的流动性吗?

难题 10-48A 计算并分析财务比率。你对投资 Teddy 公司很感兴趣,而且你已经获得公司过去两年的资产负债表,如下所示:

Teddy 公司
资产负债表
(单位:美元)

	2011 年 6 月 30 日	2010 年 6 月 30 日
流动资产:		
现金	198 000	90 000
应收账款,净额	210 000	116 000
存货	270 000	160 000
预付租金	15 000	16 000
流动资产合计	693 000	382 000
设备,净额	280 000	260 000
资产总计	973 000	642 000
流动负债合计	306 000	223 000
长期负债	219 000	117 000
负债合计	525 000	340 000
普通股股东权益	150 000	90 000
留存收益	298 000	212 000
负债和股东权益总额	973 000	642 000

截至 2011 年 6 月 30 日会计年度的利润表中报告了以下金额:

单位:美元

销售收入	450 000
商品销售成本	215 000
净收益	80 000

➡ **要求**

1. 运用公司提供的数据尽可能多地计算出你已学过的财务报表比率。其中一些比率能计算出两年的,其余只能计算出一年的。
2. 你会投资 Teddy 公司吗?为什么会或为什么不会?什么补充信息会对你做出决定有所帮助?

批判性思考题

风险与控制

考虑本章学习的投资公司的风险以及财务比率提供的信息。你认为哪些财务比率能给你有关投资公司风险的信息？评价在"本章问题总结"中计算的苹果公司的比率。

伦理

Atlantis公司销售电脑元件，并计划借钱扩张。读过有关盈余管理的内容之后，Andy，Atlantis公司的所有者，决定应该努力加快销售来提高财务报表比率。他给自己最好的客户打电话，请他们在12月31日前完成通常情况下1月份进行的采购。Andy告诉客户他们可以像以前在1月份采购时一样，2月底再付购货款。

1. 你认为Andy的行为有什么伦理问题？
2. 加快销售会提高哪些比率？

小组作业

分成小组，确认以下比率最有可能出现的公司类型。代表的四种公司类型如下：零售商店、重机械公司、餐厅以及药品制造商。记录论据来支持你的观点，从而在班级讨论中和大家一起分享。

	毛利率	（长期）负债权益比率	应收账款周转率	存货周转率	净资产收益率
1	82.9%	25%	5.5次	1.5次	22.9%
2	33.7%	134%	49.3次	11.2次	3.6%
3	25.3%	147%	2.3次	5.0次	5.0%
4	37.4%	62%	34.9次	32.9次	15.7%

网络练习：棒约翰

棒约翰在比萨界已经成为被广泛认知的品牌。棒约翰3 000家餐厅（约75%是特许经营）散布在美国和其他10个国家。看看棒约翰和其竞争者相比怎么样？

网络练习10-1　登录www.papajohns.com，点击主页下方的公司Info。然后选择About Us，并探究Papa John's Story和Our Pizza Story。是什么让棒约翰与其竞争者不同？

网络练习10-2　登录http://moneycentral.msn.com，找到棒约翰的代号PZZA的股票报价。确认现在的市盈率和股利收益率。这些市场指标对棒约翰意味着什么？

网络练习10-3　登录http://moneycentral.msn.com，寻找棒约翰的信息。然后从左侧菜单栏选择Financial Results，再选择Key Ratios。

a. 从列表中选择Financial Results。找到棒约翰和行业的流动比率。谁首先会对这些比率感兴趣？找到棒约翰和行业的负债权益比率。棒约翰主要是靠负债融资还是权益融资？你是如何发现的？

b. 从列表中选择Investment Returns。找到棒约翰和行业的净资产收益率和资产收益率。这些比率衡量的是什么？

c. 从列表中选择Ten-Year Summary。回想净资产收益率和资产收益率提供的信息，还透露了关于棒约翰财务状况的什么信息？这个信息有用吗？

网络练习10-4　回想之前记录的信息。棒约翰优于行业平均水平吗？用至少两个观察结果证明你的结论。

附录 10A

综合收益

本章中我们学到 FASB 定义的两个必须与财务报表上的正常盈余分开列示的项目:终止经营和非常项目。这里介绍另一个项目——**综合收益**(comprehensive income)。

虽然影响股东权益的大部分交易都在利润表上——收入和费用,但是有小部分影响股东权益的交易被排除在净收益的计算之外。我们已经知道了其中的两个:

1. 所有者出资(实收资本);
2. 所有者收到股利。

除了这两个以外,还有几个其他交易不通过利润表影响权益。这些交易中最常见的例子有外币业务产生的未实现利得和损失以及特定投资的未实现利得和损失。这种利得或损失并不包含在利润表上,而是作为对权益的直接调整进行报告。原因在于这些项目并不反映企业业绩,所以企业不把它们计算在盈余内。为防止这些交易在所有的财务报表数据中无从归属,FASB 要求企业在被称作综合收益的金额中报告净收益加上这些影响股东权益的其他交易。综合收益包括某一期间内股东权益的所有变化,股东出资或向股东分配引起的权益变化除外。综合收益由两个部分构成:净收益和其他综合收益。我们知道净收益中包括什么类型的经济业务——收入、费用、终止经营以及非常项目。其他综合收益包括的项目为外币业务产生的未实现利得和损失以及特定投资的未实现利得和损失。图表 10A.1 列示了影响股东权益的所有项目。

图表 10A.1 综合收益

左边一栏项目会出现在右边一栏列示的财务报表权益类分类中。

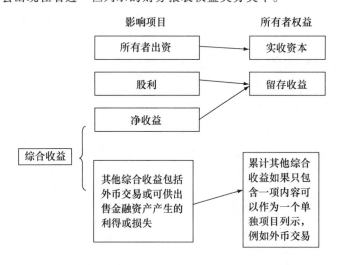

思考题 10A

设置综合收益表而不是简单的利润表的目的是什么?

思考题 10A 答案

FASB 想为财务报表使用者更明显地列示出不影响净收益的股东权益变动。

简易练习

简易练习10A-1A 综合收益。列举一个不包含在利润表中,而直接在资产负债表上作为累计其他收益报告的利得或损失的例子。

附录10B

投资证券

你已经学习了其他综合收益包括的与投资相关的利得和损失(附录10A)。我们将进一步看下公司如何解释自己在另外一家公司的证券投资。你会看到一些此类投资的利得和损失是如何作为综合收益的部分来进行报告的。

除了企业在主要经济业务中使用的资产之外,企业经常用额外的现金投资其他企业。例如,苹果2008年的资产负债表列示了高于126亿美元的短期投资。这些是对其他企业股票的投资。例如,苹果可能想持有英特尔的部分股票。像个人和其他投资者一样,企业可以涉入股票市场并购买任何股市中交易的股票。公司可以持有短期或长期投资,这取决于其计划持有投资的时间长短。虽然我们本章的焦点一直在长期资产上,但是对于短期和长期投资我们都会简单了解一下。

利率低时,公司额外的现金——不会马上需要的现金——在股票市场或债券市场可能会比存入银行储蓄账户或存款单获利多。这是公司用额外的现金购买其他公司的股票和债券的一个原因。对于像银行和保险公司这样的主体,对其他公司投资现金是其管理资产的重要部分。股票是权益类证券,债券是债务类证券。两者都可以用公司的额外现金购买。当一家公司购买了另一家公司的债务类证券或少于20%的权益类证券时,会计原则要求企业把它们的证券投资划分为三类:持有至到期投资、交易性金融资产、可供出售金融资产。

持有至到期投资

有时公司购买债务类证券并有意图持有至到期。债券有到期日,但是权益类证券没有。如果一家公司有明确意图且它们的财务状况表明其有能力对债务类证券持有至到期,那么这类证券被划分为**持有至到期投资(held to maturity securities)**。此类投资以成本价记录,并且在资产负债表上报告。无论持有至到期投资在市场上值多少钱,公司在编制资产负债表时总是以成本报告。

交易性金融资产

如果公司购买证券只是为了交易并获得短期收益,那么公司会把它划分为**交易性金融资产(trading securities)**。资产负债表以市价列示交易性金融资产。公司从《华尔街日报》或类似的市价资料来源获得投资现值,然后把现值列示在资产负债表上。更新会计记录,旨在以市价列示证券,这被称为调整至市价。如果证券的成本低于市价,那么公司会把差额记为未实现利得。如果证券的成本高于市价,那么公司会把差额记为未实现损失。记住,实现意味着实际得到了东西。公司正持有的(持有即尚未出售)投资利得或损失是直到公司出售证券才会获得(利得)或失去(损失)的东西。**未实现利得或损失(unrealized gain or loss)** 是尚未出售的证券的利得或损失。这样的利得或损失也被称作持有利得或损失。交易性金融资产的未实现利得或损失在利润表上报告。

例如,假设Avia公司将额外现金中的130 000美元投资于证券——股票和债券市场上的股票和债券。在年末,成本为130 000美元的证券市价是125 000美元。在本年利润表上,Avia公司会列示5 000美元的未实现损失。在编制财务报表之前,损失被记为一项调整。

证券的现价125 000美元(原来的130 000美元减去5 000美元的损失)替代了原始成本。现在,125 000美元是"成本",而且会和下期资产负债表日的市价相比。记住,公司购买交易性金融资产是为了短期交易,因此企业的投资组合很可能会在下期的资产负债表日看起来很不一样。

可供出售金融资产

有时公司不确定要对购买的证券持有多长时间。如果公司在短期没有明确意图为获得短期收益出售证券或没有明确意图持有至到期,那么公司会把它划分为**可供出售金融资产(available-for-sale securities)**。每年,在编制年度资产负债表时,此类证券的成本会和资产负债表日的市价相比较。然后证券的账面价值就会调整为市价,相应的利得或损失也会在股东权益中报告。此类利得或损失被称为未实现或持有利得或损失,与交易性金融资产对此类项目的叫法一样。但是这些利得或损失不能列示在利润表上。相反,它们包含在资产负债表股东权益部分下的累计其他综合收益中。

思考题10B

公司已经对其他公司的证券投资了50 000美元。公司投资组合的市值为52 000美元。描述这些证券列示在年度财务报表的什么地方,在下列情况下证券以什么金额列示。
1. 投资被划分为交易性金融资产。
2. 投资被划分为可供出售金融资产。
3. 投资被划分为持有至到期投资。

假设Avia公司把成本为130 000美元的证券组合划分为可供出售金融资产。如果资产负债表日证券的市值是125 000美元,那么必须在资产负债表上以较低的金额列示证券。本例中,未实现损失不会列示在利润表上。这个损失不会通过利润表进入留存收益,而会直接进入资产负债表的股东权益部分。这个损失会列示在留存收益后,单独作为证券投资产生的未实现损失列示,或与其他的非利润表利得和损失一起在累计其他综合收益中列示。

减值

当资产价值永久性地下降至低于账面价值时,必须对它冲减。不管资产如何划分,都是如此。如你所知,会计人员不想高估资产。这就产生了这几年关于投资估值的实际问题。拥有大量抵押证券投资的企业不得不降低其资产负债表上资产的价值。经济业务中让会计等式平衡的部分就是冲减收入(即损失)。FASB和IASB都在努力克服这个问题,而且它们都放松了对强制冲销部分证券的规定。

当证券在活跃市场中停止交易时会怎样?企业如何为资产负债表计算证券价值?损失应该计入利润表还是直接计入股东权益?你如何确定证券价值下降是永久性的?这些都是FASB和IASB在持续争论的重要问题,而且它们指出会计并不准确。这涉及很多重要的判断。请留意财务杂志上对此话题的持续报道。

出售证券

当公司出售这些证券(交易性金融资产、可供出售金融资产和持有至到期投资)时,出售利得或损失与其他的会计利得或损失的计算方法一样。出售证券时的账面价值和售价相比较。售价通常被称为出售所得收入。如果账面价值大于收入,公司会记录出售损失。如果账面价值小于收入,公司会记录出售利得。实际出售证券的利得或损失都是实现的(确实发生了出售行为)而且可确认的(相关的金额列示在利润表上)。

思考题 10B 答案

1. 证券会在资产负债表的流动资产部分以 52 000 美元的价值列示。差额会通过在利润表上记录 2 000 美元的未实现利得来补齐。

2. 证券在资产负债表的流动资产或长期资产部分（取决于公司意图）以 52 000 美元的价值列示。差额会通过确认 2 000 美元的未实现利得来补齐,而此部分利得直接计入权益作为累计其他综合收益的一部分。

3. 证券在资产负债表的长期资产部分中以 50 000 美元的成本列示（债券在第二年到期要确认为流动资产的情况除外）。

简易练习

简易练习 10B-1A 投资。2010 年 1 月,Bowers 公司用额外的现金购买了不同公司的股票,旨在短期获利。Bowers 的投资组合成本是 36 500 美元。2010 年 12 月 31 日,资产负债表日,投资组合的市价是 25 200 美元。价值下跌在截至 2010 年 12 月 31 日会计年度的 Bowers 财务报表上如何反映?

练习

A 组

练习 10B-3A 投资。Omicron 公司用额外现金中的 125 000 美元投资证券。在以下几个独立的情境中,计算期末的资产负债表上对此投资估值的金额,以及说明在其他财务报表上如何报告这些情境的影响。

1. 所有证券都是债务类证券,两年到期。Omicron 会将这些证券持有至到期。在年末证券的市价是 123 000 美元。

2. Omicron 购买证券是为了交易,希望短期获利。在年末证券的市价是 120 000 美元。

3. Omicron 不确定自己会持有证券多久。在年末证券的市价是 126 000 美元。

练习 10B-4A 投资。Kinsey Scales 用额外现金中的 164 000 美元投资证券。在以下几个独立的情境中,计算期末的资产负债表上对此投资估值的金额,以及说明在其他财务报表上如何报告这些情境的影响。

1. 所有证券都是债务类证券,两年到期。Kinsey 会将这些证券持有至到期。在年末证券的市价是 158 000 美元。

2. Kinsey 购买证券是为了交易,希望短期获利。在年末证券的市价是 162 000 美元。

3. Kinsey 不确定自己会持有证券多久。在年末证券的市价是 167 000 美元。

第 11 章　盈余质量、公司治理和国际财务报告准则

学习目标

当你学完本章,你应该能够:
1. 解释华尔街强调盈余的原因及其可能导致的问题。
2. 定义盈余质量,并解释如何衡量盈余质量。
3. 确认公司操纵盈余的惯用方式。
4. 描述在 20 世纪初的公司会计失败。
5. 解释 2002 年《萨班斯-奥克斯利法案》的要求。
6. 评估企业的公司治理。
7. 描述 IFRS 和 GAAP 的差异。

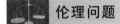 **伦理问题**

你会告发欺诈案件吗?

你会告发欺诈案件吗? 2002 年,安然的 Sherron Watkins,世通公司的 Cynthia Cooper,以及联邦调查局的 Coleen Rowley 荣获《时代周刊》"年度风云人物"。这三位女性的功劳在于告发其组织内部的欺诈案件。2002 年《萨班斯-奥克斯利法案》(Sarbanes-Oxley,SOX)要求企业设立热线电话,这样一来,告发者匿名报告公司内正在进行的可疑行为和举动,尤其是财务信息方面,会变得更加容易。但是,一项旨在评估与之相关的法律有效性的研究发现,由员工告发的欺诈案件数量由颁布《萨班斯-奥克斯利法案》之前的 21% 降到五年后的 16%。为什么呢?根据"谁告发了公司欺诈案件?"的研究,在实名告发的案例中,有 82% 的人被解雇,或因被胁迫而离开,或者作为披露欺诈的代价而职位发生重大变化。显然,作为告发者,人们不愿意透露自己的身份。SOX 除了要求为告发欺诈案件设立匿名电话热线外,还禁止公司因员工披露公司内部可疑欺诈案件的合法行为而对员工进行解雇、停职、威胁或骚扰。正如你所观察到的,有时候个人或公司并不遵守法律。你会告发欺诈案件吗?这是伦理问题。

资料来源:"Study:Sarbox Curbs Fraud Whistleblowing," by Sara Johnson. CFO.com, February 13, 2007.

11.1 盈余为什么重要

你已经学习了四张基本的财务报表及其附注。为了圆满完成从会计基础到财务会计的过渡,我们将回过头来看一下整个框架。投资者在评估公司的财务报表时会关注什么?信息的准确性如何?

在这些信息背后向投资者保证信息真实性和可靠性的是谁,或者是什么?这些仅是本章考虑的部分问题。我们从市场对利润表上盈余的关注开始讲述。

你会经常读到或听说公司盈余吗?经理们估计盈余并对外披露。财务分析师会研究管理层对盈余的估计,然后发布他们自己期望的公司盈余。在投资者考虑的众多衡量指标(例如,国内生产总值、房屋开工率、利率、失业率以及预算赤字)中有一个被华尔街称为"数据"的数字。企业的股票价格会在盈余超过分析师的预期时上涨,在报告的盈余没有达到预期时下跌。根据《纽约时报》财经记者 Alex Berenson 发表的一篇名为"数据:季度盈余驱动如何摧毁华尔街和美国公司"的报道:"每股盈余是以牺牲其他所有数据为代价而最终得到的数据。"众所周知,会计人员把每股盈余定义为净收益除以发行在外的加权平均普通股股数。

Berenson 指出,仅用盈余并不能准确反映企业的财务业绩状况。只狭隘地关注一个数据会造成企业和投资者间严重的沟通障碍。但是,报告盈余确实会影响企业的股票价格。

思考题 11-1

描述为什么盈余是如此重要的数据。

11.2 盈余质量

正如你学到的,投资者通常用每股盈余评估企业业绩。那么这个数据的准确性和可靠性如何?**盈余质量(quality of earnings)** 是会计人员用来描述企业报告的盈余数据能在多大程度上反映企业的真实业绩的专业术语。盈余质量是一个主观概念,至今没有统一的定义。两位会计学者 Bernstein 和 Wild[①] 提出了三种评估盈余质量的方法:

1. 企业选择的稳健性会计原则越多,盈余质量越高。
2. 企业面对的威胁其生存和盈利的内部和外部风险越少,盈余质量越高。
3. 企业提前确认收入或推迟确认费用,盈余质量越低。

有时经理做出的会计选择分为稳健性和激进性。稳健性选择会减少净收益和资产,或者增加负债。激进性选择会增加净收益和资产,或者减少负债。潜在地低估收益和资产比潜在地高估收益和资产更稳健。你明白为什么是这样吗?如果企业高估盈余,股东会起诉企业和其审计师,但是如果企业低估盈余,股东则不容易失望。高质量的盈余应该和更稳健的会计选择联系在一起。下面举些例子。

回想一下,企业必须评估应计提折旧资产的使用寿命和残值,选择存货成本流转假设,比如后进先出法(LIFO)和先进先出法(FIFO),以及估计坏账费用。这其中的每一个选择都会影响公司报告的盈余质量。考虑一下制造行业中的资本密集型企业,比如通用汽车和陶氏化学公司等企业对不动产、厂房和设备的大量投资。这些企业的利润表上会有大量的制造设施和设备的折旧费用。这部分折旧费用的金额取决于管理层对资产使用寿命和残值的估计。什么样的选择会让盈余看起来更大?不动产、厂房和设备的预计使用寿命越长,预计残值越大,年折旧费用就越小。折旧费用越小,报告盈余就越大。在像折旧这样的例子中,管理层的自由裁量权越大,相关盈余的质量就可能越低。应计提折旧的资产越多,意味着估计越多而且盈余质量可能越低,因为经理能做出增加或减少盈余的选择。

在其他例子中,经理会认为一种特定选择会比其他选择产生更高质量的盈余。例如存货方法。

[①] Bernstein, L. and J. Wild. 2000. *Analysis of Financial Statements*. New York: McGraw-Hill.

当公司选择先进先出法时,在利润表上早购进存货的成本与销售收入相匹配。当公司选择后进先出法时,利润表上列示的是最近购进的存货成本。哪一种方法产生的盈余质量数值更大呢?虽然答案有分歧,而且在有些情况下成立,在有些情况下不成立,但是分析师通常认为后进先出法生成的利润表数据更好,因为使用的是最近的成本。因此,后进先出法比先进先出法能产生更高的盈余质量。

接下来,我们将讨论三种企业操纵盈余、降低盈余质量的惯用方式。然后,我们将转向《萨班斯·奥克斯利法案》,此法案的目的就是提高盈余质量,让财务报告更加透明。

> **思考题 11-2**
> 什么情况会导致一家企业的盈余质量高于另一家企业?

11.3 操纵盈余的惯用方式

你已经知道投资者会关注企业盈余质量。在学过初级财务会计之后,你应该能够看出财务报表上的很多金额是估计值。计算需要很多判断,而且会直接导致有关财务报表真实性和可靠性的问题。只要存在判断,就会有人利用机会做出利己决定。报表使用者抱着合理的怀疑态度研究报表是很重要的。记住,绝大多数企业的经理和会计人员要争取做出准确、符合伦理的判断。

为了帮助你进一步理解财务报表上的数据,我们来看一下通常会降低盈余质量的三种具体的会计程序。遗憾的是,企业会使用这些程序来"做假账"。**做假账**(cooking the books)是一种俚语说法,意思是通过操纵或伪造会计记录而使企业财务状况比实际情况看起来更好。虽然有很多活动可以管理盈余,但是很多方法非常复杂,证券交易委员会认为在评估公司财务状况时需要特别注意巨额冲销、甜饼罐准备和收入确认三类活动。

11.3.1 巨额冲销

在 SEC 主席 Arthur Levitt 于 1998 年在纽约大学法律与商业中心演讲后,会计人员开始熟知"巨额冲销"这个词。根据公司财务报告的**巨额冲销**(big bath)理论,管理盈余的一种方式是通过记录事实上属于未来利润表的费用而把现在的亏损最大化。

当企业不能达到自己的盈余预期时,经理们要通过冲销看起来需要在未来几年内冲销的资产来"清洗"资产负债表。这显然违背了配比原则。这样做的逻辑是:只要我们的企业会因没达到盈余数值而被华尔街责罚,那我们就继续把差距拉大。把未来尽可能多的费用转移到现在的期间,这会对我们在未来有所帮助。

通过研究超过或低于分析师预期的公司,会计研究者已经找到支持上述情况的证据。很多企业把盈余预期控制在小边际范围内。但是,当一家企业的盈余低于预期时,通常企业低于预期的金额总是超过其之前预期的边际范围。这个与进了澡盆洗大澡的理念是一致的。

你如何发现会计实践中的巨额冲销行为呢?当你评估公司盈余时,可以阅读下列材料:
- 几年的财务报表而不只是一年的;查找以前年度出现的不合理的非经常费用和冲销。
- 财务报表附注。
- 管理层在报纸和商业杂志上发表的有关公司业绩的讨论和分析。

11.3.2 甜饼罐准备

管理盈余的另一种方式是使用准备账户,旨在提前记录费用,从而使未来盈余看起来美观。这被称为**甜饼罐准备**(cookie jar reserves)。当企业需要满足盈余预测时,使用准备账户是一种通过隐藏金额以帮助其增加未来盈余的方式。准备这个词有很多用法,因此当你在企业的财务报表或者是财经新闻中看到这个词时,要注意它的多义性。如果你想知道准备是否是一个现金金额,寻找术语现金准备而不是单纯的准备。

在能被称作准备的对象中,举一个与应收账款有关的例子。你已经学过了用备抵法估计坏账。持有大量不能收回金额的企业必须估计与当前销售收入相关的未来坏账,从而把坏账费用和与之相关的销售收入记录在相同的期间。如你所知,坏账费用是一个估计值,相应的金额记录在被称为坏账准备(或坏账)的账户中。我们通常称之为坏账准备。例如,银行会在财务报表中提到贷款损失准备。这种会计原则为企业"管理"自己的费用,进而操纵盈余创造了机会。

假设企业在第一年的赊销收入金额为 1 000 000 美元,估计相应的坏账是销售收入的 5%,即 50 000 美元。公司记录如下:

资产	=	负债	+	股东权益	
				实收资本	+ 留存收益
坏账准备(50 000)					坏账费用(50 000)

这会在第一年减少 50 000 美元的收入。在第二年,确认无法偿还的客户并把相应金额冲销,没有再记录坏账费用,而是直接冲减坏账准备。假设第二年冲销了 48 000 美元的坏账准备,坏账准备余额为 2 000 美元。现在,在第二年年末,第二年记录的坏账费用比估计的少 2 000 美元,因为准备——坏账准备——中仍有第一年留下来的 2 000 美元(本例假设公司使用应收账款法估计坏账费用)。

现在回到第一年,并假设企业当年运营不佳,一定无法达到本年盈余预期。当企业会计人员在记录本年坏账费用时,或许会企图记录比实际预期更大的金额。为什么?只要第一年不景气,企业就宁可确认尽可能多的费用,从而为未来的会计期间留下更少的费用。同样,这是明显违背配比原则的。

假设公司在第一年年末记录价值 60 000 美元的坏账费用。坏账准备中也会记录相同的金额。现在如果在第二年冲销了 48 000 美元的坏账,那么在第二年年末坏账准备账户的余额将是 12 000 美元,而不是 2 000 美元,如果坏账准备已经记录了正确估计的 50 000 美元。现在企业有 12 000 美元可以用来减少第二年的坏账费用,如果企业需要利用它来增加第二年的盈余。使用准备,比如说坏账准备来操纵或平滑盈余是使用甜饼罐准备的惯用方式。

甜饼罐准备和巨额冲销都是企业用来将费用分摊到错误的会计期间以获得最大利益的方式。有些时候企业的目标是平滑盈余——防止盈余有大的波动;在其他时候,企业想要把未来的费用转移到现在以提升未来盈余。

你如何分辨企业是否正在使用甜饼罐准备呢?注意这些准备数据的变化趋势。通常,具体的金额不会列示在报表中,而是在财务报表附注中披露。分析与准备相关的比率变化也会有一定的帮助。

11.3.3 收入确认

第三种管理盈余的方式是使用不合理的收入确认方法。在开篇的几章中,你已经学习了 GAAP 允许企业在已经赚取收入以及能合理保证收款时确认收入。这项会计原则为解释和判断留下了空间。企业可能会通过提前确认收入或者创造虚假收入的方式来违背这项原则。不合理地确认收入会帮助企业达到分析师的盈余预期,并保持企业股价上涨。当股票价格因盈余欺诈而虚涨时,管理人员通过抛售公司股票来赚取大量利润的事例屡见不鲜。

下面是公司不合理地确认收入的几个例子:
- 在季度末记录商品销售,尽管在下一季度初才向客户交付商品。
- 在会计期末之后仍然常规开放账簿,继续记录销售,直到达到本期销售目标。
- 客户并没有订购商品,却记录向此客户交付商品的销售。
- 已经将商品移交销售人员,即使销售人员还没有向客户交付商品,仍然确认收入。
- 把商品运到自己管辖的范围外,并把运输的这部分确认为收入。
- 编造购买商品和销售这些商品的虚假文件。

当分析企业的财务报表时,你如何能发现企业这些类型的收入确认问题?首先,企业会在财务报表附注的第一条披露收入确认政策。如果企业最近的收入确认原则发生变动,你应该研究原因并查阅以前年度的收入模式。其次,分析销售收入和应收账款之间的关系会对发现提前或虚假确认收入有帮助。如果应收账款占销售收入的比重增加,你应该调查原因。每一行业,每一业务部门,都有自己的收入确认问题。你需要明白公司会计系统确认收入的方式,从而知道过早或过晚确认收入问题的潜在性。

11.4 从 21 世纪初的企业丑闻中学到了什么

虽然一直关注盈余质量以及经理使用巨额冲销、甜饼罐准备和不合理的收入确认进行盈余操纵的可能性,但美国国会很少干预会计准则。直到 21 世纪初,1933 年和 1934 年的《证券法》是针对上市公司和其审计师的政策法规。但 21 世纪初的丑闻和财务失败还是促使国会通过 2002 年的《萨班斯-奥克斯利法案》。此法案由马里兰州的参议员 Paul Sarbanes 与俄亥俄州的众议员 Michael Oxley 提出,它把公司治理议题提上日程。即使在十年之后,《萨班斯-奥克斯利法案》仍然在财务报告中占有举足轻重的地位。

公司治理有很多定义。简单来讲,它是由董事会执行的治理公司的一种方式。**公司治理(corporate governance)** 被定义为由董事会执行,代表公司所有的利益相关者——所有者、供应商以及客户——提供方向和远见的过程。此术语也可被定义为董事会、管理层、股东、审计师和公司其他利益相关者之间的关系。公司治理不是一个新的概念——公司已经治理其自身数年。但是,会计丑闻引起了媒体、政府官员以及公众对这个话题的关注。

会计丑闻和导致的经营失败不是一个新的现象。其中历史上最大的一例经营失败发生在 1931 年,Insull 公用事业投资公司在以创造性会计支撑的复杂公司结构下不堪重负而倒闭。当时,媒体称英萨尔为世界历史上最大的经营失败案例。很快到了 2001 年(世界最大的能源公司安然的倒闭)和 2002 年(世通破产)。这些公司失败惨重,并对我们的经济和公司的员工产生很大影响,虽然失败不是新鲜事儿,不过,我们还是可以从中汲取教训。

看看你能否找到第 1 章图表 1.18 中列示的丑闻的最近更新情况。成为聪明的投资者、经理和员工的最好方式之一就是与时俱进,阅读当前财经类出版物,了解最新新闻事件。这些经营失败和丑闻所带来的一个积极方面是新闻媒体对经济事件关注的增加。

我们从过去十年的经营失败中学到了什么?以下仅列举部分内容:

1. 有的经理会为达到盈余预期和保证企业股价稳定或上涨不惜一切代价。通常,经理通过期权行权和抛售公司股票来达成个人富裕的目标。通常当经理薪酬和股票业绩相挂钩,或经理收到大量的公司股票期权时会产生这样的问题。

2. 公司的伦理环境是由高管设定的。CEO 和 CFO 必须建立而且需要公司披露的完整性——

财务的和非财务的。

3. 外部审计师和他们的客户走得太近。审计师的独立性是审计有意义的必要条件。审计师事务所需要仔细审视企业和外部审计师间的关系。

4. GAAP的应用受管理层自由裁量权的影响，企业必须让盈余更加透明化。

5. 无论会计原则多么好或是多么有效，让会计准则来阻止欺诈是不可能的。但是，审计师和SEC会对减少欺诈有一定帮助。

6. 财务报表仅是投资者和债权人评估公司过去、现在和未来所需要的部分信息。过分依赖一个单一的金额——每股盈余——是一场灾难。

正如在20世纪30年代通过的1933年和1934年的《证券法》一样，国会要对公司失败做出回应，于是有了21世纪初的立法——2002年的《萨班斯-奥克斯利法案》。在你阅读法律条文时，仔细想想它要传达的意图。同时也考虑一下，2008—2009年的经济衰退对国会举动的影响。

> **思考题11-3**
> 你认为审计师从21世纪初的财务失败中学到了什么？

11.5　2002年《萨班斯-奥克斯利法案》

如果对2002年《萨班斯-奥克斯利法案》一无所知，就无法在商业世界中成功地生存下去。所有的上市公司及在美国证券交易所交易的国际公司都必须遵循此法案。图表11.1总结了此法案的重要条款。接下来我们看一下《萨班斯-奥克斯利法案》对主要团体的影响，并探讨法案是如何影响它们的。

图表 11.1　2002年《萨班斯-奥克斯利法案》重要条款

群体	领域	描述
管理层	报告	管理层必须对内部控制体系及控制程序的有效性进行评价和报告。这是《萨班斯-奥克斯利法案》404条款的部分内容。
	内部责任	此条款要求道德准则并在年度10-K报表中进行报告。
	罚则	如果财务报告不准确或不完整，要对管理层进行惩罚。被证实虚假陈述的，应该被处以最多100万美元的罚款，最多10年的监禁。被证实蓄意虚假陈述的，应该被处以最多500万美元的罚款，最多20年的监禁。
董事会	加强董事会权力	针对董事会构成的具体规定中，要求一些董事要独立于管理层，而这些董事能加强董事会和审计委员会的权力。
外部审计师	增强审计师独立性	本法律包含增强审计师独立性的规定。
公众公司会计监督委员会(PCAOB)	强制性	公众公司会计监督委员会有权管理会计师事务所。

11.5.1　公司治理的关键参与者

《萨班斯-奥克斯利法案》与以下四个团体密切关联：

1. 管理层
- CEO 和 CFO 对公司的内部控制负责。《萨班斯-奥克斯利法案》要求公司在年报中单独报告公司内部控制的有效性。企业的外部审计师必须对内部控制报告的准确性进行鉴证。
- 管理层对财务报表及其附注的准确性承担最终责任。在多数企业中，这项责任委托给低一级的经理们，但是高管还是不能逃脱最终的法律责任。《萨班斯-奥克斯利法案》要求 CEO 和 CFO 在年度财务报告中保证——他们已经审阅过报表，而且基于自己的认知，报告不包含任何虚假陈报和重大遗漏事项。
- 正如本章前面提到的，企业必须提供一种匿名举报公司内欺诈活动的机制，其中包括针对举报设立的电话热线。对告发者的保护应该扩展到依法披露员工合理认为的已构成违背证券法或任何处理欺诈股东行为法律的违法行为信息的公司员工。根据《萨班斯-奥克斯利法案》，任何公司的官员或代表人不得"因为雇员采取了合法行为，而解雇、降职、停职、威胁、骚扰或以其他方式在雇佣关系中歧视雇员"。这意味着公司不能以任何方式惩罚告发者披露公司内可疑的欺诈行为。

2. 董事会
- 董事会是由股东选举产生的，旨在建立公司整体政策，并决定公司主要事项，如股利政策。董事会成员由股东选举产生，代表股东权益。
- 董事会中负责监督企业财务状况的是审计委员会。此委员会成员关注企业对财务报告的控制及监督外部审计师。
- 《萨班斯-奥克斯利法案》要求审计委员会必须由董事会中的独立董事组成。公司管理人员不得作为审计委员会成员。审计委员会负责招聘、补偿以及监督公司聘用的会计师事务所的工作。

3. 外部审计师
- 外部审计师是经过特殊培训的会计人员，对公司的财务报表、财务控制以及提供给股东的报告进行审核。外部审计师就企业的财务报表是否根据 GAAP 公允地反映财务状况以及经营成果形成审计意见。如你所知，SEC 要求所有的上市公司必须有由外部审计师提供的年度财务报表审计报告。
- SEC 要求审计师通过独立于客户而保证客观性。SEC 一直都有关于审计师独立性的规定，而法律加强了该规定的效力。例如，审计师不用再向客户提供信息处理和簿记服务。
- SEC 还要求审计师向客户的审计委员会报告，而不是向客户管理层团队报告，其中审计委员会是董事会的一部分。

4. 公众公司会计监督委员会（PCAOB）
- 此管理机构是由 SEC 与联邦储备系统管理委员会和财政部长商议后委任《萨班斯-奥克斯利法案》成员建立的。
- PCAOB 的目的是管理审计。
- 所有审计上市公司的会计师事务所都必须在 PCAOB 注册并遵守其规定。
- PCAOB 制定的规则必须经 SEC 批准。
- 正值本书付梓之际，美国最高法院同意发表一个关于创办 PCAOB 的违宪审查的案例。根据 Free Enterprise Fund 提出的法律诉讼，PCAOB 的存在违背分权原则。

《萨班斯-奥克斯利法案》旨在加强上市公司的财务报告和公司治理。但是，此法案的要求也有很多潜在的缺点。反对此法案的多数观点聚焦在落实 404 条款的高成本上，即要求公司实施并记录与财务报告系统相关的内部控制。有些人认为美国真正的问题在于缺少高道德水平和伦理价值观，而这是法律无法解决的问题。

> **简 讯**
>
> 在 2002 年《萨班斯-奥克斯利法案》出台后,非审计费用占会计师事务所的收入比重从 51% 下降到 21%。专家把这看成是法律有效增强审计师独立性的证据。
>
> 资料来源:"Since Sarbox, Non-audit Fees Dove from 51% to 21%," by David M. Katz, CFO.com, May 7, 2009.

11.5.2 未来前景

我们生活在公司经营方式正在变化的年代。会计和财务报告的重要性是毋庸置疑的。2008 年开始的金融危机和经济不景气强化了会计的重要性。所有的业务经理——市场部经理、生产部经理、人力资源部经理、运营部经理——必须理解财务信息以及收集、报告财务信息的方式。所有的业务经理必须能识别其所在特定领域的风险,并为管理这些风险建立内部控制。例如,为了评估销售人员周销售报告的准确性,市场部经理必须清楚销售佣金的会计处理方式。可能对于上周五中午前上报的销售额,会计部会在每周一向销售人员支付佣金。这样就会有风险存在,因为销售人员会上报原本安排在周五当天完成的销售收入,以至于周五下午的销售收入也被包含在周一支付佣金的范围内。与此相关的控制可以是把销售人员的销售报告和运输部门的每周运输量进行对比。回想一下,通常直到发出货物后才确认收入。销售人员的佣金应根据企业实际赚取的收入来支付。

为遵循《萨班斯-奥克斯利法案》的法规,企业花费很大。根据国际财务执行官组织 2007 年的研究,遵守 404 条款,即实施《萨班斯-奥克斯利法案》最昂贵部分的成本从法律出台后逐年降低。在 2005 年到 2007 年间,对于被调查的公司(平均收入在 68 亿美元的大公司)来说,成本下降了 23%——平均 290 万美元的成本。多数人相信在接下来的几年中成本会继续下降,因为企业提高了效率,并且帮助记录内部控制的新软件也有了发展。

现在和预期未来在会计和财务领域监管的增多使会计和审计企业就业机会增多。根据联邦劳工统计局的数据,会计类工作数量在 2006 年到 2016 年间预期会增加多达 18%,这高于所有职位的平均值(7%—13%)。根据世界上最大的专业人力资源公司 Robert Half International 2009 年的调查,尽管经济不景气,但大多数的 CFO 计划维持会计和财务部门当前的就业水平。调查中有 25% 的 CFO 指出会计职位是最难填补的职位。[①]

> **思考题 11-4**
>
> 解释为什么内部控制对公司及其审计师如此重要。

11.6 评估公司治理

2002 年《萨班斯-奥克斯利法案》在美国改变了公司治理方式。企业董事会、CEO、CFO 以及股东的角色经常成为大众财经媒体的话题。但是要回答什么是好的公司治理这样一个非常重要的问题却很难。

---

① Taub, S. 2009. Hiring Standstill: It Could Be worse. CFO.com. March 10, 2009.

11.6.1 定义并衡量好的公司治理

多数专家——管理者、SEC 以及学术研究者——同意好的公司治理中最重要的因素是伦理环境,而伦理环境是由管理层设定的。好的公司治理的其他特征应包括:
1. 由阅历丰富、高质量的董事组成的独立的董事会。
2. 鼓励全面审阅重要管理和财务决策的 CEO。
3. 提供给股东的财务信息透明化——易懂、简单、直接。
4. 强势且独立的外部审计师。

很少有研究来证实公司治理的这些或其他因素能够遏制欺诈。即使你认同这些是理想的因素,但是你知道衡量它们有多困难吗?

既不是缺少研究支持,也不是难以衡量阻止公司治理评级制度的发展。有些公司如 RiskMetrics、GovernanceMetrics 以及 Corporate Library 都参与发展评级制度。在斯坦福大学 Rock 中心中研究公司治理的教授发现这些商业化的治理评级"在预测企业状况或股东利益的其他成果方面受限或失败"①。

11.6.2 如何评估企业的公司治理

评估企业的公司治理有两种重要的方式:
1. 网站
2. 年报或 10-Ks

很多大公司把公司治理政策放在公司网站上,你可以从中找到公司治理纲要、道德准则以及董事会各种委员会的列表。在有些网站上,你会发现每位董事会成员以及审计、薪酬和提名委员会成员的信息。

在本章前面你已经了解《萨班斯-奥克斯利法案》的要求是管理层必须报告公司内部控制系统的有效性。这个报告包含在公司的 10-K 中。而且,外部审计师必须对管理层的内部控制评价进行鉴证并发表报告。这个同样也能在 10-K 中找到。

要得出有关公司价值的结论,仅凭财务报表是不充分的,公司提供的公司治理信息也不足以得出公司及其管理层公正和诚信度的确切结论。但是,因为获取有关公司的公司治理策略如何运行的信息更加容易,所以评估公司的这个领域也会更加简单。

思考题 11-5

列举好的公司治理的两个特征。

11.7 国际财务报告准则(IFRS)

贯穿全书,你已经学习了有关 IFRS 以及美国潜在采用这些准则的内容。虽然 GAAP 和 IFRS 有很多共同点,但是两者之间也存在一些差异。这两套准则总的差异在于编制财务报表具体指引所使用的方法。GAAP 通常被认为是规则导向的,而 IFRS 通常被认为是原则导向的。这是由

---

① Dainer, R., I. Gow, and D. Larcker. 2008. Rating the Ratings: How Good Are Commercial Governance Ratings? Working paper. Rock Center for Corporate Governance, Stanford University.

GAAP 有 160 多项财务会计准则,而 IFRS 仅有不到 50 项国际报告准则的现实决定的。

如果这本书或正在修的这门课程是你第一次接触会计,那么你可能会觉得 GAAP 对于一个特定类型的业务给出了太多的会计选择。为什么不要求所有公司都用先进先出的存货计价法或者直线折旧法呢?为什么对于一件事情有那么多种记录方式?原因在于这些选择与财务信息的目的直接相关:对决策有用。没有两个公司会完全相同。因为企业尽可能地通过最现实和有用的方式传达自己的财务业绩和状况,一家企业可能做出不同于其他企业的会计选择。为了公允地呈现自己的财务状况,一家企业的建筑物折旧年限为 30 年,而另一家企业持有的类似建筑物的折旧年限是 40 年。为什么?企业根据自己对使用寿命的估计选择年限。两家企业使用建筑物的方式可能存在差异,而使用寿命的选择应该反映企业计划使用建筑物的年限。要求建筑物折旧年限为一特定数字会降低财务报表信息的有用性。即使没有上百个也有几十个会计选择是如何提高信息质量的其他例子。虽然你可能听说有人会趁机利用会计选择,但请记住绝大部分商人,包括会计人员和审计师,都在尽全力诚信、合乎道德地传达财务信息。

IFRS 中的具体指引比 GAAP 少很多。这意味着过渡到 IFRS 需要一种新方法来编制财务报表。特别是审计师必须准备好在对企业财务报表列报的公允性发表审计意见的工作中使用更多的判断。世界上最大的会计师事务所已经准备好了,即使 IFRS 在 2014 年之前不太可能在美国得到全面落实。另外,这些事务所已经拥有很多 IFRS 方面的专业技能,因为它们当前审计了很多其他国家的企业,而在这些国家 IFRS 是权威的准则体系。

这两套准则都有相似的目标——向财务报表使用者提供有用的信息。两者都用权责发生制,都要求有一张利润表、一张资产负债表和一张现金流量表。这些报表的构成也很相似,虽然报表格式不尽相同。世界上最大的糖果公司吉百利的资产负债表以英国为基础,如图表 11.2 所示。企业的财务报表遵循 IFRS。你将注意的第一件事情就是报表从长期资产开始,IFRS 中称之为非流动资产。但是,负债是从流动负债开始的。同时,注意负债的列示金额是负值。这张资产负债表上会计恒等式的格式是资产 – 负债 = 所有者权益。这些只是几个明显的不同之处。需要看企业完整的年报,包括财务报表和附注,请登录 www.cadbury.com。

图表 11.2 吉百利:国际财务报告准则下的资产负债表举例

	吉百利 比较资产负债表 (单位:百万英镑)		
附注		2008 年 12 月 31 日	2007 年 12 月 31 日
	资产		
	非流动资产		
14	商誉	2 288	2 805
15	无形资产——外购	1 598	3 378
15	无形资产——软件	87	148
16	不动产、厂房和设备	1 761	1 904
17	对联营企业的投资	28	32
17	对子公司的投资	—	—
24	递延所得税资产	181	124
25	退休福利资产	17	223
20	交易性及其他应收款	28	50

（续表）

附注		2008年12月31日	2007年12月31日
18	其他投资	2	2
		5 990	8 667
	流动资产		
19	存货	767	821
	短期投资	247	2
20	交易性及其他应收款	1 067	1 197
	可收回税款	35	41
	现金和现金等价物	251	493
27	衍生金融工具	268	46
		2 635	2 600
21	可供出售资产	270	71
	资产合计	8 895	11 338
	负债		
	流动负债		
22	交易性及其他应付款	(1 551)	(1 701)
	应交税款	(328)	(197)
27	短期借款和透支	(1 189)	(2 562)
23	短期准备	(150)	(111)
32	融资租赁债务	(1)	(21)
27	衍生金融工具	(169)	(22)
		(3 388)	(4 614)
	非流动负债		
22	交易性及其他应付款	(61)	(37)
27	借款	(1 194)	(1 120)
25	退休福利负债	(275)	(143)
	应交税款	(6)	(16)
24	递延所得税负债	(121)	(1 145)
23	长期储备	(218)	(61)
32	融资租赁债务	(1)	(11)
		(1 876)	(2 553)
21	与资产直接相关的划分为可供出售的负债	(97)	(18)
	负债合计	(5 361)	(7 165)
	资产净额	3 534	(4 173)
	权益		
28	股本	136	264
28	股本溢价	38	1 225
28	其他准备金	850	(4)
28	留存收益	2 498	2 677
28	归属于母公司所有者权益合计	3 522	4 162
29	少数股东权益	12	11
	权益合计	3 534	4 173

图表 11.3　GAAP 与 IFRS

账户	主题	GAAP	IFRS	过渡到 IFRS 的提示
存货（资产）和商品销售成本（利润表）	存货成本	如果需要，公司可以选择使用后进先出法（LIFO）计算存货成本。很多人因为税收优惠而选择后进先出法。	任何情况下都不得使用后进先出法。	可以在财务会计目的下取消后进先出法（LIFO）。公司仍然可以选择先进先出法（FIFO）、平均成本法或个别计价法。
存货（资产）	成本与市价孰低法（LCM）	市价通常会替代存货成本。成本与市价孰低法下做出的冲减不得转回。	市价通常是存货的可变现净值（本质上是售价）。在特殊情况下，成本与市价孰低法下做出的冲减可以转回。	成本与市价孰低法下做出的冲减可能不常见，因为售价通常高于重置成本。随着时间的推移，有的冲减可以转回。
不动产、厂房和设备（资产）	资产减值和重新估值	如果长期资产减值，就会冲减长期资产。此类型的冲减不得转回。	可以依据市场公允价值（估价）冲减长期资产。此类调整可以转回。	成本原则十分地不适用于长期资产。应该由独立的评估师对资产进行评估，并通过调增或调减达到市场公允价值。
研究和开发（利润表/资产）	开发成本	所有的研究和开发费用都应费用化。唯一例外的是可以对电脑软件开发成本进行资本化并在未来取得销售收入的期间内摊销。	所有的研究费用应费用化；而所有的开发费用应进行资本化并在未来取得销售收入的期间内摊销。	GAAP 已经修改的准则可以扩大适用范围，从而应用于所有的开发成本，而不只限于电脑软件开发成本。
无形资产（资产）	无形资产的资本化和确认	GAAP 不愿意确认无形资产。这类资产只在购买后才进行确认。内部研发的无形资产（比如商标和专利）在资产负债表上都不确认为资产。	如果无形资产会带来预期收益且金额可以可靠计量就对其进行确认（GAAP 当前适用的是或有负债）。这些资产可以是购买的，也可以是内部研发的。	应该在资产负债表中列示更多的无形资产。随着时间的推移，可以通过摊销和减值对这些资产进行调整。
或有负债（负债）	记录或有负债	基本确定的或有负债记录在正式的会计记录中。很可能出现的或有负债在财务报表负债中进行披露。	基本确定和很可能出现的或有负债都记录在正式的会计记录中。	应该记录更多的负债。有的负债可以在未来转回，如果债务责任已消失。
非常项目（利润表）	记录非常项目	GAAP 允许在持续经营后把非常项目（即非正常和不经常发生的项目）作为收益的组成部分在利润表上单独列示。	不应对非常项目进行特殊对待。即使"非正常、不经常"的项目也应在利润表上像持续经营带来的普通收益一样进行报告。	非常项目可以从利润表上消失，而重新划分为"普通的"收入和费用。

(续表)

账户	主题	GAAP	IFRS	过渡到 IFRS 的提示
利息收入和利息费用(利润表)	现金流量表上对利息的分类	为利息收取和支付的现金(收入和费用)在现金流量表上应划分为经营活动产生的现金。	收到的利息可以划分为一项经营活动或投资活动。支付的利息可以划分为经营活动或筹资活动。	利息收入和费用可以在现金流量表的不同部分报告。

图表 11.3 提供了 GAAP 和 IFRS 更具体的差异。这些是你可以理解的例子。还有一些适用于更高级的会计主题。如果你想学习更多的 IFRS，你可以找到很多信息。从四大会计师事务所的网站（www.ey.com，www.kpmg.com，www.pwc.com，www.deloitte.com）开始，在那里你可以找到涵盖国际会计准则和美国采用的 IFRS 的免费出版物。

当你完成对财务会计的学习之后，看看你已经走了多远。刚开始学习第 1 章时，你可能还不知道如何从利润表中生成资产负债表。现在你已经知道四种基本财务报表的要素以及会计人员在准备这些报表时使用的原则。你已经学到单凭报表并不能为投资者提供充足的信息。你经常在财务报表下面看到的附注是财务报表不可缺少的一部分。你已经了解到公司会"做假账"，但同时要记住绝大多数的会计人员、管理者以及业务经理都是在困境中尽力做好的诚实的人。

本章要点总结

- 分析师和投资者使用每股收益（EPS）评估公司业绩，因此通常会虚增这个金额。
- 盈余质量指一个具体的盈余数据传达公司真实业绩的好坏程度。
- 企业进行盈余操纵通常有三种方式：(1) 使用巨额冲销——在不景气的年份注销尽可能多的费用来把未来的费用最小化；(2) 使用甜饼罐准备来按照理想水平增加或减少盈余；(3) 过早确认收入。
- 21 世纪初的公司会计失败是会计欺诈的结果。这一结果促成立法——2002 年《萨班斯-奥克斯利法案》，旨在提高公司治理。

关键词

巨额冲销 盈余质量 公司治理
做假账 甜饼罐准备

思考题答案

思考题 11-1

投资者用盈余评估企业业绩。当企业达到盈余期望值时，股价通常会上涨；而没有达到盈余期望值时，股价通常会下跌。

思考题 11-2

经理要在报告盈余时做出选择。有的选择——比如在价格上涨的期间使用存货的后进先出法——会导致高于其他公司的盈余质量。

思考题 11-3

这个问题有很多可能的答案。其中两个最重要的是：(1)独立性，包括行动上和觉悟上的独立性，对有效和可靠地完成工作是至关重要的；(2)道德素质高、为人正直是基本的——在审计和生活中。

思考题 11-4

管理层必须报告企业的内部控制及其有效性。有些企业可能需要新的方式来收集有关公司内部控制有效性的信息。审计师必须对管理层报告进行鉴证，这意味着审计师必须收集充分的证据来发表其对管理层报告真实性的意见。这些是企业管理人员和企业审计师的附加责任。

思考题 11-5

下面是一些特征：(1)包括多数独立董事的董事会；(2)不担任 CEO 的董事会主席；(3)声誉好且可靠的审计部；(4)独立的外部审计师；(5)牢固的道德准则，有高管以身作则；(6)一个不过分依赖股价但是对增加企业潜在价值行为进行奖励的薪酬体系。

问题

1. 什么决定盈余质量？
2. 为什么盈余如此重要？
3. 什么事件推动国会通过 2002 年《萨班斯-奥克斯利法案》？
4. 公众公司会计监督委员会是什么样的角色？
5. 谁负责为上市公司的审计建立审计准则？谁负责为上市公司建立会计准则？解释这两套准则。
6. 《萨班斯-奥克斯利法案》中的什么条款要求增强审计师的独立性？解释如何增强。
7. 《萨班斯-奥克斯利法案》要求公司的董事会改变什么？
8. 什么是内部控制？谁对它的有效性负责？
9. 审计委员会的职责是什么？
10. 谁负责确认向 SEC 提交财务报表？
11. 什么是甜饼罐准备？如何运用？
12. 什么是巨额冲销理论？
13. 公司应该在什么时点确认收入？

单选题

1. 以下哪个问题是由强调盈余导致的？（　　）
   a. 经理可能忽视销售预测
   b. 内部控制可能弱化
   c. 盈余质量可能受损
   d. 可能增加更低级别经理的职责
2. 上市公司必须有（　　）。
   a. 一个运行的董事会
   b. 有一名会计经验丰富的 CFO

c. 每周与存在潜在欺诈的员工会面的特定时间
d. 一个伦理委员会

3. 审计委员会是（ ）。
   a. 内部审计部的一部分
   b. 独立董事的子集
   c. 不是公司治理的一部分
   d. 由一位注册会计师担任主席

4. （ ）负责外部审计师的选举、聘用和薪酬？
   a. CEO
   b. CFO
   c. 董事会的审计委员会
   d. 以上都是

5. 高质量盈余（ ）。
   a. 在期间内浮动大
   b. 提供关于企业盈余的准确且可靠的信息
   c. 超过每股1美元
   d. 能在资产负债表的股东权益部分找到

简易练习

简易练习 11-1 盈余的重要性。在华尔街分析师看来，企业报告的哪个数据最重要？由此引发了什么问题？

简易练习 11-2 盈余质量。你认为分析师如何评估企业的盈余质量？你认为高质量盈余就代表高股价吗？

简易练习 11-3 巨额冲销理论。描述巨额冲销理论，并列举可能会被提前注销的项目。

简易练习 11-4 收入确认。什么类型的公司可能存在收入确认问题？投资者如何了解公司的收入确认政策？

简易练习 11-5 公司失败。21世纪初的丑闻有的是误用会计原则的结果，有的是存在问题的会计原则本身导致的结果。你认为哪一个描述的是世通的失败？为什么？你认为好的会计原则能免除像安然和世通这样的财务失败吗？2008—2009年发生的公司失败与会计相关吗？如果有，描述如何相关？

简易练习 11-6 《萨班斯-奥克斯利法案》。讨论要求经理报告公司内部控制的成本和效益。你认为外部审计师鉴证管理层报告是必要的吗？为什么是或为什么不是？

简易练习 11-7 《萨班斯-奥克斯利法案》。《萨班斯-奥克斯利法案》的要求之一是审计项目的主审，负责该审计项目的合伙人以及负责复核该审计项目的合伙人每五年进行一次轮换。在你看来，此要求的目的是什么？你认为能达到目的吗？

简易练习 11-8 公司治理。董事会中有财务专家的优势是什么？有劣势吗？

简易练习 11-9 公司治理。讨论由审计委员会直接与外部审计师接触的优势和劣势。

简易练习 11-10 公司治理。你认为能对好的公司治理进行衡量吗？你会在投资具体公司的决策中运用这部分知识吗？

简易练习 11-11 IFRS 与 GAAP。最普遍意义上，GAAP 与 IFRS 的差异是什么？总体的相似之处呢？

简易练习 11-12 IFRS 与 GAAP。在记录存货方面 GAAP 与 IFRS 的处理有什么不同？

简易练习 11-13 IFRS 与 GAAP。GAAP 与 IFRS 在资产负债表上对不动产、厂房和设备的估值处理方面有什么不同？

练习

练习 11-14 盈余质量。假设公司 A 与公司 B 在很多方面非常相似——规模相同、同一行业，但是公司 A 使用备抵法处理坏账而公司 B 不是。你认为哪个公司的盈余质量更高？为什么？

练习 11-15 盈余质量。Lorder 公司经营良好，记录了销售终止经营板块的重大利得。而 Bates 公司的利润表上没有终止经营板块。但是，两个公司的利润表很相似。Lorder 公司宣告每股收益是 1.25 美元，Bates 公司宣告每股收益为 1.20 美元。你的朋友 Bob 告诉你应该投资 Loder 公司，因为它的盈余数值大，所以盈余质量高。你怎么回应？

练习 11-16 巨额冲销理论。Mismatch 公司经营不善，本年肯定将出现净亏损。列举两个能改变此预期的会计调整的例子，从而使 Mismatch 公司把今年的亏损做得更大而让接下来几年的状况更乐观。

练习 11-17 甜饼罐准备。Chip 公司在 2009 年 12 月 31 日（即年末）估计坏账和担保。企业相信在 2010 年收入会下降，所以财务经理建议企业在本年记录 50 000 美元的坏账，虽然账龄分析表显示只需记录 30 000 美元的坏账。解释为什么这样做有利于 2010 年的净收益？

网络练习

网络练习 11-1 登录谷歌，输入"公司治理"。你一共得到多少条结果？打开几个链接，看一下关于公司治理这个话题能找到些什么类型的信息？

网络练习 11-2 登录公众公司会计监督委员会的网站 www.pcaobus.org。根据网站，PCAOB 的使命是什么？到目前为止，你觉得它完成使命了吗？为什么完成了或为什么没有完成？

网络练习 11-3 登录迪士尼公司的网站 www.disney.com。点击页面下方的链接"Corporate Info"，然后点击"Investor Relations"，最后选择"Corporate Governance"。你从中获得公司治理的什么信息？看看你能否找出公司每年开几次董事会的信息？你认为董事会开会的次数足够吗？为什么？

网络练习 11-4 选择同一行业的两个公司，比如沃尔玛和 Target 公司，好时和 Tootsie Roll，或者家得宝公司和美国劳氏公司。选定两个公司，然后登录它们的网站，查找关于公司治理的信息。总结你找到的信息。把两个公司的信息相比较会怎样？你发现什么令人吃惊的相似之处或差异吗？你认为投资者对这些信息感兴趣吗？

网络练习 11-5 2009 年 8 月，通用电气公司同意支付 5 000 万美元来解决 SEC 以"使用不恰当的会计方法增加报告的盈余或收入，避免报告负面财务结果"（见 SEC press release 2009-178，可在 http://www.sec.gov/news/press/2009/2009-178.htm 上找到）为由对其提出的诉讼。登录通用电气的网站 www.ge.com，并阅读公司的公司治理（在 Our Company 中）。你对其治理的印象如何，特别是考虑到 SEC 对它的处决？

网络练习 11-6 登录吉百利的网站 www.cadbury.com，找到最近年度报告的链接。然后，找到财务报表及其附注。

1. 看附注，查找企业在哪儿讨论了其会计方法。你能分辨出企业使用的是什么会计准则吗？以什么货币计价？

2. 吉百利的外部审计师是谁？

3. 在企业的资产负债表（见图表 11.2）和利润表（见图表 11.4）上，找到五个你认为属于非 GAAP 的事项。

图表 11.4 吉百利的利润表

吉百利

合并利润表

（单位：百万英镑，每股数据除外）

附注		截至 2008 年 12 月 31 日	重述 2007 年 12 月 31 日
	持续经营		
2	收入	5 384	4 699
3	交易成本	(4 803)	(4 258)
4	重组成本	(194)	(165)
5	非交易项目	1	2
	营业收益	388	278
17	在联营企业中的份额	10	8
	筹资和税前收益	398	286
9	投资收益	52	56
10	筹资成本	(50)	(88)
	税前收益	400	254
11	税款	(30)	(105)
	本期持续经营利润	370	149
31	终止经营		
	本期终止经营（亏损）/利润	(4)	258
	本期利润	366	407
	归属于：		
	母公司所有者权益	364	405
	少数股东权益	2	2
		366	407
	持续经营和终止经营产生每股收益		
13	基本	22.6	19.4
13	稀释	22.6	19.2
	持续经营产生的每股收益		
13	基本	22.8	7.0
13	稀释	22.8	7.0

附录 A　百万书店 2009 年年报摘选

公司简介

百万书店是美国最大的图书零售商之一，其互联网在线图书销售的地址是 www.booksamillion.com。公司在美国 21 个州和华盛顿哥伦比亚特区经营 220 家书店。公司旗下拥有两种风格迥异的书店，一种是以 Books-A-Million and Books & Co. 命名的大型超级书店，一种是以 Books-A-Million and Bookland 命名的传统书店。

五年聚焦

单位：千美元（每股数据、比率和营业数据除外）

	截至会计年度末				
	2009 年 1 月 31 日	2008 年 2 月 2 日	2007 年 2 月 3 日[1]	2006 年 1 月 28 日	2005 年 1 月 29 日
利润表数据	**52 周**	52 周	53 周	52 周	52 周
销售收入净额	**513 271**	535 128	520 416	503 751	474 099
净收益	**10 574**	16 522	18 887	13 067	10 199
稀释每股收益	**0.68**	1.01	1.12	0.77	0.59
稀释加权平均股数	**15 609**	16 302	16 805	16 888	17 178
资本投资	**19 806**	16 878	14 907	11 297	14 923
宣告每股股利	**0.28**	3.36	0.33	0.23	0.23
资产负债表数据					
不动产及设备，净额	**58 038**	53 514	51 471	51 001	55 946
资产合计	**279 292**	284 833	304 037	311 659	300 812
长期负债	**6 720**	6 975	7 100	7 200	7 500
股东权益	**104 494**	99 051	157 034	145 009	134 859
其他数据					
营运资本	**62 145**	58 785	117 737	106 637	95 382
债务资本比率	**0.18**	0.26	0.04	0.05	0.05
营业数据					
书店总数	**220**	208	206	205	206
大型超级书店数量	**200**	184	179	173	168
传统书店数量	**20**	24	27	32	38

[1] 结束日为 2007 年 2 月 3 日的会计年度比往年多一周，并且当期确认以前年度礼品卡未兑付收益 230 万美元。

致我们的股东

2009 会计年度,我们遇到了极大的挑战。2008 会计年度第四季度爆发经济危机,2009 会计年度经济衰退势头愈加猛烈。这在很大程度上影响了我们下半年的营业收入。这场经济危机在 2008 年第三季度已经被预言。我们在假期季节的业绩也胜于销售规模相类似的主要竞争对手。

由于消费者信心指数持续走低直接导致了市场交易量降低,我们书店的绝大多数部门深受波及并面临形势严峻的考验。我们的核心图书业务虽然也下降了,但是由于 12 月份 Stephanie Meyer 的《暮光之城》的极大成功驱使消费者走进书店也带来一些亮点。在选举季节,以信念为主题的图书如 William Young 的 *The Shack*,以及媒体热捧的畅销书如 Glenn Beck 的 *The Christmas Sweater* 表现非凡。价格敏感型消费者为我们特价图书的销售做出了极大的贡献,我们借此扩张及提升了我们的分类以从这种趋势中获利。

另一个积极的趋势是普通商品的销售增长。由于我们对存货配送的投资改进,礼物、玩具、游戏和图书配件的销售稳固增长,尤其在第四季度。

我们以一张改善的资产负债表及以费用控制为重点作为 2009 会计年度的结束。在该会计年度中,我们减少存货余额 250 万美元,并减少负债 1 250 万美元。

在本期会计年度中,我们新开设书店 16 家。我们预计在未来一年中新开设 3—5 家书店。我们预期新增书店的减少是出于对严峻经济形势及高质量房地产机会缺乏的考虑。

在新的一年里,毫无疑问我们将面临一个不确定的经济环境。然而,我们依旧会遵循约定的企业基本原则以在短期做出最佳可能的业绩,并在未来经济复苏中把握机会。

Clyde B. Anderson
董事长兼首席执行官

财务聚焦

单位:千美元(每股数据除外)

	截至会计年度末	
	2009 年 1 月 31 日	2008 年 2 月 2 日
销售收入净额	**513 271**	535 128
营业利润	**18 890**	27 420
净收益	**10 574**	16 522
稀释每股净收益	**0.68**	1.01
宣告每股股利	**0.28**	3.36
	截止日期	
	2009 年 1 月 31 日	2008 年 2 月 2 日
营运资本	**62 145**	58 785
资产合计	**279 292**	284 833
所有者权益	**104 494**	99 051

合并报表财务数据摘选：

单位：千美元（每股数据除外）

	截至会计年度末				
	2009 年 1 月 31 日	2008 年 2 月 2 日	2007 年 2 月 3 日	2006 年 1 月 28 日	2005 年 1 月 29 日
利润表数据	**52 周**	52 周	53 周	52 周	52 周
销售收入净额	**513 271**	535 128	520 416	503 751	474 099
销售成本，包括仓储配送成本	**361 934**	376 580	363 688	357 166	339 012
毛利	**151 337**	158 548	156 728	146 585	135 087
营业、销售及管理费用	**116 648**	117 079	112 227	108 945	98 870
减值损失	**1 351**	60	333	215	337
保险利得	—	—	—	1 248	—
折旧与摊销	**14 448**	13 989	14 069	15 636	17 788
营业利润	**18 890**	27 420	30 099	23 037	18 092
利息费用，净额	**1 920**	1 346	105	1 441	1 874
持续经营税前收益	**16 970**	26 074	29 994	21 596	16 218
所得税费用，预交	**6 396**	9 552	11 107	8 545	6 001
持续经营收益	**10 574**	16 522	18 887	13 051	10 217
终止经营：					
终止经营（包括减值损失）带来的收益（损失）	—	—	—	27	(29)
所得税收益（利得），预交	—	—	—	11	(11)
终止经营带来的收益（损失）	—	—	—	16	(18)
净收益	**10 574**	16 522	18 887	13 067	10 199
每股普通股净收益：					
基本：					
每股净收益	**0.70**	1.03	1.16	0.80	0.62
发行在外加权平均股数——基本	**15 219**	16 089	16 352	16 275	16 453
稀释：					
每股净收益	**0.68**	1.01	1.12	0.77	0.59
发行在外加权平均股数——稀释	**15 609**	16 302	16 805	16 888	17 178
每股股利——宣告	**0.28**	3.36	0.33	0.23	0.23
资产负债表数据：					
不动产及设备，净额	**58 038**	53 514	51 471	51 001	55 946
资产合计	**279 292**	284 833	304 037	311 659	300 812
长期负债	**6 720**	6 975	7 100	7 200	7 500
递延租金	**8 554**	8 079	8 706	8 637	12 622
不确定性税务负债	**2 032**	2 174	—	—	—
实收资本	**104 494**	99 051	157 034	145 009	134 859
其他数据：					
营运资本	**62 145**	58 785	117 737	106 637	95 382

管理层对企业财务状况及经营条件的讨论与分析

概述

　　百万书店始建于1917年,目前经营220家零售书店,主要集中于美国东南部地区。在220家书店中,200家是以Books-A-Million and Books & Co.命名的超级大型书店,20家是以Bookland and Books-A-Million命名的传统书店。除了传统的零售书店模式,公司也提供在线销售,具体网址为:www.booksamillion.com。截至2009年1月31日,公司雇用了大约5 300名全职和兼职员工。

　　公司的增长战略是在新市场或现有市场开设超级大型书店,尤其是在东南部地区。除了开设新店,管理层计划继续通过审视盈利趋势及现有市场的前景而关闭或迁移表现欠佳的书店。在2009会计年度,公司新设16家书店,关闭4家,对7家书店重新选址迁移。

　　与大部分零售商相似,公司业绩是基于可比书店销售额而评定。可比书店销售额是在当期每个会计季度确定的基于所有自会计期间第一日起至少经营12个整月的书店的销售金额。在该会计期间(自当期第一日起)关闭的任何书店均被排除在可比书店外。可比书店包括改制或迁移的书店。此外,可比书店销售额的影响因素包括公司销售产品的需求量、公司营销方案、定价策略、书店运营管理和竞争对手。

当前经济环境

　　目前,美国及全球经济正面临着严峻挑战,并且经济状况存在进一步恶化的可能性。公司认为现有经济状况已经并将持续对公司基于现有消费者零售及潜在消费者的模式造成不利影响。由于面临极大挑战,为了应对多变的经济环境,我们将继续审视并调整我们的商业经营。在勤奋认真地工作以发展我们企业的同时,我们谨慎地管理存货及流动性并加强费用控制。尽管2009会计年度书店数量的增长较低,但比起2008会计年度存货的期末余额2.068亿美元,截至2009年1月31日当期会计年度减少存货250万美元至存货期末余额为2.043亿美元。此外,在公司信用额度为1亿美元的情况下,2009会计年度末,我们减少在外贷款余额至1 580万美元。2008年2月2日,公司信贷额度余额为2 800万美元。另外,公司2009会计年度销售及营业费用比2008会计年度减少40万美元。2009会计年度,公司新开设16家书店。由于当前经济环境,我们不会在2010会计年度开设像2009会计年度那样多的新店。由于当前经济形势的不确定性、消费者行为的不可预测性及经济状况是否会复苏的不可知性,我们无法预测未来我们的企业将受到何种影响。现有及未来的经济状况可能导致企业运行和消费支出的进一步衰退和下滑,包括贷款信用降低、失业率增加、能源及燃料成本上升、利率增长、金融市场波动和长期衰退。这一切都将对企业经营产生不利影响。这些经济状况对公司收益、流动性及资本资源都会产生不利影响。

经营综合报告

　　在这部分内容,我们将主要对截至2009年1月31日的52周会计期间做一个简要概述。

利润表

　　截至2009年1月31日的52周会计期间,百万书店披露净收益为1 060万美元。这意味着自2008年2月2日的52周会计期间结束起,净收益减少36%。这主要是由于2009会计年度严峻的宏观经济形势和上一年度哈利・波特系列最后一本书《哈利・波特与死亡圣器》的出版。《哈利・波特与死亡圣器》在截至2008年2月2日的52周会计期间内贡献了730万美元的收入。

　　截至2009年1月31日52周会计期间合并净收益相比截至2008年2月2日的52周会计期间降低4%,也就是2 190万美元。2009会计年度可比书店销售额相比截至2008年2月2日的52周会计期间降低7.2%。这主要是由于2009年严峻的宏观经济形势和上一年度哈特・波特系列最后一本书《哈利·波特与死亡圣器》的出版,详情如上述所示。

截至 2009 年 1 月 31 日的 52 周会计期间包含销售成本及仓储配送成本的毛利比截至 2008 年 2 月 2 日的 52 周会计期间降低 4.5%,也就是 720 万美元。在相同期间,毛利从 29.6% 降低至 29.5%。这主要是由于存储成本的上升抵消了销售边际收入的提高以及促销折扣和削价商品的减少。

截至 2009 年 1 月 31 日的 52 周会计期间营业、销售和管理费用比截至 2008 年 2 月 2 日的 52 周会计期间降低 0.04%,也就是 40 万美元。这主要是由于工资薪金、奖金、401(k) 和工资税、广告费用、坏账费用的减少与贷款费用、保险费用和扩张新店费用的增加相抵消的结果。

截至 2009 年 1 月 31 日的 52 周会计期间减值损失比截至 2008 年 2 月 2 日的 52 周会计期间增加 130 万美元。这主要是由于 70 万美元各种书店租赁改良支出的减值损失和 70 万美元商誉的减值损失。

截至 2009 年 1 月 31 日的 52 周会计期间合并营业利润 1 890 万美元比截至 2008 年 2 月 2 日的 52 周会计期间的 2 740 万美元减少 850 万美元。这主要是由于销售收入和毛利减少,以及营业、销售和管理费用增加。

资产负债表

2009 会计年度流动资产比 2008 会计年度减少 3.4%,也就是 770 万美元。这主要是由于存货减少 250 万美元,预付费用减少 140 万美元,以及应收账款和关联方应收款减少 370 万美元。存货减少是由于为应对严峻的宏观经济形势,对书店与仓库的存货进行削减和控制。虽然新开了 16 家书店,但削减行动顺利完成。预付费用降低是由于预付租金、预付备用品和预付进口税降低。应收账款和关联方应收款减少是由于销售收入降低。

2009 会计年度流动负债比 2008 会计年度减少 6.8%,也就是 1 100 万美元。这主要是由于短期借款减少 1 220 万美元和应计费用减少 600 万美元,部分被应付账款增加的 550 万美元抵消的结果。短期借款减少是由于成本控制、存货减少和应收账款杠杆增加。应计费用减少是由于应计奖金、保险费、退货和资本支出减少。应付账款增加是因为对支付条款进行了更有效的管理。

重要会计政策

概述

上述管理层讨论与分析的财务状况和经营成果所涉及的公司合并财务报表根据 GAAP 编制而成。财务报表的编制要求管理层对影响企业披露的合并财务报表及相关附注的特定情况做出估计和假设。在编制这些报表过程中,管理层根据重要性原则要求,对涵盖在财务报表中的特定金额做出了最为合理的估计和判断。公司认为下述会计估计和会计假设与真实情况存在重大偏差的可能性极小。然而,这些会计政策的应用涉及面对未来不确定性的判断和假设的运用,因此真实结果可能与这些估计存在差异。

不动产及设备

不动产及设备以成本记录。设备、家具及装修的估计折旧年限是 3—7 年,以直线法计提折旧。建筑物和包括再改造的租赁资产改良支出的折旧是以资产租赁估计使用寿命(5—40 年)为折旧年限,以直线法计提折旧;如果可行,租赁资产改良支出以其租赁年限为折旧年限。资产使用寿命的估计是管理层根据 GAAP 所规定的折旧年限和一些因素判断和确定的。影响管理层对资产使用寿命估计的因素有:资产的预期使用状况、类似资产的预期使用期限、限制资产使用寿命的法律、规章、合约条款以及其他影响资产经济寿命的因素。资产维护和修理支出发生时记作费用。装修费用资本化计入不动产账户,并按照适当年折旧率进行折旧。已销资产成本和累计折旧、资产报废或其他处置从账户中转销,相关利得或损失计入收益。

其他长期资产

公司其他长期资产由包括租赁资产改良的不动产和设备构成。2009年1月31日,公司不动产和设备的账面价值是5 800万美元,累计折旧净额占公司总资产的20.8%。当有迹象表明资产账面价值与财务会计准则公告第144号"长期资产减值或处置的会计处理"规定的可收回金额不一致时,管理层会对资产做减值测试。公司在单个书店层面对长期资产进行减值测试,因为单个书店层面是现金流量可以认定从而可以进行减值测试的最低层面。公司在对长期资产做潜在损失估值时,将该资产的账面价值与单个书店未折现的预期未来现金流量做比较。假设预期现金流量比资产账面价值小,那么公司应当计算并确认减值损失。在计算减值损失时,公司将资产的账面价值与以已折现的预期未来现金流量计算的单个书店公允价值做比较。如有需要,减值损失即是资产账面价值超过公允价值的部分。2009会计年度、2008会计年度、2007会计年度不包含商誉减值的减值损失分别是70万美元、10万美元和30万美元。在所有列示的年份中,减值损失与零售贸易业务部门相关。

商誉

2009年1月31日,公司商誉账面价值为70万美元,约占总资产的0.3%。财务会计准则公告第142号"商誉及其他无形资产"规定,商誉和其他未摊销无形资产至少每年或当有迹象表明存在减值可能时更早地进行减值测试。公司根据财务会计准则公告第142号规定实施两步法对商誉进行减值测试。第一步是比较报告单元的估计公允价值与其账面价值,第二步(若有需要)是计量减值金额。公司在2009会计年度第四季度对商誉进行减值测试,并认为需要确认损失。因此,市场下行形势直接导致了2009会计年度第四季度公司确认减值损失70万美元。

关闭书店费用

管理层在决定关闭或重新选址书店时考虑了一些因素。部分因素是:销售收入比上一年度减少、销售收入未达到今年年度预算、单个书店税前未来净现金流量测量、有迹象表明资产不再有经济使用寿命、单个书店租赁剩余期限以及其他迹象能够表明现有地址不能盈利的因素等。

当公司在关闭或迁移书店时,公司将期间所发生的成本归入费用。这些成本包括固定装置遗弃的账面价值净额、租赁终止成本、存货和有用固定装置转移成本、其他与将租赁房屋空出的相关成本、未来租赁负债准备、预期转租收回成本净额。2009会计年度、2008会计年度、2007会计年度的书店关闭成本分别是40万美元、60万美元和40万美元。这些成本计入合并利润表中的销售及管理费用中。

存货

存货在全年发生。书店存货盘点是由独立存货服务公司执行,而仓库存货盘点是由公司内部执行。所有的实地盘点与公司记录一致。公司应计存货盘亏是基于历史存货盘亏的结果。

书店和仓库存储的成本按照零售价法归集。通过这种方法,书店和仓库的存货成本通过成本售价比率与存货零售价格计算。零售价法是零售行业较为广泛通用的一种方法。存货成本也要求一定的管理层估计和判断,包括减价、供应商赞助和存货盘亏。这些事项会影响最终的存货成本、毛利率和存货周转率。

公司估计并确认存货盘亏是在上一次实地盘存与资产负债表日期间。这笔应计项目是基于历史结果计算得出的。由于该估计是依据历史经验,因此损耗估计与实际库存调整额之间差异并不大。

降价收入是基于公司清算不可退回存货的历史进行估计的。

公司存货采用后进先出法。存货重置成本与现时成本在2009年1月31日和2008年2月2日分别高于后进先出法下存货价值290万美元和250万美元。2009年1月31日估计存货重置成本是2.072亿美元,基于先进先出法计算。

供应商赞助

公司从供应商处获得各种项目和安排赞助,具体包括商品摆置和合作广告项目。自2002年2月3日起,公司采用紧急问题工作组第02-16号公告"消费者(包括分销商)对从供应商处获得特定对价(certain consideration)的会计处理",这是一种供应商赞助的会计处理方法。因此,供应商赞助超过增量直接成本的部分被视为存货成本的减少,并在相关存货的销售成本确认中体现。

应计费用

特定重大费用按照月度和发生当期进行估计和确认。这些估计包括工资和员工福利成本、办公楼租用成本和广告费用等其他项目。特定项目基于历史结果分析进行估计。管理层估计和假设的不同会导致应计项目与实际结果存在重大差异。

所得税

公司根据影响预期未来纳税的事项导致财务报表中记录金额和纳税申报的暂时性差异确认递延所得税资产和递延所得税负债。在这种方法下,递延所得税资产和负债是基于财务报表和依据税法规定的当期税率的资产、负债计税基础之间的差异计算得出,这些差异在当年期望转回。

经营成果

下述表格反映了当期销售收入净额百分比的利润表数据。

	截至会计年度期末		
	2009年1月31日	2008年2月2日	2007年2月3日
	52周	52周	53周
销售收入净额	**100.0%**	100.0%	100.0%
毛利	**29.5%**	29.6%	30.1%
营业、销售和管理费用	**23.0%**	21.9%	21.6%
减值损失	**0.3%**	0.0%	0.1%
折旧与摊销	**2.8%**	2.6%	2.7%
营业利润	**3.7%**	5.1%	5.8%
利息费用,净额	**0.4%**	0.3%	0.0%
持续经营税前收益	**3.3%**	4.9%	5.8%
预交所得税费用	**1.2%**	1.8%	2.2%
持续经营收益	**2.1%**	3.1%	3.6%
净收益	**2.1%**	3.1%	3.6%

2009会计年度与2008会计年度比较

截至2009年1月31日的52周会计期间的合并净收益是5.133亿美元,截至2008年2月2日的52周会计期间的合并收益是5.351亿美元,2009会计年度相对于2008会计年度净收益减少4%,也就是2180万美元。

截至2009年1月31日的52周会计期间比截至2008年2月2日的52周会计期间可比书店销售额减少7.2%。这是由于当前严峻的宏观经济形势和上一年度《哈利·波特与死亡圣器》积极影响相抵后的结果所致。

今年我们的核心图书部门表现不佳。然而,也有一些图书类别表现不错。与青少年、信仰和选举相关的主题表现强劲。青少年类别的书主要是由于Stephanie Meyer的《暮光之城》的成功带来的积极影响。William Young的 The Shack 和 Glenn Beck 的 The Christmas Sweater 也带来了积极的影响。特价图书和礼物随着更为景气的经济形势和更好的分类带动其年复一年的持续增长。

公司在 2009 会计年度新开设 16 家书店,为年度销售收入贡献 1 390 万美元。2009 会计年度关闭 4 家书店,这四家书店当年销售收入为 140 万美元。公司在 2009 会计年度将一家传统书店转变为超级大型书店,该书店的销售收入为 130 万美元。

截至 2009 年 1 月 31 日的 52 周会计期间的零售部门销售收入净额是 5.083 亿美元,截至 2009 年 2 月 2 日的 52 周会计期间的销售收入净额是 5.286 亿美元,2009 会计年度相对于 2008 会计年度销售收入净额降低 3.9%,也就是 2 040 万美元。这主要是由于上述可比书店销售收入比上年度降低 7.2%,且部分减少被 2008 会计年度和 2009 会计年度新开书店销售收入抵消的结果。

截至 2009 年 1 月 31 日的 52 周会计期间的电商销售收入净额是 2 520 万美元,截至 2008 年 2 月 2 日的 52 周会计期间的电商销售收入净额是 2 700 万美元,2009 会计年度相对于 2008 会计年度降低 6.8%,也就是 2 520 万美元。这主要是由于严峻的宏观经济形势和企业对企业的电子商务模式(B2B)销售收入的减少。

截至 2009 年 1 月 31 日的 52 周会计期间包括销售成本、配送费用和仓储费用(包括房租、常规区域维护、不动产税、公共事业和商业协会会费)的毛利是 1.513 亿美元,截至 2008 年 2 月 2 日的 52 周会计期间的毛利是 1.585 亿美元,2009 会计年度毛利比 2008 会计年度降低 4.5%,也就是 720 万美元。截至 2008 年 2 月 2 日的 52 周会计期间的毛利占销售收入净额的百分比为 29.6%,截至 2009 年 1 月 31 日的 52 周会计期间的毛利占销售收入净额的百分比降低至 29.5%。这主要是由于存储成本上升被增长的会员卡收入和降价活动减少抵消的缘故。

截至 2009 年 1 月 31 日的 52 周会计期间营业、销售和管理费用是 1.166 亿美元,截至 2008 年 2 月 2 日的 52 周会计期间营业、销售和管理费用是 1.171 亿美元,2009 会计年度营业、销售和管理费用比 2008 会计年度降低 0.04%,也就是 40 万美元。截至 2009 年 1 月 31 日的 52 周会计期间营业、销售和管理费用占销售收入净额的百分比自 2008 年 2 月 2 日的 52 周会计期间的 21.9% 增加至 22.7%。营业、销售和管理费用的降低主要是由于工资薪酬、奖金、401(k)、工资税费、广告费用和坏账费用的减少与信用卡费用、差旅费用、保险费用和新设书店费用增加部分抵消的缘故。

截至 2009 年 1 月 31 日的 52 周会计期间减值损失自 2008 年 2 月 2 日的 52 周会计期间的 130 万美元增加至 140 万美元。这主要是由于 70 万美元的各种书店租赁改良减值损失以及 70 万美元的商誉减值损失发生的缘故。

2009 会计年度折旧与摊销费用是 1 450 万美元,2008 会计年度折旧与摊销费用是 1 400 万美元。2009 会计年度比 2008 会计年度增加 3.3%,也就是 50 万美元。由于 2008 年和 2009 年新设书店的增长,2009 会计年度折旧与摊销费用占销售收入净额的百分比自 2008 会计年度的 2.6% 增加至 2.8%。

截至 2009 年 1 月 31 日的 52 周会计期间合并营业利润是 1 890 万美元,这比截至 2008 年 2 月 2 日的 52 周会计期间的合并营业利润 2 740 万美元降低 31.1%。这主要是上述原因导致书店销售收入的减少,最终使得 2009 会计年度毛利降低的缘故。2009 会计年度营业利润占销售收入的百分比是 3.7%。2008 会计年度营业利润占销售收入的百分比是 5.1%。这个百分比的降低主要是由于毛利占销售收入百分比的降低以及营业、销售、管理费用和折旧费用的增加。2009 会计年度和 2008 会计年度电商营业利润都是 150 万美元。尽管 2009 会计年度销售收入净额比 2008 会计年度减少 180 万美元,但电商营业利润 2009 会计年度与上一年度持平。

2009 会计年度利息费用净额是 190 万美元,比 2008 会计年度的 130 万美元增加 42.6%,也就是 60 万美元。这主要是由于 2009 会计年度平均负债增加与较低平均利息率部分抵消的缘故。截至 2009 年 1 月 31 日的 52 周会计期间平均负债是 4 130 万美元,截至 2008 年 2 月 2 日的 52 周会计期间平均负债是 2 780 万美元。平均负债增加主要是由于 2009 会计年度销售收入的降低、股份回购以及 2007 年 7 月 5 日股利发放的缘故。

2009 会计年度所得税实际税率是 37.7%,2008 会计年度所得税实际税率是 36.6%。实际税率增加是由于当期会计年度州实际税率增加以及 2008 会计年度有利于联邦税收抵免政策影响的缘故。

2009 会计年度,公司未在预期书店关闭后客户会转向其他书店的市场关闭任何一家书店。2008 会计年度公司关闭了两家这样的书店。由于影响不够重大,因此这些关闭的书店并未在财务报表中的终止经营中反映。

2008 会计年度与 2007 会计年度比较

截至 2008 年 2 月 2 日的 52 周会计期间合并净收益是 5.351 亿美元,截至 2007 年 2 月 3 日的 53 周会计期间合并净收益是 5.204 亿美元,2008 会计年度合并净收益比 2007 会计年度增加 2.8%,也就是 1 470 万美元。比起截至 2008 年 2 月 2 日的会计年度,截至 2007 年 2 月 3 日的会计年度的两个事项为总净收益带来一定程度的提高。第一,2007 会计年度比 2008 会计年度多一周,这多余的一周为公司带来 900 万美元的销售收入净额。第二,2007 会计年度一次性确认有关以前年度礼品卡损失带来的销售收入 230 万美元。截至 2008 年 2 月 2 日的 52 周会计期间合并净收益 5.351 亿美元比截至 2007 年 2 月 3 日的 52 周会计期间(扣除了 2007 会计年度多余一周的 900 万美元额外收入和 2007 会计年度一次性确认有关以前年度礼品卡损失带来的销售收入 230 万美元)合并净收益 5.093 亿美元增加 5.1%,也就是 2 590 万美元。

截至 2008 年 2 月 2 日的 52 周会计期间可比书店销售收入比 2007 会计年度相同的 52 周会计期间增加 1.4%。可比书店销售收入增加主要是由于我们畅销书和促销书的强劲表现。截至 2008 年 2 月 2 日会计年度的第二季度,《哈利·波特与死亡圣器》的上市使可比书店销售收入增加。

截至 2008 年 2 月 2 日的 52 周会计期间合并净收益包含 140 万美元的礼品卡未兑付收益,截至 2007 年 2 月 3 日的 53 周会计期间包含 320 万美元的礼品卡未兑付收益。截至 2007 年 2 月 3 日的 52 周会计期间确认了以前年度税收净额 140 万美元,礼品卡未兑付收益 230 万美元。2007 会计年度,公司成立了一家礼品卡子公司——Books-A-Million Card Service(Card Service)公司,开始对兑现可能性很小的礼品卡(24 个月不活跃)确认礼品卡未兑付收益,并且公司无须对这些可兑现礼品卡失效行为承担法律责任。Card Service 的主要职能是管理公司的礼品卡项目并提供有利的法律架构。由于 Card Services 成立带来的经营变化,2007 会计年度以前的 230 万美元反映了归还负债估计方面的变化。

今年我们的核心图书部门业绩略微下滑。然而,商业小说的销售和 1 月份 John Grisham 的 *The Appeal* 和 *Stephen King's Duma Key* 的上市带动小说主题销售表现强劲。人物传记图书 Elizabeth Gilbert 的回忆录 *Eat,Pray Love* 获得成功。青少年题材、漫画小说和励志题材也呈现出积极的销售趋势。儿童图书销售收入比上年度有所增加,这主要是由于《哈利·波特与死亡圣器》创造了新的纪录以及儿童图书销售普遍持续增长所致。相比以前会计年度,我们书店在特价图书、玩具、游戏体验和礼物销售方面获得了稳定的边际利润。

2008 会计年度公司新设 9 家新书店,为公司当期贡献 640 万美元;关闭 7 家书店,这些书店为公司当期贡献 120 万美元。2008 会计年度公司将一家传统书店转化为一家超级大型书店,它为公司带来了 100 万美元的销售收入。

截至 2008 年 2 月 2 日的 52 周会计期间零售部门销售收入净额是 5.286 亿美元,截至 2007 年 2 月 3 日的 53 周会计期间零售部门销售收入净额是 5.13 亿美元,2008 会计年度零售部门销售收入净额比 2007 会计年度增加 3%,也就是 1 560 万美元。2008 会计年度与上一年度同期 52 周相比,零售部门销售收入净额增加 4.7%,也就是 2 380 万美元。除了上述因素,这里收入的增加主要是由于 2008 会计年度新店的开设所致。

截至 2008 年 2 月 2 日的 52 周会计期间电商部门销售收入净额是 2 700 万美元,截至 2007 年 2 月 3 日的 53 周会计期间电商部门销售收入净额是 2 600 万美元,2008 会计年度比 2007 会计年度电商部门销售收入净额增加 3.6%,也就是 100 万美元。2008 会计年度与上一年度同期 52 周相比,电商部门销售收入净额增加 6.7%,也就是 170 万美元。这主要是由于企业对企业的电子商务模式

(B2B)销售收入的增加。

　　截至2008年2月2日的52周会计期间包括销售成本、配送和仓储成本（包括房租、常规区域维护、不动产税费、公共事业和商业协会会费）的毛利是1.585亿美元，截至2007年2月3日的53周会计期间毛利是1.567亿美元，2008会计年度毛利比2007会计年度增加1.2%，也就是180万美元。截至2008年2月2日的52周会计期间毛利占销售收入净额的百分比由截至2007年2月3日的53周会计期间的30.1%减少至29.6%。除去2007会计年度多余一周和礼品卡未兑付收益的影响，2008会计年度毛利占销售收入净额的百分比降低0.2%。这主要是由于较高存储和仓库成本被较低促销折扣、较少降价、存货损耗改善和较高会员卡收入部分抵消的缘故。

　　截至2008年2月2日的52周会计期间营业、销售和管理费用是1.171亿美元，比截至2007年2月3日的53周会计期间营业、销售和管理费用1.126亿美元增加4.1%，也就是450万美元。截至2008年2月2日的52周会计期间营业、销售和管理费用占销售收入净额的百分比是21.9%，与截至2007年2月3日的53周会计期间的21.6%基本持平。除去2007会计年度多余一周的影响，2008会计年度营业、销售和管理费用占销售收入净额的百分比比2007会计年度增加0.2%。这主要是由于卫生保健费用、会员卡促销费用的增加和特许经营税估计修正的缘故。

　　2008会计年度折旧与摊销费用自2007会计年度的1410万美元减少至1400万美元，降低0.6%，也就是10万美元。2008会计年度折旧与摊销费用占销售收入净额的百分比从2007会计年度的2.7%减少至2.6%。这主要是由于一些资产在上一年度全部折旧完毕。

　　截至2008年2月2日的52周会计期间合并营业利润是2740万美元，截至2007年2月3日的53周会计期间合并营业利润是3010万美元。除去2007会计年度多余一周和礼品卡未兑付收益确认的影响，2008会计年度合并营业利润比2007会计年度增加60万美元。这主要是上述原因导致的销售收入增加使得2008会计年度毛利增加的缘故。2008会计年度营业利润占销售收入的百分比为5.1%。除去2007会计年度多余一周和礼品卡未兑付收益确认的影响，2007会计年度营业利润占销售收入的百分比为5.3%。销售收入百分比的降低主要是由于毛利占销售收入的百分比降低，营业、销售和管理费用增加与较高客户服务薪酬、礼品卡预定调整、软件维护调整和坏账调整部分抵消的缘故。

　　2008会计年度利息费用净额是130万美元，比2007会计年度的10万美元增加了1185.8%，也就是120万美元。这主要是2007年7月5日股利发放和股权回购项目的实施，导致公司当期在周转信贷额度内借款所致。2008会计年度，在股票回购项目中，公司以总成本2000万美元的价格回购140万股普通股。

　　2008会计年度实际所得税税率是36.64%，2007会计年度实际所得税税率是37%。实际税率减少主要是以前年度的联邦税收抵免金额在2008会计年度收回的缘故。

　　2008会计年度，公司在不希望通过其他书店保留关闭书店的客户的市场关闭了两家书店。由于它对财务报表的影响并不重大，因此这些书店2008会计年度的经营成果并未在终止经营报表项目中反映。但是公司在终止经营报表项目中持续披露了以前年度公司在不希望关闭书店的客户流向其他书店的市场关闭的一些书店的情况。2007会计年度公司关闭了一家这样的书店。这些关闭书店的财务影响在财务报表中的终止经营项目披露，尽管它们对公司财务结果影响甚微。

　　下述截至2007年2月3日的52周"经营基础"会计期间的财务信息剔除了该会计年度最后一周的经营成果以及上一年度礼品卡未兑付收益的影响。管理层提供这些信息主要是由于截至2007年2月3日的会计期间比截至2008年2月2日的会计期间多一周，并且2007会计年度确认了以前年度的礼品卡未兑付收益。

　　管理层采用非GAAP是因为他们认为对于投资者来说，在两个时间长度不同的会计期间以及存在重大非经常项目（例如会计估计的变化）的情况下，公司当期财务业绩与上一期可比很重要。如上述所言，截至2007年2月3日的会计期间比截至2008年2月2日的会计期间多出一周，并确认了以前年度税收净额140万美元，礼品卡未兑付收益230万美元。

在分析时,非 GAAP 下的财务度量标准存在局限性。你不应该孤立地考虑它或者仅把它当作 GAAP 下财务信息的替代品。除此之外,零售行业其他公司在同样时期也许并未除去部分时期的经营成果的影响,这使得它的可比性受限。以下表格是遵循非 GAAP 编制的截至 2007 年 2 月 3 日会计期间的报表,以及遵循 GAAP 下的可比财务信息计算与列示的。

独立注册会计师事务所的报告

百万书店的董事会及股东们:

我们对百万书店及其子公司截至 2009 年 1 月 31 日和截至 2008 年 2 月 2 日的合并资产负债表进行了审计,并对截至 2009 年 1 月 31 日的连续三个会计年度的相关合并利润表、股东权益变动表和现金流量表进行了审计。公司管理层对上述财务报表承担责任。我们的职责是对基于我们审计的财务报表发表意见。

我们的审计遵循上市公司会计监督委员会所制定的标准。这些标准要求我们对财务报表是否存在重大错报提供合理保证。审计是基于抽查方式对财务报表披露的金额进行检验和提供证据。审计也包括对会计原则的使用、管理层的重大估计以及对整个财务报表进行评价。我们认为我们的审计为我们的意见提供了合理依据。

我们认为,合并财务报表在所有重大方面公允地反映了截至 2009 年 1 月 31 日和截至 2008 年 2 月 2 日公司的财务状况以及根据美国公认会计原则编制的截至 2009 年 1 月 31 日连续三年的经营成果和现金流量。

根据美国上市公司会计监督委员会的要求,我们对公司 2009 年 1 月 31 日所披露的报告,基于美国 COSO 发布的完整框架进行了内部控制审计。2009 年 4 月 14 日我们出具了无保留意见的审计报告。

/s/GRANT THORNTON LLP

Atlanta,Georgia

2009 年 4 月 14 日

独立注册会计师事务所的报告

百万书店的董事会及股东们:

根据 COSO 发布的有关内部控制整体框架的标准,我们对百万书店及其子公司截至 2009 年 1 月 31 日的财务报告进行了审计。实施有效财务报告内部控制和对包括在财务报告管理层报告中的财务报告内部控制有效性进行评价是管理层的责任。我们的责任是对公司财务报告内部控制发表审计意见。

我们根据上市公司会计监督委员会所制定的标准进行审计。这些标准要求我们计划和实施审计,以对公司财务报告内部控制在所有重大方面是否有效提供合理保证。我们的审计包括理解财务报告内部控制、评估重大缺陷风险、基于估计风险测试和评估内部控制设计和运行有效性,以及实施其他我们认为有必要的程序。

公司财务报告内部控制是为确保财务报告可靠性和财务报告外部使用目的与 GAAP 保持一致而设计的程序。公司财务报告内部控制包括以下政策和程序:(1) 保持适当详细的记录以准确、公允地反映资产的交易和处置;(2) 为编制报表所需的交易记录与 GAAP 一致、公司收入和费用与公司管理层批准权限一致提供合理保证;(3) 为对财务报表可能造成重大影响的有关公司资产非授权获取、使用和处置及时发现或阻止提供合理保证。

由于内在的局限性,财务报告内部控制也许不能阻止或及时发现错报。而且,任何未来项目评估有效性都受到风险因情况发生变化或公司不遵守会计政策和程序而控制不当的限制。

我们认为,公司截至 2009 年 1 月 31 日财务报告内部控制在重大方面遵从了 COSO 发布的内部控制整体框架的要求标准,维持了内部控制的有效性。

我们还对根据上市公司会计监督委员会要求编制的截至 2009 年 1 月 31 日和截至 2008 年 2 月 2 日的合并资产负债表及截至 2009 年 1 月 31 日连续三年的相关利润表、所有者权益变动表和现金流量表进行了审计。2009 年 4 月 14 日,我们对这些财务报表出具了无保留意见的审计报告。

/s/GRANT THORNTON LLP
Atlanta Georgia
2009 年 4 月 14 日

合并资产负债表　　　　　　　　　　　单位:千美元,除股数外

	2009 年 1 月 31 日	2008 年 2 月 2 日
资产		
流动资产:		
现金及其等价物	5 529	5 595
应收账款,扣除坏账准备(分别是 354 000 美元和 741 000 美元)后净额	5 431	6 450
关联方应收款	1 133	3 780
存货	204 305	206 836
预付款项及其他	3 239	4 678
流动资产合计	219 637	227 339
不动产及设备:		
土地	628	628
建筑物	6 915	6 915
设备	79 003	76 653
家具和固定装置	88 999	84 843
租赁资产改良支出	58 086	53 071
在建工程	536	398
不动产及设备合计	234 167	222 508
减:折旧与摊销	176 129	168 994
不动产及设备净额	58 038	53 514
递延所得税	463	2 452
其他资产:		
商誉	653	1 368
其他	501	160
其他资产合计	1 154	1 528
资产合计	279 292	284 833
负债及所有者权益:		
流动负债:		
应付账款:		
交易	94 418	88 994
关联方	2 321	2 213
应计费用	35 554	41 539
应交所得税	848	995
递延所得税	8 591	6 846

（续表）

	2009年1月31日	2008年2月2日
短期借款	15 760	27 967
流动负债合计	**157 492**	**168 554**
长期借款	6 720	6 975
递延租金	8 554	8 079
不确定性税收负债	2 032	2 174
非流动负债合计	**17 306**	**17 228**
资本承诺及或有负债		
所有者权益：		
优先股,每股价值0.01美元;1 000 000股注册股本,尚未发行	—	—
普通股,每股价值0.01美元;3 000 000股注册股本,2009年1月31日和2008年2月2日发行在外的股数分别是21 236 218股和20 850 611股	212	209
股本溢价	91 432	89 752
库存股成本（2009年1月31日5 455 720股,2008年2月2日5 216 951股）	(46 258)	(44 468)
留存收益	59 108	53 558
所有者权益合计	**104 494**	**99 051**
负债和所有者权益合计	**279 292**	**284 833**

报表附注是这些合并报表的一部分。

合并利润表

单位：千美元,股数及每股数据除外

	截至会计年度末		
	2009年1月31日	2008年2月2日	2007年2月3日
	52周	52周	53周
销售收入净额	513 271	535 128	520 416
销售成本,包括仓库配送和书店存储成本	361 934	376 580	363 688
毛利	**151 337**	**158 548**	**156 728**
营业、销售和管理费用	116 648	117 079	112 227
减值损失	1 351	60	333
折旧与摊销	14 448	13 989	14 069
营业利润	**18 890**	**27 420**	**30 099**
利息费用,净额	1 920	1 346	105
税前收益	**16 970**	**26 074**	**29 994**
预交所得税费用	6 396	9 552	11 107
净收益	**10 574**	**16 522**	**18 887**
普通股每股净收益：			
基本			
每股净收益	0.70	1.03	1.16
发行在外加权平均股数——基本	15 219	16 089	16 352
稀释			
每股净收益	0.68	1.01	1.12
发行在外加权平均股数——稀释	15 609	16 302	16 805
每股股利——已宣告	0.28	3.36	0.33

报表附注是这些合并报表的一部分。

合并股东权益变动表

单位：千美元

	普通股		资本公积	库存股		留存收益	累计其他综合收益（损失）	股东权益合计
	股数（千股）	金额		股数 千股	金额			
余额,2006年1月28日	19 764	198	79 509	3 287	(16 954)	82 263	(7)	145 009
净收益						18 887		18 887
衍生工具未实现利得,扣除税收影响4 000美元							7	7
综合收益合计								18 894
库存股购置成本				531	(7 460)			(7 460)
已付股利						(5 303)		(5 303)
发行限制性股票	148	1	1 558					1 559
员工认股计划发行股	9		88					88
股票期权执行	540	6	1 674					1 680
股票期权执行带来的税收利益			2 567					2 567
余额,2007年2月3日	20 461	205	85 396	3 818	(24 414)	95 847	—	157 034
净收益						16 522		16 522
综合收益合计								16 522
FIN48调整						(1 987)		(1 987)
库存股购置成本				1 399	(20 054)			(20 054)
已付股利						(56 824)		(56 824)
发行限制性股票	155	2	1 464					1 466
员工认股计划发行股	8		118					118
股票期权执行	226	2	1 136					1 138
股票期权执行带来的税收利益			1 638					1 638
余额,2008年2月2日	20 850	209	89 752	5 217	(44 468)	53 558	—	99 051
净收益						10 574		10 574
综合收益合计								10 574
库存股购置成本				239	(1 790)			(1 790)
已付股利						(5 024)		(5 024)
发行限制性股票	374	3	1 887					1 890
员工认股计划发行股	12		132					132
股票期权执行带来的税收利益			(339)					(339)
余额,2009年1月31日	21 236	212	91 432	5 456	(46 258)	59 108	—	104 494

报表附注是这些合并报表的一部分。

合并现金流量表

单位:千美元

	截至会计年度		
	2009年1月31日	2008年2月2日	2007年2月3日
	52周	52周	53周
经营活动产生的现金:			
净收益	**10 574**	16 522	18 887
将净收益调整为经营活动产生的现金:			
折旧与摊销	**14 448**	13 989	14 069
股权激励	**1 890**	1 466	1 559
减:资产减值损失	**1 351**	60	336
减:不动产及设备的处置	**271**	479	228
递延所得税费用	**3 734**	2 933	465
股权激励薪酬收益附加税	**339**	(1 638)	(2 567)
坏账费用	**93**	430	254
资产减少(增加):			
应收账款	**926**	644	1 890
关联方应收款	**2 647**	(1 133)	(1 513)
存货	**2 531**	(6 559)	4 512
预付款项和其他	**1 439**	(315)	(25)
非流动资产(摊销除外)	**(412)**	(3)	(124)
负债增加(减少):			
应付账款	**5 424**	5 575	(14 752)
关联方应付款	**108**	(775)	297
应付所得税	**(486)**	(1 719)	880
应计费用	**(5 654)**	4 537	(3 090)
调整合计	**28 649**	17 971	2 419
经营活动产生的现金净额	**39 223**	34 493	21 306
投资活动产生的现金:			
资本支出	**(19 819)**	(16 878)	(16 191)
不动产或设备处置收益	**13**	—	15
投资活动产生的现金净额	**(19 806)**	(16 878)	(16 176)
筹资活动产生的现金:			
信贷借款	**236 125**	174 212	2 850
信贷还款	**(248 587)**	(146 370)	(2 950)
股票期权执行和员工认股计划普通股发行收益	**132**	1 257	1 768
库存股购置	**(1 790)**	(20 054)	(7 460)
股利支付	**(5 024)**	(56 824)	(5 303)
股权激励收益附加税	**(339)**	1 638	2 567
筹资活动产生的现金净额	**(19 483)**	(46 141)	(8 528)
现金及现金等价物净减少额	**(66)**	(28 526)	(3 398)
现金及现金等价物期初余额	**5 595**	34 121	37 519

(续表)

	截至会计年度		
	2009年1月31日	2008年2月2日	2007年2月3日
现金及现金等价物期末余额	5 529	5 595	34 121
现金流量信息披露补充:			
本年度现金支付:			
利息费用	2 013	1 907	910
所得税,退税净额	3 319	6 666	7 199
非现金投资活动披露补充:			
资本支出应计费用	(833)	(368)	(1 284)
同类资产交换	1 600	—	—

报表附注是这些合并报表的一部分。

财务报表附注

1. 重要会计政策概述

企业

百万书店及其子公司是主要从事图书、杂志和相关商品的连锁零售书店。公司在美国21个州和华盛顿哥伦比亚特区经营220家书店,大部分主要集中在美国东南部地区。公司也经营互联网零售业务。公司主要由百万书店和其三家子公司American Wholesale Book公司、Booksamillion.com公司和BAM Card Services公司组成。合并报表中不包含公司内部结算和交易。公司部门的相关讨论见附注8。

会计年度

截至1月31日最近的一个星期六公司结束了52周或53周的会计期间经营。2009会计年度和2008会计年度分别是52周会计期间,2007会计年度是53周会计期间。

财务报表编制中的会计估计

财务报表编制应符合GAAP。GAAP要求管理层对影响资产和负债的报告金额、或有资产和或有负债在资产负债表日的披露以及会计期间收入和费用的披露的事项作出会计估计和会计假设。实际结果可能和这些估计存在偏差。

收入确认

公司在商品发送给消费者即完成销售时确认收入。退货是在商品被退回和处理时确认。每个会计期末,销售退货估计得到确认。销售退货准备账户基于历史退货占销售活动的百分比记录。历史退货百分比是应用于预计会计当期结束以后被退货的销售收入的一种方法。最近几年退货估计比率和金额没有发生重大变化。销售税以净额记录,并且在合并资产负债表中以应计费用反映,而不是收益。

公司向消费者销售百万富翁俱乐部会员卡,这可以使消费者在12个月的会员期间享受所有商品9折的折扣,一旦销售概不退换。公司根据消费者历史使用模式在12个月的会员期间确认收入。相关递延收入在应计费用中记录。

公司在其零售店向消费者销售礼品卡。礼品卡没有截止日期。礼品卡在以下情况时确认收入:(1)消费者兑付礼品卡;(2)消费者兑付礼品卡可能性很小(礼品卡损失)并且未兑付礼品卡不会因为失效而使公司承担相关法律诉讼责任。礼品卡未兑付率由历史兑现规律决定。基于历史信息,礼品卡未兑付可能性在该卡不活跃24个月以后确定。届时,由于消费者兑付礼品卡可能性很小并且未兑付礼品卡不会因为失效而使公司承担相关法律诉讼责任,公司可以确认礼品卡未兑付收益。2007会计年度,公司成立了一家礼品卡子公司Books-A-Million Card Services公司,即现在大家熟知的BAM Card Services,LLC(Card Services)。它是一家管理公司礼品卡项目的公司,它的成立提供了更有利的法律结构。2009会计年度,公司确认了170万美元的礼品卡未兑付收益。2008会计年度,公司确认了140万美元的礼品卡未兑付收益。2007会计年度,公司确认了320万美元的礼品卡未兑付收益,其中230万美元是以前年度的礼品卡未兑付收益。这230万美元是由于Card Services公司的创立经营状况发生改变,从而归还负债估计发生变化的结果。礼品卡未兑付收益包含在收入内。

供应商赞助

公司从各种各样的项目和安排中获得了供应商的赞助,其中包括书店布置和合作广告项目。自2002年2月3日起,公司采用紧急问题工作组第02-16号公告规定的"消费者(包括分销商)对从供货商处获得特定对价的会计处理",这是一种供应商赞助的会计处理方法。因此,供应商赞助超过增量直接成本的部分被视为存货成本的减少,并在相关存货的销售成本确认中体现。

应付账款

根据财务会计准则委员会解释公告第39号"抵消与特定合同相关的金额"规定,公司应当将其银行账户签发但并未清算的支票记作应付账款,因为这个债权在截至2009年1月31日前仍然存在。只有经过管理层批准才能签发支票。应付账款账户中代表已签发尚未支付的支票金额,截至2009年1月31日是1950万美元,截至2008年2月2日是2500万美元。

存货

存货采用零售价法,以公允价值和成本孰低法计价。公允价值基于重置成本或估计可变现价值而确定。零售价法是指商店库存存货价值根据零售成本率与存货零售金额确定的一种方法。

目前,公司采用后进先出法作为存货的会计处理方法。截至2009年1月31日,存货重置成本和现时成本的累计差额高于后进先出法下存货价值290万美元;截至2008年2月2日,高于后进先出法下存货价值250万美元。先进先出法下估计的存货重置成本是2.072亿美元。

库存盘点在整个会计期间发生并与公司记录一致。应计库存盘亏的估计是基于历史盘亏的结果。

存货是:

单位:千美元

	2009年1月31日	2008年2月2日
存货(先进先出法)	207 217	209 314
后进先出法准备	(2 912)	(2 478)
存货净值	204 305	206 836

不动产及设备

不动产及设备以历史成本计价。设备、家具和装修以直线法计提折旧,使用寿命从3年到7年不等。建筑物和包括再改造的租赁资产改良支出的折旧是以资产租赁估计使用寿命(5—40年)为折旧年限,以直线法计提折旧,如果可行,租赁资产改良支出以其租赁年限为折旧年限。资产使用寿命的估计是管理层根据GAAP所规定的折旧年限和一些因素判断并确定。管理层对资产使用寿命估计的影响因素有:资产的预期使用状况、相似资产的预期使用期限、限制资产使用寿命的法律、规章、合约条款以及其他影响资产经济寿命的因素。资产维护和修理支出于发生时记作费用。装修费用资本化计入不动产账户,并按照适当年折旧率进行折旧。资产处置成本和累计折旧、资产报废或其他处置以及其他相关收益或损失计入贷方，或计入收入。

长期资产

公司长期资产由不动产和设备构成，包括租赁资产改良支出。2009年1月31日，公司不动产和设备的账面价值是5 800万美元，累计折旧净额占公司总资产的20.8%。当有迹象表明资产账面价值与财务会计准则公告第144号"长期资产减值或处置的会计处理"规定的可收回金额不一致时，管理层会对资产做减值测试。公司在单个书店层面对长期资产进行减值测试，因为单个书店层面是现金流量可以认定从而可以进行减值测试的最低层面。公司在对长期资产做潜在损失估值时，将该资产的账面价值与单个书店未折现的预期未来现金流量做比较。假设预期现金流量比资产账面价值小，那么公司应当计算并确认减值损失。在计算减值损失时，公司将资产的账面价值与以已折现的预期未来现金流量计算的单个书店公允价值做比较。如有需要，减值损失即是资产账面价值超过公允价值的部分。不包含商誉减值的减值损失在2009会计年度、2008会计年度、2007会计年度分别是70万美元、10万美元和30万美元。在所有列示的年份中，减值损失与零售贸易业务部门相关。

商誉

2009年1月31日，公司商誉账面价值为70万美元，占总资产的0.2%。财务会计准则公告第142号"商誉及其他无形资产"规定，商誉和其他未摊销无形资产至少每年或当有迹象表明存在减值可能时更早地进行减值测试。公司根据财务会计准则公告第142号规定实施两步法对商誉进行减值测试。第一步是比较报告单元的估计公允价值及其账面价值，第二步（若有需要）是计量减值金额。

估值方法的选择依赖于一些敏感易变的关键判断和假设，例如适当的销售增长率、营业毛利率、加权平均资本成本（WACC）和可比公司市场乘数等判断和假设。当决定这些关键判断和假设时，公司会考虑影响报告单元公允价值的经济、经营和市场状况。然而，估计本身就存在不确定性且仅能够代表管理层对未来发展的一个合理预期。

2009会计年度第四季度公司对商誉做了最近的一次年度减值测试，并认为确认减值损失是必要的。因此，2009会计年度第四季度公司确认了70万美元的减值损失，这是由恶化的市场状况直接导致的。

递延租金

公司在租赁期以直线法确认租金费用，租赁期包括在租赁开始日就可以合理确定的承租人有权选择续租租赁资产的续租期。租赁期是指公司占有并控制租赁资产的日期。而且，从出租人获得的租赁资产改良支出补偿款将记作递延贷项，这被视为租金优惠，并会在租赁期内作为租赁费用减免进行摊销。截至2009年1月31日，递延租金是860万美元，截至2008年2月2日是810万美元。

终止经营损失

公司定期关闭业绩表现不佳的书店。公司认为书店是财务会计准则公告第144号规定的报告事项之一。因此，除非关闭书店的经营成果和现金流量会并入同个市场区域的其他临近公司书店报告中，每一家关闭书店都应在报告中的终止经营项下列示。管理层在决定关闭书店经营状况是否并入其他临近书店需要考虑一些因素，其中最主要的因素是该书店与最近的百万书店的距离。当一家关闭书店成为终止经营书店时，关闭书店的经营成果包括书店关闭成本以及任何相关资产减值损失。附注7介绍了终止经营披露的相关内容。

开设书店成本

开设新书店时发生的非资本支出在发生时记作费用。

关闭书店成本

公司对旗下书店的盈利性持续地进行评估。当公司关闭书店或书店重新选址时,公司发生不可收回成本,主要包括清理室内设施的账面价值、租赁资产改良支出、租赁终止费用、存货和可利用室内设施运输成本以及其他空置租赁房屋的成本。这些成本在发生时记为费用,并计入销售和管理费用。2009 会计年度、2008 会计年度和 2007 会计年度公司书店关闭成本分别是 40 万美元、60 万美元和 40 万美元。

广告成本

广告成本在发生时记作费用。2009 会计年度、2008 会计年度和 2007 会计年度扣除供应商偿付的 180 万美元、180 万美元和 140 万美元后,计入营业、销售和管理费用的广告成本分别是 330 万美元、380 万美元和 360 万美元。

应计保险费

根据公司的职工薪酬和健康保险政策,公司需要发生大额支出,金额根据未来估计赔偿成本(包括报告的赔付和没有报告的赔付)进行估算而定。

所得税

公司根据影响预期未来纳税的事项导致财务报表中记录金额和纳税申报表的暂时性差异确认递延所得税资产和递延所得税负债。在这种方法下,递延所得税资产和负债是基于财务报表和依据税法规定的当期税率的资产、负债计税基础之间的差异计算得出,这些差异在当年期望转回。

应收账款和坏账准备

应收款项是指消费者、业主欠公司的款项和其他一年内到期的应收款项,扣除坏账准备后的金额。2009 年 1 月 31 日和 2008 年 2 月 2 日应收款项净额分别是 660 万美元和 1 020 万美元。应收账款是指公司预期要收回的不产生利息费用的款项。应收账款可收回性的估计由一些因素决定,例如顾客信用声誉、顾客交易历史、当前行业经济趋势以及顾客支付方式的变化。一旦确定顾客无法偿还债务,例如申请破产或发生其他影响企业的重大事项,公司应当确认坏账准备以减少预期可以收回的应收款项金额。

现金及其等价物

为了编制现金流量合并报表,公司将所有短期、高流动性的初始到期期限为 90 天或更短的投资归为现金等价物。

销售收入和或有税项

公司或有税项由零售书店和电商部门潜在经营销售收入、税务审计、所得税审计以及其他涉税问题决定。根据公司政策规定,潜在或有税项负债的估计基于各种因素,例如经营所在州和联邦税务审计、州或联邦水平审计历史结果以及特定税务问题。当潜在或有税项负债被认为是负债的可能性很大并且可以合理估计时,公司应当确认这个项目。

所有者权益

基本每股净收益(EPS)等于归属于普通股的收益除以公司当期发行在外的加权平均普通股股数。稀释每股收益反映了公司普通股的潜在稀释问题,它是基于库存股法,当股票期权被执行或限制性股票授予员工时,将归属于公司普通股的收益除以增加后的普通股股数的结果。在计算稀释每股收益时,如果存在稀释,应当分别调整每年受发行在外的股票期权和限制性股票影响的发行在外普通股的加权平均数。基本及稀释加权平均股数调整结果如下:

单位：千股

	2009年1月31日	2008年2月2日	2007年2月3日
发行在外加权平均股数：			
基本	15 219	16 089	16 352
限制性股票稀释影响	390	213	453
稀释	15 609	16 302	16 805

2004年3月，董事会批准一项最高回购10%发行在外普通股的项目，即最多回购160万股（亦称"2004年3月计划"）。在该计划下，公司以1 370万美元的成本回购了145.2万股普通股。该计划现在已经结束。

2006年6月8日，董事会批准一项新的回购项目（亦称"2006年6月计划"）。该项目批准在未来12个月内，公司最高可回购1 000万股普通股，但没有说明具体的回购股数。在该计划下，公司以440万美元的成本回购了30万股普通股。这个股份回购项目取代了"2004年3月计划"。

2006年8月23日，董事会批准一项新的股份回购项目（亦称"2006年8月计划"）。该项目批准在未来18个月内，最高可以回购2 500万股普通股。该项目是不包括2006年6月最高收购1 000万股普通股计划在内的另外一个项目。在该项目下，截至2008年2月2日的会计年度，公司以2 010万美元的成本回购了139.9万股普通股。这个项目在2008年2月23日终止。

2008年3月26日，董事会批准一项新的股份回购项目（亦称"2008年3月计划"），允许公司截至2009年4月30日项目结束前最高可回购500万股普通股。在该项目下，公司在截至2009年1月31日的会计期间以180万美元的成本回购了23.9万股普通股。

2009年3月26日，董事会批准一项新的股份回购项目，允许公司截至2010年4月30日项目结束前最高可回购500万股普通股。

金融工具公允价值披露

现金及现金等价物、应收账款、应付账款和应计负债在随后的财务报表中以成本价列示，由于这些工具的到期日期非常短暂，因此成本价与其公允价值非常接近。根据公司目前向银行贷款到期日是2009年1月31日和2008年2月2日的相似时期的借款利率可以计算得到，公司负债基本接近公允价值。

股权激励

2006年1月29日，公司采用SFAS第123（R）号公告"股份支付"，这是对SFAS第123号公告"股票薪酬的会计处理"的修订，它取代了APB意见书第25号"向员工发行股票的会计处理"。SFAS第123（R）号公告要求公司需确认股票薪酬相关费用，其中包括员工股票期权。

在采用SFAS第123（R）公告前，公司遵从APB意见书第25号，对股票薪酬采用内在价值法记账。因此，当期权执行时，公司没有将标的股票执行价格等于或超过其市场价值的部分确认为费用并反映在利润表中。但是在期权执行日，公司根据股票市场价值确认了与限制性股票有关的薪酬费用。SFAS第123公告要求公司就股票薪酬进行披露，就如同已经应用SFAS第123号公告中的公允价值法一样。

根据SFAS第123（R）号公告规定，公司采用未来适用法，因此无须对以前年度财务进行追溯调整。在这种方法下，公司2006年1月29日之后的股票薪酬、股票薪酬条款修改、股票回购和注销均采用SFAS第123（R）号公告的规定。除此之外，公司对截至2009年1月29日前发行的尚未行使的部分股票薪酬（未行权股票薪酬）在剩余服务提供时确认报酬成本。根据SFAS第123号公告规定，这些股票薪酬成本应当基于授予日的公允价值计算和披露。

公司2009年1月31日、2008年2月2日和2007年2月3日税前员工股票薪酬成本分别是190

万美元(税收净额是 120 万美元)、150 万美元(税收净额是 90 万美元)和 160 万美元(税收净额是 100 万美元),全部计入营业、销售和管理费用。

在 2005 年激励性薪酬计划中,公司向员工分配不可行权的限制性股票。根据紧急问题工作组(EITF)第 06-11 号中基于股票薪酬的股利收入所得税收益会计处理的相关规定,公司在 2009 会计年度、2008 会计年度和 2007 会计年度分别确认相关股利税收收益 4.8 万美元、46.3 万美元和 3.2 万美元。

综合收益(损失)

综合收益(损失)等于净收益或净损失加上其他直接计入所有者权益的利得和损失。目前这些事项仅指附注 3 中解释的衍生工具未实现的收益或损失。

近期采用的会计公告

2006 年 9 月,FASB 发布 SFAS 第 157 号公告"公允价值计量"(以下简称"SFAS 第 157 号公告")对公允价值进行了定义,建立了与 GAAP 相一致的公允价值计量框架并扩大了对公允价值的披露。对于金融资产和负债,这个公告在 2007 年 11 月 15 日以后财务期间生效,并不要求对任何新的资产和负债采用公允价值计量。2008 年 2 月,FASB 工作人员立场公告第 157-2 号的发布延迟了 SFAS 第 157 号公告关于在 2008 年 11 月 15 日后截止的会计年度的非金融资产和负债的生效日期,财务报表中基于重置原则(至少每年一次)以公允价值披露或确认的事项除外。采用 2008 年 2 月 3 日生效的 SFAS 第 157 号公告对公司合并财务报表没有产生重大影响。

2007 年 2 月,FASB 发布了第 159 号公告"金融资产和金融负债公允价值选择权——包括对 FASB 第 115 号公告的修订"。这个公告允许会计主体选择公允价值计量多种金融工具和某些其他项目。此公告适用于 2007 年 11 月 15 日后开始的会计年度的财务报表披露,包括该会计年度的过渡时期。公司对截至 2008 年 2 月 3 日前的现存金融工具没有选择使用公允价值计量,并且公司尚未决定对未来取得的金融工具是否使用这项选择权。

近期发布但尚未采用的会计公告

2007 年 12 月,FASB 发布 SFAS 第 141 号公告(修订)"企业合并"(以下简称"SFAS 第 141R 号公告")。该公告的目的是提高主体披露财务报告中的企业合并及其影响的相关性、真实性和可比性。SFAS 第 141R 号公告的生效日期是 2009 年 2 月 1 日,它的采用对公司财务报表并不构成重大影响。

2007 年 12 月,FASB 发布第 160 号公告"合并财务报表的非控制权益——ARB 第 51 号修正公告"(以下简称"SFAS 第 160 号公告")。该公告的目的是通过建立对子公司的非控制权益和子公司处置的会计处理和披露标准从而提高报告主体在合并财务报表中披露的财务信息的相关性、可比性和透明度。SFAS 第 160 号公告的生效日期是 2009 年 2 月 1 日,它的采用对公司财务报表不构成重大影响。

2008 年 2 月,FASB 发布工作人员立场公告 FAS 第 157-1 号"FASB 第 157 号公告对 FASB 第 13 号公告以及其他第 13 公告下强调以租赁分类和计量为目的的公允价值计量的会计公告的应用"和工作人员立场公告 FAS 第 157-2 号"SFAS 第 157 号公告的生效日期"。这些工作人员立场是:

● FASB 第 157 号公告公允价值计量(第 157 号公告)的范围不包括按第 13 号公告租赁会计进行会计处理的特定租赁交易。这些例外不适用于确认为租赁交易的资产或负债的公允价值计量,但适用于第 157 号公告范围内的其他公告。

● 除在财务报表中以经常性为基础(至少以年度单位)进行公允价值确认或披露的项目外,第 157 号公告中适用于特定非金融资产和负债的条款生效日期推迟一年。

工作人员立场公告 FAS 第 157-1 号公告生效日期与第 157 号公告的最初生效日期一致。工作人员立场公告 FAS 第 157-2 号公告的生效日期是 2008 年 2 月 12 日。公司在 2008 年第一季度采用工作人员立场公告第157-1号和157-2号公告。附注8是公司采用该公告的具体影响。

2008年3月,FASB发布财务会计准则公告第161号"衍生工具和套期活动的披露"("SFAS第161号公告")。新准则旨在通过要求企业加强对衍生工具和套期活动的披露以使投资者更好地理解它们对主体财务状况、财务业绩和现金流量的影响从而提高衍生工具和套期活动相关财务报告的披露质量。它适用于在2008年11月15日以后开始的会计年度或过渡时期发布的财务报表,并鼓励尽早应用。基于目前状况,公司认为SFAS第161号公告的采用对其财务状况或经营成果不存在重大影响。

2008年5月,FASB发布财务会计准则公告第162号"GAAP层次"("SFAS第162号公告")。SFAS第162号公告确认了会计原则的来源和非政府主体财务报表编制中会计原则的选择与GAAP一致的体现的框架。SFAS第162号公告在SEC对公众公司会计监督委员会AU 411修正案——按照GAAP公允反映的意义——批准通过60天后生效。公司认为SFAS第162号公告的采用对其财务状况及经营成果不存在重大影响。

2008年6月,FASB批准EITF发布的第08-3号公告"租赁安排下承租人维修保证金的会计处理"("EITF第08-3号公告")。EITF第08-3号公告要求所有不可偿还维修保证金应当确认为保证金费用,或根据承租人相关维修会计政策在潜在维修发生时资本化处理。一旦决定保证金金额不可能用于未来维修费用,在决定发生时就应当将其确认为额外费用。公司于会计年度开始日2009年2月1日采用EITF第08-3号公告。EITF第08-3号公告的采用对公司合并财务报表不构成重大影响。

2008年9月,FASB发布工作人员立场公告FAS第133-1号"信用衍生工具和特定担保的披露——对FASB第133号公告和FASB第45号解释公告的修订;对FASB第161号公告生效日期的说明"。该工作人员立场公告对FASB第133号公告"衍生工具和套期活动的会计处理"进行修订,要求信用衍生工具销售方的披露,包括嵌入在混合工具中的信用衍生工具。该工作人员立场公告还对FASB(FIN)第45号解释"担保人会计以及担保的披露要求,包括其他间接负债担保"进行修正,要求增加对当前担保偿付风险状态的披露。而且,该工作人员立场公告阐明了FASB关于SFAS第161号公告"衍生工具和套期活动的披露"生效日期的意图。修正SFAS第161号公告和解释公告第45号的这项工作人员立场公告适用于在2008年11月15日以后结束的报告期间,SFAS第161号生效日期的说明在此工作人员立场公告发布时生效。公司在2008年第四季度采用工作人员立场公告FAS第133-1号公告和FIN第45-4号公告,并认为它对公司合并财务报表不构成重大影响。

2008年10月,FASB发布工作人员立场公告第157-3号"不活跃市场金融资产公允价值的确定"。工作人员立场公告第157-3号对SFAS第157号公告"公允价值计量"在不活跃市场的应用进行了阐述,并举例说明不活跃市场金融资产公允价值确定时需要考虑的关键因素。该工作人员立场公告规定不活跃市场公允价值依据事实和环境而定,而且在评估作为公允价值计量依据的个人交易或经纪人报价时可能需要做出重大判断。此外,工作人员立场公告FAS第157-3号规定如果主体使用自身假设确定公允价值,则它必须适当调整由此造成的市场参与者面临的违约或流动性风险。工作人员立场公告FAS第157-3号在公告发布时立即生效,也适用于尚未披露的以前会计期间的财务报表。公司在2008年第三季度采用工作人员立场公告FAS第157-3号公告,并认为它对公司合并财务报表不构成重大影响。

2. 所得税

预交所得税额概括如下:

单位：千美元

	截至会计年度末		
	2009年1月31日	2008年2月2日	2007年2月3日
当期所得税：			
联邦政府	2 398	6 304	10 089
州政府	264	314	553
	2 662	6 618	10 642
递延所得税：			
联邦政府	3 388	2 481	338
州政府	347	453	127
	3 734	2 934	465
预交所得税费用	6 396	9 552	11 107

下述是联邦法定所得税率调整为实际所得税率的表格：

	截至会计年度末		
	2009年1月31日	2008年2月2日	2007年2月3日
联邦法定所得税率	**35.0%**	35.0%	35.0%
预交州所得税	**3.2%**	2.1%	1.7%
不可扣除用餐和娱乐费用	**0.5%**	0.3%	0.2%
其他	—	0.1%	0.1%
FIN 48未确认税收优惠调整	(0.8%)	—	—
联邦税收抵免	(0.2%)	(0.9%)	—
实际所得税率	**37.7%**	36.6%	37.0%

下表是2008年2月2日和2009年1月31日形成递延资产(负债)的短期差异：

单位：千美元

	截至2009年1月31日		截至2008年2月2日	
	当期	非当期	当期	非当期
折旧	—	(2 175)	—	(628)
应计项目	1 507	—	1 646	—
存货	(10 494)	—	(8 672)	—
州净经营损失延后	—	28	—	—
递延租金	631	2 547	695	3 418
预付款项	(1 196)	—	1 435	—
摊销	—	(77)	—	(358)
坏账准备	143	—	305	—
州所得税	—	140	—	20
股票薪酬	818	—	615	—
	(8 591)	463	(6 846)	2 452
减：跌价准备	—	—	—	—
递延所得税资产(负债)	(8 591)	463	(6 846)	(2 452)

2006年6月，FASB发布FASB第48号解释公告"所得税不确定性的会计处理——对FASB第109号公告的解释"（"FIN 48"），为不确定课税情况提供了确认、计量、描述和披露标准。公司2007年2月4日采用FIN第48号公告。作为结果，公司确认200万美元未确认税收优惠负债，这减少了留存收益余额。公司每个报告期间都会评估这些未确认税收优惠。截至2009年1月31日，假设所有未确认税收优惠一经确认，将影响实际税负达200万美元。期初和期末未确认税收优惠如下表所示：

单位：千美元

	截至会计年度末	
	2009年1月31日	2008年2月2日
期初余额	2 174	2 227
当年纳税情况增加额	120	350
以前年度纳税情况减少额	（262）	（403）
期末余额	2 032	2 174

公司及其子公司遵从美国联邦政府所得税和多个国家管辖所得税要求。很多情况下不确定预交所得税与纳税年度相关，而后者有待相关税收审查机构确定。公司在多个管辖州尚在进行审计的年份从2001年到2006年不等。除特殊情况外，我们在2005年以前年度不遵循美国联邦、州或当地，以及非联合政府所得税审计。

在未来12个月内未确认税收优惠存在增加或减少的可能性。这些变化可能是目前正在进行的州政府审计确定的结果。某些在未来12个月结束审计的州预计会使未确认税收优惠负债减少6万美元。此外，某些未确认税收优惠在未来12个月的法定时效将过期，这会使未确定税收优惠负债减少34.5万美元。根据这些审计结果，上述讨论的未确认税收优惠负债的减少可能会影响实际税率。

公司政策规定将与所得税相关的利息或罚金计入所得税费用。2009年1月31日和2008年2月2日的应计利息和罚金分别是83万美元和68万美元。2009会计年度公司没有确认利息和罚金。

2007会计年度，公司的全资子公司建立了净递延税款跌价准备。截至2009年1月31日，该主体并入母公司。因此，该子公司净经营损失不再有用，跌价准备也被认为没有必要，因为剩余净经营损失的变现很有可能。与该主体相关的剩余净经营损失没有并入母公司。

3. 债务和信贷额度

公司目前无担保信贷最高限额是1亿美元，该额度内截至2011年7月有效期满无须偿还任何本金。信用额度下的可贷资金会因在外发行的信用证而减少。信用额度下的贷款利息由LIBOR和公司利差决定，后者取决于特定契约的维持。信贷额度包括财务和非财务契约，后者限制最多的是最小固定费用偿付比率的维持。此外，该契约限制没有维持一定权益金额下的可支付股利金额。公司在截至2009年1月31日的会计年度中遵循所有契约。截至2009年1月31日和截至2008年2月2日信用额度下未清余额分别是1 580万美元和2 800万美元，并且已发行信用证的账面价值分别是220万美元和240万美元。2009会计年度信贷额度下最大和平均未清偿债务（除已发行信用证的账面价值外）分别是5 850万美元和4 130万美元。未清余额考虑了财务报表中的短期负债，因为所有在信贷额度下的借款都在未来12个月或者更短时间内到期。

1996会计年度和1995会计年度期间，公司用行业发展收益债券所得贷款获得并建造了一些仓库和分销设施，这些债券以上述设施的抵押利息为担保。截至2009年1月31日和2008年2月2日未清偿债务分别是670万美元和700万美元，按照协议规定，债券利率是浮动利率（截至2009年

1月31日利率是1.5%)。该债券的到期日是2019年12月1日,购买条款规定公司有义务在该时间内回购债券,除非获得债券持有人延期许可。2007会计年度,一家非关联银行从现有债券持有者手中购买了该债券,并且这个新债券持有者将公司回购义务延期到2011年7月1日,且无须抵押利息作为担保。类似的延期可能会被债券持有者再次更新,根据公司要求,这一延期不超过五年。公司进行了750万美元的利率互换,期限是从1996年5月至2006年6月7日,该交换有效地将该时期的债券利率锁定在8.73%(对冲债券)。当对冲债券到期时公司并未替换。

上述公司套期被认定为一项现金流量套期,因为该利率互换将浮动利率锁定为固定利率。现金流量对冲消除了未来现金流出或预期负债和相关利息费用的不确定性。这些对冲公允价值的变化将对应计入累计其他综合收益(损失)或留存收益(根据对冲关系的类型决定)并在资产负债表中披露。经过一段时间,当套期交易到期时这些计入累计其他综合收益(损失)的金额会重新结转到留存收益。

截至2007年2月3日尚未到期的套期债券以负债形式在合并资产负债表中披露,公允价值为6.1万美元。在截至2009年1月31日、2008年2月2日和2007年2月3日的会计年度中,公司确认税后累计其他综合收益(损失)调整分别为0美元、0美元和7 000美元。

4. 租赁

公司租赁房产作为零售书店的经营租赁之用,到期时间从各年一直到2022年不等。这些租赁大部分都有续租选择并且要求公司支付执行成本(例如房产税、维护费和保险费)。除最低固定租金外,公司部分租赁要求根据销售百分比支付一定或有租金。公司还有设备和拖车的最小经营租赁费。

截至2009年1月31日的一年内不可撤销经营租赁未来租金支付如下所示:

单位:千美元

会计年度	未来最小租金
2010	39 633
2011	33 310
2012	26 151
2013	20 857
2014	16 990
后续年度	49 905
合计	186 846

所有经营租赁费用包括以下内容:

单位:千美元

	截至会计年度末		
	2009年1月31日	2008年2月2日	2007年2月3日
最小租金	**37 483**	35 347	33 205
或有租金	**90**	(25)	53
合计	**37 573**	35 322	33 258

5. 员工福利计划

401(k)利润分配计划

公司及其子公司实施401(k)计划,该计划覆盖了在职期超过6个月、年龄不小于21岁的所有员工,这项计划允许参与者缴纳1%—15%的养老保险金并且超过50岁的参与者有权追加缴费。员工缴纳额度的限制由国内税收法规设定。公司匹配和补充缴纳遵循管理层的自由裁量权。公司2009会计年度、2008会计年度和2007会计年度的匹配缴纳比例分别为50%、50%和70%。员工缴纳保险金的最大限额占其工资薪金的6%。该计划2009会计年度、2008会计年度和2007会计年度的费用分别是389 000美元、744 000美元和472 000美元。

2005年奖励计划

2005年6月1日,公司股东批准通过百万书店2005年奖励计划("2005年计划"),该计划涉及300 000股股票。2006年6月8日,在该计划基础上公司新批准额外300 000股股票作为奖励;2008年5月29日,在该计划基础上公司新批准额外600 000股股票作为奖励。2005年计划可能会奖励1 200 000股普通股。从2005年6月1日至2009年1月31日,2005年奖励计划仅由限制性股票构成。养老保险金协会每年都会奖励遵循该计划的管理者和核心雇员。除此之外,任职超过连续11个月份和被新任命为董事会的董事都有资格受到奖励。2005计划(净注销)下2009会计年度、2008会计年度和2007会计年度的奖励股数分别是309 583、81 475和161 800。与之相关的奖励费用在个人获得授予的归属期内确认。公司在2009会计年度、2008会计年度和2007会计年度分别确认了限制性股票授予的股票报酬1 890 000美元、1 425 000美元和643 000美元。

员工获得的限制性股票被分为两类。第一类限制性股票奖励是"职业股票"。自授予日期起的第三或第五个会计年度末(适用基于具体的服务年限)之前职业股票完全不可行权,之后接受该授予的员工仍被公司雇用时这些职业股票才得以执行。相应奖励费用按比例在三年或五年的必要服务期间确认。第二类限制性股票奖励是"业绩股票"。业绩股票是基于某些业绩目标的实现并在实现会计年度授予的奖励。如果完成业绩目标,业绩股票自该奖励授予日算起第一和第二个会计年度末增加50%的行权权限,并且只有当接受该授予的员工还在公司任职时成立。这些股票奖励费用从公司认为业绩目标很可能实现的确定日期到归属期的最后一日的这一期间按照比例确认。

此外,公司会授予董事年度限制性股票。截至公司年度股东大会内任职期间超过11个月的董事将被授予限制性股票,并且授予日后第一、第二和第三年每年分别可行权1/3的股份。相关奖励费用在三年归属期间按比例确认。

高管激励计划

公司执行一项高管激励计划("激励计划")。激励计划向某些高管提供现金或限制性股票作为奖励。过去公司仅以限制性股票作为奖励方式。激励计划是基于连续三年任职期间实现预先设定的业绩目标的奖励制度。激励计划奖励归属日期是业绩考察期的第三年的最后一天,并且当日被授予者满足仍在公司任职这一条件。相关激励计划费用在执行可能性很大的奖励的授予日到限制期结束期间内按比例确认。截至2007年2月3日的业绩期间激励计划奖励共计100 000美元(6 707股)。2006年1月28日三年业绩期间激励计划的最后奖励发生在2006年3月。该激励计划奖励已经结束。

限制性股票表

2005年奖励计划和高管激励计划下授予员工和董事限制性股票的状况总结如下:

	截至会计年度末			
	2009 年 1 月 31 日		2008 年 2 月 2 日	
	股数 （千股）	加权平均授予 日期公允价值 （美元）	股数 （千股）	加权平均授予 日期公允价值 （美元）
期初股数	**271**	**12.44**	281	11.56
授予股数	**377**	**6.82**	87	14.16
生效股数	**(114)**	**11.04**	(92)	11.35
失效股数	**(3)**	**11.67**	(5)	13.14
期末股数	**531**	**8.49**	271	12.44

股权计划

1999 年 4 月，公司采用 1999 年修正和重申员工股票期权计划（"股票期权计划"），该计划将期权授予管理层、董事和重要员工。根据 2005 年 6 月公司年会股东大会通过的 2005 年奖励计划，董事会决定股票期权计划不再进行任何奖励。股票期权计划以前发行的期权依然有效。所有在 2001 年 1 月 9 日前授予的期权五年内可以行权，并在授予日起的第六年失效。所有在 2001 年 1 月 9 日后授予的期权三年内可以行权，并且在授予日后的第十年失效。所有期权授予日行权价格等于市场公允价值。公司股票期权计划状况总结如下：

	截至会计年度末					
	2009 年 1 月 31 日		2008 年 2 月 2 日		2007 年 2 月 3 日	
	股数 （千股）	加权平均 执行价格 （美元）	股数 （千股）	加权平均 执行价格 （美元）	股数 （千股）	加权平均 执行价格 （美元）
期初发行在外期权	**43**	**5.31**	270	5.09	814	3.77
授予期权	—	—	—	—	—	N/A
执行期权	—	—	(226)	5.05	(540)	3.11
失效期权	—	—	(1)	5.76	(4)	4.80
期末发行在外期权	**43**	**5.31**	43	5.31	270	5.09
期末股数	**43**	**5.31**	43	5.31	268	5.08

2009 会计年度、2008 会计年度和 2007 会计年度公司确认的相关股票期权执行税收利益分别是 -339 000 美元、1 638 000 美元和 2 567 000 美元。这些税收利益每年分别贷记实收资本。

截至 2009 年 1 月 31 日会计年度执行的股票期权的内在价值合计为 0 美元。

截至 2009 年 1 月 31 日发行在外的股票期权的信息概述如下：

执行价格范围 （美元）	发行在外期权			可执行期权	
	发行在外数量 2009 年 1 月 31 日 （千股）	加权平均剩余 合同年限（年）	加权平均 执行价格 （美元）	可执行数量 2009 年 1 月 31 日 （千股）	加权平均 执行价格 （美元）
1.69—2.37	11	3.82	2.31	11	2.31
2.68—5.85	7	3.00	3.04	7	3.04
6.13—9.62	25	5.21	7.25	25	7.25
合计	43	4.51	5.31	43	5.31

2009年1月31日股票期权计划下发行在外期权和可执行期权的内在价值合计均为0美元，因为在2009年1月31日发行在外的执行价格高于公司股票价格。

其他信息

截至2009年1月31日，公司尚未确认多种股票奖励计划中未执行奖励的相关成本共计4 780 000美元，这些成本将在未来会计年度内确认：

单位：美元

会计年度	股票薪酬费用
2010	1 809 000
2011	1 857 000
2012	1 112 000
2013	2 000
合计	4 780 000

公司在2009会计年度、2008会计年度和2007会计年度从执行期权中收到的现金分别是0美元、1 139 000美元和1 680 000美元。这些现金收入的影响在随后合并现金流量表中的筹资活动中体现。

员工股票购买计划

公司执行一项员工股票购买计划，在该计划下公司留存400 000股普通股用以员工购买，购买价格为会计年度期初股票市场价格与期末股票市场价格中较低者的85%。在所有留存的股票中，截至2009年1月31日、2008年2月2日和2007年2月3日分别有289 031股、276 732股和268 167股完成购买。

高管递延报酬计划

在2006会计年度，董事会通过百万书店高管递延报酬计划。高管递延报酬计划向一组选定管理层或高报酬员工或某些子公司（以下简称"参与者"）提供选择延期支付其某些现金报酬的机会。在高管递延报酬计划下，每个参与者可以选择递延其在一个日历年度支付的部分现金报酬。参与者递延报酬将贷记在参与者记账账户，这些账户在高管递延报酬计划下保存。根据投资期权的业绩表现，每个参与者账户会贷记一定利息和收益或损失。

除特定情况外，参与者账户在以下日期中较早日期支付：(1) 参与者选择的固定支付日期（如果有）；(2) 参与者离开公司或其子公司的日期。通常参与者可能选择一次性支付这些报酬，或要求具体年份分期支付，或由他们离开公司时确定。此外，参与者可能根据控制权的改变在1986年美国税收修正法规409A允许范围内选择接受支付日期。

董事递延报酬计划

2006会计年度，董事会通过百万书店董事递延报酬计划。董事递延报酬计划向非雇员董事提供选择延期接收其作为董事会成员的特定支付报酬（"费用"）的机会。非雇员董事费用递延会贷记在非雇员董事记账账户，这些账户在董事递延报酬计划下保存。根据投资期权的业绩表现，每个非雇员董事参与者账户会贷记一定利息和收益或损失。

除特定情况外，非雇员董事参与者账户在以下日期中较早日期支付：(1) 非雇员董事参与者选择的固定支付日期（如果有）；(2) 非雇员董事参与者离开公司或其子公司的日期。通常非雇员董事参与者可能选择一次性支付这些报酬，或要求具体年份分期支付，或由他们离开公司时确定。此外，非雇员董事参与者可能根据控制权的改变在1986年美国税收修正法规409A允许范围内选择接受支付日期。

6. 关联方交易

公司某些股东和董事(包括一些管理者)拥有与公司发生交易的其他主体的控制权。公司与这些其他多个主体(关联方)发生的交易如下所示:

公司从其子公司 Anderson Media 公司处购买了大量杂志和一些季度音乐和报纸,公司通过共同所有权控制该子公司。2009 会计年度、2008 会计年度和 2007 会计年度公司在 Anderson Media 公司的购置金额分别是 22 674 000 美元、25 514 000 美元和 24 702 000 美元。公司从其子公司 Anderson Press 公司处购买了一些收藏品、礼物和书籍,公司通过共同所有权控制该子公司。2009 会计年度、2008 会计年度和 2007 会计年度公司在 Anderson Press 公司的购置金额分别是 1 577 000 美元、2 284 000 美元和 1 423 000 美元。公司从 C. R. Gibson 公司处购买一些贺卡和礼物,在 2007 年 11 月前公司通过共同所有权控制该子公司。公司在 2007 年 11 月 7 日出售 C. R. Gibson 公司从而结束了二者的关联关系。2008 会计年度和 2007 会计年度公司在该公司的购置金额分别是 346 000 美元和 447 000 美元。公司从 Anco Far East 进口公司获得进口采购和集装服务,公司通过共同所有权控制该子公司。2009 会计年度、2008 会计年度和 2007 会计年度公司向该公司分别支付 1 863 000 美元、2 622 000 美元和 2 391 000 美元。这些支付给 Anco Far East 公司的金额包括产品的实际成本、采购费用和集装服务费用。除采购和集装服务费用外,其他成本支付给其他供应商。Anco Far East 费用,净转移成本在 2009 会计年度、2008 会计年度和 2007 会计年度分别是 130 000 美元、184 000 美元和 167 000 美元。

公司向 Anderson Media 公司销售书籍的金额在 2009 会计年度、2008 会计年度和 2007 会计年度分别是 1 347 000 美元、3 653 000 美元和 2 430 000 美元。

公司从一家信托机构租赁了公司总部办公大楼,该机构与公司前任董事会成员 Mr. Charles C. Anderson 的孙辈存在利益关系。办公大楼按月租赁。2009 会计年度、2008 会计年度和 2007 会计年度公司分别向信托机构支付租赁费用 151 000 美元、141 000 美元和 137 000 美元。公司通过共同所有权控制子公司 Andeson & Anderson 有限责任公司(以下简称"A&A"),公司向该公司租赁三座建筑物。2009 会计年度、2008 会计年度和 2007 会计年度,公司向 A&A 分别支付与之相关的租赁费用共计 455 000 美元、428 000 美元和 448 000 美元。2009 年 1 月 31 日,这四座建筑物不存在未来最小租赁费用。公司向一家坐落在美国东南部的运动商品零售商 Hibbett Sports 公司转租了某些不动产。公司董事之一 Albert C. Johnson 和百万书店商业部的主席 Terry Finle 都是 Hibbett 的董事会成员。此外,公司执行总裁 Clyde B. Anderson 在 2008 年 6 月 2 日前也是 Hibbett 的董事会成员。2009 会计年度、2008 会计年度和 2007 会计年度公司从 Hibbett 收到租金分别是 208 000 美元、236 000 美元和 191 000 美元。

公司在经营中使用了 A&A 公司、Anderson Promotional Events 公司和 Anderson Press 公司共同所有的两架飞机。公司拥有每架飞机 26% 的所有权。2008 年 6 月 1 日前,公司持有与 A&A 公司共同所有的一架飞机 49.9% 的所有权。为了削减经营和管理费用,2008 年 6 月 1 日公司进行了一项同类资产交换交易,以一架飞机 23.9% 的所有权与 A&A 公司、Anderson Promotional Events 公司、Anderson Press 公司和某些其他团体("共同持有集团")共同所有的另外一架飞机 26% 的所有权互换。该交易中转移的飞机所有权和收到的飞机所有权大约价值 160 万美元。该交易不涉及现金交换。自 2008 年 6 月 1 日,公司执行管理费用控制并将飞机向子公司出租,租金覆盖了所有的变动成本和经营飞机的一部分固定成本。自 2008 年 6 月 1 日起的 2009 会计年度公司从子公司处收到的飞机使用金额是 486 000 美元。其中,128 000 美元来自 Anderson Growth 合伙人——Sandra Cocharan 女士和 Clyde Anderson 先生。在共同持有集团对公司使用两架飞机的新成本分摊安排下,从 2008 年 7 月 1 日至 2009 年 1 月 31 日公司共支付 407 000 美元。公司支付的飞机使用费用覆盖了相关使用飞机的所有变动成本和一部分固定成本。除此之外,公司向其他子公司支付使用它们的飞机费用共计 233 000 美元。

7. 终止经营的收益或损失

2009 会计年度,公司在不希望通过其他书店保留关闭书店的客户的市场没有关闭任何一家书店。公司将继续披露以前年度公司在类似市场终止经营的书店。

2008 会计年度,公司在坐落于佐治亚的市场和印第安纳的市场分别关闭了一家书店,在这两个市场公司不希望通过现有书店吸收临近关闭书店的客户。该书店 2008 会计年度的销售和经营成果不包括在终止经营内,因其不对财务报表构成重大影响。这两家书店 2008 会计年度销售收入是 150 万美元,税前经营损失是 38.2 万美元。

2007 会计年度,公司在坐落于佐治亚的市场关闭了一家书店,在该市场公司不希望通过留存书店吸收关闭书店的客户。该书店 2007 会计年度的销售和经营成果不包括在终止经营内,因其不对财务报表构成重大影响。该书店 2007 会计年度的销售收入是 13.9 万美元,税前经营损失是 9 万美元。

2004 年 11 月,EITF 颁布了 EITF 第 03-13 号公告"将 FASB 第 144 号公告第 42 段所述状况应用于决定是否披露终止经营"。EITF 第 03-13 号公告指出一家持续经营主体如何估计已处置或将从继续经营主体中终止的营业单元的经营成果和现金流量,以及包括对处置单元经营重大继续涉入的继续涉入类型。EITF 第 03-13 号公告在 2005 年 1 月 30 日起的会计年度生效。在 EITF 第 03-13 号公告生效日前,公司已经将特定关闭书店披露为终止经营(参见附注 7)。因此,这个新条款的采用对公司财务状况、经营成果和现金流量不构成重大影响。

8. 业务分部

根据 SFAS 第 131 号公告"主体分部及其相关信息的披露"规定,公司有两个报告经营分部:零售交易分部和电商交易分部。这些报告经营分部反映了企业管理的方式和公司如何在内部分配资源和评估业绩表现。

公司的首席经营决策官是我们的董事长和首席执行官。公司主要是一家图书商品的零售商。公司的两个报告分部是两个截然不同的业务部门,一个是传统的图书销售商,一个是网络图书销售商。电子商务交易分部根据其相异技术特性和市场需求进行独立管理。零售交易分部包括公司的配送经营中心,该中心主要向我们的零售商店供应商品。通过该配送经营中心公司向外界团体批发图书。这些销售收入不构成重大影响。

公司用息税前营业利润或损失评估零售交易分部和电商交易分部的业绩表现。一些分部间成本基于整体和分部的收入进行分配。与网络销售相关的运输收入计入销售收入净额,运输成本计入销售成本。

零售交易和电商交易分部的主要销售收入都来自图书商品的销售,销售渠道分别是零售商店和互联网。

单位:千美元

分部信息	截至会计年度末		
	2009 年 1 月 31 日	2008 年 2 月 2 日	2007 年 2 月 3 日
销售收入净额			
零售交易	508 253	528 606	512 967
电商交易	25 166	26 992	26 048
分部间销售扣除	(20 148)	(20 470)	(18 599)
销售收入净额	513 271	535 128	520 416

(续表)

分部信息	截至会计年度末		
	2009年1月31日	2008年2月2日	2007年2月3日
营业利润			
零售交易	**18 276**	26 911	29 223
电商交易	**1 541**	1 462	1 400
分部间某些成本扣除	**(927)**	(953)	(524)
营业利润合计	**18 890**	27 420	30 099
资产			
零售交易	**277 896**	283 452	303 110
电商交易	**1 396**	1 381	927
分部间销售扣除	**—**	—	—
资产合计	**279 292**	284 833	304 037

不同商品类别的销售收入占销售收入净额的百分比如下所示：

	2009年1月31日	2008年2月2日	2007年2月3日
图书和杂志	**83.0%**	83.9%	83.7%
普通商品	**8.1%**	7.8%	7.6%
其他商品	**8.9%**	8.3%	8.7%
合计	**100.0%**	100.0%	100.0%

普通商品包括礼物、贺卡、收藏品和类似产品。其他产品包括咖啡、音乐、DVD、电子书和其他产品。

9. 承诺及或有事项

公司在经营过程中牵涉到一些偶然性法律诉讼。在与法律顾问进行咨询后，管理层认为关于这些诉讼的最终责任将不对公司的财务状况、经营成果或现金流量产生重大影响。

公司经常会签订一些承诺协议，这些协议要求公司应当保护合同方以免除第三方诉讼。通常这些协议涉及：(a) 与供应商的协议，该协议要求公司应当就供应商按照公司或公司代表要求所进行的活动向其供应商提供惯例赔偿；(b) 向专为公司出版或制造图书的供应商提供因以公司名义出版或制造而造成的商标或版权侵权诉讼赔偿；(c) 房地产租赁，该协议要求公司应当对出租人提供因公司租用不动产而造成的诉讼赔偿；(d) 与公司董事、管理者和员工的协议，该协议要求公司应当向这些人提供因其与公司的关系而产生的责任赔偿。在遵循公司章程的情况下，公司通过购买董事和管理者保险以覆盖公司承担的董事和管理者的赔偿金额，保险分为特定最高限额和自付金额。

这些赔偿的性质和类型千差万别。但导致公司进行赔偿的事项和境况都是非常具体的交易和情况。这些责任的最大总金额不能被合理估计。历史上，在这些赔偿类型中公司没有发生过与之相关的重大成本。2009年1月31日和2008年2月2日的资产负债表中没有确认这些责任的负债情况，因为这些负债被认为微不足道。

10. 现金股利

2009年3月19日，董事会宣告向在营业结束日2009年4月29日登记在册的股东发放每股

0.05美元的季度股利,这些股利将在2009年4月16日支付。根据可用资金和董事会的批准,公司计划在未来发放季度股利。

11. 应计费用

应计费用如下所示:

单位:千美元

应计费用:	截至2009年1月31日	截至2008年2月2日
薪酬、工资及员工福利	5 705	7 756
顾客礼品卡负债	9 730	10 273
递延会员卡收益	6 550	6 623
税费,非收益	4 698	5 734
租金	2 263	2 237
其他	6 608	8 916
	35 554	41 539

12. 季度结果汇总(未经审计)

下表是未经审计的季度财务数据:

	截至2009年1月31日的会计年度				
	第一季度	第二季度	第三季度	第四季度	全年
净收益(千美元)	115 481	122 803	110 952	164 035	513 271
毛利(千美元)	33 924	35 089	29 075	53 249	151 337
营业利润(损失)(千美元)	2 018	1 580	(2 858)	18 150	18 890
净收益(损失)(千美元)	907	645	(2 187)	11 209	10 574
每股净收益(损失)——基础(美元)	0.06	0.04	(0.14)	0.74	0.70
每股净收益(损失)——稀释(美元)	0.05	0.04	(0.14)	0.73	0.68

	截至2008年2月2日的会计年度				
	第一季度	第二季度	第三季度	第四季度	全年
净收益(千美元)	116 318	132 802	117 696	168 312	535 128
毛利(千美元)	33 759	37 692	32 095	55 002	158 548
营业利润(损失)(千美元)	3 454	4 865	(524)	19 625	27 420
净收益(损失)(千美元)	2 111	3 100	(555)	11 866	16 522
每股净收益(损失)——基础(美元)	0.13	0.19	(0.03)	0.77	1.03
每股净收益(损失)——稀释(美元)	0.13	0.19	(0.03)	0.76	1.01

13. 公允价值计量

从2008年2月3日起,公司采用SFAS第157号公告,该公告将公允价值定义为在计量日市场参与者在主市场(或最有利市场)有序交易中销售资产收到或转移负债(清偿价格)支付的交易价格。SFAS 第 157 号公告按照输入值的优先顺序将用来估计公允价值的估价方法分为三个等级。等级制度要求主体在进行公允价值估计时必须最大化可观察输入值和最小化不可观察输入值。截至 2009 年 1 月 31 日,公司没有在 SFAS 第 157 号公告的要求下应当披露的资产或负债。

因此,SFAS 第 157 号公告的采用没有累计影响,对公司的财务状况、经营成果和现金流量也不构成重大影响。

资产负债表中披露的其他金融工具的账面价值在流动资产和流动负债中以近似公允价值披露,因为这些工具的到期日非常短暂。

2009 年 1 月 31 日,公司周转信贷额度协议未偿还金额是 15 760 000 美元,流通长期债务协议未偿还金额是 6 720 000 美元。公司周转信贷额度协议和长期债务协议下的借款利率是附注 3 描述的浮动利率,因此在 2009 年 1 月 31 日它近似于公允价值。

附录 B　会计系统机制

学习目标

当你学完附录 B，你应该能够：
1. 定义总分类账系统并解释其运作原理。
2. 解释并展示会计循环的步骤。
3. 理解财务报表编制前所需要的会计调整并学会做出调整。
4. 描述结账程序并说明它存在的必要性。

会计信息系统

通过这本书所有章节的学习，你用会计等式工作表记录了 Team Shirts 公司的所有经济业务。我们用较少的业务在一个简单世界里完成了上述内容。在实际中，它的效果可能并不怎么好。实际公司需要一个更好的系统来记录大量在四大基本财务报表中列示的经济业务。公司可能拥有一个仅涵盖会计信息的系统——仅仅记录适用于财务报表的相关信息，以及另外一个涵盖市场、产品及公司其他部分信息的信息系统。或者，公司可能拥有单个、综合的信息系统，它涵盖了公司所有的信息——供应商、员工和经营等信息，而会计信息仅仅是这个系统中的一个很小部分。

公司的会计信息在公司总分类账中保存。**总分类账（general ledger）**包括企业所有账户的账簿，涵盖了企业所有经济业务的信息。你可以认为它是一本巨大的涵盖了每个资产账户、负债账户、所有者权益账户、收入账户及费用账户的书。在此附录的随后部分，你会学习到经济业务是如何在公司总分类中记录的。多年以来，**总分类账系统（general ledger system）**由会计部门作为独立信息系统维护；企业的其他职能部门——市场部、产品部、销售部等使用各自的信息系统来记录跟踪它们所需要的信息。随着计算机技术和软件程序的发展，计算机能够处理大量数据信息，越来越多的公司选择使用单个、综合的信息系统。因此，会计师通常从公司整个信息系统中获得所需信息，通常是指**企业资源规划系统（enterprise-wide resource planning system，ERP）**，而非单独记录它们的数据信息。

无论会计信息与公司信息系统其他部分如何关联，它仍旧被称为总分类账系统。同样，财务报表的编制依赖于总分类账和综合信息系统。在此附录中，我们将使用人工总分类账系统来说明经济业务是如何被记录、分类以及在财务报表中如何汇总的。

总分类账会计系统

用传统的记录保存系统来记录财务信息通常被称为记账。当交易发生时，它们会被簿记员按照时间顺序依次记录在**日记账（journal）**中。当我们在编制反映每笔经济业务对会计等式影响的会计等式工作表时,我们所做的工作与在日记账记录经济业务相似。资源交易与其相应金额一起列示。日记账在每笔经济业务发生时记录。图表B.1是一个例子。在下一部分中,你将学习如何使用"借方"和"贷方"。现在,仅需注意所有的账户都会受到以会计分录反映的经济业务的影响。大多数公司不只使用一个日记账,每个部门都有自己的日记账。常见的日记账有:(1)销售日记账;(2)现金收款日记账;(3)现金付款日记账。为了简化起见,对于所有的经济业务我们使用单个普通日记账。

图表 B.1　日记账举例

第四页:普通日记账

参考编号	日期	会计分录	借方	贷方
J-1	6月1日	现金	65 000	
		销售收入		65 000
		记录销售现金收入		
J-2	6月4日	设备	20 600	
		现金		20 600
		记录以现金购置设备		

注:会计分录按照时间顺序记录。然后,这些单个会计分录会再次以账户形式分组并过账到总分类账。图表B.2反映了会计分录中现金金额如何在总分类现金账户中列示。销售收入和设备的金额都会过账到它们的总分类账户。

由于公司在会计期间拥有成百甚至上千个经济业务,以时间顺序记录日记账用以搜集和使用信息是非常艰难的,甚至是不可行的。为了使信息有用,涉及相同账户的业务需要重新整理和分组。例如,当涉及现金的业务归集到一起时,公司现金余额便更容易确定。正如你在这个例子中所看到的那样,将相似经济业务归集在一起是非常有用的。将日记账中业务转移到总分类账的过程被称为**将经济业务过账(posting)到总分类账**。公司定期过账,按照公司规模大小过账周期可以是日、周或月。

总分类账是企业财务信息的主要记录方式。它由会计账户组成。正如你在本书前面章节所学,账户是会计信息的基本分类单元。你可以将财务报表项目视为一个会计账户,每一个账户在总分类账中显示为单独一页。在具体账页,我们记录与该账户相关的金额增加或减少。

例如,总分类账中有一个现金账户。在总分类账的现金页面,我们可以找到公司所有的现金收款和现金付款。如果一页不能完全记录所有的现金收支,我们可以根据所需将多余现金收支记录在接下来的账页中,这些账页共同构成了现金账户。为了便于确定现金余额,现金账户拥有动态余额。这意味着做完每一笔会计分录后都会计算一个新的现金余额。思考一下你自己的支票账簿,它记录了你签发的每一张支票(现金减少)、你的每一笔收入(现金增加),以及显示你支票账户的剩余金额(这就是动态余额)。如果你有动态余额,那么它将会使你很快确定你账户的现金金额。假设你现在没有支票余额,你能发现发生什么了吗?

总分类账中账户包括现金账户、应收账款账户、存货账户、预付保险费账户、设备账户、累计折旧账户、应付账款账户、应付票据账户、实收资本账户以及留存收益账户(注意,这些账户是按照它们在资产负债表中的列示顺序而陈述的)。一个公司有多少个账户呢?因公司而异,账户数量由公司财务记录详细程度决定。例如,一个公司设立了一个水电煤气费账户,以记录和水电煤气相关的所有费用。但另外一个公司分别设立水电煤气费相关账户,即在总分类账中分别单独设立电费账户、煤气费账户和水费账户等账页。账户数量取决于公司希望从其记录中获取金额的详细程度。如果公司仅仅使用了很少量的煤气和水,那么单独设立这两个账户就是浪费时间。假设公司在其生产过程中消耗水资源,那么就很有必要单独设置水费账户。

此外，公司还设立了明细分类账账户。它们是为总分类账提供进一步说明的账户。例如，应收账款明细账户详细记录了赊账客户的资料——每一位赊账客户的销售金额、已收款项和欠款余额。应收账款明细账户的合计金额将在总分类账汇总列示。

大多数公司拥有很多个账户，它们将相似账户归集以编制财务报表。当我们在浏览财务报表时，我们不能分辨出公司的总分类账中到底有多少个账户，因为许多较小账户通常在财务报表中汇总列报。

任何一个有权访问财务记录的人，不论是在什么时间，只要他想知道会计账户余额，他就可以在总账中找到相关信息。公司所有账户及其余额的列表被称为**试算平衡表(trial balance)**。

在编制财务报表前，需要做出会计调整。我们在第 3 章中探讨了这些调整以及如何做出调整。权责发生制会计的本质决定了会计调整是必要的。在财务报表中，我们需要列示已实现的收入和已发生的费用，即使在该会计期间我们未收到现金或支付现金。这些调整被称为应计项目，表示经济业务已经发生，但尚未收付。

我们仍需对利润表中当期实现和发生的收入和费用，但现金收入和支出却在以前会计期间发生的交易做出调整。这些调整被称为递延项目。现金已经收付，在收到现金时我们记录现金收款。但是，在该时间我们并没有确认相关的收入或费用。在该会计期间末，我们需要确认实现的所有收入和发生的所有费用。

无论公司使用哪种会计信息系统，在编制财务报表前该系统所提供的信息必须经过调整。当调整完成后，才能进行报表编制。实际上我们已经通过会计等式工作表完成了这些——记录经济业务、做出调整和编制财务报表。总分类账系统只不过在真实世界更具备可行性。

借方和贷方

为了使用总分类账系统并理解它所提供的信息，我们必须学习一些会计语言。不要对**借方(debit)**和**贷方(credit)**产生恐惧。你会发现理解它们很容易，但前提是你必须抛弃之前对借贷的所有见解。在会计中，每个术语都有特定的含义，不要把它们与该词语的普通意义相混淆。

在会计中，当我们说借方时，我们是指账户的左边；当我们说贷方时，我们是指账户的右边（这应该很好记）。除非我们将这两个术语应用于特定账户，否则左边是借方的唯一含义，右边是贷方的唯一含义。

如图表 B.2 所示，传统上总分类账是多栏式的。左边的借方列示了现金账户的动态余额。你几乎不可能在这个账户的贷方看到动态余额。通常总分类账以与此相似的格式计算。

图表 B.2 总分类账

账户：现金					账户编码：NO.1002	
					余额	
日期	项目	参考编号	借方	贷方	借方	贷方
2011 年						
6 月 1 日		J-1, p. 4	65 000		**65 000**	
6 月 4 日		J-2, p. 4		20 600	**44 400**	

注：这是现金账户。会计分录的现金金额均在此列示。图表 B.1 说明了如何从会计分录中追踪这些金额的来源。

在余额栏下，左边是借方栏(DR)，右边是贷方栏(CR)。为了使用预印的两列式页面简易形式，会计师通常在总分类账页面中绘制 T 型账户。图表 B.3 以 T 型账户形式描述了图表 B.2 中总分类账的内容。

图表 B.3　T 型账户的借方和贷方

资产		负债		所有者权益	
借方 增加 （正常余额）	贷方 减少	借方 减少	贷方 增加 （正常余额）	借方 减少	贷方 增加 （正常余额）

收入		费用	
借方 减少	贷方 增加 （正常余额）	借方 增加 （正常余额）	贷方 减少

T 型现金账户如下所示，它在总分类账中独占一页。T 型账户左边是借方，右边是贷方。

现金	
借方	贷方

我们在左边账户输入的金额被称为借方，在左边账户输入金额的过程被称为借记。Debit 是一个含义丰富的词，它可以是形容词、名词或动词。Credit 也是这样。账户右边是贷方，我们在右边账户输入的金额被称为贷方，在右边账户输入金额的过程被称为贷记。

15 世纪，一个名为 Fra Luca Paccioli 的修道士创造了用会计等式表示借方和贷方的系统。在他的系统中，每一笔业务下的会计等式都保持平衡，每一笔业务借方和贷方的金额都相等。这是它的原理：

（1）在会计等式中，借记使等式左边账户（资产）余额增加，贷记使等式右边账户（负债和所有者权益）余额增加。由此可得，贷记使资产账户余额减少，借记使负债和所有者权益账户余额减少。概括地说：

- 资产类账户借方记增加，贷方记减少。
- 负债和所有者权益类账户贷方记增加，借方记减少。

这意味着当我们想增加现金账户余额时，我们应该在该账户左边输入数字（即在总分类账的现金账户两栏中的左边一栏输入）——这是一项借记。当我们支付现金并想减少现金账户相应支付金额时，我们应该在该账户右边输入数字——这是一项贷记。账户余额增加的一方被称为它的正常余额。现金有一个正常借方余额。因为我们将收到的现金记入借方，支付的现金记入贷方，因此我们的现金账户通常在借方有余额（现金支出超过所拥有的现金是不正常的，并且极其不寻常）。

在会计中，我们并不说会计余额的增加或减少，而是在表达相同意义时使用借记或贷记账户。如果我们出现错误，我们不直接擦除错误并以正确的答案取而代之。相反地，我们借记或贷记账户以更正错误，从而更正账户余额。当会计记录是人工记录时，所有分录用墨水写成，难以修改或擦除。不直接修改分录已经成为会计惯例。账户余额的每一笔增加和减少构成了账户每一个变动的完整记录。

（2）因为所有者权益贷方记增加，所以贷记所有导致所有者权益增加的账户会使该账户余额增加。贷记收入账户会使收入账户余额增加，借记使其余额减少。当我们实现收入时，我们贷记收入账户。

(3)因为所有者权益借方记减少,所以借记所有减少所有者权益的账户会使该账户余额减少。收入账户的原理与此相同。例如,借记费用账户——列示费用的账户——会使该账户余额增加。当费用发生时,我们在费用账户的左边输入数字。

思考题 B-1

请说明下列账户通常借方还是贷方有余额,并说明账户类型。

账户名称	费用	收入	资产	负债	所有者权益
应付账款				贷方	
应收账款					
广告费用					
现金					
折旧费用					
家具和装修					
累计折旧					
预收收入					
工资费用					
普通股					
租金费用					
留存收益					
已实现收入					
土地					
建筑物					

图表 B.3 总结了借记和贷记的使用方法。记住,一个智能化的系统应当能够确定当我们记录一笔经济业务时,会计等式保持平衡,并且每一笔经济业务的借方与贷方必须相等。这个智能化系统称之为复式记账法。

以记录单个交易为起点,通过编制财务报表,获得总分类账余额并为下一个会计期间做准备的过程被称为**会计循环**(accounting cycle)。对你来说,会计循环的某些步骤是没有意义的,但是这个附录详细地阐述了每一个步骤。在这个附录的最后,你应当能够解释并展示每一个步骤。会计循环的步骤如下所示:

(1)根据例如发票等凭证,按照时间顺序在日记账中记录所有交易。
(2)将日记账分录过账到总分类账。
(3)在会计期间末,编制调整前试算平衡表。
(4)编制调整日记账分录并将它们过账到总分类账。
(5)编制调整后试算平衡表。
(6)编制财务报表。
(7)对临时性账户进行结账。
(8)编制结账后试算平衡表。

让我们来详细地看下这些步骤。

步骤1：编制日记账分录

企业在正常情况下，有许多经济业务是被记录在会计系统中的。让我们看下如何在日记账中记录公司第一年的经济业务。图表B.4列示了Clint's Consulting公司第一年的经济业务。

图表B.4　Clint's Consulting公司2011年的经济业务

日期	经济业务
1月2日	以自有资金2 000美元投资于该公司，同时获得普通股。
1月10日	向当地银行借款4 000美元以开始运营。
2月4日	以400美元现金购置备用品。
4月10日	以500美元现金雇用一家公司制作并分发宣传册。
7月12日	提供咨询服务并获得9 000美元现金收入。
8月15日	支付打字人员350美元现金。
10月21日	偿还4 000美元本金和150美元利息。
12月10日	公司向其唯一股东分配600美元股利。

Clint's公司第一年营业的第一笔经济业务是Clint向公司投资2 000美元，并获得相应普通股。日记账中的日记分录如下所示：

日期	经济业务	借方	贷方
2011年1月2日	现金	2 000	
	普通股		2 000
	记录所有者以现金投资交换普通股		1-1[a]

[a] 这个数字可以帮助我们追踪日记账分录到总分类账。

现金账户增加2 000美元，因此Clint's公司将借记现金账户2 000美元。所有者权益增加，因此Clint's公司将贷记普通股2 000美元。注意，在这个例子中，两个账户都增加了——一个借方增加，一个贷方增加。对于一些交易，两个账户都增加；对于另外一些交易，一个账户增加，另外一个账户减少；或者是两个账户都减少。日记账分录的唯一要求是借方美元金额必须等于贷方美元金额。

在第二个交易中，Clint's公司向当地银行借款4 000美元。同样地，两个不同账户都增加——一个借方增加，一个贷方增加。注意，借方（4 000美元）= 贷方（4 000美元）。

日期	经济业务	借方	贷方
2011年1月10日	现金	4 000	
	应付票据		4 000
	记录银行借款		1-2

借方总是第一个列示，贷方在借方后列示，有时候不只借记或贷记一个账户，正如一篇文章的第一句话一样，这些贷记账户缩进排列。日记账的每一页都有一个参考编号用以追踪日记账到总分类账。当我们将日记账过账到总分类账时，我们还会再次看到这些编号。

第三笔经济业务是以400美元现金购置备用品。此时，应当借记备用品，贷记现金。

日期	经济业务	借方	贷方
2011年2月4日	备用品	400	
	现金		400
	记录备用品购置		1-3

注意,这笔经济业务使一个资产账户(备用品)增加,使另外一个资产账户(现金)减少。因为备用品是资产,由此借记使该账户增加。

第四笔经济业务是Clint's公司雇用一家公司为其咨询业务制作并分发宣传册。Clint's公司支付该项服务500美元现金。

日期	经济业务	借方	贷方
2011年4月10日	广告费用	500	
	现金		500
	记录备用品购置		1-4

对于这笔经济业务,费用账户——广告费用增加500美元。因为费用账户最终会减少所有者权益,所以这类账户借方记增加,与所有者权益账户正常余额相反。现金,作为资产类账户,因贷记500美元而减少。

接下来,该公司提供咨询服务并获得9 000美元现金。

日期	经济业务	借方	贷方
2011年7月12日	现金	9 000	
	咨询收入		9 000
	记录咨询收入		1-5

在这笔经济业务中,借记现金9 000美元,现金增加9 000美元。咨询收入,是一个收入账户,它最终会结转到所有者权益账户,贷记咨询收入9 000美元,该账户增加9 000美元。

Clint雇用了一个打字人员,以备公司不定期打字之用。在第一年经营中,他支付了这个人350美元的打字费。这是一笔费用,Clint将其归类为工资费用。在这笔经济业务中,贷记现金350美元,现金减少;借记工资费用350美元,工资费用增加。

日期	经济业务	借方	贷方
2011年8月15日	工资费用	350	
	现金		350
	记录雇员打字成本		1-6

接下来,公司偿还银行贷款本金和利息。贷款本金——借款金额——是4 000美元;利息——占用他人资金成本——是150美元。这笔经济业务的日记账分录就是不止一个借方的分录例子。

日期	经济业务	借方	贷方
2011年10月21日	应付票据	4 000	
	利息费用	150	
	现金		4 150
	记录本金偿还和利息偿付		1-7

借记应付票据会使该账户余额减少。在这笔经济业务发生前,应付票据余额是 4 000 美元。现在,当借方过账后,该账户余额为 0。借记利息费用账户 150 美元,因此该账户增加 150 美元。现金减少 4 150 美元。

Clint's 公司第一年最后一笔经济业务是向公司唯一的股东 Clint 分配股利。在个人独资企业中,向所有者分配现金或其他资产的行为被称为**提款(withdrawal)**。因为 Clint's 公司是咨询公司,因此,这种分配行为被称为股利分配(dividend)。在编制财务报表前,通常公司会通过一个特殊账户记录已宣告分配的股利。这个账户被称为股利。股利账户借方有余额,并且最终它会减少留存收益。发放股利会减少现金余额。记住,发放股利不是一笔费用。

日期	经济业务	借方	贷方
2011 年 12 月 10 日	股利分配	600	
	现金		600
	记录股利的支付		1-8

步骤 2:将日记账分录过账到总分类账

公司编制的每一个会计分录都必须过账到总分类账。过账频率依据公司日常日记账分录数量确定。一些计算机系统在日记账分录输入系统的瞬间随即自动完成了过账的程序。其他公司每日或每周将交易过账到总分类账。

由于这是 Clint's Consulting 公司第一年的经营,它的账户初始余额为 0。每一个日记账分录在过账到总分类账时都会附带一个来自日记账的参考编码。这可以追踪总分类账中的每一笔分录到日记账中的原始交易记录。所有日记账分录过账完成后,就很容易计算任何账户的余额。图表 B.5 按以下顺序列示账户:资产、负债、所有者权益、收入和费用。

步骤 3:编制调整前试算平衡表

试算平衡表列示了总分类账的所有账户及其借方余额或贷方余额。编制试算平衡表的目的是确认借方等于贷方,以及方便、快速地检查需要调整的账户。图表 B.6 列示了 Clint's Consulting 公司 2011 年 12 月 31 日的调整前试算平衡表。

步骤 4:调整日记账分录

在日记账中编制交易发生的会计分录和将这些分录过账到总分类账是日常的会计活动。当公司在会计期末编制财务报表时,需要更多的日记账分录。它们不是日常日记账分录,而是被称为调整日记账分录。正如我们在第 3 章讨论的那样,在编制财务报表前有四种记录(应计收入、应计费用、递延收入和递延费用)需要调整。让我们看下总分类账系统中每类调整的一个例子。

图表 B.5 Clint's Consulting 公司 T 型账户

| 资产 | = | 负债 | + | 所有者权益 |

现金（资产）
1-1	2 000	400	1-3
1-2	4 000	500	1-4
1-5	9 000	350	1-6
		4 150	1-7
		600	1-8
EB*	9 000		

备用品（资产）
| 1-3 | 400 |
| EB | 400 |

应付票据（负债）
| 1-7 | 4 000 | 4 000 | 1-2 |
| | | 0 | EB |

普通股（所有者权益）
| | | 2 000 | 1-1 |
| | | 2 000 | EB |

股利（特殊临时性账户）
| 1-8 | 600 |
| EB | 600 |

咨询收入（收入）
| | | 9 000 | 1-5 |
| | | 9 000 | EB |

广告费用（费用）
| 1-4 | 500 |
| EB | 500 |

工资费用（费用）
| 1-6 | 350 |
| EB | 350 |

利息费用（费用）
| 1-7 | 150 |
| EB | 150 |

* EB = 期末余额。

图表 B.6 2011 年 12 月 31 日 Clint's Consulting 公司调整前试算平衡表

账户	借方	贷方
现金	9 000	
备用品	400	
应付票据		0
普通股		2 000
股利分配	600	
咨询收入		9 000
广告费用	500	
利息费用	150	
工资费用	350	
	11 000	11 000

应计项目

应计收入

假设 Clint's Consulting 公司为客户提供了价值 3 000 美元的咨询服务，但是尚未向客户开具账单，因此这笔收入尚未确认——当它确认时，会在利润表中列示。12 月 31 日，Clint's 将调整公司记录以确认这笔收入,即使公司尚未收到现金。首先,注意这个调整对会计等式的影响。

资产	=	负债	+	实收资本	+	留存收益
+3 000 应收账款						+3 000 咨询收入

这笔经济业务使资产增加——应收账款(AR)。这意味着 Clint's 借记 AR,因为资产借方记增加。Clint's 也增加了收入账户——咨询收入(这 3 000 美元计入收入账户,并不直接计入留存收益账户。然而,最终收入会使资产负债表中的留存收益增加)。收入账户贷方记增加,因此我们会贷记收入账户咨询收入 3 000 美元。对于这笔经济业务,会计等式处在平衡状态,借方 = 贷方。下面是这笔经济业务的日记账分录:

日期	经济业务	借方	贷方
2011 年 12 月 31 日	应收账款	3 000	
	咨询收入		3 000
	记录 2011 年实现的收入		A-1

应计费用

另一种情况是需要对应计费用进行调整。当发生一笔费用时(这笔已用以实现服务收入的费用金额将在未来支付),根据配比原则的要求,该笔费用应当与其产生的收入一起在同一张利润表中列示。

有时,将一笔费用与特定收入配比是难以实现的。在这种情况下,我们在费用项目使用期间确认该项费用。例如,将员工工作与公司某个特定收入配比是不可能的。因此,员工工作成本在工作完成期间即可在利润表中确认。

让我们来看一个工作完成期间确认工资费用的例子。当公司支付员工薪水时——年度正常发工资日——它们借记工资费用,贷记现金账户。在年底工资费用账户余额可能巨大,因为它记录了员工全年的工资金额。为了确定我们包括了当年所有工资费用,我们必须在临近年末检查员工的工作时间。这样做的目的是确定所有当期发生的工作成本都在当期年度利润表的工资费用中予以确认。

如果我们尚未支付员工 2011 年 12 月的工资,并且直至 2012 年 1 月份才支付,在这种情况下,我们在调整 2011 年 12 月 31 日的账户时需要记录应付职工薪酬。假设 Clint's 欠雇员 2011 年工作报酬 50 美元,但下一个工资支付日是在 2012 年。为了使这笔工资费用在当年利润表中列示,Clint's 必须借记工资费用 50 美元,贷记应付职工薪酬 50 美元。截至 2011 年 12 月 31 日的利润表中工资费用应当包含这 50 美元。2011 年 12 月 31 日资产负债表中的应付职工薪酬也会列示这笔 50 美元的负债。请看会计等式的调整,再看日记账分录。注意,正如日常日记账分录,调整分录也需要借方 = 贷方,会计等式保持平衡。

资产	=	负债	+	实收资本	+	留存收益
		+50 应付职工薪酬				(50) 工资费用

日期	经济业务	借方	贷方
2011 年 12 月 31 日	工资费用	50	
	应付职工薪酬		50
	记录年末应计工资费用		A-2

> **思考题 B-2**
>
> 假设一家公司在财务报表日 2010 年 12 月 31 日欠雇员 300 美元,并且下一个工资支付日在 2011 年 1 月 3 日。请对 2010 年 12 月 31 日日记账做出必要调整。当 2011 年 1 月 3 日公司实际支付 300 美元时它应当确认多少工资费用?请编制 2011 年 1 月 3 日工资支付的日记账分录(忽略工资税)。

递延项目

递延收入

递延收入是尚未实现的收入,当收到现金时,在企业的记录中确认为一笔负债。因为已收到现金,所以必须确认,但商品或服务并没有提供。公司必须延迟确认收入。当收到现金时,公司现金增加的同时一个被称为预收收入的负债也增加。在总分类账系统中,收到的现金应借记现金账户——这是一笔资产的增加,因为资产借方记增加;贷记预收收入使日记账分录维持平衡——这是一笔负债的增加,因为负债贷方记增加。

假设 Clint's 在 5 月 1 日收到咨询收入 4 000 美元现金,这项咨询服务将在未来 16 个月内提供。下面表格说明了未来提供咨询服务 4 000 美元收款如何影响会计等式的情况,以及收到 4 000 美元现金时应编制的日记账分录:

资产	=	负债	+	实收资本	+	留存收益
+4 000 现金		+4 000 预收咨询收入				

日期	经济业务	借方	贷方
2011 年 5 月 1 日	现金	4 000	
	预收咨询收入		4 000
	记录提供服务的现金收款		1-9

注意这不是一笔调整分录,只是当期现金收款发生时编制的普通日记账分录。当我们再次看 T 型账户时,会发现这笔经济业务我们之前已经过账了。

无论公司是否在当期确认了预收收入,在会计期末我们必须对从收到现金到期末这段时间实现的部分收入做确认调整。基于此,任何部分预收收入在年末实现时,调整后的预收收入账户将减少,收入账户将增加。就借贷而言,作为一项负债类账户,预收收入账户借方记减少。对于 Clint's 来说,借记预收收入,相应会贷记咨询收入,这意味着这笔实现的收入会与 Clint's 当期其他咨询收入一同列示在利润表中。这个调整对于确定当期确认了所有实现收入(在利润表中列示)是非常必要的。假设 Clint's 期末实现了一半的预收收入。会计等式调整与相应调整日记账分录如下所示:

资产	=	负债	+	实收资本	+	留存收益
		(2 000)预收咨询收入				+2 000 咨询收入

日期	经济业务	借方	贷方
2011 年 12 月 31 日	预收咨询收入	2 000	
	咨询收入		2 000
	记录期末实现的收入		A-3

递延费用

在编制财务报表前需调整递延费用。回想一下,递延费用是公司提前支付的费用。其中一个例子是第 3 章讨论的备用品。当期 Clint's 支付 400 美元备用品,并且将它们确认为资产。期末,公司必须确定消耗了多少备用品以及还剩余多少备用品。Clint's 盘点库存备用品,并且将这部分从备用品购置时的金额中扣除。假设公司发现在 12 月 31 日储藏室有剩余价值为 75 美元的备用品。因为公司购置了 400 美元的备用品,所以说明当期消耗了 325 美元的备用品。Clint's 会在当期年度利润表中列示 325 美元的备用品费用,期末资产负债表会相应列示 75 美元的资产。这是对账户期末余额进行的一笔调整,下面是相关会计等式和日记账分录:

资产	=	负债	+	实收资本	+	留存收益
(325)备用品						(325)备用品费用

日期	经济业务	借方	贷方
2011 年 12 月 31 日	备用品费用	325	
	备用品		325
	记录期末实现的备用品费用		A-4

图表 B.7 列示了调整分录过账的 T 型账户。

步骤 5 和步骤 6:编制调整后试算平衡表和财务报表

当调整分录过账到总分类账账户,并且总分类账新的余额已经计算完成后,**调整后试算平衡表(adjusted trail balance)** 即编制完成。调整后试算平衡表仅是列示了所有的总分类账账户及其余额,以确保在所有调整后公司账户借方等于贷方。试算平衡表属于内部文件,用以编制财务报表。编制调整后试算平衡表——确保它保持平衡——可以帮助保证记录过程的准确性。如果调整后试算平衡表平衡——借方等于贷方,它就可以用来编制财务报表。

图表 B.8 列示了调整后试算平衡表,图表 B.9 列示了财务报表。

当财务报表编制完成后,我们几乎可以开始下一个会计循环了。首先,我们必须准备好新一个会计年度的总分类账。

步骤 7:编制结账分录

收入、费用和股利分配账户都是**临时性账户(temporary accounts)**。这些账户的余额在会计期间末最终会结转到留存收益账户,因此它们在新一个会计期间的期初余额都是 0。

思考一下在这本书中我们用来记录经济业务的会计等式和工作表。我们将收入和费用列示在留存收益栏下,因为它们增加或减少了所有者对企业资产的要求权。只有当收入和费用结转到留存收益后资产负债表才得以平衡。收入扣除费用的余额——净收益——在我们编制所有者权益变动表时会结转到留存收益中。

图表 B.7 Clint's Consulting 公司调整后 T 型账户

资产	=	负债	+	所有者权益

现金
（资产）

1-1	2 000	400	1-3
1-2	4 000	500	1-4
1-5	9 000	350	1-6
1-9	4 000	4 150	1-7
		600	1-8
EB	13 000		

应收账款
（资产）

A-1	3 000		
EB	3 000		

备用品
（资产）

1-3	400	325	A-4
EB	75		

应付票据
（负债）

1-7	4 000	4 000	1-2
		0	EB

预收咨询收入
（负债）

A-3	2 000	4 000	1-9
		2 000	EB

应付职工薪酬
（负债）

		50	A-2
		50	EB

普通股
（所有者权益）

		2 000	1-1
		2 000	EB

股利分配
（特殊临时性账户）

1-8	600		
EB	600		

咨询收入
（收入）

		9 000	1-5
		3 000	A-1
		2 000	A-3
		14 000	EB

广告费用
（费用）

1-4	500		
EB	500		

工资费用
（费用）

1-6	350		
A-2	50		
EB	400		

利息费用
（费用）

1-7	150		
EB	150		

备用品费用
（费用）

A-4	325		
EB	325		

图表 B.8 Clint's Consulting 公司 2011 年度调整后试算平衡表

账户	借方	贷方
现金	13 000	
应收账款	3 000	
备用品	75	
应付票据		0
应付职工薪酬		50
预收咨询收入		2 000
普通股		2 000
股利分配	600	
咨询收入		14 000
广告费用	500	
利息费用	150	
工资费用	400	
备用品费用	325	
	18 050	18 050

图表 B.9 Clint's Consulting 公司 2011 年财务报表

Clint's Consulting 公司
利润表
截至 2011 年 12 月 31 日
（单位：美元）

收入		
咨询收入		14 000
费用		
广告费用	500	
工资费用	400	
备用品费用	325	
利息费用	150	
费用合计		1 375
净收益		**12 625**

Clint's Consulting 公司
所有者权益变动表
截至 2011 年 12 月 31 日
（单位：美元）

普通股期初余额		0
当期发行普通股		2 000
普通股期末余额		**2 000**
留存收益期初余额		0
当期净收益	12 625	
股利分配	(600)	
留存收益期末余额		**12 025**
所有者权益合计		14 025

Clint's Consulting 公司
资产负债表
2011 年 12 月 31 日
（单位：美元）

资产		负债和所有者权益	
流动资产		流动负债	
现金	13 000	应付职工薪酬	50
应收账款	3 000	预收咨询收入	2 000
备用品	75	流动负债合计	2 050
		所有者权益	
		普通股	**2 000**
		留存收益	**12 025**
		所有者权益合计	14 025
资产合计	16 075	负债和所有者权益合计	16 075

Clint's Consulting 公司
现金流量表
截至 2011 年 12 月 31 日
(单位:美元)

经营活动产生的现金		
从客户处收到的现金	13 000	
支付备用品的现金	(400)	
支付利息费用的现金	(150)	
支付工资的现金	(350)	
支付广告费用的现金	(500)	
经营活动产生的现金净额		11 600
投资活动产生的现金		0
筹资活动产生的现金		
发行普通股收到的现金	2 000	
银行贷款收到的现金	4 000	
偿还贷款支付的现金	(4 000)	
支付股利的现金	(600)	
筹资活动产生的现金净额		1 400
现金净增加额		13 000
期初现金余额		0
期末现金余额		13 000

  从簿记角度来看,**结账(closing the accounts)** 是指通过编制日记账分录将账户余额结为 0。结账时要借记或贷记每个临时性账户。例如,假设收入账户余额是 300 美元,那么这一定是贷方余额,因此应借记该账户 300 美元进行结账。相应日记账分录的贷方余额会结转到留存收益。因此,对收入账户进行结账会增加留存收益。另一方面,对费用账户进行结账会减少留存收益。例如,假设费用账户余额是 100 美元,那么这一定是借方余额,因此应贷记该账户 100 美元进行结账。相应日记账分录的借方余额会结转到留存收益。对费用账户进行结账会减少留存收益。

  牢记收入账户和费用账户存在的理由。在单个会计期间,通常是一个年度,收入和费用从留存收益中分离并单独确认,因此我们可以在年度利润表中披露它们。之后,我们希望这些金额在留存收益中反映,因此我们希望收入账户和费用账户结为零从而为下一年度的开始做准备。记住,利润表只反映单个会计期间的经营成果。我们不希望当期的收入或费用账户中混入上一期间的收入或费用。将这些账户余额结零的过程被称为结账,相应日记账分录被称为结账分录。直至编制报表时我们才可以对收入账户和费用账户结账。

  资产类账户、负债类账户和所有者权益类账户都是**永久性账户(permanent accounts)**,或者称为**实账户(real accounts)**。这些账户余额会从一个会计期间结转到下一个会计期间。例如,现金账户里的现金余额永远不会是零(除非我们花掉了最后一分钱)。想一下你自己的个人记录。如果你逐笔记录你的现金(比如支票账户),你会得到一个持续的现金余额记录。在个人资产负债表日,你可以看到在这个特定日期你有多少现金。下一年开始时,你仍旧拥有这笔现金。它不会因为新年的开始就消失。

  为了更好地理解我们说的永久性账户的持续性记录,来思考下临时性账户的一个简单例子。假设你持续列示了一年的杂货费用。年末,你在个人年度利润表中披露杂货费用后,会在下一年开始一个新的列表。因为利润表反映了一定时期的费用(例如,一年),你一年的杂货费用将在一个利润表里列示,这些费用不会影响到下一年。你会希望在你开始下一年时杂货费用账户为零。费用账户必须适用于特定时期才会有意义。

图表 B.10 反映了 Clint's Consulting 公司的结账分录,它是在财务报表完成后编制的。

图表 B.10　结账

参考编号	日期	日记账分录	借方	贷方
c-1	12 月 31 日	咨询收入	14 000	
		留存收益		14 000
		对收入账户结账		
c-2	12 月 31 日	留存收益	1 375	
		广告费用		500
		工资费用		400
		备用品费用		325
		利息费用		150
		对费用账户结账		
c-3	12 月 31 日	留存收益	600	
		股利分配		600
		对股利分配账户结账		

> **思考题 B-3**
>
> 　　一个业务简单的公司,其收入账户期末余额是 5 000 美元,费用账户期末余额是 3 000 美元。请为该公司编制结账分录。

结账分录详谈以及利润表与资产负债表的关系

　　为什么我们要那么麻烦地编制结账分录呢?它们通过结清临时性账户为下一会计期间做好准备。这是必要的,因为这些账户记录了利润表中列示的金额,会告诉我们一个特定时期的净收益。如果不清零账户,净收益会包含多个时期的收入或费用。结账分录将净收益(净损失)结转到留存收益账户(个人独资企业是所有者资本账户),因此结账分录是一种使净收益从利润表通过所有者权益变动表流向资产负债表的方式。

　　下面说明了收入和费用如何在财务报表中流动:

- **利润表**。我们在利润表中列示了净收益——收入和费用的细节,最后一行是净收益。
- **所有者权益变动表**。所有者权益变动表反映了来自净收益的所有者权益的增加。
- **资产负债表**。我们在资产负债表中列示了所有者权益的金额合计,其中包括净收益。

　　在使用收入账户余额和费用账户余额编制利润表以及这些信息流向资产负债表后,我们要对收入账户和费用账户进行结账。这是在留存收益中得到正确余额的一种常见方式。以下是记录结账分录的具体步骤:

　　1. 将收入账户的所有贷方余额结转到留存收益。这通过结账分录来完成。结账日记账分录通过借记每一个收入账户从而使所有收入账户余额清零。相应的贷记留存收益使当期收入全部金额结转到该账户。

　　2. 将费用账户的所有借方余额结转到留存收益。这通过结账分录来完成。结账日记账分录通过借记留存收益同时贷记所有费用账户全部余额从而使其清零。借记留存收益使当期费用全部金额结转到该账户。

　　3. 将股利分配账户余额结转到留存收益。当向公司股东分配股利时,通常通过一个特殊的账户——股利分配账户。这是一个余额在借方的临时性账户(当宣告并发放股利时,应借记股利分配,贷记现金)。股利分配账户直接结转到留存收益。股利分配金额不在利润表中列示,但在所有者权益变动表中列示。相应结账日记账分录应当贷记股利分配,借记留存收益。

来看下 Clint's 结账分录过账的 T 型账户,它在图表 B.11 中列示。注意收入账户和费用账户是如何清零的。

当结账完成后,只剩下一步就可以完成我们当期的账簿记录。这一步是编制结账后试算平衡表。

图表 B.11 Clint's Consulting 公司结账分录过账的 T 型账户

资产	=	负债	+	所有者权益

现金 (资产)			应付票据 (负债)			普通股 (所有者权益)	
1-1 2 000	400 1-3		1-7 4 000	4 000 1-2			2 000 1-1
1-2 4 000	500 1-4			0 EB			2 000 EB
1-5 9 000	350 1-6		预收咨询收入 (负债)			留存收益 (所有者权益)	
1-9 4 000	4 150 1-7		A-3 2 000	4 000 1-9		C-2 1 375	C-1 14 000
	600 1-8			2 000 EB		C-3 600	
EB* 13 000			应付职工薪酬 (负债)				EB 12 025
备用品 (资产)				50 A-2		股利分配 (特殊临时性账户)	
1-3 400	325 A-4			50 EB		1-8 600	C-3 600
EB 75						咨询收入 (收入)	
应收账款 (资产)							9 000 1-5
A-1 3 000							3 000 A-1
EB 3 000							2 000 A-3
						C-1 14 000	14 000 EB
						广告费用 (费用)	
						1-4 500	C-2 500
						工资费用 (费用)	
						1-6 350	
						A-2 50	C-2 400
						利息费用 (费用)	
						1-7 150	C-2 150
						备用品费用 (费用)	
						A-4 325	C-2 325

* EB = 期末余额。

步骤 8:编制结账后试算平衡表

会计循环的最后一个步骤是编制**结账后试算平衡表**(post closing trial balance)。记住,后意味着之后(就像前意味着之前)。在临时性账户结账完成后,编制试算平衡表——一张列示了所有账户与其借方或贷方余额的列表——可以实现以下两个内容:
- 它是总分类账借方与贷方相等与否的最后一道检验。
- 它使我们确定只有实账户(永久性账户)有余额,可以开始下一个期间的会计记录。

图表 B.12 反映了 Clint's Consulting 公司的结账后试算平衡表。

图表 B.12 Clint's Consulting 公司 2011 年 12 月 31 日结账后试算平衡表

账户	借方	贷方
现金	13 000	
应收账款	3 000	
备用品	75	
应付票据		0
应付职工薪酬		50
预收咨询收入		2 000
普通股		2 000
留存收益		12 025
合计	16 075	16 075

会计循环回顾与总结

在传统总分类账系统下,财务报表编制分为以下几个步骤,它们被称为会计循环。
1. 在日记账中记录经济业务。
2. 将日记账分录过账到总分类账。
3. 编制调整前试算平衡表。
4. 会计期末调整账户——编制调整日记账分录并将它们过账到总分类账。
5. 编制调整后试算平衡表。
6. 编制财务报表。
7. 对临时性账户进行结账,为下一会计期间做准备。
8. 编制结账后试算平衡表。

商业视角

企业资源规划系统

企业资源规划系统(ERP)正改变着企业管理、处理和使用信息的方式。ERP 系统是基于计算机软件的程序,它主要用于处理组织的交易,为计划、产品、财务报告和消费者服务整合信息。据估计,大多数年收入额大于 10 亿美元的公司都使用 ERP 系统。

准确地说,根据企业的不同需求,ERP 系统适用于各种各样的公司。
- ERP 系统是基于传统或网络基础在企业环境下的打包软件。打包软件是指从软件商购买或租赁的商用软件,而非家用软件。
- ERP 系统由特定功能的模块组成。其中,会计模块包括财务会计、管理会计和国际会计;后勤模块包括物料需求计划、产品、配送、销售管理和消费者管理。人力资源模块包括工资薪酬、员工福利和薪酬管理。

- 所有模块在共同数据库下运行。这是一个企业范畴的系统,而不是企业部门分离独立的系统。
- ERP系统整合的是软件,并非硬件。因此,即使两家公司从软件商购买ERP打包软件,该系统的使用方式也会不尽相同。
- 由于其流行性和成长性,众所周知的大型ERP软件商有SAP、甲骨文、Peoplesoft、J. D. Edwards和BAAN。这些软件商占领了ERP的绝大部分市场,并且在世界范围内向它们的客户提供系统培训服务。

公司通过ERP系统实现以下内容:
- 整合系统与清除冗余数据分录和数据存储;
- 降低计算机操作成本;
- 更好地管理企业流程;
- 适应国际货币和国际语言;
- 标准化政策和程序;
- 提高和加快财务报告编制;
- 提高决策;
- 提高生产效率;
- 提高盈利性。

尽管ERP系统存在很多潜在优势,但它也有缺陷。ERP系统实施成本高达百万美元。转换到一个新系统要求这些使用新系统的人员参加大量并且昂贵的培训。

考虑到ERP系统广受认可,显然可以看出市场认为ERP系统优势的重要性远远大于它的成本。因此,无论你是否从事会计、技术信息、金融、市场营销或者管理,你都有可能遇到ERP系统。然而,考虑到技术革新的速度太快,你以后遇到的ERP系统比起现在的系统将会拥有更加复杂的性能。

Team Shirts 2010年3月总分类账系统中的经济业务

我们已经分析过Team Shirts公司第三个月的交易状况,并且在第3章编制了其3月份的财务报表。让我们来回顾下这个月的会计循环,这次使用借记和贷记的方法。图表B.13列示了Team Shirts 3月份的经济业务。在企业经营活动中,每一个业务在普通日记账中以时间发生顺序编制分录。然后每个交易会过账到总分类账(我们称之为T型账户)。3月31日,我们过账调整分录用以编制财务报表。通过调整后的T型账户,你可以编制财务报表。

图表 B.13　Team Shirts 3月份的经济业务

3月1日	购置价值为4 000美元的电脑,已支付1 000美元,剩下3 000美元以年利率为12%的应付票据形式结算,预计使用寿命为3年,残值为400美元。
3月10日	支付上个月广告剩余费用50美元。
3月15日	从客户处收到2月份应收账款的现金150美元。
3月20日	支付2月份购置的物品——付清应付账款所有金额800美元。
3月24日	以每件4美元的价格购置250件T恤衫,共计1 000美元。
3月27日	以每件10美元的价格销售200件T恤衫,共计2 000美元。

为了使用总分类账系统,我们设立账户及其在2010年3月1日的账户余额。图表B.14列示了所有账户及其期初余额(显示为BB)。在总分类账中,这些账户在我们将这个月交易的日记账分录过账之前都显示为初始余额。

图表 B.14　Team Shirts 3 月初 T 型账户的设立

资产	=	负债	+	所有者权益
现金（资产） BB* 6 695		应付账款（负债） 　　　800 BB		普通股（所有者权益） 　　　5 000 BB
应收账款（资产） BB 150		其他应付款（负债） 　　　50 BB		留存收益（所有者权益） 　　　1 220 BB
存货（资产） BB 100		应付票据（负债）		销售收入（收入）
预付保险费（资产） BB 125		应付利息（负债）		商品销售成本（费用）
计算机（资产）				保险费用（费用）
累计折旧（资产备抵账户）				利息费用（费用）
				折旧费用（费用）

* BB 表示期初余额。

会计循环的第一步是当经济业务发生时，以时间顺序在日记账中记录每笔经济业务。图表 B.15 列示了每笔经济业务及其对应日记账分录。注意，对于每笔日记账分录来说，都包括如下内容：

- 交易发生日期；
- 账户名称；
- 对于每笔日记账分录，借贷都相等；
- 交易的简单解释说明。

请学习每笔日记账分录并确定你掌握了经济业务是如何被记录的。

会计循环的剩余步骤从日记账过账到总分类账开始。一些计算机化会计系统实现自动过账。因为我们用 T 型账户来代替总分类账，所以我们从这里开始。以下是编制财务报表的其余步骤：

1. 如图表 B.14 所示，将 3 月份日记账分录通过 T 型账户过账。
2. 3 月 31 日编制调整前试算平衡表。
3. 3 月 31 日编制必要调整日记账分录，并过账到 T 型账户。对于 Team Shirts，编制财务报表前需要进行三笔调整，它们是：(1) 电脑折旧费 100 美元；(2) 应付票据利息费用 30 美元；(3) 当月保险费用 50 美元。
4. 编制 2010 年 3 月 31 日调整后试算平衡表。
5. 根据调整后试算平衡表编制四大基本财务报表。

图表 B.15　2010 年 3 月日记账分录

2010 年 3 月日记账分录

参考编号	日期	日记账分录	借方	贷方
3-1	2010 年 3 月 1 日	计算机	4 000	
		现金		1 000
		应付票据		3 000
		记录以 1 000 美元现金和 3 000 美元应付票据购置电脑		
3-2	2010 年 3 月 10 日	其他应付款	50	
		现金		50
		记录上月所欠广告费的支付		
3-3	2010 年 3 月 15 日	现金	150	
		应收账款		150
		记录收到应收账款的款项		
3-4	2010 年 3 月 20 日	应付账款	800	
		现金		800
		记录向供应商支付上月购买的物品		
3-5	2010 年 3 月 24 日	存货	1 000	
		现金		1 000
		记录以每件 4 美元购置 250 件 T 恤衫		
3-6a	2010 年 3 月 27 日	应收账款	2 000	
		销售收入		2 000
		记录以赊销方式销售的 200 件 T 恤衫		
3-6b	2010 年 3 月 27 日	商品销售成本	800	
		存货		800
		记录销售存货的成本并减少存货 200 件 ×4 美元		

这是每个步骤的具体内容：

1. 第(3)部分是 T 型账户的答案。
2. 调整前试算平衡表。

Team Shirts
调整前试算平衡表
2010 年 3 月 31 日

现金	3 995	
应收账款	2 000	
存货	300	
预付保险费	125	
计算机	4 000	
应付票据		3 000
普通股		5 000
留存收益		1 220
销售收入		2 000
商品销售成本	800	
合计	11 220	11 220

3. 调整日记账分录和相关说明:

(1) 计算机使用了一个月,因此你需要确认折旧费用。计算机成本是 4 000 美元,估计残值是 400 美元,预计使用寿命是 3 年。每年的设备折旧费是 1 200 美元[(4 000 – 400)/3],因此每个月的折旧费是 100 美元。

日期	经济业务	借方	贷方
2010 年 3 月 31 日	折旧费用	100	
	累计折旧		100
	确认 3 月份折旧费用		Adj-1

(2) 3 月 1 日,Team Shirts 签发了一项购买计算机的 3 000 美元应付票据。一个月过去了,Team Shirts 需要确认票据的利息费用 30 美元(3 000 × 0.12 × 1/12)。

日期	经济业务	借方	贷方
2010 年 3 月 31 日	利息费用	30	
	应付利息		30
	确认 3 月份利息费用		Adj-2

(3) 2 月中旬,Team Shirts 预付 3 个月保险费 150 美元,每个月 50 美元。在 3 月 1 日的资产负债表上,列示了流动资产——预付保险费,其金额为 125 美元。我们需要确认 3 月整个月的保险费。这个金额将从预付保险费中扣除。

日期	经济业务	借方	贷方
2010 年 3 月 31 日	保险费用	50	
	预付保险费		50
	确认 3 月份保险费用		Adj-3

接下来是 Team Shirts 2010 年 3 月的调整 T 型账户(每个账户期末余额用下划双线列示)。

资产 = 负债 + 所有者权益

现金
(资产)

BB*	6 695	1 000	3-1
		50	3-2
3-3	150	800	3-4
		1 000	3-5
EB**	3 995		

应付账款
(负债)

| 3-4 | 800 | 800 | BB |
| | | 0 | EB |

普通股
(所有者权益)

| | | 5 000 | BB |
| | | 5 000 | EB |

应收账款
(资产)

BB	150	150	3-3
3-6a	2 000		
EB	2 000		

其他应付款
(负债)

| 3-2 | 50 | 50 | BB |
| | | 0 | EB |

留存收益
(所有者权益)

| | | 1 220 | BB |
| | | 1 220 | EB |

(续表)

资产				=	负债			+	所有者权益		
存货 (资产)					应付票据 (负债)				销售收入 (收入)		
BB	100					3 000	3-1			2 000	3-6a
3-5	1 000	800	3-6b			3 000	EB			2 000	EB
EB	300										
预付保险费 (资产)					应付利息 (负债)				商品销售成本 (费用)		
BB	125	50	Adj-3			30	Adj-2		3-6b	800	
EB	75					30	EB		EB	800	
计算机 (资产)									保险费用 (费用)		
3-1	4 000								Adj-3	50	
EB	4 000								EB	50	
累计折旧 (资产备抵账户)									利息费用 (费用)		
		100	Adj-1						Adj-2	30	
		100	EB						EB	30	
									折旧费用 (费用)		
									Adj-1	100	
									EB	100	

* BB 表示期初余额;** EB 表示期末余额。

4. 调整后试算平衡表。

Team Shirts
调整后试算平衡表
2010 年 3 月 31 日

现金	3 995	
应收账款	2 000	
存货	300	
预付保险费	75	
计算机	4 000	
累计折旧		100
利息费用		30
应付票据		3 000
普通股		5 000
留存收益		1 220
销售收入		2 000
商品销售成本	800	
保险费用	50	
折旧费用	100	
利息费用	30	
合计	11 350	11 350

5. 财务报表如下所示：

```
                          Team Shirts
                            利润表
                       截至 2010 年 3 月 31 日
                          （单位：美元）
```

销售收入		2 000
费用		
商品销售成本	800	
折旧费用	100	
保险费用	50	
利息费用	30	980
净收益		1 020

```
                          Team Shirts
                       所有者权益变动表
                       截至 2010 年 3 月 31 日
                          （单位：美元）
```

普通股期初余额	5 000	
当月发行普通股	0	
普通股期末余额		5 000
留存收益期初余额	1 220	
当月净收益	1 020	
股利分配	0	
留存收益期末余额		2 240
所有者权益合计		7 240

```
                          Team Shirts
                          资产负债表
                        2010 年 3 月 31 日
                          （单位：美元）
```

资产		负债和所有者权益	
流动资产		流动负债	
现金	3 995	应付利息	30
应收账款	2 000	应付票据	3 000
存货	300	流动资产合计	3 030
预付保险费	75	所有者权益	
流动资产合计	6 370	普通股	5 000
计算机（扣除 100 美元累计折旧净额）	3 900	留存收益	2240
		所有者权益合计	7240
资产合计	10 270	负债和所有者权益合计	10 270

Team Shirts
现金流量表
截至 2010 年 3 月
(单位:美元)

经营活动产生的现金
从客户处收到的现金	150	
向供货商支付的现金	(1 800)	
支付广告费用的现金	(50)	
经营活动产生的现金净额		(1 700)

投资活动产生的现金
购置计算机*	(1 000)	(1 000)
筹资活动产生的现金		0
现金净增加额(减少)		(2 700)
现金期初余额		6 695
现金期末余额		3 995

*计算机购置价格为 4 000 美元,其中现金支付 1 000 美元,应付票据 3 000 美元。

你已经看到了上述具体的财务报表。我们在第 3 章使用会计等式记录经济业务时,与我们在这里使用总分类账系统结果一致。无论我们选择如何记录,财务报表都是一样的。会计系统的机制——无论是独立的或整合的企业资源计划系统——必须为根据 GAAP 编制的基本财务报表提供信息。

关键词

会计循环	结账	借方
企业资源计划系统(ERP)	总分类账系统	永久性账户
结账后试算平衡表	实账户	临时性账户
调整后试算平衡表	贷方	股利分配
总分类账	日记账	提款
过账	试算平衡表	

思考题答案

思考题 B-1

账户名称	费用	收入	资产	负债	所有者权益
应付账款				贷方	
应收账款			借方		
广告费用	借方				

（续表）

账户名称	费用	收入	资产	负债	所有者权益
现金			借方		
折旧费用	借方				
家具和装修			借方		
累计折旧			（备抵）贷方		
预收收入				贷方	
工资费用	借方				
普通股					贷方
租金费用	借方				
留存收益					贷方
已赚取收入		贷方			
土地			借方		
建筑物			借方		

思考题 B-2

日期	经济业务	借方	贷方
2010年12月31日	工资费用	300	
	应付职工薪酬		300
	确认2010年12月工资费用		

2011年1月无须确认这笔费用。它在2010年12月确认，在2011年1月支付。

日期	经济业务	借方	贷方
2011年1月3日	应付职工薪酬	300	
	现金		300
	确认应付职工薪酬的现金支付		

思考题 B-3

日期	经济业务	借方	贷方
2010年12月31日	收入账户	5 000	
	留存收益		5 000
	将收入账户结账到留存收益		

日期	经济业务	借方	贷方
2010年12月31日	留存收益	3 000	
	费用账户		3 000
	将费用账户结账到留存收益		

问题

1. 什么是总分类账系统？它的优点是什么？
2. 什么是账户？
3. 什么是试算平衡表？
4. 哪些账户是永久性账户？哪些账户是临时性账户？
5. 这些账户的正常余额是借方还是贷方？
   - 应收账款
   - 应付账款
   - 普通股
   - 留存收益
   - 销售收入
   - 工资费用
   - 现金
   - 备用品费用
   - 股利分配
   - 存货
   - 应付债券
   - 商品销售成本
6. 会计循环的基本步骤是什么？
7. 会计交易可以直接在总分类账系统中记录吗？首先在日记账中记录的优点是什么？
8. 贷方是好还是不好？请解释。
9. 什么是调整分录？为什么它们是必需的？

单选题

1. Evans 公司在 2010 年 6 月 19 日，向顾客提供了服务并向其赊销 50 000 美元。这笔经济业务的日记账分录是：
   a. 借记现金 50 000 美元
   b. 贷记现金 50 000 美元
   c. 贷记应收账款 50 000 美元
   d. 贷记服务收入 50 000 美元
2. 试算平衡表是：
   a. 企业使用的列示了所有账户及其 6 位数字账户编码的列表
   b. 记录特定财务报表项目余额增加或减少的列表
   c. 按照时间顺序记录所有交易的列表
   d. 列示了企业特定时间使用的所有账户及其借方或贷方余额
3. Bob Frederick 是物流公司的所有者，他想知道 4 月 15 日的现金余额、应收账款余额以及当期的销售收入。他应该看会计系统的哪部分呢？
   a. 日记账　　　b. 总分类账　　　c. 资产负债表　　　d. 子日记账
4. 编制调整前试算平衡表使：
   a. 企业可以确认在会计系统里借方是否等于贷方
   b. 企业可以确认会计系统是否存在错误

c. 企业可以识别应计项目和递延项目
　　d. 以上所有都是
5. 编制试算平衡表的数据来源于：
　　a. 日记账　　　b. 总分类账　　　c. 资产负债表　　　d. 过账后利润表
6. 如果利润表确认了已经实现但尚未收到款项的收入，这意味着：
　　a. 尚未结账分录　　　　　　　　b. 日记账存在错误
　　c. 遵循权责发生制会计要求　　　d. 尚未调整分录
7. Myers 公司在每周五支付员工一周五天的薪水（从周一到周五）。这些员工每个工作日的工资总额是 3 000 美元。如果公司在 2009 年 10 月 2 日（星期五），向员工支付 15 000 美元，这笔经济业务的会计分录是：
　　a. 借记工资费用 15 000 美元　　　　b. 借记现金 15 000 美元
　　c. 贷记应付职工薪酬 15 000 美元　　d. 借记现金 3 000 美元
8. Jules 公司 2010 年 6 月 1 日办公用品的余额是 100 美元。6 月份，公司用现金购置了 900 美元的办公用品。2010 年 6 月 30 日，公司对办公用品进行盘点发现还有 200 美元办公用品尚未使用。调整日记账分录应当是：
　　a. 借记备用品费用 800 美元　　　b. 借记办公用品 900 美元
　　c. 贷记现金 200 美元　　　　　　d. 贷记备用品费用 800 美元
9. 为什么每个会计期末都要对分录进行结账？
　　a. 在未来一些账户不需要了　　　　　b. 它使得试算平衡表和财务报表能够编制
　　c. 所有账户在开始新会计期间前必须清零　　d. 临时性账户在开始新会计期间前必须清零
10. 以下哪个账户无须结账？
　　a. 应收账款　　　b. 利息收入　　　c. 销售收入　　　d. 工资费用

简易练习

A 组

简易练习 B-1A　账户正常余额。请说明以下账户的正常余额是在借方（DR）还是贷方（CR）。
1. ＿＿＿＿＿＿＿＿备用品
2. ＿＿＿＿＿＿＿＿保险费用
3. ＿＿＿＿＿＿＿＿所得税费用
4. ＿＿＿＿＿＿＿＿应付职工薪酬
5. ＿＿＿＿＿＿＿＿留存收益

简易练习 B-2A　收入确认与日记账分录编制。请问以下事项中，哪些事项在发生当期确认收入。指出确认账户和相应金额。请编制每种情况的日记账分录（从销售公司的角度出发）。
　1. Seminole Boosters 公司提前收到下一年足球比赛的门票收入。
　2. Comcast Cable 公司收到去年的一些赊销款项。通常情况下是预收，但此次顾客在去年享受了有线电视服务，而在今年付款。
　3. 顾客提前支付下一年的服务费 6 500 美元。

简易练习 B-3A　费用确认与日记账分录编制。请问以下事项中，哪些事项在发生当期确认费用。请编制日记账分录（从公司的角度出发）。
　1. Bright Shirts 公司向 FSU 书店销售了 1 500 件 T 恤衫，共计 16 500 美元。公司初始购买这些 T 恤衫的成本是 4 500 美元。

2. Home Industries 公司收到了今年最后一个月的水电费账单,共计 575 美元,但下一年才会实际支付这笔账单。

3. Water Line 公司购置并支付两年期(今年和明年)保险费,共计 8 600 美元。

简易练习 B-4A 关联会计等式与借方和贷方。Ralph's Surfshop 公司 12 月份发生如下经济业务,对于每笔经济业务,指出它们会影响哪个账户并说明如何影响(借方还是贷方)。

1. 公司支付 12 月卡车租赁费 650 美元。
2. 公司赊购 4 500 美元存货。

简易练习 B-5A 编制日记账分录。ABC 公司 4 月份发生的部分经济业务如下所示,请分别编制日记账分录。

1. 公司用现金支付营业费用 800 美元。
2. 公司以 500 美元现金购置备用品,5 月份投入使用。

简易练习 B-6A 经济业务对现金的影响。以下经济业务如何影响 Jolly 公司的现金账户?请指出是影响借方还是贷方。

1. 公司向顾客支付退回商品的现金 1 500 美元。
2. 公司向投资者发行股票,并获得 7 750 美元现金。

简易练习 B-7A 经济业务对负债和所有者权益的影响。以下经济业务如何影响 Slow Pokes 公司 2010 年的负债和所有者权益账户?请指出是影响借方还是贷方。

1. 公司当年实现 12 000 美元收入。
2. 年度所得税估计为 2 500 美元,在 2011 年支付。

简易练习 B-8A 经济业务对账户的影响。指出 Computer Solution 公司 2011 年 4 月发生的以下交易如何影响账户(增加或减少借方或贷方)。

1. 公司支付下一年度租金 4 500 美元。
2. 公司偿还 2 000 美元应付账款,这是以前购置存货的欠款。
3. 公司宣告并发放股利 500 美元。

简易练习 B-9A 识别永久性账户和临时性账户。对于以下每个账户,指出是永久性账户还是临时性账户。

1. _____ 库存商品
2. _____ 保险费用
3. _____ 利息费用
4. _____ 应付所得税
5. _____ 普通股

练习

A 组

练习 B-19A 用 T 型账户记录经济业务。用 T 型账户记录下述经济业务,并指出它们如何影响资产、负债或所有者权益。Bradford 公司会计年度结束日期是 6 月 30 日。

1. 3 月 1 日,公司以 600 美元现金购置备用品。公司备用品期初余额为 100 美元。
2. 9 月 1 日,公司签发利率为 4%、票面金额为 6 000 美元的应付票据。一年后偿还本金和利息。
3. 10 月 1 日,公司租用了一个复印机,每月租金 300 美元,公司提前支付了一年的租赁费用。

4. 12月30日,公司购置了有效期为1年的保险,立即生效。保险成本是600美元,以现金支付。

5. 在这一年中,公司实现75 000美元的服务收入,现金全部收回。

练习 B-20A 用T型账户记录调整分录。根据你得出的练习 B-19A 1-5 题的答案,对 Bradford 公司在报表编制前的账户做出必要调整。公司在会计期末的备用品余额是75美元。

练习 B-21A 用T型账户记录经济业务和编制调整前试算平衡表。Matt 在 2011 年 4 月 1 日开设了一家书店,主要销售新书或二手书。Matt 投资 4 000 美元设立企业,作为交换,他获得 Matt's Books 公司普通股。用T型账户记录这个新公司的下述经济业务,计算账户余额并编制 2011 年 6 月 30 日的调整前试算平衡表。

1. 4月1日,公司以2 000美元现金从供货商处购买新书。
2. 4月30日,公司从顾客处以现金购买价值550美元的二手书。
3. 6月30日,公司销售了成本为1 000美元的新书,销售收入为3 000美元,其中一半是赊销。
4. 6月30日,公司销售了所有的二手书,获得销售收入1 500美元的现金。

练习 B-22A 用T型账户记录经济业务和编制调整前试算平衡表。Whisper Lane Productions 公司 2012 年 3 月 1 日的试算平衡表如下所示,它列示了公司这一天的资产、负债和所有者权益。

试算平衡表

单位:美元

账户名称	借方	贷方
现金	15 000	
应收账款	5 700	
应付账款		3 200
普通股		9 000
留存收益		8 500
合计	20 700	20 700

3月份,公司发生了如下经济业务:

1. 公司从银行借款6 000美元,并签发相应短期应付票据。
2. 公司用现金12 000美元购置土地。
3. 公司向顾客提供服务并获得现金收入3 500美元。
4. 公司赊购价值225美元的备用品。
5. 公司向顾客赊销价值1 800美元的服务。

设立3月1日试算平衡表中科目的T型账户,并将这些经济业务过账到T型账户。计算账户余额并编制3月31日的调整前试算平衡表。

练习 B-23A 识别调整分录和结账分录。根据练习 B-22A 的信息,识别在月度报表编制前需要调整的账户。在每个情况下你还需要什么信息才能做出合理调整?在会计期末,哪些账户需要结账?为什么?

练习 B-24A 编制结账分录和计算净收益。根据下面的调整后试算平衡表编制结账分录。本年度净收益是多少?

Brett's Bait & Tackle 公司
调整后试算平衡表
2011 年 6 月 30 日

单位：美元

	借方	贷方
现金	13 000	
应收账款	20 000	
预付租金	28 000	
备用品	21 500	
设备	20 000	
累计折旧		9 000
土地	64 000	
应付账款		23 000
应付票据		25 000
应付利息		2 000
普通股		51 000
留存收益		29 500[a]
股利分配	4 000	
销售收入		94 000
商品销售成本	45 000	
折旧费用	3 000	
工资费用	15 000	
合计	233 500	233 500

[a] 这是留存收益在 2010 年 7 月 1 日的数额。所有账户都尚未结账。

练习 B-25A 编制日记账分录、调整分录和解释会计循环。Problem Solvers Consulting 公司 2010 年开始营业。公司 1 月份发生如下经济业务：

1 日	投资者向公司投资 75 000 美元，作为交换获得相应普通股。
1 日	公司向当地银行借款 10 000 美元，利率为 3%，期限是 6 个月。本金和利息都在 6 个月后偿还。
1 日	公司以现金 13 200 美元购置电脑设备，使用期限是 4 年，无残值。
6 日	公司赊购价值 500 美元的备用品。
8 日	公司以现金支付办公室 1 月份租金 700 美元。
20 日	公司从顾客处收到未来 2 月份提供服务的现金收入 3 150 美元。
31 日	1 月份咨询服务赊销收入共计 12 000 美元。
31 日	公司向员工支付 6 500 美元工资。
31 日	公司向备用品供应商支付 1 月 6 日赊购金额 500 美元中的 300 美元。公司仅支付部分赊购金额是因为 1 月份它只消耗了 300 美元的备用品。

请分别编制每笔经济业务的日记账分录，并说明每笔分录的编制理由。然后，编制 2010 年 1 月 31 日必要的调整分录。还应当做什么才能完成这个月的会计循环？

练习 B-26A 编制日记账分录，并用 T 型账户表示。编制调整前试算平衡表。Ray & Peters CPAs 公司决定开设自己的税务公司——Tax Specialists。公司第一个月（5 月）发生如下交易事项：

1 日	Ray 和 Peters 分别向公司投资 20 000 美元现金,作为交换,他们获得普通股。他们与国家银行签订 25 000 美元的应付票据。
2 日	公司预付第一年租金 28 000 美元。
11 日	公司赊购价值 17 500 美元的办公设备。
16 日	公司以现金 6 500 美元购买有效期为 2 年的保险。生效日期是 6 月 1 日。
18 日	办公设备在送到时已经褪色,供应商同意减少公司 3 500 美元赊购金额。
25 日	公司赊购促销的办公设备 10 000 美元。
28 日	公司偿还办公设备的赊购金额。
30 日	公司雇用了一个办公室管理员,每日工资 110 美元。开始日期是 6 月 1 日。

请分别编制每笔经济业务的日记账分录。设立所需 T 型账户并将这些分录过账到 T 型账户。编制调整前试算平衡表。

难题

A 组

难题 B-35A 编制试算平衡表和财务报表。Vision 公司 2011 年 12 月 31 日调整后的账户信息如下所示:

	单位:美元
收入	20 000
预付租金	1 000
设备	12 500
累计折旧,设备	3 000
普通股	4 000
留存收益	2 500[a]
应收账款	5 000
应付账款	2 000
工资费用	2 000
折旧费用	1 000
现金	1 000
存货	8 000
股利分配	1 000

[a] 这是在 2011 年 1 月 1 日的余额。

➡ **要求**

编制 2011 年 12 月 31 日的试算平衡表、截至 2011 年 12 月 31 日的年度利润表和所有者权益变动表以及 2011 年 12 月 31 日的资产负债表。

难题 B-36A 编制日记账分录,并过账到 T 型账户,编制调整前试算平衡表。Architectural Design and Associates 公司 2011 年 5 月 1 日开始营业。公司前两个月(5 月和 6 月)发生了如下经济业务:

5月 1日 公司向投资者发行普通股,金额为 275 000 美元。
    1日 公司与第一地区银行签署长期应付票据,金额为 65 000 美元。
    9日 公司以现金 130 500 美元购置一幢办公大楼。
    13日 公司赊购价值 35 000 美元的设备。
    20日 公司以现金购买价值 3 500 美元的备用品。
    27日 公司支付 5 月 13 日的设备款。
    30日 公司以 4 800 美元购买有效期为 2 年的保险,6 月 1 日起生效。
    30日 公司收到水电费账单共计 675 美元,一般情况下水电费在次月 15 日支付。
6月 1日 公司赊购价值 50 000 美元的存货。
    3日 公司在当地新闻报纸和电台投放了广告,广告费共计 5 000 美元现金。
    15日 支付 5 月份水电费 675 美元(注意这个账单在 5 月确认为应付项目)。
    30日 公司欠员工 6 月份工资 12 500 美元。这些员工这个月开始工作。通常情况下工资在月份的最后一天支付。
    30日 公司这个月共实现 60 000 美元收入,其中 15 000 美元是赊销。
    30日 公司收到水电费账单共计 625 美元。

➡ **要求**
1. 编制每笔经济业务的日记账分录。
2. 将每笔经济业务过账到 T 型账户。
3. 编制调整前试算平衡表。

难题 B-37A 编制结账分录和财务报表。Tia's Cotton Fabrics 公司的调整后试算平衡表账户信息如下所示:

Tia's Cotton Fabrics 公司
调整后试算平衡表
2012 年 3 月 31 日
(单位:美元)

	借方	贷方
现金	24 000	
应收账款	28 000	
预付租金	9 500	
备用品	15 250	
设备	25 000	
累计折旧		7 500
土地	44 000	
应付账款		24 805
应付票据		17 650
应付利息		2 175
普通股		23 650[a]
留存收益		35 000[b]
股利分配	4 000	
销售收入		97 675
设备销售收入		7 450
商品销售成本	51 475	

	借方	贷方
折旧费用	2 500	
工资费用	12 180	
合计	215 905	215 905

ᵃ这是在 2011 年 4 月 1 日的余额（当年没有发行普通股）。ᵇ这是在 2011 年 4 月 1 日的余额（所有账户都尚未结账）。

➡ **要求**

编制必要的结账分录和截至 2012 年 3 月 31 日当期的利润表、所有者权益变动表，并编制 2012 年 3 月 31 日的资产负债表。

难题 B-38A　编制调整日记账分录，并过账到 T 型账户，编制结账分录。Gourmet Teas & Coffee 公司 12 月 31 日（会计期末）账户余额如下所示：

单位：美元

预付保险费	4 000
租金收入	35 670
预收租金收入	3 800
累计折旧	7 625
应付职工薪酬	5 550
财产税	4 398
折旧费用	7 625
工资费用	10 400

下列是会计期末的一些可用信息：

a. 价值 1 000 美元的预付保险费尚未失效。

b. 在预收租金收入中，仅剩余 1 500 美元收入尚未实现。

c. 公司应付职工薪酬实际是 5 500 美元，会计人员错误地记录了多余的 50 美元。

d. 公司尚未确认另外一笔财产税 4 700 美元。

e. 由于工作人员失误，折旧费用记录错误。重新计算后，当年折旧费用应当是 8 750 美元。

➡ **要求**

1. 编制必要的日记账分录以调整账户。
2. 将调整过账后，使用 T 型账户计算并列示账户余额。
3. 编制结账分录。

难题 B-39A　记录企业交易和编制财务报表。Sally 开设了一家名为 Exotic_Aquatics.com 的热带鱼商店，仅在互联网上销售。商店第一年（2011 年）发生如下经济业务：

a. 1 月 1 日，Sally 投资 16 500 美元设立商店，作为交换，她获得相应普通股。

b. 1 月 1 日，商店向第一美国银行借款 10 000 美元，期限是 12 个月，利率为 7.5%。

c. 2 月 15 日，商店以现金购买了价值 6 000 美元的存货。

d. 6 月 30 日，商店向网络管理员支付 3 600 美元的两年期网站维护费，起始日期是 7 月 1 日。

e. 2011 年商店销售现金收入 11 100 美元，商品销售成本 2 500 美元。

f. 商店支付广告费用 1 050 美元。

➡ 要求

1. 将上述经济业务过账到 T 型账户,并计算 2011 年 12 月 31 日每个账户的余额,包括必要的调整分录。

2. 编制 2011 年 12 月 31 日调整后日记账分录,截至 2011 年 12 月 31 日的利润表、所有者权益变动表和现金流量表,编制 2011 年 12 月 31 日的资产负债表。

3. 编制结账分录和 2011 年 12 月 31 日结账后试算平衡表。

难题 B-40A 记录企业经济业务。We Do Windows 公司 2010 年的部分经济业务如下所示:

a. 1 月,Keith 和 Rachel 每人向公司投资 6 000 美元设立公司,作为回报,他们获得相应普通股。

b. 2 月 1 日,公司提前预付两年的租赁费 6 000 美元。

c. 在本年度,公司以现金购买了价值 10 000 美元的备用品。

d. 3 月 15 日,公司以现金购置了价值 12 000 美元的必需设备。设备使用寿命是 5 年。2010 年公司将对该设备计提全年折旧。

e. 4 月 1 日,公司支付一年保险费 1 000 美元,生效日期是 4 月 1 日。

f. 6 月 1 日,为扩大交易,公司支付一年广告费 1 020 美元。

g. 11 月 1 日,公司从 Three Rivers 银行获得 3 个月的 30 000 美元贷款,利率是 4.5%。偿还日期是 2011 年 2 月 1 日。

h. 截至 2010 年 12 月 31 日,公司的现金收入共计 30 000 美元。

i. 12 月,公司与当地一家租赁公司签订 2011 年全部窗户清洗协议,合同金额共计 8 000 美元,分四期付款。公司第一次从租赁公司收到款项是 2010 年 12 月。

j. 12 月 31 日,公司发放 1 000 美元现金股利。

注:备用品年末余额共计 2 000 美元。

➡ 要求

1. 编制经济业务的日记账分录,包括调整分录。

2. 将交易过账到 T 型账户并编制 2010 年 12 月 31 日的调整后试算平衡表。

3. 编制结账分录和公司 2010 年 12 月 31 日的结账后试算平衡表。

难题 B-41A 分析企业经济业务和编制财务报表。Fun in the Great Outdoors Resort 公司会计部门 2012 年(企业经营的第一年)编制的日记账分录如下所示:

单位:美元

描述	借方	贷方
a. 现金	50 000	
普通股		50 000
b. 办公备用品	300	
应付账款		300
c. 预付租金	12 000	
现金		12 000
d. 建筑物	225 000	
应付票据		225 000
e. 现金	5 000	
预收租金收入		5 000
f. 水电费	225	
现金		225

（续表）

描述	借方	贷方
g. 应付账款	300	
现金		300
h. 现金	12 000	
租金收入		12 000
i. 预收租金收入	3 000	
租金收入		3 000
j. 备用品费用	130	
备用品		130
k. 租金费用	6 000	
预付租金		6 000
l. 利息费用	100	
应付利息		100
m. 折旧费用	1 500	
累计折旧——建筑物		1 500
n. 股利分配	5 000	
现金		5 000
o. 工资费用	1 200	
应付职工薪酬		1 200

公司通过向旅客出租山腰公寓赚取收入。当旅客提前预订时，公司预收半周租金费来保留房屋；然而，公司并没有强制要求提前预订，有时旅客租赁日期和入住日期相同。这就要求公司会计部门将一些现金收款确认为预收收入，而将另一些确认为已实现的收入。

➡ 要求

1. 解释每个日记账分录的交易或事项。
2. 将分录过账到 T 型账户并计算每个账户的余额。
3. 截至 2012 年 12 月 31 日当期公司是净收益还是净损失？为什么？
4. 编制年末四大财务报表。
5. 编制结账分录。

难题 B-42A 记录企业经济业务和编制财务报表。Shelby & Sammy Pet Boarders 公司 2011 年 1 月 1 日账户余额如下所示：

单位：美元

资产		负债和所有者权益	
现金	40 000	应付账款	17 000
应收账款	16 500	普通股	45 000
土地	20 000	留存收益	14 500
合计	76 500		76 500

2011 会计年度,公司发生如下事项:

1月	1日	公司通过发行普通股从所有者处获得 20 000 美元现金投资。
	1日	Pet Boarders 以现金购置成本为 15 000 美元的计算机,该计算机的使用寿命是 3 年,无残值。
3月	1日	公司通过发行一年期利率为 12% 的应付票据借款 10 000 美元。
5月	1日	公司提前用现金支付办公室一年租金 2 400 美元。
6月	1日	公司向股东分配 5 000 美元现金股利。
7月	1日	公司以 10 000 美元现金购置土地。
8月	1日	公司用现金偿还应付账款共计 6 000 美元。
	1日	Pet Boarders 收到从收到款项起未来 12 个月提供服务的预付款 9 600 美元现金。
9月	1日	Pet Boarders 以 13 000 美元现金出售土地。土地初始购置成本是 13 000 美元。
10月	1日	Pet Boarders 赊销 1 300 美元的备用品。
11月	1日	Pet Boarders 购置一年期利率为 6% 的 20 000 美元存款单。
12月	31日	公司当年实现赊销收入共计 40 000 美元。
	31日	公司收回应收账款共计 44 000 美元。
	31日	公司当年发生未支付的营业费用共计 6 000 美元。
	31日	应当支付但尚未支付给销售人员的工资是 2 300 美元。
	31日	备用品期末余额是 200 美元。
	31日	根据以上交易信息,在编制财务报表前需要做出五个调整。

➡ **要求**

将日记账分录直接过账到 T 型账户,并做出适当调整。编制 2011 年调整后试算平衡表和四大基本财务报表,然后编制结账分录和结账后试算平衡表。

财务报表分析

根据附录 A 中百万书店的年度报告节选,回答以下问题:

1. 当你看到百万书店的财务报表时,你能分辨出公司使用的是否是总分类账会计系统吗?为什么?
2. 请在百万书店年度报告节选部分找出至少四个在总分类账系统中无法找到的定量信息。
3. 百万书店的审计师是谁?
4. 审计师如何影响企业的风险?

批判性思考题

伦理

公司通常通过在未实现 GAAP 规定的收入前确认收入或在费用发生时递延确认费用来操纵利润。例如,为了实现特定时期的利润目标,公司资本化本应确认为费用的成本。阅读以下案例并思考你会如何处理这些操控利润的机会。

假设你是一家大型上市公司的部门经理。你和你的几个最佳员工的奖金取决于你必须实现的部门净收益指标。今年的目标是 150 万美元。你有权利签字核准部门的任何决定。

2011年12月15日,你的部门订购了价值15 000美元的备用品以应对高峰季节。这些备用品大部分在年底前会被使用。这些备用品在12月27日的晚上送抵公司(注意,你的公司通常在购置备用品时就将其费用化)。如果你将这些备用品确认为当期费用,你们当期的净收益是145万美元,你将不会实现目标也不会获得你努力工作的奖金25 000美元。另外,你的一些核心员工也无法获得他们的奖金。你会怎么做?为什么?

术语表

A

加速折旧法(accelerated depreciation):一种资产使用前期多提折旧、后期少提折旧的折旧方法。

会计循环(accounting cycle):以会计期间内的交易为起点,通过记账、过账、调整账户、编制财务报表,以及对临时性账户进行结账为下一个会计期间做准备为终点的过程。

应付账款(accounts payable):企业欠其供应商的金额。它在资产负债表上被记录为负债。

应收账款(accounts receivable):因赊销而产生的一项流动资产。它也是客户欠企业的款项总额。

应收账款周转率(accounts receivable turnover ratio):衡量企业收回应收账款速度的指标,等于赊销收入除以应收账款的平均值。

应计项目(accrual):一项交易中收入已经实现或费用已经发生,但现金没有收到或支出的款项。

权责发生制会计(accrual basis accounting):涉及确认收入和费用的会计制度。在这种会计基础下,不依据现金的转移来确认收入,而是当企业收入实现、费用发生时确认收入、费用,不论现金是否收到或支出。权责发生制遵循了配比原则。

累计折旧(accumulated depreciation):用于记录资产负债表中资产折旧的资产备抵账户。

工作量法(activity method of depreciation):一种根据资产总工作量或生产总量来确定使用寿命的折旧方法,并且资产的折旧费用是按每个会计期限的工作量来按比例确定的。

调整后试算平衡表(adjusted trail balance):调整分录过账后编制的账户和余额的列表。

调整账簿(adjusting the books):在会计期末,编制财务报表前,通过调整会计记录来确保数据真实反映了企业当天的财务状况。

账龄分析表(aging schedule):根据应收账款欠款期限(账龄)来进行分类的分析表。

坏账准备(allowance for uncollectable accounts):资产备抵账户,其余额代表了应收账款总额中企业预计无法收回的部分。

备抵法(allowance method):一种计算坏账费用的会计方法,需要在每个会计期末估计坏账金额。

摊销(amortization):将长期资产的成本分摊到多个会计期间的过程。

摊销分析表(amortization schedule):体现每次偿还贷款本金及利息金额的图表。

年金(annuity):定期等额收入或支出的一系列款项。

资产周转率(asset turnover ratio):衡量企业为产生销售收入而利用资产效率的指标,等于销售收入净额除以平均资产总额。

资产(assets):企业拥有或控制的经济资源。

核定股本(authorized shares):公司章程中核准发行的股票数量。

可供出售金融资产(available-for-sale securities):企业可能持有或出售的投资;公司的持有意图并不明确而不能将其划分至其他类别——持有至到期或交易性金融资产。

存货平均周转天数(average days in inventory):销售一单位存货所需的平均天数。

B

坏账费用(bad debts expense):记录无法收回的应收账款的费用。

资产负债表(balance sheet):反映会计等式中资产、负债、所有者权益状况的财务报表。

银行存款余额调节表(bank reconciliation):可以通过对比企业账面的现金余额和银行对账单的存款余额发现差异并分析原因的工作表。

银行对账单(bank statement):银行每月寄送给存款人的反映其银行账户活动的汇总记录单。

巨额冲销(big bath):一种违背GAAP中配比原则的

手段，在经营差的年份确认比实际发生额更多的损失，从而在以后年度确认更少的费用。

债券(bond)：企业、大学或政府机构发行的带息长期应付账款。

折价发行债券(bonds issued at a discount)：低于债券票面价值发行的债券。此种情况发生于市场利率高于债券票面利率时。

溢价发行债券(bonds issued at a premium)：高于债券票面价值发行的债券。此种情况发生于市场利率低于债券票面利率时。

平价发行债券(bonds issued at par)：等于债券票面价值发行的债券。此种情况发生于市场利率等于债券票面利率时。

账面价值(book value)：等于资产购置成本减去累计折旧。

账簿(books)：企业记账的工具。

C

资本(capital)：创建和运营企业的资源。

资本支出(capital expenditure)：当成本发生时，将其记录为资产而非费用的支出，即将成本资本化。

资本结构(capital structure)：企业为筹资而形成的负债和权益比例的结构。

资本化(capitalize)：将成本记录为资产，而不是费用。

账面价值(carrying value)：账面价值(book value)的另一种表述。

债券的账面价值(carrying value of the bond)：资产负债表上所报告的债券的净额，与固定资产的账面价值类似。它等于债券面值减去未摊销折价或加上未摊销溢价。

收付实现制会计(cash basis accounting)：基于现金交易的会计制度。当收到现金时确认收入，当支出现金时确认费用。GAAP不认可这种制度。

现金等价物(cash equivalents)：一种高流动性的投资资产，将于3个月或者更短的时间内到期，公司可以容易地将其转换为已知数额的现金。

筹资活动产生的现金(cash from financing activities)：现金流量表中筹资活动产生的现金来自企业筹资活动的交易。比如，股东出资和贷款取得的金额。

投资活动产生的现金(cash from investing activities)：现金流量表中投资活动产生的现金来自销售和购买企业需要的长期资产的交易。

经营活动产生的现金(cash from operating activities)：现金流量表中经营活动产生的现金来自企业日常经营过程中的交易。

经营活动产生的现金对流动负债比率(cash from operations to current liabilities ratio)：等于经营活动产生的现金净额除以平均流动负债余额。

注册会计师(certified public accountants, CPA)：各州为确保具有相称资格的人员从事审计工作而设定了具体要求，若符合教育要求，并通过考试的人员则被称为注册会计师。只有注册会计师可以签署审计报告。

分类资产负债表(classified balance sheet)：分类展示包括流动资产和流动负债等项目的报表。

结账(closing the accounts)：将临时性账户的余额结为零。

普通股(common stock)：公司所有权最广泛的一种表现形式。普通股股东有权选举董事会成员。

共同比(common-sizing)：把财务报表中的所有金额均转化成报表上某一选定金额的百分比，也称纵向分析。

比较资产负债表(comparative balance sheets)：用于对比同一企业连续两个或多个时期资产负债表的报表。某一年资产负债表的期末余额是下一年的期初余额。

综合收益(comprehensive income)：除与所有者进行的业务之外的影响股东权益的所有项目的总额。综合收益包括两个部分：净收益和其他综合收益。

资产备抵账户(contra-assets)：用于抵减资产成本的账户。

收入备抵账户(contra-revenue)：冲销收入的账户，它使得财务报表中收入减少。

实收资本(contributed capital)：企业所有者的投资。

甜饼罐准备(cookie jar reserves)：通常是一个负债账户，用于确认不准确的预计费用。当费用真实发生时，企业冲抵准备而非收入。这种做法是违背配比原则的。

做假账(cooking the books)：一种俚语说法，意思是通过操纵或伪造会计记录而使企业财务状况比实际情况看起来更好。

版权(copyright)：美国法律为保护所有者原创作品署名权的一种保护形式。

公司治理(corporate governance)：是由董事会执行的治理公司的一种方式。也描述为董事会、管理层、股东、审计师和公司其他利益相关者之间的关系。

公司(corporation):一种特殊的企业形式,是独立于所有者的法律主体。它可以包含一个或多个所有者。

库存商品成本(cost of goods available for sale):由期初存货加上本期购货净额组成(加上运费)。

商品销售成本(cost of goods sold):当期销售给客户的存货成本。

贷方(credit):表示账户的右边。

流动资产(current assets):企业计划在下一个会计年度变现或用于产生收入的资产。

流动负债(current liabilities):企业将在下一个会计年度偿还的债务。

流动比率(current ratio):衡量企业短期偿债能力的流动性比率。

D

借方(debit):表示账户的左边。

负债权益比率(debt-to-equity ratio):反映企业债务和所有者权益之间的比例关系,是偿债能力的一种体现。

余额递减折旧法(declining balance depreciation):一种加速折旧方法,其折旧费用是资产期初账面价值乘以折旧率。

递延项目(deferral):在收入实现或费用发生之前收到或支出现金的交易。

确定负债(definitely determinable liabilities):可以准确计量的债务。

折耗(depletion):自然资源的摊销。

在途存款(deposit in transit):企业已经存入但未包含在当月银行对账单中的银行存款,这是因为存款没有及时到达银行财务部门因而没有被记录在当期银行对账单上。

折旧(depreciation):系统合理地将长期资产的成本分摊到其使用期间并记录为费用的过程。

折旧费用(depreciation expense):每期折旧所产生的费用。

直接法(direct method):通过列示每一笔现金流入和现金支出来编制现金流量表。

直接冲销法(direct write-off method):当应收账款确定无法收回时,直接将其记录为坏账费用的方法。

终止经营(discontinued operations):公司通过出售部门而终止的企业组成部分。

应付债券折价(discount on bonds payable):抵减资产负债表中应付债券的负债备抵账户,是债券面值与低于面值的发行价格之间的差额。

折现率(discount rate):用于计算未来现金流现值的利率。

折现(discounting):计算未来现金流现值的过程。

股利收益率(dividend yield ratio):等于每股利除以每股股票市场价格。

股利(dividends):企业分配给所有者或股东的盈余。

E

每股收益(earnings per share,EPS):衡量企业业绩的指标,等于净收益减去优先股股利除以发行在外的普通股股数的加权平均数。

企业资源规划系统(enterprise-wide resource planning system,ERP):大型企业为管理企业信息而使用的综合性软件程序。

预计负债(estimated liabilities):金额不确定的负债,比如履行保修义务的成本。

费用(expense):为创造销售收入而产生的成本。

非常项目(extraordinary items):本质上非正常且不经常发生的事项。

F

财务会计准则委员会(financial accounting standard board,FASB):证券交易委员会授权制定会计准则的机构。

财务杠杆(financial leverage):通过外借资金而增加收益的方法。

财务公司(financial services companies):处理有关资金业务的公司。

先进先出法(first-in,first-out,FIFO):一种存货成本流转方法,假设存货根据它们购进时间的先后售出。

会计年度(fiscal year):企业存续期限中的年度。它可能与日历年度不一致。

目的地交货(FOB destination):意味着卖方支付运费,所以买方没有运输成本。

起运点交货(FOB shipping point):意味着买方支付运费,这项金额记入存货成本。

营利性企业(for-profit firm):旨在为其所有者谋利的企业。

特许权(franchise):允许某企业在特定区域出售产品或提供服务的协议。

自由现金流量(free cash flow):等于经营活动产生的现金净额减去股利再减去资本支出。

充分披露原则(full disclosure principle):要求公司必须披露会对财务报表使用者产生影响的任何情形或事项。

G

总分类账(general ledger):包含企业所有账户的账簿,涵盖了企业所有经济业务信息。

总分类账系统(general ledger system):会计的一种传统记账系统,先记录公司经济业务,再据此编制基本财务报表。

公认会计原则(generally accepted accounting principls,GAAP):财务报告的准则。

持续经营假设(going-concern assumption):企业被认为在可预见的未来会持续经营,除非有明显迹象表明不会如此。

商誉(goodwill):当公司收购另一个公司时超过其净资产市场价值的成本数额。

毛利率(gross profit ratio):等于毛利(销售收入减去销售成本)除以销售收入。它是评价企业业绩的指标之一。

H

持有至到期投资(held-to-maturity securities):企业计划持有至到期的债券投资。

历史成本原则(historical-cost principle):各项交易按实际成本记录的原则。

横向分析(horizontal analysis):从不同时期评价企业财务报表项目的方法。

I

资产减值(impairment):当一项资产的账面价值高于其公允价值时,依据其公允价值进行的永久性减值金额。

利润表(income statement):在一定会计期间内,如一个月、一个季度或一年,反映企业所有收入减所有费用情况的报表。

间接法(indirect method):以净收益为起点,调整不涉及现金的项目来编制现金流量表。

无形资产(intangible assets):通过不具有实物形态的长期资产获取的权利、特权或其他权益。

利息(interest):借款的成本。

应付利息(interest payable):企业借款而形成的负债(当利息产生之后)。

内部控制(internal controls):用来保护企业资产安全完整,确保会计信息资料准确可靠的所有政策和程序。

美国国税局(Internal Revenue Service,IRS):负责征收所得税的联邦机构。

国际会计准则理事会(Internation Accounting Standards Board,IASB):制定 IFRS 的组织。

国际财务报告准则(International Financial Reporting Standards,IFRS):财务报告的国际准则,适用于全球多个区域。

存货周转率(inventory turnover ratio):等于销售成本除以平均存货余额。它是衡量企业销售存货速度的指标。

已发行股票(issued shares):已经出售给股东的股份。

J

日记账(journal):企业交易首先被记录在日记账中,之后转移到总分类账的过程被称为过账。

L

后进先出法(last-in,first-out,LIFO):一种存货成本流转方法,假设最后购买的存货最先售出。

负债(liabilities):企业的债务,是债权人对企业的求偿权。

流动性(liquidity):衡量资产变现的难易程度。资产流动性越高,其变现能力越强。

流动性比率(liquidity ratios):用来衡量公司偿还短期债务和经营成本的能力。

长期资产(long-term assets):使用寿命超过一年的资产。

长期负债(long-term liabilities):偿还期超过一年的债务。

成本与市价孰低法(lower-of-cost-or-market rule):要求企业在资产负债表日以账面成本和市价(重置成本)中较低者记录存货成本的原则。

M

出票人(maker):承诺到期支付票据的个人或企业。

制造公司(manufacturing company):制造并销售商品的公司。

市场指标(market indicators):将公司股票的现行市场价格和收益或股利相联系的指标。

市场利率(market rate of interest):在等同风险条件下,投资者所能获取的利率。

配比原则(matching principle):利润表中确认的费用要与当期创造的收入相配比的原则。

商业公司(merchandising company):销售商品给客户的公司。

修正的加速成本收回制度(modified accelerated cost recovery system,MACRS):美国国税局为征税而规定的折旧方法。

货币计量假设（monetary-unit assumption）：财务报表上的所有项目都用货币（美元）计量。

多步式利润表（multistep income statement）：从销售收入中减去销售成本得到毛利，然后加上其他业务收入并减去其他业务成本得到营业利润，最后扣除营业外项目、其他税费和企业所得税就得到了净利润。

N

净收益（net income）：特定时间内所有收入扣除所有费用的金额。

净利润（net profit）：等于所有收入扣除所有费用。

可变现净值（net realizable value）：企业预计可收回的应收账款的金额。

非流动资产（noncurrent assets）：即长期资产，使用寿命超过一年的资产。

非流动负债（noncurrent liabilities）：即长期负债，偿还期超过一年的债务。

非营利性企业（not-for-profit firm）：以提供产品或服务给客户为目标的企业。

财务报表附注（notes to the financial statements）：与四大报表同时披露，描述企业主要会计政策、提供使外部使用者更好地理解财务报表的信息。

O

赊账（on account）：因赊购或赊销而形成的款项。

普通年金（ordinary annuity）：各期期末支付的年金。

未兑现支票（outstanding check）：企业已经开出但银行还未兑现的支票，即银行还未支付的支票。

发行在外股票（outstanding shares）：股东持有的公司股份。

P

实收资本（paid-in capital）：参见实收资本（contributed capital）。

面值（par value）：公司章程中规定的每股股票价格。它在当今的商业环境中意义不大。

合伙企业（partnership）：由两个或两个以上合伙人组成的企业。

专利（patent）：美国政府授予发明者的一项产权，禁止他人在一定时间内生产、使用、许诺销售、销售或进口该发明。

收款人（payee）：收取票据款项的个人或企业。

定期盘存制（periodic inventory system）：一种只在会计期末更新存货账户的成本记录方法。

永久性账户（permanent accounts）：也称实账户（real accounts），是不需要结账的账户。它包括资产、负债和所有者权益类账户。

永续盘存制（perpetual inventory system）：一种每当存货购进、销售和退回时都需更新存货账户的成本记录方法。

结账后试算平衡表（postclosing trial balance）：在临时性账户结账后，将所有借贷方余额汇总而成的表格。只有资产负债表账户会出现在结账后试算平衡表中。

过账（posting）：将日记账分录信息转移到总分类账的过程，以确保交易记录系统化。

优先股（preferred stock）：代表了一种特殊的公司所有权。优先股股东没有投票权，但是可以优先于普通股股东享有股利分配权。

应付债券溢价（premium on bonds payable）：增加资产负债表中应付债券的附加负债账户，等于债券面值与高于面值的发行价格之间的差额。

预付保险费（prepaid insurance）：企业已经购买但没有使用的资产。

预付租金（prepaid rent）：企业已经支付但没有使用的资产。租金费用递延至租赁资产被实际使用，即租赁期限内进行确认。

现值（present value）：未来投资或取得的金额，通过复利计算得到的现在价值。

市盈率（P/E ratio）：等于公司股票每股市价除以每股收益。

本金（principal）：贷款的本金是所借的金额。

发行收入（proceeds）：债券发行时，债券发行人从债券持有者处取得的金额。

边际销售利润率（profit margin on sales）：衡量企业的销售收入产生了多少底线项目——净收益的指标，等于净收益除以销售收入净额。

盈利能力比率（profitability ratios）：用来衡量公司经营或盈利状况。

期票（promissory note）：在特定日期支付特定金额的书面承诺。

上市公司会计监督委员会（Public Company Accounting Oversight Board, PCAOB）：为监管审计行业和上市公司的审计业务而成立的机构。它是根据2002年《萨班斯-奥克斯利法案》成立的。

购货折扣（purchase discount）：供货商条款中赋予采购商在折扣期内支付货款可以享受的现金折扣。

订购单（purchase order）：企业向供货商订购货物或服务的单据。

购货退回与折让(purchase returns and allowances):由于商品退回或损毁导致存货成本减少的金额。

Q

盈余质量(quality of earnings):企业报告的盈余数字能在多大程度上传达企业的真实业绩。

R

已实现(realized):表示现金已经收到。有时在现金收到之前就确认收入。

确认收入(recognized revenue):收入已经记录并且将会体现在利润表中。

相对公允市价法(relative fair market value method):基于资产各自的市场价值将同时采购的几项资产的总成本分摊至各个资产中的成本分摊方法。

重置成本(replacement cost):从供货商购买类似存货来替换现有存货的成本。

残值(residual value):也称剩余价值,是资产使用寿命届满时估计的价值。在多数折旧方法下,净残值已在计算折旧费用前扣除。

留存收益(retained earnings):企业存续期间,未分配给股东的盈余总额——净收益减去净损失。

资产收益率(return on assets):衡量企业使用资产创造收益能力的指标,等于净收益除以平均总资产。

净资产收益率(return on equity,ROE):衡量普通股股东投资于公司每一美元可以赚取的收益额的指标,等于净收益减优先股股利后除以平均普通股股东权益。

收入(revenue):企业通过向客户提供商品或服务而赚取的金额。

收入确认原则(revenue-recognition principle):当收入已赚取,并且款项的可收回性能合理保证时确认收入的原则。

风险(risk):一种危险,会使企业置身于潜在的损害和损失中。

S

销售折扣(sales discount):采购商在折扣期内支付货款时可以享受的现金折扣。

销售退回与折让(sales returns and allowances):当客户退回商品或因商品损毁而给予客户折让时,抵减销售收入的账户。

残值(salvage value):也称剩余价值,资产使用寿命届满时估计的价值。

证券交易委员会(Securities And Exchange Commission,SEC):管理股票市场和上市公司财务报告的政府机构。

职责分离(segregation of duties):管理资产实物的人与负责记账的人不能是同一个人。

会计主体假设(separate-entity assumption):企业会计记录和财务报告主体是企业本身,而不是企业股东。

服务公司(service company):为客户提供服务的公司。

所有者权益(shareholders' equity):企业所有者对企业资产的索取权。它有两种形式:实收资本与留存收益。

普通股股份(shares of common stock):公司所有者权益的单位。

单步式利润表(single-step income statement):汇总收入并将所有费用从中扣除的利润表格式。

个人独资企业(sole proprietorship):只有一个所有者的企业。

偿债能力比率(solvency ratios):用来衡量公司偿还长期负债和长期存续的能力。

个别计价法(specific identification method):每个商品的存货成本都等于其实际采购成本的存货成本流转方法。

现金流量表(statement of cash flows):列示了当期的现金流入和现金流出。现金流量分为经营活动产生的现金、投资活动产生的现金和筹资活动产生的现金。

所有者权益变动表(statement of changes in shareholders' equity):展示一定会计期间内,实收资本和留存收益的期初余额及其变化额的报表。通常留存收益的增加来自净收益的增长,其减少来自股利的分配。

股票股利(stock dividends):企业分配给其现有股份持有者的新股。

证券交易所(stock exchange):买卖双方交易股票的场所。买卖股票也可以在互联网上进行。

股票市场(stock market):股票交易的市场。它通常用于描述股票买卖的场所。

股票拆分(stock split):以特定数额对现有股份进行分割而增加发行在外股份数的行为。

股东(stockholders or shareholders):公司的所有者。

直线折旧法(straight-line depreciation):一种每年折旧费用相同的折旧方法。

备用品(supplies):通常不属于存货,是企业使用的杂项物品。当购买备用品时将其记录为资产。当备用品被使用完后确认费用。而存货是企业为了再销售而购买、储存的资产。

T

有形资产(tangible assets)：可见、可触摸的具有实物形态的资产。

临时性账户(temporary accounts)：收入、费用和股利账户。

会计分期假设(time-period assumption)：以财务报告为目的而将企业经营期限划分为有意义的若干会计期间。

时间性差异(timing differences)：当收入确认与收到现金的会计期间不同时会产生时间性差异。同样地，当费用确认与支付现金的会计期间不同时也会产生时间性差异。

商标(trademark)：从法律上将企业产品区别于其他企业产品的标志、词汇、词组或图标。

交易性金融资产(trading securities)：企业为获得短期收益而购买的债券和权益性证券投资。

库存股(treasury stock)：企业回购自己已发行的股份。

试算平衡表(trial balance)：企业所有账户及其余额的列表。

U

预收账款(unearned revenue)：企业的负债。企业交付产品或提供服务之前就已经收到客户支付的预付款,虽然企业收到了现金,但是收入并没有实现。

未实现利得或损失(unrealized gain or loss)：当编制财务报表时,如果企业投资证券的市场价值增加或减少,就需要在利润表(对于交易性金融资产)或在资产负债表中权益部分的其他综合收益处(对于可供出售金融资产)进行确认,即使该证券并没有出售。

V

纵向分析(vertical analysis)：一种比较财务报表项目的方法,而财务报表上的所有项目均以其所占某一普通数额的百分比表示。

W

加权平均成本法(weighted average cost)：以库存商品的加权平均成本计算销售成本和期末存货的一种存货成本流转方法。

提款(withdrawal)：个人独资企业向其所有者支付现金或其他资产的行为;如果在公司中,此种行为被称为股利分配。

X

可扩展商业报告语言(eXtensible Business Reporting Language,XBRL)：一种使公司更标准化地披露信息的技术方法,能够更快捷地、重复地使用信息,并使其相互作用。

北京培生信息中心	北京大学出版社
北京东城区北三环东路 36 号	经济与管理图书事业部
北京环球贸易中心 D 座 1208 室	北京市海淀区成府路 205 号 100871
邮政编码：100013	联系人：徐 冰 张 燕
电话：(8610)57355175	电话：010-62767312 / 62767348
传真：(8610)58257961	传真：010-62556201
	Q Q：552063295

尊敬的老师：

您好！

为了确保您及时有效地申请教辅资源，请您务必完整填写如下教辅申请表，加盖学院的公章后传真给我们，我们将会为您开通属于您个人的唯一账号以供您下载与教材配套的教师资源。

请填写所需教辅的开课信息：

采用教材			□中文版 □英文版 □双语版
作 者		出版社	
版 次		ISBN	
课程时间	始于 年 月 日	学生人数	
	止于 年 月 日	学生年级	□专科 □本科 1/2 年级 □研究生 □本科 3/4 年级

请填写您的个人信息：

学 校			
院系/专业			
姓 名		职 称	□助教 □讲师 □副教授 □教授
通信地址/邮编			
手 机		电 话	
传 真			
official email (eg:XXX@crup.edu.cn)		email (eg:XXX@163.com)	
是否愿意接受我们定期的新书讯息通知：	□是 □否		

系 / 院主任：＿＿＿＿＿＿＿＿ （签字）

（系 / 院办公室章）

＿＿＿年＿＿＿月＿＿＿日

Please send this form to: em@pup.cn 或 Service.CN@pearson.com
Website: www.pearsonhighered.com/educator